WILEY FINANCE

“十二五”国家重点图书出版规划项目
当代财经管理名著译库

威立金融经典译丛 · 达摩达兰系列

Damodaran on Valuation

Security Analysis for Investment and Corporate Finance

Second Edition

Aswath Damodaran

达摩达兰论估价

——面向投资和公司理财的证券分析

（第二版）

[美] 阿斯沃斯 · 达摩达兰 著

罗 菲 主译

刘淑莲 审校

东北财经大学出版社
Dongbei University of Finance & Economics Press
大连

WILEY

图书在版编目（CIP）数据

达摩达兰论估价：面向投资和公司理财的证券分析：第2版／（美）达摩达兰（Damodaran，A.）著；罗菲主译．—大连：东北财经大学出版社，2010.10（2020.12重印）
（威立金融经典译丛）
书名原文：Damodaran on Valuation：Security Analysis for Investment and Corporate Finance
ISBN 978－7－5654－0148－0

Ⅰ．达…　Ⅱ．①达…②罗…　Ⅲ．资产评估　Ⅳ．F20

中国版本图书馆CIP数据核字（2010）第196899号

辽宁省版权局著作权合同登记号：图字06－2007－168号

东北财经大学出版社出版
（大连市黑石礁尖山街217号　邮政编码　116025）
教学支持：（0411）84710309
营 销 部：（0411）84710711
总 编 室：（0411）84710523
网　　址：http://www.dufep.cn
读者信箱：dufep@dufe.edu.cn

大连图腾彩色印刷有限公司印刷　　东北财经大学出版社发行

幅面尺寸：170mm×240mm　字数：776千字　印张：37.75　插页：1
2010年10月第1版　　2020年12月第5次印刷

责任编辑：刘东威　王　玲　　责任校对：文　心
　　　　　高　铭　吉　扬
封面设计：冀贵收　　版式设计：钟福建

定价：88.00元

前　言

没有什么事情比在一个无理性的世界中追求一种理性的投资政策更危险的了。

——John Maynard Keynes

不仅是凯恩斯勋爵一个人相信以上看法，即在一个价格与价值似乎鲜有联系的市场中以财务基本知识为基础去寻求真正的价值是徒劳的。在金融市场上，总是有投资者争论市场的价格是由买卖双方的看法（包括错误看法）决定的，而不是由像现金流或盈利等令人乏味的东西决定的。我并不否认投资人的看法会起到一定作用的观点，但是我也不同意投资人的看法决定一切的观点。本书的一个基本观点就是：虽然会有误差，但是对于大多数的资产而言，通过财务基本知识进行估价还是有可能的，而且市场价格不会长期偏离其价值。① 从 17 世纪早期荷兰的郁金香球茎购买狂潮到 19 世纪英国南海泡沫事件，再到今天的股市，市场已经展现了其自我纠错的能力，而这往往是以相信上述情况永远不会发生的那些人的损失为代价的。

写作本书第一版时是我第一次尝试写书，希望我已经从那时起积累了一些经验。事实上，为简化起见，这一版与第一版有着很大的不同。我的另一本关于投资估价的书，也是由 John Wiley & Sons 出版社出版的，它是一本全面介绍估价的书。因此，如果在本书里以压缩的形式重复那本书中的内容，对我来说则是一种时间和资源的浪费。

本书分为三部分。前两部分包括前 9 章的内容，介绍了关于现金流折现以及相对估价模型的基本内容，这些应该是任何从事过或者学习过估价的人都非常熟悉的内容。第三部分包括后 9 章的内容，旨在研究被我称为“估价中的其他问题”，其在关于估价的书籍和讨论中很少被提及。这部分涉及的内容包括流动性、控制权、协同效应、信息透明度以及危机等，所有这些内容都对估价具有重要的影响，然而在通常情况下却是以零散的方式或以主观的溢价或折价的形式来体现的。读者将会看到，这一部分的内容和以前的书籍中关于上述领域的内容有着很多的联系，但在本书中它们将变得更加厚重，其部分原因在于目前关于证据到底是什么和我们应该在估价中做些什么的争论已越来越多。我不会给出控制权在一个公司到底有多大价值这一问题的答案，然而关于控制权的那一章内容应该会为读者提供一张路线图，

① 但是，Keynes 又会这样说：“在长期的情况下，我们都已经死了。”

以帮助其自己找到答案。

我在本书第一版的前言中列举的四项基本原则，在本书中仍然适用。第一，我已经尽可能全面地介绍了分析人员在估价时可以使用的一系列估价模型，同时还介绍了这些模型的共性要素，并且提供了一个可以用来在任何估价情况下选择正确模型的框架。第二，模型的列举都伴随着现实世界中的例子，没有隐瞒任何不足，因此在使用这些模型时能够抓住其自身不可避免的缺点。很明显这里存在一个危险，那就是虽然一些估价在事后看来是无法挽回的错误，但是为其花费成本还是值得的。第三，为了坚持我提出的估价模型具有全球适用性而不仅仅适合某个特定市场的观点，本书中贯穿了以美国以外市场为例所进行的论述。第四，我尽可能使本书模块化，以方便读者选取章节来阅读，而不会受到阅读失去连贯性所产生的影响。

阿斯沃斯·达摩达兰

于纽约

译者序

说起估价，有些估价基本知识的人大概都会想到估价大师阿斯沃斯·达摩达兰的《达摩达兰论估价》一书，而本书是其又一力作（书名虽然相同，但正如作者前言所说，这是其第一部著作的第二版）。当然，正如作者本人所说，如果本书仅是对《达摩达兰论估价》（第一版）一书的重复或者是其缩略本形式，那么不论对于作者本人还是读者来说都是一种时间和资源上的浪费。

本书最大的亮点就是作者所谓的“估价中的其他问题”，其内容在关于估价的书籍和讨论中很少被提及，然而所有的内容都对估价有着重要的影响。上述内容主要包括对流动性、控制权、协同效应、信息透明度以及危机等所进行的估价。在其他关于估价的书籍和教材中，即使提到过这些内容，也只是以零散的方式来体现的。本书将这些问题与其他估价问题有机地结合起来，在对公司进行整体估价时还充分考虑了各项无形资产的影响。

本书具有非常强的实用性和广泛性，几乎包括了能够适用于任何一种资产进行价值评估的模型和方法。估价实际上是一个极其复杂的问题，然而作者在本书中尽量将复杂的问题简单化，力求语言平和，并用最通俗的叙述方式将其一一道来。书中还列举了大量的实务界案例，以世界上很多著名的大型企业为素材，让读者在略显枯燥的理论当中看清实务中的具体操作。

本书结构简洁清晰，重点突出，理论阐述严谨，既可作为高等院校财务专业、金融专业和其他相关专业师生的专业教材，也可供金融专业从业人员、公司财务经理，尤其是各类评估人员及对估价感兴趣的广大读者参考备用。本书实在是一本不可多得的权威之作。

本书是由东北财经大学会计学院组织翻译的，参加翻译的人员及其分工如下：杨月明博士研究生（第1、2章）、孔庆辉博士研究生（第3、4章）、孙晓琳博士研究生（第5、6章）、毕金玲博士研究生（第7、8、9章）、罗菲副教授（第10、17、18章）、万丛颖博士研究生（第11、12、13、14章）、徐丹丹博士（第15、16章）。全书最后由罗菲统稿，由东北财经大学会计学院博士生导师刘淑莲教授审校。

在翻译过程中，我们力求忠实于原文，但同时也对一些著名的跨国公司的名称给出了国内公认的提法。尽管我们在翻译中已竭尽所能，但由于水平有限，译文中难免会有不妥之处，敬请读者批评指正。

译　者

2010年8月

目　录

第 2 部分 相对估价法

第 3 部分 估价的其他问题

第1章 估价简介

了解一项资产的价值及其价值的决定因素是做出明智决策的先决条件——包括为投资组合选择投资项目、为收购制定合适的付款或收款价格，以及企业日常经营中的投资、融资和股利发放等决策。使用本书的前提是我们可以对大多数资产进行合理的估价，且运用估价的基本原理能够确定所有类型的资产价值，包括实物资产以及金融资产。有些资产的估价要比其他资产容易，估价中的具体细节也会因资产的不同而有所不同。另外，由于不同资产的不确定性因素不同也会使得不同资产的具体估价有所不同，但它们的核心原则是相同的。本章将会概括介绍估价的内容，并分析估价在投资组合管理、并购分析和公司理财中所起的作用。另外，本章还介绍了用于资产估价的三种基本方法。

1.1 估价的哲学基础

有效投资的假设是指投资者不会为一项资产支付超出其价值的资金。这个陈述可能看上去符合逻辑，并且是显而易见的，然而它总会在某些时候和某些市场环境下被忽略，然后又被重新发现。有些人会辩解说，价值只存在于看盘者的眼中，只要有其他投资者愿意以某一个价格进行支付，那么这个价格就是合理的。这很明显是荒谬的。如果目标资产是一幅绘画或者雕塑，那么个人的感觉或许起着决定性的作用；然而对于大多数资产来说，我们不能或者不应该仅仅出于审美或者感情因素的原因就去购买。我们购买某项资产的原因是能从该项资产中得到我们所期望获得的现金流。这样做的结果是：个人对于价值的认知得到了现实的有力支持，这也正意味着我们为任何资产所支付的价格都应该能够反映其所产生的期望现金流。本书的估价模型即试图将价值与这些现金流的不确定程度以及其期望的增长程度联系起来。

在估价问题上，在很多方面我们可以同意保留各自的不同意见，其中包括对于真实价值的估计和将价格调整到那个真实价值所需时间的长短等。然而，在一个问题上我们一般不存在分歧，即资产的价格不能够仅仅因为将来会有另外一个投资人愿意支付更高的价格来购买就被判定为合理。这就相当于在玩一场成本极高的听音乐抢椅子游戏，其中每一个投资人在玩之前不得不问这样一个问题：“当音乐停止时我在哪里?”如果在进行投资时就抱有这样的期望，即到时候会有一个更笨的投资者买走我的投资，那么这样的问题就会出现，即最终你可能会成为所有人中最笨的一个。

1.2 估价过程探究

对于估价过程有两种极端的看法：一种极端的看法是，有些人认为进行正确的估价将是一门精密严谨的科学，很难存在分析人员的观点和人为错误的空间；另一种极端的看法是，有些人认为估价只是一门艺术，业务不熟练的分析人员也能够通过操纵数字来生成他们想要的结果。实际上，真理是存在于以上两者之间的。我们将会利用这一节来了解估价中没有得到应有重视的三个组成部分：分析人员带到估价过程中的偏见、必须设法解决的不确定性，以及现代技术和信息的更易获取性使估价更加复杂化的问题。

1.2.1 先是价值，然后是估价：估价中的偏见

我们几乎从不会在头脑完全空白的情况下对一个公司进行估价。通常情况下，对于一家公司的看法，在我们着手往模型中输入数据之前就已经形成了。因此不足为奇的是，我们的结论会倾向于反映我们自己的看法。以下将从估价中对偏见的来源分析开始，然后进一步分析这种偏见如何在大多数估价中体现，最后讨论如何在估价中最大限度地减少这种偏见所带来的影响，或至少掌握如何处理估价中的偏见。

1. 偏见的来源

偏见的来源始于我们选择要进行估价的公司。这种选择几乎从来都不是随机的，因此在做出选择时就已经为偏见的产生建立了基础。这有可能是因为我们在媒体中读到了关于这家公司的一些信息（好的或是坏的）；或是从专家那里听说这家公司被高估或被低估了。因此，实际上我们已经对这家将要进行估价的公司有一些了解了。然后，在收集估价所需的信息时又强化了这种偏见。年报和其他财务报表不仅包括会计数字，而且还包括管理层对于绩效的讨论，其往往是将最可能的溢美之辞置于会计数字之上。对很多大公司来说，想要得到一直追踪某公司股票的分析人员对该公司所持的观点是很容易的。诸如 Zacks、IBES 和 First Call 等提供此类服务的公司，可以提供很多分析人员对某一只股票看跌或看涨的信息汇总，而我们往往可以得到这些分析人员完整的估价过程资料。最后，我们还能拥有市场本身对此公司价值（市价）的判断。与市价相差过大的估价结果一般会令分析人员感到失望，因为这种差距很可能反映出他们在估价中存在很大的错误（而不会认为是市场的问题）。

在很多估价中，一些机构因素往往更强化了已存在偏见的严重程度。例如，资本研究分析人员往往更倾向于发出购买建议而不是卖出建议。也就是说，他们更容

易找到低估的公司而不是高估的公司。① 原因可能有以下几点：分析人员想从一个他已经发出卖出建议的公司那里获取信息将会很困难；他们承受着来自投资组合经理的压力，可能这些经理中有一部分人已经在这只股票上注入了大量的资金；他们可能还承受着来自自身所在公司投资银行部门的压力，因为这些部门与这些被质疑的公司之间有着其他的利益关系。

与被低估或高估公司相关联的奖励与惩罚结构也强化了偏见的严重程度。如果某个分析人员的薪酬与他是否找到被低估或高估的公司相关联，那么在其结论中就会存在偏见。这就可以解释为什么对兼并的估价往往会被有意识地进行高估。对于上述交易的分析常常是由负责兼并的公司的投资银行做出的，而且这家投行自然也会力求将交易引向成功。通过上述分析，我们通常可以得出以下两个结论中的一个。一个可能的结论是发现交易出价过高，并建议拒绝。在这种情况下，分析人员将会得到试图兼并公司的股东们所给予的精神上的激励，但其他的物质报酬就没有了。另一个可能的结论则是认为这个交易是合理的（不管价格的高低），并在完成的交易中获取丰厚的利润。

2. 偏见的表现

分析人员对公司的看法（包括偏见）通常以如下三种方式体现在估价之中：第一，是在估价中录入数据。当对公司进行估价时，我们往往会遇到需要进行假设从而让估价得以继续进行的交叉路口。这些假设可能是乐观的，也可能是悲观的。如果公司当前拥有高额的营业利润，则我们可以假设竞争将会迅速使其营业利润降至产业平均数（悲观），或者公司将会在未来很长一段时间内保持其现有的营业利润空间（乐观）。我们所选择的路径将反映我们所持有的偏见。最后估价的结果能够反映我们在整个估价过程中在乐观和悲观两者之间做出的选择，是不足为奇的。

第二，是所谓的“估价之后的修正”。在这种情况下，分析人员在做出估价之后重新审视做出的假设，试着将最终估价与其在开始阶段所期望得到的数值相靠拢。因此，一个将一家公司估价为每股股价15美元的分析人员，如果他在开始的时候就相信这家公司被低估了，那么当市场价格为25美元的时候，他将会向上修正其增长率，向下修正其风险，来得到一个更高的估价。

第三，是不修正估价，但是将我们估计的价值与我们认为正确的估价之间的差额归于某个定性因素，例如协同效应或战略性因素。这是一种在进行并购估价时分析人员所常用的手法，特别是当分析人员被要求调整其所无法调整的数字时。事实上，使用溢价或者折价来增加或减少已经得出的估计值，为我们的偏见提供了可行的途径。在并购估价中使用溢价（控制权和协同效应就是很好的例子）是很常见的，其中的偏见通常是将估价提高（来证明高价收购的合理性）。折价（以缺乏流动性和少数持有股权折价——译者注：因持有公司少数股权而无法参与公司的经营决策——为例）被典型地应用于私有公司针对税收和离婚法庭等所进行的估价之

① 华尔街分析人员所提出的买入建议的数量大约是其卖出建议的5倍。

中。在这种情况下，公司估值的目标通常是希望估计得尽可能低。

3. 对偏见的处理

偏见既不能约束，也不能通过制定法律予以消除。分析人员毕竟也是人，难免会将偏见带到台面上来。但是，我们有方法可以减轻偏见对估价的影响：

A. 减少来自于机构的压力。正如先前所提到的，产生偏见的一个显著的原因即为机构因素。比如，除所有常见的偏见来源之外，20 世纪 90 年代的股票分析人员还要和他们的雇主在其投资银行业务中所做的要求作斗争。想要得到诚实的卖出讯息，出具股市研究报告的机构应该保证针对某一家公司发出卖出建议的股票分析人员免于受到来自诸多方面的影响，事实上这些影响不仅来自于已被激怒的被评估公司，而且还来自于机构内部的销售人员和投资组合经理。

B. 将估价与赏罚相分离。任何估价在其评估结果成为赏罚标准时都会导致带有偏见的估价。换句话说，如果我们希望并购估价没有偏见，就一定要将交易分析和交易决策相分离。

C. 没有前期的承诺。在估价未完成之前，决策者应该避免在公众面前就一家公司的价值表示带有明显倾向性的态度。一家收购公司在估价完成前就给被收购公司报出一个价格，将会置分析人员于不堪一击的境地，因为他们只会被要求调整价格。从很多的例子中都可以看出，在估价分析结果出来前，即已对应对一家公司进行高估还是低估做出决定，将最终导致严重带有倾向性的分析报告。

D. 自知之明。对于倾向性最好的解药就是要有自知之明。当一个分析人员意识到其可能给估价带来偏见的时候，即可以尝试在采集资料信息时就积极地面对这些偏见，或者在将来对公司进行估价的过程中采纳更多客观的意见。

E. 诚实的报告。依据贝叶斯统计，分析人员应在对一项分析做出报告之前即表明其看法（偏见）。因此，一个环保主义者必须在提供实证证据用以证明平流层中有一个臭氧层空洞之前，就证明他们非常相信空洞是真实存在的。只有这样，回顾这些研究的人才会在看到结论的时候将其所包含的偏见考虑进去。如果分析人员在一开始就报告了其所持有的偏见，那么他所做的估价将变得更加有用。

尽管不能在估价中完全消除偏见，但我们可以通过设计一种免受外界干扰的估价流程，或在进行估价的同时即报告我们所持有的偏见，从而把偏见对于估价的影响降至最低。

1.2.2 这只是一个估计值：估价中的不精确性和不确定性

我们从小就知道这样的理论：如果进行正确的操作，就会得到正确的答案。换句话说，答案的精确性常被用来检验用以得出结论的过程质量。虽然这在数学和物理中可能是适用的，但是在衡量估价质量时其效果却很差。除极少部分资产之外，估价中总会带有一些不确定性，即使最好的估价有时也难免带有较大的差错率。在本节中，我们将探讨不确定性的来源及其对估价的影响。

1. 不确定性的来源

估价过程始终伴随着不确定性，不论是从估价这一时间点上来看，还是从随着时间的推移当我们获得了影响估价的新信息时估价发生变化的方式上来看。信息可能是只针对被估价公司的，也有可能是关于公司所在行业的更宽泛的信息，还有可能是关于整个大盘的信息（有关利率和经济的）。

当在任意一个时间点对一项资产进行估价时，我们都是在预测未来。既然没有人能够使用水晶球，那么我们只能用在进行估价时所能得到的信息来做出最好的估计。我们估计的价值可能因为许多原因而出现错误，这些原因可以被归纳为以下3类：

A. 估计的不确定性。即使信息源是完美无缺的，我们也必须将原材料转换成录入数据，然后再将这些数据录入模型。在这个过程中，任何一个环节出错都会导致估计的错误。

B. 公司独有的不确定性。我们所预想的公司未来的发展道路，也许最终会被证明只是一个不可救药的错误。事实上，公司可能比我们预想的要好得多或差得多，公司最终的利润和现金流量可能与我们估计的相差很大。

C. 宏观经济的不确定性。即使一家公司按照我们所希望的方式来发展，宏观经济环境也可能发生不可预计的变化。利率可能升或降，整体经济也可能好转或恶化。这些宏观经济条件的改变将会影响估价。

对于不同的公司来说，与估价有关的每一项不确定因素在整体不确定性中的地位可能会有所不同。在对一家成熟的周期性公司或大宗物资公司进行估价时，宏观经济的不确定性也许是造成实际估计数值与期望值之间存在偏差的最主要原因；而对于一家新成立的科技公司来说，分析人员则可能面临更多估计的不确定性和公司独有的不确定性。注意，在分析人员面前最明确的不确定性来源即为估计的不确定性。

即使对于任意时间点所做的估价都信心十足，价值本身也会随着经过时间的推移而发生改变。随着关于某家公司及其市场环境的新消息的不断推出，在信息不断流入金融市场的现实条件下，针对某家公司已经完成的估价很快就会过时，必须重新更新估价以反映现实信息。因此，根据“20世纪90年代的高成长率将会持续”这一假设，对高科技公司的估价于1999年后期变得非常高；然而随着未来公司成长前景的黯淡，在2001年早期，其价值则应该被低估一些。事后回顾一下，1999年对这些公司的估价（和分析人员的建议）应该受到批评，但相对于当时可获得的信息来说，这可能也是比较合情合理的。

2. 对不确定性的反应

分析人员在进行估价的每一个转折时期都会面临一些不确定性，他们通常会以合理或不合理的方式来作出反应。合理的方式包括：

- 更好的估价模型。建立更好的估价模型使之能够在估价期间利用更多的可用信息是减少不确定性的一种方法。值得注意的是，使用最好的模型可能会减少估计所带来的不确定性，然而它们却无法减少或者消除与未来相关的且真实存在的不确定性。

- 估价范围。一些分析人员意识到他们为企业进行估价后所得出的价值实际上只是一个估计值，因此试着为估计值设定一个范围。有些人使用模拟方法，其他人则推导所期望的最好及最坏估计值。因此他们提供的输出数字不仅反映了他们对于价值的估计，同时也反映了这些估计值的不确定性。
- 概率性描述。一些分析人员用概率的形式反映其估价所承受的不确定性。如果一个分析人员估计某种股票的市价为30美元，而其实际价格为25美元，则该分析人员就会报告这只股票有60%或70%的可能被低估，而不是用陈述性语句直接说明这只股票被低估了。同样地，带有陈述性质的概率数值反映了分析人员在估价中对不确定性的理解。

总的来说，对不确定性的合理反应是对其存在采取开放接受的态度，同时将相关的影响信息提供给使用此估价的人。使用者将根据估价来决定其采取行动时所应采取的谨慎度。

然而，不是所有的分析人员对不确定性都会采取有利于其做出更好决策的方式。对不确定性的不合理反应包括：

- 转嫁责任。一些分析人员尝试着将其他人的估价拿来作自己的估值以转嫁责任。例如，在为某家公司进行估价时，有些分析人员会使用其他分析人员的增长率来作为他们自己对于增长率的估计。如果估价最终被证明是正确的，则他们可以将其看作自己的功劳；但如果是错误的，则将归罪于其他分析人员对他们的误导。
- 放弃基本内容。大量分析人员在其无法面对的不确定性面前选择了放弃，且不做任何处理，特别是在全面估价模型中。经常发生的情况是，他们选择退步并使用更为简单的估价方法（例如，乘数估价法和比较估价法），且这些方法并不要求明确的关于未来的假设。一些分析人员在确定估价本身并无多大意义之后，就会退回到解读走势图和试图猜测市场反应这条路上来。

对一家公司进行股权估价后会让人感到不满意是正常现象。毕竟我们正在试图对充满不确定性的未来做出最好的判断。而在从对稳定的公司进行估价转到对成长型公司进行估价，从对成熟的公司进行估价转到对新成立的公司进行估价，从对发达市场中的公司进行估价转到对新型市场中的公司进行估价的转变过程中，这种不满意也会随之增长。

3. 对不确定性的处理

如前所述，将不确定性细分为估计造成的不确定性、公司特有的不确定性和宏观经济的不确定性具有一定的优势：它为我们提供了一个在估价中什么可以用于管理、什么可以进行控制、什么可以被忽略的窗口。建立更好的模型，接触一流的信息，将会减少估计造成的不确定性，但是对于减少公司特有的不确定性和宏观经济的不确定性却没有太大的帮助。事实上，即使建立最好的模型也无法彻底消除这些不确定性。

总体上讲，分析人员应该将其精力集中在公司特有信息上，并做出最好估计——公司将保持多久的高增长？在这个阶段，收益增长的速度是多少？公司将会赢得哪种类型的额外收益？——同时，还应避免加入个人对宏观经济变化的看法。这么做的原因是什么呢？试想一下，如果你认为目前的利率太低了，在明年它将升至1.5%，并将这种期望升息应用在折现现金流估价法（DCF）中，那么你所分析的公司的价值将会降低。使用估价结论的人也将面临这样一个伤脑筋的问题，那就是他们无从知晓导致估价发生变化的影响因素中有多少是出于分析人员对宏观经济的看法，又有多少是出于其对这家公司的看法。

综上所述，分析人员应该集中精力并尽其所能建立最好的模型，运用尽量多的且可以合法取得的信息，对公司特有的因素做出最好的估计，而对宏观经济变量则应持较中立的态度。当取得新信息时，应该更新其估价来反映新的信息。这个过程不允许有虚荣心存在。估价将随着时间的推移而发生变化，如果信息证实了这种变化，那么这种变化就应被反映在估价之中。

4. 估价的回报

即使进行了最为认真详尽的估价，其最终的得数也将具有一定程度的不确定性，它们将不可避免地受到分析人员对公司的未来和相应经济环境所做假设的影响。在估价中试图追求绝对的确定是不现实的，因为输入的数据只是估计值；同时，这也意味着在以估价为基础提出相应建议时，分析人员要给自己保留合理的差错余地。

由此可见，所做估价的好坏不能按照其精确程度来判断。对一些公司的估价比其他公司的准确，可能仅仅是因为其未来的不确定性较少。对成熟公司的估价我们通常会做比较少的假设，对估出的价值也更有信心；而对一家科技公司的估价所需做出的假设将远远超过对前者所需做出的假设；对成长型公司进行估价时也是一样的。审视这些公司（及其相关的估计错误）估价的科学家，很可能会认为对成熟公司的估价比较好，因为它是最精确的；技术型和成长型的公司则为其次，因为其会带有更多和估价相关的不确定性。具有讽刺意味的是，当对数字具有最多不确定性的时候，估价的回报却是最高的。毕竟，一个估价的有用性并不取决于其是否精确，而取决于与其他投资人对同一家公司的估价相比其估价精确到什么程度。任何人都能够对一支零利息、无违约债券做出精准的估价；对一家新成立的科技公司或者一家新兴市场公司估价，则需要一系列的预测技术，还需要对模糊情形的判断和对误差的容忍，而这正是许多分析人员所不具备的。因为大多数分析人员在类似的不确定性面前选择了放弃，所以能够坚持下来并做出最好估计（虽然也会带有偏差）的分析人员才会占有与众不同的先机。

我们不想留下这样的印象，即在不确定性面前无能为力。在本书的稍后部分，将以模拟法、决策树和敏感分析为工具来帮助我们对付不确定性，但还是无法完全将其消除。

1.2.3 模型越大越好吗？估价的复杂程度

随着以下两方面的发展，估价模型于过去20年间已变得越来越复杂。一方面，电脑和计算机已变得更加强大和更易获取。最近几年，由技术充当我们的盟军，在电脑时代之前需要几天时间才能完成的任务，现在只用几分钟就可以完成。另一方面，信息变得更加充足，更容易取得和使用。我们可以下载成千上万家公司的明细历史数据，再用认为合适的方法来处理。然而，复杂性也是有代价的。在本节中，我们将探讨复杂性的负面影响和分析人员应如何决定模型的规模。

1. 更多细节还是更少细节

我们都要面对的一个基本问题是估价细分的程度。有些人相信，更多细节往往要比更少细节好，而且估出的结果也更准确。我们不同意这种观点，要正确权衡增加细节的正负面影响才是正确的。更多的细节给分析人员提供了机会，使其可以使用特定信息为每一个独立的项目做出更好的预测；但是，更多的细节带来了更多的信息录入，以及存在于每一个信息中的潜在错误，同时也造成了更为复杂的模型的使用。因此，将运营资本分解成独立要素（应收账款、存货、应付账款、供应商信用等）赋予了分析人员对每一个要素做出不同假设的自由度，但是这些自由度只有在分析人员有能力对这些要素做出区分的时候才有价值。

2. 复杂性带来的成本

与在估价中需要多少细节这个问题平行且相关的另一个问题是：一个估价模型应该有多大。模型更为复杂的同时也需要更多的信息，因此我们的成本也一定会相应增加。

- 信息超载。更多的信息并不总是带来更好的估价。事实上，分析人员会被巨大的信息量和彼此矛盾的信息搞得昏了头，同时还会导致其选择录入信息的质量更差。在对公司进行估价存在时间方面的压力时，这一问题就会更为严重。需要太多信息录入的模型通常会遭受使用者的冷遇。一个模型的产出质量只能与输入信息的质量等同，也就是“投入的是垃圾，取出的也只能是垃圾”。

- 黑箱综合征。模型如果太复杂，就会使分析人员不理解其内部的作用机理。因此通常的情况是，他们将录入信息输进一个黑箱，然后这个黑箱就会吐出一个估价。因此，分析人员的习惯做法将变成“模型将此公司估价为每股股价30美元”，而不再是“我们将此公司估价为每股股价30美元”。特别值得注意的是，在有些模型中，有些内容是私有的，导致分析人员无法进入（或修正）。这种情况往往较多地发生用于商业用途的估价模型之中。这时，卖家会将模型的一部分设为禁止进入，以此来保证其服务的稀缺性。

- 大与小的假设。复杂的模型通常会生成大量且详细的输出数据，同时区分大的假设和小的假设也将变得非常困难。换句话说，对在未来10年内税前营业利润率将保持20%的假设（一个使公司价值增加一倍的大的假设），将不得不与应收账款将从销售收入的5%降至4%的假设（一个对估价而言几乎毫无影响的小的假设）展开竞争。

3. 节俭原则

在物理学中，节俭原则规定，在使用更复杂的解释之前我们应尽可能地使用简单的解释来说明一个现象。将这一原则应用在估价上也非常合适。当估计资产时，我们希望使用可用于解决问题的最简单的方法。换句话说，如果能够用3个录入数据来估计一项资产，就不应该用5个。如果可以使用3年的现金流量来进行估价，那么用10年的数据进行估价就是自讨苦吃。

一个被用来估计所有公司价值的全内置模型的问题在于，它必须能够用于估计最复杂的公司而不是最简单的公司。因此，对比较简单的公司来说，我们也不得不录入一些本来不需要进行估计的数据和预测值。在这一过程中，很可能会将本来很容易取得价值的资产搞混。比如，公司持有的库存现金和可供出售债券是公司的部分资产，估计其价值的最好方法是取其面值。采用折现现金流估价模型或相关估价模型的分析人员往往会发生失误，不是使用了错误的现金收入折现率，就是使用了对现金盈余①来说错误的乘数。

1.3　估价方法

分析人员采用一系列模型来进行估价，从容易型的到智慧型的。通常这些模型要对基本信息做出不一样的假设。但是它们也有一些共同点，从广义上来说还可以将其进行分类。这种分类有以下几个好处，即使得如下几个问题更容易理解：每个独立的模型在大环境下应如何定位；出现不同结果的原因是什么；什么时候它们会带有基本的逻辑错误。

一般来说，估价有三种方法。第一种是折现现金流估价法，即将公司的现值与公司未来可能创造的现金流的现值相联系；第二种是相对估价法，即通过观察与通用变量（如收入、现金流、账面价值或销售额）相关的可比资产的定价来对资产进行估价；第三种是或有请求权估价法，即使用期权定价模型来衡量带有期权特征的资产的价值。使用不同的方法可能会得出不同的估计值，本书的目标之一就是解释得出不同结论的原因，同时帮助分析人员为特定的任务选择正确的模型。

1.3.1　折现现金流估价法

在折现现金流估价法中，资产的价值是期望现金流的现值，并用能够反映相关风险的折现率进行折现。这种方法在课堂中应用得最多，而且拥有最好的理论支持。本节中，我们将先阐述这一方法的基础，然后再探讨关于前期估计数据录入的具体内容。

① 现金盈余是无风险的，因此应该用无风险利率进行折现。然而，分析人员使用了风险调整后的折现率（权益或资本的成本）来对现金盈余进行折现，因此造成了面值的折价。当分析人员使用乘数时，它们常常使用同类企业的平均市盈率（P/E）来作为现金盈余的乘数。

1. 方法概述

我们购买大多数资产是因为希望它们在未来能为我们带来现金流量。在 DCF 估价中，我们首先将做一个简单的陈述。一项资产的价值不是凭个人的主观臆断就可以得到的，而是通过一个关于从该资产上期望获得多少现金流的方程来得到的。简单地说，与具有较低且容易变化的现金流的资产相比，具有较高且可预见的现金流的资产往往有着更高的价值。在折现现金流估价法中，我们把一项资产期望得到的未来现金流的现值作为此项资产的价值：

$$资产价值 = \frac{E(CF_1)}{(1+r)} + \frac{E(CF_2)}{(1+r)^2} + \frac{E(CF_3)}{(1+r)^3} + \cdots + \frac{E(CF_n)}{(1+r)^n}$$

其中，$E(CF_n)$ = n 年期间内的期望现金流；r = 反映估计现金流风险的折现率；n = 资产寿命。

现金流因资产的不同而不同，如股利、债券利息和债券面值以及公司的税后现金流。折现率是期望现金流风险的函数，风险较高的公司折现率一般也较高，风险较低的公司折现率一般也较低。

使用折现现金流估价模型类似于在做一种尊重信仰的行为。我们相信每一项资产都有其内在的价值，然后尝试通过一项资产的基本内容来估计它的内在价值。内在价值是什么？它是由一个无所不知的、可以得到任何现存资料的且拥有完美模型的分析人员赋予一家公司的一个数值。当然，这种分析人员是不存在的，但是我们都渴望尽可能地拉近与这种完美分析人员之间的距离。然而问题在于，实际上并没有人曾看到过一项资产的实际内在价值究竟是多少，因此也就没有可能知道我们的折现现金流估价是否与所谓的“标准值”相近。

2. 折现现金流估价模型的分类

折现现金流估价法有如下三种不同的分类方法。第一，为持续经营的公司所进行的估价和为一系列资产的集合所进行的估价；第二，为公司股权进行的估价和为公司本身进行的估价；第三，除期望现金流法之外，另外列举的两种方法不同、但做法与折现现金流估价法相类似的方法：基于额外回报的估价方法和调整现值法（APV）。

1）持续经营与资产估价

在折现现金流估价法框架下，一项资产的价值就是其期望现金流的现值。将这一主张拓展到公司上，就可以得出这样的结论：一家公司的价值是其所拥有的独立资产的价值总和。虽然从技术上来说这可能是正确的，但在为一系列资产的集合进行估价与为一家公司进行估价时有一个关键性的区别：企业或公司是已经拥有其名下资产的持续经营的团体。在考察一家持续经营公司的财务平衡表（与会计平衡表相对）（如图 1—1 所示）时，这个观点可以得到最好的阐释。注意，已经进行了投资的资产被划分为现存资产，而期望公司于未来会做出的投资则叫做成长资产。

财务平衡表为公司区分以持续经营方式进行的估价和以系列资产集合的方式进

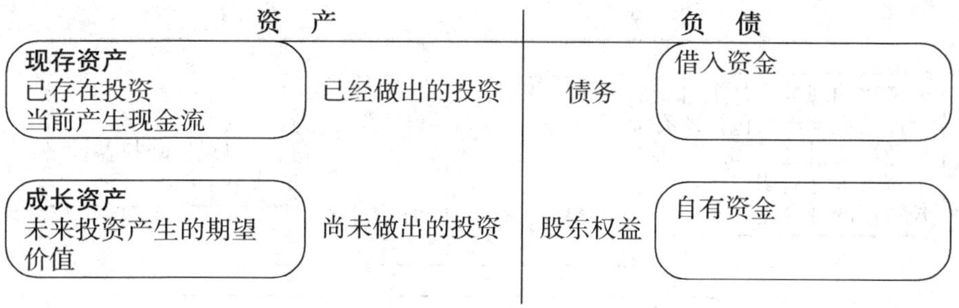

图 1—1　公司简单图解

行的估价提供了一个良好的框架。在持续经营估价中，不仅要对现存投资，而且还要对可期望的未来投资及其盈利能力做出最好的估计。虽然这看似非常大胆莽撞的行为，但是成长型公司的大部分市场价值来自于其成长资产。而以资产为基础的估价，则主要强调现存资产，其先分别估计每一项资产的价值，然后再加总所有资产的价值，也就得到了公司的价值。当公司具有可获利的成长机会时，与以持续经营为基础所进行的估价相比，以资产为基础的估价将会得到更低的估价。

以资产为基础进行估价的一个特殊情况是清算估价。在这种情况下，通常会假设资产现在就必须变现。从理论上来说，这应该和个别资产以折现现金流估价法计算所得到的价值相一致；然而，清算资产的紧急性将会导致价值的折价。折价幅度的大小取决于潜在购买者的数量、此项资产的特征和宏观经济状况等。

2）股东权益估价与公司估价

在如下两种情况下，我们可以采用折现现金流估价法。第一种是对整个公司进行估价，包括现存资产和成长资产，其往往被称为公司估价或企业估价（如图 1—2 所示）。在任何债务被支付之前和再投资所需资金被支付之后所产生的现金流被称为企业的自由现金流，反映了所有融资资本来源总体成本的折现率则被称为资本成本。

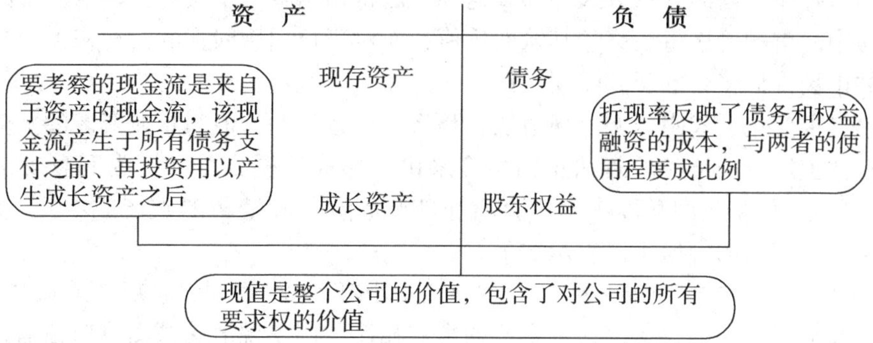

图 1—2　公司估价

第二种情况是仅对公司的股东权益部分进行估价，这种方法也叫股东权益估价（如图 1—3 所示）。债务被支付之后和产生再投资需求之后所产生的现金流被叫做股权自由现金流，只反映权益性融资的成本则叫做股权成本。

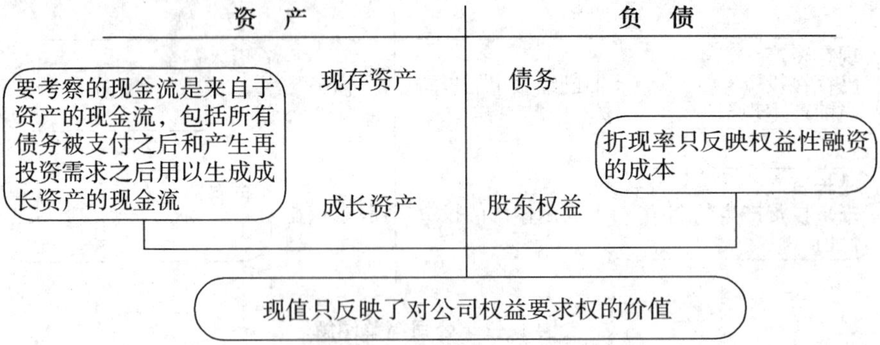

图 1—3　股东权益估价

注意，通常可以通过前者（公司价值）来得到后者（股东权益价值），要达到此目的只要把非权益性权利的价值从公司价值中扣除即可。如果操作正确的话，直接对股东权益估价（将股东权益现金流以股权成本折现）应该等于间接对其进行估计所得到的价值（先对全公司进行估价，然后再减掉所有非权益性权利的价值）。我们将在第 6 章中详细讨论这一问题。

3）折现现金流估价模型的变化形式

在本节中所讲到的模型，即期望现金流按风险调整后的折现率进行折现，是最常用的折现方法。另外，其还有两种被广泛应用的变化形式。第一种变化形式，是将现金流分为超额回报现金流和正常回报现金流。已经进行过风险调整的要求回报（资本或股权成本）被看做是正常的回报现金流；但任何高于或低于这个值的现金流均被归类为超额回报，因此超额回报可以为正，也可以为负。在超额回报估价框架下，对公司的估价可以被表示为以下两个因素的和：

公司价值 = 当日投入公司的资本 + 现存和未来项目产生的超额回报现金流的现值

如果假设对已投入资本的会计计量（资本的账面价值）是对当前投入资产的资本的一种非常好的计量方式，那么这种方法将预示着一个具有正超额回报的公司在交易中的市场价格将会高于其账面价值；而对于负超额回报的公司来说，其在交易中的市场价格将会低于其账面价值。

第二种变化形式叫做调整现值法，是将债务融资的价值与企业资产的价值区分开。总体上讲，用债务融资从正面角度来讲会形成节税收益（因为利息支出是可以抵税的），但从负面角度来讲则会增加破产风险（和期望的破产成本）。在调整现值法下，公司的价值可以表示如下：

公司价值 = 100% 权益性融资的公司价值 + 债务期望税务收益的现值 − 期望破产成本

与在折现率中考虑传统债务融资的影响相比，调整现值法试图将单独估计的债务收益和成本的期望现金价值与运营资产的价值分开。

尽管每种方法的支持者都认为他们所采用的方法是最好的和最精确的，但在本书以后章节中会表明：如果采用一致的假设，这三种方法的估计价值也将是一致的。

3. 折现现金流估价模型下的数据录入

利用这一模型为任何资产进行估价都需要3个录入数据——期望现金流、现金流的时间安排和与形成这些现金流的风险相匹配的折现率。我们将会在后面的章节中详细考察折现率和对现金流的估计，本节只介绍一些基本知识。

1）折现率

在估价中，我们通常从现金流的折现率应该反映其风险这一基本观点开始，即具有较高风险的现金流应该具有较高的折现率。对风险的看法有两种：第一种看法认为，风险是指某家公司将违背一项支付承诺的可能性，比如到期的利息或本金，这也被叫做违约风险。对于债务来说，债务成本就是反映上述违约风险的利率。因为利息成本是可以抵税的，因此大多数公司的税后债务成本都会比税前有所降低。

第二种看法认为，风险以实际回报与期望回报之间的偏差来衡量。一项风险投资所得到的实际回报可能会与所期望的回报相差很大，且偏差越大，风险也就越大。在考察股东权益的时候，我们倾向于使用回报偏差来衡量风险。下一章将会更详细地探讨不同的模型，但这些模型有如下两个相同的基本特点：第一，投资风险应该在进行该项投资的边际投资人（随时进行交易的投资人）那里得到认定，通常我们假设边际投资人能够在多项投资中做到充分分散投资。因此，决定一项投资中的折现率的风险就是该项投资的不可分散风险或市场风险。第二，任何投资的期望回报的取得都可以从一项无风险资产的期望回报开始，然后再加上一部分溢价以反映在该项投资中的市场风险。这个期望回报也就形成了股权成本。

如前所述，资本成本可以通过股权成本的平均值以及基于违约风险和按比例进行加权的借款成本的税后成本来得到。我们认为，在计算持续经营公司所使用的权数时，应该以债务和股票的市场价值为基础。有些分析人员使用的是债务和股票的账面价值，这种做法违背了估价的基本原则，即应使用公允价值，[①] 一个买方和卖方都愿意使用的价值。

2）期望现金流

按最严格的意义来说，一个股权投资人从上市公司那里得到的现金流是股利，而其使用股利作为现金流的模型则被叫做股利折现模型。股东权益现金流更广的概念是指非股权类投资人的需求都得到满足（包括偿还债权人本金和支付利息以及支付优先权股利）之后，尚有足够的现金流能够进行再投资以保证公司现金流的持续增长状态之后的剩余现金流，这也被叫做权益自由现金流（FCFE），利用这一现金流形成的模型则被叫做FCFE折价模型。

企业的现金流是对所有权利要求人而言的累积现金流。想要得到这个现金流的一种方法是将权益现金流和向债权人（债务）和优先股股东支付的现金流相加。

---

① 当使用账面价值时，对于许多美国公司来说，资本成本将会更低，因为账面股东权益低于市场股东权益。这也会将这些公司的价值推高。虽然这会使卖家公司认为出价是很有吸引力的，但很少有买家愿意为这个价钱买单，因为这种做法将会要求买家用以融资的负债将被以账面价值为基础来计价，而这往往会使得真正的公司债务被扩大3倍到4倍。

想要得到相同数额的现金流的一种更为简单的方法即是在税后营业利润的基础上减掉持续增长所需的净投资需求，以估计负债和优先股利支付前的现金流。这个现金流也被叫做企业自由现金流（FCFF），使用这一现金流的模型则被叫做 FCFF 模型。

3）期望成长

分析人员在估计现金流的期望成长状况时，所面临的最直接的问题即是不确定性问题。估计成长率有三种常用的做法。第一种做法是考察该公司的过去，并使用该公司的历史成长率。其缺点则在于过去的成长可能对其未来的成长没有太多的预示作用。第二种做法是从更容易得到的信息来源中找出对成长率的估计。对一些分析人员来说，这种做法可能会演变为其已使用该公司管理层所提供的预测信息，而另外一些人则依旧使用对这家公司进行追踪分析的其他人的共同意见。然而，这些信息来源所带有的偏见可能会给估价带来一定的问题。

本书提倡的是第三种做法，即将期望成长率和由被估价对象所决定的两个变量联系起来——有多少利润用于再投资以及这些利润的投资效果如何。在权益估价模型中，这个期望成长率是回笼比率的产物——也就是净利润中没有支付给股东的那部分，以及用这部分资金进行投资所得到的回报率。在公司估价模型中，期望成长率是再投资比率（即进行新的投资所占税后营业利润的比例）以及这些投资带来的资本报酬率的产物。使用这些基本成长率的优点有两个。第一个优点是所得到的估价将会存在内在一致性，并要求具有高成长率的公司用更多的投资来支持其成长；第二个优点是它为公司在投资者心目中更具价值奠定了基础。

4. DCF 法的优点和缺点

对真正的支持者来说，DCF 法是可用于估价的唯一方法，但其实际效果比他们想要承认的要小得多。其正面作用在于，进行良好的折现现金流估价需要分析人员了解他们进行估价的公司，并对公司关于现金流和风险的持久性等提出探索性的问题。折现现金流估价法是为了那些相信沃伦·巴菲特的格言，即“我们买的不是公司股票，而是其名下的资产”的人量身定做的。另外，折现现金流估价法有一个与生俱来的限制条件，即它要求分析人员寻找价值的驱动要素，而不是市场的认同要素。结果是，如果股价与对应的盈利和现金流相比发生不成比例的涨（跌），那么利用折现现金流估价模型就会高估（低估）股票的价值。

但 DCF 法也有其局限性。不专业的分析人员可以模仿 DCF 法来生成一个与内在价值毫无关系的估计价值。使用 DCF 模型估计一家公司的价值往往需要更多的信息，因为我们必须估计现金流的成长率和折现率。最后，如果市场认同度超过了其基本数据，利用 DCF 模型则可能很容易发现以下结果，即在一个行业中，甚至仅在一个市场中的每只股票都被高估了。对被要求在甚至是最被高估的市场中进行购买的投资组合经理和权益研究分析人员来说，这是个非常头痛的问题。他们可以利用 DCF 法进行估价，然后得出结论说每一种股票都被高估了，但这样会让他们没有生意可做；或者可以找一个变通的方法来更积极地迎合市场的敏感性。即使大多数分析人员都选择后者，也不足为怪。

1.3.2 相对估价法

虽然DCF法估价是课堂教学和学术讨论中的重点，然而现实情况却是大多数资产都是以相对估价为基础的。在相对估价法中，我们以所观察到的相似资产的市场价值来对一项资产进行估价。因此，当要决定应该为一所房子支付多少钱的时候，我们会考察邻居中相类似的房子的售价，而不是去估计其内在价值。将这一理论延伸到股票中，投资人通常会将一只股票的价格与其他类似的股票进行比较（通常是在同一类别中），然后再决定这只股票的价格是否便宜。在本节中，我们将探讨相对估价法的依据、使用的几种变化形式及其优缺点。

1. 方法概述

在相对估价法中，资产的价值衍生于可比较的资产的定价，并能用一个共同变量来进行标准化定价。在这个描述中，有关于相对估价法的两个关键要点。一个是可比较或者相似资产的概念。站在估价的角度来看，其暗示着具有相似现金流、风险和成长潜力的资产。而实际上，它却常常被看成是与被估价公司处于同一行业的其他公司。另一个是标准化的价格。毕竟，一家公司的股价在某种意义上讲是随意的，因为它是流通在外普通股股数的函数；另外，一股变两股的分股也会使股价减半。将价格或市场价值除以某个与此价值相关的计量基础，将会得到一个标准化的价格。当对股票进行估价时，这个做法基本上就会被转换成使用乘数，也就是从市场价值中扣除盈余、账面价值或收入来得到一个标准化的估计价值。然后，我们就能够将这些数字在公司之间进行比较了。

相对估价法最简单、最直接的应用即是对实物资产进行估价。事实上，在实物资产领域，我们可以很容易地找到相类似甚至完全相同的资产。Mickey Mantle（译者注：Mickey Mantle，美国著名棒球明星，1973年进入美国国家棒球名人堂）棒球卡或一辆1965年的福特野马牌轿车都是比较好估价的，因为还有其他的Mickey Mantle棒球卡和1965年的福特野马牌轿车在市场上交易，且交易价格也易于获得。在股东权益估价中，由于以下两个事实的存在使得相对估价法变得更为复杂：第一，是缺少相似的资产，这要求我们延伸“可比较”这个定义，并将那些与目标资产不同的资产也囊括进来。毕竟，在这个世界上你找不到哪一家公司与通用电气公司是非常相似的。第二，对一家公司进行估价时，使用不同的方法将价格标准化（使用不同的乘数）可能会得出不同的价值。

在之前探讨的折现现金流估价法中，我们认为其是对内在价值的探寻（尽管未能完全达到目的）。在相对估价法中，我们放弃估计其内在价值，实际上是信任市场表现的正确性，至少从平均水平上来说是如此。

2. 相对估价法的变化形式

在相对估价法中，资产的价值以相似资产的估价为基础。实际上，相对估价法有三种变化形式，其主要区别在于如何定义可比较公司和如何控制公司间的不同之处。

A. 直接比较。在这种方法中，分析人员要尝试找一个或两个看起来与其将要估计的公司几乎完全相似的公司，然后再以这些相似公司的价格为基础来对目标公司进行估价。其中的关键问题是如何定义相似公司，以及如何得到它们的市场价值。

B. 同伴小组平均，也就是分析人员将其对公司的估价结果（使用乘数）与同伴小组的结果相比较（用平均数作为乘数）。因此，如果一支以 12 倍的市盈率进行交易的股票所在行业的平均市盈率是 15，那么其股票价格就是便宜的。这种方法隐含的意义是承认这样一种假设，即虽然所处同一行业中的各公司之间都有着很大的不同，但其行业平均值对某一典型公司来说都具有一定的代表性。

C. 调整后同伴小组平均。在了解被估价公司与同一行业中的其他公司有着很大的区别之后，分析人员有时会试图去控制公司之间的差异。在很多情况下，这种控制是主观的：一个与所在行业相比有较高期望成长空间的公司，与行业平均值相比较将会以较高的盈利乘数进行交易，但是高到什么程度尚不明确。在一些事例中，分析人员会着意使用调整乘数或统计技术来控制公司之间的差异。正如前面所提到的例子，看一下价格—收益/成长（PEG）比率。这些比率是用市盈率除以期望成长率之后计算得出的，因此（至少在理论上）其对成长率的差异进行了控制，也允许分析人员用不同的成长率来比较不同的公司。统计上的控制可以用多元回归来实现，用我们所认为的导致乘数在不同公司之间不同的基础数据对乘数进行回归，所得到的回归结果可以用来对个别公司进行估价。事实上，在本书的稍后部分，我们提出这样一个观点，即统计技术具有足够的力量，能够将比较公司的样本延伸至整个市场。

3. 乘数的应用及其局限性

乘数的吸引人之处在于它很简单而且具有易于获得的相关性。利用这些乘数可以迅速地得到公司及其资产的价值，当金融市场上有大批可比公司，且市场总体上正确赋予了这些公司价格时，乘数尤其适用。事实上，相对估价法是为那些不仅要在一个不管被高估多少的市场中都要找到被低估的资产，且以相对成绩为基础被评价的分析人员和投资组合经理而量身定做的。一个以行业平均市盈率 P/E 为基础按特定公司的指标进行选择的分析人员总会在市场中找到被低估的股票；如果整个行业都被高估而其股价的股票却发生贬值，相对来看，其表现仍然不错，因为其估价的股票将会比可比公司的股票价格下跌得少（假设相对估价进行得正确的话）。

同样地，乘数也容易被误用和操纵，特别是在有可比公司使用的情况下。如果说实际上并没有哪两家公司在成长和风险方面是完全一致的，那么可比公司的概念就是一个相对比较主观的概念。其结果是，一个抱有偏见的分析人员可以选择一组可比公司来确认其对一家公司的价值的偏见。当在使用 DCF 法进行估价也存在这种偏见时，分析人员将不得不对确定最终价值的假设进行更为明确的限定。使用乘数时，这些假设常常会被省略。

以可比公司为基础运用乘数法存在的另一个问题即在于其是建立在市场对同行业公司估价时会出现错误（高估或低估）的基础之上。例如，假设我们发现了一家被低估的公司，其市盈率为15，而可比公司的市盈率为25，那么即使该公司所处的整个行业都被高估了，我们仍然会在投资中受损。在相对估价法下，我们可以进行判断的是一支股票对于与其进行比较的组群来说是否便宜，而不是对其价值进行绝对性的判断。最后，对相对估价法所做的上述判断取决于我们所选择的可比公司的好坏以及市场对其所做的定价工作的好坏程度。

1.3.3　或有请求权估价法

DCF法和相对估价法中都没有什么太大的创举。在最近几年中，分析人员越来越多地倾向于使用期权定价模型，并开发被用来估价上市交易的期权以对资产、公司及其股东权益进行估价。这些应用常被轻率地分类为实物期权，但正如在本书稍后部分将要看到的，使用它们时必须非常谨慎。

1. 方法概述

或有请求权或期权是指资产只有在特定情况下才会有回报——买入期权是指标的资产的价值大于其预定价值，而卖出期权则是指小于预定价值。最近几十年来，有关学者在开发期权定价模型方面做了很多工作，这些期权定价模型可以被用来对任何具有期权特征的资产进行估价。

图1—4描述了作为标的资产价值函数的买入期权和卖出期权的回报。一项期权可以是如下变量的函数：标的资产的当前价值及其变动、执行期权的交割价格和到期日，还有无风险利率。该模型最初是由Black和Scholes（1972）[①] 创立的，然后被拓展并提炼出几种变化形式。虽然布莱克—斯科尔斯（Black - Scholes）期权定价模型忽略了股利，并假设期权不会被提前行权，但我们可以通过修正使之具有这两方面的功能。离散时间变量、二项式期权定价模型等随后也被开发出来以用作期权定价。

如果其回报是标的资产价值的函数，则资产可以作为买入期权来估价；如果其价值超过特定水平，则资产的价值就等于其差价；如果没有超过，则没有价值。如果标的资产的价值低于特定水平，则资产可以作为卖出期权来估价；如果其价值超出某特定水平，则无价。很多资产从总体上来说并不被当做期权，但仍然具有某些期权的特点。专利可以作为针对某个产品的买入期权来加以分析，且该项目需要提供的投资为其交割价格，专利的年限是其期权的期限。如果石油的价格或黄金的价格持续上涨，则未开发的油田和金矿将会为其拥有者对油田或金矿的开发提供买入期权。

实物期权的本质在于，DCF模型低估了带有期权特征的资产的价值。之所以发生这种低估，是因为DCF模型以一系列期望现金流为基础进行估价，并没有充

---

① F. Black and M. Scholes, "The Valuation of Option Contracts and a Test of Market Efficiency," *Journal of Finance* 27 (1972): 399 - 417.

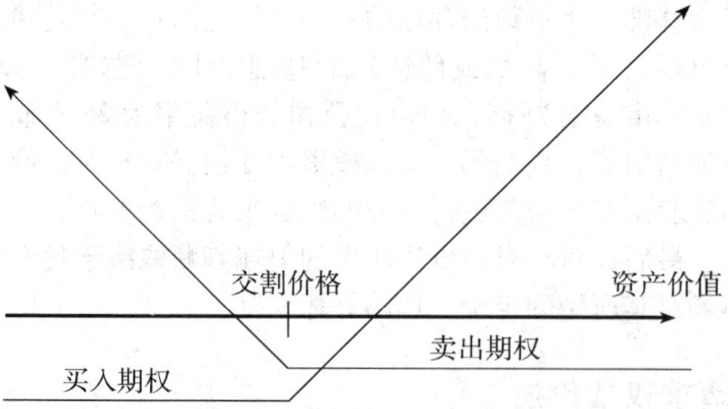

图 1—4　作为标的资产价值函数的期权回报

分考虑公司从实时发展中学习的可能性及其所产生的反应。例如，石油公司可以通过观察每年油价的变动来调整其新油田的开发和现存油田的生产，而不是仅仅执行一个固定的生产计划。其结果是，DCF 模型下的油田价格应该被加上一个期权溢价，而正是这个溢价使得实物期权具有很大吸引力的同时也有着潜在的危险。

2. 适用性和局限性

在估价中使用期权定价模型确实有着一定的优势。第一，有些资产不能以传统的估价模型来估价，因为其所有的价值几乎都来自于自身的期权特点。例如，一家生物技术公司拥有唯一一项很有前景的抗癌药的专利权，且该专利权正准备通过食品药品管理局（FDA）的许可，那么该公司使用 DCF 法或相对估价法进行估价就会比较困难，但可以将其作为期权来估价。同样的情况还发生在有很多负债的亏损公司之中，对于大多数购买这类股票的投资者来说，其购买原因同购买深度价外期权的原因相同。第二，在学习和灵活性能够带来显著收益的情况下，期权定价模型确实能够形成对资产价值更为真实的估计。使用 DCF 模型将会低估一家自然资源公司的价值，因为该模型将已探明的自然资源的价值作为得出估价结论的关键因素。第三，期权定价模型确实强调了非常重要的风险因素。在 DCF 模型和相对估价法中，风险往往被看成是负面的因素（更高的风险将会带来价值的减少），而期权的价值也将随着波动性的增加而增加。至少对一些资产来说，风险其实是其同盟军，可以通过挖掘风险来生成额外的价值。

这并不是说使用实物期权模型就没有缺陷。使用实物期权的观点来证明在 DCF 模型的基础上支付溢价的正确性，在期权观点不成立时将会造成过度支付。虽然我们并不否认公司可以通过时间的推移而学到一些东西，但这种学习只有在具有一定程度的排他性时才有价值。本书的后续部分将会说明，如果学习不是带有排他性的，也就是竞争者也能具有，那么在价值上加入期权溢价往往是不合适的。在对不可交易资产的长期期权进行估价时，使用期权定价模型也有其有限性。对短期期权来说，对常量和股利收益所做的假设一般没有什么问题，但在拥有长期期限的期权中上述假设就很难成立了。当标的资产无法进行交易性时，也就无法从金融市场中获得有关其价值和波动性的数据，必须对其进行估计。因此，与其他更为标准的应用（对短期交易期权估价）相比，期权定价模型在这些情况下应用时所得到的最终价值往往会有更多的估计误差。

1.4　估价的作用

估价的作用非常广泛。然而，在不同领域，其扮演的角色也会有所不同。在本节将列举估价在诸如投资组合管理、收购分析、公司理财以及其他以法律和税务为目的的相关工作中所发挥的作用。

1.4.1　投资组合管理中的估价

在投资组合管理中估价所扮演的角色在很大程度上是由投资人的投资哲学所决定的。估价对被动投资人的投资组合来说所起的作用不大，而对主动的投资者来说其所扮演的角色就比较重要了。即使在主动投资者中，估价的性质和角色对不同类型的主动投资者来说也会有所不同。相对来说，市场时机捕捉者和选股投资者较少使用估价，其重点往往集中在对市场的估价上，而不是集中在公司所特有的估价上。在选股投资者中，估价在基本分析人员的投资组合中扮演着一个核心角色，而对技术分析人员来说则扮演着配角的角色。

以下内容将对不同的投资哲学和估价在其中所扮演的角色进行了大体的描述。

1. 基本分析人员

基本分析所隐含的主题是公司的真实价值与其财务特征有关——公司的成长前景、风险状况和现金流量。与其真实价值的任何偏离都是股票价值被高估或低估的标志。这是一项长期的投资战略，其所隐含的假设是：

- 价值与隐含的财务指标之间的关系是可以计量的。
- 两者之间的关系在长时间内都是稳定的。
- 两者关系中所出现的偏离会在合理的时间内得到纠正。

基本分析人员包括价值投资者和成长投资者。两者之间的重要不同在于估价的重点不同。回顾图1—1中对资产的分解，价值投资者的主要兴趣在于现存的成熟资产，其会以低于真实价值的价格进行收购；而成长投资者则更加侧重为成长型资产进行估价，并以折扣方式进行购买。由于估价在基本分析中扮演着核心的角色，因此一些分析人员使用DCF模型为公司估价，而其他人则使用乘数和可比公司。因为投资者在其投资组合中包含了大量被低估的股票，因此他们希望，这些组合的表现会比市场的平均表现要好。

2. 激进投资者

激进投资者通常会立足于那些管理名声不好的公司，然后利用其所持有的股份来促进公司运营方式的改变。他们关心的重点并不在于公司现在价值的高低，而在于公司得到良好的管理之后其价值的走向。诸如Carl Icahn、Michael Price和Kirk Kerkorian等投资者非常著名，因为其不仅能够精确地挑出管理不善的公司，而且还能够给公司管理层施加很大的压力以促使其改变工作方式。

估价在上述过程中能起到什么作用呢？首先，这些投资人必须确定，通过改变管理层的工作方式将会产生的额外价值。换句话说，他们必须将公司股票的不良表现与不良管理的相关性以及这种不良表现与其他外部因素的相关性区分开来；前者是灵活的，而后者不是。然后他们还要估算改变管理层的工作方式所产生的价值，而这就要求其充分理解随着公司投资、融资和股利政策的改变所带来的价值的改变。结论是，他们不但要了解公司的经营业务，而且还要了解公司的财务决策与公司价值之间的互动关系。总的来说，激进投资者大多会关注少数其了解较多的公司，并会试图买入被低估的公司。当然，他们常常也会利用对上述公司管理层的影响来改变其融资和投资政策。

3. 图表主义者

图表主义者相信，价格受相应金融变量左右的同时，还会受投资者心理的影响。从交易计量中所得到的信息（价格变动、交易量和卖空交易）为投资者的心理提供了一种暗示，并提供了未来股价的走向。这里假设价格以一种可预见的方式运动，且不会存在以下现象，即有足够的边际投资者通过占据这种先机来获利，并最终导致这种先机的消失，而且市场中的多数投资者都是受情感驱动而不是运用理性进行分析。虽然估价并没有在图表分析中扮演很重要的角色，但图表主义者仍旧可以使用一些方法将估价融入其分析之中。例如，估价可被用来决定价格图表中的支撑线和压力线①。

4. 消息型交易者

价格会随公司的信息而波动。消息性交易者总是试图抢在新消息发布之前，或新消息发布之后很短的时间内进行交易。其所隐含的假设是，这些交易者可以预见信息的发布，能够猜测市场对信息的反应，而且要比市场中的多数投资者所做的预测更加准确。对消息型交易者来说，其关注的重点在于消息与价值改变的关系，而不仅仅是单纯的价值本身。因此，如果一个消息型交易者认为发布的下一个消息将包含并超过预期信息还会造成价格上涨，那么他可能会买进被高估公司的股票。如果公司被高估或低估的程度与其股票价格对新消息的反应程度之间存在相关性，那么估价可能会在消息型交易者的投资中起到重要作用。

5. 市场时机捕捉者

市场时机捕捉者认为，抓住市场行情的转折所带来的回报要远远超过选择股票所带来的回报，这基本上是合理的。他们认为，预测市场动向要比选股来得容易，而且这些预测可以可观测的因素为基础。虽然对某一特定股票进行估价可能不会对时机捕捉者起到太大的作用，但时机捕捉战略至少可以按以下两种方式来利用估价：

① 在图表中，支撑线通常指的是价格不再向下移动的边界，压力线则指的是价格不再向上移动的边界。虽然这些线常常是由过去的价格来估计的，但从估价模型中得到的价值区间可被用来决定这些线的位置（也就是说，最大值为压力线，最小值为支撑线）。

A. 市场本身可以被估价，并且可以和当前水平相比较。

B. 估价模型可被用来对大量股票进行估价，不同行业的结果可被用来确定市场是被高估还是被低估。例如，与低估股票的数量相比，当使用估价模型得出高估股票的数量有所增加的判断时，即有理由相信市场已被高估了。

6. 有效市场主义者

有效市场主义者相信市场价格在任何时点上都代表了对公司真正价值的最好估计，任何试图在市场有效性上挖掘优势的企图都会导致成本大于可获利润的结果。他们认为，通过市场来收集信息是非常迅速且比较正确的，边际投资者可以积极地发掘任意无效情况，且任何市场无效都是由诸如交易成本且无法被利用等冲突所带来的。对有效市场主义者来说，估价是一个有用的练习，可以用其来解释某只股票会在现在这个价位上销售的原因。由于其所隐含的假设是市场价格是对公司真实价值的最好估计，因此其目标也就变成了要确定由市场价格暗示的有关成长与风险的假设，而不是寻找低估或高估的公司。

1.4.2 收购分析中的估价

估价应该在收购分析中扮演一个核心的角色。出价的公司或个人不得不在出价之前即确定一家公司的公允价值，但是目标公司也要在接受或者拒绝出价之前先给自己的公司确定一个合理的价值。

合并估价中要注意一些特殊问题。第一，要考虑到协同效应的存在，它是指许多经理能够预计到的合并之后发生的价值增值，因为合并后公司可以完成合并前个体公司所无法完成的活动。协同对于两家公司（目标公司和收购出价公司）合并价值所产生的影响必须在收购决定做出之前就予以考虑。第二，要考虑控制权的价值，它被用来衡量改变管理层和重组目标公司对价值所产生的影响。在决定公允价值时一定要考虑控制权的影响，在恶意收购的情况下更是如此。

如前所述，在收购估价中存在着重要的偏见问题。目标公司可能在估价时过于乐观，特别是在发生恶意收购时，他们要试图使其股东相信报价过低。同样地，如果从战略意义上考虑，如果发起收购的公司已经决定进行收购，那么由于分析人员要做出支持这种收购的估价，因此其将面临非常大的压力。

1.4.3 公司理财中的估价

对公司生命周期中每一个环节的估价都有其特定的作用。对想要进行扩张的小型私人公司来说，当其想要取得风险资本且希望通过与私募投资者的接洽来获得更多资本时，估价就会起到非常关键的作用。风险投资者因为投资而持有一家公司股份的数量取决于其对公司价值的估计。当公司规模变大并决定上市时，估价决定了其上市时在市场上的发行价格。一旦做出估价，那么如何投资、借多少钱、支付给所有者多少回报等都将受到估价的影响。如果公司理财的目标是公司价值最大化,[①] 那么分析人员就必须对财务决策、公司战略和公司价值之间的关系做出具体论述。

最后，要想让股东满意，价值增值已经成为管理层顾问和首席执行官的要务，而要做到这一点就必须理解价值杠杆的含义。事实上，许多咨询公司已经形成了其自己的估价衡量方法——例如，经济增加值（EVA）和投资的现金流回报（CFROI）——其认为这些方法的使用有助于价值的提升。

1.4.4 以法律和税务为目的的估价

虽然看起来似乎有点世俗，但大多数估价（特别是私人公司）都是以法律和税务的目的进行的。每当有新合伙人加入或旧合伙人退休时，合伙企业即需要被重新估价；当合伙人解散时，合伙企业也需要被重新估价。出于征收财产税的原因，当公司的所有人死亡时，以及出于离婚收入分配等原因，当夫妻离婚时公司也一定要被重新估价。虽然由于法律原因对公司进行估价时所使用的估价原理与进行其他估价并没有多大的区别，但其目标往往更侧重于提供一种让法庭能够接受的估价，而不一定是“正确的”估价。毕竟，在法庭上法律先例和法律语言常常会超出常理。

1.5 结论

在诸如公司理财、合并与并购以及投资组合管理等财务方面，估价都起着关键的作用。本书所展示的模型为各领域的分析人员提供了其可以选用的一系列工具，但我们仍旧有必要再重复一下谨慎性。估价不是一个客观的运动，分析人员带到估价过程中的任何先知和偏见都会对最终的估价产生影响。

---

① 大多数有关公司理财的理论都建立在这一前提的基础之上。

第 1 部分　折现现金流估价法

一般地，折现现金流估价法的前提是资产的价值是其期望现金流的现值。由于它在众多估价法中处于最为核心的地位，因此在下面 5 章（即第 2 章 ~ 第 6 章）中，将会重点考察在使用折现现金流估价模型时将会遇到的有关估价方面的问题以及应用方面的挑战。

在第 2 章中，我们首先考察应如何最好地估计股权成本、债务成本和整体资本成本。在这一过程中，我们将简要探讨在财务及其隐含假设方面所使用的不同风险收益模型，以及估计这些模型中所用参数的最好方法。

在第 3 章中，我们将注意力转移到对现金流的估计上。首先我们试图考虑如何对财务报告中的会计利润进行调整，使之更符合企业的现实情况，并保持一贯性。然后再来探讨用以估计现金流的税率及对再投资进行估价时应当和不应当予以考虑的项目。

在第 4 章中，我们将考察估计成长率所使用的不同方法。在指出历史法和管理层（或分析人员）对成长率估计的有限性之后，我们将公司的期望成长率与其诸如再投资的幅度以及再投资的结果等再投资政策相联系。我们还会考虑在估计期末如何最好地估计最终价值。

在第 5 章中，我们将考察股权估价模型，从股利折现模型开始，并将这一模型的结果与自由现金流股东权益模型相比较。

在第 6 章中，我们将列举一系列公司或企业的估价模型，从资本成本法开始，另外还有调整现值法和超额收益模型等。虽然使用这些模型基本都能够得出相同的结果，但我们仍旧会指出每种方法各自的优缺点。

第 2 章 估计折现率

折现现金流估价法中所使用的折现率应该反映该现金流的风险。具体来说，债务成本必须包括由于债务违约风险而产生的违约溢价或利差，股权成本则必须包括与股权风险有关的风险溢价。但是，如何来衡量违约和股权风险呢？而且更重要的是，如何计算违约和股权风险的溢价呢？

在本章中，我们建立了分析估价风险的基础。我们将列示用来衡量风险的不同模型，并将对这些风险的计量转换为可接受的利率下限。我们从对股权风险的讨论开始，来考察可分散风险与不可分散风险之间的区别，以及对风险已被充分分散的投资者来说，只有后一种风险才会起作用的原因。此外，我们还要考察如何利用不同的风险收益模型来衡量这种不可分散风险。本章的第二部分将探讨违约风险，以及评级机构衡量其所采用的方法。另外，我们还将讨论导致违约利差的决定因素以及违约利差可能会随着时间的变化而发生变化的原因。最后，我们还试图将讨论应用于实际，即将股权成本和债务成本相结合来估计资本成本。

2.1 什么是风险

风险对于大多数人来说代表着在生命中进行博弈的可能性，即我们可能会得到并不喜欢的结果。例如，开车太快所带来的风险是会得到一张超速罚款单，或是更糟的情况，即造成事故。事实上，Webster 词典将风险定义为“易于遭受损失或破坏”。因此，风险几乎完全被理解为一个负面的含义。

在估价中，我们对风险所下的定义不同于上述定义，且更为宽泛。在我们看来，风险代表着从一项投资中得到的收益与我们所期望的收益有所不同的可能性。因此，风险不仅包含了不好的结果，（收益低于预期），也包含了好的结果（收益高于预期）。事实上，我们可以把前者看作向下的风险，而把后者看作向上的风险；而在衡量风险时则会将这两个方面都考虑进去。事实上，我们对财务风险进行定义的精髓在中国的汉字中得到了最好的体现，“risk”一词可被译为：

危机

第一个字符代表着“危险”，而第二个字符则代表着“机会”。也就是说，这使“风险”成为“危险”和“机会”的混合物。它清晰地描述了投资者或企业所必须做出的权衡，即“机会”所形成的高额收益和作为“危险”的后果所必须承受的更高的风险之间的权衡。

本章的大部分内容可以被看做是在尝试建立一个模型，以使之最好地衡量任何投资所带来的风险，然后再将其转换成机会，而这种机会将成为我们面临危险所得到的补偿。用财务名词来说，我们把危险叫做“风险”，而把机会叫做“期望收益”。我们认为，投资者应该已经意识到投资中会存在风险的问题。由于上市公司有上千位投资者，而其常常会有不同的看法，因此本章将会依据具体情况展开进一步的探讨。我们认为，风险不应该仅仅由持股投资者的看法所决定，而且还应受边际投资者看法的左右，我们把边际投资者定义为可能在任意时点进行交易的投资者。

2.2 股权成本

股权成本是每一个折现模型的关键部分。因为它是隐含成本，所以很难估计；而且即使是在同一家公司中，对于不同的投资者来说，也相差较大。在本节中，我们将首先考察股权成本的内在基础，然后再具体说明估计股权成本所使用的不同方法。

2.2.1 直觉基础

正如我们在第1章中所提到的，股权成本是投资公司的股权投资者希望通过其投资来赚取的收益。这带来了以下两个问题：第一，股权成本是一种隐含成本，它不像债务中的利率，因此无法通过直接观察来获得；第二，期望收益率不需要在某公司所有股权投资者那里保持一致。对同一项投资来说，风险厌恶特征不同的投资者极有可能确认不同程度的风险，并要求不同的收益率，因此估价就因为必须完成以下两项任务而变得极具挑战性：第一项任务为，通过洞察投资项目的股权投资者的心理来把隐性成本变成显性成本；第二项也是更令人吃惊的任务为，在对公司估价时即计算出不同投资者都能接受并认可的可作为股权成本的收益率。

2.2.2 估计方法

估计公司股权成本有如下三种方法。第一种方法为生成衡量投资风险的模型，并将风险衡量转化为期望收益，也就是该项投资的股权成本。第二种方法是观测所有股票的长期收益率，并找出最能说明收益差别的公司特征，然后用其来预测个体公司的期望股权收益。最后一种方法是用观测到的风险资产的市场价格来反推投资者对其投资所可以接受的收益率。

1. 风险收益模型

有关现代投资理论的历史的很大一部分，是在介绍如何建立衡量投资风险并将之转换为期望收益的模型。在本节中，我们将探讨建立这些模型的基本步骤，并介绍一些其他相关模型。

1）建立风险收益模型的步骤

为说明风险在现代财务中的作用，我们分三步对风险进行分析。第一步，按实际收益在期望收益附近的分布来定义风险。第二步，区分仅对一项或几项投资产生影响的特定风险和影响所有投资项目的风险。我们认为，在一个边际投资者充分分散的投资市场里，只有后一种风险（被称为市场风险）将会获得收益。第三步，要考察衡量该市场风险及其相应的期望收益的其他模型。

第一步：衡量风险

拥有资产的投资者期望在持有资产期间获得收益。然而，在该期间内其实际收益可能会与期望收益相差很大。这种实际收益与期望收益之间的差异就导致了风险。例如，假设你作为一个投资者购买了某一年期的国库券（或者无违约风险的一年期债券），其一年的期望收益率是5%。在其为期一年的持有期期末，其实际收益率也将会是5%，与预期收益率相同。这是一项无风险投资。为与该项无风险投资形成对比，下面我们来看一个投资于谷歌公司的股票投资者的例子。通过该投资者所做的研究，她得出结论认为在一年的持有期间内可获30%的期望收益。但在这一期间内，实际收益率肯定不会正好等于30%，它将会更高或者更低。注意，在这种情况下实际收益与期望收益是不同的。实际收益与期望收益之间的差别可以用分布的方差或标准差来衡量：实际收益与期望收益相差越大，方差值也就越大。

应该注意的是，在实务中看到的期望收益与方差几乎都是根据历史收益而不是期望的未来收益而得出的，这样做所基于的假设即在于历史收益是有关未来收益分布的非常好的指示器。但当该假设不成立时，比如当随着时间的推移资产特征发生显著改变时，则不能利用这一历史估计来对风险进行很好的衡量。

第二步：可分散风险和不可分散风险

虽然导致实际收益与期望收益之间存在差异的原因有很多，但可以将这些原因大致分成两类：公司特有的原因和整个市场的原因。由公司自身的行为所导致的风险只会影响一项或几项投资，而由整个市场的原因所引起的风险则会影响到许多甚至所有的投资。上述区别对于估计财务风险的方法来说极为重要。

对于公司特有的风险来说，我们认为其包含一系列风险，从公司可能错误地判断客户对产品的需求的风险开始，并将其称为项目风险。由于竞争者的实际实力比预期的强或弱所带来的风险，我们将其称之为竞争风险。事实上，我们将对风险的计量拓展到整个行业，但也只局限于该行业，并将此类风险称之为行业风险。这三种风险，即项目风险、竞争风险及行业风险的共同点是它们只影响所有公司的一个很小的层面。另外一些风险所影响的层面则往往更加广泛，它们几乎会影响所有的投资。例如，当利率上涨时，所有的投资都会受到影响，但影响的程度会有所不同。同样地，当经济发展放缓时，虽然所有公司都会受到影响，但周期性公司（如汽车、钢材和房屋等）所受到的影响将表现得更为明显。我们将这种风险称为市场风险。

对于有些风险的归类则会落在中间的灰色地带，且对其的认定取决于它们所影响的资产的数量。比如，当美元对其他货币的比率升值时，将对拥有国际业务的公司的获利和价值产生深远的影响。如果市场中大多数公司都拥有国际业务，则此类风险应被认定为市场风险；而如果只有少量公司拥有此类业务，则该风险就接近于公司特有的风险。图 2—1 总结了公司特有的风险和市场风险的风险细分。

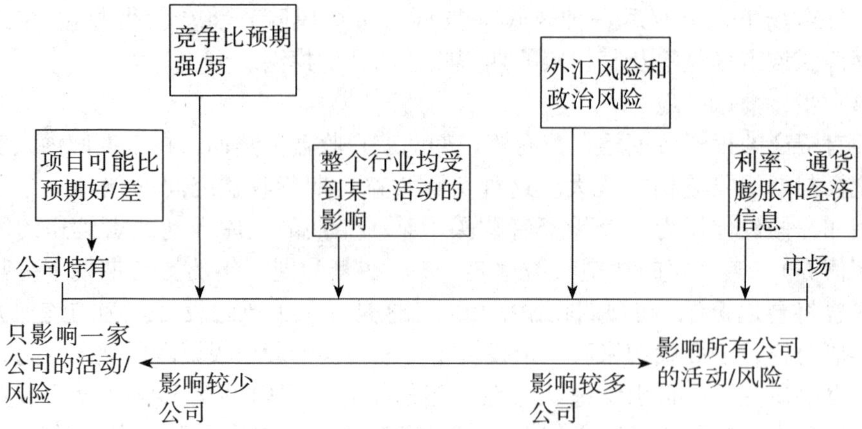

图 2—1　风险细分

作为投资者，你可以将所有的组合投资于某一项资产。然而一旦你这样做，就将暴露于公司风险和市场风险之中。但如果你将组合扩展到包含其他资产或股票，那么你就是在分散投资。而这样做鉴于如下两个原因可以减少公司特有风险的受险面：第一，与不进行分散投资的情况相比，分散投资组合中的每一项投资都只是整项投资中的一小部分。因此，任何使该项投资或其一小部分投资发生价值增减的活动，对你的整体投资组合来说都只会产生较小的影响。第二，在一定时间内，个别公司的活动对个别资产价值的影响可能是正面或负面的；一些公司将会披露好消息，同时其他公司却可能披露坏消息。因此在大额投资组合中，风险将会被轧差为零（至少要经过一段时间），而其对组合的整体价值并不会产生多少影响。相比之下，对组合中几乎所有的投资来说，整个市场的运转对其所产生的影响几乎都是同向的，尽管某些资产受影响的程度可能会比其他资产更大一些。例如，其他因素相同的情况下，利率的提高将会降低投资组合中大多数资产的价值，因此进行再多的分散投资也不会消除此风险。

第三步：假设边际投资者的投资是充分分散的

无论是从直觉上看还是依据统计结果来看，对于分散投资的投资者来说，其风险敞口的降低作用都是很明显的，而财务中的风险收益模型又将其向前推进了一步。这一模型是从那些可以在任意价格条件下进行交易的投资者（即边际投资者）的角度出发的。他们通常认为，对于已决定投资价格的投资者来说，其投资是充分分散的，因此，他们所关心的唯一风险是在充分分散的投资组合的基础上追加的风险，即市场风险。那么，这是一个现实的假设吗？考虑到边际投资者必须拥有和交易诸多股票的事实，实际上我们指的可能是对很多大型或中型上市公司，即共同基金或养老基金，进行投资的机构投资者。[①] 机构投资者倾向于分散投资，但对于不同的投资者来说，其分散的程度可能会有所不同。

当考察更小的和不经常交易的公司以及非公众公司时，关于边际投资者充分分散的观点就缺乏说服力了；而对小型的私人企业来说，这一观点则几乎完全不适用。本章稍后部分将会讨论如何通过更好地修改传统的风险收益模型来估计上述公司的股权成本。

从长远来看，我们认为，分散投资的投资者将会把没有分散投资的投资者挤出市场。毕竟，与分散投资所面临的风险相比，未分散投资所面临的投资风险通常会更高。因为分散的投资不负担任何公司特有风险，而未分散投资却必须负担。如果两个投资者关于某项资产的未来收益现金流的期望值相同，则分散投资的投资者将更倾向于愿为此项资产支付更高的价格，因为其所面临的风险更低。结果是，一段时间以后资产最终将会落到分散投资者的手中。

2）衡量市场风险的模型

虽然在财务中应用大多数传统风险收益模型进行风险分析的前三个步骤（也就是，风险来自于实际收益对预期收益的分布、风险的衡量应该基于充分分散的边际投资者的立场）基本是相同的，但在衡量市场风险或不可分散风险时情况则会有所不同。在本节中，我们将讨论用于衡量市场风险的不同模型及其相互之间存在差异的原因。首先仍从财务中衡量市场风险的默认模型，即资本资产定价模型（CAPM）开始，然后再来讨论过去30年来发现的其他可供选择的模型。

要考察CAPM的基础，则应先考虑以下问题，即如果分散投资真的有好处，那么为什么大多数投资者并不进行分散投资呢？事实上，有如下两方面的原因。第一，由于分散投资的边际收益会随着投资的增加而减少，因此其必须与增加的成本相抵消。而且，即使只有很少的交易成本，也总会有成本超过收益的时候。第二，大多数积极的投资者相信他们能够挑选出被低估的股票（也就是比市场中其余股票表现得好的股票）。CAPM是建立在如下两个关键假设的基础之上的，即没有交易成本以及投资者无法得到保密消息（允许他们找到低估或高估的股票）。换句话说，上述假设未将投资者不再进行分散投资的理由考虑进去。这样做可以保证投资者不断分散其投资，直到其持有所有上市公司的资产（即CAPM中所谓的市场组合）；同时，保证其只在以下方面存在差别，即其将财富在市场组合上投入多少和在无风险资产上投入多少的问题上存在差别。于是，投资于任何一项资产所带来的风险都演变成了投资于上述市场组合所增加的风险。直观上说，如果一项资产的运动独立于市场组合的运动，那么它不会增加市场组合的风险。换句话说，这项资产中的所有风险都是公司特有风险，都可以通过分散投资而消除。相反地，如果一项资产的风险随市场组合风险的上升而上升，随市场组合风险的下降而下降，则其将

---

① 事实上，有时创业者/CEO往往拥有大型上市公司的大部分股票：甲骨文公司（Oracle）的拉里·埃里森和微软公司的比尔·盖茨都是很好的例子。但是，这些内部人士永远不会成为边际投资者，因为内部交易法和对保持公司控制权的要求限制了他们的交易。

会增加市场组合的风险。也就是说，这项资产具有较多的市场风险，具有较少的公司特有风险。从统计上讲，我们可以通过这项资产与市场组合的协方差来衡量这种资产相对于市场而言增加的风险。由于协方差是一个百分比数值，因此很难通过该数值对投资的相对风险进行判断。换句话说，假设我们知道谷歌公司对市场组合的协方差为55%，但其并没有提供给我们关于谷歌公司与平均资产相比风险更高或更低的任何信息。因此，我们将对风险衡量进行标准化，即用每项资产对市场组合的协方差除以市场组合的方差，这也就得出了这项资产的β值。

$$\text{资产 i 的}\ \beta\ \text{值} = \frac{\text{资产 i 对市场组合的协方差}}{\text{市场组合的方差}} = \frac{Cov_{im}}{\sigma_m^2}$$

由于市场组合对其自身的协方差就是其方差（即市场组合的方差），因此延伸到市场中的平均资产的话，其值应该为1。风险高于平均资产风险的资产，其β值高于1；风险低于平均资产风险的资产，其β值则低于1；而无风险资产的β值为0。任何一项资产的期望收益可以写成与无风险收益率、资产β值以及投资于平均风险资产的风险溢价有关的函数：

资产 i 的期望收益 = 无风险利率 + 资产 i 的β值 ×（平均风险资产的风险溢价）

综上所述，在CAPM中，所有的市场风险都通过β值来体现，并通过与市场组合的比较来进行衡量；而且从理论上讲，这种市场组合至少应包括按市场价值份额持有的市场上所有正在交易的资产。

CAPM是到目前为止最著名的模型，它将资产对全部市场的风险用一个数字（即此项资产的β值）来表达，但此模型的上述做法是以做出针对交易费用和保密信息等限制性条款为代价的。套利定价模型（APM）则放松了对这些假设的要求，只要求与市场风险具有相同敞口的资产以相同的价格进行交易。它允许市场风险有多种来源，并允许资产对市场风险的不同来源有不同的敞口（β值）。它估计市场风险敞口的个数和针对这些来源的每一家个体公司的β值，然后再用叫做因子分析的统计技术进行分析。① 最后得到的结果是一项资产的期望收益可以写作多项风险敞口的函数，并被列示如下：

$$E(R) = R_f + \beta_1[E(R_1) - R_f] + \beta_2[E(R_2) - R_f] + \cdots + \beta_n[E(R_n) - R_f]$$

其中，R_f = 0 − β组合（或无风险组合）的期望收益；$E(R_j) - R_f$ = 因子 j 的期望风险溢价。

括号里的内容可被看做对模型中各因子的风险溢价。综上所述，APM是CAPM更为通用的版本。APM以不明确的市场风险因子来代替市场组合，并用与这些因子有关的β值来代替市场β值。

APM不能明确模型中的因子，这在统计上来说可能是个优势，但从直觉上来看却是一个弱点。实际上，解决其的方法很简单：用特定的经济因子来代替未确认

① 要观察因子分析的内在基础，首先应注意市场风险会同时影响所有的或大多数投资。在因子分析中，我们通过历史数据梳理出价格运动的共同模式。当发现一个模式的时候，我们就将其称之为因子。因子分析的结果包括资料中发现的共同模式（因子）的数量和每个资产相对于因子的敞口（β值）。

的统计因子，所得到的模型就既具备了经济基础，同时还保留了套利定价模型的大部分优点。这也正是多因子模型试图要做到的。一旦APT模型中的因子个数被确定下来，我们就可以从资料中了解其某段时间的表现。另外，一段时间之后，我们还可以通过比较未确认的因子与宏观经济变量的表现来得出这些变量与确定的因子之间是否具有相关性。例如，Chen、Roll和Ross（1986）[①] 认为，下列宏观经济变量与因子分析中的因子密切相关：工业生产、违约溢价的变化、期限结构的变化、非预期的通货膨胀和真实收益率的变化等。可以使用这些变量来得出期望收益的模型，其中包括根据每个变量计算得来的公司特有的β值。

$$E(R) = R_f + \beta_{GNP}[E(R_{GNP}) - R_f] + \beta_I[E(R_I) - R_f] + \cdots + \beta_\delta[E(R_\delta) - R_f]$$

其中，β_{GNP} = 和工业生产变化相关的β值；$E(R_{GNP})$ = 工业生产因子β为1、其他因子β为0的投资组合的期望收益；β_I = 和通货膨胀变化相关的β值；$E(R_I)$ = 通货膨胀因子β为1、其他因子β为0的投资组合的期望收益。

从APM到宏观经济多因子模型的成本都可以直接追溯到确认因子的错误当中。模型中的经济因子会随时间的变化而发生变化，与之相关的风险溢价也会随之改变。例如，油价波动在20世纪70年代是决定期望收益的重要因子，但在20世纪八九十年代就不再那么重要了。在多因子模型中使用错误的因子，或缺少重要的因子将会导致对期望收益的次优估计。

上述三个风险收益模型有一些共同的假设。它们均假设只有存在市场风险的情况下才能获得收益，并均将期望收益定义为风险衡量的函数。CAPM对市场的运作做了最具限制性的假设，但却得出了输入变量最少的模型，且只需要估计一个风险驱动因子。APM做出的假设更少，但得出了更为复杂的模型，至少从需要估计的参数方面来讲是这样的。总的来说，CAPM的优势在于模型的估计和使用比较简单；但当一项投资对某些市场指数代表性不强的经济因子非常敏感时，CAPM则不如内容丰富的APM所得出的结果。例如，对于石油公司的股票来说，其风险大多来自于油价的变动，因此CAPM下的β值往往较低，期望收益也较低。而使用APM模型时，由于可以用其中一个因子来衡量石油和其他商品的价格，因此将会得出较好的风险估计和更高的期望收益。[②]

那么，上述哪个模型更为有效？β值对风险的代表性强吗？它与期望收益相关吗？事实上，对这些问题的回答，在过去的20年里一直存在着广泛的争论。对CAPM的检验表明，β值与收益是正相关的，虽然其他的风险度量工具（比如方差）也能够解释实际收益的差异。这些不一致应归咎于检验技术的有限性。虽然通过APM的初始检验表明，其在解释收益的差异问题上可能更为准确，但我们仍旧要对使用这些模型来解释过去收益的差异和预测未来的期望区别看待。很明显，

---

① N. F. Chen, R. R. Roll and. A. Ross, "Economic Factors and the Stock Market", *Journal of Business*59 (1986): 383 - 403.

② F. Weston and T. E. Copeland, *Managerial Finance* (Fort Worth, TX: Dryden Press, 1992)。Weston和Copeland使用两种方法来估计1989年石油公司的股权成本，用CAPM得出的结果为14.4%，用APM则得出19.1%的结果。

CAPM的竞争者在解释过去收益方面有着更好的表现，因为它们不像CAPM那样将自己限定为一个因子。但在试图预测未来期望收益时，多因子的扩展则成为了一个问题，因为β值和每一个因子的溢价都需要进行估计。由于因子溢价和β值本身就具有波动性，因此估计所带来的错误可能会抵消从CAPM向更复杂模型转换所带来的好处。

最后，资本资产定价模型能得以保留下来并成为现实世界中用以衡量风险的默认模型，这充分地证明了其内在的吸引力，同时也证明了更复杂的模型并不能提高期望收益的估计质量。我们认为，在不过分依赖历史资料的情况下，正确使用CAPM仍是处理估价中风险最为有效的方法。

3）估计风险收益模型中的参数

股权成本是股权投资者向一家公司投资时所要求的股权收益率。在下面的章节中，所有风险收益模型都要有无风险利率和风险溢价（在CAPM中）或多个溢价（在APM和多因子模型中）。在具体估计β值之前，我们将先讨论这些相同的输入变量。

4）无风险利率

财务中的大部分风险收益模型都是从定义无风险资产开始的，并使用这一资产的期望收益率作为其无风险利率。然后，再将风险投资的期望收益与无风险利率进行比较，并对风险投资的收益率进行计量，其所得出的结果是在无风险利率的基础上再加上一个期望风险溢价。

（1）决定无风险利率

我们对无风险资产所作的定义为企业可以确切知道其期望收益的资产。判断一项资产是否是无风险投资（也就是实际收益等于期望收益）必须满足以下两个条件：

A. 没有违约风险，这也就意味着该证券应该是由政府发行的。但要注意的是，其实并不是所有的政府都从不违约，而且政府或主权国家违约所带来的违约风险将使对一些货币的无风险利率的估计变得非常困难。

B. 再投资利率不能带有不确定性，这即意味着不能有中途的现金流。为解释这一点，假定你要估计5年期债券的期望收益，则你首先需要一个无风险利率。6个月期限的国债利率虽然没有违约风险，但这并不代表就没有其他风险。事实上，这里存在再投资风险，即我们无法知道6个月后的国库券的利率水平如何。即使5年期的债券也不是无风险的，因为债券的息票将会以不可预知的利率被再投资。5年期的无风险利率，一定是无违约风险（政府）的5年期零息票债券的期望收益率。

绝对主义者对无风险利率的看法是，不同时期和不同期望收益下的现金流需要不同的无风险利率。然而从实务上来说我们还应该注意到，在大多数可以常态运转[①]的期限结构下，使用随时间的推移而变化的无风险利率对现值的影响将会很小。在这种情况下，我们可以使用持续期匹配战略，使无风险资产使用的无违约证券的持续期与分析中现金流的持续期相匹配。在现金流将会延展很长一段时间（或者为无限期间）的情况下，估价的逻辑结果将会是无风险利率几乎都应为长期利率。通常对于大多数货币来说，都存在一个10年期的政府债券，且能够提供对无风险利率的合理计量。[②]

（2）现金流和无风险利率：一致性原则

对期望收益无风险利率的计量应该与现金流的计量保持一致。如果现金流是名义上的，那么无风险利率也应该用估计现金流所使用的相同货币来进行估计。这也暗示着，资产或公司的所在地不能决定对无风险利率的选择，这一选择是由被估计的项目或公司现金流的币种所决定的。因此，我们按美元折现率用美元来对一家墨西哥公司估价，或按比索折现率用比索对其进行估价。如果采用前者，则需要用美元国债利率来作为无风险利率；而如果采用后者，则需要用比索折现率来作为无风险利率。

在发生较高通货膨胀的情况下，通常以实际货币单位进行估价。更确切地说，这代表着现金流要使用实际成长率来进行估计，而不是使用由通货膨胀所带来的成长率。为保持一致，在这种情况下所使用的折现率应为实际折现率。要想得到实际的期望收益率，则需要从实际的无风险利率开始。虽然政府票据和债券在名义上是无风险的，但按实际货币进行计量时却不是这样的，因为期望的通货膨胀率是波动的。从名义利率中扣除通货膨胀率以得到实际无风险利率的做法为估计实际无风险利率提供了较好的方法。直到最近，只有很少的无违约风险交易证券被用来估计实际的无风险利率，但通货膨胀指数国债产品的引入填补了这个空白。通货膨胀指数国债产品无法保证为购买者提供名义收益，相反它能够提供的是实际收益。例如，在2005年早期，美国10年期的通货膨胀指数国债利率仅为2.1%，比10年期国债的名义利率4.3%要低得多。

（3）零违约公司的无风险利率

到目前为止，我们已进行的上述讨论一直是在政府不会违约的假设（至少对本国货币的借款而言）条件下展开的。在很多新兴的市场中，这些假设可能有些不太合理。即使是在借入本国货币的情况下，这些市场中的政府也可能会违约。在这种情况下以及很多政府不发行以本国货币计价的长期债券的情况下，想要取得此币种项下的无风险利率，尤其是长期利率，就会变得非常困难。当上述情况发生时，可以用以下变通方法得出符合情理的无风险利率的估计值：

第一，找到市场中最大的和最安全的公司，并使用其用本币在长期借款中支付

① 对于表现好的期限结构来说，其通常会包含一个正常且向上的收益曲线，其中长期利率与短期利率相比几乎要高出2到3个百分点。

② 一些政府确实发行30年期或更长期限的债券。我们没有理由不将其作为无风险利率来使用。但在估计违约利差和股权风险溢价时可能会出现问题，因为相对来说，10年期证券的信息往往更容易获得。

的利率来作为估计无风险利率的基础。尽管这些公司的规模很大，且具有一定的稳定性，但仍然存在违约风险。因此，可以用比大型公司借款利率稍低[①]一些的利率来作为无风险利率。

第二，如果在某币种下有以货币为目标的长期远期合约存在，则可以利用利率一致性和国债利率（或其他基础货币项下的无风险利率）来估计本地的借款利率。[②]

第三，可以用估计债券违约利差的方法来调整本币政府借款利率以获得无风险的本币利率。政府债券的违约利差可以用许多国家已使用的本国货币评级[③]来估计。例如，假设以名义巴西雷亚尔（BR）来计算，巴西政府债券的利率为12%。另外，对于巴西政府的地方货币评级为BBB，如果BBB评级债券的违约利差是2%，则无风险的巴西雷亚尔利率将为10%：

无风险的BR利率＝巴西政府债券利率－违约利差＝12%－2%＝10%

由于在一些新兴的市场中，估计以本国货币为基础的无风险利率的难度通常比较大，因此很多分析人员会选择以美元或欧元计价的公司来进行估价。

2. 风险溢价

很明显，风险溢价在所有的资产定价模型中都是非常重要的信息。在本节中，我们首先考察决定风险溢价的基本因素，然后再来探讨用以估计这些溢价的可行方法。

1）风险溢价应该衡量什么

资本资产定价模型中的风险溢价衡量的是投资者要求的额外收益，正是这种额外收益使其愿意将钱从无风险投资转为对有平均风险项目的投资。事实上，它应该是以下两个变量的函数：

A. 投资者的风险厌恶程度。越是厌恶风险的投资者，在将旗下资产从无风险资产转换为有风险资产时越会要求更大的溢价。对于投资者来说，有些风险厌恶可能是天生的，而有些则是关于经济前景（当经济形势很好的时候，投资者可能更愿意冒风险）以及对市场现状所得出经验（风险溢价在发生较大的市场回落之后可能会冲高）的函数。

B. 平均风险投资的风险性。当认为平均风险投资中的风险性有所提高时，溢价也应相应提高。然而，关键的问题是，投资者所认定的平均风险投资可能会随着时间的推移而发生变化，并导致风险溢价也随之改变。

由于市场中的各投资者都会对可以接受的溢价做出不同的估计，因此这个溢价

---

① 用公司借款利率减去1%（这是美国高评级公司债券的典型违约利差）来得到对无风险利率的合理估计。

② 例如，如果现在时点的利率为38.10泰铢/1美元，则10年期的远期利率为61.36泰铢/1美元。若此时10年期美国国债的利率为5%，那么10年期的泰国无风险利率（以名义泰铢计）可以通过如下公式来估计：

$$61.36 = 38.1 \times \left(\frac{1 + 利率_{(泰铢)}}{1 + 0.05}\right)^{10}$$

对上述函数方程求解，可得出泰国10年期无风险利率为10.12%。

③ 总体上来说，评级机构对本国货币借款和美元借款的评级是不同的，前者通常要高于后者。

将成为多个个别溢价的加权平均数，其权数则是投资者所投资金占整个市场全部资金的比重。同样地，在套利定价模型和多因子模型中，个别因子的风险溢价以财富为权数，是个别投资者对各因子需求的溢价的加权平均数。

2）估计风险溢价

估计资本资产定价模型中的风险溢价有如下三种方法：调查大规模投资者对未来的预期、通过历史数据来取得过去期间的实际溢价以及从现存的市场数据中提取隐含的溢价。套利定价模型和多因子模型的溢价只能从历史数据中获得。

（1）调查溢价

由于溢价是每一位投资者所要求溢价的加权平均，因此估计溢价的一种方法即是调查投资者对其未来的预期。然而，调查所有的投资者显然是不实际的，因此大多数调查都集中在对投资组合经理的调查上。比如，晨星（Morningstar）公司会定期调查个别投资者期望从股票投资中获得的收益。美林证券（Merrill Lynch）对股权组合经理也进行了同样的工作，并在其网站上发表结果。虽然从这些调查中我们可以获得一些数字，但实际上很少有从业者会使用这些调查溢价，其原因包括如下三点：

A. 对合理性未加限制。比如，被调查的人可能会提供低于无风险利率的期望收益。

B. 调查得出的溢价可能会发生非常剧烈的波动；调查溢价可能会发生戏剧性的变化，很大程度上可被看做近期市场活动的函数。

C. 调查溢价所需的期间通常更倾向于短期，即使最长期的调查也不会超过1年。

（2）历史溢价

在金融资产定价模型中最常使用的风险溢价估计方法是以历史数据为基础的。在APM和多因子模型中，溢价所基于的原始数据是非常长期间内的资产价格的历史数据。在CAPM中，溢价是依据相当长一段历史时期内股票的平均收益与无风险证券的平均收益之间的差异来计算的。

①估计的问题。虽然风险收益模型的使用者之间可能已经形成共识，那就是实际上，历史溢价是估计未来风险溢价的最好方法，然而实践中所使用的实际溢价却与其有着很大的不同。例如，美国市场上不同的投资银行、咨询公司和企业所估计的风险溢价最低为4%，最高则达到12%。由于其所使用的几乎都是1926年以来所有关于历史收益的同一个数据库（由Ibbotson协会所提供的综合数据），[①] 因此出现上述差异着实让人吃惊。上述风险溢价出现差异的原因可以被归结为以下3个方面：

A. 使用的时间段。很多人都在使用1926年以来的数据，也有几乎同样多的人正使用诸如50年、20年甚至10年等相对短期的数据来衡量历史风险溢价。短期

---

① 见“股票、债券、票据与通货膨胀（Stocks，Bonds，Bills and Inflation）”，1926年至今关于股票、长期国债、短期国债以及通货膨胀率年收益报告的合订版（www.ibbotson.com）。

数据的使用者的理由在于，通常平均投资者的风险厌恶程度经过一段时间之后会发生改变，而较短的或者更为近期的数据正好提供了更新的估计。但是，使用较短期间的数据也需付出一定的代价，那就是在风险溢价估计中出现更大的误差。事实上，在股价①年均标准差为20%的情况下，对不同期间与风险溢价估计相关的标准误差②的估计见表2—1。

表2—1 **风险溢价估计的标准误差**

估计期间	风险溢价估计的标准误差
5年	$\frac{20}{\sqrt{5}}=8.94\%$
10年	$\frac{20}{\sqrt{10}}=6.32\%$
25年	$\frac{20}{\sqrt{25}}=4.00\%$
50年	$\frac{20}{\sqrt{50}}=2.83\%$

注意，要想取得符合情理的标准误差，则需要使用相当长期间内的历史收益。相反地，用10年到20年的数据进行估计的标准误差可能会与所要估计的实际风险溢价一样大，甚至比它还要大。在我们看来，使用较短期间的数据所需支付的成本已经远远超出了由于期间短而带来的更新数据溢价所形成的任何优势。

B. 无风险债券的选择。Ibbotson数据库报告国库券和债券的收益与股票的风险溢价之间可以相互关联来进行估价。由于美国收益曲线在过去80年间一直处于向上倾斜的状态，因此风险溢价在与较短期政府证券（如国库券）相关联进行估价时往往其数值会比较大。用于计算溢价的无风险利率一定要与计算期望收益的无风险利率相一致。在关于公司理财和估价的大部分内容中，无风险利率将会是长期零违约（政府）债券的利率，而不是短期票据利率。因此，所使用的风险溢价应该是与长期债券相对的股票所获得的溢价。

C. 算数平均数与几何平均数。估计历史溢价中最终的切入点是与股票、国家债券、国库券等的平均收益的计算方法相关的。算数平均收益衡量的是一系列年度收益的平均数，而几何平均数考察的则是复合收益。③ 传统作法通常主张使用算数平均数。事实上，如果不同期间的年均收益之间互不相关，且我们的目标是估计明年的风险溢价，则算数平均数是对无倾向性溢价的最好估计。然而在现实中，也有很强势的观点主张使用几何平均数，并列出以下原因：第一，实证研究表明股票的

① 有关股票、债券和票据收益的历史数据，请查阅 www. stern. nyu. edu/ ~ adamodar 的子目录“updated data”。

② 这些标准误差可能被低估了，因为其是基于年度收益在一段时间内没有相关性这一假设的基础之上的。然而，有很显著的实证证据证明收益是具有相关性的，这也将导致对标准误差的估计要大得多。

③ 复合收益的计算是提取期初投资的价值（$价值_0$）和期末投资的价值（$价值_N$），然后再计算下列数值：

$$几何平均数=\left(\frac{价值_N}{价值_0}\right)^{1/N}-1$$

收益会随着时间的推移而呈现出负相关的特征。[①] 其所导致的结果是，算数平均数可能会高估溢价。第二，尽管资产定价模型可能是单一期间模型，但是通过这些模型所得到的较长期间（比如 5 年或 10 年）的期望收益却暗示着单一期间可能远不止 1 年。在这种情况下，采用几何平均溢价的立场就显得更为强势一些。

综上所述，不同的使用者会因为时段的选用、将短期国债还是长期国债作为无风险利率以及对算数平均与几何平均的使用等方面的不同，估计出不同的风险溢价。使用从 1928 年到 2004 年的收益数据，[②] 我们可以将上述选择加以总结，具体见表 2—2。

表 2—2　　美国 1928—2004 年间的历史风险溢价

	股票——短期国债		股票——长期国债	
	算术平均数	几何平均数	算术平均数	几何平均数
1928—2004 年	7.92%	6.53%	6.02%	4.84%
1964—2004 年	5.82%	4.34%	4.59%	3.47%
1994—2004 年	8.60%	5.82%	6.85%	4.51%

注意，基于所做选择的不同，表中的溢价也会有所不同，介于 3.47% 与 8.60% 之间。事实上，这些不同是由于所使用的风险溢价来自于 3 年、4 年或 10 年前的历史数据而造成的。如果遵循选取长期国债利率的长期几何平均溢价的原则，那么最合理的历史风险溢价为 4.84%。

②其他市场的历史溢价。虽然在美国股票收益的历史数据是很容易获得的，但对于外国市场而言想要获取这些资料却很难。有研究详细统计了 1900—2001 年间 17 个股票市场各自可能获得的收益，并将其与投资于债券市场所可能获得的收益进行了比较。[③] 图 2—2 分别列示了在这 17 个市场中，与投资长、短期国债相比，投资于股权的同期间的风险溢价（也就是额外收益）。

不仅每个被考察的股权收益比短期国债和长期国债的投资收益高，而且国家之间的差异也是很显著的。例如，如果你在西班牙投资，则按年计算的股票投资盈利也许只会超出短期国债 3%，超出长期国债 2%。而在法国，相应的数值则会是 7.1% 和 4.6%。因此，若考察期间为 40 年或 50 年的话，股票收益低于长期国债或短期国债收益是完全可能的，至少在一些股票市场上是这样的。换句话说，股票收益从长期来看一定会超过债券收益的观点不仅是危险的，而且也是不合情理的。如果在长期内股票投资所带来的收益总是高于无风险投资的收益，那么在相当长的时期内，对投资者来说股票本身就应该是无风险的。

① 换句话说，差的年份后面很有可能跟着好的年份，反之亦然。在 Fama 和 French 的文章中，一段时间内股票收益之间呈负相关的证据有很多（E. F. Fama and K. R. French，"Permanent and Temporary Components of Stock Prices"，*Journal of Political Economy* 96（1988）：246－273）。他们发现 1 年期股票的相关性较低，而 5 年期股票的负相关性对于所有股票来说其程度都很高。

② 短期国债利率、长期国债利率和股票收益的原始数据取自美国联储局圣路易斯联储分局资料档案。

③ E. Dimson，P. March and M. Staunton，*Triumph of the optimists*（NJ：普林斯顿大学出版社，2002）。

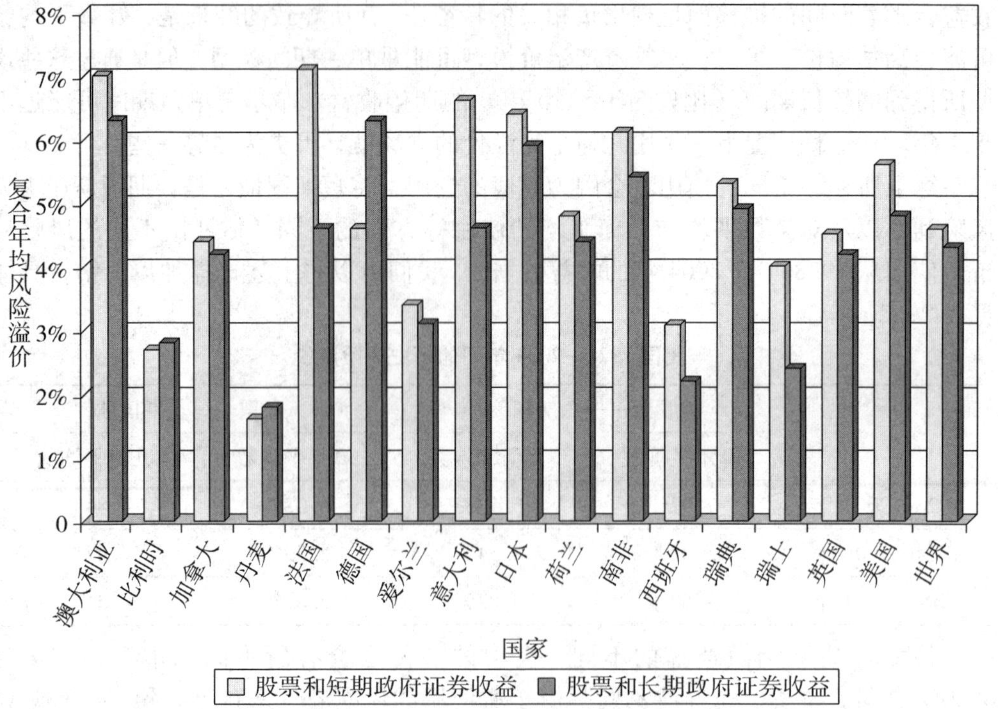

图 2—2　以国家列示的股权风险溢价

资料来源：Dimson 等人（2002）。股票与短/长期政府证券复合年均收益之间的差别已分别按各国家进行列示。

③国家风险溢价。在许多新兴市场中，历史数据留存的很少，数据的波动性也很大，以至于无法得出对风险溢价估计而言有意义的数值。要估计这些国家的风险溢价，就要从对在任何股权市场上都成立的股权风险溢价的估价开始：

股权风险溢价 = 成熟股票市场的基础溢价 + 国家溢价

国家溢价风险可以反映特定市场的额外风险。这将导致如下两个问题：

A. 成熟股票市场的基础溢价是什么？

B. 如何估计特定国家的额外风险溢价？

首先来回答第一个问题，我们认为，美国的股票市场是一个成熟的市场，而且在这个市场上对风险溢价进行估计有充足的历史数据。事实上，回顾对美国市场历史溢价的讨论，使用从 1928 年至 2004 年间股票超过国债的几何平均溢价 4. 84% 。我们选择长期以减少标准误差，选择国债使其与选取的无风险利率相一致，并且选择几何平均数来反映对长期期望收益风险溢价的估计。可以使用以下 3 种方法来估计国家风险溢价：

A. 国家债券违约利差。虽然衡量国家风险溢价可以有几种方法，但最简单和最容易切入的方法则是评级机构对每个国家债券的评级。标准普尔（S&P）、穆迪投资服务和惠誉国际等机构都对国家债券进行评级。这些评级衡量的是违约风险（而不是股权风险），但其也会也受到诸多股权风险驱动要素的影响——例如，某国货币的稳定性，预算与贸易之间的平衡以及该国的政治形势等。[①] 上述评级的优点之一即在于其是以美国国债的利差来体现的。例如，巴西于2005年早期被穆迪评为B1级，而10年期巴西C类债券（以美元计价的债券）定价的收益率则为7.75%，比10年期美国国债利率（4.25%）高3.5%。[②] 使用违约利差来衡量国家风险溢价的分析人员通常将其加在于巴西国内进行交易的公司的股权成本和债务成本上。如果假设美国和其他成熟市场的整体股权的风险溢价为4.84%（截至2004年年末的历史溢价），则巴西的风险溢价为8.34%。

B. 相对标准差。有些分析人员认为，市场的股权风险溢价应该反映股权风险的不同，这是通过市场中股权的波动程度来衡量的。对股权风险的一种传统的衡量方法是使用股价的标准差，通常较高的标准差来表示较高的风险。如果将一个市场股价的标准差与另一市场股价的标准差进行比较，就会得到一个相对风险的衡量值：

$$相对标准差_{X国}=\frac{标准差_{X国}}{标准差_{美国}}$$

用这一相对标准差乘以美国股票使用的溢价，就可以得出对任意市场总体风险溢价的衡量：

$$股权风险溢价_{X国}=风险溢价_{美国}\times 相对标准差_{X国}$$

假设目前，我们使用的美国成熟市场的股权风险溢价为4.89%，美国股票的年均标准差为20%。巴西股票市场指数的年均标准差[③]为36%，则能够得到巴西的总体风险溢价：

$$股权风险溢价_{巴西}=4.84\%\times\frac{36\%}{20\%}=8.71\%$$

可以将其从国家风险溢价中分离出来：

$$国家风险溢价_{巴西}=8.71\%-4.84\%=3.87\%$$

虽然从直觉上看这个方法很有吸引力，但在比较通过具有较大幅度偏离和较大流动性的市场所计算出来的标准差时就会出现问题。有些风险很大的新兴市场的股权市场标准差非常低，因为该市场缺乏流动性。使用这种方法将会低估这些市场上的股权风险溢价。

C. 违约利差加相对标准差。由国家评级得来的国家债券违约利差为该计算提供了重要的第一步，但它只衡量了违约风险的溢价。直觉上讲，我们希望国家股权风险溢价要大于国家债券违约风险利差。然而，要弄明白到底应大多少的问题，则要首先观察一下该国家股权市场的波动性和债券市场的波动性，然后通过比较找出这个利差。这也就得出了下面的关于国家股权风险溢价的估计：

---

① 国家证券评级的取得过程见S&P网站（www. ratings. standardandpoors. com/criteria/index. htm）。

② 上述数字的有限期截至2005年1月1日。虽然其是市场利率，一定程度上反映了市场预期，但国家债券违约利差经常波动，每天都有可能发生变动。为抵消这种波动所带来的影响，违约利差可以通过对不同期间的利差进行平均或通过在所有国家中使用与2005年早期与巴西评级相同的平均违约利差来予以标准化。

③ 美国和巴西的标准差都以两年为期（即从2003年年初到2004年年底）使用每周收益计算出来的。虽然也可以使用每日标准差做出相同的判断，但其可能会伴随着更多的专业交易。

$$国家股权风险溢价 = 国家债券违约利差 \times \left(\frac{\sigma_{股权}}{\sigma_{国家债券}}\right)$$

以巴西为例来予以说明。正如前面所提到的，巴西政府发行的、以美元计价的债券和以高于美国长期国债利率3.5%的违约利差进行交易。巴西股市指数的年标准差为36%，而巴西以美元计价的C级债券的年标准差为27%。[①] 因此，巴西额外的国家股权风险溢价为：

$$巴西国家股权风险溢价 = 3.50\% \times \left(\frac{36\%}{27\%}\right) = 4.67\%$$

注意，如果国家的评级下降，或股票市场的相对波动性增加，那么这个国家的股权风险溢价将会增加。另外，还要加上成熟市场的股权风险溢价。因此，如果使用这种方法，在美国股权风险溢价为4.84%的情况下，巴西的股权风险溢价将会为9.51%。

为什么股权风险溢价应该与国家债券违约利差有关系呢？一个简单的解释是，如果在巴西投资于以美元计价的政府债券能够得到7.75%的收益，那么某人不会将资金投资在收益为7.5%（以美元计价）的巴西股票市场上。这种方法和前一种方法都使用股票市场中的标准差来对国家风险溢价进行判断，但是它们依据的基础不同。这种方法以国家债券为基础，而前一种方法使用的则是美国市场的标准差。这种方法假设投资者更愿意在巴西政府债券和巴西股权中做出选择，而前一种方法则假设选择是在整个股票市场中进行的。

使用估计国家风险溢价的3种方法将会得出不同的估计数值，与使用国家债券违约利差和股权债券标准差的混合方法相比，用债券违约利差和相对标准差的方法得出的国家股权风险溢价会更低。例如，在上述例子中，使用后一种方法得出的国家股权风险溢价为3.5%，而使用前一种方法得出的国家股权风险溢价为4.67%。我们认为，后一种方法得到的数值更大的国家股权风险溢价是对未来最真实的估计，且国家股权风险溢价可能会随着时间的推移而趋于下降。正如随着时间的推移公司成熟之后所面临的风险会降低一样，随着国家的日益成熟发展其所面临的风险也可以变得更低。

（3）隐含的股权溢价

有一种不要求历史资料或估计国家股权风险溢价的方法，但它假设总体股票市场是被正确定价的。例如，看看如下非常简单的股票估价模型：

$$价值 = \frac{下一期期望股利}{要求的股权收益 - 股利期望增长率}$$

这实际上是在计算以固定比率增长的股利现值。在这个模型中，4个变量中的3个很容易取得：市场目前的水平（也就是价值）、下一期的期望股利以及收益和股利的长期期望增长率。唯一不知道的是要求的股权收益。求解时，我们会得到一

① C级债券收益的标准差是用两年的周收益通过计算得出的。由于这些收益是以美元计价的，而巴西的股票指数收益却是以巴西雷亚尔计价的，因此就出现了不一致的情况。虽然我们要以美元为计价单位来估计巴西股票指数收益的标准差，但其对整体计算来说并没有多大影响，因为美元的标准差接近36%。

个隐含的股权期望收益。减去无风险利率则会得到隐含的股权风险溢价。

为说明这一问题，我们假设目前的 S&P 指数为 900，下一个阶段的期望股利收益为 3%，长期收益和股利的期望增长率为 6%，则关于股权收益的要求收益率的计算过程如下：

$$900 = \frac{900 \times 0.03}{r - 0.06}$$

求解 r，

$$r - 0.06 = 0.03$$

$$r = 0.09 = 9\%$$

如果目前的无风险利率为 6%，则会得出股权风险溢价为 3%。

这种方法可以扩展到允许一段时期内具有较高增长率时使用，并推广至以现金流为基础，而非以股利为基础的模型。为说明这一问题，回忆一下 2006 年 1 月 1 日的 S&P500 指数。当时的指数为 1 248.29，而 2005 年指数的股利收益大约为 3.34%。[①] 另外，对未来 5 年指数所包含的公司增长率的预期[②]约为 8%，2006 年 1 月时的 10 年期国债利率为 4.39%。由于不可能永远保持每年 8% 的增长率，因此我们将使用两阶段的估价模型。在模型中，令股利和回购在前 5 年以 8% 的速度成长，5 年之后增长率降至国债利率（即 4.39%）。[③] 表 2—3 综合了后 5 年的高增长及其之后稳定成长的期望现金流。

表 2—3　**S&P500 的期望现金流**

年	指数的现金流
1	44.96 *
2	48.56
3	52.44
4	56.64
5	61.17
6	61.17（1.0439）

注：* 第一年的现金流 = 1 248.29 × 1.08 × 3.34%。

如果假设对这些现金流的估计是合理的，而且对指数的定价也是正确的，则：

指数水平 = 1 248.29

$$= \frac{44.96}{(1+r)} + \frac{48.56}{(1+r)^2} + \frac{52.44}{(1+r)^3} + \frac{56.64}{(1+r)^4} + \frac{61.17}{(1+r)^5} + \frac{61.17 \times 1.0439}{(r-0.0439)(1+r)^5}$$

注意，公式的最后一项是指数的终值，已按 4.39% 的稳定增长率折现，求解这个公式中的 r，得出 8.47% 的要求股权收益，再减去 4.39% 的债券利率，得出

① 将该年的证券回购加回到股利之中，就可以得到合并收益。

② 使用分析人员对个体公司（由下而上）进行估价的平均值。另外，也可以使用对 S&P500 的收益进行由上而下的估计。

③ 国债利率是期望通货膨胀率与期望实际利率的总和。如果假设实际增长率与实际利率相等，则长期稳定增长率应该与国债利率相等。

4.08%的隐含股权溢价。

这种方法的优势在于其是受市场驱动的，具有及时性的特点，而且不需要任何历史数据，因此它可以被用来估计任何市场中的隐含股权溢价。然而，它会受到使用的估价模型是否正确以及录入数据的可获得性和可靠性的影响。例如，2005 年 6 月巴西市场的股权风险溢价是输入如下数据后再进行估计的：指数（Bovespa）为 26 196 点，目前指数的股利收益率为 6.19%。指数中公司未来 5 年盈利的期望成长率为 8%（用美元计价），之后会以 4.08% 的比率增长。通过这些录入数据我们得到了 11.66% 的要求股权收益率，与国债利率 4.08% 相比较得出了隐含股权溢价 7.58%。为简化，我们使用了名义美元期望增长率①和国库券利率，但是完全可以用所在国的货币来进行上述分析。

随着时间的推移，隐含股权溢价要比历史风险溢价所发生的变化大得多。事实上，隐含股权溢价与历史风险溢价的对比可以通过图 2—3 自 1960 年以来 S&P500 来做出最好的说明。对于数据录入，我们用平滑的收益率和股利历史增长率来作为假定的增长率和两阶段股利折现模型。根据这些数字我们可以得到以下两个结论：

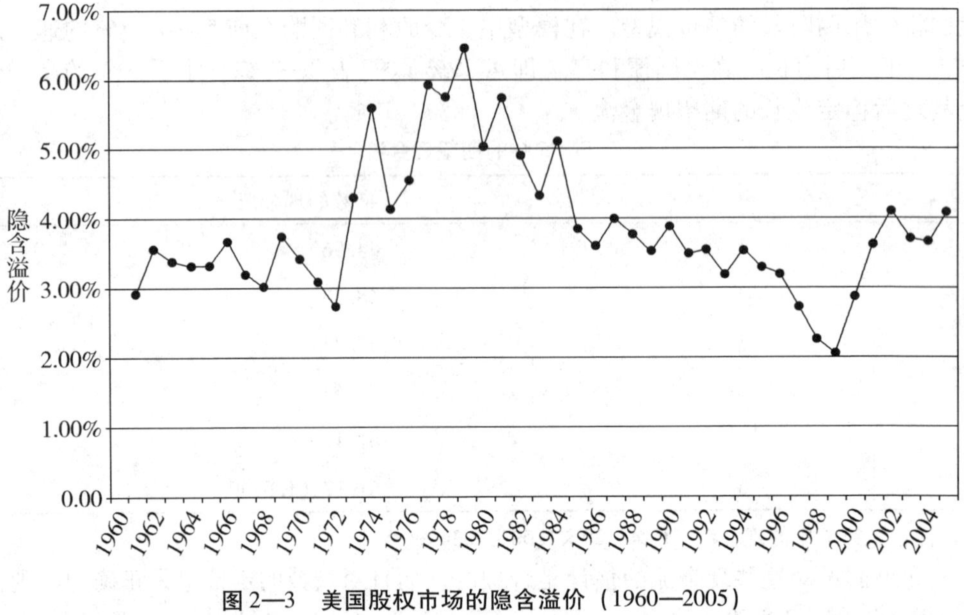

图 2—3 美国股权市场的隐含溢价（1960—2005）

A. 隐含的股权溢价很少和历史风险溢价一样高。即使是在 1978 年，当隐含股权溢价涨至最高点时，6.5% 的估计值远低于许多实践者在其风险和收益模型中所使用的数据。事实上，在过去 40 年间，平均隐含股权风险溢价通常在 4% 左右。

B. 在 20 世纪 70 年代，隐含股权风险溢价确实随着通货膨胀率的增长而增长。这对风险溢价的估计来说有着非常有趣的暗示。我们不再假设风险溢价是不变的，

① 对于新兴市场来说，最难估计的即是长期期望增长率。对于巴西股票而言，我们使用的是在美国存托凭证（ADR_s）中登记的对巴西最大公司收益的平均估计。因此，这个估计可能是有偏见的。

且不受通货膨胀率和利率的影响，然而这些假设正是我们在估计历史风险溢价时必须予以考虑的。也就是说，我们让风险溢价随着期望通货膨胀率和利率的上升而上升。这才是较为现实的做法。

当要求分析人员别站在整个市场的角度来估计公司价值时，其应该使用当前的隐含股权风险溢价。使用其他任何溢价都会使对股票的估价带有市场的观点。例如，2006 年 1 月，如果一个分析人员在公司估价中使用了 5% 的风险溢价，那么其事实上已经假设市场大约被高估了 20%（2006 年 1 月的隐含股权风险溢价为 4.08%，使用 5% 的风险溢价将会要求 S&P500 比现值低 20%）。

3. β 值

要录入风险收益模型的最后一组数据为个体资产的风险参数。在 CAPM 中，一定要根据其与市场组合的关联度来估计一项资产的 β 值。在 APM 和多因子模型中，对每一个因子资产的 β 值都要进行估计。估计上述参数有如下 3 种方法：第一，用个体资产市场价值的历史数据；第二，依据基本数据来估计 β 值；第三，利用会计数据。下面将详细介绍这 3 种方法。

1）历史市场 β 值

这是诸多公司和分析人员在估计 β 值时所使用的一种传统方法。对已经上市一段时间的公司来说，计算投资者以周和月为时间单位进行投资所得到的收益是比较简单的。在资本资产定价模型中，可以通过将这些收益与市场组合的收益进行比较来求得 β 值；在多因子模型中，可以与宏观经济因子相比来得出 β 值；在套利定价模型中，可以通过因子分析来得出 β 值。估计 CAPM 下 β 值的标准流程是用股票收益（R_j）对市场收益（R_m）做 回归[①]：

$$R_j = a + bR_m$$

其中，a = 回归截距；b = 回归斜率 = 协方差（R_j，R_m）/σ_m^2。

回归方程的斜率与股票的 β 值相一致，衡量了股票的风险。与任何统计估计一样，这个斜率也存在标准误差，能够说明在估计中存在多少专业交易，因此可以用其求出“真正”β 值的置信区间。

在建立上述回归方程时，分析人员一定要做如下三个决策。第一，估计期间的长短。此处的权衡非常简单：更长的估计期间虽然可以提供更多的资料，但是公司本身的特征也可能因为时间的拉长而改变。第二，估计的问题与收益的时间单位相关。股票收益通常以年、月、日为时间单位，甚至一日内的单位都可以取得。使用每日或日内收益将会增加回归方程中观察值的数目，且其估计过程存在非交易形成的显著的偏见风险。[②] 例如，对更容易受到非交易日影响的小公司的 β 值的估计来

---

① 该回归通常是一个 OLS（普通最小平方法）回归。

② 非交易偏见的出现是因为在非交易日收益为零（即使市场有可能在那个时段波动性很强），在回归方程中使用这些非交易期的收益将会降低股票收益和市场收益，以及股票的 β 值。

说，如果使用每日收益其将会受负向偏见的影响。① 第三，估计的问题与选择在回归方程中所使用的市场指数有关。在大多数情况下，分析人员在估计 β 值时面对着诸多让人很难加以选择的指数。仅在美国就有从 Dow 30（道琼斯工业指数）到 Wilshire 5000 等 20 种广泛的股权指数。通常的做法是使用最适合观察到的某只股票的投资者指数。因此，如果分析是为美国投资者而做的，应使用 S&P500 指数，然而其从总体上来说却是不合适的。按理说，一个只拥有两支股票的投资者应该使用只包含这两只股票的指数来估计 β 值。在分析中应该使用的正确指数，应该由被分析公司的边际投资者来决定。如果边际投资者只持有其所在国的股票，则我们可以使用基于本地指数的回归方程。如果边际投资者是全球投资者，那么就应该采用全球指数。

虽然在 APM 中估计风险参数的过程与 CAPM 有所不同，但 CAPM 中与风险决定因素有关的诸多问题在 APM 中同样适用。

[例 2—1] 估计迪士尼公司的 CAPM 风险参数

在本例中，我们使用从 1999 年 1 月到 2003 年 12 月间的股票收益，用 S&P500 指数收益作为市场代表来估计迪士尼公司的回归 β 值。② 图 2—4 列示了与 S&P500 指数相比，1999 年 1 月至 2003 年 12 月间迪士尼公司的收益。

将迪士尼公司的收益对 S&P500 收益进行回归，可得到：

$$R_{迪士尼} = 0.05\% + 1.01 \ (R_{S\&P500}) \qquad R^2 = 29\%$$
$$[0.22\%] \quad [0.20]$$

以该回归为基础，迪士尼的 β 值为 1.01。但 0.20 的标准误差则意味着，在 67% 的置信区间内，该 β 值可以是介于 0.61 到 1.41 之间的任意数值（1.01 的 β 估计值加减 1 倍的标准误差）；而在 95% 的置信区间内，迪士尼真正的 β 值则是介于 0.81 到 1.21 之间的任意数值（1.01 的 β 估计值加减 2 倍的标准误差）。尽管上述区间看似范围很大，但在大多数的美国公司中并不少见，这也意味着我们应该谨慎对待由回归取得的 β 值。

大多数分析人员使用估计公司提供的 β 值，巴拉（Barra）、价值线（Value Line）、标准普尔、晨星、布隆伯格（Bloomberg）等都是被其广泛使用的且提供类似服务的公司。所有这些公司几乎都是从对 β 值的回归开始，然后进行一些必要的修正，从而让其成为对未来所做的更好的估计。从总体上讲，不同的服务公司对同一家公司报出的 β 值可能会相差很大，因为其所使用的期间长短不同（有些使用 2 年，另外的则可能使用 5 年）；另外，其所采用的收益区间（日、周、月）、

① 可以通过使用 Dimson 和 Scholes Williams 建议的统计技术减少这一偏见（E. Dimson, "Risk Measurement When Shares Are Subject to Infrequent Trading," *Journal of Financial Economics* 7（1997）：197 - 226；M. Scholes and J. T. Williams, "Estimating Betas from Nonsynchronous Data," *Journal of Financial Economics* 5（1977）：309 - 327）。

② 股票和市场指数的收益包括股利。对迪士尼来说，股利只在前股利月份出现。对于指数，我们使用该月中对该指数的所有股票支付的全部股利。

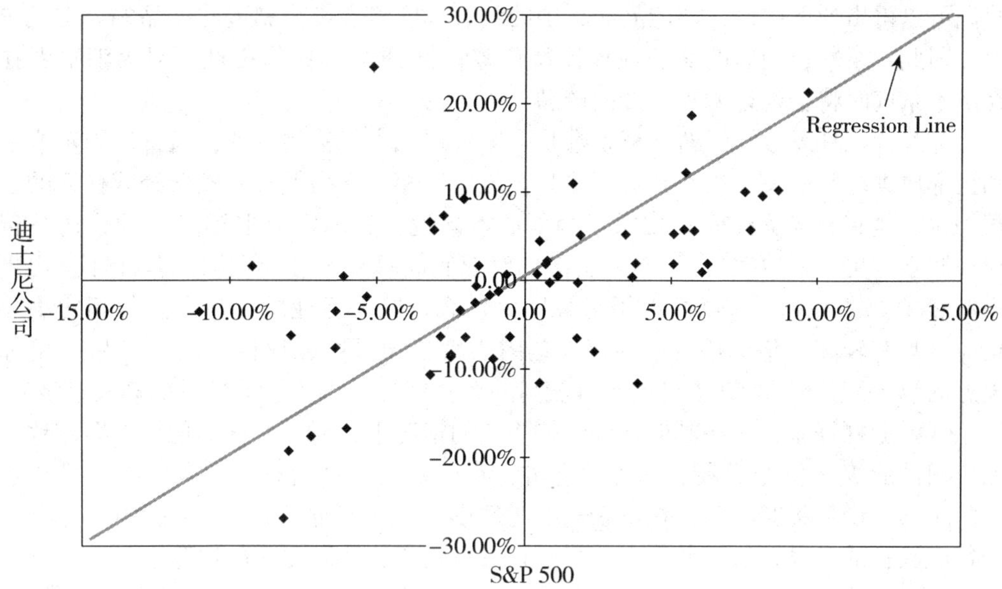

图2—4　1999—2003年间，迪士尼与S&P 500的比较

市场指数、对后回归的调整等也会有所不同。[①] 虽然β值的不同可能会造成麻烦，但由于每个服务公司所得出的对β的估计值都有标准误差，因此很有可能出现所有报出的β值都落入回归的同一个标准误差区间的情况。

2）基础性β值

一家公司的β值可以通过回归来估计，但事实上其是由公司所做出的基础性决策，比如公司的行业类型、所使用经营杠杆以及财务杠杆的程度等，来决定的。在本节中，我们将考察估计β值的另外一种方法，这种方法较少依赖历史的β值，更倾向于对β值的本质基础予以理解。

（1）β值的决定因素

公司的β值由如下3个变量决定：第一，公司所在的行业；第二，经营杠杆系数；第三，财务杠杆系数。虽然本节的内容主要集中在CAPM下对β值的估计中，但同样的分析也可以在APM和多因子模型下对β值的估计中使用。

①行业类型。由于β值衡量的是与市场风险相比某家公司的风险，因此一项资产对整体经济情况越敏感，其β值就会越高。因此，周期性公司应该比非周期性公司具有更高的β值。在其他条件相同的情况下，与食品加工业和烟草行业相比，与房产和汽车有关的公司（两个对经济条件非常敏感的行业）应该具有较高的β值。食品加工业和烟草等行业对经济周期相对来说不那么敏感。以此为依据，

① 有些服务公司将对β值的回归向数值1调整，以此来反映所有公司的β值在长期的情况下向市场所做的平均转化；而其他公司则会根据考虑到的公司特点，如业务比重、债务比率、股利收益及市场资本化等，来进行调整。

我们可以得出如下结论，即产品购买中的随意程度将会影响制造此产品的公司的 β 值。因此，杂货连锁店的 β 值应该比特色零售商公司的 β 值更低，因为消费者在经济不景气时将会延迟购买后者的产品。

②经营杠杆系数。经营杠杆系数是一家公司成本结构的函数，通常以固定成本和全部成本之间的关系来对其进行定义。与生产相似产品但具有较低经营杠杆的公司相比，具有高经营杠杆（相对于全部成本来说，其固定成本较高）的公司其营业利润会有更大的波动性。[①] 这一更高的营业利润差异将会导致高经营杠杆公司更高的 β 值。事实上，这也可以用来解释为什么在同一行业中，与大公司相比小公司应该具有较高 β 值的原因。不仅仅是因为大公司更可能提供适当的产品（更加随意的），而且还因为其更可能具有较高的经营杠杆（因为享受较少的规模经济）。

③财务杠杆系数。在其他条件保持不变的情况下，财务杠杆的增加将会导致一家公司的股权 β 值的提高。从直觉上讲，我们认为，对债务固定利率的支付在景气的时候会增加每股收益，在不景气的时候则会减少每股收益。[②] 更高的杠杆会增加每股收益的差异，从而使得对公司股权进行投资将伴随更大的风险。如果所有公司的市场风险都由股票持有人所导致（也就是负债的 β 值为零），[③] 且负债能给公司带来税务收益，则

$$\beta_L = \beta_u \left[1 + (1 - t)\ D/E\right]$$

其中，β_L = 有负债公司的股权 β 值；β_u = 无负债公司的 β 值（也就是说，没有任何负债公司的 β 值）；t = 公司的边际税率；D/E = 负债/股权的比率（以市场价值计算）。

从直觉上讲，我们认为随着负债的增长（正如负债/股权的比率所衡量的），股权投资者将会承担公司更多的市场风险，因此将会导致更高的 β 值。等式中的税务因子体现了由利息支付所导致的税务减免及其所形成的收益。

无负债公司的 β 值是由公司的行业类型及其经营杠杆所决定的。无负债的 β 值也被称为资产 β 值，因为其值是由公司所拥有的资产（或业务）所决定的。因此，其所从事行业的风险程度及其所承担的财务杠杆风险决定了公司的股权 β 值。也就是说，财务杠杆会将相应的行业风险放大，这也就解释了具有高行业风险的公司不愿意采用财务杠杆的原因，以及在相对稳定的行业中公司更愿意使用较高财务杠杆的原因。

将导致风险的因素细分为行业和财务杠杆两类，也使我们对有些公司具有高 β 值的原因有了更为深刻的理解，可能包括以下两个原因：可能是上述公司在高风险

---

① 要解释这一问题，我们可以比较两家收入为 1 亿、营业利润为 1 千万的公司，但假设第一家公司的所有成本都是固定成本，而第二家公司只有一半成本是固定成本。如果两家公司的收入都增长了 1 千万，那么第一家公司的营业利润将会增长 1 倍（从 1 千万涨到 2 千万），而第二家公司的营业利润只会增长 55%（因为其成本将提高至 450 万，亦即增量收入的 45%）。

② 利息费用总是会减少净收益，但公司使用债务而不使用股权的事实则暗示了股票的数量同样也会下降。因此，使用债务的益处在每股收益中就会体现出来。

③ 应忽略税收的影响，计算有负债的 β 值为 $\beta_L = \beta_u \left[1 + D/E\right]$。如果负债具有市场风险（也就是 β 值大于零），则我们可以调整原始公式，将其也纳入考虑范围之内。如果将债务 β 值写作 β_D，则股权 β 值可以被写作 $\beta_L = \beta_u \left[1 + (1 - t)\ D/E\right] - \beta_D\ (1 - t)\ D/E$。

行业经营，或者在相对稳定的行业中采用了非常高的财务杠杆。

（2）自下而上的β值

将β值细分为行业、经营杠杆和财务杠杆几个要素为我们提供了估计β值的另外一种途径，即不需要从一项资产的历史收益中估计其β值。要使用这种途径，则需要引入另外一个价值极高的β值的特性：两项资产组合在一起的β值是其个别资产β值的加权平均数，且其权数为市场价值。因此，一家公司的β值是其所处的不同行业的β值的加权平均数。因此，自下而上的β值可以这样来估计：

A. 确定要估计β值的公司所处的全部行业。许多公司在其年报和披露的数据中都提供了按行业进行细分的收入和营业利润。

B. 估计主要从事该行业或仅仅从事该行业的其他公开交易公司的无负债β值的平均值。在进行这一估计时，要考虑以下问题：

- 可比公司。在大多数行业中，至少会存在几家可比公司；而在某些行业中，则可能会有上百家可比公司。事实上，我们可以从对可比公司的狭义定义开始，如果可供选择的可比公司太少，则可以将定义放宽一些。

- 对β值的估计。收集好一组可比公司之后，需要估计其每一家公司的β值。在理想状态下，我们应该通过将每一家公司的β值与一个共同的指数进行比较来估计各公司的β值。然而，如果实践中这种做法不切合实际，则应将其与不同的指数进行比较。

- 首先或最后计算无负债β值。可以使用可比公司中每一家公司负债与股权的比率和税率来计算其各自的无负债β值，或者也可以计算整个行业的平均β值、负债与股权的比率和税率，然后再将该平均数进行无负债化处理。由于个别的回归β值存在着标准误差，因此我们推荐使用后一种方法。

- 平均法。所有可比公司的平均β值既可以是对其求得的简单平均，也可以是以市场资本化为权数所求得的加权平均。从统计学上讲，使用简单平均所产生的标准误差通常会更大。

- 对现金的调整。投资于现金和交易性证券的β值接近于零，因此通过考察可比公司所得出的行业无负债β值可能会受到上述公司持有现金的影响。去除现金的无负债β值可以通过下式来得到：

$$\text{进行现金修正后的无负债}\beta\text{值} = \frac{\text{无负债}\beta\text{值}}{(1 - \text{现金}/\text{公司价值})}$$

C. 要计算公司的无负债β值，则应以公司所在各个行业的价值份额为权数，来计算其所在行业的无负债β值的加权平均数。我们必须估计公司所在行业的价值份额，因为对于一家公司的行业分支来说其通常没有可供使用的市场价值。[①] 如果无法估计这些价值，还可以将营业利润或收入作为权数。这个加权平均数被称为

① 投资者所拥有的不同行业的股票在金融市场中进行分别交易的情况除外。

自下而上的无负债 β 值。[①]

D. 如果可以的话，用市场价值来计算目前的负债与股权的比率；如果不能，则可以使用管理层确定的目标债务股权比或本行业典型的负债比率。

E. 使用从上述第 3 步所得出的无负债 β 值和第 4 步所得出的债务比率来估计公司（或公司所处的每一个行业）的有负债 β 值。

很明显，上述过程取决于公司所处的各行业的无负债 β 值都可以被确定下来。

使用自下而上的 β 值有如下 3 个显著的优势：

A. 可以估计没有价格历史的公司的 β 值，因为我们只需要确认该公司所处的行业。换句话说，我们可以对原始股、私人企业或某家公司的各个部门进行自下而上的 β 值评估。

B. 由于行业的 β 值是通过对大量回归的 β 值的加权平均而获得的，因此它几乎将比对任何个别企业的回归 β 值的估计都来得更为精确。对平均 β 值的标准误差的估计将使用上述第二个步骤中所使用的关于可比公司数量的函数，并将其大致估计为：

$$\sigma_{\text{平均}\beta\text{值}} = \frac{\text{平均 } \sigma_{\beta\text{值}}}{\sqrt{\text{公司的数量}}}$$

因此，如果上述求得的各 β 值均有着 0. 25 的标准误差，那么 100 家公司的平均 β 值的标准误差将会为 0. 025。

$$\beta\text{ 值的标准误差} = \frac{0.25}{\sqrt{100}} = 0.025$$

C. 自下而上的 β 值可以反映某家公司所处各行业的比重和财务杠杆近期的甚至是即将发生的变化，因为我们可以在估计过程中改变各行业的比重以及各行业在评估中所占的权重。另外，我们还可以通过调整较长一段时间内的负债比率来反映对财务政策的期望改变。

[例 2—2] 迪士尼公司自下而上的 β 值——2004 年年初

迪士尼公司是一家投资于多种行业的娱乐公司。除了主题公园，其还在广播和电影等行业都有着及其重要的投资。要估计迪士尼公司 2004 年的 β 值，首先要将其所经营的行业划分为如下 4 个主要部分：

1. 影视娱乐，即为生产或收购电影，以用于在电影院、电视以及家庭录影等市场中进行分销，并为网络和合成市场等制作电视节目。迪士尼公司为以下列品牌标识制作电影：沃尔特·迪士尼电影公司（Walt Disney Pictures）、试金石电影公司(Touchstone Pictures)、好莱坞电影公司（Hollywood Pictures）、米拉麦克斯电影公司（Miramax）和帝门电影公司（Dimension）。

2. 媒体网络，包括 ABC 电视台和电台网络，以及 1955 年收购的其他媒体网

---

① 涉及现金时我们有一个选择。我们可以抛开它，只计算所运营行业的无负债 β 值；或是将现金看作资产，估计其在公司价值中的权数，然后再给其分配一个为零的 β 值。

络。另外，迪士尼公司在有线电视市场上也有着相当大的份额，迪士尼频道(Disney Channel)、A&E 公司和 ESPN 电视台等就是其中的一部分。

3. 游乐园和度假场所，包括迪士尼世界（Disney World）（位于佛罗里达州奥兰多市）和迪士尼乐园（Disneyland）（位于加州阿纳海姆市），同时其还对东京迪士尼乐园和巴黎迪士尼乐园拥有专利权控股。主题公园中的旅馆和庄园也被看做是主题公园的一部分，因为几乎所有的营业收入都来源于主题公园游客的消费。

4. 消费产品，包括迪士尼零售店及其特许收入、软件、互动产品、出版物等一揽子行业。

这个细分被反映在对迪士尼公司的年报披露之中。实际上，除了上述4个行业之外，迪士尼公司还涉足了如下几个稍小一点的行业：

豪华邮轮。迪士尼公司经营着两只邮轮，迪士尼魔力号（Disney Magic）和迪士尼奇迹号（Disney Wonder），在佛罗里达州和加勒比海各港口之间航行。

互联网运营。迪士尼在 www. nisney. go. com 网站和其他在线网络的运营上做了大量的投资。虽然迪士尼公司在2002 年削减了很多关于这方面的投资，但其仍然是未来潜在收入的一个重要来源。

体育俱乐部。迪士尼在阿纳海姆市持有着冰球队巨鸭队（Mighty Ducks）的股份，它是属于美国冰球联盟的一支球队。2002 年，迪士尼出卖了其所持有的阿纳海姆天使队（Anaheim Angels）的股份，该球队属于美国职业棒球联盟。

由于缺少关于上述行业的详细运作信息，因此假设其仅代表了迪士尼公司收入中很小的一部分，以至于不会对风险的计算构成显著的影响。对于已拥有详细信息的4个行业来说，我们可以通过观察各行业中的可比公司来估计其无负债β值。下面的表格总结了每个行业的可比公司及其无负债β值。

行业	可比公司	公司数量	平均有负债β值	债务/股权的中位数(%)	无负债β值	现金/公司价值(%)	进行现金修正后的无负债β值
媒体网络	收音和电视广播公司	24	1.22	20.45	1.0768	0.75	1.0850
游乐园和度假场所	主题公园和娱乐场馆	9	1.58	120.76	0.8853	2.77	0.9105
影视娱乐	电影公司	11	1.16	27.96	0.9824	14.08	1.1435
消费产品	玩具、服装零售和娱乐软件	77	1.06	9.18	0.9981	12.08	1.1353

为了得到迪士尼公司的β值，必须将迪士尼公司作为一个整体来计算其所涉猎各行业所占的权重。每一个部分的价值都可以通过将可比公司交易时的典型收入

乘数与迪士尼公司在2003年那一板块的收入相比较来进行估算。[①] 作为一个整体，迪士尼公司的无负债β值是其所涉猎各行业β值的加权平均数，对该计算的归纳见如下表格：

行业	2003年收入（百万美元）	公司价值/销售收入	估计价值（百万美元）	公司价值比重（%）	无负债β值
媒体网络	10 941	3.41	37 278.62	49.25	1.0850
游乐园和度假场所	6 412	2.37	15 208.37	20.09	0.9105
影视娱乐	7 364	2.63	19 390.14	25.62	1.1435
消费产品	2 344	1.63	3 814.38	5.04	1.1353
迪士尼公司	27 061	—	75 691.51	100.00	1.0674

于是，我们可以通过财务杠杆来计算作为整体的迪士尼公司的股权β值。根据37.3%的边际税率[②]、551.01亿美元的股权市场价值，以及146.68亿美元估计债务的市场价值，[③] 可以得到2004年初期迪士尼公司的β值：

$$\text{迪士尼公司的股权}\beta\text{值} = 1.0674\ [1 + (1 - 0.373)\ (\frac{14\ 668}{55\ 101})] = 1.2456$$

我们认为，与从回归法中所得到的β值1.01相比，该值是对迪士尼公司更为真实的反映。

3）会计β值

第三种方法是用会计收益而不是交易价格来估计市场风险参数。因此，我们可以将一个部门或一家企业以季或年为基础的收益变动，对相同期间市场收益的变动进行回归，这样可以得到在CAPM中所使用的市场β值。这种方法看似具有一定的吸引力，然而它却有着如下3个潜在的缺陷。第一，与公司价值相比，会计收益可能已经被低估了，而这样很可能导致偏见性地低估β值，尤其是在风险较高的企业里；或者是已高估了安全公司的β值。换句话说，如果使用会计数据，那么所有公司的β值都会接近于1。第二，会计收益可能受非营业因素（比如，折旧或存货计价方法的改变）或管理费用在各个分支机构之间分配的影响。最后，会计收益最多每月计量一次，通常一年才计量一次，因此若进行回归分析时观察值过少的话，则会导致说服力不强。

（1）估计股权成本

估计无风险利率、风险溢价和β值后，现在可以估计对任意一家公司进行股权投资的期望收益了。在CAPM中，这个期望收益可以写成：

---

① 先将股权的市场价值和债务的账面价值相加，然后再减去现金，以估计每一家公司的价值。对于所有的可比公司来说，用总公司的价值除以收入来得到其各自的乘数。我们不采用个别公司收入乘数的平均数，因为一些特殊值的使用会导致结果扭曲。由于迪士尼公司只有120亿美元的现金，且其只占公司价值的1.71%，因此其对β值的影响可以忽略不计。在计算迪士尼公司的股权β值时，将不考虑它的影响。

② 迪士尼公司在其10－K报告中披露了这个边际税率。

③ 有关该计算的详细内容将在本章稍后的部分进行论述。

期望收益 = 无风险利率 + β 值 × 期望风险溢价

其中，无风险利率为长期政府债券利率；β 值为上述历史 β 值、基础 β 值或会计 β 值三者中的一个；风险溢价为历史溢价或隐含溢价。

在 APM 和多因子模型中，期望收益可以被表示如下：

$$期望收益 = 无风险利率 + \sum_{j-1}^{j=n} \beta_j \times 风险溢价_j$$

其中，无风险利率为长期政府债券利率；β_j 为使用历史数据或基础数据进行估计而得出的相对于因子 j 的 β 值；风险溢价 j 是使用历史数据进行估计而得出的相对于因子 j 的风险溢价。

在本节中，我们将探讨在估计股权成本时最后需要考虑的问题。

①小公司

从风险收益模型中得到期望收益后，一些分析人员试图通过此模型的实证性局限来对期望收益进行调整。例如，对 CAPM 的研究表明，它可能低估了小公司的期望收益。结果是，在估计小公司的股权成本时增加了所谓的小公司溢价就成了非常常用的做法。小公司溢价通常是根据历史数据进行估计的，它是小市值股票的平均年收益和市场上其他股票年收益的差额。若以 1926 年至 2004 年间的数据为基础，则该差额大约介于 3% 和 5% 之间。然而，这种做法却是很危险的，原因有三：第一，小公司溢价曾经带有很大的波动性，在 20 世纪 80 年代以后才逐渐消失；第二，小市值股票的定义会随着时代的变迁而发生变化，并且历史上出现的小公司溢价大部分都应归因于（在小市值股票中）市值最小的股票；第三，分析人员应该进一步考察小公司的产品特征及其使用营业杠杆的状况，然而使用定额小公司溢价调整的做法则会打消他们的积极性。

②私人和不公开持有的企业（译者注：在这里，私人和不公开持有的企业是指只有少量股东的公司）

使用 β 值作为风险度量的隐含信息是基于这样一个假设，即股权的边际投资者是一个充分分散其投资的投资者。虽然这一假设在分析上市公司时是合理的，但在对私人公司进行估价时却很难成立。私人公司的所有者一般都将其绝大部分财富投进了该公司，其结果则导致其要对公司的全部风险，而不仅仅是市场风险给予全面的关注。因此，对于私人公司来说，使用市场 β 值来估计股权成本将会低估相应的风险。解决这一问题有以下 3 种方法：

A. 假设公司正处于被大型上市公司收购的过程之中。在这种情况下，使用市场 β 值和由此得出的股权成本就是合理的。

B. 在股权成本中加入溢价以反映所有者不能分散其投资所造成的更高的风险。事实上，该说法有助于解释一些风险投资者对申请注资的公司要求高额收益的原因。

C. 对 β 值进行调整用以反映全部风险而不仅仅是市场风险。这个调整是比较简单的，因为回归的 R^2 衡量的是市场风险中的一部分风险。用市场 β 值除以 R^2

的平方根（由此可得相关系数）就可以得到全额β值。对于一家自下而上市场β值为0.82、自下而上R^2平均值约为16%的私人公司来说，其全额β值可以计算如下：

$$全额\beta值=\frac{市场\beta值}{\sqrt{R^2}}=\frac{0.82}{\sqrt{0.16}}=2.05$$

使用这一全额β值将会得到更高、更符合实际的股权成本。

股权成本 = 4% + 2.05 × 4.84% = 13.92%

因此，与具有分散投资者的上市公司这样的竞争对手相比，私人公司一般具有较高的股权成本。虽然很多私人公司最终都会被上市的竞争者收购或者自己上市，但仍旧会有一些公司坚持其私人公司的地位，而且还运转得很好。要做到这一点，他们一定要进行分散投资（同许多亚洲和拉丁美洲国家的家族经营企业一样）或者接受较低的市值，以作为其保持全部控制权所需付出的代价。

［例2—3］Kristin Kandy 自上而下的β值和全额β值

Kristin Kandy 是一家小型私人糖果生产企业。要估计其β值，首先要考察市场资本小于2.5亿的已上市的食品加工公司。这些股票的平均回归β值为0.98，平均的债务股权比为43%（30%为负债，70%为股权），使用40%的平均边际税率来估计无负债β值，则其值为0.78：

$$食品加工公司的无负债\beta值=\frac{0.98}{[1+(1-0.4)\times\frac{30}{70}]}=0.78$$

对整个食品加工公司进行回归的平均R^2为11.12%。

有关 Kristin Kandy 的全额无负债β值的计算如下：

$$全额无负债\beta值=\frac{0.78}{\sqrt{0.1112}}=2.34$$

对于上述公司而言，大约其1/3的风险为市场风险，因此我们将β值提高以反映公司另外2/3的特有风险。

在计算有负债β值时，假设 Kristin Kandy 将用和在该板块内上市交易公司相同的负债和股权组合，即30%负债和70%股权以为其经营进行融资。以下将计算有负债β值和全额β值（使用40%的边际税率），以及分别得出的股权成本（无风险利率为4.5%，风险溢价为4%）：

有负债β值 = 0.78［1 +（1 − 0.4）×（30 ÷ 70）］= 0.98

股权成本 = 4.5% + 0.98 × 4% = 8.42%

有负债全额β值 = 2.34［1 +（1 − 0.4）×（30 ÷ 70）］= 2.94

股权成本 = 4.5% + 2.94 × 4% = 16.26%

应该使用上述股权成本中的哪一个来对 Kristin Kandy 进行估价呢？事实上，答案取决于这家公司潜在的买主是谁。如果买主是一家私人企业，而且计划将其所有财富都注入该企业之中，则我们将会选择全额β值；如果买主是一家上市公司

（或首次公开发行股票），则应该使用市场 β 值。由于选择后者将会得到较低的股权成本和较高的价值，因此对于私人公司来说最好的潜在买家自然是上市公司。

③具有国家风险敞口的公司

在风险溢价中，我们考虑了估计国家风险溢价的三种不同方法。对具有重大国家风险敞口的公司来说，不论是由于其处于新兴市场还是由于其在这些市场中有经营活动敞口，调整股权成本以反映额外的风险敞口都非常重要。总体上来说，将国家风险敞口纳入股权成本有以下三种方法：

第一，处理国家风险时最常使用、效果却最差的方法是，在所有处于新兴市场的公司的股权成本中加上一个国家风险溢价。因此，对于一家处于高风险国家的公司来说，其股权成本可以写为：

股权成本 = 无风险利率 + 国家风险溢价 + β 值 × 成熟市场股权风险溢价

这种方法的不足之处在于，它将一国内的所有公司都一概而论，而且还假设其对国家风险敞口的暴露程度都相同。

第二，相对而言，此方法更为合理一些。它通过如下计算股权成本的方法将国家风险按 β 值成比例放大：

股权成本 = 无风险利率 + β 值 ×（成熟市场股权风险溢价 + 国家风险溢价）

用 β 值不仅可以衡量所有其他的风险敞口，也能够衡量国家风险敞口，且应用这种方法将会非常有效。但是，如果国家风险敞口与其他宏观经济风险敞口有所不同，那么这种方法将会失效。

第三，最常规的方法是将国家风险看做一个独立的风险部分，不通过 β 值而是对该部分的风险敞口进行单独估计。如果将一家公司对国家风险的敞口称为 λ，则股权成本可以写成：

股权成本 = 无风险利率 + β 值 × 成熟市场股权风险溢价 + λ 值 × 国家风险溢价

这种方法有如下两个明显的优势：第一，它允许不同的公司之间对国家的风险敞口有着显著的差异这一现实情况的存在。新兴市场中的出口导向型公司对国家风险的敞口要比新兴市场中本国企业的敞口小得多。第二，它不仅允许将国家风险融入发达市场公司的股权成本之中，同时还考虑了在多个国家的风险敞口问题。第三种方法需要估计 λ 值，而估计 λ 值有如下三种方法：第一，以公司在特定市场的收入为基础，按比例提升至该市场的平均公司收入。因此，在平均公司可以于巴西国内得到收入的 70% 的情况下，从巴西只能得到其收入的 35% 的公司将会有 0.5 的 λ 值。第二，将公司风险敞口的其他方面融入 λ 值，包括其制造部门的位置和使用的风险管理产品。第三，用与估计 β 值几乎相同的方法来估计 λ 值，并将公司股票收益对该国债券收益进行回归（或使用主要受国家风险影响的其他市场交易工具）。[①]

① 有关上述估计过程更为完整的讨论，详见网站（www. damodaran. com，“research/papers”子目录）上的《估计公司对国家风险的风险敞口（Estimating Company Risk Exposure to Country Risk）》一文。

[例2—4] 新兴市场公司的股权成本：巴西航空工业公司（Embraer）——2005年早期

Embraer是巴西一家在商用飞机市场上同波音（Boeing）和空中客车（Airbus）进行竞争的飞机制造公司。要估计其股权成本，首先应从对该公司自下而上的β值的估计开始。使用已于全球上市的飞机制造业的股票来作为可比公司的样本，则可以得到无负债β值为0.95。Embraer的负债股权比为18.95%，边际税率34%，因此估计该公司的有负债β值为1.07：

有负债β值 $=0.95\ [1+(1-0.34)\times 0.1895]=1.07$

为了估计该公司的美元股权成本，我们使用4.25%的无风险利率、1926年到2004年间美国的历史风险溢价4.84%，及已估计出的巴西国家风险溢价4.67%（见本章之前的部分）。根据以上叙述的三种方法所得出的股权成本分别为：

相同敞口法：$4.25\%+4.67\%+1.07\times 4.84\%=14.10\%$

β值按比例增大法：$4.25\%+1.07\times(4.84\%+4.67\%)=14.43\%$

λ值法：$4.25\%+1.07\times 4.84\%+0.27\times 4.67\%=10.69\%$

我们用两种方法来估计λ值。第一，将Embraer来自于巴西的收入（大约3%）除以巴西公司在巴西的收入的平均值（70%），从而估计出数值为0.04的λ值；然后再将2002年至2004年度Embraer的股票收益对巴西政府C级债券（以美元计价的债券）的收益进行回归，所得到的λ值为0.27。[1] 后者看上去比前者更合情理，因此我们相信用这个λ值估计出的股权成本10.69%是对该公司最合理的估计。

要想计算以名义巴西雷亚尔（BR）计价的股权成本，则有关其的调整将变得更为复杂，因为我们必须估计巴西和美国的期望通货膨胀率。如果假设BR的期望通货膨胀率为8%，美元的期望通货膨胀率为2%，则以BR计价的股权成本为：

$$\text{以BR计价的股权成本}=(1+\text{以美元计价的股权成本})\frac{1+\text{通货膨胀率}_{\text{巴西}}}{1+\text{通货膨胀率}_{\text{美国}}}-1$$

$$=1.1069\times\frac{1.08}{1.02}-1$$

$$=0.1720\text{ 或 }17.2\%$$

如果以名义货币为Embraer公司估价，将会使用上述股权成本。

4. 回归或代理模型

到目前为止，描述的所有模型都是从定义概念宽泛的市场风险开始，然后在其基础之上开发出最能衡量这种市场风险的模型。但上述所有模型都是通过考察历史数据来获得对市场风险（β值）的衡量的。第二类风险收益模型则是从收益开始，利用诸如公司市场价值或价格乘数等特征以试图解释长期以来不同种类股票具有不

① 该回归将得到如下结果：收益 Embraer $=0.0195+0.2681\times$ 收益C级债券。

同收益的原因。[①] 上述模型的支持者认为，如果一些投资能够一直比另外一些投资获得更高的收益，那么其所带来的风险也一定会更高。因此，我们可以观察高收益投资所拥有的一些共同特征，然后将这些特征看做市场风险的间接衡量或替代方法。

在对资本资产定价模型进行的一项非常有影响的研究中，[②] Fama 和 French 曾指出1963 年到1990 年间实际收益和账面价值对市价比[③]与公司规模的高度相关性。一段时间以后，高收益的投资可能存在于低市场资本化规模、高账面价值和市价比的公司之中。Fama 和 French 还建议使用这些衡量方法作为风险的代理，并指出如下纽约股票交易所（NYSE）交易股票月收益的回归：

$$R_t = 1.77\% - 0.11\ln(MV) + 0.35\ln\left(\frac{BV}{MV}\right)$$

其中，MV = 股权的市场价值；BV = 股权的账面价值。

将个别公司的股权市场价值和账面对市价比的值代入此回归方程中，将会得到各月的期望收益。例如，一只股票的市场投资总额为1 亿美元，其账面对市价比为0.5，则其期望月收益为：

$$R_t = 1.77\% - 0.11\ln(100) + 0.35\ln(0.5) = 1.02\%$$

5. 隐含收益率模型

对于上市交易的股票来说，有第三种方法可以估计其股权成本。如果假设市场价格是正确的，而且可以估计股票的股权现金流（或至少是期望股利），则可以求出令现金流现值等于股票价格的内在收益率。这个内在收益率即为隐含的股权成本。例如，在最简单版本的股利折现模型中，股票价值可以被表示为：

$$\text{股票价值} = \frac{\text{下一年每股期望股利}_1}{\text{股权成本} - \text{期望增长率}}$$

假设股票目前的价格是正确的，若将股权成本分离出来，则可以得到：

$$\text{股权成本} = \frac{\text{每股期望股利}_1}{\text{当前股票价格}} + \text{期望增长率}$$

因此，股权成本是股利收益与股利（或收益）长期期望增长率之和。对一支拥有3% 的股利收益率和4% 期望增长率的股票来说，其股权成本为7%。尽管基本原理没有发生变化，但从股利向现金流转变，以及从稳定成长模型向高增长模型转变时，计算将会变得更为复杂。

这种方法的局限性在之前的例子中可以很明显地体现出来。如果使用内在股权成本来对一只股票进行估价，我们往往会发现股票都已被正确估价。要想让这种方法在估价上发挥实际效用，则我们必须考虑一些新变化。一个是计算行业内部每一家公司的隐含股权成本，并取其平均数。这个平均股权成本可以被用于对该行业中

---

① 价格乘数由市价除以其收益或账面价值获得。研究表明，拥有低价格/收益乘数或低价格/账面价值乘数的股票往往比其他股票获得的收益多。

② E. F. Fama and K. R. French, "The Cross – Section of Expected Return," *Journal of Finance* 47 (1992): 427 – 466。

③ 账面价值对市价比是股权的账面价值与股权的市场价值之比。

每一家公司进行估价。另一个是计算同一家公司多年的隐含股权成本，然后将其平均值作为目前的股权成本。

2.3 从股权成本到资本成本

毋庸置疑，股权是每一家公司融资比重中不可或缺的重要组成部分，但它也只是其中的一部分。许多公司使用负债或股权和债务的混合工具来为其所有的或大多数业务融资。总的来说，上述融资成本与股权成本非常不同，公司的资本成本应该反映使用其所需支付的成本，且与其在融资比重中所占的比例成正比。因此，资本成本是一家公司为满足其融资需求所使用的诸如负债、股权和混合证券等不同融资工具的成本的加权平均值。

2.3.1 估算方法

与股权成本一样，估计资本成本也有很多不同的方法。在本节中，我们将主要考察如下 3 个方法：无负债股权成本法、隐含收益率法和加权平均成本法。

1. 无负债股权成本法

在本章之前内容中，我们考察了股权 β 值和负债的关系，介绍了无负债 β 值的概念（即全部以股权作为融资手段的公司所具有的 β 值）。由无负债 β 值所得到的股权成本叫做无负债股权成本：

无负债股权成本 = 无风险利率 + 无负债 β 值 × 风险溢价

有些分析人员将无负债股权成本作为公司的资本成本，其理由是基于 Modigliani 和 Miller 有关资本结构[①]的一篇具有突破性的论文。在该论文中，他们认为公司的价值应该独立于其资本结构。如果接受这一定理，那么一家公司的资本成本不会随着其负债率的改变而改变也就变得顺理成章了。在零负债的情况下，股权成本（和资本）应为在任何负债水平下的资本成本。

虽然利用无负债 β 值获得股权成本有诸多好处，但也有缺陷。特别是，在存在税收和违约风险的情况下，资本成本很可能会因负债水平的改变而改变，使用无负债股权成本作为资本成本将会得出不正确的价值估计。

2. 隐含资本成本法（即隐含收益率法）

在有关股权成本的内容中，我们将市价和期望股权现金流（或股利）作为已知条件来求解内在收益率。事实上，我们可以使用相同的方法来估计公司的资本成本，即用公司价值来代替股权价值，用公司现金流来代替股权现金流。内在收益率（其中，公司现金流的现值等于公司的价值）则将会成为隐含的资本成本。

和隐含股权成本一样，这种方法对个别公司来说并不是特别有用。使用隐含资本成本对一家公司进行估价将会产生不那么令人吃惊的结论，那也就是说公司被正

① F. Modigliani and M. Miller, "The Cost of Capital, Corporation Finance and the Theory of Investment," *American Economic Review* 48 (1958): 261 - 297.

确地估价了。然而，我们可以计算一个行业中大量公司的隐含平均资本成本，然后将这个行业平均数看做个别公司的资本成本。在这里，我们假设的是同一行业中的公司的资本成本不会相差太多，因此该假设对于不同公司在操作和财务风险方面存在较大差异的行业来说则会成为一个潜在的问题。

3. 加权平均成本法

最常使用的估计资本成本的方法是估计非股权资本部分的成本，包括股权成本之外的负债和优先股股票，然后再将这些成本加权平均。在本节中，我们将首先考虑上述除股权资本以外的资本成本，然后再去探讨估计资本成本的加权方法。

1）非股权融资的成本

要估计一家公司所筹资金的成本，必须估计其所有非股权部分资金的资本成本。本节将首先考察债务成本，然后再将分析扩展到具有混合性质的资本，如优先股票和可转换债券等。

（1）债务成本

债务成本是用来衡量公司为其资产借款所需的现时成本。从总体上说，它应该是借款人所认定的公司违约风险的函数。随着认定的违约风险的增加，借款人将会向公司收取更高的违约利差（在无风险利率的基础上往上加）。在这一节中，我们将从讨论违约风险开始，然后再去探讨如何最好地衡量违约风险并得出违约利差。

①何为违约风险

与估计市场风险对期望收益的影响的一般风险收益模型相反，违约风险模型衡量的是个别公司对已承诺收益的违约风险所导致的后果。事实上，公司的违约风险是由两个变量所组成的函数。第一个变量是公司通过运营产生现金流的能力和履行其诸如支付利息和本金等财务责任的程度。[①]相对于财务责任，产生高现金流的公司应该比产生低现金流的公司具有更低的违约风险。在其他因素不变的情况下，具有重要现存投资（这些投资可以生成大量现金流）的公司将会比没有这些投资的公司的违约风险小。第二个变量是现金流的波动性。现金流越稳定，公司的违约风险也就越低。与在发生周期性或剧烈波动的行业中运作的公司相比，在可预见和稳定行业中运作的公司通常会面临较低的违约风险。许多违约风险的模型都使用财务比率来衡量现金流保障倍数（也就是现金流对于负债的程度），并考察公司对行业影响的控制水平以评估现金流的变化程度。

②衡量违约风险

最常使用的衡量公司违约风险的方法即是债券评级，且通常是由独立的评级机构来完成的。最有名的两家评级机构分别是标准普尔和穆迪公司。这两家评级机构已为上千家公司评级，且其观点在金融市场上具有举足轻重的分量。为债券评级通常是从发行公司向评级公司申请评级开始，然后评级公司再以从公开可取的信息来

---

① 财务责任指的是公司在法律上对诸如利息和本金的支付等所有支付所应负有的责任。其不包括随意的现金流（如股利支付或新的资本支出），因为它们可以在不承担法律后果的前提下暂缓或拖延支付，但可能会有一定的经济后果。

源（如财务报告）及公司本身的信息来源等方面获取信息为基础来对评级做出决策。如果公司不同意这个评级，它还可以提供额外的信息。

这些机构给出的评级为字母评级。标准普尔中的AAA和穆迪的Aaa代表公司的最高评级，且被看做具有最低的违约风险。随着违约风险的增加，评级会降至D（标准普尔）。标准普尔、BBB级及其以上则被看做投资级，且反映了评级机构的如下观点，即投资这些公司所发行的债券具有相对较小的违约风险。

③估计公司的违约风险和违约利差

估计债务成本最简单的情况发生在该公司发行在外的长期债券被广泛交易的情况下。债券的市值及其息票和期限等信息，常被用于计算可当做债务成本的收益。这种方法适用于拥有几十支发行在外的债券且其流动性较强并交易活跃的公司。

许多公司都有不进行日常交易且流通在外的债券。由于这些公司通常都会被评级，因此我们可以使用其评级及相关的违约利差来估计债务成本。也就是说，迪士尼公司的BBB+级债券的债务成本之所以比2004年的美国国债利率高1.25%，是因为当时BBB+级债券（介于BBB级与A级利差之间）所支付的典型利差。

有些公司选择不被评级，很多小型公司以及多数的私人公司都属于这一类型。虽然新兴市场中已经出现了诸多的评级机构，但仍有许多市场中的公司没有根据其违约率来评级。当估计债务成本没有评级可用的时候，可以选择以下两种方法：

A. 最近的借款历史。许多没有被评级的公司会从银行或其他融资机构借款。观察公司最近的借款，即可以得到对此公司要求的违约利差等信息，然后再用这些利差来计算债务成本。

B. 估计合成评级和违约利差。一种方法是扮演评级机构的角色，以其财务比率为基础给一家公司评级，且这个评级被称为合成评级。要进行此估计，首先要从给公司的评级开始，并考察同级别公司共同的财务特征。看一个比较简单的例子。在该例中，营业收入与利息费用的比率（也就是利息保障倍数）要按每一家公司分别进行估算。① 表2—4中列示了在每一个标准普尔评级等级中的小型制造公司的利息保障倍数。② 同时，该表还列示了2004年每一个评级级别的典型违约利差。③

现在考虑一家息税前收益为1千万美元，利息费用为300万美元的私人公司，其利息保障倍数为3.33。以这一比率为基础，我们可以将该公司的评级定为所谓的合成评级的BB级，并在无风险利率的基础上增加2.5%的违约利差以得出税前债务成本。

---

① 如果一家公司有经营性租赁的业务，则其利息保障倍数应做如下修改：

$$利息保障倍数=\frac{营业收入+租赁费用}{利息费用+租赁费用}$$

租赁费用应该是本年的租赁费用。

② 该表于2004年初进行了更新，列出了市场资本化规模小于20亿美元的所有经过评级的公司及其利息保障倍数，并对这些公司按债券评级进行排序。为去除偏离的特殊样本和防止范围重叠，已对所取得的范围进行了调整。

③ 上述违约利差是从www.bondsonline.com上得到的。你可以找到工业或金融服务业的违约利差；这些利差是针对工业企业来说的。

表2—4　**利息保障倍数和评级**

利息保障倍数	评级	典型违约利差（%）
>12.50	AAA	0.35
9.50－12.50	AA	0.50
7.50－9.50	A+	0.70
6.00－7.50	A	0.85
4.50－6.00	A－	1.00
4.00－4.50	BBB	1.50
3.50－4.00	BB+	2.00
3.00－3.50	BB	2.50
2.50－3.00	B+	3.25
2.00－2.50	B	4.00
1.50－2.00	B－	6.00
1.25－1.50	CCC	8.00
0.80－1.25	CC	10.00
0.50－0.80	C	12.00
<0.50	D	20.00

资料来源：Compustat and Bondsonline.com。

如果使用利息保障倍数作为合成评级的基础，则我们实际上一并承担了一定的风险，即忽略了其他评级机构使用的其他财务比率所包含的信息。事实上，我们可以扩展之前所提到的方法，将其他比率囊括进来。第一步是以多比率为基础创建一个分数。例如，奥尔特曼的Z－Score模型即是违约风险的代表，它是5种财务比率的函数，通过加权来产生Z值。通常以违约公司的历史状况为基础来确定这些指标及其权重。第二步是将分数与债券评级联系起来，这很像表2—4中的利息保障倍数。但要做这个延展，则需要注意，复杂化也是要付出代价的。尽管实际上与那些只依据利息保障倍数的计算相比，信用模型或Z－Score模型可能会得出更好的合成评级，但从这些分数中所得到的评级的改变要比基于利息保障倍数所导致的改变更加难以解释。这也是我们更愿意使用以利息保障倍数为基础而得到的有缺陷的评级的原因。

④估计税务优势

利息是可以抵税的，因此其税务节省能够减少公司的借款成本。在估计这一税务优势时，应当记住，利息费用会降低边际利润，因此税务优势是用边际税率计算得到的。

税后债务成本 = 税前债务成本（1 - 边际税率）

边际税率指的是边际收入（或最后投入 1 元钱所带来的收入）的税率。估计边际税率可能会比较麻烦，因为公司很少在其财务报表中提及该项数值。大多数公司在年报和对证券交易委员会报告的数字中报告应税收入应负担的有效税率。该税率是将已付税金除以财务报告中披露的总应税收入后得到的。有效税率可能与边际税率不一致，原因包括以下三个方面：

第一，如果是小公司，而且税率在高收入等级段中要高一些，那么针对所有收入的平均税率要比针对最后一块钱收入的税率要低。对于大型公司来说，由于其大多数收入都是在最高的税率段，因此这就是一个很小的问题了。

第二，上市公司，至少是美国的上市公司，通常会有两本账。一本是出于报税的目的，另一本则是出于编制财务报表的目的。针对不同的目的，其通常会使用不同的会计法规，而且一般来说向税务部门报出的收入会比会计年报上的收入要低。因为税金的实际支付是以税务账本为基础的，因此有效税率通常比边际税率要低。

第三，暂缓或延误缴税的行为也会造成边际税率与有效税率之间出现差异。在延缓交税时，实际税率将会小于边际税率。另外，在延缓交税的最终支付期间，有效税率将会比边际税率高很多。

确定边际税率的最好依据是公司取得营业利润的所在国的税法。如果存在州和地方税，也应该在边际税率中予以考虑。对于有多个纳税地点的公司而言，其所使用的边际税率应该是以不同地点的经营收入为权重来计算的不同边际税率的平均数。

要获得借款的税务优势，则公司必须是盈利的。换句话说，对有营业亏损的公司来说，利息成本并没有税务优势。事实上，公司可以将损失转入下一个期间，以冲减下一期间的利润。但在估计税务对债务的影响时，最慎重的做法是在发生营业亏损的年份里不考虑税务优势，只在企业有望取得营业利润的时候才开始调整税务收益。

税后的债务成本 = 税前税务成本　　　　　　（当营业利润小于零时）

　　　　　　　　= 税前税务成本 ×（1 - t）（当营业利润大于零时）

［例 2—5］估计债务成本：几个例子

在本章前几部分，我们估计了迪士尼公司在 2004 年早期的股权成本，以及巴西航空工业公司（Embraer）和 Kristin Kandy 公司 2005 年的股权成本。在这一节，我们将考察如何最好地估计这些公司的债务成本。

（1）2004 年早期，迪士尼公司持有流通在外的债券，并被标准普尔和穆迪公司评级。标准普尔的债券评级为 BBB_+，BBB_+ 级债券的违约利差为 1.25%。将这个违约利差与当前的国债利率 4% 相加，得到的税前债务成本为 5.25%。使用

37.3%的边际税率，则得到其税后债务成本为3.29%。

迪士尼公司税后债务成本＝（无风险利率＋违约利差）（1－税率）

＝（4%＋1.25%）×（1－0.373）

＝3.29%

（2）对Kristin Kandy公司，我们利用表2—4来估计其合成评级。该公司有50万元的营业利润和8.5万元的利息费用，因此利息保障倍数为5.88。我们估计的合成评级为A_-，且A_-的违约利差为1%。将其与无风险利率4.5%相加，可得出5.5%的税前债务成本。在边际税率为40%的情况下，其税后债务成本为3.30%。

Kristin Kandy的税后债务成本＝（4.5%＋1.00%）×（1－0.4）

＝3.30%

（3）对于Embraer，我们使用类似的方法。用2004年的营业利润17.4亿里拉和4.76亿里拉的利息费用计算出利息保障倍数为3.66，因此合成评级（由表2—4可知）为BB_+，违约利差为2%。唯一剩下的问题是，是否应该将巴西的国家违约风险3.5%（这一风险在本章早些时候已估算出来）全部加进去还是应只加一部分。与股权成本一样，假设λ值为0.27，也衡量了其对债务风险的敞口，则在假设巴西适用的边际税率为34%的情况下，以美元计价的Embraer的债务成本为：

税前债务成本＝无风险利率＋公司违约利差＋λ值×国家违约利差

＝4.25%＋2.00%＋0.27×3.50%

＝7.20%

税后债务成本＝税前债务成本×（1－边际税率）

＝7.2%×（1－0.34）

＝4.75%

与股权成本一样，通过使用8%的巴西期望通货膨胀率和2%的美国期望通货膨胀率，可以将上述成本转化为以名义巴西雷亚尔计价的税后债务成本。

$$以巴西里拉计价的税后债务成本=1.0475\times\frac{1.08}{1.02}-1$$

$$=0.1091\ 或\ 10.91\%$$

（2）优先股成本

优先股既具有债务的特点（优先股股利在发行之时就已经被确定下来，而且在普通股股利发放之前发放），还有一些股权的特征（对优先股股利的支付是不可以免税的）。如果把优先股看做永续年金，则优先股成本的计算公式如下：

k_{ps}＝优先股每股股利/优先股每股市价

这种方法假设的是，以美元计价的股利是永久不变的，而且优先股没有特殊功能（可转换、可赎回等）。如果具有这些特殊功能，我们必须对这些功能进行单独估计，以得出对优先股成本的最好估计。至于风险，优先股比普通股更安全，但比其债务风险大。结果是，在税前的基础上，它要求的成本比债务成本要高，但比股权成本低。

（3）其他混合证券的成本

总体上讲，混合证券同时具有债务和股权的特征。一个很好的例子就是可转换债券，可以将其看做简单债券（负债）和可转换期权（股权）的组合。可以不用计算混合证券的成本，而是将其分拆为负债部分和股权部分来分别进行考察。总的来说，把在市场上公开交易（有市价）的混合证券拆分成负债部分和股权部分是比较容易的。如拆分上市交易的可转换债券时，即可使用以下两种方法：

A. 期权定价模型可以被用于对转换期权进行估价，剩余的债券价值可以归为负债部分。

B. 在将违约风险作为债券利率的情况下，可以将可转换债券看成普通债券进行估价，并使用公司在市场上可以借到贷款的利率。可转换债券与简单债券的价差可以被看做可转换期权的价值。

如果可转换证券是非交易性的，则必须分别估计简单债券和可转换期权的价值。

［例 2—6］将可转换债券拆分为负债和股权部分：迪士尼公司

2004 年 3 月，迪士尼公司有流通在外的可转换债券，其剩余期限为 19 年，息票利率为 2.125%，交易价格为 1 064 美元。债券持有人有权在持有债券剩余期限的任意时点将债券转换为 33.9444 股股票。① 要将可转换债券拆分为简单债券和可转换期权两部分，我们要用迪士尼公司的税前债务成本 5.25% 对其债券部分进行估价。②

简单债券部分 = 市场利率为 5.25% 时，9 年期、息票利率为 2.125% 的债券价值

= 19 年③中每年 21.25 美元息票利息的现值 + 第 19 年末 1 000 美元的现值

$= 21.25\ [\ (1-1.0525^{-19})\ /0.0525]\ +1\ 000/1.0525^{19}$

= 629.91（美元）

630 美元的普通债券部分被看做债务，可转换期权 434 美元则被看做股权（1 064 − 630）。

2）计算资本成本的权重

获得不同融资部分的成本后，我们需要的就是各部分所占的权重，以计算资本成本。在这一节，我们将考察权重的选择，使用市值权重的观点以及权重是否会随着时间的变化而变化。

（1）权重的选择

在计算债务、股权和优先股的权重时有两个选择。一种方法是可以从资产负债

① 在这个转换比率下，投资者为购买迪士尼公司的股票要支付 29.46 美元，远比分析时 20.46 美元的价格要高得多。

② 这个利率是基于 10 年期的国债利率得出的。如果 20 年期的国债利率与其有着显著差异，则应在 20 年期利率的基础上再加上违约利差来重新计算税前债务成本。

③ 此处假设息票为每年期，若为半年期息票则需要将息票利率除以 2，并使用半年期利率来计算现值。

表中得到每一种融资资源的会计估计，并计算其账面权重；另一种方法则是可以使用或估计每个部分的市场价值，然后以市场价值为基础计算权重。总的规则是，用于计算资本成本的权重应该是以市场价值为基础的。这是因为资本成本面向未来，是寻找今天购买这家公司所需融资的成本。因为新债和股权一定要在市场上以普遍接受的价格来交易，所以市场价值权重更具有相关性。

有些分析人员一直使用账面价值权重，他们的理由包括如下三点，但都不是十分令人信服的：

A. 账面价值比市场价值更加可靠，因为其波动性不大。虽然账面价值确实不像市场价值那样剧烈变动，但其实际上反映的是缺陷，而不是优势。因为公司的真实价值会随着有关公司和整个经济的新消息的披露而不断地发生变化。我们认为，市场价值虽然带有波动性，但对真实价值的反映要比账面价值要好得多。①

B. 使用账面价值而不是市场价值是估计债务比率更谨慎的方法。在发达市场中，很多公司股权的账面价值要比其市场价值低很多，而债务的账面价值却与其市场价值很相近。由于股权成本要比债务成本高得多，因此使用账面价值比计算出来的资本成本将会比使用市场价值比计算出来的资本成本低得多。然而，这样做的结果将导致估计变得更不谨慎，而不是更谨慎。②

C. 由于会计收益是基于账面价值得出的，因此一致性原则要求在计算资本成本时也要使用账面价值。虽然使用账面价值计算会计收益和资本成本好像并不违背一致性原则，但从经济学的角度来说却不十分合情理。投资于此公司的资金也可以被投资于彼公司，其获得的是市场利率，因此成本应该以市场利率为基础，并使用市场价值权重来计算。

（2）负债中应该计入什么

在负债可以分类为短期和长期、担保和无担保、浮动利率和固定利率负债的情况下，分析人员常常面临这样一个难题，即负债应该包含什么。另外，我们还必须决定其他哪些负债应该被包括在债务部分之中。尽管谨慎的做法是应将所有潜在的负债都看做债务，但这种做法却很可能被证明会起反作用，因为增加债务常常会减少资本成本（同时增加公司价值）。总的来说，我们建议将下列项目计入负债：

①所有的带息负债

很多上市公司都有多种借款、短期和长期债券以及不同期限和利率的银行债务。虽然有些分析人员为每种债券建立了独立的目录，并为每个目录标注一个个别的成本，但这种方法既繁琐又有一定的危险性。使用这种方法我们可以得出以下的结论，即短期负债比长期负债便宜，有担保负债比无担保负债便宜，尽管尚没有充

---

① 有些人认为，股价要比真实价值的波动性大很多。即使这个观点被证实是成立的（实际上还没有被证实），但市场价值与真实价值的差额很有可能比账面价值与真实价值的差额小很多。

② 为解释这一问题，我们可以假设对一个股权成本为15%、税后债务成本为5%的公司来说，其市场价值的负债比率为10%，且账面价值为30%，则其资本成本为：
用市场价值负债比：15% ×0.9 +5% ×0.1 =14%
用账面价值负债比：15% ×0.7 +5% ×0.3 =12%

分证据表明这两个结论是正确的。事实上，解决的方法很简单。将所有负债放在一起（短期和长期的、银行债务和债券），然后再将其附在长期债券的成本上。换句话说，就是在长期无风险利率的基础上再加上违约利差，并用这个利率作为税前债务成本。毋庸置疑，公司肯定会抱怨，并且认为可以通过使用短期负债来降低其有效的债务成本。在技术层面上说，这是正确的，很大程度上是因为在收益曲线倾斜向上的情况下，短期利率可能会低于长期利率，但它失去了计算债务和资本成本的意义。如果这是我们希望长期投资所要达到的最低利率，那么我们希望这个利率应该反映长期借款而不是短期借款的成本。毕竟，采用短期负债为长期项目融资的公司一定要回到市场上来将这些债务滚动延时。

②所有的租赁承诺

负债的本质特征是它增加了公司在景气或不景气的情况下都要满足可减税的支付责任，如果无法满足，则很可能造成公司破产或丧失对公司的控制权。如果使用负债的这个定义，那么在资产负债表上看到的债务数字就可能无法反映公司的真正借款。特别是，如果公司租赁其资产，并将其划分为经营性租赁时，其负债要比在财务报表上报告的多得多。[①] 毕竟，企业签订租赁合同后就应承诺在未来期间支付租金，如果未能履行此承诺，则将面临失去资产的风险。因此，在财务分析中，应该将支付所有的租金看做一项财务费用，并将未来的租赁承诺通过折现的方式（采用目前该公司的税前借款成本为折现率）转变为一项负债。得到的现值可以看做是经营性租赁的债务价值，将其加在传统负债上就能够得到全部负债的数值。要完成这一调整，公司的营业利润必须被重新表述如下：

$$\text{调整后的营业利润}=\text{已经明确的营业利润}+\text{当年经营性租赁费用}-\text{租入资产的折旧}$$

事实上，这个过程适用于任何财务承诺对负债的转变。

债务不包括哪些具体的项目呢？应付账款、供货商信用和其他非带息负债等通常被看做非现金营运资本的一部分，而且还会对现金流产生影响。毋庸置疑，注资不充分的养老基金计划、医疗卫生责任以及潜在的诉讼责任将会降低股权价值，但在资本成本的计算中最好不要将其当做债务。稍后由对经营性资产价值转向对股权价值的评估时，我们会将其作为潜在负债来进行考察。

（3）估计市场价值的权重

在一个所有注入资金都通过金融市场来取得且证券会被持续交易的世界里，债务和股权的市场价值应该是很容易得到的。实际上，即使对大型上市公司来说，也存在一些融资成分人们无法取得其市场价值；而在私人公司中，没有任何融资成分会被交易。

---

① 在经营性租赁中，出租方（或所有者）只是让渡了财产的使用权。租期结束时，承租方将归还财产给出租方。因为承租方并没有假设持有资产的风险，因此租金将被看做是利润表中的营业费用，不会对资产负债表产生影响。在发生融资性租赁的情况下，假设承租人具有一定的持有资产的风险，同时也享有一些权利。结果，在签订租约时，融资性租赁将被看做是在资产负债表上增加一项资产和一项负债（租金的支付）。公司每年要对这一资产提取折旧，同时每年还要扣除租约支付条款中规定的利息费用。总的来说，在同等条件下融资租赁对费用的确认要比经营租赁快得多。

①股权的市场价值

一般来说，股权的市场价值是流通在外的股数乘以当前的股票价格。由于它衡量的是当前取得资金的成本，因此使用一段时间内的平均价格或一些价格的标准化版本都不是好的处理方法。

- 多种股票级别。如果流通在外股票的级别多于一种，那么应该加总所有这些证券的市值，并将其全部看做股权。即使有些级别的股票尚未进行交易，也一定要估计出这些未交易股票的市场价值，然后将其加到总的股权价值之中。
- 股权期权。如果存在对公司其他股权的要求（担保和其他证券的可转换期权），那么其也应该被估价，并被加到公司的股权价值之中。由于要对这些期权进行估价，因此在过去 10 年中将期权融入管理层薪酬已经导致了错综复杂的局面。

我们应如何估计私人公司的股权价值？有两个选择。第一，通过观察上市公司进行交易时的收入乘数和净收入乘数来估计股权的市场价值；第二，绕过估计过程，将同一行业上市公司的市场债务比看做私人公司的负债比率。这是针对 Kristin Kandy 所做的假设，当时我们将作为食品加工行业债务股权比的平均值作为 Kristin Kandy 的负债股权比。

②债务的市场价值

债务的市场价值通常更难直接得到，因为很少会有这样的公司其全部债务都是流通在外的交易性债券。很多公司有非交易性债务，比如银行债务，其是以账面价值而不是市场价值来确定的。要解决这一问题，则需要分析人员做出简化的假设，即假设债务的账面价值等于其市场价值。虽然对发达市场中的成熟公司来说这并不是一个坏的假设，但如果利率和违约利差发生剧烈波动就很可能会导致错误的发生。

将债务的账面价值转化为市场价值的一种简单方法即是将整个账面负债看做一种息票债券，且其息票利息等于所有负债的利息费用，到期日等于以票面价值为基础计算的加权平均债务的到期日，然后再以当前公司的债务成本对此息票债券进行估价。也就是说，如果债务的市场价值为 10 亿美元，利息费用为 6 000 万美元且 6 年到期，当前的债务成本为 7.5%，则可以作如下估计：

$$\text{债务的估计市场价值} = 60 \times \left[\frac{1-\frac{1}{1.075^6}}{0.075}\right] + \frac{1\,000}{1.075^6}$$

$$= 9.3\ (\text{亿美元})$$

这是一个估计值，要想更准确地计算就需要按此方法分别对每一笔债务进行估价。最后，应该将经营性租赁承诺的现值加到债务的市场价值之中，以获得可以用于计算资本成本的负债价值总额。

［例 2—7］市场价值和账面价值比：迪士尼公司

迪士尼公司在账面上有很多负债，且息票率不同，到期日也不同。下面这个表格对迪士尼公司 2004 年流通在外的负债进行了总结：

负债	票面价值（单位：百万美元）	设定利率（%）	到期日	加权到期日（以面值为基础）
中期借据	8 114	6.10	15	9.2908
高级可转换债券	1 323	2.13	10	1.0099
其他以美元计价的负债	597	4.80	15	0.6836
私募负债	343	7.00	4	0.1047
欧元中期负债	1 519	3.30	2	0.2319
优先股①	485	7.40	1	0.0370
Cap Cities 负债	191	9.30	9	0.1312
其他	528	3.00	1	0.0403
总计	13 100	5.60		11.5295

要将负债的账面价值转换为市场价值，可以使用迪士尼公司的税前债务成本5.25%作为折现率，131亿美元作为债券的账面价值，当年的利息费用6.66亿美元作为息票价值，且具体计算如下：

$$\text{迪士尼公司负债的估计市场价值} = 666 \times \left[\frac{1-\frac{1}{1.0525^{11.53}}}{0.0525}\right] + \frac{13\,100}{1.0525^{11.53}}$$

$$= 129.15\text{（亿美元）}$$

再将迪士尼公司经营性租赁承诺的现值加入到其中。这一现值是通过将每年的租赁承诺以迪士尼公司的税前债务成本（5.25%）折现计算出来的。②

年	承诺（单位：百万美元）	现值（单位：百万美元）
1	271.00	257.48
2	242.00	218.46
3	221.00	189.55
4	208.00	169.50
5	275.00	212.92
6~9	258.25	704.93
租赁的债务价值		1 752.85

将这一经营性租赁的债务价值和债务的市场价值129.15亿美元相加，可以得到迪士尼公司全部债务的市场价值146.68亿美元。与股权市场价值551.01亿美元加在一起，可以得到负债对资本的市场价值比21.02%。为进行比较，考虑使用负

① 优先股不应该被看做负债。但在本例中优先股的金额很小，所以可以将其包含在迪士尼公司的负债之中。

② 在迪士尼的报告中，6年之后的承诺总额为10.33亿美元。按照第1年到第5年的平均承诺水平，我们假设这个承诺总额是由为期4年、金额为2.5825亿美元的年金组成的。

债的账面价值131亿美元和股权的账面价值242.19亿美元来计算负债比率，得到的负债对资本比为35.10%。

---

(4) 财务权重会随着时间的推移而改变吗

使用当前市场价值计算得出的权重将会得到当年的资本成本。但随着时间的推移，债务和股权成本以及一并求得的资本成本会发生改变吗？事实上，答案是肯定的，特别是在以下情况下：

①年轻公司

年轻公司大多使用股权作为其资金来源，因为它们还没有现金流（或收益）来维持负债。随着公司规模的扩大，收益和现金流的增加，其将允许更多地采用借款筹资方式。当对尚处于生命周期早期的公司进行分析时，应该允许负债比率会随着时间的推移向行业平均数增长这一现实情况的存在。

②目标负债比率和改变融资比重

有时成熟公司会改变其融资战略，将目标债务比率调至更高或更低的水平。当对这些公司进行分析时，应该考虑公司从使用当前债务比率到目标债务比率的转变。

作为一个基本定理，我们应该将资本成本看成一个特定的数值，并每年对其进行调整。事实上，不仅负债和股权的权重会随着时间的推移而改变，对β值和债务成本的估计也会发生变化。事实上，使用自下而上的β值的优势之一即在于，可以按照当年期望债务股权比率的函数来估计每年的β值。

[例2—8] 估计资本成本：Disney、Kristin Kandy 和 Embraer 公司

在本章进行分析的最后部分，我们将使用本章之前已计算出的股权成本和负债来计算资本成本。

迪士尼公司：要做上述估计，首先应从在［例2—2］的行业分类中所得到的无负债β值和［例2—5］中得到的迪士尼公司的债务成本开始。我们同样可以假设，所有类别的资本与其母公司的资本具有同样的债务股权比重。下面的表格提供了对每个行业的资本成本的估计值：

行业	有负债β值	股权成本（%）	税后债务成本（%）	E/（D+E）（%）	D/（D+E）（%）	资本成本（%）
媒体网络	1.2661	10.10	3.29	78.98	21.02	8.67
游乐园和度假场所	1.0625	9.12	3.29	78.98	21.02	7.90
影视娱乐	1.3344	10.43	3.29	78.98	21.02	8.93
消费产品	1.3248	10.39	3.29	78.98	21.02	8.89
迪士尼公司	1.2456	10.00	3.29	78.98	21.02	8.59

注：有负债β值=无负债β值［1+（1-0.373）×（21.02÷78.98）］。

作为一家公司，迪士尼公司的资本成本为8.59%，但其所涉猎的各行业的资本成本是不同的，游乐园和度假场所的资本成本可以低至7.90%，而在影视娱乐中则可高至8.93%。

Kristin Kandy公司：估计Kristin Kandy的股权成本时，我们假设公司取得资金的债券股权市场价值比将会与食品加工行业保持一致（30%为负债，70%为股权）。同样为保持一致，我们使用债务对资本的市场价值比来计算公司的资本成本。我们列举了两个资本成本的估计值，一个使用市场β值，另一个则使用全额β值。

	β值	股权成本（%）	税后债务成本（%）	D/（D+E）（%）	资本成本（%）
市场β值	0.98	8.42	3.30	30	6.88
全额β值	2.94	16.26	3.30	30	12.37

当公司以私自转手的方式进行销售时，用全额β值来估计资本成本是更为现实的选择。

Embraer：要估计Embraer以名义美元计价和名义巴西雷亚尔计价的资本成本，则要使用估计的股权成本（见［例2—4］）和税后债务成本（见［例2—5］）。债务和股权的权重用已估计的2005年早期的债务和股权的市价来计算，具体见下表：

	股权成本（%）	E/（D+E）（%）	税后债务成本（%）	D/（D+E）（%）	资本成本（%）
美元	10.69	84.07	4.75	15.93	9.74
名义巴西雷亚尔	17.20	84.07	10.91	15.93	16.20

欧洲和拉丁美洲的很多分析人员倾向于从总体负债中减去现金来得到净债值。虽然这种方法并没有什么概念上的问题，但在计算中应该保持前后一致性。有关Embraer资本成本的计算过程如下：首先，要进行Embraer负债β值的计算，应该采用公司的净负债对股权比率。净负债是从Embraer的总负债19.53亿巴西雷亚尔中减掉现金余额23.2亿巴西雷亚尔后得到的。然后，我们可以得出净负债对股权的比率（D/E）为-3.32%。

$$\begin{aligned}\text{Embraer 有负债}\beta\text{值} &= \text{无负债}\beta\text{值}\times[1+(1-\text{税率})(D/E)]\\ &=0.95[1+(1-0.34)\times(-0.0332)]\\ &=0.93\end{aligned}$$

$$\text{Embraer 的股权成本}=4.25\%+0.93\times4\%+0.27\times4.67\%=10.01\%$$

使用净负债对股权比会使股权成本更低，但当使用净负债对股权比-3.43%来计算资本成本时，这将是一种补偿（至少是部分补偿）。

$$\begin{aligned}\text{Embraer 的资本成本} &= \text{股权成本}\left(\frac{\text{净负债}}{\text{净负债}+\text{股权}}\right)+\text{税后债务成本}\left(\frac{\text{净负债}}{\text{净负债}+\text{股权}}\right)\\ &=10.01\%\times1.0343+4.75\%\times(-0.0343)\\ &=10.19\%\end{aligned}$$

注意，使用净负债比率所得到的资本成本与使用总负债比率得出的资本成本有很大的不同。原因在于用负债减掉现金时所做的这样一个隐含的假设，即所有的负债和现金都是无风险的，债务带来的税务收益正好与现金带来的利息税支付相抵消。

如果负债的风险非常高，或现金所得到的利率比负债支出的利率要高很多，则使用负债净值从总体上来说并不是一个好主意。用净负债对股权的比率还会存在另一个潜在的问题，这在 Embraer 的计算中已更明显地体现了出来。对于任意一家现金余额超过负债的公司来说，其净债值都是负的，使用这个负的净 D/E 比率将会得到一个超过有负债 β 值的无负债 β 值。虽然这有些令人难以理解，但它确实是可以理解的，因为无负债 β 值反映了公司所在行业的 β 值。与同行业的无负债 β 值相比，对于具有超过其借款的巨大现金余额的公司来说，其有负债 β 值可能会更低。

2.4 结论

本章解释了通过将融资细分为负债和股权两部分来估计折现率的具体过程，并且探讨了如何更好地估计每一部分的成本：

- 对股权成本的估计是很困难的，部分原因即在于这是一个隐含的成本；还有部分原因是对不同的股权投资者而言，其股权成本也会有所不同。对上市交易的公司，通常是站在股权的边际投资者的立场上进行估计。我们假设其投资是充分分散的，且该假设允许我们只考虑不能通过分散投资而消除的股权风险，并用一个 β 值（在资本资产定价模型中）或多个 β 值（在套利定价模型和多因子模型中）来衡量。我们还提出了用于估计股权成本的 3 种不同的方法：取得风险收益模型的参数、观察长期股票的不同收益以及从股价中反推隐含的股权成本。
- 债务成本是一家公司当前可以借到的款项的利率，取决于该公司的违约风险。我们可以通过债务评级（如果存在的话）或观察财务比率来衡量这一违约风险。另外，可以减税的利息费用所带来的税务收益可以减少税后的借款成本。

资本成本是不同融资部分成本的加权平均值，其权重以每一部分的市场价值为基础。

第 3 章 衡量现金流

现金流是折现现金流估价法的关键。估计现金流一般是从衡量利润开始的。例如，估计公司自由现金流应以税后经营利润为基础，而对权益自由现金流的估计则是从净利润开始的。虽然我们可以通过财务报表得到和使用有关经营利润和净利润的数据，但许多公司的会计利润与其真实利润之间还是有一定区别的。因此，我们至少应该思考，应如何对会计人员测量出的公司利润进行适当的调整，以得到更适合用于估价的利润。特别是，我们必须认真检查经营租赁和研发费用的处理方法。通常我们认为，经营租赁应该被看做财务费用来处理，而研发费用则应该被看做资本费用来处理。

为了从利润出发得到现金流，我们还需要估计公司为了保证将来的增长所进行的再投资的金额。由于在计算现金流的过程中，对营运资本和资本支出所下的会计定义常常过窄，因此我们考虑就上述两个项目给出更为宽泛的定义。

3.1 现金流的分类

有关现金流的分类方法有三种。第一种是将现金流区分为权益现金流和公司现金流。权益现金流仅表示公司中权益投资者进行投资时所产生的现金流，因此其是扣除所有与债权人相关的现金流（包括利息的支付、本金的偿还和新债券的发行等）之后的剩余现金流。股利通常是这种比较容易观察测量的权益现金流的一个代表。事实上，被更宽泛定义的权益现金流可以按下式来计算：

$$\begin{matrix}\text{权益自由}\\\text{现金流}\end{matrix} = \text{净利润} - \left(\begin{matrix}\text{资本}\\\text{支出}\end{matrix} - \text{折旧}\right) - \begin{matrix}\text{非现金营运}\\\text{资本的变化}\end{matrix} + \left(\begin{matrix}\text{新债务的}\\\text{募集}\end{matrix} - \begin{matrix}\text{债务的}\\\text{偿付}\end{matrix}\right)$$

公司的现金流是指由公司产生的、属于公司所有权人的现金流，并且是债前现金流。

$$\begin{matrix}\text{公司自由}\\\text{现金流}\end{matrix} = \begin{matrix}\text{经营}\\\text{利润}\end{matrix}(1 - \text{税率}) - \left(\begin{matrix}\text{资本}\\\text{支出}\end{matrix} - \text{折旧}\right) - \begin{matrix}\text{非现金营运}\\\text{资本的变化}\end{matrix}$$

注意，上述两个现金流均为税后现金流，且已经扣减了再投资需要的现金流出，因此其是自由的（对公司的支付而言）。

对现金流的第二种分类方法是将其分为名义现金流和实际现金流。名义现金流包含预期通货膨胀率，因此必须用一种确定的货币来表示，如美元、欧元、比索或日元等。预期通货膨胀率会随币种的不同而发生变化，从而导致对每种货币现金流的不同的估计。实际现金流不包括预期通货膨胀率，因此其只反映出售单位的数量和真实购买力的变化。

第三种分类方法是将现金流分为税前现金流和税后现金流。前面所定义的公司现金流和权益现金流是公司税后的现金流，但却是投资者的税前现金流：因为股东必须为股利和资本利得支付税金，而债券投资者也必须在收到利息时支付税金。现金流也可以在公司税前进行定义，而相应使用的折现率也应是公司的税前折现率。

几乎所有对现金流的度量都是从会计利润开始的。在本章中，我们将首先讨论会计利润的局限性以及对会计利润所进行的一些适当的调整，从而使会计利润更加有用。接着我们将讨论税收的影响；由于我们将使用税后利润，因此还要对税率进行重点关注。然后还要检查公司再投资的需要，并区分哪些是资本支出，哪些是营运资本。最后将使用不同的方法来估算权益现金流。

3.2 利润

公司利润表以息税前利润（EBIT）和净利润的形式，提供了对经营利润和权益利润的计量。当使用这些利润对公司进行估价时，有三点必须认真考虑：第一，必须在已知公司短期内已发生变化的前提下获得尽可能最新的估计；第二，对会计分类错误进行利润更正；第三，由于会计规则的局限和公司的自身行为，一些公司公布的会计利润与其真实利润之间几乎没有任何相同之处。

3.2.1 更新利润的重要性

公司在其财务报表和年报中向股东报告利润。年报只在公司财务年度结束之后才会公布，而我们常常要在财务年度中间对公司进行估价，因此得到被估价公司年报中所包含的信息时已经过去了数月，对于随时间推移而迅速变化的公司而言，以过去的信息为基础对公司进行估价的风险很大，应使用更新的信息来替换。由于美国的上市公司必须按照证监会（SEC）（10－Qs）的要求编制季报并对外公布，因此对财务报表中重要项目的最新估计可以通过合计最近四个季度的数据来获得。通过这种方法得到的对收入和利润的估计被称为“追踪12月”的利润和收入，这些估计可能和最近年报中相同项目的数值不同。

这种调整是有代价的。不幸的是，并不是年报中所有的项目均在季报中进行披露，因此我们必须使用最近年报中的数据（而这将导致输入变量的不一致），或者在最近一个季度结束后对其数据进行估计（而这将导致估计误差）。例如，公司在季报中并不公布尚未行使的期权（发放给管理者和雇员），而在年报中予以披露。由于我们必须对这些期权进行估价，因此可以使用最近一次年报中公布的且尚未行使的期权或者假定尚未行使但已经发生变化以反映其他变量的变化的期权（例如，如果收入增长一倍，则期权也可能增长一倍）。

对刚成立不久的公司来说，关键是要坚持使用所能搜集到的且经过最新调整的数据，尽管这些数据是估计得出的。这些公司往往呈指数增长，使用最近年度财务报表的数据也将低估这些公司的价值。即使是那些并不发生季度性变化的公司，其最新信息也将为我们提供捕捉这些变化的机会。仍有一些金融市场只要求公司一年公布一次财务报表，因此我们不能选择使用季度的最新信息。另外，当对上述市场的公司进行估价时，分析人员还可能必须通过非官方渠道获得的信息来调整他们的估价。

[例 3—1] 更新 Google 的利润：2005 年 9 月

Google 于 2004 年 9 月首次公开发行股票，并按要求公布了其 2004 年度的财务报告。在 2005 年上半年，Google 公布了其收入和经营利润的大幅增长，按照10 - K 要求编制的最新数据和最新的季度报表（截至 2005 年 6 月底）计算"追踪 12 月"的估计值，具体请见下表：

	2005 年 6 月（半年）（百万美元）	2004 年 6 月（半年）（百万美元）	2004 年 12 月（年报）（百万美元）	"追踪 12 月"（百万美元）
收入	63 521	16 338	45 372	92 555
EBIT	-140 604	-8 315	-31 421	-163 710
R&D	11 567	3 849	11 620	19 338
净利润	-136 274	-8 128	-29 300	-157 446

注：追踪 12 月 = 2004 年 12 月全年 + 2005 年 6 月半年 - 2004 年 6 月半年（2004 年的半年数据可在 2005 年 10 - Q 中找到）。

"追踪 12 月"收入是最近 10 - K 公布收入的两倍多，公司的经营亏损和净亏损也都增长了 5 倍多，2005 年中期的 Google 与其在 2005 年早期阶段的表现很不相同。

3.2.2 更正利润中的错误归类

在一般的财务报表中，公司发生的费用可以分为三种：预期只在本期创造收益的经营费用（如劳动力和原材料）、预期将于多期创造收益的资本费用（如土地、厂房和机器设备）以及与非权益性融资的使用有关的财务费用（如利息费用）。得到正确衡量的公司经营利润应等于公司收入减去经营费用，而财务费用和资本费用则均不应包括在当年发生的经营费用之中，即使资本费用可以在公司上述费用的受益期间内进行折旧和摊销。公司净利润应该是公司收入减去经营费用和财务费用，而资本费用则不需扣除。

对会计利润的计量有时会因为对经营费用、资本费用和财务费用的错误分类而发生错误，我们将在本节中论述两种最常见的错误分类以及如何改正这些错误。第一个错误是应该归入资本费用的研发费用却被包含在经营费用之中，这扭曲了对经营利润和净利润的估计；第二个需要调整的错误则是应该属于财务费用的经营租赁却被当做经营费用，还好这只影响了对经营利润的计量，并不影响净利润。

需要考虑的另一个问题是在一些公司中存在的被称为管理盈余的现象，技术类公司常常使用会计技术来提前确认利润，以便超出分析人员的估计，并导致错误的利润计量。

1. 将资本费用作为经营费用

尽管从理论上说，利润并不受本期资本费用的影响，但事实上确实有一些资本费用被作为经营费用来处理。例如，财务报表的一个明显缺点即在于对研发费用处理方法上的不当。由于研发的产品存在不确定性，以致无法计量，因此会计准则通常会要求所有的研发费用均在发生当期予以费用化。而这将导致数个结果，最突出的一个结果即是研发创造的资产价值并没有被作为公司总资产的一部分在资产负债表中予以反映，这也会对公司的资本计量和利润率的波动产生影响。我们将在本节第一部分讨论如何将研发费用资本化，而在本节的第二部分将扩大讨论至其他资本费用。

1）研发费用资本化

尽管对未来利润的影响存在不确定性，但是研发费用还是应该资本化。为了对研发费用资本化并对其进行估值，我们必须对公司将研发成果转化为商业产品的平均时间进行估计，而这个需要估计的平均时间则被称为研发资产的摊销期。事实上，研发资产的摊销期会因公司而异，以反映研发商业化的难度。例如，一家制药公司的研发费用应该有一个很长的摊销期，因为新药品的许可过程需要很长的时间；相反，软件公司的研发费用则应该在很短的时间内摊销完，因为其研发转化为产品的速度很快。

对研发费用的摊销期进行估计后，下一步就是在研发资产摊销期的时间范围内搜集有关过去研发费用的数据。因此，如果一项研发资产有5年的摊销期，则必须获得在本期之前5年中各年的研发费用。为简单起见，假定在整个期间内摊销额是相同的，则对现在研发资产剩余价值的估计如下式所示：

$$\text{研发资产的价值} = \sum_{t=-(n-1)}^{t=0} R\&D_t \frac{(n+t)}{n}$$

因此，对于一项摊销期为5年的研发资产来说，我们可以累积4年前研发费用的1/5、3年前研发费用的2/5、2年前研发费用的3/5、1年前研发费用的4/5以及今年的所有研发费用来得出研发资产的价值。而这将增加公司资产的价值，同时也将增加权益的账面价值。

调整后的权益账面价值 = 权益的账面价值 + 研发资产的价值

最后，经营利润也需进行调整以反映研发费用的资本化。首先，将公司为得到经营利润而减去的研发费用加回到经营利润之中，以反映研发费用被重新分类为资本费用；其次，研发资产的费用摊销与固定资产计提的折旧一样，均须予以扣除，以得到调整后的经营利润。

调整后的经营利润 = 经营利润 + 研发费用 − 研发资产的摊销

对于随着时间的推移其研发费用将不断增长的公司而言，其调整后的经营利润一般会有所增加，因此净利润也将受到这种调整的影响：

调整后的净利润 = 净利润 + 研发费用 − 研发资产的摊销

尽管我们一般考虑税后部分，但研发费用几乎完全在税前扣除的事实已消除了对其进行调整的必要。①

［例 3—2］资本化研发费用：2005 年 Cisco 公司

作为一家拥有领先技术和软件的公司，Cisco 每年投资大量资金用于研发。在 2005 年 7 月末结束的最近的财务年度中，其研发费用为 33.20 亿美元。由于在其研发中一些是基础性研发，另一些则是更直接商业化的应用研发，因此我们假设该公司研发成果的摊销期为 5 年。进行分析的第二步是在摊销期所在的年度内，搜集以前各年研发费用的数据，该公司的上述信息具体见下表。

年份	研发费用（百万美元）
本期（2005）	3 320
−1（2004）	3 192
−2（2003）	3 135
−3（2002）	3 448
−4（2001）	3 922
−5（2000）	2 704

以前年份的部分费用已经摊销完毕，因此应该考虑这些费用于今年的摊销情况。为了使估计更为简单，上述费用在整个 5 年的摊销期内采用直线法进行摊销，且每年摊销 20%，从而使我们可以估计出每年创造的研发资产的价值和今年研发费用的摊销情况，其具体过程见下表：

年份	研发费用（百万美元）	未摊销部分		当年摊销（百万美元）
		（%）	（百万美元）	
本期	3 320.00	100	3 320.00	
−1	3 192.00	80	2 553.60	638.40
−2	3 135.00	60	1 881.00	627.00
−3	3 448.00	40	1 379.20	689.60
−4	3 922.00	20	784.40	784.40
−5	2 704.00	0	0.00	540.80
研发资产的价值			9 918.20	
当年的摊销费用				3 280.20

注意，今年的研发支出并没有进行摊销，因为我们假设研发费用是在年底发生

① 如果只有摊销部分可以在税前扣除，则研发费用的节税收益为：摊销额 × 税率；而对整个研发费用进行税前扣除所获得的额外节税收益为：（研发费用 − 摊销额）× 税率。如果减去（研发费用 − 摊销）（1 − 税率），并将上式计算的额外节税收益加回，则（1 − 税率）将被抵消。

的。但是5年前到上一年所有的研发费用都已摊销了，以前年度尚未摊销的研发费用的总计为99.2亿美元，可以将其看做Cisco研发资产的价值。在计量权益回报和进行资本度量时，这些资产也会被加到权益的账面价值上，而今年对以前研发费用的摊销总计为32.8亿美元。

最后一步是调整经营利润，以反映研发费用的资本化。调整是将今年发生的研发费用加回到经营利润之中（以反映研发费用被重新分类为一项资本费用），再减去按上述步骤估计出的研发资产的摊销额。对于Cisco，其在最近财务年度利润表中公布的经营利润为74.16亿美元，调整后的经营利润为：

调整后的经营利润 = 经营利润 + 今年的研发费用 − 研发资产的摊销

= 7 416 + 3 320 − 3 280

= 7 456（百万美元）

对已公布的5 741百万美元的净利润可以进行如下简单的调整：

调整后的净利润 = 净利润 + 今年的研发费用 − 研发资产的摊销

= 5 741 + 3 320 − 3 280

= 5 781（百万美元）

权益和资产的账面价值都会因为研发资产价值的增加而增加。由于对资本回报和权益回报的计量均以前一年资产和权益的价值为基础，因此我们可以使用与计算今年研发资产相同的方法，来计算前一个财务年度末研发资产的价值，且得到的值为9 878百万美元。①

研发资产的价值$_{2004}$ = 9 878百万美元

调整后的权益账面价值$_{2004}$ = 权益账面价值$_{2004}$ + 研发资产的价值

= 25 826 + 9 878

= 35 704（百万美元）

由于公司没有外部债务，因此资本的账面价值与权益的账面价值是相同的。具体调整前和调整后的权益回报和资本回报见下表。

	未调整研发费用前	调整研发费用后
权益回报	$\frac{5\ 741}{25\ 826}=22.23\%$	$\frac{5\ 781}{35\ 704}=16.19\%$
税前资本回报	$\frac{7\ 416}{25\ 826}=28.72\%$	$\frac{7\ 456}{35\ 704}=20.88\%$

虽然调整后的利润率较未调整前有明显的下降，但Cisco的利润率仍给人们留下了深刻的印象。对于能取得高权益回报和资本回报并具有真实研发费用的大多数公司来说，其往往会发生相同的事情。②

① 注意，我们可以使用上述数据表，并通过下移一行摊销数字来计算研发资产的价值。因此，3 192百万美元将成为本期的研发费用，3 135百万美元将成为上一年度的研发费用，其80%尚未被摊销，其余的可依次类推。

② 如果公司取得的资本利润远低于其资本成本，则对其进行调整将导致更高的回报。

2）其他经营费用的资本化

研发费用是将经营费用作为资本费用处理的最为突出的例子，但还有其他经营费用也可以作为资本费用。诸如吉列（Gillette）和可口可乐（Coca - Cola）等消费品生产商认为，其部分广告费用也应该作为资本费用来处理，因为进行广告推广即是为了增加品牌的价值。对于像毕马威（KPMG）这样的咨询公司来说，其用于招聘和培训员工的成本也应该作为资本费用来处理，因为经过招聘和培训之后脱颖而出的咨询人员可被看做公司的核心资产，能够长期为公司提供利润。对于许多新技术公司包括像亚马逊（Amazon. com）这样的电子零售商，其最大的经营费用项目为销售和管理（SG&A）费用；且这些公司认为，上述费用的一部分应该被看做资本费用，因为其目的即在于提高品牌的知名度，以带来新的、潜在的长期客户。例如，美国在线（America Online，AOL）也使用同样的理由将其在美国范围内随同杂志免费赠送的实验品 CD 的费用予以资本化。

虽然上述观点有一定的价值，但我们在使用上述观点将费用资本化时也必须保持小心。事实上，在对一项经营费用资本化时，必须有真实的证据表明公司将从该项费用中获益，且可持续数个会计期间。在亚马逊的广告和促销的诱惑下，从公司购买商品的顾客还将继续成为公司的长期客户吗？有一些分析人员声称，的确如此，且明显增加的价值将被归功于每一位新顾客。[①] 在这种情况下，用与将研发费用资本化相同的步骤将上述费用资本化是合理的。

（1）判断公司将从上述经营费用（如 SG&A）中获益的期间。

（2）估计消耗这些费用所创造的资产价值（与研发资产相似）。如果是 SG&A 费用，则为 SG&A 资产。

（3）按照经营费用资本化和资本化资产的摊销，来调整经营利润。

2. 财务费用的调整（将经营租赁转换为负债）

第二个调整是调整被会计人员作为经营费用处理的财务费用。最突出的例子是作为经营费用处理的经营租赁费用；相对地，资本租赁则被作为负债列示。

第 2 章介绍了将经营租赁转换为负债的基本方法。我们按照公司的税前债务成本对将来的经营租赁义务进行折现，然后再将经营租赁义务的现值加到公司的常规债务上，以得到整个尚未清偿的债务。

调整后的债务 = 债务 + 租赁义务的现值

一旦经营租赁被作为债务进行重新分类，则经营利润可以按以下两步进行调整：第一步，由于经营租赁是一项财务费用，故应将其加回到经营利润之中；第二步，减去租赁资产的折旧，得到调整后的经营利润。

调整后的经营利润 = 经营利润 + 经营租赁费用 - 租赁资产的折旧

如果假设租赁资产的折旧大约等于偿付债务的本金部分，则调整后的经营利润

---

① 例如，一位在帝杰银行（Donaldson Lufkin & Jenrette）进行权益研究的分析人员 Jamie Kiggen，在其 1999 年公布的一份权益调查报告中，将亚马逊公司的客户价值估价为 2 400 美元。而该价值的估价基础正是假设客户将继续从亚马逊公司购买商品，且这些销售能够带来预期利润。

也可以通过加回经营租赁费用的债务价值的估算利息费用而得到。

调整后的经营利润 = 经营利润 + 租赁义务的现值 × 债务的税前利率

[例3—3] 调整经营租赁的经营利润：2005年美国塔吉特公司（Target）

作为一个专业的零售商，Target租赁了相当数量的零售店，且这些租赁均为经营租赁。在最近的财务年度中，Target发生了经营租赁费用240百万美元。公司在接下来5年的经营租赁义务和5年以后对租赁义务的一次性付款额见下表。

年份	合约义务（百万美元）
1	146
2	142
3	137
4	117
5	102
6年及以后	2 405

Target税前的债务成本为5.50%。为了计算义务的现值，必须对6年后义务的一次性支付金额做出一个判断，且以未来首个5年每年支付租赁额的平均数为基础（128.80百万美元），可以得到以年金形式支付的时间为18年：①

$$以年金形式支付的大约期间（对6年之后进行的一次性支付）=\frac{2\ 405}{128.80}=18.67（年）$$

使用Target的税前债务成本，对义务的现值估计见下表。

年份	租赁义务（百万美元）	现值（百万美元）
1	146.00	138.39
2	142.00	127.58
3	137.00	116.67
4	117.00	94.44
5	102.00	78.04
6~23	133.61	1 149.69
租赁的债务价值		1 704.81

经营租赁的现值作为相等数量的公司债务，应加到公司的常规债务之中。Target在资产负债表中的常规有息负债为9 538亿美元，则该公司的债务总计为：

调整后的债务 = 有息负债 + 租赁义务的现值

= 9 538 + 1 705

= 11 243（百万美元）

① 计算的结果为18.67年，我们一般取其整数部分18年。

我们先使用完全调整法，来调整 Target 的经营利润。此外，为计算租赁资产的折旧，假设在租赁期间[①]（23 年）用直线折旧法来计算与租赁义务债务价值相等的租赁资产的折旧额。

$$\text{直线折旧法下的折旧额} = \frac{\text{租赁资产的价值}}{\text{租赁期间}} = \frac{1\ 705}{23} = 74\ (\text{百万美元})$$

Target 公布的经营利润为 3 601 百万美元，则调整经营租赁后的经营利润为：

$$\begin{aligned}\text{调整后的经营利润} &= \text{经营利润} + \text{本期的经营租赁费用} - \text{租赁资产的折旧}\\ &= 3\ 601 + 240 - 74\\ &= 3\ 767\ (\text{百万美元})\end{aligned}$$

使用近似的调整方法也可以对调整后的经营利润进行估计，可以使用债务的税前成本并计算应加回的估算利息费用。

$$\begin{aligned}\text{调整后的经营利润} &= \text{经营利润} + \text{租赁债务的现值} \times \text{债务的税前成本}\\ &= 3\ 601 + 1\ 705 \times 0.055\\ &= 3\ 695\ (\text{百万美元})\end{aligned}$$

3.2.3 会计利润与真实利润

公司通常会迎合甚至超出分析人员对各季度利润的估计，而超出分析人员的估计则被看做公司有着良好的发展前景。一些公司为了达到这种目的，采取了值得质疑的会计方法。因此，当对这些公司进行估价时，我们必须对这些会计操纵下的经营利润进行更正以得到正确的经营利润。

1. 盈余管理现象

20 世纪 90 年代，诸如微软（Microsoft）和英特尔（Intel）等公司为技术公司树立了榜样。实际上，在过去 10 年的 40 个季度中，Microsoft 有 39 个季度的利润超出了分析人员的预测；Intel 也同样创造了令人印象深刻的记录。其他一些技术公司也紧随其后，试图公布至少超出分析人员预测几分钱的利润。事实表明，这种现象在当时迅速蔓延，并于 1996 年到 2000 年间达到了空前的白热化。在连续的 18 个季度里，有更多的公司公布了其超出大多数分析人员的利润估计。[②] 进行盈余管理的另一个比较明显的现象是，在最近的 10 年里，公司向国内税务部门报告的利润与其向权益投资者公布的利润的差额正在不断扩大。

在这些分析人员的估计为预期的前提下，上述事实又能告诉我们什么呢？一种可能是分析人员一直低估了公司的利润，并且从来没有从错误中汲取教训，但这只能是一种猜测，不可能在整个 10 年内持续出现这种错误；另一种可能则是技术公司在如何计量和报告利润方面的自由度较高，并正使用这种自由度来达到超出分析人员估计的目的。特别是将研发费用作为经营费用处理，为这些公司进行盈余管理

---

① 租赁期为用于整个估计的年金期限 18 年再加上开始的 5 年。

② IBES 是 Institutional Brokers' Estimate System 的缩写，为一家组织分析人员对所有上市公司利润进行估计的服务机构。

提供了有利条件。

进行盈余管理真的能提高公司的股票价格吗？盈余管理可能会导致利润连续几个季度超出分析人员的估计，但是难道市场也如此容易上当吗？事实并不是这样的。一种叫做私下利润估计方法的出现能够反映公司总是公布其利润超出分析人员估计的情况。那么，什么是私下利润呢？私下利润是一种模糊的利润，诸如 Intel 和 Microsoft 等公司所公布的数值一定会超出市场预期，且这些估计往往仅比分析人员的估计高出几美分。例如，1997 年 4 月 10 日，Intel 公布其每股利润为 2. 10 美元，高于分析人员每股 2. 06 美元的估计。但随后其股价却下跌了 5 个百分点，因为对私下利润的估计数值为 2. 15 美元。也就是说，市场已经根据 Intel 过去超出利润估计的情况，建立了对该公司的预期。

2. 公司为什么要进行盈余管理

通常公司进行盈余管理是因为，其认为若向市场公布平滑的和超出分析人员预测的利润的话，公司将会受益。实际上，上述公司指的是诸如 Intel 和 Microsoft 等成功进行盈余管理的公司。而对于利润没有达到市场预期的公司，特别是技术公司，其将受到市场的残酷惩罚。

许多财务管理者也相信，投资者应注重每股利润市值的大小，因此其工作的目的即在于公布公司利润以反映这种信念。这可能可以解释，为什么财务会计准则委员会（FASB）所做的任何试图改变利润计量方法的努力都会引发激烈的争论，甚至在所做的上述改变是合理的情况下。例如，FASB 试图要求公司将授予管理层的期权按公允价值计价，并将其成本从利润中扣除或者改变公司合并的会计处理方法，然而却一直受到技术类公司的反对。

公司管理层就盈余管理现象真正关心的也可能是：当利润与以前相比有明显的下降时，其更有可能被解雇；而且有些公司的管理层所采取的激励办法主要是以利润目标为中心，因此只有达到利润目标才会有丰厚的奖金。

3. 盈余管理的技术

公司是如何进行盈余管理的呢？进行良好的盈余管理的一个方面即是关心和培养分析人员的预期。Microsoft 在 20 世纪 90 年代时就是这样做的。公司管理者负责监督分析人员所做的利润估计，当他们认为分析人员所做的估计太高时，就开始降低其预期。① 还有其他一些可以经常使用的技术，限于篇幅，我们在本节只考虑比较普遍适用的一些方法。事实上，并不是所有的方法都对公司有害，一些做法还可能会被认为是真正的谨慎管理。

- 提前计划。公司可以提前做好投资和资产出售的计划，以保证利润的稳步上升。
- 收入确认。公司在何时必须进行收入确认方面有着一定的灵活性。例如，

---

① 在分析人员的利润估计太低时，Microsoft 就会让分析人员知道，也正是通过这种方法，Microsoft 与分析人员保持了相互信任的关系。那些对分析人员的报告一直持悲观态度的公司，将失去分析人员的信任，结果便失去了盈余管理的效果。

Microsoft 于 1995 年采取了很保守的会计方法来确认 Windows 95 的销售收入，并选择并不反映本应反映的一大块收入。[1] 实际上，公司于 1996 年年底未确认的收入已累计达到 11 亿美元，而这笔巨额的收入完全可以用来弥补销售淡季较低的利润。

• 提前确认账面收入。相反的情况是公司有时会在销售淡季的最后一天向分销商和零售商发货，并确认收入。1998 年公开上市的技术公司 Micro Strategy 就是如此，其在 1999 年的最后两个季度，先后公布了收入增长 20% 和 27% 的消息。而大部分上述增长依靠的是每个季度结束前宣布的大额交易。一种更微妙地使用该策略的情况是，两个均需要收入增长的技术公司可以进行一个收入掉期交易。[2]

• 经营费用资本化。与确认收入相同，公司在将费用分成经营费用或资本费用时可以进行选择，特别是像软件的研发费用这样的项目。例如，AOL 通过资本化操作注销了随同杂志提供的 CD 和磁盘的成本，使得其在 20 世纪 90 年代后期一直公布正的利润。

• 注销。主要的重组费用将使本期的利润变得更低，而采取这项重组将给公司带来两个好处。由于经营利润既要在重组费用前，又要在重组费用后进行披露，因此可以使公司将该笔费用与公司的业务经营区分开，还可以使公司于将来季度公布超出估计的利润变得更为容易。通过下面 IBM 的例子，我们可以看出重组是如何提升公司利润的。在 IBM 关闭一些部门的当年，其注销了旧厂房和设备。另外，IBM 在 1996 年将公司 1990—1994 年的折旧费用平均占收入的比率由 7% 降低至 5%。而 1996 年收入的差额为 16.4 亿美元，占公司当年税前利润 90.2 亿美元的 18%。技术公司特别精通于通过注销按“正在进行研发”登记的收购成本的绝大部分来提高其后续季度的利润。Deng 和 Lev（1999）研究了 1990 年至 1996 年间 389 家注销正在进行研发的公司，[3] 这些注销的平均金额为收购价的 72%。在收购后的第四个季度，收购公司的利润提高了 22%。

• 使用准备。公司可以为坏账、商品的退还以及其他的潜在损失建立各种准备。一些公司在好年景往往估计得比较保守，并用这些已经建立的过多的准备来平滑其他年度的利润。

• 投资利润。持有一定数量的流通证券或者投资于其他公司时，这些投资的价值将远低于其市场价值，因此变现这些投资可以产生大量的资本利得，并迅速增加公司本期的利润。技术公司，如 Intel 就使用这种方法从而使利润超出市场的估计。

---

① 于 1995 年购买 Windows 95 的公司也购买了该软件的升级版，并分别于 1996 年和 1997 年得到了进行软件维护的权利，Microsoft 可以在 1995 年反映该利润。

② 福布斯杂志（Forbes）于 2000 年 3 月 6 日登载了一篇关于 Micro Strategy 的文章，现摘录部分如下：

10 月 4 日，Micro Strategy 和 NCR 宣布了 52.5 百万美元的租赁和技术协议。NCR 同意向 Micro Strategy 支付 27.5 百万美元的软件租赁费；Micro Strategy 愿意通过支付 14 百万美元的股票来购买 NCR 的一个部门，且该部门一直是其竞争者，并支付了 11 百万美元的现金购买了一个数据仓库系统。Micro Strategy 在第三季度公布了其 17.5 百万美元的租赁收入，而该租赁公司事实上已在 4 天前停止营业。

③ Z. Deng 和 B. Lev 于 1999 年在纽约大学所著的有关合并研发价值研究的工作论文中写道，只有 3 家公司在 1980—1989 年期间注销了其正在进行研发的费用。

4. 调整利润

由于公司存在一定程度的盈余管理现象，因此我们在使用本期利润作为推算基础时必须谨慎。在本小节中，在使用这些数字作为推算基础前，我们将讨论针对已公布的利润可能需要做的一系列调整。我们将首先考虑一次性项目、再次发生项目和非经常性项目之间的细微区别，然后再来审查如何更好地处理收购会计遗留的问题。

1）特殊、再次发生和非经常性项目

估计经营利润和净利润的规则非常简单，作为推算基础的经营利润应该反映公司的持续经营，而不应该包含任何一次性或特殊项目。由于有如下4种类型的特殊项目，因此将该原则应用于实践对很多企业来说常常是一个挑战。

A. 真正的一次性费用和利润。10年前发生的一次大型重组所带来的费用就是一个很好的例子。这些费用在分析时可以不予以考虑，而在有关经营利润和净利润的计算中将其扣除。一次性利润也可以按相同的办法处理。

B. 不是每年都发生的费用和利润，但在规律的间隔时间内可能会再次发生。例如，考虑一个公司，在过去的12年中每3年就会发生一次重组，但我们仍不能得出这样的结论，即认为该项特殊费用（即重组费用）就是公司的正常费用，且每3年会发生一次。然而，若忽略上述费用也将变得很危险，因为将来的经营利润将被高估，因此更合理的做法是逐年摊销处理这些费用。也就是说，如果每3年发生的重组费用为15亿美元，那么平均来说，经营利润应减少5亿美元以反映该笔费用每年的承担额。

C. 费用和收入每年都会发生，但金额变动却相当大。处理这些项目最好的方法是通过在整个时间段中平均处理这些费用来进行规范，并在每年的利润中减少应承担的金额。

D. 项目每年都会发生，但会经常改变符号，一些年是正的，而其他年则是负的。例如，考虑外币兑换对利润的影响时，对于一家位于美国的公司来说，在美元强势时其所带来的影响可能是负的；而在美元弱势时其影响却是正的。处理这些费用最为谨慎的方法即是忽略这些费用，这是因为从汇率变动中获得或失去的利润从长期来看是经常变化的，若将此作为长期利润的一部分则将对价值的估计产生误导。

在上述这些项目中作区分要求我们必须接触公司的财务历史，对于刚成立不久的公司，这比较困难，对于费用是应该忽略、做规范处理、还是全额考虑，作上述区别更困难。

2）对收购和分立的调整

每一次收购后的一段时间内，收购会计可能会对所公布的利润产生严重的影响。如果使用购买会计，则收购所带来的最通常的副产品即为对商誉的摊销。尽管经营利润应该尚未受到影响，但对商誉的摊销将减少以后期间的净利润。应该将摊销作为经营费用吗？由于没有现金流出，并且其通常也只是一个非税前的扣除费用，因此我们并不认为应该将其作为经营费用。事实上，处理商誉摊销最安全的方法即是关注摊销前的利润。

正如本章前面所述，在支付超过账面价值的溢价时，技术类公司已经使用特殊的策略得到了创造的商誉。这种观点认为，支付给技术公司的巨额市场价值正来自于公司长期投入研发的价值；而为保持一致性，技术公司注销了其称为“正在进行的研发”，毕竟内部投入的研发都被作为费用处理。随着商誉的陆续摊销，注销“正在进行的研发”创造了一项没有现金流出且不能税前扣除的费用，因此我们将更关注于注销前的利润。

当公司剥离资产时，将会以资本利得的形式获得利润。不经常发生的剥离可以被看做一次性项目加以忽略。但是有一些公司会按一定的规律来剥离资产，对于这样的公司，我们最好忽略其进行资产剥离所产生的利润。但当估计净资本支出时，则应考虑剥离扣除资本利得税后所产生的净现金流。例如，一家公司的资本支出为500 百万美元，折旧为 300 百万美元，每年剥离 120 百万美元，则其净资本支出为80 百万美元：

$$
\begin{aligned}
\text{净资本支出} &= \text{资本支出} - \text{折旧} - \text{资产剥离} \\
&= 500 - 300 - 120 \\
&= 80\ (\text{百万美元})
\end{aligned}
$$

3.3 税收效应

我们用扣除利息和税收之前的利润乘以一个估计的税率来计算税后的经营利润。这种简化过程会由于在估价中所产生的如下三个问题而变得复杂起来。第一个问题是我们已观察到这些公司的有效税率与边际税率之间存在着巨大差异，因此在估价时需对二者做出选择；第二个问题的产生则与刚成立不长时间的公司有关，正是新兴公司所公布的巨大损失是净经营亏损所引起的，且这些亏损可以向后抵补，并能在将来节税；第三个问题是由于研发和其他费用的资本化而产生的，事实上，这些支出可以立即费用化的事实能给公司带来更高的节税收益。

3.3.1 有效税率与边际税率

我们面临几种不同税率的选择，在财务报表中最广泛公布的税率是有效税率，其是从财务报表所公布的利润中计算出来的。

$$
\text{有效税率} = \frac{\text{应付税款}}{\text{应税收入}}
$$

应税利润一般未扣除特殊项目和商誉摊销。

税率上的第二个选择是边际税率，是公司在取得最后一美元利润时所使用的税率。这种税率取决于税法，且反映公司对边际利润必须以税收形式进行的支付。例如，在美国，联邦公司边际利润的税率为 35%，再加上州和地方税，导致许多公司面临接近 40% 的边际公司税率。

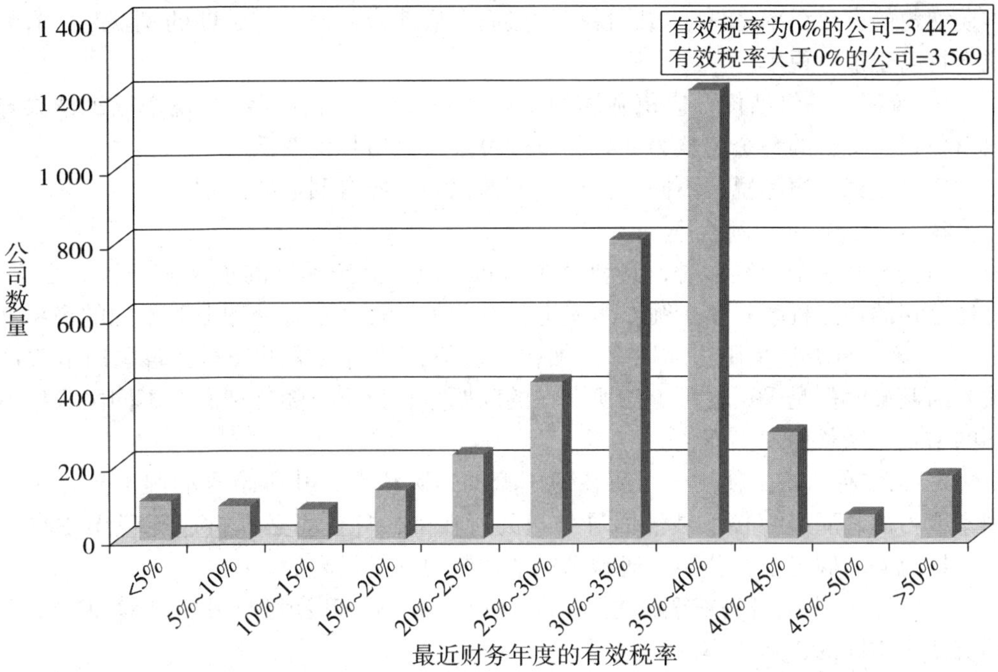

图 3—1　有效税率：2005 年 1 月的美国公司

资料来源：价值线。

对于大多数美国公司来说，虽然边际税率应该基本相同，但整个公司的有效税率却有着很大的差距。图 3—1 提供了 2005 年 1 月美国公司有效税率的分布。注意，有效税率的中值大约为 32%，其中有几个公司公布的有效税率还超过了 100%，一些公司甚至公布了其负的有效税率。①

1. 边际税率和有效税率之间存在差距的原因

在公开交易公司的大部分应税利润都有最高边际税级的情况下，为什么公司的有效税率与边际税率并不相同呢？事实上，原因至少包括以下 4 个：

A. 对于许多公司来说，至少是诸多美国的公司，其用于纳税目的的报表和财务报告目的的报表遵循不同的会计准则。例如，公司用于财务报告目的的报表一般采用直线法来计提折旧；而用于纳税目的的报表，则采用加速法来计提折旧。结果是，用于财务报告目的的报表中所报告的利润明显高于以税收为基础的应税利润。②

B. 公司有时会使用税收抵免来降低所需支付的税收，因此这些税收抵免能将有效税率降至边际税率以下。

C. 最后，公司有时会将交纳所得税的时间向后推迟。如果公司推迟纳税，则

① 负有效税率是由于公司的纳税报表报告了利润（应税利润），而财务报告的报表却报告亏损而造成的；有效税率大于 100%，则是由于公司在财务报告的报表中公布了较低的利润，而在纳税报表中报告了较高利润造成的。

② 由于有效税率是以支付税款为基础（取自税务报表）的，因此对于采取改变会计方法来夸大公布利润的公司来说，其有效税率将低于边际税率。

本期纳税的有效税率将低于边际税率。然而在后期当公司支付延期的税款时，有效税率将高于边际税率。

D. 税率呈等级结构，应税利润的第一个等级会比后续等级的税率低，结果导致以公司所支付的整个税款为基础的有效税率将比边际税率低。

各个国家的边际税率不同，但已经不像以前那样有明显的区别了。[①]

2. 跨国公司的边际税率

当公司开展全球经营时，其利润在不同的地方会按不同的税率来征税。那么，上述公司的边际税率是多少呢？事实上，有如下三种方法来处理上述不同的税率：

A. 第一种方法是用边际税率的加权平均值，且其权重以公司在各国所取得的收入为基础。但是采用这种方法所存在的问题是，权重将随着利润在不同国家按不同的增长率增长而发生变化。

B. 第二种方法是使用公司所在地国家的边际税率，其所暗含的假设是在其他国家取得的利润最终必须被汇回母公司的所在国，且公司必须按边际税率支付税款。这也同时假定了，公司注册地国家的边际税率是最高的。

C. 第三种也是最为安全的方法即是将来自各国的利润区分开，并对每一个利润流使用不同的边际税率。

3. 税率对价值的影响

在对公司进行估价时，应该使用边际税率还是有效税率呢？如果在各期间内必须对利润使用同样的税率，则较为安全的选择为边际税率，因为公司不可能永远取得较低的有效税率。当新的资本支出逐渐降低时，所公布的利润与应税利润之间的差额将会变小；另外，税收抵免很少是永久性的，也就是说，公司最终必须支付延迟的纳税。然而，用于计算公司税后现金流的税率长期保持不变是没有理由的。因此，在评估公司的价值时，若本期的有效税率为24%，边际税率为35%，则我们可以使用24%的有效税率来估计第一年的现金流，在其他时间段则将税率提高至35%。关键是在计算公司的终值时，永久性使用的税率应该是边际税率。

在对权益进行估价时，我们常常是从净利润或者每股利润开始的，且净利润和每股利润都是税后利润。在使用税后利润时，表面上看可以回避对税率的估计，但这种表面现象其实是具有欺骗性的。本期公司的税后利润反映的是今年支付的税款，而一定程度的纳税筹划和延迟纳税则会导致本期的税款支付偏低（较低的有效税率）或偏高（较高的有效税率）。如果我们在将来不调整净利润的税率变化，还假定公司未来的税率保持不变，则有可能出现错误。

［例3—4］税率假设对估价的影响

Convoy Inc. 是一家通讯公司，在最近的财务年度，其实现的税前经营利润为150百万美元，并再投资了30百万美元。由于发生了延迟纳税，导致公司的有效

---

① 可以在我的网站（www. damodaran. com）上查询不同国家最新的边际公司税率。

税率为20%，而边际税率则为40%。公司的经营利润和再投资在今后的5年中每年将分别增长10%和5%，公司的资本成本为9%，并预计在今后将保持不变。我们将使用三种不同的税率假定来估计 Convoy Inc. 的价值。这三种假定的税率分别是：始终为有效税率、始终为边际税率、上述两种税率混合使用的方法。

方法1：始终为有效税率

首先假定税率始终为20%，则估计 Convoy Inc. 的价值如下：

单位：百万美元

	税率						
	20%	20%	20%	20%	20%	20%	20%
	本年	1	2	3	4	5	全年
EBIT	150.00	165.00	181.50	199.65	219.62	241.58	253.66
EBIT（1－t）	120.00	132.00	145.20	159.72	175.69	193.26	202.92
－再投资	30.00	33.00	36.30	39.93	43.92	48.32	50.73
FCFF	90.00	99.00	108.90	119.79	131.77	144.95	152.19
终值						3 804.83	
现值		90.83	91.66	92.50	93.35	2 567.08	
公司价值	2 935.42						

这种估价方法所暗含的假设是公司将永远不必支付延迟的税款，且公司将继续永远按此比率延迟纳税。

方法2：始终为边际税率

假定边际税率为40%，则估计 Convoy Inc. 的价值如下：

单位：百万美元

	税率						
	20%	40%	40%	40%	40%	40%	40%
	本年	1	2	3	4	5	全年
EBIT	150.00	165.00	181.50	199.65	219.62	241.58	253.66
EBIT（1－t）	120.00	99.00	108.90	119.79	131.77	144.95	152.19
－再投资	30.00	33.00	36.30	39.93	43.92	48.32	50.73
FCFF	90.00	66.00	72.60	79.86	87.85	96.63	101.46
终值						2 536.55	
现值		60.55	61.11	61.67	62.23	1 711.39	
公司价值	1 956.94						

这种估价所暗含的假设是公司从本期以后不能延迟纳税。实际上，细心的读者可能会建议，应该从现在的公司价值中减去过去累计的延迟纳税。因此如果公司以前有200百万美元的延迟税款，并且预期将在接下来的4年中每年等额分期付款

50百万美元用以支付上述税款，则应该首先计算其现值。

延迟纳税的现值＝50（PV，9%，4）＝161.99（百万美元）

扣除延迟纳税后公司的价值＝1 956.94－161.99＝1 794.96（百万美元）

公司的价值为1 794.96百万美元。

方法3：混合税率

在最后一种方法中，假定在接下来的5年中继续保持20%的有效税率，则使用边际税率计算终值如下：

单位：百万美元

	税率						
	20%	20%	20%	20%	20%	20%	40%
	本年	1	2	3	4	5	全年
EBIT	150.00	165.00	181.50	199.65	219.62	241.58	253.66
EBIT（1－t）	120.00	132.00	145.20	159.72	175.69	193.26	152.19
－再投资	30.00	33.00	36.30	39.93	43.92	48.32	50.73
FCFF	90.00	99.00	108.90	119.79	131.77	144.94	101.46
终值						2 536.55	
现值		90.83	91.66	92.50	93.35	1 742.79	
公司价值	2 111.12						

注意，在第一个5年所使用的有效税率将增加公司的延迟纳税负债。假设公司截至本期累计的延迟纳税负债为200百万美元，则可以计算出第5年末的延迟纳税负债为：

预期的延迟纳税负债＝200＋（165＋181.5＋199.65＋219.62＋241.58）×（0.40－0.20）
＝401.47（百万美元）

假设公司将于5年后开始支付这些延迟纳税的负债，并将于10年内进行平均支付，则会得到167.45百万美元的现值。

$$延迟纳税的现值=\frac{(\frac{401.47}{10})(PV, 9\%, 10)}{1.09^5}=167.45（百万美元）$$

注意，该笔延迟纳税的债务是从第6年开始支付的，因此在求现值时需再折现5年，则公司价值可以被估计为：

公司价值＝2 111.12－167.45＝1 943.67（百万美元）

3.3.2 净经营亏损的影响

对于能够将巨额净经营亏损向后结转或者继续经营的公司来说，在公司产生盈利的头几年会有明显的节税潜力。有如下两种方法可以计算这种节税效应。

一种方法是随着时间的推移而改变税率。在早期，由于亏损向后结转抵消了营业利润，导致这些公司的税率为零；之后，随着向后结转净经营亏损的逐步减少，公司税率将逐渐升高至边际税率。由于用于估计税后经营利润的税率的改变，在资本成本的计算过程中，用于计算税后债务成本的税率也得改变。因此，对一个净经营亏损向后结转的公司来说，在其亏损可以完全抵消利润的年份中，用于计算税后经营利润和税后资本成本的税率将是零。

另一种方法是在对已经盈利、但有向后结转的巨额经营亏损的公司进行估价时经常使用的方法。分析人员在对公司进行估价时一般会忽略由净经营亏损所带来的节税效应，然后再加上净经营亏损预期将产生的节税效应。预期节税通常要通过将经营损失乘以税率来进行估计。而这样做的局限性即在于假定节税能得到保证并可以立即完成。从公司必须产生利润以创造这些节税，以及利润所具有的不确定性的角度来说，这种方法将高估节税的价值。

对于经营亏损最后还需要说明如下两点。第一，潜在的收购者会在一定程度上声称，其比产生经营亏损的公司能尽早获得由于经营亏损所带来的节税收益。我们将在协同一章仔细研究潜在的税收协同。第二，一些国家对经营亏损向后结转或向前结转应用的时间长短有着明确的限制。如果是在这样的国家，则上述净经营亏损的价值将会减少。

[例 3—5] 净经营亏损对估价的影响：天狼星卫星广播公司(Sirius Satellite Radio)

在本例中，我们将研究 Sirius，一个卫星通讯的先行者，在净经营亏损向后结转以及在将来期间将发生预期亏损的情况下其税率对公司的影响。Sirius 于 2005 年公布了 187 百万美元的收入和 790 百万美元的经营亏损。另外，截至本期末，其净经营亏损累计已达到 824 百万美元。鉴于公司形势看似暗淡，因此我们假定该公司在接下来的 10 年中，收入将迅速增长，公司的税前经营利润率与成熟通讯公司 20% 的行业平均税前经营利润率基本一致，且对 Sirius 接下来 10 年中的收入和经营利润的推算见下表。

金额单位：百万美元

年份	收入	经营性亏损或利润	累计亏损	应税收入	税款	税率（%）
本年	187	-790	824	0	0	0.00
1	562	-1 125	1 948	0	0	0.00
2	1 125	-1 012	2 960	0	0	0.00
3	2 025	-708	3 669	0	0	0.00
4	3 239	-243	3 912	0	0	0.00
5	4 535	284	3 628	0	0	0.00
6	5 669	744	2 884	0	0	0.00
7	6 803	1 127	1 757	0	0	0.00
8	7 823	1 430	327	0	0	0.00
9	8 605	1 647	0	1 320	462	28.05
10	9 035	1 768	0	1 768	619	35.00

注意，Sirius 在接下来的 4 年继续亏损，增加了净经营亏损；从第 5 年至第 8

年，其每年经营利润表现为盈利，但由于公司以前年度累计的净经营亏损，公司并没有支付税款；在第9年，纳税利润可以抵减剩余的净经营亏损（327百万美元），并首次开始（按28.05%的税率）支付税款；假设第10年及以后各年的边际税率为35%，则净经营亏损所带来的利益就这样进入了公司现金流和价值之中。

3.3.3 研发费用的节税收益

在本章的前面部分，我们认为研发费用应该资本化，但是如若将研发费用资本化，则将失去节税所带来的收益。出于纳税的目的，公司可以全额扣减研发费用；相反，公司的资本费用只允许扣减折旧。为了计算增加的节税收益，我们将把整个研发费用与研发资产摊销额差额的节税收益加到公司税后的经营利润上。

$$\text{增加的节税收益}_{\text{研发费用}} = (\text{本期的研发费用} - \text{研发资产摊销额}) \times \text{税率}$$

对于我们选择资本化的其他经营费用，也必须做同样的调整。在本章的前面部分，我们已经讲述了研发费用资本化所导致的对税前经营利润的调整。

调整后的经营利润 = 经营利润 + 本期的研发费用 - 研发资产的摊销

为估计税后经营利润，将上述值乘以（1 - 税率），再加上上式计算增加的节税收益：

$$\begin{aligned}\genfrac{}{}{0pt}{}{\text{调整后的}}{\text{税后经营利润}} &= \left(\genfrac{}{}{0pt}{}{\text{经营}}{\text{利润}} + \genfrac{}{}{0pt}{}{\text{本期}}{\text{研发费用}} - \genfrac{}{}{0pt}{}{\text{研发}}{\text{资产摊销}}\right) \times (1 - \text{税率}) + \left(\genfrac{}{}{0pt}{}{\text{本期}}{\text{研发费用}} - \genfrac{}{}{0pt}{}{\text{研发}}{\text{资产摊销}}\right) \times \text{税率} \\ &= \genfrac{}{}{0pt}{}{\text{经营}}{\text{利润}} \times (1 - \text{税率}) + \genfrac{}{}{0pt}{}{\text{本期}}{\text{研发费用}} - \genfrac{}{}{0pt}{}{\text{研发}}{\text{资产摊销}}\end{aligned}$$

也可以说，研发费用的节税收益允许我们将研发费用与研发资产摊销额之间的差额直接加到税后经营利润上，从而得到调整后的税后经营利润。

[例3—6] 费用化所带来的节税收益：2005年Cisco

在本章的前面部分，我们已将Cisco的研发费用资本化，并估计了研发资产的价值和调整后的经营利润，回顾［例3—2］可以看到以下调整：

本期的研发费用 = 3 320百万美元

本期研发资产的摊销额 = 3 280百万美元

为估计Cisco费用化的节税收益，我们首先假设税率为36.80%，并注意到出于纳税的目的，Cisco可以全额扣除3 320百万美元。

研发费用的税额减免 = 研发费用 × 税率 = 3 320 × 0.368 = 1 222（百万美元）

如果只有摊销额符合税额减免的条件，则节税收益为：

研发资产摊销的税额减免 = 3 280 × 0.368 = 1 207（百万美元）

通过使用费用化来代替资本化，Cisco能获得更大的节税收益（1 222百万美元和1 207百万美元的对比），节税收益的差额为：

节税收益的差额 = 1 222 - 1 207 = 15（百万美元）

由于Cisco更倾向于将研发费用予以费用化而不是资本化，因此公司可以多得到15百万美元的节税收益。在完成上述分析后可以计算Cisco调整后的税后经营利润。注意在［例3—2］中我们估计调整后的税前经营利润为：

调整后的经营利润＝经营利润＋当年研发费用－研发资产的摊销
＝7 416＋3 320－3 280
＝7 456（百万美元）

调整后的税后经营利润为：

调整后的税后经营利润＝税后经营利润＋本期的研发费用－研发资产的摊销
＝7 416×（1－0.368）＋3 320－3 280
＝4 727（百万美元）

3.3.4 纳税报表和对外公布报表

在美国的许多公司都持有两套报表，这并不是秘密。其中一套是出于向公众公布的目的（报告利润）而编制的，而另一套则是出于纳税的目的（应税利润）进行编制的。这种做法不仅是合法的而且还被众多公司广泛采用。虽然具体内容会随公司的不同而有所差异，但向股东公布的利润一般比出于纳税的目的所公布的利润要高很多。当对公司进行估价时，我们一般只能获得前一种报表，而无法取得后一种报表，而这将在诸多方面影响我们所做的估价。

● 以应税利润为基础计算的应支付的税款除以更高的对外公布的利润，将得到一个比真实税率低很多的税率。如果使用这个税率来作为估价时的预测税率，则可能会高估公司的价值，这也是在未来期间转向边际税率的另外一个原因。

● 如果以公布的利润为基础进行推算，将过高预期将来的利润，而对现金流的影响则可能很小。可以通过分析对外公布的利润与纳税利润之间很普通的区别来对其进行解释：前者使用直线法来计提折旧，后者则使用加速折旧法。由于在计算现金流时需要将折旧加回到税后经营利润中，因此折旧的差额将抵消所增加的经营性利润。但问题是我们将低估折旧所带来的节税收益。

● 一些公司在对外公布的财务报表中将费用予以资本化（在以后期间计提折旧），而纳税报表则按费用化予以处理。使用从公布的财务报表中得到的利润和资本支出将再次导致对费用化所带来的节税收益的低估。

因此，如果我们只注意公布的利润（使用利润乘数时就是如此），则公司由于纳税和会计目的的不同而使用不同的准则将比我们使用现金流时产生更多的问题。如果可以选择的话，我们宁愿选择纳税报表而不是公布报表来作为估价的基础。

3.3.5 处理税收补助和税收抵免

公司有时会由于在特殊领域进行投资或所属的行业类型而得到政府的税收补助。上述税收补助可能会采取降低税率或税收抵免的形式，但是不管采用何种方式，税收补助都将增加公司的价值。然而，问题是如何将税收补助所带来的影响最好地融入到现金流之中，也许最简单的方法是先估计公司的价值，忽略税收补助，然后再加上税收补助价值的增值。

例如，假设你正在对在波多黎各经营的一家制药公司进行估价，而该地有权对在波多黎各所得的经营利润以征收较低税率的形式进行减税。我们可以使用正常的边际税率对公司进行估价，然后再加上在波多黎各经营所产生的节税收益的现值。事实上，使用这种方法有如下3个好处：

A. 使用这种方法可以方便我们将税收补助单列出来，并在公司享受税收补助的期间对其加以考虑。而如果赋税减免所产生的影响与其他现金流混合在一起，则可能导致我们错误地认为这种赋税减免所带来的现金流是永远存在的。

B. 用于计算赋税减免的贴现率可能会与计算公司其他现金流的贴现率不同。因此，如果赋税减免得到了政府所出台政策的保障，则我们可以使用较低的贴现率来计算现金流的现值。

C. 既然天底下没有免费的午餐，那么我们必须考虑到政府只会为暴露于更高成本或更多风险的投资提供赋税减免。而将赋税减免的价值分离出来之后，公司应该考虑该项交换是否有利可图。例如，假设一家制糖厂由于所处行业的缘故被政府给予了税收抵免的政策优惠，作为交换，政府会控制糖价，则公司可以对税收抵免所“创造”的价值与由于政府控制糖价所导致的损失进行比较，以决定是否应该继续为保持公司的税收抵免优惠而进行“战斗”。

3.4 再投资的需要

公司的现金流需扣除再投资后再进行计算。估计再投资时需要考虑如下两个因素：一个因素是净资本支出，其为资本支出与折旧的差额；另一个因素则是营运资本投资。

3.4.1 净资本支出

在估计净资本支出时，我们一般会从资本支出中扣除折旧。这样处理的理由是折旧所产生的现金流入至少已抵消了部分的资本支出，同时其也代表着流向公司的唯一的现金流。有关资本支出和折旧的信息可以容易地从大多数财务报表中得到，但有如下三个原因使得预测这些支出比较困难：第一个原因是公司所发生的资本支出通常为大额支出，第一年为巨额投资，接下来的数年则为小额投资；第二个原因是会计中所定义的资本支出不包括作为经营费用处理的资本费用，如研发费用；第三个原因是收购业务并没有被会计人员作为资本支出来处理，对于那些主要依靠收购来增长的公司，将会低估净资本支出。

1. 大额资本性支出和平滑的必要

公司很少会有平滑的资本支出流，且会在经过一段很高的资本支出时期后（如当一种新产品即将投入市场或正准备建设新的厂房时就是如此），紧接着经历一段资本支出相对较少的时期。因此，在估计资本支出用于预测未来的现金流时，我们应该对其进行规范，而这样做的方法至少有如下两种。

最简单的规范技术是在几年中平均资本支出。例如，对一个制造性公司，我们可以估计其过去4或5年的平均资本支出，通常会使用最近4或5年的平均值，而不是公司最近的资本支出。这样做可以抓住公司每4年投资建设一个新工厂的事实；相反，如果使用了最近的资本支出，我们则会不是高估（如果公司在当年新建了一个工厂）就是低估了（如果工厂已于早几年建成）资本支出。但要面临两个计量问题，一个问题与已使用的年数有关，这个问题的答案会因各家公司而有所不同，且主要取决于公司进行大规模投资的频率；另一个问题则是我们是否应对发生于整个期间的平均资本支出采用直线法来计提折旧，由于折旧是在整个期间内予以摊销，因此折旧是否应予规范化的必要性应相对较小。另外，公司得到的节税收益比整个期间的平均折旧更能反映最近的真实折旧，除非折旧与资本支出一样发生大幅波动，因此更为合理的做法是保持折旧不变。

对于成立时间较短或者随着时间的推移其已改变了经营业务的公司而言，在一段时间内进行平均并不是一个好的选择，计算的数字也无法代表公司真实的资本支出需要。对于这些公司，可以选择采用资本支出的行业平均值。在一个行业中由于各公司的规模大小不同，因此其平均值一般是用资本支出占输入基数的百分比——收入和整个资产是普遍的选择——来进行计算。我们更愿意考虑资本支出占折旧的百分比和行业统计的平均数。实际上，如果行业的样本公司足够多，则可以将与公司生命周期处于同一阶段的公司作为我们进行分析的子集，然后我们再考虑对该子集的平均。

[例3—7] 估计正常的净资本支出：Titan Cement 公司

Titan Cement 是一个家位于希腊的水泥公司。与许多制造业公司一样，其资本支出通常变动较大。有关 Titan Cement 2000 年至 2004 年每年的资本支出和折旧以及净资本支出占税后经营利润的百分比等情况见下表。

金额单位：百万欧元

	2000	2001	2002	2003	2004	总　计
资本支出	50.54	81.00	113.30	102.30	109.50	456.64
折旧	39.26	40.87	80.94	73.70	60.30	295.07
净资本支出	11.28	40.13	32.36	28.60	49.20	161.57
EBIT（1－t）	121.32	138.92	149.51	154.42	172.76	736.92
净资本支出占EBIT（1－t）的百分比	9.30%	28.89%	21.64%	18.52%	28.48%	21.92%

我们可以使用两种方法来规范净资本支出，一种方法是计算过去5年的平均资本支出，结果净资本支出为32.31百万欧元（161.57/5）。然而，这样处理存在的问题是无法反映公司经营利润和规模的增长。另一个规范资本支出的更好的方法则是，计算过去一段时间内净资本支出占税后经营利润的百分比：

2000—2004年年度净资本支出占EBIT（1-t）的百分比=21.92%

2004年的EBIT（1-t）=172.76百万欧元

2004年的规范净资本支出=172.76×0.2192=37.87（百万欧元）

这种方法也可以用于预测未来的净资本支出。

---

2. 将资本费用看做经营费用

在本章的前面部分，我们讨论了诸如研发以及员工培训等费用的资本化，事实上这些费用将在以后诸多期间给公司带来利润。另外，我们也分析了上述资本化对利润所产生的影响，其对我们对资本支出、折旧以及接下来的净资本支出的估计均有明显的影响。

- 如果我们将一些经营费用重分类为资本费用，则我们应将该项目的本期价值作为一项资本支出来看待。例如，如果我们决定将研发费用资本化，则本期在研发方面的投入金额必须加到资本支出上去。

调整后的资本支出=资本支出+本期的研发费用

- 对一项经营费用的资本化会增加一项资产，而对该资产的摊销则会增加本期折旧。也就是说，研发费用的资本化创造了一项研发资产，而该研发资产将在本期进行摊销。

调整后的折旧和摊销=折旧和摊销+研发资产的摊销

- 如果我们将本期发生的费用加到资本支出上，并将对资产的摊销加到折旧上，则公司的净资本支出将增加上述两项的差额。

调整后的净资本支出=净资本支出+本期的研发费用-研发资产的摊销

注意，对净资本支出的调整反映了我们对净经营利润的调整。由于净资本支出是从税后经营利润中减去的，因此从某种意义上说，这也是在消除研发费用资本化对现金流所产生的影响。然而，我们为什么要花费如此多的时间和精力来这样做呢？事实上，是因为我们认为估计现金流很重要，与我们准确识别公司的经营利润和再投资金额一样重要。

[例3—8] 将研发费用资本化所产生的影响：Cisco公司

在［例3—2］中，我们将Cisco的研发费用进行了资本化，创造了研发资产；在［例3—6］中，我们研究了Cisco将整个研发支出费用化后所产生的增加的节税收益；在本例中，我们将通过关注资本化对净资本支出的影响来完成整个分析。

再一次回顾数据，在Cisco于2005年7月结束的财务年度，其研发费用为3 320百万美元，资本化该研发费用，并使用5年的摊销期，产生研发资产的价值为9 918百万美元，本期的摊销额为3 280百万美元。另外需要注意的是，Cisco公布的常规的资本支出为863百万美元，折旧和摊销共计1 009百万美元。对资本支出、折旧和摊销以及净资本支出的调整见下式：

调整后的资本支出 = 资本支出 + 本期的研发费用
= 863 + 3 320
= 4 183（百万美元）

调整后的折旧和摊销额 = 折旧和摊销额 + 研发资产的摊销
= 1 009 + 3 280
= 4 289（百万美元）

调整后的净资本支出 = 净资本支出 + 本期的研发费用 − 研发资产的摊销
= （863 − 1 009） + 3 320 − 3 280
= −106（百万美元）

净资本支出的增加额40亿美元与税后经营利润的增加额完全相等，研发费用资本化对公司自由现金流也没有产生多少影响，那为什么还要如此麻烦这样做呢？尽管最后一行的现金流并没有发生变化，研发费用的资本化却已改变了对利润和再投资的估计，因此这样做可以帮助我们更好地理解一家公司的盈利情况以及对将来成长有利的再投资的状况。

---

3. 收购

在估计资本支出时，我们不应该区分内部投资（在现金流量表中，一般将其归为资本支出）和外部投资（指收购）。一家公司的资本支出应包括收购支出，但由于公司很少发生收购，且每个收购有不同价格，因此规范资本支出的要点说明更适合应用该类项目。对于大约每5年进行一次收购的公司而言，其收购成本为100百万美元，则其对资本支出的推算大约为每年20百万美元，且每年还会依据通货膨胀率进行调整。

应该对现金收购和股票收购进行区分吗？我们认为不需要。当一家公司在最近的收购中没有现金支付时，公司将增加其流通在外的股票的数量。实际上，对于采用股票收购我们可以想到的一种方法是，公司在融资的过程中略过了一步，其可以向公众发行股票，并使用发行股票所募集的资金来进行收购。考虑这一问题的另外一种方法则是公司每年使用股票进行收购，且可以预期将继续这样做，而这将增加流通在外股票的数量，并会紧接着稀释老股东所持有股票的每股价值。

将收购归入净资本性支出，可能会导致估价困难，特别是对于那些不经常进行大收购的公司所进行的估价而言。诸如公司是否进行收购、其进行收购的成本是多少、在发生更高增长的条件下进行收购的形式是哪种等这些预测几乎无法做出。在对公司进行估价时，如果选择不考虑公司收购，则我们必须保持内部一致。另外，在估价中，由于收购所带来的增长部分则不应予以考虑。在对以收购战略为基础、过去曾给人们留下深刻增长印象的公司进行估价时，最易犯的一个普遍错误即是将该增长进行外推。同时，忽略收购的影响还将导致高估公司价值，因为我们计算了收购所带来的利润，却并没有考虑收购的成本。注意，尽管在我们忽略收购时，假设所有的收购都是公平的——然而在收购的过程中既没有创造价值也没有损害价值。从某种程度上来说，并不是所有的收购都是公平的，也不是所有的协同和控制价值都归目标公司的股东所有，因此忽略收购的成本和利润将造成对诸如 Cisco 等通过收购来创造价值从而建立了信誉的公司的价值的低估。然而，忽略收购则可能高估对收购出价过高的公司的价值。

［例 3—9］进行收购所带来的影响：2005 年 Cisco

起初，Cisco 的成长战略集中在收购有一定技术特色的小公司，并使用公司的市场力量和营销来知晓如何将这些技术转换为可以获得商业化成功的产品。因为我们想要分析收购所带来的收入和利润增长，因此我们必须在资本支出中考虑这些收购成本。有关公司在最近一个财务年度（截至 2005 年 7 月底）进行的收购和为这些收购行为所支付的价格详见下表。

公司名称	支付现金或发行股票	收购价值（百万美元）
Actona Technologies	现金	90
Airespace，Inc.	23 百万股票	447
Dynamicsoft，Inc.	现金	69
Fine Ground Networks，Inc.	现金	72
Jahi Networks	现金	14
NetSift Inc.	现金	25
NetSolve，Incorporated	现金	146
Parc Technologies	现金	14
P－Cube	现金	213
Perfigo，Inc.	现金	73
Procket Networks	现金	92
Protego Networks	现金	64
Sipure Technology	现金	19
Topspin Communications	现金	253
合　计		1 591

只有一个收购（Airespace）是采用股票收购的方式进行的。我们用收购发行的股票和收购时股票的价格估计了收购的价格，且整个收购成本（1 591 百万美元）应该被看做公司 2005 年 7 月结束的财务年度的净资本支出的一部分。

资本支出	863
－折旧	1 009
＝净资本支出	－146
＋研发支出	3 320
－研发摊销	3 280
＋收购成本	1 591
＝调整后的净资本支出	1 485（单位：百万美元）

3.4.2　营运资本投资

再投资的第二个部分即是为营运资本而准备的现金。通常说来，营运资本的增长会占用更多的现金，因此会减少现金流；相反，若营运资本减少将会释放现金，并增加现金流。

1. 定义营运资本

对营运资本所下的一般定义为流动资产与流动负债的差额。然而，出于估价的目的，在计量营运资本时我们必须对上述定义进行修改。

- 可以从流动资产中收回现金以投资于有价证券，这是因为公司一般会将现金投资于短期国库券、短期政府债券或者商业票据。由于这些投资的回报可能会比公司在实物上投资所得的利润低，因此这些投资代表了对无风险投资合理的回报。不像存货、应收账款以及其他流动资产，现金取得了合理的回报，因此不应该将其包含在对营运资本的计量之中。这个规则有例外吗？当对一家公司进行估价时，公司为了每天正常的经营必须持有大量的现金或者在一个拥有欠发达的银行结算系统的地区经营，现金无法进行投资或只能取得一个较低的回报率。在这种情况下，现金可以被看做营运资本的一部分。事实上，并不是公司经营需要如此多的资金，而是因为其是一种低效资产（取得的利润低于合理回报）。
- 也可以从流动负债中收回所有的有息债务——短期负债和长期负债中将于本期到期的部分，在计算资本成本时一并考虑这些债务，但计算两次是不合适的。

这些变化将降低还是增加公司对营运资本的需要呢？答案因公司而异。

不同行业的公司和同一行业内不同的公司的非现金营运资本往往变化很大。图 3—2 给出了 2005 年 1 月美国公司非现金营运资本占收入百分比的分布图。应该注意有负的非现金营运资本的公司的数量，我们将在本节的后面部分分析在这种情况下现金流的含义。

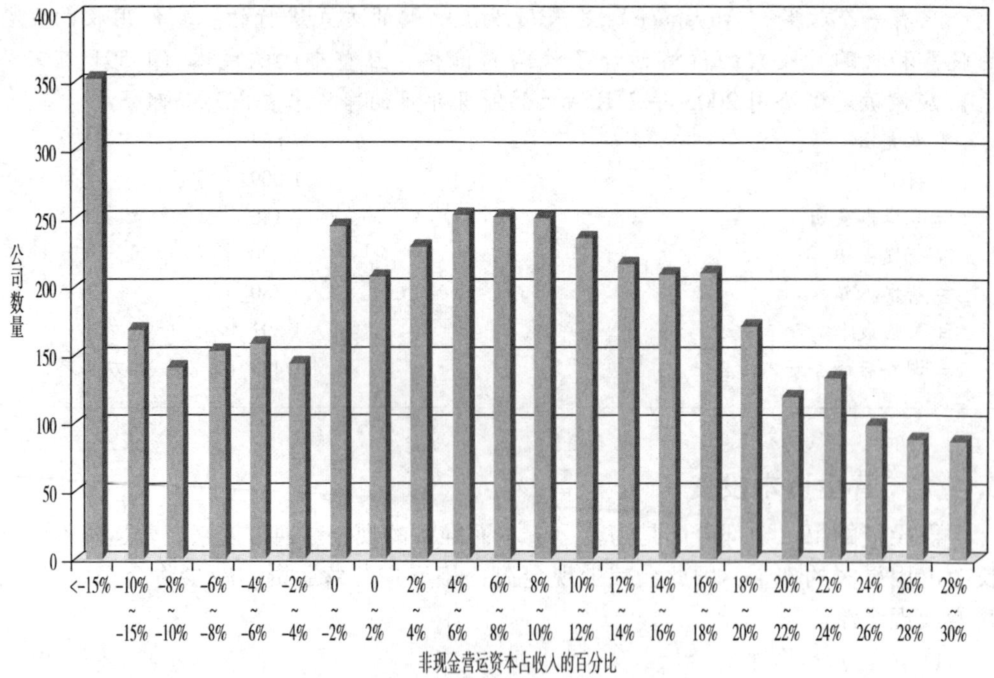

图 3—2 非现金营运资本占收入的百分比

[例 3—10] 营运资本与非现金营运资本：Target 公司

作为一个较大的零售商，Target 公司在存货、应收账款和其他营运资本项目上有着数量可观的投资。Target 公司 2003 年和 2004 年营运资本和非现金营运资本的数据详见下表：

	2004 年（百万美元）	2003 年（百万美元）
现金	2 245	708
应收账款	5 069	4 621
存货	5 384	4 531
其他流动资产	1 224	1 000
非持续业务流动资产	0	2 092
流动资产合计	13 922	12 952
应付账款	5 779	4 956
应计负债	1 633	1 288
应负所得税	304	382
一年内到期的长期负债	504	863
非持续业务流动负债	0	825
流动负债合计	8 220	8 314
营运资本	5 702	4 638
非现金流动资产	11 677	10 152
非计息流动负债	7 716	6 626
非现金营运资本	3 961	3 526

为了从流动资产中得到非现金流动资产，应去掉现金和非持续业务流动资产两项。因为现金不是一项低效的资产，而非持续业务流动资产则是一项不会再次发生的项目。对于非债务性负债，我们去掉了长期负债中将于本期到期的部分和非持续业务流动负债。

虽然可以使用财务报表比较容易地估计任何一年非现金营运资本的变化，但对于这种估计必须持谨慎态度。非现金营运资本的变化情况并不稳定，在一些年度呈现大幅增长，却又会在接下来的年度里大幅下降。为了保证预测并不是以非正常年份的数据为基础，我们应该将营运资本的变化与该期间的公司收入或销售商品成本的预期变化联系起来。事实上，我们可以将非现金营运资本占收入的百分比与每期预期的收入变化联系起来，来估计整个期间的非现金营运资本的预期变化；我们还可以通过考虑公司的历史记录或行业标准来得到非现金营运资本占收入的百分比。

我们是否应该对营运资本进行更细的划分呢？也就是说，是否需要花费一定的精力对诸如应收账款、存货和应付账款等多个项目分别进行估计呢？事实上，答案取决于我们所分析的公司以及需要对营运资本进行推算的时间。对于存货和应收账款变化与业务收入的增长并不一致的公司，对营运资本进行细分会更加合理。当然，这样做所需付出的成本是在对公司进行估价时将增加需要输入的变量的个数。另外，随着时间的推移，将营运资本细分为单个项目所需花费的精力会变得更小。对于大多数公司来说，对非现金营运资本估计一个综合的数目比较容易，通常会比将营运资本进行进一步的细分来得准确。

[例3—11] 估计非现金营运资本的需要：Target公司

在［例3—10］中，我们估计了非现金营运资本将从2003年的3 526百万美元增加到2004年的3 961百万美元，增加了435百万美元；而非现金营运资本占收入的百分比，将从2003年的8.62%增长到2004年的8.67%。当预测Target对非现金营运资本的需要时，我们有以下几种选择：

第一种方法是使用去年非现金营运资本的变化额（435百万美元），并假设该变化额将会按照与利润一样的预期增长率来增长。这也许是最不希望做出的选择，因为非现金营运资本每年的变化幅度都很大，去年的变化也可能只是个例外。

第二种方法是将最近年份的非现金营运资本占收入的百分比和将来预期的收入增长作为计算非现金营运资本变化的基础。在Target的例子中，预测将来非现金营运资本的变化是同年收入变化的8.67%。这个选择比上一个要好，但是非现金营运资本占收入的百分比也可能每年都会发生变化。

第三种方法是将最近一年的边际非现金营运资本占收入的百分比和将来预期的收入增长作为我们计算非现金营运资本变化的基础。边际非现金营运资本占收入的百分比是用最近一年的非现金营运资本的变化额除以最近一年收入的变化额来计算得到。在 Target 的例子中，将导致非现金营运资本的变化额为未来期间收入的 9.15%。这种方法最适合于公司业务正在发生变动以及公司目前正在增长的领域与过去并不相同的情况。例如，一个增长非常快的网上砖泥零售商可能会有与整个行业均完全不同的边际营运资本需求。

第四种方法是将过去一段时期内公司非现金营运资本占收入的百分比作为我们计算非现金营运资本变化的基础。例如，Target 在 2000 年至 2004 年间，非现金营运资本占收入的百分比几乎均为收入的 8%。这种方法的优点是平滑了每年的波动，但并不适合于营运资本有变化趋势（增加或减少）的公司。

第五种方法是忽略公司过去的营运资本需求，将非现金营运资本占收入百分比的行业平均作为推算的基础。这种方法特别适合于当公司过去的记录显示营运资本波动较大和不具有代表性时使用，对于正在成长为规模经济的小公司来说也是一种用于估计现金流的较好的方法。虽然这种情况并不适用于 Target 公司，但我们仍可以用专业零售行业的平均非现金营运资本占收入百分比 7.54% 为基础来估计公司对非现金营运资本的需求。

2. 负的营运资本（或变化）

非现金营运资本的变化可以为负吗？答案是可以的。考虑如下变化的含义，当非现金营运资本减少时，这种变化将释放现金，增加公司的现金流。如果一个公司已经储存了过多的存货，或者已较容易地发放了商业信用，则有效地管理上述问题就可以降低营运资本，也是未来 3 年、4 年甚至 5 年的正现金流的来源。然而，有这样一个问题，即从长远来看其是否会成为现金流的来源。在将来的某些时点，系统中将不再有低效率的存在，且营运资本的进一步降低会对收入增长和利润产生不利的影响，所以我们认为对于营运资本尚处于增长态势的公司来说在短期内减少其营运资本是可行的。实际上，我们建议，一旦公司的营运资本得到有效的管理，则其每年营运资本的变化情况就可以用营运资本占收入的百分比来估计得到。例如，试想一家非现金营运资本占收入的百分比为 10% 的公司，你可能会认为可以通过对营运资本更有效的管理来将该比例降至收入的 6%；在接下来的 4 年里，你每年均能减少一定的营运资本，逐步将该比例从 10% 降至 6%。然而，这种调整一旦完成，则可估计得到每年营运资本的需求占增加收入的 6%。表 3—1 列示了对该公司非现金营运资本变化的估计，并假设本期收入为 10 亿美元，且在接下来的 5 年里，收入将逐年增长 10%。

营运资本本身可以为负吗？答案也是可以的，流动负债超过流动资产的公司即会有负的非现金营运资本。这是一个比营运资本为负更为棘手的问题。有负营运资本的公司从某种程度上说正在使用供应商所提供的信贷作为其资本来源，特别是随着公司规模的扩张，营运资本的负数也会变得更大。诸如沃尔玛（Wal - Mart）和戴尔（Dell）等公司就是使用这种战略来实现增长的最为突出的代表。虽然其看起来是一个成本效率战略，但也有潜在不利的方面。首先，供应商所提供的信贷并不是真的免费，且一定程度上的延迟支出供应商票据将导致失去现金折扣及其他的价格优惠，而公司将为这种延迟特权付出代价。因此对于决定采取这种战略的公司来说，必须将这种资本的成本与其他更基础的借贷形式进行比较。其次，负的非现金营运资本一般会被会计人员和评级机构看做违约风险的来源，并在一定程度上导致公司评级的下降，以及公司支付利率的上升。另外，由于将供应商信贷作为资本来源，还可能造成其他资本成本的增加。一个现实的问题是，在预测具有负的非现金营运资本的公司的营运资本需求时，仍存在一个估计上的问题。在上述非现金营运资本为负的假定中，就公司在短期内为什么不能继续使用供应商所提供的信贷作为资本来源，并没有给出明确的理由；然而从长期来看，我们也无法假定，非现金营运资本会随着时间的推移而越变越负。在将来的某个时点，我们必须假定非现金营运资本不会发生变化或者营运资金增长（负的现金流）的压力会增大。更坦率地讲，我们可以假设，营运资本发生变化所产生的现金流从近期来看是合理的，但这种情况不会是永久性的（终值）。

表3—1　**改变营运资本比率及其对现金流的影响**　金额单位：美元

	年份					
	本年	1	2	3	4	5
收入	1 000.00	1 100.00	1 210.00	1 331.00	1 464.10	1 610.51
非现金营运资本占收入的百分比	10%	9%	8%	7%	6%	6%
非现金营运资本	100.00	99.00	96.80	93.17	87.85	96.63
非现金营运资本的变化		-1.00	-2.20	-3.63	-5.32	8.78

3.5 从公司现金流到权益现金流

公司现金流衡量的是所有对公司有要求权人的现金流，而权益现金流只关注公司中权益投资者所收到的现金流，因此要对公司中债权人和其他非权益投资者的现金流进行估计。更狭义的理解是，权益投资者从公司中收到的唯一现金流即是股利，因此我们可以围绕已支付的股利来建立估价。在本节中，我们将看到，公司并不总是支付其所能够承担的股利，对权益价值来讲更现实的估计可能即为对潜在的股利——能够以股利形式支付的现金流——的估计。

3.5.1 股利

许多公开交易公司的股东凭股票即可获得股利，且该股利的金额可以是零，也可以是一笔很可观的数目。对股东期望从股利中获得多少回报的一种简单的衡量方法即是股利收益率，其定义为每股股利与股票市场价格的百分比。图3—3简要列示了2005年1月美国支付股利股票的股利收益率。

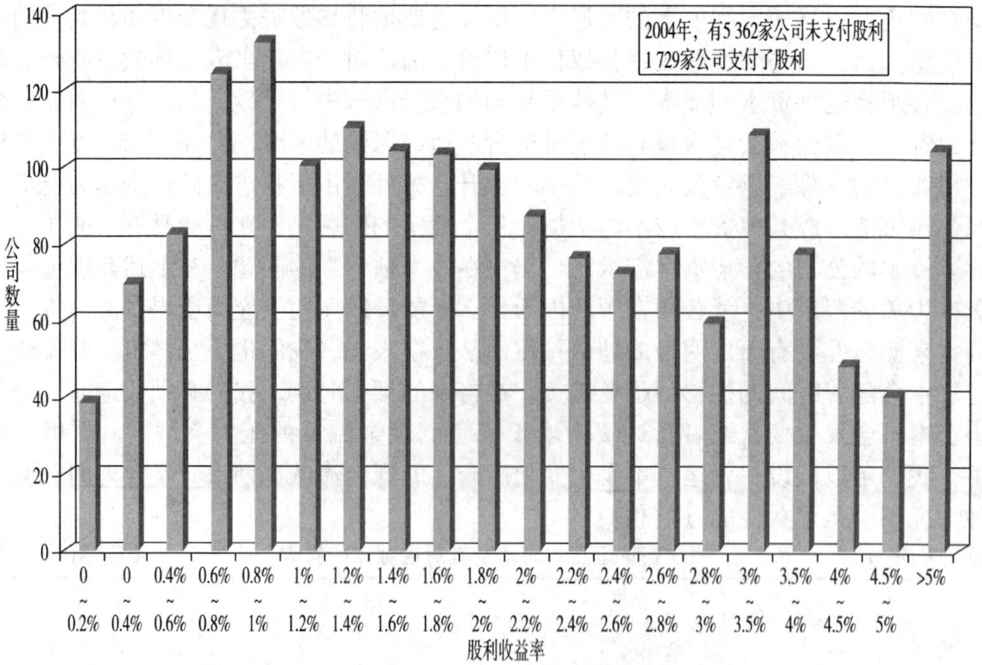

图 3—3　2005 年 1 月美国公司的股利收益率

如图所示，支付股利股票的股利收益率的中位数稍低于 2%，平均股利收益率大约为 2.4%。我们之所以强调这些数据只包括进行股利支付的股票，是因为有更多在美国公开交易的股票能够派发股利却并没有支付股利。这些没有派发股利的公司通常规模较小、成长较快，且没有能力支付股利；但是，另外一些能够支付股利的公司却选择不派发股利。

接下来的部分我们将更加深入地研究股利折现模型，有如下三种很重要且需要强调的股利政策模式：

A. 稳定股利。在大多数情况下，美国和欧洲的公司派发的每股股利与以前年度相比并没有多少变化，且当股利确实已发生变化时，股利增加会比股利减少的情况更为普遍；在拉丁美洲和亚洲的部分地区，股利支付率通常保持不变，而绝对股利则并不稳定。

B. 股利跟随利润。股利的变化往往既不早于利润的变化，也不与利润的变化同步，因此公司倾向于在可以确定其利润确实有实质性增长时，才开始增加股利。结果是，每股股利的变化往往更加平滑，且无法表明每股利润的波动情况。

C. 股票回购正逐步被视为股利的一种替代品。在过去的 20 年中，公司更多转向采取回购股票的方法来作为其支付股利的另外一种选择。事实上，回购股票最大的好处即在于公司不必感到被迫继续回购股票。也就是说，市场会推动公司停止派发股利。截至 2003 年，股票回购相对于派发股利来说仍可以给大多数投资者带来节税收益。

许多分析人员继续使用股利来作为对权益现金流的计量有如下两个原因。首先，股利是为数不多的、可以直接观察且并不需要估计的现金流数据；其次，股利仍是保守投资者可以依靠的现金流。由于大多数公司均倾向于将派发股利设定在公司所能够长期维持的水平上，因此股利可以被看做最低的权益现金流。

3.5.2　潜在股利

股利是可以直接观察到的，并不要求估计；而且，股利也是任意的，并不要求公司必须予以支付。换句话说，即使是在有能力支付很多股利的时候，公司也可以选择不支付股利或支付很少的股利。要估计公司能够向股东返还多少现金，我们可以从净利润开始。净利润是使用会计方法来计量一定期间内股东的利润，再减去公司再投资的需要（被分别定义为公司现金流、净资本支出和非现金营运资本的变化额）。另外，尽管权益投资者必须考虑债务水平的变化对其现金流所产生的影响，因为支付已存在债务的本金为现金流出，但是债务偿还可能已全部或部分被新发行的债务所补偿，因为新债务的发行为现金流入。新债务发行所带来的现金流扣减旧债务的偿还，再次为债务变化对现金流所产生的影响提供了一种度量。

考虑净资本支出、营运资本变化和债务净变化对权益投资者现金流的影响，我们可以将发生这些变化后所剩余的现金流定义为权益自由现金流。

$$\text{权益自由现金流} = \text{净利润} - (\text{资本支出} - \text{折旧}) - \text{非现金营运资本的变化} + (\text{新发行的债务} - \text{债务的偿还})$$

这就是公司能以股利形式或者股票回购形式进行支付的现金流。

如果假定净资本支出和营运资本的变化用固定比例①的债务和权益相混合来进行融资，则上述计算可以被简化。假定净资本支出和营运资本的变化中的 δ 部分由债务来提供融资，则上述项目对权益现金流的影响可以表示如下：

$$\text{与资本支出需要有关的权益现金流} = -(\text{资本支出} - \text{折旧})(1-\delta)$$

$$\text{与营运资金需要有关的权益现金流} = -\text{非现金营运资本的变化额}(1-\delta)$$

相应地，假定债务的账面价值和权益的混合比例是不变的，在满足了资本支出和营运资本的需要后，权益投资者可用的现金流为：

$$\text{权益自由现金流} = \text{净利润} - (\text{资本支出} - \text{折旧})(1-\delta) - \text{非现金营运资本}(1-\delta)$$

注意，净债务支付的项目会被取消，因为债务的偿还会被新债务的发行融资所补偿，以保持债务比率的稳定。如果公司的目标债务比率或最优债务比率被用于预测未来期间所可能产生的权益自由现金流，则如若我们假定固定比例的净资本支出和营运资本需求是由债务来提供融资的将是非常有用的。

我们也可以通过现金流量表来估计权益自由现金流。做这种估计，通常要从经营现金流（一般包括净利润、折旧和非现金营运资本的变化）开始，然后必须有选择地减去资本支出、现金收购（从投资部分的现金流中）和债务现金流（从融

① 该混合比例必须以账面价值来加以固定。若用市场价值的混合比例，则可能发生变化。

资部分的现金流中)。另外，我们还必须在现金流量表以外取得通过股票进行收购的信息。

3.5.3 股利与潜在股利的比较

股利政策的常规衡量方法是股利支付率，它告诉我们股利价值占利润的比例。相反地，我们可以用下式来度量返还股东的所有现金流占权益自由现金流的比例。

$$股利支付率=\frac{股利}{收益}$$

$$股东收到的现金与 FCFE 的比率=\frac{股利+权益回购}{FCFE}$$

返还股东的现金与其自由现金流的比率显示了，能够支付给股东的现金中实际上有多少以股利和股票回购的形式返还给了股东。如果这个比率在一段时间内等于或接近于1，则说明公司已支付了其所能够给股东的所有回报；如果该比率明显小于1，则说明公司已支付的小于其所能够承担的，也就是说，公司正在使用差额来提高现金平衡；如果其明显超过1，则说明公司正在支付超过其所能够支付的，即是说其不是正在使用已存在的现金平衡，就是在发行新的证券（股票或债券)。

通过检查已经支付返还给股东的现金占权益自由现金流的百分比，我们可以观察到公司在有权益自由现金流的情况下，有向股东进行更少额支付的倾向。例如，2004年，平均而言，在纽约证券交易所（NYSE）上市的所有公司，支付给股东的股利占权益自由现金流的比例为60%。图3—4列示了所有公司返还股东的现金与权益自由现金流的比率分布。

差1%不到100%就意味着公司所支付的股利少于其可以使用的自由现金流，而这种做法将产生剩余现金，对于那些在本期尚未进行净债务偿还的公司而言(债务的偿还超过新债务的发行)，这种现金剩余将表现为利润表中的现金增加。超过100%一个1%则表明公司所支付的股利已超过了公司可以利用的现金流，其必须在利润表外或者通过发行新股和债务等方式来为这些股利融资。

为什么公司已支付的比其所能支付的少

许多公司以股利和股票回购的形式支付给股东的回报少于公司可以使用的权益自由现金流。事实上，每家公司这样做的原因各不相同，我们列举了如下5种可能的原因：

A. 追求稳定。如前所述，因为股利的可变性明显低于利润和现金流的可变性，所以公司一般不愿意改变股利，并愿意保持股利的稳定。在公司必须降低股利时，不愿意改变股利的初衷得到了加强。依据经验，在多数情况下，股利增加额至少会超过股利减少额的五分之一。公司不愿意减少股利所导致的结果是，即使是在利润和FCFE均实现增长的情况下，公司也常常拒绝增加股利。因为其无法肯定自身是否具有长期维持更高股利的能力，而这将导致利润增长与股利增长之间的不一致，即时间上的滞后。

B. 将来投资的需要。如果一家公司预计其未来的资本支出将会发生明显的增

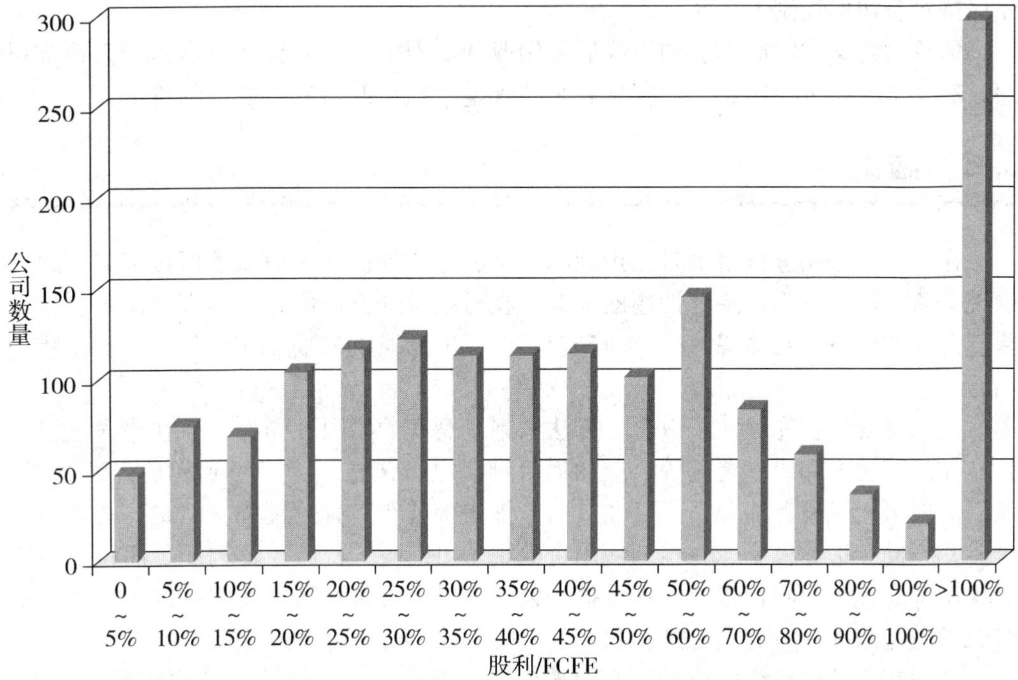

图3—4　2005年1月美国公司的股利占FCFE的百分比

资料来源：2004年Compustat数据库。

长，则其很可能会推迟以股利形式来支付整个FCFE。由于发行证券的成本较高(从流通成本的观点来看)，公司可能会选择保留多余的现金以备将来所需，因此当一家公司对将来的融资需要存在一定程度的不确定时，公司可能会选择保留一些现金以备将来意外投资之用或用来满足意想不到的其他需求。

C. 税收因素。截至2003年，对股利征收的税率比资本利得还高，导致公司选择持有超额现金并支付与其可支付股利相比更少的股利。如果公司的股东处于更高的应税等级（许多家族控股公司即是如此），则这种情况将更容易发生。然而，如果公司的投资者喜欢股利或现行税法有利于股利的发放，则公司常常会通过借款或发行新股的方式来支付比公司可利用的FCFE更多的股利。

D. 信号作用。公司经常使用股利作为其预测未来发展前景的信号，股利增长会被看做是公司前景光明的信号，而股利减少则会被看做是公司前景不确定的信号。实证研究所得到的结论与信号理论一致。当股利增长时，股票价格即会随之上涨；而当股利减少时，股票价格则会下跌。但是，将股利作为预测公司发展前景的信号会导致股利与FCFE之间存在差异。

E. 管理者的私利。公司管理者通过保留现金可以获得利润，故其不愿意以股利的形式支付现金。管理者建立公司帝国的愿望可能会通过扩大公司的规模来实现，或者管理层可能会觉得有建立现金储备的必要，以便挨过利润下降的时期。在利润下降期间，现金储备能够减少或一定程度上模糊利润的下降，从而使管理者仍能保持对公司的控制。

估价的含义非常简单。如果我们使用股利贴现模型，并且不考虑由于公司支付的金额少于公司可使用金额而积累起来的现金，则会低估公司权益的价值。

3.6 结论

在对一个公司进行估价时，折现的现金流应该是税后和扣除了再投资需要之后的现金流，但其并不扣除已偿还的债务。在对权益进行估价时，其现金流却应该扣除已偿还的债务。在本章中，我们使用了一些公司的数据分析了一些挑战性的问题。

在本章我们首先关注了以会计方法来计量利润的局限性和由于存在错误分类项目，如经营租赁和研发费用等，应如何对利润进行调整。为了得到税后经营利润，我们需要采用税率，而公司一般在其财务报表中公布其有效税率。但是，有效税率可能并不同于边际税率，在本期使用有效税率可以得到税后经营利润，而将来使用的税率却应该为边际税率。一些亏损的公司并没有支付税款，其累计的净经营亏损将保护其将来的一些利润免交税款。

公司在经营中进行的再投资一般被分为两部分。一部分是公司的净资本支出，其为资本支出（现金流出）与折旧（实际上是现金流入）之间的差额；而净资本支出则通常包括资本化的经营费用（如研发费用）和收购支出。另一部分再投资与投资于非现金营运资本有关，主要为存货和应收账款。非现金营运资本的增长表示有现金流出公司，而减少则表示有现金流入公司。对于大多数公司而言，其非现金营运资本一般波动性较大。在预测未来的现金流时，需要对其进行平滑。

在本章的最后部分，我们仔细分析了两种衡量权益现金流的方法：实际支付的股利容易观察到，但该股利具有任意性；而潜在股利，即权益自由现金流，则是一种使用更广泛的衡量方法，它是公司现金流满足再投资和融资需要后仍可利用的现金。许多公司以股利形式支付的现金少于其以权益自由现金流形式存在的可供利用的现金流；使用后者，我们可以得到比权益价值更现实的估计。

第 4 章 预测现金流

在前面的章节中，我们主要关注了如何更好地衡量现金流的问题，本章将转向更困难的问题，即如何最好地估计未来预期的现金流。我们首先来分析使用公司历史增长率来预测未来现金流的方法；然后再考虑使用同样普遍的方法来预测现金流，所使用的增长幅度由公司管理层提供或者来自于追踪公司的其他分析人员；最后一种方法，将描述一个增长与公司投、融资政策相一致的方法。

在本章的第二部分，我们将分析终结估价的不同方法，即估计终结点价值和如何防止这个数字变成无穷大。特别是，我们要研究最终增长与再投资假设之间的关系。在本章的最后部分，我们将学习预测现金流的 3 种方法：预期价值估计、情景分析和模拟。

4.1 折现现金流估价法的结构

要对一项资产进行估价，必须先来预测这项资产在整个寿命期间预期的现金流。当对一家公开交易的公司估价时，可能会存在这样一个问题，即公开交易的公司至少从理论上来讲有永久性的寿命。在折现估价模型中，我们通常通过估计一段期间内（一般是规定的特殊增长期）的现金流以及在该期间终了时的终结点价值来解决这个问题。但是也可以考虑其他方法。与在折现估价模型中估计终结点价值最一致的方法即是假设在期间终了后，现金流将永远按其能够维持的稳定增长率增长。在一般的条件下，预期能够保持 n 年特别增长的公司的价值为：

$$公司价值 = \sum_{t=1}^{t=n} \frac{预期的现金流_t}{(1+r)^t} + \frac{终值_n}{(1+r)^n}$$

为与前面章节估计的股权价值和公司价值相区别，我们用股权成本折现成预期的股权现金流和股权的终结点价值来估计公司的股权价值，或者使用资本成本折现预期的公司现金流和公司的终结点价值来估计整个公司的价值。

预测现金流包括如下三个步骤。第一步是确定特别增长期间的长度，不同的公司由于处于不同的生命周期中，并且面临不同的竞争，因此会有不同的特别增长期；第二步是用我们在前面章节中已讲述过的、对现金流的衡量方法，来估计高增长期的现金流；第三步是对终结点价值的计算，终结点价值的计算应该以期间终了后公司现金流预期的增长方式为基础。

4.2 特别增长期间的长度

公司能保持多长时间的高速增长，可能是在估价过程中要回答的比较困难的问题之一。但是，必须指出如下两个问题：

第一个问题即是我们所要探讨的并不是公司是否会结束高增长的问题，而是公司什么时间结束高增长的问题。事实上，最好的结果是所有公司最终都将变成稳定增长的公司，因为高速增长会使公司规模扩大，而公司规模最终会成为公司进一步高速增长的障碍；稍坏一点的情况则是公司可能无法再继续生存，最终被清算出局。

第二个问题是高速增长的价值或者至少为高速增长所创造的价值，①来自公司边际投资所取得的超额回报。也可以说，所增加的价值来自公司超过资本成本所得的资本回报（或者超过股权成本的权益回报）。因此，当你假设公司在接下来的5年或10年要保持高增长时，你也含蓄地假设了在这期间公司将取得超额回报（超过和高于必要的回报）。在一个竞争的市场中，超额回报最终将吸引新的竞争者，从而导致超额回报的消失。

在考虑公司将能保持多长时间的高增长时，应该考虑如下3个因素：

A. 公司规模。较小的公司与其他相似但规模较大的公司相比，更可能赢得并保持超额回报。这是因为较小的公司通常会有更多的发展空间和更大的潜在市场；而且在较大的市场中，小公司往往更有潜力在更长的时间内保持高增长（至少在收入方面）。在考虑公司的规模时，你不仅应该考虑其目前的市场份额，而且还应该考虑整个产品或服务市场的潜在增长。公司目前可能已占有了较大的市场份额，尽管如此，公司依旧可能保持持续的增长，因为整个市场都在迅速增长。

B. 已有的增长速度和超额回报。在开始预测增长时，当前的因素确实会起作用。对于公布收入迅速增长的公司而言，至少在近期其收入确实可能正在迅速增长；在本期能取得高资本回报和高超额回报的公司，在接下来的几年里也依旧可能保持上述超额回报。

C. 竞争优势的大小以及保持。这可能是决定公司高速增长期间长短的最关键的因素。如果有明显的进入壁垒和持续的竞争优势，公司可以保持更长期间的高速增长；如果没有或者是很小的进入壁垒，或如果公司的竞争优势正在慢慢减弱，则我们应该更加保守地对待公司较长的高速增长期间；已有的管理质量也会影响公司的成长，一些高级管理者②有能力做出提高竞争优势和创造新竞争优势的战略选择。

---

① 没有超额回报的增长将使公司的规模变大，但无法使其更有价值。

② 通用电气公司（General Electric）的Jack Welch和可口可乐公司（Coca-Cola）的Roberto Goizueta即是使公司取得与其他公司明显差距增长的CEO的较好的例子。在他们开始管理公司时，公司已经是成熟公司了。

[例4—1] 高速增长期间的长度

为举例估计公司高速增长期间的长度，我们将考虑所有在接下来的两章中将要进行估价的公司，并对每个公司能保持多长时间的高增长做出主观判断。

公司名称	竞争优势	潜在威胁	增长期间的长度
JPMorgan Chase（本期ROE=11.16%）	公司规模和金融服务领域	较弱的定价能力，被较小但却精明的公司的策略性所战胜	没有高速增长期间
Goldman Sachs（本期ROE=18.49%）	投资银行的品牌、市场技巧及交易技术	位于美国和欧洲的市场处于饱和的状态且经常发生波动	5年的高速增长期间
Canara Bank（本期ROE=23.22%）	在高速增长的印度市场中占据重要地位，且对新进入者有着严格的要求	降低市场准入的标准，允许外资银行进入市场	10年的高速增长期间
ExxonMobil（本期ROE=19.73%）	规模经济、拥有未开发的石油储备	石油是不可再生资源，其他可替代的能源将更可行	没有高速增长期间
Toyota Motor Corporation（本期ROE=10.18%）	行业内最健康和最有效率的公司、能源效率的领导者	汽车行业的增速下降，且面临着来自中国和印度的汽车制造商日益激烈的竞争	5年的高速增长期间
Tsingtao Breweries（本期ROE=8.06%）	亚洲的强势品牌，其所引导的啤酒消费正在迅速增长	面临美国、欧洲的啤酒商和来自亚洲的其他啤酒商的竞争	10年的高速增长期间
Nintendo（本期ROC=8.54%）	游戏行业的早期进入者且拥有专有技术	面临与拥有专有技术（Sony和Micosoft）的大公司之间的激烈竞争	没有高速增长期间
Target（本期ROC=9.63%）	因良好的治理而得到“很棒的零售商”的称号	整个行业面临衰退，位于美国的市场也已饱和	5年的高速增长期间
Embraer（本期ROC=16.93%）	在小型喷气机市场占据强势地位，且具有超过市场竞争者的成本优势	诸如Boeing和Airbus等成熟市场的竞争者正试图将产品线向更廉价的领域延伸	5年的高速增长期间
Sirus Satellite Radio（本期ROC=负数）	高增长卫星通讯行业的先驱	激烈的竞争不仅来自于同区域的其他公司，还来自于其他可替代的技术所带来的竞争（因特网无线电通讯等）	10年的高速增长期间

注：ROE——权益回报率；ROC——资本回报率。

注意，上述均为主观判断。另外，在使用相同信息的情况下，其他分析人员考察这些公司时会得出不同的结论也是完全可能的。

4.3 详细的现金流预测

一旦确定了特别增长期间的长度，我们即应着手预测该期间的现金流。也就是说，在这个阶段，我们要对被评估公司在接下的数年中将如何发展做出最好的判断。在本节中，我们首先要分析进行这些估计所需要的最合理的原始资料，也就是公司过去的发展记录。但依赖历史记录也会带来一些风险，因此我们还应考虑使用我们认为知道更多情况的人员所提供的对将来的估计，这些人包括公司的管理层和追踪公司的其他分析人员。在本节结尾，我们将提供成长与公司基本情况之间的联系。

4.3.1 以过去作为开端

当估计公司的预期增长时，我们一般会从分析公司的历史记录开始。公司近期的经营状况即以经营收入或经营收益来衡量的增长究竟有多快？事实上，过去的增长并不总是对未来增长情况的较好的预测。但在对未来的增长状况做估计时，过去的增长确实在某种意义上传递了有价值的信息。在本小节中，我们首先考虑在估计过去的增长时所产生的度量问题，然后再进一步考虑在推算中如何使用过去的增长状况。

1. 估计过去的增长

在已给出公司过去收益资料的情况下，来估计其过去的增长速度可能看似一项简单的练习，但仍会产生诸多的衡量问题，特别是下列问题必须予以考虑：

1）计算方法的选择

平均增长速度的变化取决于其是一个算术平均数还是一个几何平均数，算术平均数是过去增长速度的简单平均，而几何平均数则意味着要考虑过去期间的复合增长状况。

$$\text{算术平均数} = \frac{\sum_{t=-n}^{t=-1} g_t}{n}$$

其中，g_t = 第 t 年的增长速度。

$$\text{几何平均数} = \left(\frac{\text{收益 } S_0}{\text{收益 } S_{-n}}\right)^{1/n} - 1$$

其中，收益 S_{-n} = n 年前的收益。

上述两种估计方法的计算结果可能会差异很大，特别是对于那些收益波动较大的公司而言。几何平均数是对过去收益真实增长状况更为准确的度量，特别是在各年的增长状况并不稳定时。实际上，虽然收入的算术平均数和几何平均数之间的差别比收益的小，但上述两种增长率的观点也可以应用在收入上。

2）估计的期间

公司的平均增长率会因为估计的起始点和终结点的不同而发生变化。如果我们在公司收益较差的年份开始估计，并在公司收益较好的年份结束估计，则我们将会发现公司在此期间的增长状况是健康的。

3）负收益

对过去增长状况的度量可能会由于负收益数据的出现而发生扭曲，因此将以各年为基础的收益变化百分比定义为：

$$\text{第 t 期的 EPS（收益）变化百分比} = \frac{EPS_t - EPS_{t-1}}{EPS_{t-1}} = \frac{EPS_t}{EPS_{t-1}} - 1$$

如果 EPS_{t-1} 为负或者等于零，则上述计算将产生无意义的数字。将其扩展至几何计算的意义在于，如果 EPS 在初期是负数或者是零，则相关的几何计算将是无意义的。尽管在收益为负时，对增长的估计会有所回落，但其仍旧无法为将来的增长提供有用的信息。这是正确的，实际上，当收益为负数时，我们可以适当推断，过去的增长速度已毫无意义，甚至在预测未来的增长速度时，也可以将其忽略。

［例 4—2］ 算术平均数与几何平均数之间的区别：Ryanair 公司

下表列示了 Ryanair 自 1998 年到 2005 年间逐年公布的收入，息税、折旧及摊销前盈余（EBITDA），息税前利润（EBIT）和净收益。Ryanair 是一家以爱尔兰为基地并出售打折机票的欧洲航空公司。在该表的底部还列示了各列算术平均数和几何平均数的增长率。

金额单位：千欧元

年份	收入	增长率（%）	EBITDA	增长率（%）	EBIT	增长率（%）	净收益	增长率（%）
1998	203 803.17		81 420.71		56 281.16		45 525.20	
1999	258 973.00	27.07	104 070.00	27.82	67 861.00	20.57	57 471.00	26.24
2000	330 571.00	27.65	128 107.00	23.10	84 055.00	23.86	72 518.00	26.18
2001	432 940.00	30.97	173 186.00	35.19	114 011.00	35.64	104 483.00	44.08
2002	550 991.00	27.27	221 943.00	28.15	162 933.00	42.91	150 375.00	43.92
2003	731 591.00	32.78	340 339.00	53.35	263 474.00	61.71	238 398.00	58.54
2004	1 074 224.00	46.83	368 981.00	8.42	270 851.00	2.80	206 611.00	-13.33
2005	1 336 586.00	24.42	428 192.00	16.05	329 489.00	21.65	266 741.00	29.10
算术平均数		31.00		27.44		29.88		30.68
几何平均数		30.82		26.76		28.72		28.73
标准差		7.50		14.39		18.88		22.77

几何平均数 = $(\text{收益}_{2005}/\text{收益}_{1998})^{1/7} - 1$

上述四项的算术平均数的增长率均高于其几何平均数的增长率，但净收益与 EBIT 的差额则比经营收入与 EBITDA 的大，这是因为净收益和 EBIT 的数据往往波动更大。观察1998年至2004年间的净收益和EBIT，几何平均数是衡量其真实增长的更好的指标。

2. 历史增长的作用

过去的增长速度是未来增长状况较好的指示吗？答案是不一定。在一项过去增长率与未来增长率之间关系的研究中，Little（1960）① 使用了“杂乱无序增长”这个词。因为其发现并没有证据可以证明，公司在一个时期内快速增长的同时还会在接下来的时期内继续快速增长；而且在将长短不同的连续期间的收益增长率进行一系列相关系数的运算的过程中，他还发现两个期间的增长率之间通常为负相关，任意两个期间的平均相关系数接近于零（0.02）。

如果对于很多公司而言，过去收益的增长并不是未来增长与否的可靠指示，则对较小的公司而言更是如此。事实上，较小公司的增长速度远比市场上其他公司的波动性更大。在连续的时间期间（5年、3年和1年）内，美国公司收益增长率之间的相关系数按公司的市场价值所进行的分类如图4—1所示。

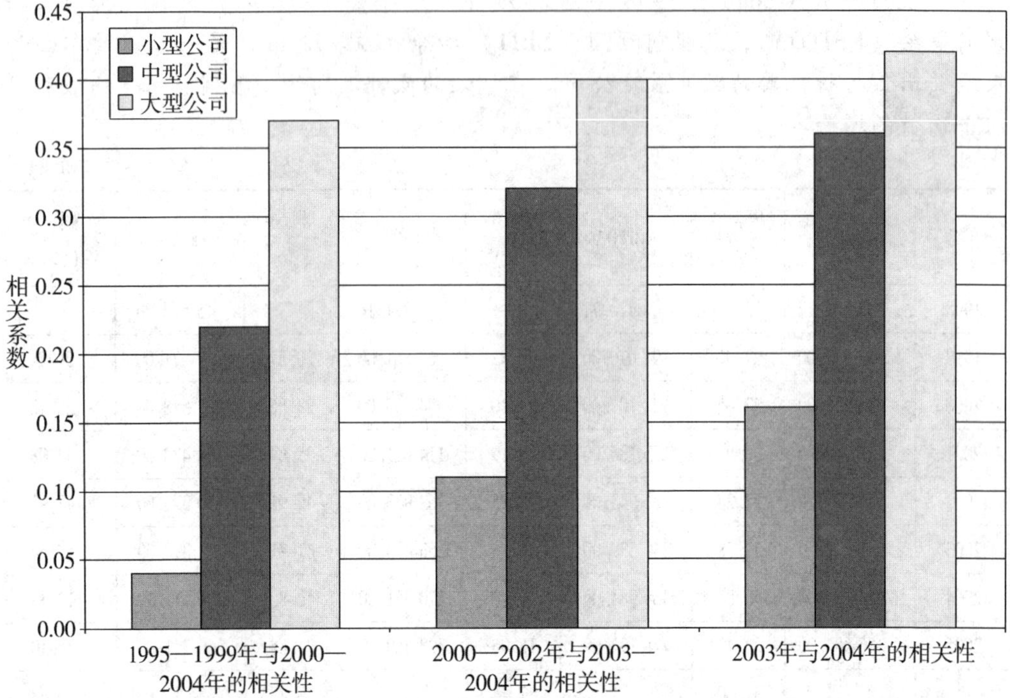

图4—1　市场资本化收益增长的相关性

在该图中，1年收益增长率之间的相关性比3年或5年的要高。对于小公司而言，其比市场上其他公司都更加一致地呈现出更小的相关性。而这表明在使用过去的增长时我们应该更加谨慎，特别是在预测上述公司未来收益的增长状况时。

① I. M. D. Little, *Higgledy Piggledy Growth*（Oxford, UK: Institute of Statistics, 1960）.

在一般情况下，收入增长比收益增长更稳定，也更容易预测，这是因为会计选择对收入的影响远远小于其对收益的影响。实际上，有些分析人员在预测现金流时，会使用诸如收入、销售费用、资本支出、折旧等一些单独项目过去的增长率。这样做的风险即在于其假设每个项目会按不同的速度增长并导致明显的内部不一致。例如，假设收入每年按 10% 的速度增长，而销售费用每年增长 6%，则如果持续的时间足够长，将会导致营业利润率提高到无法维持的水平。

3. 公司规模的影响

由于增长率是以百分数来表示的，因此公司规模的作用只能通过分析来进行衡量。年收益 10 百万美元的公司增长 50%，比年收益 500 百万美元的公司按同样的百分比增长来要得容易。因此，随着公司规模不断加大，维持高增长率将会变得更加困难。特别是公司规模在过去呈急剧增长态势的，在将来若想保持同样的增长速度将变得很困难。对所有的公司而言这都是一个问题，特别是在分析成长中的小公司时，则更是如此。即使这些公司的基本情况，如管理、产品和潜在的市场等并没有发生变化，但随着公司规模扩大至原先的 2 倍或 3 倍，再想保持过去的增长率将变得很困难。

对于小公司来说，真正的分析在于公司是如何实现增长的。事实上，一些公司在增长时，能够继续保持配送商品和提供服务的效率，也就是说，这些公司能得以成功壮大；而其他公司在规模变大后，再来复制公司已有的成功将面临着非常大的困难。因此，在分析小公司时，仔细研究其增长计划很重要，但更重要的是必须检查公司能够实现适度增长的系统。

4.3.2　增长的外部估计

一些分析人员使用其所估价公司的管理层或者追踪该公司的分析人员所提供的增长率来进行估计，以逃避其估计增长的责任。在本节中，我们将研究这种方法以及采用这种估价方法所得出的估价结果是否会更准确。

1. 管理层的估计

用于预测未来收入和收益的大量数据均是由公司管理层所提供的，这种做法有如下两个优点：由于数据由管理层提供，因此会使估价变得简单一些；当预测无法实现时，进行估价的分析人员可以责怪其他人来推脱责任。然而，其所带来的风险也是多方面的：

- 在第 1 章中，我们曾讨论了估价中存在偏见的风险。公司的管理层无法无偏见地预期公司未来的发展前景，更进一步的说，也无法无偏见地预期他们自身的管理技能。因此，更经常的情况是，管理层的预测只能被看做一种期望，而不是对将来的一种现实的预期。
- 当公司管理层的激励与其满足或超出市场的预测相联系时，将产生不同的问题。在这种情况下，为达到超出市场预测及获得奖金的目的，将会导致产生一种降低预测的趋势。

• 最后，管理层所做的预测是各种矛盾假设的综合。例如，管理层可能预测收入在接下来的10年中每年增长10%，而同时在这期间很少或根本没有新的资本支出。事实上，更有效地使用现存资产将能促进一些短期的增长，然而困难的是公司如何在没有新资本支出的条件下靠更有效地使用现有资产来实现长期增长。

我们并不认为管理层所做的预测应该被忽略。事实上，管理层所做的估计中往往会有很有用的信息，关键是要保证管理层的预测是可行的以及内在一致的。

2. 分析人员的估计

当对公开交易的公司估价时，我们确实可以接触到追踪这些公司的分析人员所做的增长预测。像机构经纪人估价服务系统（Institutions Brokers Estimate System，IBES）和美国Zacks公司这样的服务机构综合并总结了分析人员所做的预测，并使这些预测更易于获得。因此，我们能够很容易地获得诸如追踪谷歌公司的分析人员所预期的该公司在接下来5年的收益增长状况。

1）信息优势

有如下几个理由可以让我们相信分析人员所做的增长预测应该比使用历史增长率更好。

• 分析人员除了使用历史数据之外，还可以使用已有收益报告出台以后所产生的关于公司和整个经济的信息以用于预测未来的增长状况。事实上，这些信息有时会导致对公司预期现金流的重估。

• 分析人员也会将自己对公司增长所做的估计建立在由竞争对手所揭示的关于公司价格政策和未来增长的信息条件上。例如，一家通讯公司所公布的负的收益报告将导致其他通讯公司对收益所做的再调整。

• 分析人员有时能接触到自己所追踪公司的私有信息，且这些私有信息可能会与预测其未来的增长状况有关。这避免了回答何时私有信息会变成非法的内部信息的棘手问题。然而，毫无疑问，有用的私有信息将导致对未来增长状况做出更好的估计。为了试图限制这种信息的泄露，证券交易委员会（SEC）于2000年发布了新规则（Reg FD）以阻止公司向个别分析人员或投资者有选择地披露信息。然而，除美国外，公司仍经常将私有信息传递给追踪本公司的分析人员。

• 用于预测未来收益的模型几乎要完全依靠过去收益的数据，并很可能忽视其他已公开的、在预测未来收益时将会用到的信息。如前所述，其他一些财务变量如留存收益、利润率和资产周转率等在预测未来增长时很有用，分析人员应在其预测中综合这些变量的信息。

2）收益预测的质量

如果公司能够被大量分析人员追踪，并且这些分析人员的确能比市场上的其他投资者得到更好的信息，则由这些分析人员所得出的增长预测应该好于以历史增长为基础或者以其他公开的有用信息为基础所做的预测。但是，这些假定是合理的吗？分析人员所做的增长预测一定会比其他的增长预测更好吗？

研究得出的一致结论是：对于短期的收益（一个季度之前到四个季度之前）

预测而言，分析人员所提供的收益预测要好于模型仅仅根据历史数据所得到的预测。平均相对的绝对误差是度量下个季度实际数据与预测数据之间用百分数来表示的绝对差额，由分析人员预测的数值会比以历史数据为基础预测的值小。如下两项研究对分析人员所做的预测的价值进行了更深入的分析。一项研究是由 Crichfield、Dyckman 和 Lakonishok（1978）[①] 发起的，他们仔细检查了《收益预测员》(*Earnings Forcaster*) 中预测的相对精确性。《收益预测员》是标准普尔公司的出版物，其收录了超过 50 家投资公司对收益所做的预测。他们通过测量年中每月预测误差的平方，来计算分析人员预测的误差与收益的时间序列模型的预测误差之间的比率。他们还发现在 4 月到 8 月间利用时间序列模型进行预测所达到的效果将超出分析人员的预测；但从 9 月到来年 1 月，效果却不如分析人员的预测。他们猜测这可能是因为在年度后期，更多关于公司的有用信息被传递给了分析人员。另一项研究则是由 O'Brien（1988）[②] 发起的。其将机构经纪人估价服务系统（即 IBES）中大多数分析人员的意见与使用时间序列提前一季度到四季度的预测进行了比较，对于提前一季度和二季度，分析人员的预测效果要好于时间序列模型；而提前三季度，分析人员的预测则与时间序列模型预测的效果一样；而提前四季度时，分析人员的预测效果即要差于时间序列模型的预测。因此，随着预测时间的延展，分析人员从公司特定信息当中所获得的优势，将逐渐减弱直至消失不见。

在估价中，收益的长期增长率要比其下个季度的增长率受到更多的关注。当预测期间超过 3 年或者 5 年时，尚未有证据表明分析人员的收益预测效果会更好。一项由 Cragg 和 Malkiel[③] 发起的早期研究，将 1962 年和 1963 年 5 家投资管理公司所进行的长期预测与接下来 3 年的实际增长进行了比较；但得出的结论却是，分析人员的长期预测并不可靠。这种观点受到了 Vander Weide 和 Carleton（1988）[④] 的质疑。他们发现，在对未来 5 年增长所做的预测当中，IBES 中的大多数意见比以历史增长数据为导向所进行的预测的效果要好。部分相信直觉的研究者认为，分析人员所预测的增长率一定会比使用以时间序列为基础的模型或其他历史数据预测的效果更好，且只是因为分析人员使用了更多的信息。然而，事实表明，在长期预测中，分析人员预测的优越性往往较小；在决定分析人员的预测中，过去的增长率会起到明显的作用。

最后，还有一个需要考虑的事项，即分析人员通常预测的每股收益，许多服务机构都会加以公布。因此，当对公司进行估价时，我们需要预测经营收益，且每股收益的增长并不等同于经营收益的增长。在一般情况下，经营收益的增长率应低于

① T. Chrichfield, T. Dyckman and J. Lakonishok, "An Evaluation of Security Analyst Forecasts," *Accounting Review* 59 (1978): 651-667。

② P. O'Brien, "Analysts' Forecasts as Earnings Expectations," *Journal of Accounting and Economics* 10 (1988): 53-83。

③ J. G. Cragg and B. G. Malkiel, "The Concensus and Accuracy of Predictions of the Growth of Corporate Earnings," *Journal of Finance* 23 (1968): 67-84。

④ J. H. Vander Weide and W. T. Carleton, "Investor Growth Expectations: Analysis vs. History," *Journal of Portfolio Management* 14 (1988): 78-83。

每股收益的增长率，因此即使已决定使用分析人员的预测，我们也必须调低其预测以反映预测经营收益增长的需要。

分析人员的预测在接下来预测公司的增长率将变得非常有用，但是盲目地使用多数分析人员的预测则会带来危险。事实上，分析人员在预测未来收益时经常会犯明显的错误，部分是因为其依赖相同的原始数据资料（该数据本身有错误或是会令人误解），部分是因为有时他们高估了公司的基本特征所发生的明显变化。事实上，进行成功估价的秘密在于发现分析人员对增长的预测与公司基本情况的不一致，在接下来的章节我们将更详细地加以讨论。

4.3.3 基本面的增长

在使用历史数据和分析人员所做的估计时，增长都是影响公司价值的外生变量，而其与公司的经营细节相脱离。因此，将增长融入价值的最好的方法即是使增长成为价值的内生变量，也就是使增长成为公司为将来的增长所进行的再投资的数额及其质量的函数。我们首先来研究基本情况与权益收益增长之间的关系，接着再仔细分析决定经营收益增长的因素。

1. 权益收益的增长

在估计权益现金流时，如果我们要估计股权价值总额，则一般应从对净收益的估计开始；而如果我们要估计每股权益的价值，则应从对每股收益的估计开始。在本小节中，我们首先提出了决定每股收益预期增长的基本面，接着分析了一个着眼于净收益增长且适用范围更加广泛的模型。

1）每股收益的增长

决定增长最简单的关系即是以留存比率（保留在公司收益中的百分比）和权益回报（ROE）为基础所做的推算。留存比率和权益回报更高的公司会比没有上述特征的公司，有着更高的每股收益增长率。建立这种关系时，我们会注意到：

$$g_t = \frac{NI_t - NI_{t-1}}{NI_{t-1}}$$

其中，g_t = 净收益的增长率；NI_t = 第 t 年的净收益。

根据上述权益回报的定义，第 t - 1 年的净收益可以写作：

$$NI_{t-1} = \text{第 } t-2 \text{ 年权益的账面价值} \times ROE_{t-1}$$

其中，ROE_{t-1} = 第 t - 1 年的权益回报率。

第 t 年的净收益可以写作：

$$NI_t = (\text{第 } t-2 \text{ 年权益的账面价值} + \text{第 } t-1 \text{ 年的留存收益}) \times ROE_t$$

假设权益回报不变，也就是 $ROE_t = ROE_{t-1} = ROE$，则：

$$g_t = \frac{\text{第 } t-1 \text{ 年的留存收益}}{NI_{t-1}} \times ROE = \text{留存比率} \times ROE = b \times ROE$$

其中，b 为留存比率。

注意，公司不允许通过发行新股来增加权益，因此在本式中，净收益的增长率与每股收益的增长率相同。

［例4—3］ 每股收益的增长：例子

在本例中，我们以留存比率和权益回报为基础来分析两家金融服务公司(Goldman Sachs和JPMorgan Chase)、一家不动产信托投资公司（REIT）（Vornado）和一家通讯公司（Verizon）收益的预期增长率。下表摘要列示了上述四家公司的权益回报率、留存比率和收益的预期增长率（假设上述公司能够保持各自已有的基本面)。

	权益回报率	留存比率	预期增长率
JPMorgan Chase	11.16%	34.62%	3.86%
Goldman Sachs	18.49%	90.93%	16.81%
Vornado REIT	18.24%	10.00%	1.82%
Verizon	22.19%	49.00%	10.87%

Goldman Sachs 的每股收益有着最高的预期增长率，因为该公司有较高的权益回报率和留存比率；Verizon 虽然有最高的权益回报率，但只保留了较少的收益，因此导致了其较低的预期增长率；JPMorgan Chase 较低的权益回报率和留存比率降低了预期增长率；而 Vornado 则由于需要将其收益的绝大部分用于支付股利，因此其预期增长率最低。

2）净收益的增长

如果我们放宽权益的唯一来源是留存收益的假设，则净收益的增长可能会与每股收益的增长有所不同。凭直觉，我们会注意到公司可以通过发行新股来投资于新的项目，从而使净收益发生明显地增长，却使每股收益的增长停滞。为得到净收益增长与公司基本面之间的关系，我们需要对超过留存收益的投资进行度量。事实上，得到该度量结果的一种方法即是直接估计公司将使用多少权益并以净资本支出和营运资本的形式再投资于公司。

$$\text{再投资于公司的权益} = (\text{资本支出} - \text{折旧}) + \text{营运资本的变化} - (\text{发行的新债务} - \text{偿还的债务})$$

将上式除以净收益，即可得到一个更宽泛的、对权益再投资率的度量：

$$\text{权益再投资率} = \frac{\text{再投资于公司的权益}}{\text{净收益}}$$

与留存比率不同，这个数字可以超过100%。由于公司可以发行新的权益，因此净收益的预期增长率可以写作：

$$\text{净收益的预期增长率} = \text{权益再投资率} \times \text{权益回报}$$

［例4—4］ 净收益的增长：埃克森美孚公司(ExxonMobil)和丰田公司(Toyota)

在以基本面为基础来估计净收益的增长时，我们将以分析世界上最大的石油公司 ExxonMobil 以及一家日本汽车制造公司 Toyota 为例。在下表中，我们首先估计了权益再投资的构成，然后再使用权益再投资的构成来估计两家公司的再投资率。同时，我们也提供了每家公司权益回报和净收益的预期增长率。

	非现金净收益	净资本支出	营运资本的变化	净债务发行或偿还	权益再投资率	ROE	预期增长率
ExxonMobil（金额单位：百万美元）	25 011	4 243	336	333	16.98%	21.88%	3.71%
Toyota（金额单位：十亿日元）	1 141	925	-50	140	64.40%	16.55%	10.66%

采用这种方法所需的加和减的运算在上表中均有所显现。通过不仅关注留存多少，而且还关注再投资多少，来使得这种方法能够更精确地计算出公司的真实投资。但是，这种方法的局限性即在于其再投资的构成成分——资本支出、营运资本的变化和发行的净债务——均是波动性较大的数据。因此，更现实的做法是考虑3年或5年的平均再投资率，而不是仅分析本期的数据。当我们在分析经营收益的增长时，再回头深入研究这个问题。

2. 权益回报的决定因素

每股收益和净收益的增长部分是由公司的权益回报所决定的，且权益回报率会受公司所采用的杠杆的影响。广泛地讲，如果公司资本息前、税后的回报（ROC）高于债务支付的税后利率，则提高杠杆将导致高的权益回报。这可以通过下面的权益回报方程得到说明：

$$ROE = ROC + \frac{D}{E}\left[ROC - i\ (1-t)\right]$$

其中，$ROC = \frac{EBIT\ (1-t)}{\text{债务的账面价值} + \text{权益的账面价值}}$；$\frac{D}{E} = \frac{\text{债务的账面价值}}{\text{权益的账面价值}}$；$i = \frac{\text{债务的利息费用}}{\text{债务的账面价值}}$；t = 平常收入的税率。

经过简单的推导，[①] 使用扩张后的ROE形式，则增长率可以写作：

$$g = b\left\{ROC + \frac{D}{E}\left[ROC - i\ (1-t)\right]\right\}$$

这个公式的优点是其进一步明确了杠杆的变化及其对增长的影响。

[例4—5] 细分权益回报：埃克森美孚公司和丰田公司

为研究权益回报的组成部分，在下表中我们将继续分析ExxonMobil和Toyota。

①
$$\begin{aligned} ROC + \frac{D}{E}\left[ROC - i\ (1-t)\right] &= \frac{NI + Int\ (1-t)}{D+E} + \frac{D}{E}\left[\frac{NI + Int\ (1-t)}{D+E} - \frac{Int\ (1-t)}{D}\right] \\ &= \frac{NI + Int\ (1-t)}{D+E} \times \left(1 + \frac{D}{E}\right) - \frac{Int\ (1-t)}{E} \\ &= \frac{NI}{E} \\ &= ROE \end{aligned}$$

在［例4—4］中我们已经分析过这两家公司的权益回报。

	ROC	账面 D/E	账面利率	税率	ROE
ExxonMobil	15.10%	10.23%	6.68%	35.00%	16.20%
Toyota	8.28%	87.66%	2.51%	33.00%	14.06%

将上述数据与［例4—4］中公布的数据进行比较时，我们注意到使用这种扩展的计算，会导致两家公司的权益回报均有所下降。产生这种差别的一个原因即在于在本例中，在计算权益回报和资本回报时使用了边际税率；而在［例4—4］中，我们却使用了公布的净收益。另一个需要注意的地方则是，Toyota 较高的权益回报很明显正是源自于对债务的使用（并导致了较高的债务权益比率）。

3. 平均回报和边际回报

权益回报率一般是通过将最近一年的净收益除以前一年年底权益的账面价值（BV）来获得，因此权益回报衡量了在公司账面已经存在一段时间的旧项目和最近期间出现的新项目的质量。由于时间更长的投资贡献了相当一大部分的收益，因此规模较大的公司会因为市场饱和或竞争激烈而面临新投资回报的下降，但平均回报却不会发生明显的变化。也可以说，新项目较差的回报对所计量的回报有滞后的影响。在进行估价时，公司新近投资的回报能够传递最多关于公司项目质量的信息。因此，为了测量新近投资所带来的回报，我们可以用最近一年净收益的变化除以前一年权益账面价值的变化来计算权益的边际回报。

$$\text{权益的边际回报}=\frac{\text{第 t 年净收益的变化}}{\text{第 t-1 年权益账面价值的变化}}$$

例如，Goldman Sachs 以 2005 年的净收益 4 972 百万美元，2004 年底的权益账面价值 26 888 百万美元为基础，公布了 2005 年的权益回报 18.49%：

$$\text{2005 年的权益回报}=\frac{4\,972}{26\,888}=18.49\%$$

依据净收益和权益账面价值的变化，可以计算出 2005 年 Goldman Sachs 的权益边际回报为：

2004 年到 2005 年间净收益的变化 = 4 972 − 4 553 = 419（百万美元）

2003 年到 2004 年间权益的账面价值的变化 = 26 888 − 22 913 = 3 975（百万美元）

$$\text{权益的边际回报}=\frac{419}{3\,975}=10.54\%$$

在一定程度上，权益的边际回报代表了新投资所带来的回报，但这也提示我们一个需要警惕的现象，即新投资的权益回报通常低于其历史回报。

4. 权益回报变化的影响

如前所述，我们的分析和计算一直假设，随着时间的推移，权益回报将保持不变。如果放宽这个假设条件，即对增长引入一个新要素：随着时间的推移，已有资产的权益回报发生变化所带来的影响。那么，我们可以考虑这样一个例子，某公司权益的账面价值为100百万美元，权益回报率为10%，如果该公司将权益回报率提高到11%，那么即使公司不再进行投资，也能使收益增长率提高10%。这个额外的增长可以写作权益回报变化的函数。

$$预期增长率的增加=\frac{ROE_t-ROE_{t-1}}{ROE_{t-1}}$$

其中，ROE_t 为第t期的权益回报，这将增加用第t期的权益回报和留存比率相乘所得出的基本增长率。

$$整个预期增长率=b\times ROE_t+\frac{ROE_t-ROE_{t-1}}{ROE_{t-1}}$$

在增长期间，提高权益回报率会导致增长率的大幅提高；而在衰退期间，权益回报率的下降，将使增长率发生超过相应比例的下降。

区分新投资的权益回报与已有投资的权益回报之间的差别，是有价值的。我们估计的额外增长并非来自于新投资提高了的回报抑或以前投资改善了的回报。由于缺乏更好的词语，故暂且将其称之为“促进效率的增长”。

[例4—6] 权益回报变化所带来的影响：摩根大通（JPMorgan Chase）

在[例4—3]中，我们以11.16%的权益回报、34.62%的留存比率为基础，分析了Chase的预期增长率。假设公司在下一年度能够将权益（新投资和以前的投资）的总体回报提高至12%，并将留存比率保持在34.62%的水平上，则下一年度的每股收益的增长率可以写作：

$$\begin{aligned}EPS的预期增长率&=ROE_t\times 留存比率+\frac{ROE_t-ROE_{t-1}}{ROE_{t-1}}\\&=0.12\times 0.3462+\frac{0.12-0.116}{0.116}\\&=0.1168\\&=11.68\%\end{aligned}$$

下一年之后，增长率将下降至更稳定的4.15%（0.12×0.3462）。

如果只提高了新投资的权益回报而已有的资产回报保持不变，那么结果会有什么不同吗？事实上，在这种情况下，每股收益的预期增长率可以写作：

$$EPS的预期增长率=ROE_t\times 留存比率=0.12\times 0.3462=0.0415或者4.15\%$$

因此，本例中并没有额外的增长。如果公司已有资产的回报得到提高而新的投资回报保持不变，那么结果又将如何呢？在这种情况下，下一年每股收益的预期增长率可以写作：

$$\begin{aligned}EPS的预期增长率&=ROE_t\times 留存比率+\frac{ROE_t-ROE_{t-1}}{ROE_{t-1}}\\&=0.12\times 0.3462+\frac{0.12-0.116}{0.116}\\&=0.1139或者11.39\%\end{aligned}$$

---

5. 经营收益的增长

与权益收益的增长是由再投资于公司的权益及所得回报所决定的一样，我们同样可以将经营收益的增长与对公司的整个再投资和已投资本所取得的回报相联系。在本小节中，我们将考虑如下三个独立的情景，并分析在各情景下应如何估计增长。第一个情景是，当公司取得稳定的资本回报时，随着时间的推移，可以预期该公司将保持稳定的增长；第二个情景是，当公司能够取得正的资本回报时，随着时间的推移，预期其将会不断地增长；第三个情景也是最为普遍的情景，即随着时间的推移，预期公司的经营利润率将会从负值变为正值。

1）稳定的资本回报情景

当公司有稳定的资本回报时，其经营收益的预期增长率为再投资率，也就是税后经营收益中的投入净资本支出和非现金营运资本部分，与度量上述再投资质量的资本回报的乘积。

$$预期增长_{EBIT}=再投资率\times资本回报$$

其中，$再投资率=\dfrac{资本支出-折旧+非现金营运资本的变化}{EBIT（1-税率）}$；$资本回报=\dfrac{EBIT（1-t）}{投资于经营资产的资本}$。

在做这些估计时，我们使用了在第3章中计算的经过调整的经营收益和再投资的数值。事实上，对经营收益和再投资的度量都应该面向将来，资本回报也应该表示未来投资的预期资本回报。在本小节的后面部分，我们将研究如何最好地估计再投资率和资本回报。

（1）再投资率。再投资率度量的是为了未来的增长公司应该进行多少再投资，且其可以用公司最近年度财务报表中的数据计算出来。虽然这是一个好的开端，但却不一定是对未来再投资率的最好估计。事实上，公司的再投资率经常会发生起伏变动，特别是对于那些投资于相对较少的大型项目和收购的公司而言，其再投资率的波动性较大。对于这些公司，分析其一段时间内的平均再投资率可能会得出一个对未来状况的更好的估计。另外，随着公司的逐步成长和日益成熟，公司的再投资（率）会有下降的趋势。对于前几年已经发生明显扩张的公司而言，过去的再投资率看起来将明显高于其预期未来的再投资率。对这些公司来说，与使用公司过去的估计数字相比，行业平均的再投资率会提供一个有关未来的更好的指示。最后，保持研发费用与经营租赁处理方法的一致性也很重要，特别是出于测量再投资率的目的。研发费用需要被归为资本支出的一部分时保持前后一致也很重要。

如果公司的折旧超过其资本支出或营运资本在某个财年中明显下降，则公司的再投资率可能会变成负的。对于大多数公司而言，这种负的再投资率只是一种暂时的现象，反映了其大额的资本支出或波动的营运资本。对于这些公司，本期的再投资率（是负的）可以用过去几年的平均再投资率来代替。然而对于其他一些公司，负的再投资率却可能是其公司政策的反映，我们应如何处理将取决于公司采取该种战略的初衷：

- 以前过度投资于资本设备或营运资本的公司可以依靠其过去的投资持续经营数年，且在该期间，再投资会减少，并会产生较高的现金流。在这样的条件下，我们在预测增长时，就不应该再使用负的再投资率，而应该将资本回报的提高作为基础来估计增长。一旦公司可以有效地使用其资源，则我们应立即改变再投资率，以反映行业的平均水平。

- 更极端的情景是公司正变得日益衰落并开始着手减少其营运资本。虽然其已经决定不再更换资产，但随着时间的推移还是会进行清算。如果是这种情况，则估计公司未来的预期增长时应使用负的再投资率。当然，这将导致负的预期增长率，且随着时间的推移，收益会有所减少。

（2）资本回报。资本回报经常以公司以前的投资回报为基础，而资本的账面价值假定度量的却是这些投资中已投入的资本。也就是说，你可以假定本期会计的资本回报是以前投资所取得的真实回报的一个很好的度量，这种回报也会是未来投资回报的一个好的代表。当然，这种假设受到以下理由的质疑：

- 资本的账面价值可能并不是以前投资中所投入资本的一个很好的度量，因为其只反映了这些资产的历史成本及有关折旧的会计决定。当账面价值低估了所投入的资本时，资本回报将被高估；当账面价值高估了所投入的资本时，资本回报将被低估。如果资本的账面价值没有得到调整以反映研发资产的价值或经营租赁的资本价值以及高通货膨胀的现状，则这个问题将变得更加严重。

- 经营收益与资本的账面价值一样，是对公司在一定期间内所取得收益的会计度量。在第3章中，我们已经描述了使用未调整的经营收益将导致所有问题继续存在。

- 即使经营收益和资本的账面价值已被正确计量，以前投资的资本回报也可能并不等于公司对新投资所期望取得的边际回报，特别是在估计更远的将来时。

由于这些原因，你不仅应该考虑公司的本期资本回报，还应考虑这些回报的变化趋势及行业的平均资本回报。如果公司本期的资本回报明显高于其行业平均水平，则所预测的资本回报应低于本期回报，以反映由于竞争而可能发生的糟糕状况。

最后，任何一个其资本回报大于资本成本的公司也正在取得超额回报。事实上，超额回报是公司具有竞争优势或进入行业壁垒所带来的必然结果，而长期较高的超额回报即意味着公司拥有持久的竞争优势。

［例4—7］衡量再投资率、资本回报和预期增长率：泰坦水泥公司和SAP软件公司

在本例中，我们将估计希腊的泰坦水泥公司（Titan Cement）和德国的SAP软

件公司的再投资率、资本回报和预期增长率。在这里，我们先提供计算资本回报的输入变量：

	EBIT（百万欧元）	EBIT（1-t）（百万欧元）	债务的账面价值（百万欧元）	权益的账面价值（百万欧元）	资本回报（%）
Titan Cement	232	173（税率25.47%）	399	445	20.49
SAP	2 161	1 414（税率36.54%）	530	6 565	19.93

$$资本回报=\frac{EBIT\ (1-t)}{债务的账面价值+权益的账面价值-现金}$$

我们使用有效税率来计算税后的经营收益以及前一年年底债务和权益的账面价值。对于SAP，我们按照前面章节学习过的方法，将研发资产资本化，并使用调整后的经营收益和权益的账面价值。对于这两家公司，我们均从账面资本中扣除所持有的现金，并在最后一列计算出税后的资本回报。

依据最近发布的财务报表数据，我们接着来估计资本支出、折旧和非现金营运资本的变化：

	EBIT（1-t）（百万欧元）	资本支出（百万欧元）	折旧（百万欧元）	营运资本的变化（百万欧元）	再投资（百万欧元）	再投资率（%）
Titan Cement	173	110	60	52	102	$\frac{102}{173}=58.5\%$
SAP	1 414	2 027	1 196	-19	812	$\frac{812}{1\ 414}=57.4\%$

最后，将税后资本回报与再投资率相乘以计算出预期的增长率：

	再投资率	资本回报	预期增长率
Titan Cement	58.5%	20.49%	11.99%
SAP	57.4%	19.93%	11.44%

如果Titan Cement能够维持去年的资本回报和再投资率，则该公司每年能增长11.99%。基于同样的假设，SAP的收益每年也能够增长11.44%。

[例4—8] 本期、过去和行业平均

再投资率是一个不太稳定的数据，每年的变动较大。现在，我们来分析Titan Cement过去5年的再投资率：

金额单位：百万欧元

	2000	2001	2002	2003	2004	总计
EBIT	162.78	186.39	200.60	222.00	231.80	1 003.57
税率	25.47%	25.47%	25.47%	25.47%	25.47%	—
EBIT（1－税率）	121.32	138.92	149.51	154.42	172.76	736.92
资本支出	50.54	81.00	113.30	102.30	109.50	456.64
折旧	39.26	40.87	80.94	73.70	60.30	295.07
非现金营运资本的变化	9.93	59.90	8.85	－0.07	11.42	90.03
再投资	21.21	100.03	41.21	28.53	60.62	251.60
再投资率	17.48%	72.01%	27.56%	18.48%	35.09%	34.14%

过去5年的再投资率的变化范围介于2000年的17.48%与2001年的72.01%之间。我们用过去5年总的再投资除以过去5年总的税后经营收益，来计算过去5年的平均再投资率。①

我们也可以计算Titan Cement过去5年每年的资本回报：

金额单位：百万欧元

	2000	2001	2002	2003	2004
EBIT（1－t）	121.32	138.92	149.51	154.42	172.76
资本的账面价值	353.00	787.00	743.00	786.00	843.00
资本回报	34.37%	17.65%	20.12%	19.65%	20.49%

Titan Cement 2000年的资本回报是个特例，其在2002年到2004年间的平均资本回报大约为20%。

显然，对预期增长率的估计是我们对未来投资所假设的函数。对于Titan Cement，如果假设其过去5年的平均再投资率和本期的资本回报是对未来更好的度量，那么预期的增长率将会是：

预期的增长率＝再投资率×资本回报＝0.3414×0.2049＝0.07或7%

我们认为这个估计是在我们已知公司的情况下所得出的一个更加合理的增长率，也是公司的潜在增长率。

2）正的资本回报和变化资本回报的情景

前面小节的分析假设资本回报会随着时间的推移而保持稳定，如果该资本回报发生变化，则公司的预期增长率将包含另一个因素。也就是说，如果资本回报有所提高，则该因素将提高预期的增长率；如果资本回报有所下降，则该因素将降低预期的增长速度。

① 这种方法比将过去5年的再投资率进行平均的效果要好，投资率也比投资额的波动性更大。

$$\text{预期增长率} = (\text{ROC}_t)(\text{再投资率}) + \frac{\text{ROC}_t - \text{ROC}_{t-1}}{\text{ROC}_{t-1}}$$

例如，如果公司维持40%的再投资率，而将资本回报从10%提高到11%，则其预期增长率应为：

$$\text{预期增长率} = 0.11 \times 0.40 + \frac{0.11 - 0.10}{0.10} = 14.40\%$$

实际上，资本回报的提高增加了已有资产的收益，且这种提高可以被转换为公司10%的额外增长。

随着时间的推移，什么类型的公司的资本回报会发生变化呢？事实上，有两类公司。一类为资本回报差的公司，其提高了经营效率和利润率的同时，却也提高了资本回报。在这些公司中，预期增长率远高于再投资率和资本回报的乘积。实际上，由于这些公司在情况发生好转之前的资本回报一般比较低，因此其资本回报所发生的一些小变化，也会导致增长率的大变化。因此，已有资产的回报从1%提高到2%，将使收益翻倍（导致100%的增长率）。另一类公司是其以前有着较高的资本回报，但随着更多的竞争者进入行业，不仅是新的投资，以前投资的资本回报也有下滑的可能。

[例4—9] 估计资本回报变化的预期增长率：Blockbuster

2004年，美国一家影像租赁连锁店Blockbuster，对外公布其税后资本回报为4.06%，再投资率为26.46%。如果该公司能够一直维持这样的状况，则该公司的预期增长率估计为：

$$\text{预期增长率} = \text{资本回报} \times \text{再投资率} = 0.0406 \times 0.2646 = 1.07\%$$

假设公司将下一年已有资产和新投资的投资回报提高至6.20%，再投资率保持26.46%不变，则下一年的预期增长率为：

$$\text{预期增长率} = 0.062 \times 0.2646 + \frac{0.062 - 0.0406}{0.0406} = 54.35\%$$

如果已有资产的资本回报在接下来的5年里逐步提高，则在接下来的5年里预期每年的增长率为：

$$\text{预期增长率} = 0.062 \times 0.2646 + \left[\left(1 + \frac{0.062 - 0.0406}{0.0406}\right)^{1/5} - 1\right] = 10.48\%$$

等式中第一部分表示来自于新投资的预期收益增长，第二部分则表明已有资产每年的额外增长更有效率。

3）负资本回报的情景

第3种也是最困难的情景即是当公司正在发生亏损，有一个负的资本回报时，应如何估计其未来的增长状况。由于公司正在亏损，再投资率将是负的，因此当估计这些公司的增长时，我们必须重视利润表。我们首先应估计收入的增长，接着我们再用公司预期的经营利润率来估计未来的经营收益。如果未来的预期利润率是正的，则预期的经营收益也将为正，而这使我们得以使用基本的估计方法来对这些公司估价。另外，我们也可以将公司的收入与投资于公司的资本相联系，估计公司必须再进行多少投资才能保证未来收入的增长。

（1）收入的增长。许多发生高增长的公司，在公布亏损的同时，也会公布其每期收入大幅增长的事实。事实上，预测现金流的第一步即是要预测未来的收入，而这一般是通过预测未来每期收入的增长率来实现的。做上述估计时，有如下5点必须记住。

A. 随着收入的增长，公司收入的增长率将会下降。因此，对于一个收入为2百万美元的公司来说，其收入发生10倍的增长是很可能的；但对一个收入为20亿美元的公司来说，则不太可能。

B. 随着时间的推移，收入的复合增长率会看似偏低，但该表面现象具有一定的欺骗性。若各年收入的复合增长率均为40%，且能够保持10年的增长，则该段期间过后将导致收入呈40倍增长。

C. 用于预测未来收入的收入增长率可能过于机械，因此在公司所经营的市场的规模不发生变化的情况下，我们必须跟踪收入的具体金额，以保证其是合理的。如果一家公司10年后的推算收入将占整个竞争市场份额的90%或者100%（甚至更大），那么很显然，我们必须重新估算收入的增长率。

D. 对收入增长和经营利润率的假设必须保持内在一致。通过采取更为激进的定价战略，公司能够得到更高的收入增长率，但其常常会伴随着较低的利润率。

E. 在估计收入增长时，我们还需做出一些主观判断，其主要是关于竞争的性质、所要评估的公司控制收入增长的能力和该公司的市场竞争力等。

估计一家于新行业中刚成立不久的公司的收入增长率，看起来像是在做无用的练习。虽然这种估计比较困难，但仍然存在能使该过程变得比较容易的方法。

- 一种方法是向后工作，并应率先考虑该公司一旦成熟，你所希望其占据的市场份额是多少，然后再来决定为达到该市场份额所必须实现的增长率。例如，假设你正在分析一个当前收入为100百万美元的在线玩具零售商，去年整个玩具零售市场的收入为700亿美元，且整个市场在接下来的10年里将保持3%的增长率。另外，该公司占据5%的市场份额，且其在10年后将达到47.03亿美元的期望收入，复合收入增长率为46.98%。

10年后的预期收入 $=700$ 亿美元 $\times 1.03^{10} \times 0.05 = 47.03$（亿美元）

预期的复合增长率 $= (4\ 703 \div 100)^{1/10} - 1 = 46.98\%$

- 另外一种方法是以过去的增长率为基础来预测未来3年至5年收入的预期增长率。一旦我们估计出3年或5年后的收入，我们就可以以与本期有相似收入的公司的收入为基础来预测增长率。例如，假设我们所分析的在线玩具零售商去年的收入有200%的增长（收入从33百万美元增加到100百万美元），则在接下来的4年里，我们可以预测到其增长率分别为120%、100%、80%、60%，且4年后公司的收入将达到12.67亿美元。事实上，我们还可以仔细分析去年收入介于10亿美元和15亿美元之间的零售商所具有的平均增长率，并使用上述公司的平均增长率来作为5年后重估增长率的起点。

[例4—10] 估计天狼星卫星广播公司（Sirius Satellite Radio）的收入

在前面的例子中，我们已经分析过Sirius，一个卫星通讯的先行者。在下表中，我们预测了该公司在未来10年的收入状况。

年份	收入增长率（%）	收入（百万美元）
本年		187
1	200	562
2	100	1 125
3	80	2 025
4	60	3 239
5	40	4 535
6	25	5 669
7	20	6 803
8	15	7 823
9	10	8 605
10	5	9 035

我们以公司最近一年的收入增长率为基础估计了该公司最初几年的增长状况。Sirius在2004至2005财年所公布的收入增长率为250%。但随着收入的增长，我们调减了对收入增长率（用百分比来表示）的估计，以反映公司的规模。出于检查的目的，我们也分析了相对于本行业中那些更成熟的公司而言该公司10年后的收入情况。事实上，清晰频道通信公司（Clear Channel）是通讯行业最大的竞争者，也是一家于2004年收入已达到93.4亿美元的成熟公司。按我们的推算，从现在起直到10年之后，Sirius才能在规模和收入上与现在的Clear Channel相当。

（2）经营利润率预测。在考虑如何更好地估计经营利润率之前，我们应先判断，对于处在早期发展阶段的诸多高增长公司来说，其被估价时将处于何种状态。这些公司一般有着较低的收入和负的经营利润率，如果收入增长能够将其低收入提升为高收入，而经营利润率仍保持负值，则这些公司不仅没有价值，而且无法生存。事实上，对于有价值的公司而言，收入的提升最后必将导致正的收益。在估价模型中，未来更高的经营收入将会带来正的经营利润率。然而，在对高增长公司所进行的估价中，一个关键的输入变量是经营利润率，其是我们期望公司成熟时所拥有的。

在估计利润率时，我们首先应该分析公司所处的行业。很多新公司均声称是其所处行业的先行者，并认为其没有竞争者。很可能的情况是，这些公司只是率先找到了一种新的方法来提供产品或服务，而在以前这些产品和服务是通过其他渠道来提供的。

因此，虽然亚马逊可能是衰先使用在线售书的公司之一，但是美国图书零售企业 Barnes & Noble 和 Borders 在亚马逊之前即已成为图书零售商。实际上，我们可以认为在线零售商是诸如 L. L. Bean 户外用品专卖邮购公司或邮购零售公司 Lillian Vernon 等目录零售商中合理的成功者。同样地，雅虎也是率先使用互联网接入的公司之一（也是最成功的），但是其也是紧跟报纸所使用的内容和特点来吸引读者，并且利用其读者之众来吸引其他公司做广告。

使用行业中竞争者的平均经营利润率可能会打击一些保守者。有专家指出，毕竟亚马逊比 Borders 保留着更少的存货，不需要承担 Barnes & Noble 所承担的经营租赁费用（即门店费用），因此亚马逊应该能更有效率地挣得经营收入及随后的经营收益。这也许是真实的，但互联网零售商的经营利润率不可能持久地高于其实体场所的竞争者。如果互联网零售商的经营利润率真地持续偏高，则我们将会看到传统的零售商将成为在线零售商，而这样会增加在线零售商在价格和产品方面的竞争，并推动利润率的下降。

虽然公司所在行业的利润率提供了一个目标值，但我们仍必须面对如下两个估计问题。在生命周期的早期阶段，且在公司经营利润率为负的情况下，我们必须首先考虑如何将利润率从现有水平提高到目标值。通常在开始阶段，利润率的提升幅度是最大的（至少可以用百分比来描述）；而当公司接近成熟时，利润率的提高幅度则会逐渐下降直至停止。第二个问题则是在谈论收入增长时产生的，即公司可能会有更高的收入增长和更低的利润率，这也是我们必须考虑的，然而公司通常想要更高的收入增长和更高的利润率，因此我们对利润率和收入的增长假设必须保持一致。

[例 4—11] 估计经营利润率：Sirius

要估计 Sirius Radio 的经营利润率，我们应先估计通讯行业其他公司的经营利润率。在 2004 年，该行业公司的平均税前经营利润率大约为 20%。[1] 我们可以假

---

① 这个行业的平均税前经营利润率为 24.49%，但是该行业最大的公司 Clear Channel 的税前经营利润率为 16.50%，因此这个行业的加权平均利润率大约为 20%。

设，Sirius将接近该目标利润率，且在开始阶段其利润率①将会有更大的提高，在后期则是较小的提高。下表简要显示了Sirius Radio一段时间内所预期的经营利润率和经营收益。

年份	收入（百万美元）	经营利润率（%）	经营利润或亏损（百万美元）
本年	187	-419.92	-787
1	562	-119.96	-1 125
2	1 125	-89.98	-1 012
3	2 025	-34.99	-708
4	3 239	-7.50	-243
5	4 535	6.25	284
6	5 669	13.13	744
7	6 803	16.56	1 127
8	7 823	18.28	1 430
9	8 605	19.14	1 647
10	9 035	19.57	1 768

按我们的推算，Sirius Radio可能在接下来的4年里持续亏损，但其利润率将逐渐提高至20%（在11年之后）。

（3）销售资本比率。高收入增长是公司明显追求的目标，特别是与未来的正经营利润率相联系时，然而公司务必进行投资以保证未来的收入增长和正的经营利润率。可以进行基础性投资（厂房和设备），但是也应该对收购其他公司和合伙企业以及配送和市场营销能力、研发等方面进行投资。

为了将收入增长与再投资的需求联系起来，我们需研究我们投资的每一美元所产生的收入，这个比率被称为销售资本比率。使用该比率可以使我们估计出公司未来的收入增长，公司必须再增加的投资额，以及该投资会是公司内部的项目、收购还是营运资本。为估计任意一年再投资的需求，我们用推算出的收入增长（用美元表示）来除以销售资本比率。也就是说，如果我们预期收入增长为10亿美元，用的销售资本比率为2.5，则我们将会得出该公司再投资的需求为400百万美元

① 每年的利润率按下式计算：
（今年的利润率 + 目标利润率）÷2

(10÷2.5)。事实上，较低的销售资本比率将提高再投资需求（并降低现金流）；相反，更高的销售资本比率将降低再投资需求（并增加现金流）。

为估计出销售资本比率，我们必须分析公司的过去及其所在的行业，计算过去的比率，并分析每年收入的变化和各年的收入除以当年的再投资所得的比率。另外，我们还要分析公司经营所在行业的销售与投资资本账面价值比率的平均值。

将经营利润率与再投资需求相联系将变得更加困难，因为公司取得经营收益和持续的高回报均源自公司自身的竞争优势；而竞争优势的获得部分是通过内部投资，部分则是通过收购。在投资中采取两步走战略的公司应该比只关注收入增长的公司有着更高的经营利润率和更高的公司价值。两步走战略中的第一步是关注产生更高的收入，第二步则是建立竞争力。

（4）与资本回报相联系。在使用销售资本比率计算再投资需求时，我们面临的一个风险即是可能会低估或高估再投资的需求。事实上，我们可以通过估计公司每年的税后资本回报，来监督当这种情况的发生；一旦这种情况发生时，立即加以改正。为了估计未来的资本回报，我们用该年已估计出的税后经营收益除以该年公司投入的总资本。前一个数字来自我们估计的收入增长和利润率，而后一个数字则可以通过对公司未来所有再投资的估计来获得。例如，公司本期投入的资本为500百万美元，下一年需要的再投资为300百万美元，再下一年则为400百万美元，则该公司截至第二年年底投资的资本将为12亿元。

对于目前亏损的公司，在估计开始时，资本回报将是负数，但资本回报会随着利润率的提高而升高。如果销售资本比率设置得太高，资本回报将在后期变得过高；如果销售资本比率设置得太低，资本回报也会在后期变得过低。你可能会问，是相对于什么而言过高或过低？事实上，有两个合适的对比，第一个是公司经营所在行业成熟公司的平均资本回报，第二个则是公司自身的资本成本。假设公司所在行业的资本成本为10%，资本回报为15%，而推算得出的资本回报40%就是一个指标，说明公司向预计的收入增长和经营利润率的投资太少。应减少销售资本比率，直到资本回报为15%左右，而这种做法被证明是谨慎的。

［例4—12］估计的销售资本比率：Sirius

为了估计Sirius Radio必须投资多少才能实现预期的收入增长，我们应计算公司本期的销售资本比率和行业的平均销售资本比率。

$$\text{Sirius 本期的销售资本比率} = \frac{\text{收入}}{\text{资本账面价值}} = \frac{187}{1\ 657} = 0.11$$

行业平均销售资本比率＝1.50

对于Sirius，我们使用行业平均的销售资本比率1.50，并以其为基础，则可以计算Sirius在接下来的10年中各年必须进行再投资的数额：

金额单位：百万美元

年份	收入变化	销售资本比率	再投资	投资的资本	估算的 ROC（%）
本年	—	—	—	1 657	—
1	375	1.50	250	1 907	-67.87
2	562	1.50	375	2 282	-53.08
3	900	1.50	600	2 882	-31.05
4	1 215	1.50	810	3 691	-8.43
5	1 296	1.50	864	4 555	7.68
6	1 134	1.50	756	5 311	16.33
7	1 134	1.50	756	6 067	21.21
8	1 020	1.50	680	6 747	23.57
9	782	1.50	522	7 269	17.56
10	430	1.50	287	7 556	15.81

为检验有关再投资数据的假设是否合理，我们将公司当年的再投资与前一年投资的资本相加得出公司各年的投资资本，再用［例 4—11］中已估计出的税后经营收益除以投入的资本（前一年年底的资本）来求出公司预计各年的资本回报。Sirius 在终年的资本回报接近于 12% 的行业平均值，而这正意味着我们所估计的销售资本比率是合理的。

4.4　终结点价值

由于我们无法估计永久现金流，因此在折现估价法下，我们通常会强制终止，以终止我们对未来现金流的估计，然后再去计算终结点价值以反映在该点公司所具有的价值。

$$公司价值=\sum_{t=1}^{t=n}\frac{CF_t}{(1+k_c)^t}+\frac{终值_n}{(1+k_c)^n}$$

我们可以用以下 3 种方法中的任意一种来计算公司的终结点价值。一种方法是假定公司在终年时资产的清算价值，并估计在该点其他人对公司已经积累的资产所愿意给出的价格。其他两种方法则是关注在进行终结点价值的估计时评估公司所给出的价值，一种方法是在终年时用收益、收入或账面价值等的乘数来估计该价值；另一种方法则假定公司的现金流将会持续稳定增长——会有一个稳定的增长率。在稳定增长的情况下，终结点价值可以使用永久增长模型来进行估价。

4.4.1 清算价值

在一些估价中，我们可以假定公司在将来的某一时点会停止经营，并将公司积累的资产卖给出价最高的投标者，这样所形成的估计则被称为清算价值。有两种估计清算价值的方法。

一种方法是以资产的账面价值为基础，并需调整一定期间的通货膨胀。因此，如果从现在算起到第10年为止，则预期资产账面价值为20亿美元，那时资产的平均使用年限为5年，预期的通货膨胀率为3%，则预期的清算价值为：

$$\text{预期的清算价值}=\text{资产的账面价值}_{\text{终年}}\times(1+\text{通过膨胀率})^{\text{资产的平均年限}}=20\times(1.03)^5=23.19\text{（亿美元）}$$

这种方法的局限性在于清算价值是以会计的账面价值为基础的，并没有反映资产的盈利能力。

另一种方法则是以资产的盈利能力为基础来进行估价。为了进行该估计，我们首先必须估计这些资产的预期现金流，然后再用合适的折现率将现金流折现至本期。在前面的例子中，如果我们假设正被讨论的资产预期可以产生4亿美元的税后现金流，并持续15年（在终年以后），资本成本为10%，则我们预期的清算价值为：

$$\text{预期清算价值}=400\times\frac{1-\dfrac{1}{(1.10)^{15}}}{0.10}=30.42\text{（亿美元）}$$

当估计股权价值时，仍需再进一步计算，即终年流通在外估计的债务价值必须从清算价值中扣除才能得到分给权益投资者的清算收益。

4.4.2 乘数方法

在这种方法下，应使用公司相应年度的收益乘数或收入乘数来估计未来某一年公司的价值。例如，从现在算起10年之后，公司预期的收入为60亿美元，如果价值销售乘数是2，则公司在当年的最终价值为120亿美元。如果对权益估价，则我们会使用权益乘数（如价格收益比率）来得到终结点价值。

虽然这种方法的优点是比较简单，但鉴于乘数对终结点价值有着巨大的影响，因此从何处获得乘数可能会成为关键。如果与平常一样，则乘数是通过分析目前市场同行业中有比较的公司是如何定价的来估计的。那么估价也就变成了一个相对的估价，而不是折现估价法下的估价。如果乘数是使用基本面来估计的，则将用到稳定增长模型，其会在下节进行讨论。

总而言之，使用乘数估计终结点价值时，当这些乘数是对有比较的公司进行估计而得到的，将会导致相对估价法和折现估价法的混用。由于相对估价法有许多优点，因此我们将在第7章中进行详细研究。折现估价法提供的是对内在价值的估计，而不是相对价值。因此在折现估价模型中，估计终结点价值并唯一可以使其保持前后一致的方法，要么是清算价值，要么是稳定增长模型。

4.4.3 稳定增长模型

在清算价值方法下，我们假定公司有着有限的生命周期，在生命周期终结时公司将会被清算。然而，公司也可以再投资部分现金流到新资产中，以延长公司的寿命。如果我们假定在公司终结以后，公司现金流将保持持续稳定增长，则终结点价值可以被估计为：

$$第t年后的终结点价值=\frac{第（t+1）年的现金流}{r-稳定的增长率}$$

其中，上述公式中所使用的现金流和折现率取决于我们是在对公司估价还是在对权益估价。如果我们是在对权益估价，则权益的终结点价值可以写作：

$$第n年权益的终结点价值=\frac{第（n+1）年的权益现金流}{第（n+1）年的权益成本-g_n}$$

权益现金流可以被严格地定义为股利（在股利折现模型中），或权益的自由现金流。如果是对公司估价，其最终价值可以写作：

$$第n年的终结点价值=\frac{第（n+1）年的公司现金流}{第（n+1）年的资本成本-g_n}$$

其中，模型中的资本成本和增长率是公司所能够持续支撑的。

在本节中，当所评估的公司正处于稳定增长状态时，我们应首先分析其稳定增长率是多少，并了解应如何最好地估计公司的价值；而在公司逐步实现稳定增长时，又有哪些输入变量需要调整。

1. 稳定增长的限制

对于折现估价模型中的所有输入变量而言，没有变量能比稳定增长率更能影响价值。部分是因为稳定增长率的微小变化即会明显改变终结点价值的大小，而这种影响会随着增长率越接近于估计中所使用的折现率而变得更大。事实上，分析人员经常用增长率来改变估值以反映它们的偏差，这并不奇怪。

然而，稳定增长率将永久保持的事实却对其能涨至多高带来了极大的限制。由于没有公司能够永久保持以比其所在经济体更高的增长率，因此其稳定增长率不会高于整个经济的增长率。在做出稳定增长率的界限是多少的判断时，我们必须考虑如下3个问题。

A. 该公司是被限制作为一家国内公司经营还是作为跨国公司来经营（或有能力经营）？如果该公司仅仅是国内公司，不是受内部限制（例如，来自管理层的限制）就是外部限制（例如，政府的限制），则其国内的经济增长率就是限制值；而如果该公司是一家跨国公司或有雄心成为跨国公司中的一员，则全球经济的增长率（或至少是该公司在全球开拓经营的那部分）将是其限制值。注意，既然美国经济仍代表着世界经济的很大一部分，因此这种差别对美国公司来讲是很小的。然而，这同时还意味着我们可以对可口可乐公司使用比 Consolidated Edison 公司稍微高一些（0.25%~0.5%）的稳定增长率。

B. 估价是采用名义价值还是实际价值？如果估价是名义价值，则稳定增长率也应该为名义增长率。也就是说，稳定增长率应该包括预期的通货膨胀率。而如果估价是实际价值，则稳定增长率将会被限制得更低。再一次使用可口可乐公司作为例子，如果其是按名义美元价值来进行估价，则其稳定增长率可以是4%；而如果是按实际价值来估价，则其稳定增长率只有2%（至少在2006年早期是这样的）。

C. 在估价中，使用何种货币来估计现金流和折现率比较合适？事实上，稳定增长率的界限会随着在估价中所使用的币种的不同而有所变化。如果是使用一种高通货膨胀的货币来估计现金流和折现率，则所得出的稳定增长率可能会比较高，因为实际增长率被加上了预期通货膨胀率；而如果是使用一种低通货膨胀货币来估计现金流，则其稳定增长率可能会比较低。例如，对一家巴西的航空公司 Embraer 估价时，如果是使用巴西卢比，则其所得的稳定增长率将会比使用美元高很多。

如前所述，稳定增长率不可能高于公司经营所在经济体的增长率，但公司的稳定增长率可以比经济体的增长率低。没有任何理由可以阻止我们假定，成熟公司只是经济体中很小的一部分；事实上，这很可能是一个很合理的假设。注意，一个经济体的增长率所反映的是建立时间虽短却保持高速增长的公司和成熟保持稳定增长的公司，如果前者正在以一个比经济体的增长率还要高的比率增长，则后者必须以一个更低的比率增长。

将稳定增长率设置为比经济体增长率低或与其相等，不仅做的是前后一致的事，而且还能保证增长率低于折现率，而这是出于折现率中的无风险利率和经济增长率之间的关系。注意，无风险利率可以写作：

名义无风险利率 = 实际无风险利率 + 预期的通货膨胀率

从长期来看，实际的无风险利率接近于经济的实际增长率，而名义的无风险利率将接近于经济的名义增长率。实际上，有关稳定增长率的一个简单的拇指法则是，稳定增长率不应超过用于估价的无风险利率。

2. 稳定增长中的关键假定

在折现估价法中，关于稳定增长，我们必须做出如下两个重要的假定。第一个是有关当公司实现稳定增长时所具有的特征的假定，也就是投资回报以及权益和资本的成本；第二个是有关我们所要估价的公司是如何实现由高速增长向稳定增长转化的假定。

1）稳定增长公司的特征

当公司从高增长逐渐转变成稳定增长时，我们必须给出该公司的一些特征。稳定增长与高速增长的同一家公司在许多方面有所不同。一般而言，我们可以预期稳定增长的公司比高速增长的公司的风险更小、还可以承担更多的负债、有着更低（或零）的回报、再投资也比较少。在本小节中，我们将分析如何更好地调整这些变量。

（1）权益风险。当分析股权成本时，高速增长的公司会比稳定增长的公司更容易暴露在市场风险之中（即有更高的β值）。产生这种情况的部分原因即在于高速增长的公司更多是小公司，其为自由竞争商品和服务的提供者并有着较高的经营杠杆。因此，像Sirius这样的公司就很可能具有超过1.5甚至是2的β值。随着这些公司和相应市场的日益成熟，你可以预期这些公司将逐渐更少地暴露于市场风险之中，且这些公司的β值将接近于1（整个市场的平均值）。面对这种情况，我们可以做的选择之一即是将所有稳定增长公司的β值设置为1，并认为所有稳定增长的公司均应该有着平均风险；而另一个选择则是在实现稳定增长以后，允许微小的差别继续存在，且认为处于波动更大的行业中的公司与处于稳定行业中的相应公司相比有着更高的β值。根据拇指法则，我们建议使用后者，且稳定期间的β值不应超过1.2。①

但是，例如日用品公司这种β值低于1的公司又会怎么样呢？如果我们假设这些公司将停留在原行业之中，并假设β值保持以前的水平也不会有多少坏处，然而如果我们估计的永久增长②要求这些公司扩大经营范围并进入其他行业，则我们应将其β值调整至1。

（2）预计的回报。高增长公司一般具有较高的资本回报（和权益回报），并会取得超额收益。在稳定增长中，维持超额回报将变得非常困难，一些人认为有关稳定增长唯一的一致性假定即是假设没有超额回报，资本回报也应该被设置为与资本成本相等。然而从原则上讲，永久的超额回报并不是切实可行的，但在实践中若假设公司突然丧失获得超额回报的能力也是比较困难的。由于整个行业也常常会在很长的期间内获得超额回报，因此假设公司的权益回报和资本回报会逐渐向行业平均靠拢对许多公司来说可能会导致其产生更合理的估价。

（3）债务比率和债务成本。高增长的公司往往会比稳定增长的公司使用更少的债务。随着公司的日益成熟，其承担债务的能力将不断提高，因此当对公司进行估价时，将导致我们用于计算资本成本的债务比率随时都有可能发生变化；而当对权益进行估价时，债务比率的变化将改变股权成本和预期的现金流。在稳定增长时，是否应该将债务比率向公司更能够承担的水平靠拢呢？在尚未对对其负责的公司管理者关于债务的观点和股东在公司中有多少权利等问题进行分析的情况下，这一问题还无法回答。如果管理者愿意改变公司的债务比率，股东也保留了一些权利，则假设公司在稳定增长阶段将债务比率提高到更高的水平是合理的；如果不是如此，将债务比率保持在原有水平则是更加合理的。

随着收益和现金流的增加，公司中已经被识别的违约风险也将改变。一家本期收入为100百万美元和亏损10百万美元的公司可能被会评级为B，但是如果我们预测该公司的收入将为100亿美元，经营收益为10亿美元且能够实现，则对该公司评级应该更好。实际上，随着你改变公司的收入和经营收益，内在的一致性要求你重新估计公司评级和债务成本。

一个很现实的问题是在稳定增长阶段，应该使用的债务比率和债务成本是多

① 美国2/3公司的β值介于0.8到1.2之间，这也是稳定期间β值的范围。

② 如果我们正在评估一家日用百货公司，并假设增长速度会超过通货膨胀率，则实际上我们也是在假设该公司将扩大经营范围，进入其他行业，因此必须相应地调整β值。

少。我们应该仔细分析行业中更大和更成熟公司的财务杠杆。一个可行的方法即是将行业平均的债务比率和债务成本作为稳定增长公司的债务比率和债务成本。

（4）再投资和留存比率。稳定增长的公司一般会比高速增长的公司的再投资少。有一点很关键，即我们既要抓住更低增长对再投资的影响，又要保证公司的再投资足以维持最终阶段的稳定增长。实际的调整将取决于我们是折现股利、权益的自由现金流还是公司的自由现金流。

在股利折现模型中，注意每股收益的预期增长率可以写作留存比率和权益回报的函数。

$$\text{预期增长率} = \text{留存比率} \times \text{权益回报}$$

代数运算可以让我们将留存比率表示为预期增长率和权益回报的函数。

$$\text{留存比率} = \frac{\text{预期增长率}}{\text{权益回报}}$$

例如，如果我们假设 Goldman Sachs 的稳定增长率为 4%（以经济增长率为基础），权益回报为 12%（以行业平均为基础），则我们可以计算出稳定增长的留存比率为：

$$\text{留存比率} = \frac{4\%}{12\%} = 33.33\%$$

Goldman Sachs 应必须将其收益的 33.33% 再投资于公司以保证 4% 的预期增长率；另外，该公司可以支出剩余 66.67% 的收益。

在股权的自由现金流模型中，我们关注公司净收益的增长，而预期的增长率是权益再投资率和权益回报的函数。

$$\text{预期的增长率} = \text{权益再投资率} \times \text{权益回报}$$

权益再投资率可以按下式来计算：

$$\text{权益再投资率} = \frac{\text{预期增长率}}{\text{权益回报}}$$

例如，如果我们假设 Toyota 将有 2% 的稳定增长率，则公司在稳定增长阶段的权益回报为 8%，我们估计权益的再投资率为：

$$\text{权益再投资率} = \frac{2\%}{8\%} = 25\%$$

最后，分析公司的自由现金流，我们估计经营收益的预期增长是资本回报和再投资率的函数：

$$\text{预期增长率} = \text{再投资率} \times \text{资本回报}$$

经过再一次的代数运算得到下式，以测量稳定增长阶段的再投资率。

$$\text{稳定增长阶段的再投资率} = \frac{\text{稳定增长率}}{ROC_n}$$

其中，ROC_n 是公司在稳定增长阶段所能够维持的资本回报，而计算出的再投资率可以被用于在稳定增长的第一年产生公司自由现金流。

将再投资率和留存比率与稳定增长率联系起来也可以使估价对稳定增长的假设不敏感。虽然提高稳定增长率，并保持所有其他条件不变，能明显增加价值，但是随着增长率的变化再投资率也将发生改变，而这将产生抵消作用，即更高的再投资率将部分或全部被现金流带来的损失所抵消。随着稳定增长率的提高，公司价值是增加还是减少完全取决于我们对超额回报的假设。在稳定增长期间，如果资本回报高于资本成本，提高稳定增长率将增加公司价值；而如果资本回报与资本成本相等，则提高增长率对价值而言并无影响。这可以很容易地得到证明。

$$\text{终结点价值}=\frac{EBIT_{n+1}\ (1-t)\ (1-\text{再投资率})}{\text{第 n 期的资本成本}-\text{稳定增长率}}$$

在上式中，若用再投资率函数取代稳定增长率，则我们可以得到：

$$\text{终结点价值}=\frac{EBIT_{n+1}\ (1-t)\ (1-\text{再投资率})}{\text{第 n 期的资本成本}-\ (\text{再投资率}\times\text{资本回报})}$$

假设资本回报与资本成本相等，则我们可以得到：

$$\text{终结点价值}=\frac{EBIT_{n+1}\ (1-t)\ (1-\text{再投资率})}{\text{第 n 期的资本成本}-\ (\text{再投资率}\times\text{资本成本})}$$

将上式化简，则终结点价值可以被表示为：

$$\text{终结点价值}_{ROC=WACC}=\frac{EBIT_{n+1}\ (1-t)}{\text{第 n 期的资本成本}}$$

我们能用权益收益和现金流来建立同样的命题，以表明在稳定增长阶段，若权益回报与股权成本相等，则会使增长所带来的正影响无效。

［例 4—13］ 稳定增长率和超额回报

Alloy Mills 是一家纺织品公司，其本期公布的税后经营收益为 100 百万美元，资本回报为 20%，资本成本为 10%，并将收益的 50% 再投资于该公司，则在接下来的 5 年中，该公司的预期增长率为 10%：

预期增长率 = 20% × 50% = 10%

5 年过后，预期增长率将降至 5%，资本回报则将保持 20% 的水平，则终结点价值为：

$$\text{第 6 年的预期经营收益}=100\times\ (1.10)^5\times1.05$$
$$=169.10\ (\text{百万美元})$$

$$\text{第 5 年后的预期增长率}=\frac{g}{ROC}=\frac{5\%}{20\%}=25\%$$

$$\text{第 5 年的终结点价值}=\frac{169.10\times\ (1-0.25)}{0.10-0.05}$$
$$=2\ 537\ (\text{百万美元})$$

公司当前的价值为：

$$\text{公司当前的价值}=\frac{55}{1.10}+\frac{60.5}{(1.10)^2}+\frac{66.55}{(1.10)^3}+\frac{73.21}{(1.10)^4}+\frac{80.53}{(1.10)^5}+\frac{2\ 537}{(1.10)^5}$$
$$=1\ 825\ (\text{百万美元})$$

如果我们确实将稳定增长的资本回报降至 10%，并同时保持 5% 的增长率，则其对价值的影响将会是很明显的：

$$\text{第 6 年的预期经营收益}=100\times\ (1.10)^5\times1.05\ =169.10\ (\text{百万美元})$$

第 5 年后预期的再投资率 $= \frac{g}{ROC} = \frac{5\%}{10\%} = 50\%$

第 5 年的终结点价值 $= \frac{169.10 \times (1-0.5)}{0.10-0.05}$

$= 1\ 691$（百万美元）

公司当前的价值 $= \frac{55}{1.10} + \frac{60.5}{(1.10)^2} + \frac{66.55}{(1.10)^3} + \frac{73.21}{(1.10)^4} + \frac{80.53}{(1.10)^5} + \frac{1\ 691}{(1.10)^5}$

$= 1\ 300$（百万美元）

若现在考虑在稳定增长期将增长比率降至 4%，而保持 10% 的资本回报不变，则会得到如下结果：

第 6 年的预期经营收益 $= 100 \times (1.10)^5 \times 1.04 = 167.49$（百万美元）

第 6 年的预期再投资率 $= \frac{g}{ROC} = \frac{4\%}{10\%} = 40\%$

第 5 年的终结点价值 $= \frac{167.49 \times (1-0.4)}{0.10-0.04} = 1\ 675$（百万美元）

公司当前的价值 $= \frac{55}{1.10} + \frac{60.5}{(1.10)^2} + \frac{66.55}{(1.10)^3} + \frac{73.21}{(1.10)^4} + \frac{96.63}{(1.10)^5} + \frac{1\ 675}{(1.10)^5}$

$= 1\ 300$（百万美元）

注意，终结点价值虽然减少了 16 百万美元，但是因为在第 5 年末再投资率下降至 40%，导致在第 5 年的现金流增加了 16 百万美元，因此公司的价值将保持 1 300百万美元不变。实际上，即使将稳定增长率改为 0%，对公司价值也没有多少影响。

第 6 年的预期经营收益 $= 100 \times (1.10)^5 = 161.05$（百万美元）

第 6 年的预期再投资率 $= \frac{g}{ROC} = \frac{0\%}{10\%} = 0\%$

第 5 年的终结点价值 $= \frac{161.05 \times (1-0.00)}{0.10-0.00} = 1\ 610.5$（百万美元）

公司当前的价值 $= \frac{55}{1.10} + \frac{60.5}{(1.10)^2} + \frac{66.55}{(1.10)^3} + \frac{73.21}{(1.10)^4} + \frac{161.05}{(1.10)^5} + \frac{1\ 610.5}{(1.10)^5}$

$= 1\ 300$（百万美元）

[例 4—14] 稳定增长的投入

为举例说明我们所研究的公司从高增长变为稳定增长时应如何估计投入的变化，我们将考虑如下 3 家公司，即使用股利折现模型的 Goldman Sachs、使用股权自由现金流模型的 Toyota 和使用公司自由现金流模型的 Titan Cement。

首先考虑股利折现模型下的 Goldman Sachs。虽然我们将在下一章对其进行估价，但仍会注意到股利折现模型只有 3 个关键输入变量：股利支付率（该变量可以决定股利）、预期的权益回报（该变量可以决定预期的增长率）和 β 值（该变量影响股权成本）。在 [例 4—1] 中，我们认为 Goldman Sachs 将有 5 年的高增长期。下表简要列示了 Goldman Sachs 使用股利折现模型进行估价的输入变量。

	高增长期	稳定增长期
支付率	9.07%	66.67%
权益回报	18.49%	12.00%
预期的增长率	16.82%	4.00%
β值	1.20	1.00
股权成本（无风险利率=4.5%，风险溢价=4%）	9.30%	8.50%

注意，高增长期的支付率和β值以本期的数值为基础，接下来5年的权益回报被设置为本期的权益回报18.49%，而接下来5年的预期增长率16.82%是权益回报和留存比率的乘积。在稳定增长期，我们将β值调为1，将股权成本降至8.5%，并假定稳定增长率为4%，仅略低于经济的名义增长率（且无风险利率为4.5%），则权益回报将降至12%，但仍高于稳定增长期的股权成本。但这也反映了Goldman Sachs真实的竞争优势。由于增长和ROE均有所下降，将导致留存比率降至33.33%。

为分析股权自由现金流模型下的Toyota，我们在下表简要列示了高增长和稳定增长的输入变量：

	高增长期	稳定增长期
权益回报	16.55%	6.40%
权益再投资率	64.40%	31.25%
预期增长率	10.66%	2.00%
β值	1.10	1.10
股权成本（无风险利率=2%，风险溢价=4%）	6.40%	6.40%

在高增长阶段，高权益再投资率和高权益回报共同导致了每年10.66%的预期增长率。在稳定增长阶段，我们将Toyota的权益回报降至股权成本，并假设在该行业中，永久保持超额回报是比较困难的。另外，我们也注意到稳定增长率较低，其反映了以日元进行估价的事实（作为增长的上限，无风险利率为2%）。公司的β值之所以保持现有水平不变，是因为Toyota已将其管理相当严格地集中在核心业务。

最后让我们来分析Titan Cement。下表列示了公司在高增长期（接下来的5年）和稳定增长期（5年后）的资本回报、再投资率和预期增长率。

	高增长期	稳定增长期
资本回报	20.49%	6.57%
再投资率	34.14%	51.93%
预期增长率	7.00%	3.41%
β值	0.93	1.00
资本成本	6.78%	6.57%*

注：* 国家风险溢价接近于0。

公司本期有着较高的资本回报，但是我们仍将假设，当公司达到稳定增长阶段时，超额回报将会消失，资本回报将下降至6.57%的股权成本。由于稳定增长率为3.41%，将导致Titan Cement的再投资率被提高到51.93%（3.41%÷6.57%）。另外，我们还将假设Titan Cement的β值接近于市场平均值。

假设超额回报将持续存在，与我们对Goldman Sachs的假设一样，会成为一个潜在的麻烦。然而，一些公司过去或即将在高速增长阶段建立的竞争优势一时间并不会消失。虽然超额回报会随着时间的推移而逐渐消失，但是在稳定增长期将其向行业平均靠拢似乎是一个合理的折衷。

2）向稳定增长的转变

一旦已决定公司将在未来某一时点进入稳定增长阶段，则我们必须考虑该公司在接近稳定增长时将发生哪些变化。事实上，会有三种截然不同的假设情况。第一种情况是该公司将保持一段时间的高速增长，然后于某一时点突然转变成稳定增长；这是一个两阶段模型。第二种情况是该公司将保持一段时间的高速增长，然后再进入转变期间，且在此期间内，公司特征将逐渐向稳定增长水平转变；这是一个三阶段模型。第三种情况则是从开始阶段起，公司的特征逐年都发生向稳定增长期间的变化，这可以被认为是一个n阶段模型。

上述三种情况中的哪一种会被选中是由被评估的公司所决定的。因为在两阶段模型中，公司在一年之内从高增长转变为稳定增长，因此这种模型更适合拥有适度增长率的公司，其所发生的转变并不是很剧烈。对于具有高增长率的公司而言，在转换阶段（在三阶段模型中）允许对增长率、风险特征、资本回报和再投资率等指标逐步进行调整，并最终调整至稳定增长水平；对于刚成立不久的公司或有负经营利润率的公司而言，则允许其每年（在n阶段模型中）进行比较谨慎的调整。

对预期增长率比经济增长率低或与之相等的公司来说，其可能有高速增长期吗？对一些公司来说答案是可以，因为稳定增长不仅要求增长率比经济增长率低，而且还要求其他用于估值的输入变量也应与稳定增长的公司相适应。试想，假如一家公司经营收益每年增长4%，但其本期的资本回报为20%，β值为1.5，因此我们仍需要一个转换期，以使其资本回报逐渐下降至更能保持的水平（例如12%），并使β值向1靠拢；出于同样的假设，我们会有一个特殊的增长期，且在此期间增长率将低于稳定增长率，过了该期间再上升至稳定增长率。例如，某公司在接下来的5年里，预期每年的收益增长率为2%（这将是特殊增长期），5年以后则会变成4%。

4.5 估计方法

在估价中，有三种方法被用于估计现金流。其中，最简单且使用最为广泛的是预期价值法。在该法下，分析人员可以含蓄或明确地依据好情景和坏情景来估计每一期的预期现金流。第二种方法则会生成一个变化的估计值区间，即在不同的情景下分别估计现金流，且每一种情景会有一个估计值。最后一种也是信息量最集中的方法是估计每个输入变量的概率分布，并进行模拟运算。在该法下，将会从每一种分布中取出各自的结果，且每进行一次模拟都将得到一个估计值。

4.5.1　预期价值

在许多估价中，分析人员会分别估计其所投资的行业和资产在各个期间的预期现金流。事实上，预期现金流代表了该期间内对现金流最好的估计。而且通过准确的计算，会产生包括好结果和坏结果在内的各种可能的结果。这种方法要求我们分析每一种情景发生的概率和每一种情景下的现金流。然而在实践中，几乎从来没有进行过这样详细的分析，其会致使分析人员对决定现金流的每一个变量（收入增长、经营利润率、税率等）各设置一个预期值。在这个过程中，我们也的确暴露出以下错误：

- 一些分析人员用比较乐观或保守的估计值来代替对现金流的真实预期值；前者将会高估预期值，而后者将会低估预期值。

- 即使声称已使用预期现金流的分析人员也常常无法将所有的结果都考虑进去。例如，对许多公开交易的公司所做的估价像是仅仅建立在公司持续经营的现金流的基础之上，而并没注意到公司在现实中可能会出现停止经营的情况。而这将导致作为结果的预期现金流被高估，而此时公司的价值有发生明显损失的可能。

- 管理者会根据所观察的实际情况来改变经营公司的方式。例如，一家石油公司将调整勘探和生产以反映每个期间的石油价格。事实上，分析人员必须估计整个未来期间的预期现金流，而将这种学习能力加入模型却很困难。这也就是为什么实物期权的操作者会认为即使折现估价法本身正确，可使用其还是会低估公司的价值。因为这种学习能力确实具有很高的价值。

总之，预期现金流法比较简单，却会带来惊人的效果（当正确使用时），但这种方法也容易被操纵和误用。

4.5.2　情景分析

在情景分析中，我们针对从乐观到悲观不同情景下的现金流进行了估价，最终得出其为一个值的范围而不是一个估计值的结论。通常，情景分析要求以下步骤：

A. 确认情景。情景分析中的第一步也许是最为关键的一步即是决定情景。在最理想的形式下，可以采取最好情景和最坏情景的形式；但在更为复杂的分析中，情景可以围绕宏观经济或竞争因素等来建立。事实上，我们可以在经济强劲增长和经济比较疲软的情景下评估一家汽车公司的价值，而在高利率和低利率的情景下评估一家银行的价值。

B. 在各种情景下分别估计现金流和价值。在情景分析过程的第一阶段，我们应努力创造尽可能多的情景。然后，通常会将过程的第二阶段作为对第一阶段的正常检查，也就是说我们必须估计在每种情景下的预期现金流，并需要拥有足够的信息来完成这些估计，且在不同情景下价值将会有所不同；如果不是这样，这个过程将是无意义的。

C. 估计每种情景发生的可能性。对应已有的不同情景会有其各自的发生概率。若没有这个信息，决策者将无法衡量不同的估计值。

D. 公布结果。公司和资产的价值将随情景而发生变化。当从情景分析中得出结果时，通常会有如下两种选择。第一种选择即是估计每种情景发生的概率，然后计算其在整个情景下的预期价值；第二种选择则是对资产或公司公布一个价值范围，并用所有情景中的最低价值（或最高价值）来表示价值变化范围内的最小值(或最大值)。

情景分析使我们能够看到，公司的价值是怎样受其所处的基本面所发生的变化的影响的。但是提供估价的范围与提供一个估计值相比有这样一个缺点，即如果情景覆盖了整个范围，就如我们在最好和最坏情况中所做的一样，作为结果的估价范围就有可能过大，而这将导致进行此估价并无太大的意义。毕竟，知道一只股票的价格介于15元到70元之间，对于决定是否买入或卖出一只市场价格为40元的股票来说并没有多大作用，而取整个情景的预期价值却可能会更有用。但是，预期值应该更接近（如果并不与之相等）于使用预期现金流所得到的一个最好的估计值。

4.5.3 模拟

在情景分析中，我们可以分析在不同情景中的价值；然而与情景分析不同，模拟能使我们在处理不确定时具有更大的灵活性。在模拟的经典形式中，我们要估计估价中每个参数（如增长、市场份额、经营利润率、β值等）的可能分布。在每一次模拟中，我们可以从各分布中得到结果，且该结果会被用于产生一套特定的现金流和估价。通过大量的模拟，我们还可以得到该公司或其一项资产的价值分布；然而同时这也将反映出我们用于估价的输入变量所存在的潜在不确定性。

做好模拟通常会有如下两个障碍。第一个是信息障碍，即估计每一个估价中的输入变量的值的分布会很困难。也就是说，在接下来的5年里，估计收入的预期增长率为8%远比界定收入预期增长率的分布容易——包括分布的类型和分布的参数。事实上，在存在使估计分布的特征变得可行的历史数据（一段时间内不同的增长率）或截面数据（可比公司的增长率范围）的情况下，模拟的工作效果最好。第二个是计算障碍，即直到个人计算机时代的到来，对特定的分析人员来说，模拟才会变得及时和资源集中。然而，这两个限制条件最近已经有所放宽，因此模拟已经变得更加容易了。

随着模拟的日益普遍，分析人员必须面对如下三个潜在的问题。第一个即是有关输入量的分布在类型和参数的规定上常常不正确，因此导致错误的输入及错误的结果的问题。第二个是会出现误解的问题，会错误地认为通过模拟所得到的现金流已经过一定程度的风险调整，因为其已经包含了不好结果会出现的可能性的因素。虽然预期现金流应该包含不好结果出现的可能性的因素，但并未对其进行风险调整。也就是说，我们仍需要使用进行风险调整的折现率才能得到目前的估价。情景分析和模拟所共有的第三个问题是，分析人员在第一次计算预期价值时，即使用了已进行风险调整的折现率，然后又考虑到价值也许会更低的可能性，便加倍计算了风险。例如，对于一只预期价值为 40 美元的股票来说，如果其现在的价格为 30 美元，则将会是一个好的买价，即使有 40% 的可能性其价值将低于 30 美元。

4.6　结论

预测未来的现金流是对公司进行估价的关键。在做这些估计时，我们可以依赖公司过去的历史信息或根据分析人员或公司管理层所提供的估计，但这样做也存在着风险。过去的增长率并不是对未来增长情况的可靠预测，公司管理层或分析人员对增长的估计也常常会发生偏差。将预期增长率与公司的投资政策——公司再投资的数额是多少及其应如何更好地选择再投资方案——相联系，不仅是一个谨慎的做法，而且还坚持了估价的内在一致性。

当对权益进行估价时，特别是对高增长公司进行估价时，其价值的大部分来自于终结点价值。为了保证终结点价值有界限并具有合理性，所使用的永续增长率应该低于或等于经济增长率，且有关再投资率的假设应该与增长率保持一致。

第5章 股权现金流折现模型

在前3章中，我们考虑了折现率和对现金流进行估价的基本原则，并在此过程中描述了公司股权估价与公司整体估价之间的区别。在本章里，我们将开始研究直接用于评估股权价值的折现估价模型。

从股权现金流的严格意义上来看，最初的模型认为股权现金流仅仅是股利。股利折现模型（DDMs）是折现估价模型的最初形式。尽管这些模型已经过时，很少再被分析人员所采用，但这些模型在宽泛的条件下仍然是有用的。因而我们认为广义的股权现金流，首先应包括用现金回购股票给股权带来的现金流，然后再扩展到潜在股利或股权自由现金流。在本章的最后，我们还考察了使用不同的方法可能会得出对每股收益的不同估价的原因。

5.1 股利折现模型

在实务中，最初的折现估价模型是股利折现模型。由于股利折现模型的应用前提使得该模型所得的评估价值过于保守，因此许多分析人员不愿意使用该模型。尽管如此，贯穿于股利折现模型中的一些基本原则，在其他折现估价模型中还是会有所应用。

5.1.1 基本原则

当投资者购买上市公司的股票时，一般来说他们会期望获得如下两种现金流：持有期间的股利和持有期期末的预期价格。由于这个预期价格本身又取决于未来的股利，因此股票的价值可以被写作无限期的股利的现值。

$$\text{每股股票的价值} = \sum_{t=1}^{t=\infty} \frac{E(DPS_t)}{(1+k_e)^t}$$

其中，DPS_t = 第 t 期预期每股股利；k_e = 股权资本成本。

模型的基本原理是依据现值原则，即任何资产的价值都是将预期未来现金流按照与现金流风险程度相应的折现率进行折现所得的价值。

模型中有预期股利和股权资本成本两个基本的输入变量。为获得预期股利，我们对收益的预期增长率和股利支付率做出假设。股票的必要收益率取决于其风险性，其在不同的模型中有不同的衡量方式——资本资产定价模型中的市场 β 系数，以及套利和多因素模型中的因素 β 系数。该模型是非常灵活的，能够随着时间的变化来调整折现率。因为随着时间的推移，将会导致利息率和风险的预期变化。

5.1.2 股利折现模型的形式

由于股利不可能是无限期发放的，因此基于未来增长率的不同假设建立了几种不同形式的股利折现模型。我们从最简单的模型开始——针对稳定增长并能够支付股利的公司的股票价值评估模型，然后再来考察如何调整模型以便将其用于评估高增长但很少支付股利或不支付股利的公司的股票价值。

1. Gordon 增长模型

Gordon 增长模型将股票价值与其下一期的预期股利、股权资本成本和预期股利增长率联系起来。

$$股票价值 = \frac{DPS_1}{k_e - g}$$

其中，DPS_1 = 下一年的预期股利；k_e = 股权投资者要求的收益率；g = 股利的永久增长率。

虽然 Gordon 增长模型是进行股权估价的一种简单而有用的方法，但其局限性在于它要求公司以一个稳定的比率增长。在确定稳定增长率时有两个问题值得我们注意。第一个问题是，既然公司的股利增长率预期将会持续增长下去，那么公司其他经营指标（包括收入和收益）预期也应该能够按照同样的比率增长。为说明原因，考虑一家收益持续以每年 3% 的比率增长，而其股利却以 4% 的比率增长的公司，其长期增长将导致随着时间的推移其发放的股利将会超过收益。然而，如果长期以来公司收益的增长率快于股利的增长率，则股利支付率将趋近于零。而这也说明该公司并非处于一个比较稳定的状态。因而，虽然模型要求的是预期的股利增长率，但如果公司确实处于稳定状态，则分析人员就应该以预期收益的增长率来代替，并会得出同样的结果。

第二个问题是将何种增长率作为稳定增长率才是合理的。正如第 4 章所提到的，这个增长率必须小于或等于公司所处经营环境中的经济增长率。然而，这并不意味着分析人员总应对这一比率的具体数值持有一致的意见，即使其一致地认为公司是一家稳定增长的公司。具体原因包括以下三点：

A. 给定与估计预期通货膨胀率和经济的真实增长率有关的不确定性时，不同的分析人员也可能使用不同的基准增长率。例如，对长期通货膨胀率预期较高的分析人员可能会预测出较高的名义经济增长率。

B. 稳定增长公司的增长率不能大于，但可以小于经济体的增长率。随着时间的推移，公司与经济体的相关性将变得越来越小。因此，即使增长率就是名义经济增长率，分析人员也可能会使用比名义经济增长率低得多的增长率来评估个别公司的价值。

C. 还存在另外一种情形，即分析人员可能会背离对稳定增长率的严格限定。如果公司几年之内的增长率持续高于稳定增长率，则我们可以通过在稳定增长率的基础之上增加溢价的方法来获得对公司价值近似的估价，并反映其在最初的几年里高于平均值的增长状况。即使这样，分析人员的灵活性也是有限的。模型对增长的敏感性即意味着稳定增长率不能高于经济体增长率的0.25%~0.5%。如果偏离较大，则分析人员最好使用两阶段或三阶段模型来获得“超常”或“高于平均”的增长率，并限定Gordon增长模型只有在公司确实稳定时才可应用。

随着时间的推移，股利增长率保持不变的假设是很难一直满足的，尤其是在收益具有波动性的情况下。如果一家公司具有接近于稳定增长率的平均增长率，那么就可以使用该模型，且其对价值的真正影响并不大。因此，一家预期各年增长率都会发生波动，但平均增长率为3%的周期性公司可以使用Gordon增长模型来估价，并且一般不会产生太大的损失。原因包括如下两点：第一，即使收益是波动的，但股利是平稳的，因此其受各年收益增长变化的影响较小。第二，使用平均增长率所带来的影响，比使用固定增长率要小。

总之，Gordon增长模型最适合那些以相当于或低于经济增长率的比率增长的公司，并且上述公司在未来也会继续执行已制定的股利支付政策。公司的股利支付必须与有关稳定性的假设相一致，因为稳定的公司通常会支付大量的股利。① 特别地，对于那些一贯支付低于其所能够支付的股利并且在此过程中积累现金的公司而言，该模型将会低估其股票的价值。

[例5—1] 使用稳定增长股利折现模型估价：JPMorgan Chase——2005年11月

JPMorgan Chase在商业银行和投资银行有着大量的投资。最近几年，公司通过收购逐渐成长起来，但也存在一些整合方面的问题。在上一个会计年度，基于每股收益（EPS）为2.08美元，公司支付了每股1.36美元的股利，且股利支付率为65.38%。如果假设公司从上一个会计年度起将持续保持11.16%的股权收益率，则我们可以得出每股收益的预期增长率为：

$$\begin{aligned}\text{每股收益的预期增长率} &= \text{股权收益率} \times \text{留存收益比率}\\ &= 11.16\% \times (1-0.6538)\\ &= 3.86\%\end{aligned}$$

假设依据大型商业银行的β系数可得该公司的β系数为0.8，无风险利率为4.5%，风险溢价为4%，则股权资本成本为7.7%：

$$\text{股权资本成本} = \text{无风险利率} + \beta\text{系数} \times \text{风险溢价} = 4.5\% + 0.8 \times 4\% = 7.7\%$$

每股股权价值的计算结果如下：

$$\begin{aligned}\text{JPMorgan Chase 每股股权价值} &= \frac{\text{下一年预期股利}}{\text{股权资本成本} - \text{预期增长率}}\\ &= \frac{1.36 \times 1.0386}{0.077 - 0.0386}\\ &= 36.78\ (\text{美元})\end{aligned}$$

① 美国大型稳定公司的平均股利支付率大约为60%。

2005年11月初，股票的交易价格为38美元，非常接近我们评估的每股股权价值。

2. 两阶段股利折现模型

两阶段股利折现模型包括两个增长阶段——增长率不稳定的初始阶段，以及随后的增长率稳定且预期长期保持不变的稳定阶段。虽然在大多数情况下，初始阶段的增长率高于稳定增长率，但也可以将模型进行调整以用于评估那些预期几年内增长率较低甚至为负，然后又会恢复到稳定增长率的公司的价值。在股利折现模型中，股票价值可以写作：

股票价值 = 超常增长阶段的股利现值 + 股票最终价格的现值

$$P_0 = \sum_{t=1}^{t=n} \frac{DPS_t}{(1+k_{e,hg})^t} + \frac{P_n}{(1+k_{e,hg})^n}$$

其中，DPS_t = 第t年预期每股股利；k_e = 股权资本成本（hg：高增长时期；st：稳定增长时期）；n = 第n年年末的价格（终结点价值）$= \frac{DPS_{n+1}}{k_{e,st} - g_n}$；$g_n$ = 第n年后永久的稳定增长率。

在前n年的超常增长率（g）和股利支付率保持不变的情况下，上式可被简化为：

$$P_0 = \frac{DPS_0 \times (1+g) \times \left[1 + \frac{(1+g)^n}{(1+k_{e,hg})^n}\right]}{k_{e,hg} - g} + \frac{DPS_{n+1}}{(k_{e,st} - g_n)(1+k_{e,hg})^n}$$

其中，g = 高增长时期的增长率（其他各变量同上）。

对Gordon增长模型下增长率的约束（即公司增长率小于或等于名义经济增长率）同样适用于该模型下的终结点增长率（g_n）。此外，其股利支付率必须与所估计的增长率相一致。如果增长率在初始阶段过后预期会大幅度下降，则稳定阶段的股利支付率应该高于增长阶段的股利支付率。稳定的公司与增长中的公司相比，能够将更多的收益用做股利支付。估计这一新的股利支付率的一种方法即是运用第4章中所描述的基本增长模型。

预期增长率 =（1 - 股利支付率）× 股权收益率

以上公式被变形后可以得到稳定时期的股利支付率：

$$稳定时期的股利支付率 = 1 - \frac{稳定增长率}{稳定时期的股权收益率}$$

这样，对于一家具有5%的增长率和15%的股权收益率的公司来说，其稳定时期的股利支付率为66.67%。公司稳定时期的其他特征应该与稳定性假设相一致。例如，假设高增长公司的β系数为2是合理的，但是假设当公司进入稳定阶段之后β系数将保持不变却是不合理的。实际上，需要强调一下在前一章里曾阐述过的经验法则——稳定时期的β系数应当介于0.8与1.2之间。类似地，在初始增长阶段可能会有很高的股权收益率，而在稳定增长阶段则会下降到与稳定公司相当的水平。那么，稳定时期合理的股权收益率应是多少呢？事实上，行业平均的股权收益率和公司本身在稳定时期的股权资本成本为帮助作出上述判断提供了有用的信息。

由于两阶段股利折现模型是建立在明确划分两个阶段——高增长和稳定增长阶段——的基础之上的，因此它最适合那些处于高增长且将在特定时期内保持高增长率，随后高增长的源泉将会逐渐消亡的公司。例如，一种适宜的情形是，某公司在未来几年内对利润丰厚的产品享有专利权，并预期在这一时期内能够获得超常的增长。然而，一旦专利权到期，公司则又会回转回稳定增长。另一种针对该增长所作假设可能合理的情形是，当公司所处的行业由于存在巨大的进入障碍（法律或者基础设施要求的结果）而享有超常增长时，这种障碍预期会在几年内将进入者排除在外。

[例 5—2] 运用两阶段股利折现模型来评估公司价值：Goldman Sachs——2005 年 11 月

Goldman Sachs 是一家世界领先的投资银行。假设其在几年内能够保持品牌优势，则我们可以采用 5 年的高增长期和随后的稳定增长期的两阶段股利折现模型来评估 Goldman 的价值。

在前 5 年，我们假设 Goldman Sachs 将保持其当前 9.07% 的股利支付率和当前 18.49% 的股权收益率，则可得增长率为：

$$\begin{aligned}\text{每股收益的预期增长率} &= \text{股权收益率} \times \text{留存收益比率}\\ &= 18.49\% \times (1-0.0907)\\ &= 16.81\%\end{aligned}$$

5 年后，我们假设竞争压力将使得股权收益率下降至 12%，增长率为 4%，则可以得到稳定时期的股利支付率为 66.67%：

$$\begin{aligned}\text{稳定时期的股利支付率} &= 1-\frac{g}{ROE}\\ &= 1-\frac{0.04}{0.12}\\ &= 0.6667 \text{ 或 } 66.67\%\end{aligned}$$

为了计算股权资本成本，我们假设 Goldman Sachs 前 5 年高增长时期的 β 系数为 1.2，此后的 β 系数为 1.0，无风险利率为 4.5%，风险溢价为 4%，则我们可以得到两个时期的股权资本成本，其分别为：

$$\begin{aligned}\text{前 5 年的股权资本成本（高增长阶段）} &= 4.5\% + 1.2 \times 4\%\\ &= 9.3\%\end{aligned}$$

$$\text{稳定增长阶段的股权资本成本} = 4.5\% + 1.0 \times 4\% = 8.5\%$$

构成公司价值的第一部分即是高增长时期预期股利的现值。根据当前每股收益（11.03 美元），预期增长率（16.81%）和预期股利支付率（9.07%），则高增长时期各年的预期股利见下表：

金额单位：美元

年份	每股收益（EPS）	每股股利（DPS）	现值（以9.30%折现）
1	12.88	1.17	1.07
2	15.05	1.36	1.14
3	17.58	1.59	1.22
4	20.54	1.86	1.30
5	23.99	2.18	1.39
合计			6.12

在高增长时期，使用9.03%的股权资本成本来计算现值。股利的现值也可以通过使用下列公式而快速得出：

$$股利现值=\frac{1.00\times1.1681\times\left[1-\frac{(1.1681)^5}{(1.093)^5}\right]}{0.093-0.1681}=6.13（美元）$$

可以使用稳定增长模型来计算高增长阶段期末（第5年年末）的价格（终结点价值）。

$$终结点价格=\frac{预期每股股利_{n+1}}{k_{e,st}-g_n}$$

$$预期每股收益_6=11.03\times(1.1681)^5\times1.04=24.95（美元）$$

$$\begin{aligned}预期每股股利_6&=EPS_6\times稳定时期的股利支付率\\&=24.95\times0.6667\\&=16.63（美元）\end{aligned}$$

$$终结点价格=\frac{每股股利_6}{k_{e,st}-g}=\frac{16.64}{0.085-0.04}=369.56（美元）$$

终结点价格还应按高增长时期的股权资本成本9.3%（而非稳定增长时期的股权资本成本8.5%）折现到当前时点，其原因在于投资者必须冒高增长时期的风险（相应的股权资本成本）来获得最终的价格。按高增长时期的股权资本成本对终结点价格折现，所得的现值为：

$$最终价格的现值=\frac{369.56}{(1.093)^5}=236.91（美元）$$

股利和终结点价格的现值的合计为：

$$\begin{aligned}当前价值&=\frac{1.00\times1.1681\times\left[1-\frac{(1.1681)^5}{(1.093)^5}\right]}{0.093-0.1681}+\frac{369.56}{(1.093)^5}\\&=6.13+236.91\\&=243.04（美元）\end{aligned}$$

事实上，进行上述分析时，即在2005年11月，Goldman Sachs的股票交易价格为每股128美元，说明其价值被低估了很多。

很显然，与我们的分析相比，市场对Goldman未来的增长所持的看法并不是很乐观。估价中最值得我们关注的是，对用于计算市场价格的增长率的估计，其也被称为隐含增长率。图5—1描述了未来5年中Goldman Sachs每股价值与每股收益预期增长率之间的函数关系。

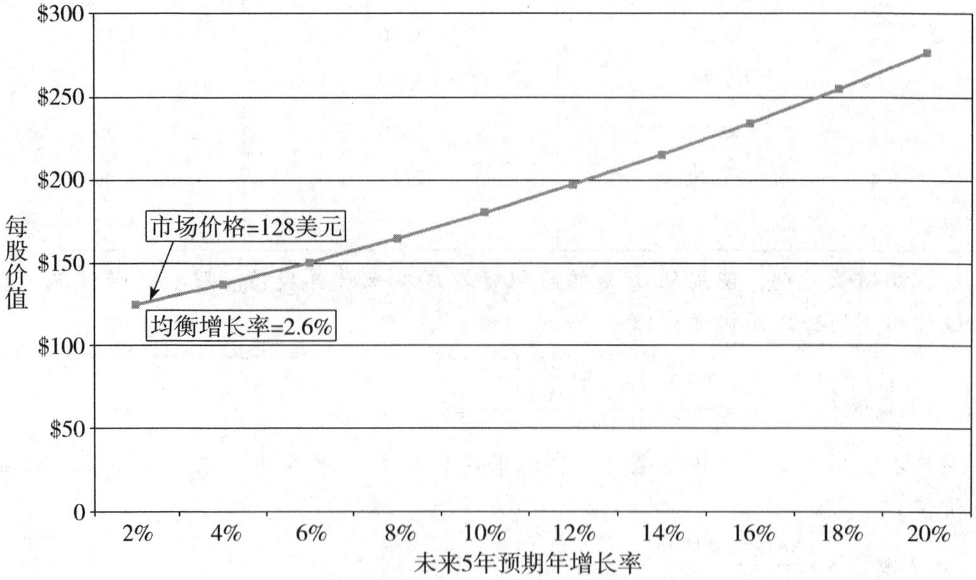

图5—1 价值和预期增长率：Goldman Sachs

为达到当前的市场价格128美元，我们必须假设未来5年的预期增长率为2.6%。在计算这一数值时，我们保留了其他估价变量，包括5年后的增长率和股权资本成本，并使其保持不变。另外，也可以用诸如股权收益率、增长时期的长度等其他变量来进行重复测试。

我们假设的增长率与市场隐含的增长率之间出现偏差说明了什么？一种观点认为，应将这种偏差看做一种误差。在不影响对被低估的股票进行估价的情况下，每股收益的实际增长率可能会比本例所估计的16.82%低得多。另外一种观点则认为，我们可能遗漏了估价中的关键要素。例如，投资银行各年的收益是非常不稳定的，而2004年刚好是其收益最好的一年。所以，完全可能的情况是，在评估Goldman时市场的收益具有周期性，而我们的估价过于乐观，认为未来几年都会是较好的年份。

3. 评估增长价值的H模型

H模型是一个两阶段增长模型，但却不同于典型的两阶段模型。其初始增长阶段的增长率并不是恒定不变的，而是会随着时间的推移呈线性递减，并最终达到稳定阶段的稳定增长率。该模型由Fuller和Hsia（1984）提出，其假设收益增长率从高的初始增长率（g_a）开始，随着超常增长期的推移呈线性递减，并最终达到稳定增长率（g_n）。[①] 同时还假设股利支付率和股权资本成本将一直保持不变，且不受增长率变化的影响。图5—2描述了随着时间的推移，在H模型下的预期增长率。

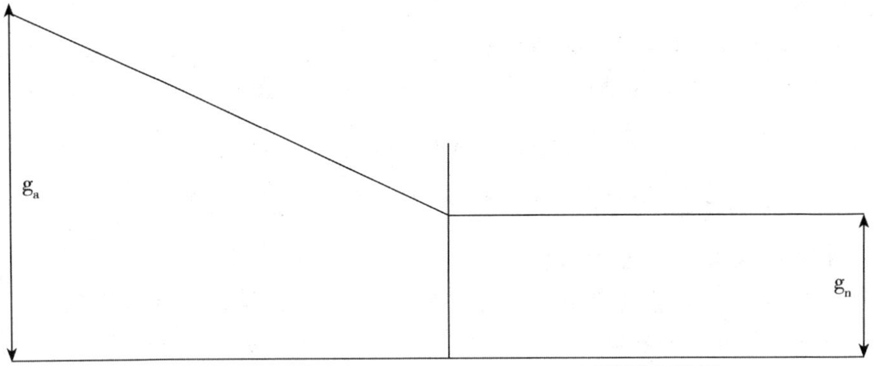

图5—2　H模型下的预期增长率

在H模型下，预期股利的价值可以写作：

$$P_0=\underbrace{\frac{DPS_0\times(1+g_n)}{(k_e-g_n)}}_{\text{稳定增长}}+\underbrace{\frac{DPS_0\times H\times(g_a-g_n)}{(k_e-g_n)}}_{\text{超常增长}}$$

其中，P_0 = 当前公司的每股价值；DPS_t = 第t年的每股股利；k_e = 股权资本成本；g_a = 初始增长率；g_n = 2H年年末的增长率，并将一直适用。

该模型避免了与增长率由高增长阶段急剧下降到稳定阶段相关的问题，但这也是需要付出一定的代价的。首先，增长率的递减要遵循模型严格设定的结构——它是在初始增长率、稳定增长率和超常增长时期的长度的基础上，呈线性递增的态势逐年下降。略微偏离这一假设并不会对价值产生重大的影响，但若与其偏离较大则会产生一些问题。其次，两个增长阶段的股利支付率都保持不变的假设使分析人员面对着这样一个矛盾，即随着增长率的下降股利支付率通常会上升。

如果允许增长率随着时间的推移逐渐下降，则该模型更适用于那些目前正处于快速增长阶段的公司。但由于其规模的扩大和已有的差别优势将随着竞争的日益激烈而逐渐下降，因此其增长率也将随着时间的推移而逐渐下降。然而，股利支付率不变的假设使得该模型不适用于那些支付很少股利或者不支付股利的公司。因此，高增长率和高股利支付率相结合的要求使得该模型的应用十分有限。[②]

［例5—3］运用H模型估价：Barclays银行

Barclays是一家成立于英国的跨国银行。2004年，依据财务报告中每股收益为

---

① R. J. Fuller and C. Hsia, "A Simplified Common Stock Valuation Model," *Financial Analysts Journal* 40 (1984): 49-56。

② 该模型的支持者主张，支付很少的股利或者不支付股利的公司使用稳定状态的股利支付率对估价而言可能只会引起很小的误差。

0.512 英镑，支付了每股 0.24 英镑的股利。在过去的 5 年中，公司每股收益以 8% 的比率增长；但在未来的 5 年内，其增长率将呈线性下降，并预期会降至 3%。股利支付率将保持不变，股票的 β 系数为 0.9，英镑的无风险利率为 4.2%，市场风险溢价为 4%。

股权资本成本 = 4.2% + 0.9 × 4% = 7.8%

运用 H 模型来评估股票价值：

$$稳定增长期的价值 = \frac{0.24 \times 1.03}{0.078 - 0.03} = 5.15\ (英镑)$$

$$超常增长期的价值 = \frac{0.24 \times (5 \div 2) \times (0.08 - 0.03)}{0.078 - 0.03} = 0.63\ (英镑)$$

股票价值 = 5.15 + 0.63 = 5.78（英镑）

2005 年 11 月，股票的交易价格为 5.84 英镑，十分接近于所估价值。

4. 三阶段股利折现模型

三阶段股利折现模型结合了上述两阶段股利折现模型和 H 模型的特征。由于该模型并没有对股利支付率加以任何限制，并假设有稳定高增长的初始阶段、增长下降的第二阶段和稳定低增长的第三阶段，且会一直持续下去，因此是一种最为通用的模型。图 5—3 描绘了三个时期的预期增长率。股票的价值是高增长时期、转换时期的预期股利现值，以及最终稳定增长阶段开始时的终结点价格的现值之和。

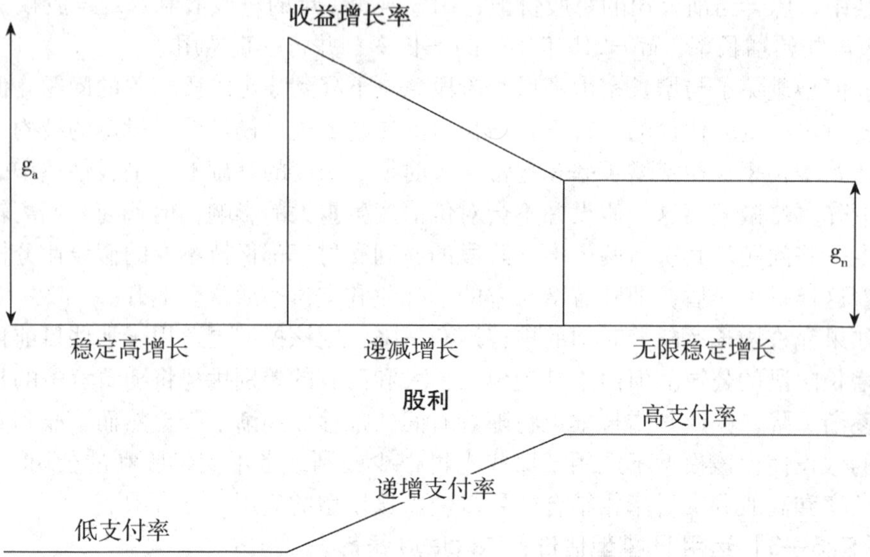

图 5—3　三阶段股利折现模型的预期增长率

$$P_0 = \underbrace{\sum_{t=1}^{t=n1} \frac{EPS_0 \times (1+g_a)^t \times \prod_a}{(1+k_{e,hg})^t}}_{高增长阶段} + \underbrace{\sum_{t=n1+1}^{t=n2} \frac{DPS_t}{(1+k_{e,tr})^t}}_{转换阶段} + \underbrace{\frac{EPS_{n2} \times (1+g_n) \times \prod_n}{(k_{e,st} - g_n)(1+k_e)^{n2}}}_{稳定增长阶段}$$

其中，EPS_t = 第 t 年的每股收益；DPS_t = 第 t 年的每股股利；g_a = 高增长阶段的增长率（持续到 n1 时期）；g_n = 稳定阶段的增长率；$\prod_a$ = 高增长阶段的股利支付率；$\prod_n$ = 稳定增长阶段的股利支付率；k_e = 高增长（hg）、转换（tr）和稳定增长（st）阶段的股权资本成本。

该模型非常灵活，它适用于那些不仅增长率会随着时间的推移发生变化，而且在其他方面，尤其是在股利支付政策和风险方面也会发生预期变化的公司。就实际应用而言，该模型比较适用于这样的公司，即其收益以非常高的比率增长，[①] 并预期在初始阶段会按照这一比率继续增长；但随着公司规模的不断扩大，其竞争优势将逐渐减弱，该增长率也会逐渐下降直至降为稳定增长率。

[例5—4] 运用三阶段股利折现模型进行估价：Canara 银行——2005 年 11 月

Canara 银行是一家位于印度南部且规模中等的银行。随着印度银行业市场的发展，该银行正在快速成长。由于被免于与外资银行进行竞争，2004 年 Canara 银行报告了 23.22% 的股权收益率，并于当年支付了每股 5.5 卢比的股利（报告的每股收益为 33.27 卢比）。我们假设正是其受保护的地位使得该银行在未来 5 年内能够保持当前的股权收益率和留存比率，则会得到每股收益的预期增长率为 19.38%：

$$股利支付率=\frac{每股股利}{每股收益}=\frac{5.5}{33.27}=16.53\%$$

$$预期增长率=留存比率\times股权收益率=(1-0.1653)\times23.22\%=19.38\%$$

估计 Canara 银行高增长时期的股权资本成本时使用的 β 系数为 1.1（根据其他印度银行的 β 系数），印度卢比的无风险利率为 6%，市场风险溢价为 7%（到期市场溢价 4% 和额外的印度国家风险溢价 3%）。[②]

$$高增长的股权资本成本=6\%+1.1\times7\%=13.70\%$$

我们假设 5 年后的 β 系数将下降至稳定增长时期的系数 1（在第 10 年后将发生），并且印度的风险溢价也将下降到 5.5%（我们假设印度经济将变得更加稳定）。

$$稳定增长时期的股权资本成本=6\%+1.0\times5.5\%=11.5\%$$

我们假设 5 年后竞争加剧，使得股权收益率在第 10 年降低至稳定时期 11.5% 的股权资本成本。那么，使用 4% 的稳定增长率能够估计出稳定增长时期的股利支付率：

$$稳定时期的股利支付率=1-\frac{预期增长率}{股权收益率}=1-\frac{4\%}{11.5\%}=65.22\%$$

下表概括了对股利支付率和预期增长率的假设，也列示了对未来 10 年中各年的每股收益和每股股利的估计：

---

① 对非常高的增长率的界定在很大程度上是比较主观的。根据经验判断，当稳定增长率介于 6%～8% 时，高于 25% 的增长率可以被看做非常高的增长率。

② 计算印度国家风险溢价是使用印度债券的违约利差和相应的股权市场波动率而得出的；具体计算方法在第 2 章曾介绍过。在做此估价时，印度债券的违约利差为 1.5%，印度股权的标准差大约是印度政府债券标准差的 2 倍，因此国家股权风险溢价为 3%（1.5%×2）。

金额单位：卢比

年份	每股收益	预期增长率（%）	股利支付率（%）	每股股利	股权资本成本（%）	累计股权资本成本	每股股利的现值
当前	33.27		16.53	5.50			
1	39.72	19.38	16.53	6.57	13.70	1.1370	5.77
2	47.41	19.38	16.53	7.84	13.70	1.2928	6.06
3	56.60	19.38	16.53	9.36	13.70	1.4699	6.37
4	67.57	19.38	16.53	11.17	13.70	1.6713	6.68
5	80.66	19.38	16.53	13.34	13.70	1.9002	7.02
高增长阶段股利的现值							31.90
6	93.82	16.30	26.27	24.64	13.26	2.1522	11.45
7	106.22	13.23	36.01	38.25	12.82	2.4281	15.75
8	117.01	10.15	45.74	53.52	12.38	2.7287	19.62
9	125.29	7.08	55.48	69.51	11.94	3.0545	22.76
10	130.30	4.00	65.22	84.98	11.50	3.4058	24.95
转换阶段股利的现值							94.53

在转换阶段，每隔一年所有的变量均会发生变化，并由高增长时期的数值逐渐变化为稳定增长时期的数值。由于股权资本成本会随着时间的推移而发生变化，因此我们采用累计股权资本成本来计算各期股利的现值。例如，第 8 年累计股权资本成本为：

$$\text{第 8 年累计股权资本成本} = (1.137)^5 \times 1.1326 \times 1.1282 \times 1.1238 = 2.7287$$

用第 8 年的每股股利除以这一数值即可得到该年的现值。

根据第 11 年的每股收益、4% 的稳定增长率、11.5% 的股权资本成本和 65.22% 的股利支付率，我们能够计算出第 10 年年末的终结点价格：

$$\text{最终价格} = \frac{130.30 \times 1.04 \times 0.6522}{0.115 - 0.04} = 1\,178.41\ \text{（卢比）}$$

为得到现值，我们除以第 10 年的累计股权资本成本：

$$\text{最终价格的现值} = \frac{1\,178.41}{3.4058} = 345.99\ \text{（卢比）}$$

价值构成如下：

高增长阶段股利的现值	31.90 卢比
转换阶段股利的现值	94.53 卢比
转换阶段期末终结点价格的现值	345.99 卢比
Canara 银行股票价值	472.42 卢比

2005 年 11 月，Canara 银行每股交易价格为 215 卢比，该股票被严重低估了。在这里，应特别注意的是，投资者应关注银行当前高股权收益率的可持续性。如果

竞争比预期来得早，则股权价值将会急剧下降。例如，如果下一年的股权收益率下降到15%（而不是现有的23.22%），则每股价值会下降到317卢比。

5.1.3 股利折现模型的适用性

虽然许多分析人员认为股利折现模型因仅关注股利而过于狭隘，并不再使用该模型，但该模型仍有其支持者。事实上，Benjamin Graham投资估价学院的许多人非常信赖股利折现模型及其公正性。在这一节，我们首先探讨股利折现模型的优点，随后再探究其局限性，最后我们来考虑股利折现模型最适用的情形。

1. 模型的优点

股利折现模型最引人之处即在于其简单性及其直观的逻辑。毕竟股利是公司支付给投资者唯一有形的现金流，对股权自由现金流和公司自由现金流的预测也只是估计，并且保守的投资者可能有理由认为他们对这些现金流并无索取权。例如，微软公司可能有大量的股权自由现金流，但微软的某一投资者却无权索要微软现金余额的任何一部分。

应用股利折现模型的第二个优点则在于预测股利的假设条件比预测股权或债权自由现金流的假设条件少。预测后者时，我们必须假设资本支出、折旧和营运资本；而预测前者时，我们可以借助于上一年的股利，并估计股利增长率。

最后，即使是在收益波动的情况下，管理人员也会将股利设定在他们所能够维持的水平上。对于大多数公司而言，其股利政策通常比较稳定，而不像现金流会随着公司收益和再投资的变化而变化。因此，随着时间的推移，基于股利评估的价值要比基于现金流评估的价值的波动性小。

2. 模型的局限性

股利折现模型严格坚持将股利作为现金流确实暴露了其本身的严重问题。正如我们在前一章中所提到的，许多公司选择保留能够支付给股东的现金，结果这些公司的股权自由现金流大于股利，积累了大量的现金余额。虽然股东对这些现金余额没有直接的索取权，但他们确实拥有这些现金余额的一部分，并体现在他们所持有的股权价值上。在股利折现模型中，我们实质上并没有考虑股东对现金余额的索取权，因此低估了具有大量现金积累的公司的价值。

另一种极端的情形是，也有一些公司所支付的股利远大于其可支配的现金流，且二者之间的差额通常要通过发行新的债务或股票来筹集。对于这些公司而言，使用股利折现模型可能会导致过于乐观的评估价值，因为我们假设公司能够不断地吸收外部资金以满足股利发放大于可支配现金的差额部分的资金需要。

3. 适用性

尽管股利折现模型具有上述局限性，但在以下三种情形下仍是适用的。

A. 对于拥有的股权现金流超过股利的公司而言，该模型建立了一个基准或最低的价值。对这些公司而言，如果现金并不用于支付股利就会被管理者浪费在无用

（价值）的投资或购买上。基于这样的假设，应用股利折现模型将会得到一个保守的评估价值。

B. 对于确实将股权自由现金流作为股利支付的公司，应用该模型能够得到其每股价值的实际（现实）估计值，至少随着时间的推移会得到一个平均值。这些公司具有稳定的收益，尤其在经营成熟期，其会试图调整股利以控制现金流。至少迄今为止，美国的公用事业公司，如通讯和能源公司，即属于这一类公司中很好的例子。

C. 在一些现金流很难评估或者不可能评估的行业里，股利作为唯一的现金流可以在一定的精确程度上被用于估价。本章使用股利折现模型评估的公司均是金融服务公司的原因有如下两点。第一，对于银行、投资银行或保险公司而言，评估资本支出和营运资本是很困难的。[①] 第二，对于金融服务公司而言，留存收益和账面股东权益具有现实的意义，因为其法定资本准备率是根据股权账面价值计算得出的。

总之，股利折现模型具有较强的适用性，而并不限于其批判者所认可的那些。甚至那种认为股利折现模型不能被用于评估支付很低或不支付股利的股票的价值的传统观点也是错误的。如果对股利支付率的调整能够反映预期增长率的变化，那么即使是对不支付股利的公司，该模型也能得到一个合理的价值。因此，一家高增长的公司，虽然当前不支付股利，但我们仍能根据增长率下降时将支付的股利来进行估价。

5.1.4 股利折现模型的扩展

股利折现模型支持率下降的一个原因即在于公司越来越倾向于使用股票回购以作为其向股东返还现金的一种方式。针对这种趋势的一种简单的处理办法是扩展对股利所下的定义，使其包含股票回购，并根据综合的数据来评估股票价值。在本节中，我们将探讨扩展的股利折现模型的可能性和局限性，并对股利折现模型是否能被用于评估整个市场或行业进行检验。

1. 扩展的股利折现模型

近年来，美国的公司越来越倾向于使用股票回购作为其向股东返还现金的一种方式。图 5—4 表明了 1988—2002 年间各公司以股利和股票回购的形式支付的现金累积额。从图中可以看出，进行股票回购的倾向非常强烈，尤其是在 20 世纪 90 年代。2000 年初，以股票回购的方式返还给股东的现金要比以传统的股利方式所返还的还多。

对股利折现模型来说，这意味着什么？仅仅将支付的股利看做向股东返还的现金，会使我们面临着忽视以股票回购方式向股东返还大量现金的风险。将股票回购

① 对一些主要资产为人力资本的公司而言，确实如此。会计惯例通常将人力资本支出（用于培训、招聘等）作为经营费用处理。对于银行而言，营运资本是没有意义的，至少从传统形式上看是如此，因为流动资产和流动负债包含了资产负债表的大量内容。

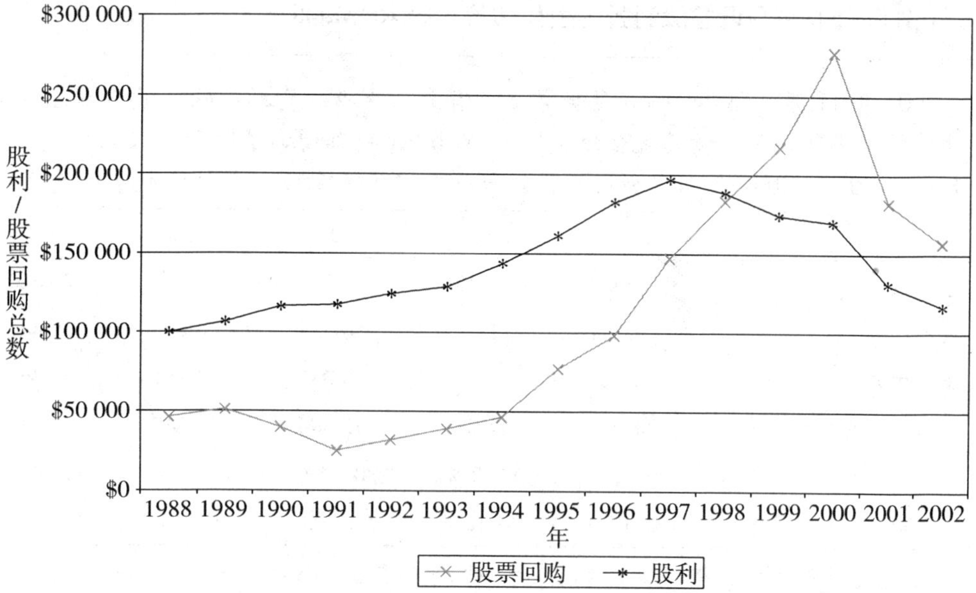

图5—4 1988—2002年间美国各公司进行股票回购和发放股利的总数

融入股利折现模型的最简单的方式即是将其加到股利之中，并计算调整后的股利支付率：

$$调整后的股利支付率 = \frac{股利 + 股票回购}{净收益}$$

尽管这一调整看起来很简单，但由于股票回购并不同于股利，它不会被平滑，因此任何一年所得出的比率都可能是并不准确的。换言之，公司可能在1年内回购30亿美元的股票，而在未来3年却不再回购股票。因此，通过观察4~5年期的平均值，我们能够获得对调整后的股利支付率更好的估计。此外，有时公司可能是为提高财务杠杆而回购股票。如果将这种情况考虑进去，则我们可以从上述计算公式中减去发行的新债务以对其做出调整：

$$调整后的股利支付率 = \frac{股利 + 股票回购 - 长期债务发行}{净收益}$$

上述对股利支付率的调整将会使所估计的增长率和终结点价格产生连锁反应。特别地，调整后的每股收益增长率可以写作：

$$调整后的增长率 = (1 - 调整后的股利支付率) \times 股权收益率$$

甚至股权收益率也会受到股票回购的影响。由于购回股权的市场价值减少了股权的账面价值，因此实施股票回购的公司会明显减少其股权的账面价值（提高股权收益率）。如果我们使用这个股权收益率来度量边际股权收益率（新投资），则会高估公司的价值。将近几年回购的股票加到股权的账面价值上并重新估计股权收益率，有时能够得到对股权投资收益率更合理的估计。

［例 5—5］应用调整股利折现模型估价：ExxonMobil

2005 年 11 月，ExxonMobil 是世界上拥有最大市场投资的公司。由于过去 4 年石油价格提高带来了大量的现金流，ExxonMobil 每年都增加了股利和股票回购。下表列示了 2001—2004 年间该公司的股利和股票回购情况（金额单位：十亿美元）。

	2001	2002	2003	2004	合计
净收益	15 320	11 460	21 510	25 330	73 620
股利	6 254	6 217	6 515	6 896	25 882
股票回购	5 721	4 798	5 881	9 951	26 351
股利与股票回购合计	11 975	11 051	12 396	16 847	52 233
股利支付率	40.82%	54.25%	30.29%	27.22%	35.16%
调整后的股利支付率	78.17%	96.12%	57.63%	66.51%	70.95%

在过去的 4 年中，传统的股利支付率平均只有 35.16%，但调整后的股利支付率为 70.95%，而调整后的留存收益比率仅为 29.05%。我们可以用调整后的留存收益比率和预计未来 15% 的股权收益率的乘积来估计 ExxonMobil 长期收益的预期增长率。

$$\begin{aligned}\text{预期增长率} &= (1-\text{调整后的股利支付率})\times\text{股权收益率}\\ &= (1-0.7095)\times 0.15\\ &= 4.36\%\end{aligned}$$

为估计股权资本成本，我们假设 ExxonMobil 的 β 系数为 0.8，无风险利率为 4.5%，市场风险溢价为 4%，则：

$$\text{股权资本成本} = 4.50\% + 0.8\times 4\% = 7.7\%$$

我们可以使用稳定增长股利折现模型来评估 ExxonMobil 的股票价值，但要使用调整后的每股股利：

$$\begin{aligned}\text{调整后的每股股利} &= \text{2004 年每股收益}\times\text{调整后的股利支付率}\\ &= 5.00\times 0.7095\\ &= 3.55\text{（美元）}\end{aligned}$$

$$\begin{aligned}\text{每股股权价值} &= \frac{\text{调整后的每股股利}\times(1+g)}{\text{股权资本成本}-g}\\ &= \frac{3.55\times 1.0436}{0.077-0.0436}\\ &= 110.76\text{（美元）}\end{aligned}$$

2005 年 11 月，ExxonMobil 的每股市价为 60 美元，看上去已被低估了。

2. 整个市场或行业的估价

到目前为止，我们所有有关股利折现模型的例题涉及的都是单个的公司，而并没有说明我们不能用同样的模型去评估一个行业甚至是整个市场的价值的原因。事实上，我们可以用行业或市场中所有股票市场价值的合计来代替股票的市场价格，用所有股票的股利合计来代替预期股利，并使其包括所有公司的股票回购，预期增长率将是股票指数的累计收益增长率和股利增长率。如果我们考察的是整个市场，那就不需要一个或多个β系数（该市场的β系数应为1）；而在评估行业价值时，为估计股权资本成本则可使用行业的β系数。当预期收益增长率大于经济增长率时，我们可以使用两阶段模型；但在评估整个市场的价值时，我们则应当防止设置过高的增长率或过长的增长期，因为在整个市场中所有公司的累计收益增长率是很难长期高于经济增长率的。

举一个简单的例子。假设我们购得一个交易价格为700美元的股票指数，且该指数的平均股利收益率为5%。收益和股利每年预期按4%的比例增长，并会一直持续下去，无风险利率为5.4%，如果我们使用的市场风险溢价为4%，则可以估计出该股票指数的价值。

股权资本成本 = 无风险利率 + 风险溢价 = 5.4% + 4% = 9.4%

下一年预期股利 = （股利收益率 × 股指价值） × （1 + 预期增长率）

= （0.05 × 700） × 1.04

= 36.40（美元）

$$股票指数价值 = \frac{下一年预期股利}{股权资本成本 - 预期增长率} = \frac{36.4}{0.094 - 0.04} = 674（美元）$$

针对700美元的价格水平，市场略微高估了该股票指数的价值。

［例5—6］运用股利折现模型评估 S&P500 的价值：2005年1月1日

2005年1月1日，标准普尔500指数（S&P500）的交易价格为1 211.92美元。事实上，该指数的股利收益率仅为1.81%，但包括增加的股票回购在内的调整后的股利收益率为2.9%。分析人员估计在未来5年中该指数于各年的股票收益率均会增长8.5%；而5年后，收益和股利的预期增长率将为4.22%，等于国债的利率（这里假设用国债利率来代表长期名义经济增长率是合理的）。我们使用的风险溢价为4%，则得到的股权资本成本为8.22%：

股权资本成本 = 4.22% + 4% = 8.22%

根据当前的股利和8.5%的预期增长率，我们可以估计未来5年该股票指数的预期股利（包括股票回购）。

当前调整后的股利 = 1 211.92 × 2.90% = 35.148（美元）

	1	2	3	4	5
预期股利	38.13	41.37	44.89	48.71	52.85
现值	35.24	35.33	35.42	35.51	35.60

股利应按8.22%的折现率来计算现值。为计算终结点价值，我们先来计算该指数于第6年被调整后所得的股利：

第6年的预期股利 = 52.85 × 1.0422 = 55.08（美元）

$$指数的最终价值 = \frac{预期股利_6}{r-g} = \frac{55.08}{0.0822-0.0422} = 1\,376.93\ (美元)$$

$$终结点价值的现值 = \frac{1\,376.93}{1.0822^5} = 927.63\ (美元)$$

现在来计算该股指的价值：

$$\begin{aligned}指数价值 &= 高增长期间的股利现值 + 终结点价值的现值\\ &= 35.24 + 35.33 + 35.42 + 35.51 + 35.60 + 927.63\\ &= 1\,104.73\ (美元)\end{aligned}$$

基于上述分析，我们能够得到这样的结论，即该指数的交易价格为 1 211.92 美元，大约被高估了 10%。

5.2 FCFE（潜在股利）折现模型

股权自由现金流模型并没有违背传统的股利折现模型。实际上，描述股权自由现金流模型的一种方式，即是认为它是一种折现潜在股利模型而不是折现实际股利模型。因此，本节所介绍的 FCFE 折现模型的三种形式正是基于对股利折现模型的简单变形，其中最重要的一个变化即是用股权自由现金流来代替模型中的股利。

5.2.1 基本原则

当我们用 FCFE 代替股利来评估股权价值时，我们所做的不仅仅是以一种现金流来代替另一种现金流，我们还隐含着将 FCFE 支付给股东的假设，而这会产生如下两个后果。

A. 公司将不会有对未来现金的积累，因为每一期在满足了债务偿还和再投资需要之后所剩的可用现金都支付给了股东。

B. FCFE 的预期增长将包括经营性资产所带来的收益的增长，而不包括增加有价证券所带来的收益的增长。这一点也可以通过上面一点而直接得出。

调整的股利折现模型将股票回购加到股利之中并进行折现，那么应如何将股权自由现金流折现模型与该模型进行比较？可以考虑将股票回购看做是对超额现金积累的回报，这种现金积累是因为没有将 FCFE 作为股息支付出去所导致的结果。因而，FCFE 表示对一段时期内公司以股利和股票回购形式给予股东回报的一个平滑的估计。

FCFE 模型同等看待上市公司的股东和私营企业主，且后者对公司满足税收、债务偿还和再投资所需之后的全部现金流享有索取权。由于上市公司对股权自由现金流的估计相同，因此我们假设股东有权享有这些现金流，即使管理者并没有将其支付给他们。事实上，当上市公司使用 FCFE 模型时，该模型隐含着上市公司具有健全且能够发挥作用的公司治理机制。即使股东无法促使管理者像支付股利一样支付股权自由现金流，但他们能够对管理者施加压力以确保未支付的现金并没有被浪费。

5.2.2　FCFE 模型的输入变量

与股利相类似，股权自由现金流也是属于股权投资者的现金流，因此我们可以使用与估计每股股利的基本增长率相同的方法来估计股权自由现金流。

预期增长率 = 留存收益比率 × 股权收益率

式中对留存收益比率的使用，即意味着凡是没有作为股利进行支付的现金都会被再投资于公司之中。虽然有人认为这与股权自由现金流都已支付给了股东的假设不一致，但其依旧成为各种 FCFE 模型的估价基础。事实上，用股权再投资率代替留存收益比率的效果会更好。股权再投资率是衡量净收益被投回到公司的百分比。

$$\text{股权再投资率} = \frac{\text{净资本支出} + \text{营运资本的变化} - \text{（新发行的债务} - \text{旧债务的偿还）}}{\text{净收益}}$$

股权收益率也必须被予以调整以反映以下事实，即分子的收益应包含现金和有价证券所带来的利息收益，而股权的账面价值则应包含现金和有价证券的价值。在 FCFE 模型中，公司并没有超额现金，因此股权收益率衡量的是非现金投资的收益率。而这刚好可被用于构造一个衡量非现金股权收益率的调整形式。

$$\text{非现金股权收益率} = \frac{\text{净收益} - \text{现金和有价证券的税后收益}}{\text{股权账面价值} - \text{现金和有价证券}}$$

将股权再投资率与调整后的股权收益率相乘，将得到 FCFE 模型中的预期增长率。

FCFE 模型中的预期增长率 = 股权再投资率 × 非现金股权收益率

将该增长率应用于非现金净收益时能够评估出经营资产的股权价值；若在这一价值的基础上再加上现金和有价证券，就能够得到公司股权的总价值。

5.2.3　FCFE 模型的各种形式

与股利折现模型相同，考虑有关未来增长和再投资需要的各种假设的股权自由现金流模型有着多种形式。在本节，我们将研究 FCFE 模型的各种形式，它们类似于前面讨论的股利折现模型。

1. 稳定增长的 FCFE 模型

稳定增长的 FCFE 模型可用于评估以稳定比率增长从而处于稳定状态的公司的价值。在稳定增长的 FCFE 模型下，股权价值是预期下一期的 FCFE、稳定增长率和必要收益率的函数。

$$P_0 = \frac{FCFE_1}{k_e - g_n}$$

其中，P_0 = 当前的股权价值；$FCFE_1$ = 预期下一年的股权自由现金流；k_e = 公司股权资本成本；g_n = 公司在 FCFE 下的永久增长率。

该模型的基本假设与 Gordon 增长模型非常相似，并且还在一些相同的约束条件下使用。该模型中使用的增长率必须小于或等于公司所处经济体的预期名义增长率。对公司将处于稳定状态的假设，也意味着其拥有着稳定公司所共有的其他条件。例如，这可以意味着，相对于折旧而言，资本支出不会被异常地扩大。另外，公司还会具备平均风险（如果使用资本资产定价模型，则股权的β系数应该接近于1）。估计稳定增长公司的再投资时，可以使用下列两种方法。

A. 使用公司所属行业中有代表性的公司的再投资率。基于此的一个简单的方法即是使用行业（或仅使用行业中稳定公司的效果会更好）平均资本支出与折旧的比率来估计公司标准的资本支出。

B. 另外，也可以使用第4章研究的增长与其基本因素之间的关系来估计要求的再投资率。净收益的预期增长率可以被写作：

$$净收益的预期增长率 = 股权再投资率 \times 股权收益率$$

这使我们能够估计股权再投资率：

$$股权再投资率 = \frac{预期增长率}{股权收益率}$$

例如，一家稳定增长率为4%，股权收益率为12%的公司需要将其净收益的1/3再投入于对净资本支出和营运资本的需要之中。换言之，股权现金流应占其净收益的2/3。

与Gordon增长模型一样，该模型最适合于那些以等于或低于名义经济增长率的比率增长的公司。然而，对于那些股利支付高得难以维持（实际股利支付额超过FCFE）或大大低于FCFE的稳定公司而言，该模型是比Gordon增长模型更好的模型。值得注意的是，如果公司是稳定的，并将其FCFE全部作为股利进行支付，则利用该模型评估所得出的价值应该等于利用Gordon增长模型评估所得的价值。

[例5—7] FCFE稳定增长模型：ExxonMobil公司

在本章的前面部分，我们使用调整后的股利折现模型评估了ExxonMobil的价值，并发现在当前每股60美元的交易价格下，它被严重低估了。在本例，我们将使用FCFE模型来评估ExxonMobil的价值，且主要遵循以下假设：

（1）我们将继续使用股利折现模型中使用过的相同参数来评估ExxonMobil的股权资本成本：β系数为0.8，无风险利率为4.5%，市场风险溢价为4%，则得到的股权资本成本为7.7%。

$$股权资本成本 = 4.5\% + 0.8 \times 4\% = 7.7\%$$

（2）石油较高的价格及其不断上升的趋势明显地提高了ExxonMobil公司2004年度的收益，但石油价格不太可能永远以相同的速度上升。我们使用前5年的平均净收益184.05亿美元来作为对标准净收益的估计，而不使用2004年度的净收益253.30亿美元来作为对收益的估计值。从这些收益中再扣除现金的利息收益，将会得到非现金净收益的数值。

$$非现金净收益 = 净收益 - 现金利息收益 = 18\,405 - 321 = 18\,084\text{（百万美元）}$$

（3）根据标准净收益18.084亿美元和2003年年末的非现金股权账面价值，我们估计出股权收益率为21.88%。

$$非现金股权收益率=\frac{非现金净收益}{(股权账面价值-现金)_{2003}}=\frac{18\ 084}{93\ 297-10\ 626}=21.87\%$$

（4）为评估再投资率，我们考察了过去 5 年投资的净资本支出和营运资本，并确定标准股权再投资率为 16.98%。[①] 在其基础上计算得出的永久性预期增长率为 3.71%：

$$净收益预期增长率=股权收益率\times股权再投资率=21.87\%\times0.1698=0.0371$$

ExxonMobil 的股权价值被评估如下：

$$经营资产的股权价值=非现金净收益\times（1-再投资率）\times\frac{1+g}{股权资本成本-g}$$

$$=18.084\times（1-0.1698）\times\frac{1.0371}{0.077-0.0371}$$

$$=390.23（十亿美元）$$

将该结果加上现金和有价证券的价值（18.5 十亿美元），再除以股数得到每股股权的价值为：

$$每股股权价值=\frac{390.23+18.5}{6.2224}=65.69（美元）$$

根据该模型，在以每股 60 美元的价格交易的情况下，ExxonMobil 的价值略微被低估了。这一价值比调整的股利折现模型所得出的估价更现实，其原因有两点：首先，净收益被标准化，并且考虑了物价的周期性；其次，评估中直接通过考察资本支出和营运资本投资来估计再投资，而不是通过留存比率进行间接估计。

2. 两阶段 FCFE 模型

两阶段 FCFE 模型适用于评估那些初始时期增长速度远快于成熟公司，而后则以稳定比率增长的公司。在该模型中，任何股票的价值都是超常增长时期每年 FCFE 的现值加上该时期末终结点价值的现值之和。

$$股权价值=高增长时期\ FCFE\ 的现值+终结点价值的现值$$

$$=\sum_{t=1}^{t=n}\frac{FCFE_t}{(1+k_e)^t}+\frac{P_n}{(1+k_e)^n}$$

其中，$FCFE_t$ = 第 t 年的股权自由现金流；P_n = 超常增长时期期末的股权价值；k_e = 高增长时期（hg）和稳定增长时期（st）的股权资本成本。

通常使用稳定增长率模型来计算股权的终结点价值：

$$P_n=\frac{FCFE_{n+1}}{r-g_n}$$

其中，g_n = 最终年份后的永久性增长率。

① 我们计算了过去 5 年每年净资本支出的平均数，并将其除以过去 5 年的平均经营净收益，所得比率为 11.83%，再乘以当年的经营净收益 358.72 亿美元则会得到当年标准的净资本支出 42.43 亿美元。为估计标准非现金营运资本的变化，我们首先计算了过去 5 年非现金营运资本占收入的百分比（0.66%），再乘以最后一年收入的变化（507.9 亿美元），从而得到了非现金营运资本的变化额（即增加额）3.36 亿美元。最后，债务的标准变化 3.33 亿美元是使用标准再投资总额（42.43 + 3.36）乘以按账面价值计算的债务与资本比率（7.27%）而估计得出的。标准股权再投资额为 42.46 亿美元（42.43 + 3.36 − 3.33），除以 2004 年度非现金净收益 250.11 亿美元，得到股权再投资率为 16.98%。

同样需要注意的是，上一节介绍的应用于稳定增长模型的增长率同样也可以应用于此。此外，为推导最终年份后的股权自由现金流所做的假设应与稳定性假设相一致。例如，尽管初始高增长阶段的资本支出可能远大于折旧，但随着公司逐步进入稳定增长阶段，其差异将会不断缩小。我们可依据稳定增长模型所描述的两种方法来评估资本支出，即行业平均资本支出需要或基本增长等式（股权投资率 = g/ROE）。β系数和债务比率也可以在稳定增长中予以调整，以体现稳定增长公司具备平均风险（β系数接近于1），以及比高增长公司运用更多的债务。

类似于两阶段股利折现模型，该模型对增长做了相同的假设，即初始阶段即表现为高增长并保持不变，随后突然下降至稳定增长阶段。但与两阶段股利折现模型的不同之处即在于，该模型强调的是FCFE，而不是股利。因而，无论是评估支付无法持续支付的股利（因为股利大于FCFE）的公司的价值，还是评估支付低于其所能支付得起的股利（即股利小于FCFE）的公司的价值，该模型都提供了比股利折现模型更好的估计值。

［例5—8］两阶段FCFE模型：Toyota

Toyota是世界最大的汽车公司之一。2005年，由于其生产的SUV和美国汽车制造商生产的小型货车占据了更多的市场份额，因此该公司也成为了最具获利性的公司。为评估该公司的价值，我们做如下假设：

Toyota报告其2004年度净收益为1 171十亿日元，其中29.68十亿日元是持有现金的税后利息收益。根据2004年初股权的账面价值和持有现金，我们计算的非现金股权收益率为16.55%：

$$\text{非现金股权收益率}=\frac{\text{非现金净收益}_{2004}}{(\text{股权账面价值}-\text{现金})_{2003}}=\frac{1\ 171.00-29.68}{8\ 625-1\ 730}=16.55\%$$

2004年，Toyota报告的资本支出为1 923十亿日元，折旧为998十亿日元，非现金营运资本减少了50十亿日元，且本年增加的债务为140十亿日元，则股权再投资率为64.4%：

$$\begin{aligned}\text{股权再投资率}&=\frac{\text{资本支出}-\text{折旧}+\text{营运资本的增加}-\text{债务净现金流量}}{\text{非现金净收益}}\\&=\frac{1\ 923-998-50-140}{1\ 171-29.68}\\&=64.40\%\end{aligned}$$

我们假设Toyota在未来的5年中将保持当前的非现金股权收益率和股权再投资率，则净收益的预期增长率为10.66%：

$$\begin{aligned}\text{净收益的预期增长率}&=\text{非现金股权收益率}\times\text{股权再投资率}\\&=0.1655\times0.644\\&=0.1066\text{ 或 }10.66\%\end{aligned}$$

为估计股权资本成本，我们假设Toyota的β系数恒为1.1。为估计市场风险溢价，我们分析了Toyota在世界各地的销售额（使用2005年的数据），并估计出综合的风险溢价为4.69%。

国家或地区	销售量（千台）	销售百分比	风险溢价（%）
日本	2 381	32.14	4
北美	2 271	30.66	4
欧洲	979	13.22	4
亚洲	834	11.26	7
中南美洲	185	2.50	10
大洋洲	239	3.23	6
其他地区	519	7.01	6
合计/平均	7 408	100.00	4.69

无风险利率为2%，则Toyota的股权资本成本为7.16%：

股权资本成本 = 无风险利率 + 贝他系数 × 风险溢价 = 2% + 1.1 × 4.69% = 7.16%

第5年后，我们假设净收益的预期增长率将下降至2%（等于无风险利率），股权收益率将下降至稳定时期的股权资本成本7.16%，则股权再投资率为27.93%。

$$稳定时期的股权再投资率 = \frac{预期增长率}{股权收益率} = \frac{2\%}{7.16\%} = 27.93\%$$

假设收益增长率为10.66%，股权再投资率为64.40%，则我们在下表列示了未来5年各年的股权自由现金流。我们还使用股权资本成本7.16%作为折现率，计算出股权自由现金流的现值（单位：十亿日元）：

	1	2	3	4	5
预期增长率	10.66%	10.66%	10.66%	10.66%	10.66%
净收益	1 262.98	1 397.62	1 546.60	1 711.47	1 893.91
股权再投资率	64.40%	64.40%	64.40%	64.40%	64.40%
FCFE	449.63	497.56	550.60	609.30	674.25
股权资本成本	7.16%	7.16%	7.16%	7.16%	7.16%
累计股权资本成本	107.16%	114.84%	123.06%	131.87%	141.32%
现值	419.58	433.28	447.43	462.04	477.12

高增长时期的股权自由现金流的现值总额为2 239.49十亿日元。为估计终结点价值，我们首先要估计第6年的股权自由现金流。

第6年的预期净收益 = $净收益_5$（1 + g） = 1 893.91 × 1.02 = 1 931.79（十亿日元）

第6年的股权再投资额 = $净收益_6$ × 稳定时期的股权再投资率 = 1 931.79 × 0.2793 = 539.50（十亿日元）

第6年的预期 FCFE = EPS_6 − $股权再投资额_6$ = 1 931.79 − 539.50 = 1 392.29（十亿日元）

股权的终结点价值 $= \frac{\text{FCFE}_6}{\text{股权资本成本}_6 - g} = \frac{1\ 392.29}{0.0716 - 0.02} = 26\ 974$（十亿日元）

股权终结点价值的现值 $= \frac{26\ 974}{1.0716^5} = 19\ 088.21$（十亿日元）

将高增长时期股权自由现金流的现值加上股权终结点价值的现值，就可以得到经营资产的股权价值；在此基础上，再加上现金和有价证券，而后再除以股数就可以得到每股股权价值：

经营性资产的股权价值 = 2 239 + 19 088	21 327 十亿日元
+ 现金和有价证券	1 484 十亿日元
= 股权价值	22 811 十亿日元
÷ 股数	3.61 十亿股
= 每股股权价值	6 319 日元

2005 年 11 月，该股票的交易价格为 5 600 日元，说明该股票已被略微低估。

3. E 模型——三阶段 FCFE 模型

E 模型主要适用于评估那些预期会经过三个增长阶段——高增长率的初始阶段、增长率下降的转换阶段和增长率稳定的稳定增长阶段——的公司。在该模型中，股票的价值是三个增长阶段股权自由现金流的现值：

$$P_0 = \sum_{t=1}^{t=n1} \frac{\text{FCFE}_t}{(1 + k_{e,hg})^t} + \sum_{t=n1+1}^{t=n2} \frac{\text{FCFE}_t}{(1 + k_{e,t})^t} + \frac{P_{n2}}{(1 + k_{e,st})^{n2}}$$

其中，P_0 = 当前的股权价值；FCFE_t = 第 t 年的股权自由现金流（FCFE）；k_e = 股权成本；P_{n2} = 转换期期末的股权价值 $= \frac{\text{FCFE}_{n2+1}}{r - g_n}$；n1 = 初始高增长时期的期末；n2 = 转换时期的期末。

由于模型假设增长率会经过三个不同的阶段——高增长、转换增长和稳定增长阶段，因此对其他变量的假设与对增长率的假设是相一致的。

- 当一家公司从高增长阶段进入稳定增长阶段时，假设资本支出与折旧之间的关系将会发生改变是合理的。在高增长阶段，资本支出可能会远远大于折旧；而在转换阶段，这种差异可能会缩小；最后，在稳定增长阶段，资本预算与折旧之间的差异将会更小，以反映较低的预期增长率。

- 随着公司增长特征的改变，其风险特征也将随之改变。在资本资产定价模型的框架下，随着增长率的下降，公司的 β 系数预期也将发生改变。从长期来看，β 系数将趋近于 1，而这已经通过对高 β 系数公司所构成的投资组合进行实证研究所证实。

由于该模型考虑了三个增长阶段，并且从高增长阶段过渡到稳定增长阶段时其增长率逐渐降低，因此该模型比较适合评估那些当前具有很高增长率的公司。关于增长率的假设与三阶段股利折现模型所做的假设有些相似，但该模型强调的是 FCFE 而不是股利。这使得该模型更适合评估那些股利远远高于或低于 FCFE 的公司；尤其对于那些预期在不久的将来将有负的股权现金流的高增长公司来说，该模型能够提供更现实的股权价值评估。事实上，负的现金流的折现价值有效地抵消了为促进这一时期的增长发行新股所带来的收益，并且这样会间接导致当前的每股股权价值发生稀释效应。

［例5—9］三阶段 FCFE 模型：青岛啤酒公司（中国）

青岛啤酒公司依托其“青岛品牌”在中国及世界各地生产并分销啤酒和其他酒精饮料。随着亚洲啤酒消费的日益增加，青岛啤酒公司有着高增长的潜力。我们将使用三阶段 FCFE 模型来评估该公司的价值，且评估时主要基于以下假设：

2004 年，青岛啤酒公司报告的净收益为 285.20 百万元人民币，其中现金和有价证券收益为 25.5 百万元人民币，则根据 2004 年年初的股权账面价值和现金计算得出的非现金股权收益率为 8.06%：

$$非现金股权收益率=\frac{非现金净收益_{2004}}{(股权账面价值-现金)_{2003}}=\frac{285.2-25.5}{4\ 071-850}=8.06\%$$

为计算股权再投资率，我们考查过去 5 年的平均净资本支出和营运资本投资额，以及该期间新债务的发行情况。

标准的净资本支出＝170.38 百万元人民币

标准的非现金营运资本的变化＝39.93 百万元人民币

标准的净债务现金流＝92.17 百万元人民币（债务发行－债务偿还）

$$\begin{aligned}标准股权再投资率&=\frac{资本支出-折旧+营运资本的增加-债务净现金流量}{非现金净收益}\\&=\frac{170.38+39.93-92.17}{285.2-25.5}\\&=45.49\%\end{aligned}$$

我们假设在未来 5 年,股权收益率将涨至 12%（从 8.06%），则预期增长率为 13.74%：

$$\begin{aligned}预期增长率&=股权收益率\times股权再投资率+\left[\left(\frac{ROE_{目标}}{ROE_{当前}}\right)^{1/n}-1\right]\\&=0.12\times0.4549+\left[\left(\frac{0.12}{0.0806}\right)^{1/5}-1\right]\\&=13.74\%\end{aligned}$$

注意，等式中的第二项估计了在利用现有资产更加有效的情况下未来 5 年的增长率。我们还假设新投资从下一年起将产生 12% 的股权收益率。

为估计股权资本成本，我们对青岛啤酒公司使用 0.8 的 β 系数，并始终保持不变。结合人民币的无风险利率 5.5% 和风险溢价 5.6%（由 4% 的到期市场溢价和 1.60% 的中国国家风险溢价①构成），可以得到股权资本成本为 9.98%：

$$\begin{aligned}股权资本成本&=5.5\%+0.8\times5.6\%\\&=9.98\%\end{aligned}$$

① 中国国家风险溢价 1.6% 是采用中国债券的违约利差（1%）和相应的股权市场波动率进行估计的。

从第 6 年开始，青岛啤酒公司将过渡到第 10 年的稳定增长率 5.5%。[①] 为了计算永续的股权再投资率，我们假设稳定增长阶段的股权收益率将降至股权资本成本 9.98%。

$$\text{稳定时期的股权再投资率} = \frac{g}{ROE} = \frac{0.55}{0.098} = 0.5612 \text{ 或 } 56.12\%$$

为评估青岛啤酒公司的价值，我们首先要计算高增长和转换阶段的股权自由现金流。具体说来，前 5 年应采用 13.74% 的净收益预期增长率和 45.49% 的股权再投资率进行计算；随后 5 年转换期的增长率会从 13.74% 逐渐线性降低至 5.5%，股权再投资率则会从 45.49% 逐渐线性上升至 55.11%。股权自由现金流的估计结果如下表所示：

年份	净收益（百万元人民币）	预期增长率（%）	股权再投资率（%）	FCFE（百万元人民币）	股权资本成本（%）	累计股权资本成本（%）	现值（百万元人民币）
当前	259.70						
1	295.37	13.74	45.49	161.00	9.98	1.0998	146.39
2	335.95	13.74	45.49	183.12	9.98	1.2096	151.40
3	382.10	13.74	45.49	208.28	9.98	1.3303	156.57
4	434.59	13.74	45.49	236.89	9.98	1.4630	161.92
5	494.29	13.74	45.49	269.43	9.98	1.6090	167.45
6	554.04	12.09	47.42	291.34	9.98	1.7696	164.64
7	611.90	10.44	49.34	309.99	9.98	1.9462	159.28
8	665.71	8.79	51.26	324.45	9.98	2.1405	151.58
9	713.29	7.15	53.19	333.92	9.98	2.3541	141.85
10	752.53	5.50	55.11	337.81	9.98	2.5890	130.48
高增长和转换阶段的 FCFE 现值							1 531.53

为估计股权的终结点价值，我们从第 11 年的净收益中减去当年的股权再投资需要额，然后采用永续增长率来获得估价。

预期稳定增长率 = 5.5%

稳定增长时期的股权再投资率 = 55.11%

稳定增长时期的股权成本 = 9.98%

① 对稳定增长阶段来说其似乎是高增长率，但它是根据人民币来进行估计的。而且，流通中较高的通货膨胀率导致名义增长率较高。

$$第 11 年的预期 FCFE = 净收益_{11} \times (1 - 稳定时期的股权再投资率)$$
$$= 752.53 \times 1.055 \times (1 - 0.5511)$$
$$= 356.39 (百万元人民币)$$

$$股权的终结点价值 = \frac{FCFE_{11}}{稳定时期的股权资本成本 - 稳定增长率}$$
$$= \frac{356.39}{0.0998 - 0.055}$$
$$= 7\,955 (百万元人民币)$$

为评估股权的当前价值，我们将高增长时期和转换时期的 FCFE 现值的合计再加上股权终结点价值的现值。

$$经营资产的股权价值 = 高增长时期 FCFE 的现值 + 终结点价值的现值$$
$$= 1\,531.53 + \frac{7\,955}{(1.0998)^{10}}$$
$$= 4\,604 (百万元人民币)$$

在此基础上，再加上当前的现金余额，然后再除以股数，即可得到每股股权价值为：

$$每股股权价值 = \frac{经营资产的股权价值 + 现金}{股数}$$
$$= \frac{4\,604 + 1\,330}{1\,346.79}$$
$$= 4.41 (元人民币/股)$$

2005 年 11 月，每股交易价格为 7.78 元，高估了青岛啤酒公司的每股价值。

5.2.4　对 FCFE 模型的评价

FCFE 模型是股利折现模型的一般形式，并且其在评估现金流时给予评估师更多的自由选择权。从某种意义上来说，它以潜在的股利支付代替了实际的股利支付，并且对二者发生偏离的公司也能够给出更现实的估计。在本节，我们将探讨 FCFE 模型的优缺点。

1. 该模型的优点

使用 FCFE 模型最大的优点是不再受管理者制定的股利政策的限制。我们可以用股权自由现金流（可能是股东的收益）来代替股东实际获得的收益。因而，对于一贯支付少于或多于本能够支付的股利的公司而言，采用该模型能够得到更现实的股权价值评估。若为前者，使用股权自由现金流模型得到的股权价值要高于股利折现模型；反之，若为后者，则得到的价值将会低于股利折现模型。

FCFE 模型的第二个优点是，其并不同于股利，可能为负值。对于有大量再投资需要的增长公司而言，其股权自由现金流可能是负的。具有负的股权自由现金流的公司预期未来会发行新股。由于具有负的股权自由现金流，因此已将预期将要发生的股权稀释计入股价之中。

最后需要再次重申的是，在 FCFE 模型中，我们隐含的假设是每年的股权自由现金流全部都会被支付出去。这样的话，公司将不会有现金积累，并且我们也不需要再去关注未来现金余额。FCFE 模型一般会犯双重计算的错误，即在分析人员通过折现公司 FCFE 以评估股权价值的同时，其也会关注公司的现金积累，因为公司支付的股利要少于其 FCFE。[①]

2. 模型的局限性

虽然股权自由现金流模型放松了股利折现模型对股权现金流度量的约束，但却是需要付出代价的。分析人员需要评估每年的净资本支出和非现金营运资本的需要额以获得现金流，虽然这可能是简单明了的，但分析人员还需要评估公司新债务的发行将筹集多少现金，以及会使用多少现金来偿还旧债务。当公司保持稳定的债务比率时，这一操作还算简单；但当债务比率预期将随着时间的推移而发生改变的时候，则会变得比较复杂。在前一种情况下，我们使用简便的方法来计算股权自由现金流：

$$\text{股权自由现金流} = \text{净收益} - (\text{资本支出} - \text{折旧})(1-\partial) - \text{非现金营运资本的增加}(1-\partial)$$

而在后一种情况下，我们必须使用模型的扩展形式：

$$\text{股权自由现金流} = \text{净收益} - (\text{资本支出} - \text{折旧}) - \text{非现金营运资本的增加} + (\text{旧债务的偿还} - \text{新债务的发行})$$

对于随着时间的推移预期会改变其债务比率的公司，这一计算可能会变得比较复杂，因为我们需要计算公司为获得其期望的负债比率而发行的新债务。

3. FCFE 模型的适用性

很显然，当估计计算股权自由现金流所需的因素——资本支出、折旧、营运资本和净债务现金流——很困难或无法估计时，不能使用股权自由现金流模型。正如前面讨论股利折现模型时所提到的，对金融服务公司来说这是常有的情况。另外，获得不完整或不可靠的公司财务信息有时也可能是一个问题。这样的话，用股利折现模型将会得到更现实的估价。

如果能够评估股权自由现金流，则没有理由不使用股权自由现金流模型来评估所有公司的价值。然而，现实的问题是，当预期债务比率随着时间的推移而发生改变时，使用股权自由现金流模型评估股权自由现金流则可能是很困难的。在公司价值评估模型中，债务比率的变化比较容易体现在价值上，因为这些变化影响了折现率（通过加权平均资本成本的计算）。在下一章我们将会看到，尽管对每一个可能产生的偏差所做的隐含假设可能并不相同，但使用另一种方法将会得到相同的股权价值。

① 注意，我们仍然加上了当前的现金余额以评估经营资产的股权价值。产生的额外的现金积累是不能被囊括在其中的，因为公司支付的股利比其所能获得的 FCFE 要少。

5.3　FCFE估价法与股利折现模型估价法

FCFE模型可以被看做股利折现模型的另一种形式。由于上述两种方法有时会提供不同的股权价值估计，因而值得我们探讨一下何时它们会提供相似的价值估计，何时会提供不同的价值估计，以及这种差异又告诉我们有关公司的哪些信息。

5.3.1　它们何时相似

在如下两个条件下，折现现金流估价法中使用FCFE所得到的价值将会与使用股利折现模型所得到的价值相同。第一个条件是显而易见的，即股利等于FCFE。总有一些公司保持将额外现金作为股利进行支付的政策，有的是因为其已提前承诺会这样做，而有的则是因为其拥有一些期望该政策实施的投资者。第二个条件是比较微妙的，即FCFE大于股利，但超额现金（FCFE减去股利）部分会被投资于公平定价的资产（即能够赚取公平收益率的资产，且其净现值为零）之中。例如，投资于被公平定价的金融资产所获得的净现值将为零。然而，为从上述两种方法中获得相等的估值，我们必须注重股利折现模型中积累的现金，并把它加到股权价值上（如［例5—10］所示）。

5.3.2　何时它们存在差异

在以下几种情况下，两种模型将提供不同的价值估计。首先，FCFE大于股利，且超额现金要么赚得低于市场利率的收益，要么被投资到净现值为负的资产上。另外，由FCFE模型得到的价值将大于由股利折现模型得到的价值。有理由相信，这一点并不像初看起来那么异常。有许多通过支付比FCFE低的股利而积累大量现金余额的公司，选择用这些现金进行不明智的收购（支付的价格大于从收购中所得到的价值）。其次，支付的股利小于FCFE会降低负债权益比率，并且可能导致公司的低负债，从而引起价值损失。

在股利大于FCFE的情形下，公司将不得不发行新的股票或债务以支付这些股利，或者削减其投资，而这至少会导致对价值形成三种消极影响中的一种。如果公司发行新股以支付股利，则它将面临大量的发行成本，并会降低价值。如果公司举债之时已支付股利，则公司可能会变得过度负债（相对于最佳的水平而言），从而导致价值损失。最后，如果公司支付过多的股利而导致资本供给缩减，好的投资项目被拒绝，则也会造成价值损失（由被拒绝项目的净现值所导致）。

还有第三种可能，体现在两种模型对投资和增长的假设的差异上。如果在股利折现模型和FCFE模型中使用相同的增长率，则当FCFE高于股利时，FCFE模型将提供比股利折现模型更高的价值；而当股利超过FCFE时，FCFE模型将提供较低的价值。实际上，FCFE模型中的增长率应该不同于股利折现模型中的增长率，因为股权自由现金流已被假设全部支付给股东，而这将会影响公司的股权再投资率。此外，FCFE 模型中使用的股权收益率应该为非现金投资的股权收益率，而股利折现模型中使用的股权收益率则应该为全部股权收益率。表 5—1 概括了对这两种模型所做假设等方面的差异。

表 5—1　　DDM 模型与 FCFE 模型之间的差异

	股利折现模型	股权自由现金流模型
隐含假设	仅支付股利。留存收益被再投资于公司，其中一些被投资于经营资产，另一些则被投资于现金与有价证券	FCFE 被支付给股东。留存收益仅仅被投资于经营资产
预期增长率	衡量经营资产和现金资产两方面收益的增长状况。根据基本原理，它是留存比率与股权收益率的乘积	仅仅衡量经营资产收益的增长状况。根据基本原理，它是股权再投资率与非现金股权收益率的乘积
对现金与有价证券的处理	现金与有价证券所带来的收益属于公司收益的组成部分，并最终成为股利。因此，现金与有价证券不需要被加入其中	有如下两种选择： 1. 现金与有价证券所带来的收益被计入有关收益的预测之中，并以此来评估股权价值 2. 忽略现金与有价证券所带来的收益，它们的价值会被加到模型评估的股权价值之中

5.3.3　当它们存在差异时意味着什么

当使用 FCFE 模型评估的价值不同于使用股利折现模型评估的价值时，在一致的增长假设下，有如下两个问题需要回答：两种模型之间的差异告诉我们什么？在评估市场价格时，两种模型中的哪一个更适合使用？

一般地，FCFE 模型评估的价值会超过股利折现模型评估的价值。使用 FCFE 模型评估的价值与使用股利折现模型评估的价值之间的差异可被看做是操纵公司价值的一个因素——它衡量操纵股利政策的价值。在恶意收购中，投标方能够控制公司并改变股利政策（以反映 FCFE），从而获得较高的 FCFE 价值。

至于两种价值中哪一个更适合被用于评估市场价格这个问题，其答案取决于公司控制权市场的开放程度。如果有相当大的可能性公司会被收购或者其控制权会被转移，则市场价格将反映这种可能性，并且 FCFE 模型评估的价值将成为适当的使用基准。由于公司规模或者收购的市场与法律限制将使得公司控制权的转移变得更加困难。相比较而言，在这种情形下，股利折现模型评估的价值将会提供适当的基准。

[例 5—10] FCFE 模型与 DDM 模型是否等价

为阐明使股利折现模型与 FCFE 模型保持一致所需设定的隐含假设，我们列举一家假设的公司。Tivoli 公司上一年的净收益为 100 百万美元，并支付了 30 百万美元的股利；当年的收入为 1 000 百万美元。同期，资本支出总计 75 百万美元，折旧 50 百万美元，非现金营运资本为收入的 5%。此外，新债务的发行数额超过旧债务的偿还数额 10 百万美元。最后，我们假设在估价时公司并无现金。

我们假设该公司具有平均风险，并且其 β 系数为 1。无风险利率为 5%，风险溢价为 4%，则计算 Tivoli 公司的股权资本成本为 9%：

股权资本成本 = 无风险利率 + β 系数 × 风险溢价 = 5% + 4% = 9%

我们还假设该股权资本成本将保持不变。

为评估该公司的价值，我们假设在未来 5 年中收入、净收益、股利、资本支出、折旧以及净债务现金流均按 10% 的比率增长。此外，我们还假设非现金营运资本将保持现有占收入的比例（5%）。在下表中，我们估计了未来 5 年每年的股权自由现金流和股利（单位：百万美元）：

	当前	1	2	3	4	5
收入	1 000.00	1 100.00	1 210.00	1 331.00	1 464.10	1 610.50
净收益	100.00	110.00	121.00	133.10	146.41	161.05
－（资本支出－折旧）	25.00	27.50	30.25	33.28	36.60	40.26
－营运资本的增加		5.00	5.50	6.05	6.66	7.32
＋净债务现金流	10.00	11.00	12.10	13.31	14.64	16.11
股权自由现金流		88.50	97.35	107.09	117.79	129.57
股利	30.00	33.00	36.30	39.93	43.92	48.32

我们假设从第 5 年年末开始公司将保持稳定增长，每年的增长率为 4%，并且股权收益率为 12%，也将保持不变。为评估 FCFE 模型下股权的终结点价值，我们首先应计算稳定时期的股权再投资率：

$$\text{稳定时期的股权再投资率} = \frac{g}{ROE} = \frac{4\%}{12\%} = 33.33\%$$

$$\text{第 5 年年末的股权价值} = \frac{\text{净收益}_6\ (1-\text{股权再投资率})}{\text{股权资本成本}-\text{预期增长率}}$$

$$= \frac{161.05 \times 1.04 \times (1-0.3333)}{0.09-0.04}$$

$$= 2\ 233.24\ (\text{百万美元})$$

如果根据增长率和股权收益率来衡量稳定时期的股利支付率，则在股利折现模型下有关股权终结点价值的计算反映了这一结果。

$$\text{稳定时期的股利支付率} = 1 - \frac{g}{ROE} = 1 - \frac{0.04}{0.12} = 0.667 \text{ 或 } 66.67\%$$

$$\text{第 5 年年末的股权价值} = \frac{\text{净收益}_6 \times \text{股利支付率}}{\text{股权资本成本}-\text{预期增长率}}$$

$$= \frac{161.05 \times 1.04 \times 0.6667}{0.09-0.04}$$

$$= 2\ 233.24\ (\text{百万美元})$$

尽管上述两个模型中的股权终结点价值是相等的，但是如果我们只考虑股利支付而不考虑FCFE，则我们得到的当前的股权价值将会是不同的。

$$股权价值_{FCFE}=\frac{88.50}{(1.09)}+\frac{97.35}{(1.09)^2}+\frac{107.09}{(1.09)^3}+\frac{117.79}{(1.09)^4}+\frac{129.57}{(1.09)^5}+\frac{2\,233.24}{(1.09)^5}$$

$$=1\,864.93\ （百万美元）$$

$$股权价值_{DDM}=\frac{33.00}{(1.09)}+\frac{36.30}{(1.09)^2}+\frac{39.93}{(1.09)^3}+\frac{43.92}{(1.09)^4}+\frac{48.32}{(1.09)^5}+\frac{2\,233.24}{(1.09)^5}$$

$$=1\,605.63\ （百万美元）$$

由于公司支付的股利少于其所获得的FCFE，因此使用股利折现模型所得到的股权价值会较低。上述分析的缺点即在于股利折现模型中存在公司的现金积累。为了估计现金积累，我们最初假设凡是于各年没有作为股利支付的现金都将以9%的股权资本成本进行再投资。第5年年末现金余额的结果如下表所示（单位：百万美元）：

	1	2	3	4	5
股权自由现金流	88.50	97.35	107.09	117.79	129.57
股利	33.00	36.30	39.93	43.92	48.32
保留现金（FCFE－股利）	55.50	61.05	67.16	73.87	81.26
累计现金积累	55.50	121.55	199.64	291.48	398.97

注意，各年累计的现金积累是根据上一年的现金余额按9%利率投资所得的价值，再加上当年保留的现金计算出来的。

第2年累计现金积累 $=55.50\times1.09+61.05=121.55$（百万美元）

第3年累计现金积累 $=121.55\times1.09+67.16=199.64$（百万美元）

在第5年年末，现金积累价值为398.97百万美元，可以按照9%的折现率计算出当前的现值。

$$第5年累计现金积累的现值=\frac{398.97}{(1.09)^5}=259.30\ （百万美元）$$

将这一价值加上股利折现模型所提供的价值，则可以得到公司股权的总价值：

股权总价值 = DDM价值 + 现金积累现值 $=1\,605.63+259.30=1\,864.93$（百万美元）

该数值与FCFE的估价是相同的。尽管如此，也应注意使两个价值保持一致的隐含假设：

（1）两个模型中的股权终结点价值是使用基本因素——FCFE模型中的股权再投资率和DDM模型中的股利支付率——来计算的。如果分析人员参照了与计算终结点价值时有关增长和股权收益率的假设不一致的股利支付率或股权再投资率，则两种模型得到的价值将会有很大的差异（按照一般惯例，使用行业平均的股利支付率和股权再投资率计算终结点价值将会得到相同的结果）。

（2）假设没有作为股利支付的现金会赚取股权资本成本的收益，因而其是价值中立的。换言之，超额现金被投资于净现值为零的投资项目之中。

第二个假设是一个关键的假设。对于积累现金余额的公司来说，投资者关心的是其现金是否被投资于不良的收购项目。换言之，现金是否被投资于净现值为负的投资项目。例如，如果我们假设前例中的现金积累已被投资，并获得7%的收益(股权资本成本为9%的风险投资)，则下表概括了随着时间的推移所产生的现金积累（单位：百万美元）：

	1	2	3	4	5
股权自由现金流	88.50	97.35	107.09	117.79	129.57
股利	33.00	36.30	39.93	43.92	48.32
现金积累（投资率为7%）	55.50	120.44	196.02	283.61	384.72

将第5年年末累计的现金积累的现值加上DDM模型的价值，就可以得到股权价值，且该值低于FCFE模型的股权价值。

$$\text{第5年累计现金积累的现值}=\frac{384.72}{(1.09)^5}=250.04\text{（百万美元）}$$

$$\text{股权价值}=\text{DDM价值}+\text{现金积累的现值}=1\,605.63+250.04=1\,855.68\text{（百万美元）}$$

相对于FCFE模型而言，9.26百万美元的价值损失是由公司负的净现值项目的投资所导致的。

在古典DDM模型中，我们忽略了现金的积累，并假设现金完全被浪费。在这种极端的情形下，现金积累的价值完全为零。这就是股利折现模型会被视作一种最低的估值模型的原因。

5.4 每股价值与总价值

在本章中，我们所做的估值有的使用的是每股收益和每股现金流的值，从而得到对每股股权的估计；也有的使用的是综合净收益和综合现金流的值，从而得到了股权的总价值。那么，为什么使用一种方法而不使用另一种方法呢？两种方法的利弊各是什么呢？

每股价值的方法稍微简单些，并且其通常也较容易理解。大部分数据服务会报告每股收益并分析每股收益的增长。即便如此，也要附上总价值，主要是因为如下两点。首先，如果开始就用净收益而不是每股收益，则比较容易将经营资产与现金区分开，并分清经营资产的净收益和现金净收益。其次，当存在流通在外的认购权、认股权证和可转换债券时，使用每股价值会存在争议。公司发行的这些股票期权可能会被转换成普通股，进而改变流通在外的股数。分析人员确实曾尝试将这些期权包括在内来计算部分稀释（价内期权被作为流通在外的股数计算）或全部稀释（要计算全部期权）的每股价值。然而，期权本身并不适合简单地进行这种描述。处理期权更加可靠的方法是评估期权本身的价值，并将该值从公司评估的股权总价值中减去，以得到普通股的股权价值，而后再将该值除以流通在外的实际普通股股数就会得到每股股权正确的价值。在第 11 章中，当考虑经理所持有的股票期权及其对价值的影响时，将更加详细地研究这个问题。

5.5 结论

股利折现模型与股权自由现金流模型之间最主要的差别即在于对现金流的定义不同。股利折现模型使用严格的股权自由现金流定义（即预期股票的股利）；而 FCFE 模型使用的则是广义的股权自由现金流，即满足所有的财务义务和投资需要后剩余的现金流。当公司支付的股利不同于 FCFE 时，两种模型评估的价值会有所不同。在评估收购或很有可能发生控制权转移的公司的价值时，FCFE 模型能够提供更好的评估价值。

第 6 章 公司估价模型

在上一章，我们考查了对公司股权估价的两种方法，即股利折现模型和 FCFE 估价模型。本章将研究评估公司整体价值的另外两种方法，分别是按加权平均资本成本折现公司全部索取权人的累计现金流以评估公司的整体价值（即资本成本法），以及将债务对估价（价值）的边际影响加到无负债公司的价值上以评估公司的整体价值（即调整现值法）。另外，我们还将考查第三种方法，即通过计算超额收益的现值并将其加到投资公司的资本上以获得公司的估价。

在考查公司估价的过程中，我们也关注究竟财务杠杆是否能够影响公司的价值。我们发现，存在违约风险、税收和代理成本时，债务筹资比例的增加有时会增加公司的价值，有时则会降低公司的价值。实际上，我们认为，对公司而言最佳的筹资结构是能使公司价值最大化的资本结构。

6.1 资本成本法

在资本成本法中，运用加权平均资本成本折现公司自由现金流即可得到公司价值。该方法引入了债务的税收利益（加权平均资本成本中税后债务成本的使用）和预期额外的债务风险（体现为较高的股权资本成本和较高的负债比率）。与股利折现模型和 FCFE 模型一样，该模型的应用将取决于对未来增长所做的假设。

6.1.1 基本原则

在资本成本法中，我们首先评估的是公司价值，而不是股权价值。从这一评估值中扣除非股权索取权的市场价值，即可得到公司的股权价值。资本成本法假设资本成本考虑了借款的税收利益和预期的破产成本两方面。折现的现金流是在假设公司没有负债和利息费用的税收收益的情况下所计算的公司现金流。

虽然在资本成本法中一般都会假设债务比率保持不变，但是该方法非常灵活，能够使债务比率随着时间的推移而发生变化。实际上，该模型最大的优点之一是，通过折现率而不是现金流将筹资结构的变化轻而易举地体现在价值之中。

公司估价背后最具革命性和有悖于直觉的思想是股权投资者和公司债权人共同向公司提供资本并分享公司的成功，且他们最终是合伙人关系。在公司估价模型中，股东和债权人之间最主要的区别在于其所具有的现金流索取权的性质不同——债权人拥有优先的固定现金流索取权，而股东则拥有对留存现金流的剩余索取权。

6.1.2 对模型的描述

与股利折现模型和 FCFE 模型一样，FCFF 模型也有不同的形式，主要是因为预期增长率的高低不同以及对公司可能持续的时间长短的假设不同。在本节，我们将介绍公司自由现金流模型的不同形式。

1. 稳定增长公司

与股利折现模模型和 FCFE 模型一样，一家永远以恒定不变的比率——稳定增长率——增长的公司可以使用稳定增长模型的下列等式来估价：

$$公司价值 = \frac{FCFF_1}{WACC - g_n}$$

其中，$FCFF_1$ = 预期下一年的公司自由现金流（FCFF）；WACC = 加权平均资本成本；g_n = FCFF 增长率（永久）。

运用该模型需要满足两个条件，即在股利折现模型和 FCFE 模型中都能够得到体现的两个条件。首先，模型中使用的增长率必须小于或等于经济增长率——如果资本成本以名义形式表示，即为名义增长率；如果资本成本为实际资本成本，则为实际增长率。其次，公司的特征必须与稳定增长的假设相一致。尤其评估公司自由现金流所使用的再投资率时，其应该与稳定增长率保持一致。保持上述一致最好的方法是根据公司能够永远保持的稳定增长率和资本收益率来确定再投资率。

$$稳定增长时期的再投资率 = \frac{增长率}{资本收益率}$$

如果根据净资本支出和营运资本的变化来确定再投资，则净资本支出应类似于行业中的其他公司（可能被设置为资本支出与折旧之比的行业平均值），并且营运资本的变化一般不应为负。营运资本的负增长增加了现金的流入量，虽然从短期来看，这是可行的；但从长期来看，这一假设却是危险的。① 资本成本也应该是对稳定增长公司的反映。尤其是 β 系数，应接近于 1；然而，根据前一章所介绍的经验，更准确地说，β 系数应介于 0.8 与 1.2 之间。虽然稳定增长的公司倾向于运用较多的债务；但对模型而言，这并不是先决条件，因为负债政策服从于管理层的判断。

同所有稳定增长模型一样，这一模型对预期增长率的假设也是敏感的。然而，需要强调的是，估价中使用的折现率是 WACC。对大多数公司而言，它明显低于股权资本成本。此外，该模型对资本支出相对于折旧的假设也是敏感的。如果再投资的产出并不是预期增长率的函数，则公司的自由现金流可能会由于资本支出相对于折旧的减少（增加）而有所膨胀（紧缩）。如果再投资率是根据资本收益率确定的，则资本收益率的变化会对公司价值产生显著的影响。

---

① 遵循这一逻辑前提，将会导致净营运资本趋近于一个非常大（潜在的无穷大）的负数。

[例 6—1] 运用稳定增长 FCFF 模型来评估公司价值：任天堂公司（Nintendo）

Nintendo 公司具备其独有的 Nintendo 操纵台和游戏，是电子游戏行业的先驱者。随着电子游戏市场的发展，它面临着来自索尼和微软的激烈竞争。这些资金雄厚的大企业引进它们自己的专有版本（索尼的 PlayStation 游戏站和微软的 Xbox 游戏机），从而给 Nintendo 施加了压力，迫使其更新系统。2004 年，Nintendo 报告的税前营业利润为 99.55 十亿日元；根据 2004 年初的投入资本，可得出税后的资本收益率为 8.54%（基于 33% 的税率）。公司保守的管理者并没有对经营活动进行更多的再投资，从而使得过去几年的再投资率仅为 5%。如果我们假设这些数字将长期保持不变，则营业利润的预期增长率为 0.427%：

经营收益的预期增长率 = 再投资率 × 资本收益率 = 0.05 × 8.54% = 0.427%

若要使用这一稳定增长率来评估公司的价值，则我们应首先估计下一年的公司自由现金流：

下一年预期的 EBIT（1 − t） = 99.55 ×（1 − 33%）× 1.00427	66.98 十亿日元
− 下一年预期再投资 = EBIT（1 − t）× 再投资率 = 66.98 × 0.05	3.35 十亿日元
预期公司自由现金流	63.63 十亿日元

为估计资本成本，我们使用自下而上的 β 系数 1.2（体现电子游戏公司的风险）。日元的无风险利率为 2%，市场风险溢价为 4%，则股权资本成本为：

股权资本成本 = 2% + 1.20 × 4%

= 6.80%

Nintendo 没有负债，其资本成本等于其股权资本成本 6.8%。根据永续增长率 0.427%，预期公司自由现金流 63.63 十亿日元，资本成本 6.8%，我们可以得到公司的价值：

$$\text{公司经营资产的价值} = \frac{63.63}{0.068 - 0.00427}$$

= 998.48（十亿日元）

加上现金和有价证券 717.76 十亿日元的价值即可得到股权的价值为 1 716.24 十亿日元，每股价值为 12 114 日元（基于 141.669 百万流通股）。在评估这一价值时，2005 年 1 月股票的每股交易价格为 11 500 日元。

在再投资政策和债务的运用方面，Nintendo 的管理太过保守。换句话说，如果其在这两方面是比较积极的，则公司的价值可能会更大些，这完全是可能的。在第 13 章，我们将就控制权价值问题在更大的范围内进行重新考查。

2. FCFF 模型的一般形式

以下我们将介绍模型的一般形式，而不是将自由现金流模型划分为两阶段和三阶段模型，并像前一章那样重复风险。我们首先概括描述了对公司经营资产价值的评估过程，然后再来考查如何通过经营资产的价值来获得权益价值。

1）评估经营资产的价值

在一般情况下，公司价值可以写作预期公司自由现金流的现值。

$$公司价值=\sum_{t=1}^{t=\infty}\frac{FCFF_t}{(1+WACC)^t}$$

其中，$FCFF_t$ = 第 t 年公司的自由现金流；WACC = 加权平均资本成本。

如果公司于第 n 年达到稳定状态，并且此后以稳定的增长率 g_n 增长，则公司的价值可以被写作：

$$公司经营资产的价值=\sum_{t=1}^{t=n}\frac{FCFF_t}{(1+WACC)^t}+\frac{[FCFF_{n+1}/(WACC-g_n)]}{(1+WACC)^n}$$

注意，公司自由现金流的计算应依据公司的营业利润，以及其中有多少被用于再投资以保证营业利润的增长。

FCFF = EBIT（1 - 税率） - （资本支出 - 折旧） - 非现金营运资本的增加

因而，使用的资本成本应仅反映公司的经营风险。由此也可以断定，以资本成本折现现金流所得的现值，衡量的仅是公司经营资产的价值（其提供营业利润）。对于其收益不属于营业利润的资产，其价值也未被评估。

2）从经营资产的价值到股权价值

为了从经营资产的价值中获得股权价值，我们必须首先并入公司所拥有的非经营资产的价值，然后再考虑所有流通在外的非股权对公司的请求权。

A. 并入非经营资产。非经营资产包括收益未被计入营业利润的所有资产。现金和有价证券是最普通的非经营资产，在大公司这些资产通常有数十亿，且其价值应被加到经营资产的价值之中。此外，在有些公司其少数资产所得的营业利润未被包含在营业利润和 FCFF 中，因而我们需要评估这些资产的价值并将其加到经营资产的价值之中。最后，公司可能拥有一些闲置和未利用的资产，这些资产不能产生收益或现金流，但仍具有价值，因此应将其加到经营资产的价值之中。

B. 考虑非股权对公司的索取权。很显然，有息债务是最普通的一种索取权，将其从公司价值中扣除即可得到股权价值。正如在第 3 章中我们曾讨论过的，为了计算资本成本并得到股权价值，我们应将租金看做债务的等价物。为得到股权价值，我们需要做出如下三项调整。第一项调整涉及的是子公司的多数股东权益，一般将其定义为持有 50% 及以上股权的股东。在这种情况下，要求子公司的资产和利润要与母公司完全合并。如果使用合并后的营业利润和现金流来评估母公司的价值，则为得到母公司的价值，必须减去子公司少数股东权益的评估价值。在第 10 章中，我们将更详细地阐述对现金和交叉持股的估价。第二项调整涉及的是其他潜在的、对公司的请求权，包括未备付基金的养老金计划和健康福利责任。虽然在计算资本成本时它们并不符合债务的条件，但应将其扣除以得到股权价值。最后，如果公司面临着可能会发生巨额支付的法律诉讼，则我们应根据法律诉讼来计算预期的负债并将其扣除以评估股权价值。

总之，表 6—1 列示了从经营资产价值到股权价值的计算。

表6—1　　**从经营资产价值到股权价值**

步　骤	输出结果
以资本成本折现公司自由现金流将得到……	公司经营资产的价值
加上其收益不属于营业利润的任何资产的价值	+ 现金和有价证券 + 其他公司少数股权价值 + 闲置或未使用资产的价值
减去公司非股权索取权	- 有息负债价值 - 经营租赁租金的现值 - 合并公司少数股东权益的评估价值 - 未备付的健康福利或养老基金义务 - 预期诉讼支出
得到股权价值	= 股权价值

[例6—2] 评估 Titan Cement 的价值——2005 年 3 月

Titan Cement 是希腊一家混凝土公司，因效率和获利能力而获得良好的声誉。为评估该公司的价值，我们运用公司估价模型和以下假设：

2004 年，公司报告的营业利润为 231.8 百万欧元，实际（现行）税率为 25.47%。按 2003 年年末资本账面价值的规模，该年资本的税后收益率为 19.25%。

2004 年，Titan Cement 报告的净资本支出为 49 百万欧元，非现金营运资本增加了 52 百万欧元，则再投资率为 58.5%：

$$\text{再投资率}=\frac{\text{净资本支出}+\text{净营运资本的增加额}}{\text{EBIT}\ (1-t)}=\frac{49.2+51.8}{231.8\times(1-0.2547)}=58.5\%$$

过去 5 年的再投资率是变化的，事实上，这段时期的平均再投资率为 28.54%。我们假设 Titan 在未来 5 年将保持这一平均再投资率，结合上一年 19.25% 的资本收益率，可得营业利润的预期增长率为 5.49%：

$$\text{预期增长率}=\text{再投资率}\times\text{资本收益率}=0.2854\times19.25\%=5.49\%$$

Titan Cement 的 β 系数为 0.93，欧元的无风险利率为 3.41%，希腊的国家风险溢价为 4.46%，则我们估计的股权资本成本为 7.56%：

$$\begin{aligned}\text{股权资本成本}&=\text{无风险利率}+\beta\ \text{系数}\times\text{风险溢价}\\&=3.41\%+0.93\times4.46\%\\&=7.56\%\end{aligned}$$

根据 AA 级的综合债券评级和希腊的违约利差 0.26%，Titan Cement 未来 5 年的税前债务资本成本为 4.17%。[①] 根据股权和债务的市场价值，可得到负债比率为 17.6%，资本成本为 6.78%：

① 为计算 Titan 的债务资本成本，我们在无风险利率 3.41% 的基础上加上评估的 0.5% 的违约利差（根据 Titan 的 AA 级综合债券）和希腊的国家违约溢价 0.26%（根据希腊发行的国家债券）。

$$资本成本=股权资本成本\times\frac{E}{D+E}+税后债务资本成本\times\frac{D}{D+E}$$
$$=7.56\%\times0.824+4.17\%\times(1-0.2547)\times0.176$$
$$=6.78\%$$

我们假设5年后 Titan Cement 的 β 系数将达到1，希腊的国家风险溢价将变为0，税率将达到欧盟33%的边际税率，则：

股权资本成本 = 3.41% + 1.00 × 4% = 7.41%

税后债务资本成本 = 3.91% ×（1 − 0.33） = 2.61%

资本成本 = 7.41% × 0.824 + 2.61% × 0.176 = 6.57%

我们还假设5年后营业利润的增长率将下降至3.41%（无风险利率），预测的超额收益率将接近于0，则资本收益率等于资本成本6.57%，稳定增长时期的再投资率为51.93%：

$$稳定增长时期的再投资率=\frac{g}{ROC}=\frac{3.41\%}{6.57\%}=51.93\%$$

为评估 Titan Cement 的价值，我们先使用5.49%增长率和28.54%的再投资率，以估计高增长时期公司每年的自由现金流（单位：百万欧元）：

	当前	1	2	3	4	5
再投资率		28.54%	28.54%	28.54%	28.54%	28.54%
EBIT ×（1 − 税率）	172.76	182.25	192.26	202.82	213.96	225.72
−（资本支出 − 折旧）	49.20	40.54	42.77	45.11	47.59	50.21
− 净营运资本的增加额	51.80	11.47	12.11	12.77	13.47	14.21
公司自由现金流	71.76	130.24	137.39	144.94	152.90	161.30
资本成本		6.78%	6.78%	6.78%	6.78%	6.78%
累计资本成本		1.0678	1.1401	1.2174	1.2999	1.3880
现值		121.97	120.51	119.06	117.63	116.21

为评估终结点价值，我们估计第6年公司的自由现金流并应用稳定时期的资本成本和增长率：

最终价值 = 6.57%

$$第6年的现金流量=EBIT_6(1-t)(1-再投资率)$$
$$=302.85\times(1+0.034)\times(1-0.33)\times(1-0.5193)$$
$$=100.88（百万欧元）$$

$$终结点价值（第5年末）=\frac{100.88}{0.0657-0.0341}$$
$$=3\ 195（百万欧元）$$

以当前的资本成本折现终结点价值求出现值，再加上高增长时期预期现金流的现值则会得到公司经营资产的价值。加上现金和其他非经营资产，再减去负债和少数股东权益将得到公司的股权价值：

经营资产的价值	2 897. 42 百万欧元
+ 现金与有价证券	76. 80 百万欧元
− 负债与非经营资产	414. 25 百万欧元
− 少数股东权益	45. 90 百万欧元
普通股的股权价值	2 514. 07 百万欧元
每股股价	32. 84 欧元/股

2005 年 3 月，股票的交易价格为每股 25. 34 欧元，大概被低估了 25%。图 6—1 概括了这一估价过程。

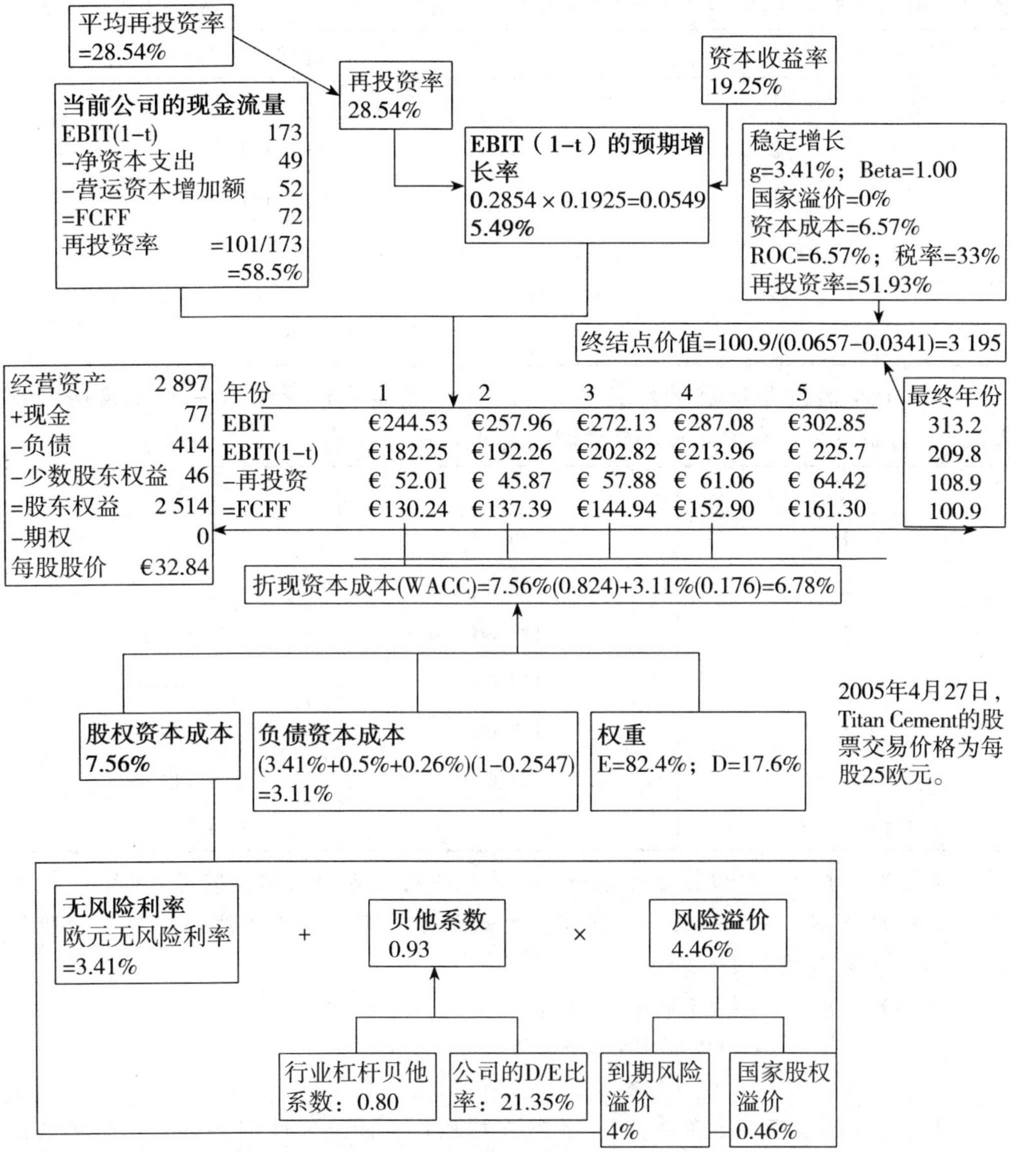

图 6—1　Titan Cement 的现状

[例6—3] 评估 Target 的价值：处理经营租赁

Target 是世界上最大的专业零售商之一，因价格公道低廉而享有较好的声誉。虽然该公司在全球范围内经营，但其大部分收入来源于美国。我们基于下列假设来评估该公司的价值：

（1）2004 年，Target 实现收入 46 839 百万美元，报告的营业利润为 3 601 百万美元，公司的边际税率为 37.80%。该营业利润是支付了 240 百万美元的经营租赁费用之后的余额，且其未来各年的预期经营租赁费用见下表（单位：百万美元）：

年份	经营租赁费用
1	146
2	142
3	137
4	117
5	102
6 及之后	2 405

以 Target 的债务税前资本成本 5.5%（根据其综合等级 A - 和无风险利率 4.5%）为折现率，我们来计算经营租赁费用的现值（单位：百万美元）：

年份	租赁费	现值
1	146.00	138.39
2	142.00	127.58
3	137.00	116.67
4	117.00	94.44
5	102.00	78.04
6 ~ 23	133.61	1 149.69
租赁的负债价值		1 704.82

以未来 5 年的平均租赁费为基础，将第 6 年及之后的累积租赁费 2 405 百万美元转换为 18 年期、每年 133.61 百万美元的年金。调整营业利润以反映经营租赁（运用第 3 章研究过的近似值）。

调整后的经营收益 = 营业利润 + 经营租赁现值 × 负债税前资本成本

= 3 601 + 1 704.82 × 0.055

= 3 695（百万美元）

在 Target 的资产负债表中，9 538 百万美元的负债是经过调整的，且包括经营租赁的现值：

调整后的负债 = 资产负债表中的负债 + 经营租赁的现值 = 9 538 + 1 705 = 11 243（百万美元）

（2）基于调整后的3 695百万美元的营业利润和2003年年末调整后的资本账面价值，我们可以计算出公司的资本收益率为9.63%。2004年，Target的资本支出为3 308百万美元，折旧为1 333百万美元，且标准的非现金营运资本的增加额为407百万美元。[①] 有关再投资率的计算过程如下：

$$再投资率=\frac{资本支出-折旧+营运资本的增加额}{EBIT\ (1-t)}$$

$$=\frac{3\,308-1\,333+407}{3\,695\times(1-0.378)}$$

$$=103.64\%$$

如果假设Target于未来5年能够保持其现行的资本收益率和再投资率，则营业利润的预期增长率为9.99%。

$$预期增长率=资本收益率\times再投资率=0.0963\times1.0364=0.0999\ 或\ 9.99\%$$

（3）为计算未来5年的资本成本，假设Target的β系数为1.1，则可得到股权资本成本为8.9%（无风险利率为4.5%、风险溢价为4%），资本成本为7.91%：

$$市场价值负债比率=\frac{负债}{负债+股权}=\frac{11\,243}{11\,243+51\,516}$$

$$=0.1802$$

$$资本成本=8.9\%\times0.8198+5.5\%\times(1-0.378)\times0.1802=7.91\%$$

假设5年后β系数降为1，则资本成本将降至7.58%。

（4）我们还假设5年后预期增长率将下降至4%，资本收益率将下降至资本成本7.58%，则稳定时期的再投资率为52.74%：

$$稳定时期的再投资率=\frac{g}{ROC}=\frac{4\%}{7.58\%}=52.74\%$$

进行分析的第一步即是预测稳定增长时期公司的自由现金流。下表概括了稳定增长时期的预期现金流。

年份	EBIT（1－t）（百万美元）	再投资率（%）	再投资（百万美元）	FCFF（百万美元）	现值（百万美元）
当前	2 298	103.65	2 382	－84	
1	2 528	103.65	2 620	－92	－85
2	2 780	103.65	2 881	－101	－87
3	3 058	103.65	3 169	－112	－89
4	3 363	103.65	3 486	－123	－90
5	3 699	103.65	3 834	－135	－92
现金流现值的合计					－444

① 资本支出包括当年的租赁费，折旧包括租赁资产的折旧。标准化的非现金营运资本的增加额是通过将2004年收入的增加额（4 814百万美元）乘以2004年非现金营运资本占收入的百分比（8.46%）来进行估计的。

注意，高增长时期的现金流按7.91%的资本成本折现。现金流为负值是因为公司的再投资额超过其税后营业利润，且公司不得不按与资本成本中所使用的负债比率（82%的权益和18%的负债）相同的比例来增加外部筹资以满足资金缺口。为了评估第5年年末的终结点价值，我们使用前面估计的稳定时期的再投资率和资本成本：

$$FCFF_6 = EBIT_5 (1-t)(1+g_{\text{稳定时期}})(1-\text{再投资率})$$
$$= 3\,699 \times 1.04 \times (1-0.5274)$$
$$= 1\,818 \text{（百万美元）}$$

终结点价值为：

$$\text{终结点价值} = \frac{FCFF_6}{\text{稳定时期资本成本} - \text{增长率}}$$
$$= \frac{1\,818}{0.0758 - 0.04}$$
$$= 50\,719 \text{（百万美元）}$$

将终结点价值折合为现值，再加上高增长时期现金流的现值，即可得到公司经营资产的价值。

$$\text{经营资产的价值} = \text{高增长时期现金流量的现值} + \text{终结点价值的现值}$$
$$= -444 + \frac{50\,719}{(1.0791)^5}$$
$$= 34\,215 \text{（百万美元）}$$

在此基础上再加上现金与有价证券的价值（2004年年末的估价为9 277百万美元），减去负债的价值（11 243百万美元），即可得到公司股权的价值：

$$\text{股权价值} = \text{经营资产价值} + \text{现金与有价证券} - \text{负债}$$
$$= 34\,215 + 9\,277 - 11\,243$$
$$= 32\,249 \text{（百万美元）}$$

最后调整流通在外的管理期权。为评估公司的每股股权价值，应先减去当前流通在外的期权价值（633.53百万美元）①，再除以实际（而不是稀释后的）流通在外的股数（884.68百万股）。

$$\text{每股股权价值} = \frac{\text{股权价值} - \text{股票期权价值}}{\text{股数}}$$
$$= \frac{32\,249 - 633.53}{884.68}$$
$$= 35.74 \text{（美元）}$$

2005年11月，Target股票的市场交易价格为57美元，明显被高估了。

[例6—4] 评估SAP的价值：研发的影响

SAP是一家德国企业，是为公司提供商业软件的主要供应商。其过去10年的

① 我们使用稀释调整后的Black-Scholes模型来评估期权价值。我们使用全部期权（既定的和非既定的）的平均执行价格，并平分期权的到期日以反映提前执行的可能性。在第11章中，我们将更详细地探讨这些问题。

增长，使该公司成为欧洲最大的科技企业之一。我们基于以下假设来评估该公司的价值：

（1）2004年公司报告的营业利润为2 044百万欧元，年实际税率为36.54%。该营业利润已剔除当年1 020百万欧元的研发费用。为使研发费用资本化，我们假设其具有5年的分期摊销年限。下表列示了过去5年SAP的研发费用、当年的摊销额以及留下尚未摊销的部分。

年份	研发费用（百万欧元）	尚未摊销的部分		当年摊销额（百万欧元）
		（%）	（百万欧元）	
当前	1 020.02	100	1 020.02	—
−1	993.99	80	795.19	198.80
−2	909.39	60	545.63	181.88
−3	898.25	40	359.30	179.65
−4	969.38	20	193.88	193.88
−5	744.67	0	0.00	148.93
研究资产的现值（美元）			2 914.02	
研发费用摊销（当年）				903.14

（2）营业利润通过加上当年的研发费用，再减去对研发资产的摊销，来得以调整。

$$\begin{aligned}\text{调整后的经营收益} &= \text{经营收益} + \text{当年的研发费用} - \text{研究资产的摊销}\\ &= 2\,044 + 1\,020 - 903\\ &= 2\,161\ (\text{百万欧元})\end{aligned}$$

为得到税后的营业利润，我们还考虑了来自于研发费用的税收收益（与仅研究资产摊销相比）。

$$\begin{aligned}\begin{matrix}\text{调整后的}\\\text{税后经营收益}\end{matrix} &= \begin{matrix}\text{调整后的}\\\text{经营收益}\end{matrix} \times (1-\text{税率}) + \left(\begin{matrix}\text{当年的}\\\text{研发费用}\end{matrix} - \text{摊销}\right) \times \text{税率}\\ &= 2\,161 \times (1-0.3654) + (1\,020-903) \times 0.3654\\ &= 1\,414\ (\text{百万欧元})\end{aligned}$$

（3）当年的研发费用应被加到当年的资本支出上，摊销则应加到折旧上以评估调整后的价值。结合营运资本的增加额19.43百万欧元，我们评估公司调整后的再投资率为57.42%。

$$\text{调整后的资本支出} = 1\,007 + 1\,020 = 2\,027\ (\text{百万欧元})$$

$$\text{调整后的折旧} = 293 + 903 = 1\,196\ (\text{百万欧元})$$

$$\begin{aligned}\text{调整后的再投资率} &= \frac{\text{资本支出} - \text{折旧} + \text{营运资本的增加额}}{\text{调整后的 EBIT}\ (1-t)}\\ &= \frac{2\,027 - 1\,196 + 19}{1\,414}\\ &= 57.42\%\end{aligned}$$

(4) 为评估资本收益率，我们估计出前一年年末研发资产的价值，并将其加到股权的账面价值上。公司的资本收益率为：

$$资本收益率=\frac{调整后的EBIT（1-t）}{调整后的股权账面价值（包括研发资产）+负债的账面价值}=\frac{1\,414}{6\,565+530}=19.93\%$$

为评估SAP的价值，我们首先应对5年的高增长时期进行评估。我们使用估计的自下而上的β系数为1.26，欧元无风险利率为3.41%，到期市场风险溢价为4%。此外，SAP大约有10%的收入来自亚洲和拉丁美洲的新兴市场（估计的风险溢价=6.5%）。我们使用SAP的综合市场风险溢价以反映这一风险水平：

$$SAP风险溢价=\frac{到期}{风险溢价}+\frac{来自于新兴}{市场收入的百分比}\times\frac{平均额外新兴}{市场风险溢价}$$

$$=4\%\times0.9+6.50\%\times0.1$$

$$=4.25\%$$

$$股权资本成本=3.41\%+1.26\times4.25\%=8.77\%$$

我们估计SAP公司的综合等级为AAA级。据此，在无风险利率3.41%的基础上加上违约利差0.35%，即可得到税前借款资本成本3.76%。根据边际税率36.54%和负债比率1.41%，可得公司的资本成本接近于其股权资本成本。

$$资本成本=8.77\%\times0.9859+3.76\%\times（1-0.3654）\times0.0141$$

$$=8.68\%$$

为评估前5年的预期增长率，我们假设公司能够保持先前估计的当前的资本收益率和再投资率。

$$预期增长率=再投资率\times资本收益率=0.5742\times0.1993=11.44\%$$

(5) 在我们考虑转换期之前，我们先来估计稳定增长时期的各个参数。首先，我们假设SAP的β系数将下降为1，公司将其负债比率提高到20%，并保持负债的资本成本不变，[①] 则估计的资本成本为6.62%（我们也将边际税率降低到35%以反映德国税法所发生的变化）。

$$股权资本成本=3.41\%+1\times4.25\%=7.66\%$$

$$资本成本=7.66\%\times0.8+3.76\%\times（1-0.35）\times0.2=6.62\%$$

假设稳定增长率为3.41%（无风险利率的上限），稳定增长时期公司资本收益率为6.62%（等于资本成本），则能够评估出稳定增长时期的再投资率。

$$稳定增长时期的再投资率=\frac{g}{ROC}=\frac{3.41\%}{6.62\%}=51.34\%$$

(6) 在转换时期，我们按线性递增的方式将增长率、再投资率和资本成本由高增长水平依次调整至稳定增长水平。下表概括了高增长时期和转换时期各输入变量和现金流的信息。

---

① 虽然这看上去可能很极端，但在负债增长的情况下，SAP在10年中将由于拥有巨额的营业利润和现金流而成为一家成熟公司。

年份	预期增长率（%）	EBIT（1－t）（百万欧元）	再投资率（%）	FCFF（百万欧元）	资本成本（%）	累计资本成本	现值（百万欧元）
当前		1 414					
1	11.44	1 576	57.42	671	8.68	1.0868	617
2	11.44	1 756	57.42	748	8.68	1.1810	633
3	11.44	1 957	57.42	833	8.68	1.2835	649
4	11.44	2 181	57.42	929	8.68	1.3948	666
5	11.44	2 430	57.42	1 035	8.68	1.5158	683
6	9.84	2 669	56.24	1 168	8.26	1.6411	712
7	8.23	2 889	55.06	1 298	7.85	1.7699	733
8	6.62	3 080	53.89	1 420	7.44	1.9016	747
9	5.02	3 235	52.71	1 530	7.03	2.0353	752
10	3.41	3 345	51.54	1 621	6.62	2.1700	747
高增长时期 FCFF 现值的合计							6 939

最后，我们根据前面估计的增长率、资本成本和再投资率来评估终结点价值。

$$终结点价值_{10}=\frac{EBIT_{11}\ (1-t)\ (1-再投资率)}{稳定增长时期的资本成本-增长率}$$

$$=\frac{5\ 451\times\ (1-0.35)\ \times\ (1-0.5154)}{0.0662-0.341}$$

$$=53\ 546\ (百万欧元)$$

注意，第 11 年税率的变化要求我们重新关注该年的营业利润。将前 10 年公司自由现金流的现值加上终结点价值的现值，可以得到：

$$公司经营资产的价值=6\ 939+\frac{53\ 546}{(1.0868)^5\times1.0826\times1.0785\times1.0744\times1.0703\times1.0662}$$

$$=31\ 615\ (百万欧元)$$

在此基础上，再加上现金与有价证券的价值（3 018 百万欧元），减去负债（558 百万欧元）和估计的少数股东权益的价值（55 百万欧元），则可以得到公司的股权价值为 33 715 百万欧元。

$$公司股权价值=经营资产价值+现金-负债-少数股东权益$$

$$=31\ 615+3\ 018-558-55$$

$$=34\ 020\ (百万欧元)$$

该价值减去管理期权的价值（180 百万欧元），再除以流通在外的股数（316 百万股），即可得到每股价值为 107.05 欧元，大约比评估时的市场交易价格 123 欧元低 13%。

6.1.3 详情如何

在进行估价时，分析人员所要面临的一个问题即是对各项目进行分解的详细水平。我们应该从收益和估计增长率开始，还是精确到从收入和预测个别经营费用开始？针对这一问题尚未有十分正确的答案，但我们可以引用第 1 章中所介绍的原则。实际上，在很多情形下，并不是进行越详细的分析就能得到越精确的价值，有时往往会产生相反的效果。只有当我们拥有评估个别项目所需的较精确的信息时，详细地分解项目才是有意义的。

根据这一公司估价原则，如果我们没有理由相信所预测的经营利润率会发生改变，那我们就没有必要从收入开始。这就是截至目前为止本章全部估价均从营业利润开始的一部分原因。然而，如果我们认为经营利润率是会不断变化的，并且我们能够合理地估计出随着时间的推移它们将如何变化（向目标值或行业平均值的方向变化），那么从预测收入开始，然后逐年地估计经营利润率才是有意义的。同样地，可以根据该原则来确定非现金营运资本或资本支出是否应分析得更详细。

［例 6—5］评估一家新兴的、高增长型的公司：Sirius Satellite Radio

在第 4 章，我们预测了 Sirius Satellite Radio 的营业利润和再投资需要，现在来回顾一下我们所做的假设：

公司于上一财务年度实现了 187 百万美元的收入，且报告的经营损失为 787 百万美元。鉴于我们假设随着时间的推移经营利润率会逐渐转化为行业平均的利润率 19.14%，于是我们开始预测未来各年的收入，并使用我们估计的经营利润率以得到对营业利润的度量。下表概括了我们所做的预测：

年份	收入增长率（%）	收入（百万美元）	经营利润率（%）	营业利润或损失（百万美元）
当前		187	-419.92	-787
1	200	562	-199.96	-1 125
2	100	1 125	-89.98	-1 012
3	80	2 025	-34.99	-708
4	60	3 239	-7.50	-243
5	40	4 535	6.25	284
6	25	5 669	13.13	744
7	20	6 803	16.56	1 127
8	15	7 823	18.28	1 430
9	10	8 605	19.14	1 647
10	5	9 035	19.57	1 768

我们使用销售与资本比率 1.5（接近行业平均值）和各年收入的增加额来评估公司的再投资需要额，下表再次列示了我们所做的估计：

年份	收入（百万美元）	收入增加额（百万美元）	销售/资本	再投资（百万美元）	资本投资（百万美元）	估算的 ROC（%）
当前	187				1 657	
1	562	375	1.5	250	1 907	-67.87
2	1 125	562	1.5	375	2 282	-53.08
3	2 025	900	1.5	600	2 882	-31.05
4	3 239	1 215	1.5	810	3 691	-8.43
5	4 535	1 296	1.5	864	4 555	7.68
6	5 669	1 134	1.5	756	5 311	16.33
7	6 803	1 134	1.5	756	6 067	21.21
8	7 823	1 020	1.5	680	6 747	23.57
9	8 605	782	1.5	522	7 269	17.56
10	9 035	430	1.5	287	7 556	15.81

为评估公司的资本成本，我们假设公司前 5 年的 β 系数为 1.8，税前负债成本为 7.5%。上述信息反映出公司正处于新兴且具有风险的状态。在转换时期，我们将 β 系数逐步降低到 1 的稳定增长水平，并使借款的税前资本成本为 5%。此外，直到第 9 年，公司都没有从利息费用中获得税收利益。因为公司前 4 年一直在发生经营损失，且经营净损失递延至随后的年份（详情见第 4 章）。负债比率从第 5 年 6.23% 的水平逐年上升，直至第 10 年达到 25% 的行业平均水平。下表概括了年资本成本：

年份	β 系数	股权资本成本（%）	负债资本成本（%）	税率（%）	税后负债资本成本（%）	负债比率（%）	资本成本（%）
当前	1.80	11.70	7.50	0.00	7.50	6.23	11.44
1	1.80	11.70	7.50	0.00	7.50	6.23	11.44
2	1.80	11.70	7.50	0.00	7.50	6.23	11.44
3	1.80	11.70	7.50	0.00	7.50	6.23	11.44
4	1.80	11.70	7.50	0.00	7.50	6.23	11.44
5	1.80	11.70	7.50	0.00	7.50	6.23	11.44
6	1.64	11.06	7.00	0.00	7.00	9.99	10.65
7	1.48	10.42	6.88	0.00	6.88	13.74	9.93
8	1.32	9.78	6.67	0.00	6.67	17.49	9.24
9	1.16	9.14	6.25	28.05	4.50	21.25	8.15
10	1.00	8.50	5.00	35.00	3.25	25.00	7.19

为计算终结点价值，我们假设 Sirius 获得了 12% 的资本收益率，并长期保持不

变（高于7.19%的资本成本），且稳定增长率为4%。

$$再投资率=\frac{g}{ROC}=\frac{4\%}{12\%}=33.33\%$$

为评估Sirius的价值，我们先来估计高增长阶段的现金流：

年份	EBIT（百万美元）	税率（%）	EBIT（1-t）（百万美元）	再投资（百万美元）	FCFF（百万美元）	累计资本成本	FCFF的现值（百万美元）
当前	-787	0.00	-787				
1	-1 125	0.00	-1 125	250	-1 374	1.1144	-1 233
2	-1 012	0.00	-1 012	375	-1 387	1.2418	-1 117
3	-708	0.00	-708	600	-1 308	1.3839	-945
4	-243	0.00	-243	810	-1 053	1.5422	-683
5	284	0.00	284	864	-580	1.7186	-338
6	744	0.00	744	756	-12	1.9017	-6
7	1 127	0.00	1 127	756	371	2.0906	177
8	1 430	0.00	1 430	680	750	2.2837	328
9	1 647	28.05	1 185	522	664	2.4699	269
10	1 768	35.00	1 149	287	863	2.6474	326
高增长阶段FCFF的现值							-3 222

使用前面估计的稳定时期的再投资率和资本成本来计算终结点价值：

$$终结点价值_{10}=\frac{EBIT_{11}（1-t）（1-再投资率）}{稳定增长时期的资本成本-增长率}$$

$$=\frac{1\ 768\times1.04\times（1-0.35）\times（1-0.33）}{0.0719-0.04}$$

$$=25\ 102（百万美元）$$

在高增长时期现金流现值的基础上，加上终结点价值的现值即可得到经营资产的价值：

$$公司经营资产的价值=-3\ 222+\frac{25\ 102}{(1.1144)^5\times1.1065\times1.0993\times1.0924\times1.0815\times1.0719}$$

$$=6\ 259（百万美元）$$

在此基础上，加上现金与有价证券的价值（940百万美元），减去负债（643百万美元）和期权的价值（171百万美元），即可得到股权的价值6 385百万美元。再将其除以流通在外的股数（1 330百万股）即可得到每股价值4.80美元。2005年11月，Sirius股票的交易价格为7.27美元，明显被高估了。

6.1.4 资本成本法的优点和局限性

资本成本法最大的优点是它同时涵盖了借款的成本与收益。正如在本章的后面部分我们将看到的，资本成本法考查财务杠杆的变化将如何改变公司价值的方式是相对简单的。

该方法与其所依靠的资本成本和公司的自由现金流存在如下三个问题。第一，与公司自由现金流相比，股权自由现金流是对现金流而言更为直观的度量。一提到对现金流的评估，我们大多数人都会想到已进行债务支付的现金流（即股权自由现金流），因为我们一般会站在业主的角度来考虑问题，并将利息支付和负债偿还看做现金流出。第二，该方法关注负债前的现金流，而这有时可能会使我们忽略了实际的生存问题。例如，假设某公司拥有1亿美元的公司自由现金流，但其巨额的债务负担使其股权自由现金流为－5 000万美元。因此，该公司为了生存将不得不筹集5 000万美元的新资金，否则超出该点的全部现金流都会变得很危险。使用股权自由现金流会使我们警惕这个问题，而使用公司自由现金流时却不可能反映该问题。第三，为了加入杠杆的作用，资本成本中债务比率的运用要求我们做出一些隐含的假设，即使这些假设并不可行或并不合理。例如，假设市场价值负债比率为30%，则会要求增长型的公司在未来的年度里发行大量的负债以达到该比率。在这一过程中，账面负债比率可能会达到一个极高的比例，并会引发债券契约或其他消极的结果。实际上，我们已将未来负债事项所导致的预期税收利益隐含地包括在当前的股权价值之中。

6.1.5　使用公司估价法与股权估价法所得到的股权价值相等吗

不同于股利折现模型或FCFE模型，公司估价模型评估的是公司价值而不是股权价值。然而，通过从公司价值中减去流通在外的负债的市场价值，我们能够得到股权价值。由于该模型可被看做用于评估股权价值的另一种方法，因此产生了如下两个问题，即为什么其是对公司进行估价而不是对股权进行估价？使用公司估价法所得到的股权价值是否与前一章中所阐述的股权估价法得到的股权价值相一致？

使用公司估价法的优点是不用明确地考虑负债现金流，因为FCFF是一种负债前的现金流，而估计FCFE时则必须予以考虑。一旦随着时间的推移预期的负债水平发生显著的变化，则该方法是非常经济有效的。因为当负债水平发生变化时，所面临的对新债务的发行和旧债务的偿还的估计可能会变得更加棘手。然而，公司估价法确实也需要与负债比例和利息率相关的信息以评估加权平均资本成本。

理论上，如果公司估价法与股权估价法关于财务杠杆的假设是一致的，则通过两种方法所得到的股权价值也应该是相等的。然而，在实践中，使它们达成一致是非常困难的。让我们举一个简单的例子——一家零增长却持续经营的公司。假设公司的息税前收益为166.67百万美元，税率为40%，公司股权的市场价值为600百万美元，股权资本成本为13.87%，负债的价值为400百万美元，负债的税前资本成本为7%，则公司的资本成本为：

$$\text{资本成本}=13.87\%\times\frac{600}{1\ 000}+7\%\times(1-40\%)\times\frac{400}{1\ 000}=10\%$$

$$\text{公司价值} = \frac{\text{EBIT}\ (1-t)}{\text{资本成本}} = \frac{166.67 \times (1-0.4)}{0.10} = 1\ 000\ (\text{百万美元})$$

注意，该公司无再投资，并且保持零增长。因此，我们可以通过减去负债的价值来评估公司的股权价值。

股权价值 = 公司价值 - 负债价值 = 1 000 - 400 = 600（百万美元）

现在我们通过直接估计净收益来评估股权价值：

$$\begin{aligned}\text{净收益} &= (\text{EBIT} - \text{负债税前的资本成本} \times \text{负债}) \times (1-t)\\ &= (166.67 - 0.07 \times 400) \times (1-0.4)\\ &= 83.202\ (\text{百万美元})\end{aligned}$$

以股权资本成本折现该净收益能够获得如下股权价值：

$$\text{股权价值} = \frac{\text{净收益}}{\text{股权资本成本}} = \frac{83.202}{0.1387} = 600\ (\text{百万美元})$$

由于在估价时我们隐含或明确地设定了如下三个假设，从而使得上述例子能够成立。

A. 用于计算资本成本的负债和股权价值等于估价中所得到的价值。按照逻辑推理，计算价值首先需要有资本成本；而这意味着，如果首先公司未被公平地定价，那么根据以市场价值为权重的资本成本所得到的股权价值将不会与使用股权估价模型所得到的价值相等。

B. 没有影响净收益但不影响营业利润的特别或非经营项目。因而，为从营业利润中得到净收益，我们只需减去利息费用和税金。

C. 利息费用等于负债税前的资本成本乘以负债的市场价值。如果公司账面旧债务的利息费用不等于该价值，则使用上述两种方法时将会产生分歧。

如果公司将发生预期增长，则出现上述不一致的可能性将会有所增加。为保证负债比率与计算资本成本时所假设的水平相一致，我们必须确保有充足的借款以满足新投资的需要。

6.2 调整现值法

在调整现值法（APV）中，我们首先应从无负债的公司价值着手。当公司持有负债时，我们通常会考虑借款的利益与成本这两方面对价值所产生的影响。为此，我们假设借款主要的利益是税收利益，借款最明显的成本则是增加的破产风险。

6.2.1 调整现值法的原理

在调整现值法中，我们将分三步来评估公司的价值。首先我们评估无负债公司的价值，然后再考虑借入一定款项之后所产生的利息税负节余的现值，最后我们评估借款对公司发生破产的概率和预期的破产成本的影响。

1. 无负债公司的价值

该方法的第一步是评估无负债公司的价值。这可以通过评估一家假设无负债的公司的价值来得以实现，即用无负债的股权资本成本来折现公司的自由现金流。在现金流以稳定的比率永续增长的特殊情形下，可以容易地计算出公司的价值：

$$无杠杆公司的价值=\frac{FCFF_0\ (1+g)}{\rho_u-g}$$

其中，$FCFF_0$ = 公司当前的税后经营现金流；ρ_u = 无负债的股权资本成本；g = 预期增长率。

在一般情况下，我们可以使用任意有关增长的假设来评估公司的价值，只要我们相信这些假设对公司而言是合理的。该估价所需要的参数有预期现金流、增长率和无负债的股权资本成本。评估最后一个参数可以利用前面已进行的分析（见第2章），使用无负债的β系数（通过考虑可比公司来获得）即可得到无负债的股权资本成本。

2. 借款的预期税收收益

该方法的第二步是在特定的债务水平下计算预期的税收收益。税收收益是公司税率的函数，并以负债的资本成本折现以反映现金流的风险程度。如果将税负节余视为永续年金，则：

$$\begin{aligned}税收收益的价值&=\frac{税率\times负债的资本成本\times负债}{负债的资本成本}\\&=税率\times负债\\&=t_cD\end{aligned}$$

这里所使用的税率为公司的边际税率，假设随着时间的推移其将保持不变。如果我们预期税率会随着时间的推移而发生变化，则我们仍可以随着时间的推移来计算税收收益的现值，但我们不能使用前面提出的永续增长公式。

3. 评估预期破产成本与净影响

该方法的第三步是估计特定负债水平对公司违约风险和预期破产成本的影响。理论上，至少需要估计增加负债违约的概率和直接与间接的破产成本。如果 π_a 表示增加负债后的违约概率，BC 表示破产成本的现值，则我们可以估计预期破产成本的现值：

$$预期破产成本的现值=破产概率\times破产成本的现值=\pi_aBC$$

调整现值法的这一步引起了最明显的评估问题，因为无论是破产概率还是破产成本都不能直接进行估计。

间接估计破产概率有两种基本方法。一种是估计债券的信用等级，正如我们在资本成本法中所做的那样，针对不同的债务水平，利用实证估计法来估计每一等级的违约概率。例如，表6—2 正是从 Altman 和 Kishore2000 年的研究成果中抽取的，它通过债券信用等级分类总结了过去 10 年间的违约概率。① 另一种方法是根据公司可观测的特征，使用诸如概率值等统计方法来估计各负债水平的违约概率。

表 6—2　　债券信用等级类别的违约率

债券等级	违约率（%）
D	100.00
C	80.00
CC	65.00
CCC	46.61
B -	32.50
B	26.36
B +	19.28
BB	12.20
BBB	2.30
A -	1.41
A	0.53
A +	0.40
AA	0.28
AAA	0.01

资料来源：Altman 和 Kishore（2000）。

可以通过考虑破产成本大小的一些研究中来估计破产成本，尽管有时会有较大的误差。考虑破产直接成本的研究认为，该成本相对于公司价值而言数额较小。②而破产间接成本却很可能是较大的，在不同的公司间该成本也相差很大。Shapiro 和 Titman 推测出间接成本可能为公司价值的25%~30%，但并未提供直接的成本证据。Altman（1984）在对 1980—1982 年间 7 家破产公司的研究中估计得出破产成本为 15%。③

［例 6—6］运用调整现值法评估公司的价值：Titan Cement

在［例 6—2］中，我们运用资本成本法评估了 Titan Cement 的价值。在这里，我们再使用调整现值法按三步骤来重新评估该公司的价值。

① E. I. Altman and V. Kishore, "The Default Experience of U. S. Bonds," working paper, Salomon Center, New York University, 2000。该研究仅针对一部分等级分类，以其评估其过去 10 年间的违约率。由我们再来推断其余的等级。

② J. N. Warner, "Bankruptcy Costs: Some Evidence," *Journal of Finance* 32（1977）：337-347。在这项有关铁路破产的研究中，破产直接成本大约为 5%。

③ A. Shapiro, *Modern Corporate Finance*（New York：Macmillan），1989；S. Titman, "The Effect of Capital Structure on a Firm's Liquidation Decision," *Journal of Financial Economics* 13（1984）：137-151；E. Altman, "A Further Empirical Examination of the Bankruptcy Cost Question," *Journal of Finance*（1984）：1 067-1 089.

(1)计算无负债公司的价值。前面评估Titan的价值时，我们使用公司无负债的β系数0.93、负债与资本的比率17.6%估计资本成本，以折现公司自由现金流。在APV法中，我们使用无负债β系数0.8来评估无负债的股权资本成本，且前5年的无风险利率为3.41%，风险溢价为4.46%，则股权资本成本为6.98%：

$$无负债的股权资本成本 = 3.41\% + 0.80 \times 4.46\% = 6.98\%$$

为与［例6—2］中使用的负债β系数1保持一致，5年之后，我们使用的无负债β系数为0.875。[①] 若市场风险溢价降至4%，则股权资本成本为6.91%：

$$稳定时期无负债的股权资本成本 = 3.41\% + 0.875 \times 4\% = 6.91\%$$

我们使用［例6—2］中估计的公司自由现金流来评估无负债公司的价值（单位：百万欧元）：

年份	当前	1	2	3	4	5
EBIT（1－税率）	172.76	182.25	192.26	202.82	213.96	225.72
－（资本支出－折旧）	49.20	40.54	42.77	45.11	47.59	50.21
－营运资本的增加额	51.80	11.47	12.11	12.77	13.47	14.21
公司自由现金流	71.76	130.24	137.39	144.94	152.90	161.30
终结点价值						3 036.62
现值（6.98%）		122	120	118	117	2 282
公司价值	2 759					

前5年的现金流是相同的，但终结点价值却是明显不同的，因为资本收益率恒为6.91%（是无负债股权资本成本，而不是资本成本）。Titan Cement无负债公司的价值为2 759百万欧元。

(2)计算负债的税收收益。根据Titan现有的414百万欧元的负债和25.47%的税率可计算负债的税收收益：

$$长期的预期税收收益 = 税率 \times 负债 = 0.2547 \times 414 = 105.45（百万欧元）$$

该公司获得了当前流通在外的负债的税收收益，并未考虑未来债务发行的因素（或负债比率的增加）和额外负债所产生的税收收益。

(3)估计预期破产成本。为做上述估计，我们需要做如下两个假设。第一，根据目前的综合信用等级AA，现行负债水平的违约概率（见表6—2）将会非常小（0.28%）。第二，我们估计破产成本为无负债公司价值的30%。

① ［例6—2］中使用的杠杆β系数为1，稳定增长时期假设的负债与股权比率为21.36%，税率为33%，则：

$$无负债\beta系数 = \frac{1.00}{1 + (1 - 0.33) \times 0.2136} = 0.875$$

预期破产成本 = 破产概率 × 破产成本 ×（无杠杆公司价值 + 负债的税收收益）

= 0.0028 × 0.30 ×（2 759 + 105）

= 2.41（百万欧元）

现在，我们可以估计公司经营资产的价值。

经营资产价值 = 无杠杆公司价值 + 税收收益的现值 − 预期破产成本

= 2 759 + 105.45 − 2.41

= 2 862（百万欧元）

不同的是，利用资本成本法评估的经营资产的价值为 2 974 百万欧元。之所以使用上述两种方法会出现差异，可能是因为各自的税收收益不同。APV 模型只考虑现有负债的税收收益，而资本成本法还加上了未来发行负债的税收收益。

6.2.2 资本成本法与 APV 估价法

在 APV 估价中，将无负债公司的价值加上负债的净影响将会得到负债公司的价值。

$$杠杆公司的价值 = \frac{FCFF_0\ (1+g)}{\rho_u - g} + t_c D - \pi_a BC$$

在资本成本法下，杠杆效应体现在资本成本中，即将税收收益并入到负债的税后资本成本中，而破产成本则体现在负债 β 系数和负债税前资本成本两方面。

使用上述两种方法会得到相等的价值吗？答案是不一定。事实上，产生差异的第一个原因是两个模型所考虑的破产成本相差很大，且调整现值法由于考虑了破产间接成本而具有较大的灵活性。由于这些成本通常不会，至少不会完全地体现在负债的税前资本成本当中，因此使用 APV 法将会得到较保守的评估值。第二个原因是 APV 法通常会基于现有负债来考虑负债的税收好处，资本成本法则会根据负债比率来估计税收利益，而该比率可能导致公司随着价值的增加而增加借款。例如，有一家增长型的公司，假设其负债与资本的市场价值比率恒为 30%，而这就意味着其需要在未来期间借入更多的款项，且预期未来借款的税收收益也被包含在当前的价值之中。

使用哪一种方法会得到更合理的估价呢？在 APV 法中，对负债的假设是比较保守的，但该模型的缺点在于对预期破产成本的估计将会变得比较困难。在无法估计破产成本时，APV 法将会以不完整的形式被继续使用，即通过将无负债公司的价值加上税收收益的现值来得到公司的总价值，而预期的破产成本将会被忽略不计。

6.3 超额收益模型

在第 4 章预测现金流时，我们认为只有当存在超额收益——股权（资本）收益率超过股权（资本）成本时，增长才具有价值。超额收益模型接受这一符合逻辑的结论，即将公司价值看做预期超额收益的函数以评估其价值。虽然超额收益模型有许多形式，但我们主要研究一种普遍使用的形式，即经济增加值（EVA），它是由价值咨询公司 Stern Stewart 首先加以推广的。经济增加值被用于衡量单项投资或投资组合所创造的剩余价值。它是单项投资或投资组合所获得的剩余收益与其投入资本的乘积。

经济增加值 =（投入资本的收益率 - 资本成本）×投入资本

= 税后经营收益 - 资本成本×投入资本

在本节中，我们首先看一下有关经济增加值的衡量方法，然后再来考虑其与折现现金流估价法之间的联系。

6.3.1　计算 EVA

EVA 的定义概括地说明了有关其计算的三个基本因素——投资所获得的资本收益率、投资的资本成本和投入资本。当衡量每一个因素时，我们做了许多调整，这些调整与折现现金流估价法中所讨论的基本相同。

有多少资本被投资于现有资产？一个明显的答案是使用公司的市场价值，但市场价值不仅包括对现有资产的资本投入，还包括对预期未来增长的投入。[①] 由于我们想评估上述现有资产的品质，因此我们需要衡量这些资产的资本投入。然而，既然评估该价值有些困难，那么我们使用资本的账面价值来代替现有资产的资本投入也就不足为奇了。事实上，账面价值这一数值，不仅反映了有关资产如何计提折旧、存货如何计价、如何处理收购对当期的选择，还反映了会计制度针对过去所做的决策。为估计投入资本，在有关现金流折现我们所做的调整中，至少有三项在计算 EVA 时必须做出调整——转化经营租赁为负债、资本化研发费用以及消除一次性或装修费用所产生的影响。另外，为获得对现有资产投入资本的市场价值的合理估计，老公司必须针对资本的账面价值做出更广泛的调整。这要求我们了解并考虑针对过去的每一项会计政策，然而在很多情况下，资本的账面价值因具有太多的缺陷以至于无法确定。此时，评估投入资本最好的方法即是从公司所拥有的资产着手，估计所有资产的价值，然后再将其市场价值相加求和。

为评估投入资本的收益率，我们需要估计公司利用这些投资所赚得的税后营业利润。此外，还需在会计营业利润的基础上调整经营租赁、研发费用和一次性费用以计算资本收益率。

估计经济增加值的第三个因素，也是最后一个因素即是资本成本。为支持在折现现金流估价法部分的论证，我们应根据公司负债和股权的市场价值来估计资本成本，而不是根据账面价值。事实上，使用账面价值来估计资本投入和使用市场价值来估计资本成本并不矛盾，因为公司必须赚得大于其市场价值的资本成本以创造价值。从实际应用看，使用账面价值资本成本对于大多数公司而言，会低估其资本成

① 例如，使用市场价值，而不是账面价值来计算谷歌的资本收益率，则其结果大约为 1%。若将此视为公司部分管理者投资不足的信号，则可能是一个误解。

本，而且会更加低估较高负债公司的资本成本。而对资本成本的低估将导致对经济增加值的高估。

6.3.2 经济增加值、净现值和折现现金流估价

净现值（NPV）法则是传统公司理财中进行投资分析的基本原则之一。项目的净现值反映项目弥补全部投资支出后赚得的预期现金流的现值，是对项目所创造的剩余价值的衡量。因此，投资于净现值为正的项目会增加公司的价值，而投资于净现值为负的项目则会降低公司的价值。经济增加值是对净现值法则的一个简单扩展。项目的净现值是项目整个寿命期内经济增加值的现值。①

$$NPV = \sum_{t=1}^{t=n} \frac{EVA_t}{(1+k_c)^t}$$

其中，EVA_t = 第 t 年项目的经济增加值；n = 项目的寿命期限。

经济增加值与 NPV 之间的关系使我们能够将公司价值与公司的经济增加值联系起来。为此，我们首先应根据现有资产价值和预期未来增长价值来建立一个简单的公司估价公式。

公司价值 = 现有资产价值 + 预期未来增长价值

注意，根据每一部分所创造的净现值，折现现金流估价模型中现有资产价值与预期未来增长价值可以被写作：

$$公司价值 = 投入资本_{现有资产} + NPV_{现有资产} + \sum_{t=1}^{t=\infty} NPV_{未来投资,t}$$

将上式中的净现值形式替换为经济增加值，则有：

$$公司价值 = 投入资本_{现有资产} + \sum_{t=1}^{t=\infty} \frac{EVA_{t,现有资产}}{(1+k_c)^t} + \sum_{t=1}^{t=\infty} \frac{EVA_{t,未来投资}}{(1+k_c)^t}$$

因而，公司价值可以写作如下三部分之和：现有资产的投入资本、现有资产经济增加值的现值和未来投资经济增加值的预期现值。

［例 6—7］折现现金流估价与经济增加值估价

某公司现有资产的资本投入为 100 百万美元，另外假设公司存在以下四种情况。

（1）现有资产的税后营业利润为 15 百万美元，预期的资本收益率为 15%，并长期保持不变，公司的资本成本为 10%。

（2）在后 5 年的每年年初，公司预期会追加投资 10 百万美元。这些投资预期会获得 15% 的资本收益率，预期资本成本 10% 也将保持不变。

（3）5 年后，公司将继续追加投资并使收益率每年增长 5%，但新增投资的资本收益率为 10%，资本成本也为 10%。

---

① 只有在假设来自于折旧的现金流的预期现值等于投资于项目的资本的收益现值的条件成立时，该观点才是正确的。有关该等式的证明可以查阅我的论文“Value Enhancement: Back to the Future”（Contemporary Finance Digest 2（1999）: 5-51）。

(4) 所有资产和投资预期均具有无限的寿命,[①] 因而现有资产与前5年追加的投资将永远获得15%的收益,没有增长。

可以使用经济增加值的方法来评估该公司的价值,具体如下(单位:百万美元):

现有资产的资本投资	100
+现有资产的 EVA = $\frac{(0.15-0.10)\times 100}{0.10}$	50
+第1年新增投资所产生的 EVA 的现值 = $\frac{(0.15-0.10)\times 10}{0.10}$	5
+第2年新增投资所产生的 EVA 的现值 = $\frac{(0.15-0.10)\times 10}{0.10\times(1.10)^1}$	4.55
+第3年新增投资所产生的 EVA 的现值 = $\frac{(0.15-0.10)\times 10}{0.10\times(1.10)^2}$	4.13
+第4年新增投资所产生的 EVA 的现值 = $\frac{(0.15-0.10)\times 10}{0.10\times(1.10)^3}$	3.76
+第5年新增投资所产生的 EVA 的现值 = $\frac{(0.15-0.10)\times 10}{0.10\times(1.10)^4}$	3.42
公司价值	170.85

注意,有关现值的计算是假设投资现金流采取永续年金的形式。此外,未来各年投资所产生的经济增加值的现值是以资本成本为折现率进行折现的。例如,第2年年初进行投资所产生的经济增加值的现值的折现期限为1年。公司的价值170.85百万美元可以用公司估价公式来表示。

$$公司价值 = 投入资本_{现有资产} + \sum_{t=1}^{t=\infty}\frac{EVA_{t,现有资产}}{(1+k_c)^t} + \sum_{t=1}^{t=\infty}\frac{EVA_{t,未来投资}}{(1+k_c)^t}$$

170.85百万美元=100百万美元+50百万美元+20.85百万美元

因此,现有资产的价值为150百万美元,未来增长机会的价值为20.85百万美元。

表示这一结果的另外一种方式是市场增加值(MVA)。在上述情形下,市场增加值是公司价值170.85百万美元与投入资本100百万美元的差额,即70.85百万美元。只有当资本收益率大于资本成本时,该值才为正,且为上述两个数值之差的增函数。相反,如果资本收益率小于资本成本,则该值为负。

注意,虽然第5年后,公司营业利润继续增长,并且追加了新的投资,但这些边际投资没有创造额外的价值,因为它们所赚得的收益等于资本成本。这意味着,上述增长是并未创造价值的增长,但该增长与超额收益有关。这也提供了一个关于增长本质的新观点,即一家公司的营业利润可能会以高比率增长,但如果它是通过大量投资实现的,或者收益率低于资本成本,则它不会创造价值,甚至还可能破坏了公司价值。

① 注意,该假设是完全有用的,因为它可以使有关净现值的计算变得比较容易。

也可以使用折现现金流估价法来评估该公司的价值，并以资本成本折现公司自由现金流。下表列示了预期自由现金流和公司价值（单位：百万美元），并使用10%的资本成本作为折现率。考虑该价值时，需要注意以下几点：

第一，资本支出发生在每一年的年初，因而应被列示在前一年。也就是说，第1年投资10百万美元应被列示在第0年，第2年的投资则被列示在第1年，等等。

第二，在第5年，应保持增长的净投资需要额是根据以下两个假设来计算的——5年后营业利润的年增长率为5%，第6年开始（在第5年列示）新增投资的资本收益率为10%。

$$净投资额_6 = \frac{EBIT_6\ (1-t) - EBIT_5\ (1-t)}{ROC_6}$$

$$= \frac{23.625 - 22.50}{0.1}$$

$$= 11.25\ (百万美元)$$

	0	1	2	3	4	5	最终年份
现有资产的 EBIT（1-t）		15.00	15.00	15.00	15.00	15.00	
第1年投资的 EBIT（1-t）		1.50	1.50	1.50	1.50	1.50	
第2年投资的 EBIT（1-t）			1.50	1.50	1.50	1.50	
第3年投资的 EBIT（1-t）				1.50	1.50	1.50	
第4年投资的 EBIT（1-t）					1.50	1.50	
第5年投资的 EBIT（1-t）						1.50	
EBIT（1-t）的合计		16.50	18.00	19.50	21.00	22.50	23.63
-净资本支出	10.00	10.00	10.00	10.00	10.00	11.25	11.81
FCFF	-10.00	6.50	8.00	9.50	11.00	11.25	11.81
FCFF 的现值	-10.00	5.91	6.61	7.14	7.51	6.99	
终结点价值						236.25	
终结点价值的现值	146.69						
公司价值	170.85						
资本收益率	15%	15%	15%	15%	15%	15%	10%
资本成本	10%	10%	10%	10%	10%	10%	10%

以资本成本折现公司自由现金流可得到公司价值为170.85百万美元，这与上表使用经济增加值法所得到的价值相同。

［例6—8］Titan Cement 的 EVA 估价

可以举 Titan Cement 的例子来说明传统的 DCF 估价法与 EVA 估价法是等价的。我们首先运用折现现金流法来评估 Titan 的价值，我们使用的参数被概括在下表中：

	高增长阶段	稳定增长阶段
期限	5 年	5 年以后
增长参数		
再投资率	28.54%	51.93%
资本收益率	19.25%	6.57%
预期增长率	5.49%	3.41%
资本成本参数		
β 系数	0.93	1.00
负债资本成本	4.17%	3.91%
负债比率	17.60%	17.60%
资本成本	6.78%	6.57%
一般信息		
税率	25.47%	33.00%

在［例6—2］中，我们利用这些参数估计得出经营资产的价值为 2 897.42 百万欧元。下表再一次列示了对现金流和终结点价值的估计（金额单位：百万欧元）：

	1	2	3	4	5
再投资率	28.54%	28.54%	28.54%	28.54%	28.54%
EBIT（1－税率）	182.25	192.26	202.82	213.96	225.72
－（资本支出－折旧）	40.54	42.77	45.11	47.59	50.21
－营运资本的增加额	11.47	12.11	12.77	13.47	14.21
公司自由现金流	130.24	137.39	144.94	152.90	161.30
终结点价值					3 195.17
资本成本	6.78%	6.78%	6.78%	6.78%	6.78%
现值	121.97	120.51	119.06	117.63	2 418.26
经营资产的价值	2 897.42				

在下表中，我们估计了 Titan Cement 未来 5 年每年的 EVA 及其现值。为进行上述估计，首先我们求出当前的投入资本为 946.9 百万欧元，然后再将其加上每年的再投资以得到以下各年的投入资本（金额单位：百万欧元）。

	1	2	3	4	5	最终年份
EBIT（1 - t）	182.25	192.26	202.82	213.96	225.72	209.83
资本成本	6.78%	6.78%	6.78%	6.78%	6.78%	6.57%
年初资本投入	946.90	998.92	1 053.79	1 111.67	1 172.74	1 237.16
年再投资	52.01	54.87	57.88	61.06	64.42	
资本成本×资本投入	64.17	67.69	71.41	75.33	79.47	
EVA	118.08	124.57	131.41	138.63	146.25	
现值（WACC）	110.59	109.26	107.95	106.65	105.37	
EVA 现值	539.31					
当前资本投资	946.90					
现有资产永续 EVA 现值	1 410.71	现有资产永续年金 EVA 的现值				
经营资产的价值	2 897.42					

高增长时期 EVA 的现值为 539.81 百万欧元。为得到公司经营资产的价值，我们增加了如下两部分：

（1）现有资产于第 1 年（当前）年初的投入资本为 946.90 百万欧元。

（2）现有资产第 5 年永续 EVA 的现值为：

$$\frac{EBIT_6\ (1-t)\ -\text{资本投入}_6\times\text{资本成本}_6}{\text{资本成本}_6\times\ (1+\text{资本成本})^5}=\frac{209.83-1\ 237.16\times 0.0657}{0.0657\times\ (1.0678)^5}$$

$$=1\ 410.71\ (\text{百万欧元})$$

注意，第 6 年后，虽然新增投资的边际资本收益率等于资本成本，但现有投资将继续获得 19.25% 的收益率，即永远大于资本成本 6.57%。因此，经营资产的价值等于使用资本成本法所得到的价值。

6.3.3 资本成本法与超额收益估价法

为使使用折现现金流估价法与 EVA 估价法可以得到相同的价值，我们必须确保以下条件成立：

● 估计公司自由现金流时所使用的税后营业利润应等于计算经济增加值时所使用的税后营业利润。因此，如果在使用折现现金流估价法进行估价时，因经营租赁和研发费用而调整营业利润，则在计算 EVA 时也必须对其进行调整。

● 使用折现现金流估价法进行估价时，估计未来税后营业利润所使用的增长率必须按基本原则进行估计。换言之，应按以下原则来估计：

增长率 = 再投资率 × 资本收益率

如果在 DCF 模型中，增长为外生输入变量，且上述增长率、再投资率和资本收益率之间的关系并不成立，则通过 DCF 与 EVA 进行估价时将会得到不同的价值。

● 应该在期初资本投入的基础上加上每期的再投资，以估计计算未来期间

EVA 所使用的资本投入。各期的 EVA 的计算公式如下：

EVA_t = 税后经营收益$_t$ − 资本成本 × 资本投入$_{t-1}$

- 在折现现金流估价法与 EVA 估价法中，我们必须做出有关终结点价值的一致性假设。在最终年份全部投资（现有投资与新增投资）的资本收益率等于资本成本的特殊情况下，这是很容易实现的。终结点价值将等于最终年份年初的资本投入。在大多数情况下，我们必须确保有关最终年份年初的资本投入应与有关永续的资本收益率的假设相一致。换言之，如果最终年份的税后营业利润为 12 亿美元，且我们假设的资本收益率恒为 10%，则我们必须将最终年份年初的资本投入确定为 12 亿美元。

6.4　资本结构与公司价值

资本成本法与 APV 法均将公司价值作为其财务杠杆的函数。这意味着，我们假设公司价值不仅仅取决于其所做的投资，也取决于为筹集投资所需资本而使用的负债和股权。虽然这看上去是合理的，但公司理财中关于公司财务杠杆是否会影响公司的价值问题存在很多的争议。在本章，我们首先快速回顾一下有关资本结构争论的两个方面，然后再来分析资本结构对价值产生影响的应用方法。

6.4.1　资本结构影响公司价值吗

Merton Miller 与 Franco Modigliani 在他们 1958 年发表的学术论文中首先提及了有关这一问题的争议之处，① 他们认为，在一个没有税收、违约风险和代理成本的世界里，公司的价值取决于其投资的质量，而不取决于筹资中负债与股权的比例。事实上，他们的论据简单且具有说服力。他们承认负债筹资与股权筹资相比成本较低，但同时他们也注意到借款使得股权收益具有更大的波动性和风险性。也就是说，股权资本成本的增加实际上抵消了使用负债来代替股权所产生的成本节约，因而使资本成本保持不变。

在随后的几年里，Miller 和 Modigliani 的研究框架再次被纳入研究范围，并延伸到考查财务杠杆是否会影响公司价值的问题上去。实际上，Miller 和 Modigliani 在随后的一篇论文中提到，将税收引进无违约风险、无代理成本的世界中，且在负债比例为 100% 的情况下，公司价值将会达到最大。将破产风险与税收引进该模型将导致负债均衡模式的建立，即负债的增加带来了利益（税收节余）和成本（额外的破产成本），并可能对公司价值产生影响。

有关资本结构是否会影响公司价值的实证证据是比较混杂的。事实上，有关上市公司的负债比率与公司价值之间呈弱相关性的证明是对 Miller - Modigliani 观点的有力支持。换言之，那些具有较高或较低负债比率的公司是很难以较高的估价

① F. Modigliani and M. Miller, "The Cost of Capital, Corporation Finance and the Theory of Investment," *American Economic Review* 48 (1958): 261-297.

（收益乘数或账面价值乘数）进行交易的。然而，也有一些证据表明，提高财务杠杆会增加公司价值，即公司价值会受财务杠杆的影响。

6.4.2 评价资本结构的方法

评价公司最佳资本结构有两个基本方法，第一种方法是资本成本法，即要找到使资本成本最小的负债比率；第二种方法是 APV 法，即要找到使公司价值最大的负债水平。

1. 资本成本法与财务杠杆

为理解资本成本与最佳资本结构之间的关系，我们引入了公司价值与资本成本之间的关系。如前所述，我们可以使用公司资本成本来折现公司预期的自由现金流以评估整个公司的价值。公司现金流是考虑了经营费用、税收、为创造未来价值的全部资本投资需要额，并剔除了固定资产投资与营运资本投资之后的现金流，但却是扣除筹资费用之前的现金流。

$$公司自由现金流量 = EBIT(1-t) - (资本支出 - 折旧) - 营运资本的增加额$$

公司价值可以写作：

$$公司价值 = \sum_{t=1}^{t=n} \frac{公司现金流量_t}{(1+WACC)^t}$$

公司价值是公司现金流及其资本成本的函数。如果我们假设公司现金流不受筹资结构选择的影响，且资本结构的改变会降低资本成本，则公司的价值将会有所上涨。如果对公司而言，资本结构所选择的目标是使公司价值最大化，则通过最小化资本成本我们就能够实现该目标。在大多数情况下，公司现金流是负债—股权结构的函数，最佳筹资结构是最大化公司价值时的结构。①

对资本成本估价时我们需要三个基本的参数——股权资本成本、负债税后资本成本和负债与股权的比重。随着负债比率的改变，股权资本成本与负债资本成本也会发生变化，但对这一方法的主要挑战即是需要估计每一个参数。

我们首先要估计股权资本成本。我们认为，随着负债比率的改变，股权的 β 系数将发生变化。实际上，我们将负债 β 系数看做公司市场的负债—权益比、无负债 β 系数与公司边际税率的函数来进行估计：

$$\beta_{杠杆} = \beta_{无杠杆}\left[1 + (1-t)\frac{D}{E}\right]$$

因而，如果我们能够估计公司无负债的 β 系数，我们就能用其来估计不同负债比率下公司的负债 β 系数，而且还可以用该负债 β 系数来计算各负债比率下的股权资本成本。

$$股权资本成本 = 无风险利率 + \beta_{杠杆} \times 风险溢价$$

公司负债的资本成本是公司违约风险的函数。也就是说，公司借款越多，其违约风险就会越大，负债资本成本也会相应地有所提高。如果我们使用债券信用等级

---

① 换言之，如果在这一水平下，公司现金流较低，则在资本成本最小时公司价值无法达到最大。

作为对违约风险的衡量，则我们可以分如下三步来估计负债的资本成本。第一，我们估计各负债比率下公司负债与利息费用，且随着公司提高其负债比率，负债与利息费用将会有所提高。第二，在各负债水平下，我们应计算财务比率或衡量违约风险的比率，并使用该比率来估计公司的信用等级；此外，随着公司借款的增加，该等级将会逐渐下降。第三，根据估计的信用等级所确定的违约风险溢价再加上无风险利率即可得到负债税前资本成本。在该税前资本成本的基础上，应用边际税率即可得到税后负债资本成本。

当我们估计出不同负债水平下的股权资本成本和负债资本成本时，我们可以根据各水平下所使用的比例对其进行加权以估计出资本成本。虽然在这一过程中，我们并没有明确地考虑优先股部分，但优先股也可能被看做资本的一部分。然而，当负债和股权的比重发生变化时，我们必须保持优先股的比重不变。使资本成本最小的负债比率为最佳负债比率。

在该方法下，营业利润将保持不变，只有资本成本会发生变化，从而导致资本结构的变化对公司价值的影响是孤立的。实际上，这要求我们做如下两个假设。第一，新股权的增加和（或）负债的减少可以降低负债比率；相反地，借款和股票回购会增加负债比率。这一过程被称为资本结构调整。第二，假设税前营业利润不受公司筹资结构，甚至其公司债券等级的影响。如果公司违约风险导致营业利润发生改变，则基本分析不变；但由于公司价值是通过现金流和资本成本两方面来确定的，因此使资本成本最小可能并不是最佳的选择。这时，可能需要计算各负债水平下的公司价值，且能够使公司价值最大化的负债比率才是最佳的。

［例 6—9］分析 Titan Cement 的资本结构

资本成本法可被用于寻找公司最佳资本结构，我们将对 Titan Cement 2005 年的情况进行分析。在 2004 年年末，Titan Cement 流通在外的负债的账面价值为 414 百万欧元，已知的市场负债—资本比率为 17.60%。基于 2005 年全球上市的混凝土公司，可确定 Titan Cement 的无负债 β 系数为 0.80。下表概括了不同负债比率下对 β 系数和股权资本成本的估计（假设无风险利率为 3.41%，风险溢价为 4.46%）：

负债比率（%）	β 系数	股权资本成本（%）
0	0.80	6.99
10	0.87	7.28
20	0.95	7.65
30	1.06	8.13
40	1.20	8.76
50	1.40	9.65
60	1.70	10.99
70	2.20	13.21
80	3.37	18.44
90	6.74	33.46

使用前面描述的负债β系数公式来估计负债β系数为：

$$负债\beta系数 = 无负债\beta系数\left[1+(1-税率)\frac{负债}{权益}\right]$$

为估计负债资本成本，我们首先根据无风险利率3.41%，将利息保障倍数、违约利差、负债资本成本等与信用等级联系起来：

保障倍数	信用等级	违约利差（%）	负债税前资本成本（%）
>12.5	AAA	0.61	4.02
9.5—12.5	AA	0.76	4.17
7.5—9.5	A+	0.96	4.37
6.0—7.5	A	1.11	4.52
4.5—6.0	A-	1.26	4.67
4.0—4.5	BBB	1.76	5.17
3.5—4.0	BB+	2.26	5.67
3.0—3.5	BB	2.76	6.17
2.5—3.0	B+	3.51	6.92
2.0—2.5	B	4.26	7.67
1.5—2.0	B-	6.26	9.67
1.25—1.5	CCC	8.26	11.67
0.8—1.25	CC	10.26	13.67
0.5—0.8	C	12.26	15.67
<0.5	D	20.16	23.67

下表概括了Titan Cement的负债比率介于0~90%之间时各比率的综合信用等级、违约利差和负债资本成本：

负债比率（%）	利息保障倍数	债券等级	负债利息率（%）	税率（%）	负债资本成本（税后）（%）
0	∞	AAA	4.02	25.47	3.00
10	24.48	AAA	4.02	25.47	3.00
20	11.80	AA	4.17	25.47	3.11
30	7.26	A	4.52	25.47	3.37
40	5.27	A-	4.67	25.47	3.48
50	2.84	B+	6.92	25.47	5.16
60	1.20	CC	13.67	25.47	10.19
70	1.03	CC	13.67	25.47	10.19
80	0.79	C	15.67	20.00	12.54
90	0.70	C	15.67	17.78	12.88

有关上述计算我们做了如下两点假设。我们假设在各负债水平下，全部现有负债将以资本结构改变后的新利率被重新筹集。当Titan的负债比率增加到40%时，假设Titan现有的AA级负债将按与B+级负债相应的利率被重新筹集。这样做的原因有两点。第一，是因为现有债权人可能拥有保护条款，从而使其能够将债券回

售给公司并收到面值。[①] 第二，是因为再筹资抵消了所谓的财富侵占效应——当负债提高时，股东会侵占债权人财富的一种效应——反之，当负债降低时，也会如此。如果当借款更多、风险更大时，公司能够以较低的利率来保留旧的负债，则旧债务的贷款人将损失财富。如果我们锁定现有债券的当前利率，重新计算最佳负债比率，则会使财富发生转移。[②]

虽然随着负债比率的增加，边际税率一般保持不变，但当我们调整税率以反映较高的负债比率时，利息费用超过息税前收益将导致负债税收利益的潜在损失。为了证明这一点，需要我们注意的是，Titan Cement 的息税前收益为 232 百万欧元。只要利息费用小于 232 百万欧元，利息费用就会完全抵税，并获得 25.47% 的税收收益。例如，在 70% 的负债比率下，利息费用为 225 百万欧元，而税收利益为该数额的 25.47%；而在 80% 的负债比率下，利息费用则会迅速增加至 295 百万欧元，大于 232 百万欧元的息税前收益。我们认为利息费用的税收收益等于该数额。

$$\text{税收收益} = 232 \times 0.2547 = 59.09 \text{（百万欧元）}$$

作为全部利息费用的一部分，当前的税收收益小于 25.47%。

$$\text{税率效应} = \frac{\text{EBIT}}{\text{利息费用}} \times \text{税率} = \frac{232}{295} \times 0.2547 = 20.00\%$$

这样会依次提高税后负债成本。这是一种保守的方法，因为可能导致损失的提前确认。由于杠杆经常会发生变化，因此确实会给人一种比较保守的印象。

现在我们已估计出股权资本成本和各负债水平下负债的资本成本，因此可以计算 Titan 的资本成本。下表列示了各负债水平下的相关成本。当公司无负债作用时，资本成本为 6.99%；然而，随着公司逐渐增加负债，资本成本将逐渐降低，在负债比率为 40% 时，达到最小，为 6.65%，然后又开始上升。

负债比率（%）	股权资本成本（%）	负债资本成本（税后）（%）	资本成本（%）	公司价值（百万欧元）
0	6.99	3.00	6.99	2 263
10	7.28	3.00	6.85	2 319
20	7.65	3.11	6.74	2 368
30	8.13	3.37	6.70	2 388
40	8.76	3.48	6.65	2 411
50	9.65	5.16	7.41	2 101
60	10.99	10.19	10.51	1 370
70	13.21	10.19	11.09	1 285
80	18.44	12.54	13.72	1 003
90	33.46	12.88	14.94	908

资本成本得以最小化的原因是其确实能使公司价值最大化。[例 6—2] 使用最

① 如果他们没有保护条款，则一旦提高负债比率，不重新筹集负债对股东来说将是最有利的（如 RJR 纳贝斯克公司实施的杠杆回购）。

② 当负债增加时，这具有降低利息成本的作用，却提高了利息保障倍数。至少在短期内，这将导致较高的信用等级和较高的最佳负债比率。

佳负债比率估计的较低的预期资本成本来评估预期现金流，大约使公司价值提高了5%（根据当前市场价值）。

2. APV 与财务杠杆

如前所述，我们运用调整现值法估计公司价值是从无负债开始的。随着公司中被加入负债，我们需考查借款的利益与成本两方面，并考虑其对公司价值的净影响。我们可以估计不同负债水平下杠杆公司的价值，使公司价值最大化的负债水平就是最佳的负债比率。

无负债公司的价值并不是预期杠杆水平的函数，我们可以像上节描述的那样进行估计——通过无负债股权资本成本来折现公司自有现金流。实际上，如果我们不想评估该值，且认为公司的市场价值是合理的，那么我们可以在该值的基础上减去负债的税收收益，再加上现有负债的预期破产成本以得到无负债公司的价值。

公司当前的价值 = 无杠杆公司的价值 + 税收收益的现值 - 预期破产成本

无杠杆公司的价值 = 公司当前的价值 - 税收收益的现值 + 预期破产成本

随着公司杠杆的变化，只有预期税收收益与预期破产成本两部分发生变化。随着杠杆的变化，我们通过下列步骤能够得到这些数值。

A. 估计各负债比率下流通在外的负债数额。这一过程我们在资本成本法中曾分析过。若保持公司价值不变，则我们应考虑公司将保持多大的负债比例，比如20%、30%等。

B. 通过将负债乘以税率来估计负债的税收收益。这实质上是在假设负债是不变的，且税收收益也将保持不变。

C. 估计各负债比率下的信用等级、利息率和利息费用。这一过程我们也在资本成本法中分析过。

D. 使用信用等级来估计违约概率。注意，表6—2 中提供了各信用等级所相应的概率。

E. 通过将破产成本乘以破产概率来估计预期破产成本。其中，破产成本以公司价值的百分比来表示。

我们计算不同负债水平下杠杆公司的价值。使杠杆公司价值最大化的负债水平就是最佳的负债比率。

[例 6—10] 运用 APV 法计算 Titan Cement 的最佳负债比率

该方法可被用于估计 Titan Cement 的最佳资本结构。第一步是根据公司当前的市场价值来估计无杠杆公司的价值。假设负债的利息支付采取永续年金的形式，则我们计算公司现有负债的税收节余的现值为：

现有负债的税收节余的现值 = 现有负债 × 税率 = 415 × 0.2547 = 106（百万欧元）

基于 Titan 当前信用等级为 AA 级，根据表 6—1，我们估计其破产概率为

0.28%。假设破产成本为无负债公司价值的30%。①

预期破产成本的现值 = 违约概率 × 破产成本

= 0.28% × (30% × 2 355)

= 1.98(百万欧元)

由于公司当前的市场价值为2 355百万欧元，因此我们估计无负债公司的价值为：

无负债公司价值 = 公司当前的市场价值 - 税收收益 + 预期破产成本

= 2 355 - 106 + 1.98

= 2 250.98(百万欧元)

如果利息费用超过了息税前收益，则我们可以使用标准的方法，即假设按永续年金来计算现值，但这会降低计算所使用的利率。在前面资本成本法中，我们已较全面地描述了对税率的调整。下表概括了不同负债水平下的税收节余：

负债比率(%)	负债(百万欧元)	税率(%)	税收收益(百万欧元)
0	0	25.47	0
10	236	25.47	60
20	471	25.47	120
30	707	25.47	180
40	942	25.47	240
50	1 178	25.47	300
60	1 413	25.47	360
70	1 649	25.47	420
80	1 884	20.00	377
90	2 120	17.78	377

此过程的最后一步是根据债券信用等级、违约概率来估计预期破产成本，并假设破产成本为公司价值的30%。下表列示了根据无负债公司的价值所计算的违约概率和预期破产成本。

负债比率(%)	债券等级	违约概率(%)	预期破产成本(百万欧元)
0	AAA	0.01	0
10	AAA	0.01	0
20	AA	0.28	2
30	A	0.53	4
40	A -	1.41	11
50	B +	19.28	148
60	CC	65.00	510
70	CC	65.00	522
80	C	80.00	632
90	C	80.00	632

① 该值基于Warner的研究，其认为大型公司的破产成本为公司价值的10%。另外，还结合了Shapiro与Titman有关间接破产成本的定性分析。

下表通过将税收节余效应和预期破产成本加总来估计杠杆公司的价值。

负债比率（%）	负债（百万欧元）	无负债公司价值（百万欧元）	税收收益（百万欧元）	预期破产成本（百万欧元）	有负债公司价值（百万欧元）
0	0	2 256	0	0	2 256
10	236	2 256	60	0	2 316
20	471	2 256	120	2	2 374
30	707	2 256	180	4	2 432
40	942	2 256	240	11	2 485
50	1 178	2 256	300	148	2 408
60	1 413	2 256	360	510	2 106
70	1 649	2 256	420	522	2 154
80	1 884	2 256	377	632	2 001
90	2 120	2 256	377	632	2 001

公司价值占负债的比例大约为40%时为最佳，这与资本成本法所得出的结论相一致。然而，该结果对破产成本占公司价值的百分比和违约概率的估计非常敏感。

3. 资本成本法与APV法的比较

APV法的优点在于它将负债的效应分为不同的两部分，且允许分析人员针对不同的部分使用不同的折现率。另外，在APV法下，我们并没有假设负债比率将永远保持不变，在资本成本法中这却是一个隐含的假设。相反，在APV法下，我们能够灵活地保持负债价值不变，并计算不变负债的利益与成本。

我们必须要在这些优势和估计违约概率及破产成本时所遇到的困难间进行权衡。实际上，使用调整现值法的许多分析人员忽略了预期破产成本，使得他们得出负债公司价值增加的结论。他们认为公司最佳的负债比率为100%，这不足为奇。一般来说，在相同的假设下，使用APV法与资本成本法所得出的结论应该是一致的。然而，当公司评估负债的总价值时，APV法是比较可行的；而当公司分析负债的比例时，使用资本成本法则是比较简单的。

6.5 结论

本章研究了现金流折现估价法的替代方法。将公司现金流按照加权平均资本成本折现可得到公司价值，从中减去流通在外的债务的市场价值后即可得到股权价值。虽然，用于折现公司自有现金流的加权平均资本成本必须根据负债水平的变化而加以调整，但由于公司现金流优先满足债务支付的需要，因此当公司负债水平较高，或者随着时间的推移负债水平发生变化时，使用这种方法变得就会比较简单。APV 法和剩余收益模型也是进行公司估价时可供选择的方法。APV 法是将负债对价值的影响加到无负债公司的价值上以评估公司的价值，而剩余收益法则是将剩余收益的现值加到投入资本的账面价值上来评估公司的价值。

本章最后考查了公司财务杠杆的变化如何影响公司的股权价值。在做出这一判断时，我们考虑了资本成本和 APV 两种方法。

第 2 部分　相对估价法

在相对估价中，我们以“相似资产如何定价”作为基础，在第 2 部分第 7 章中我们可以发现，实务中的大多数估价都是相对估价，各种因素的存在也为这种方法提供了便利。反对这种估价方法是没有意义的，本书提供一个 4 步骤的程序以正确使用这些乘数方法，并且可以检测什么时候这些乘数被误用。

在第 8 章中，我们从市盈率（P/E）开始关注权益乘数。了解实务中的很多种市盈率后，本书关注各种方式统计的特性和决定因素，然后将它们应用于评估个体公司，之后扩大应用范围到整个市场。价格收益增长乘数、账面价值乘数、收益乘数等应用的原理都是一样的。

在第 9 章中，我们关注公司价值和企业价值乘数，应用的方法同市盈率乘数一样。筛选了通常使用的各种概念之后（如权益价值/息税折旧摊销前收益），我们考虑决定因素和被估价公司使用这些乘数的主要问题。我们也努力寻找各种方式去扩展相对估价法，以使其能对新兴或者处于财务困境的公司进行估价。

第7章 相对估价：第一原则

在折现现金流估价法中，我们的目标是在给定资产现金流、增长和风险等方面特性的情况下确定资产的价值。在相对估价法中，我们的目标是以市场对相似资产的定价为基础，对资产进行定价。因此，相对估价法需要具备两个要素。第一个要素是，为了在相对的基础上估价资产，必须对价格实行标准化，一般是将价格转化为各种常量乘数。不同的资产，这些常量乘数可能不同，但其形式一般都是公开交易股票的利润、账面价值或者收入。第二个要素就是要找到相似的资产，而这一点却不太容易做到，因为没有两样资产是一模一样的。现实的资产就像古物或者垒球卡片一样，差别很小，在资产定价的时候可以相对容易地进行控制。在评估公司价值的时候问题就比较复杂，因为即便是处于同一行业的各个公司也仍然会存在风险、增长潜力和现金流等方面的差异。当在几家公司之间进行乘数比较时，如何控制这些差异就成了关键问题。

相对估价法容易使用、容易理解，但也容易被误用。在这一章中，我们会给出相对估价法的4个步骤。在这一过程中我们也要不断的检查，以确保价值乘数未被误用。

7.1 什么是相对估价法

在相对估价法中，我们以市场对相似资产的定价为基础对资产进行定价。购房者可以根据周围相似房屋的价格决定其将为所要购买的房屋支付的价格。一个垒球卡片搜集者可以通过其他 Mickey Mantle rookie（一种卡片的名称——译者注）的市场交易价格来判断购买一个 Mickey Mantle rookie 卡片需要多少钱。同理，某一股票的潜在投资者可以根据相似股票的市场定价来评估该股票的价值。

相对估价法有三个重要的步骤。第一步是找到有市场价值的可比资产。这对实物资产来说比股票容易，就像找到相似垒球卡片或房屋那样容易。通常，分析人员运用相同行业的其他公司作为可比对象，将一家软件公司与其他软件公司相比，或将一家公用事业公司与其他公用事业公司相比，但在这一章稍后的内容中会对是否能够找出相似的公司提出质疑。第二步是将市场价格与一个常量相比，以产生可比的标准价格。在比较相同资产（Mickey Mantle rookie 卡片）时并不需要这一步，而当资产的大小和单位不同时，这一步是必需的。其他事情是相同的，如一所小的房子或公寓的价格肯定比大的房子或公寓的价格低。第三步也是最后一步，就是在比较标准价值时调整资产之间的不同。还是以房子为例，一个新的有很多现代化设施的房子的价格要比相似大小需要翻新的旧房子要高。对股票而言，股票定价的差别与我们折现现金流估价中所谈到的原理是一样的。比如，高增长的公司应该比同行业中的低增长公司有更高的乘数。很多分析人员对这些差别进行定性的调整，并使相对估价法成为一种讲述经验故事的方式。能讲述更好的、更让人相信的故事的分析人士通常会受到很高的评价。

正如我们在第 1 章中所提到的，在折现现金流方法和相对估价法之间存在一个重要差异：在运用前者时，我们是基于资产未来产生现金流的能力来估计其内在价值的，而在运用后者时，我们是通过观察市场对相似资产的估价来判断一项资产的价值的。如果市场对于资产的定价是正确的，那么折现现金流法和相对估价法应该趋于一致。如果市场高估或者低估一组资产或一个行业，折现现金流法就会与相对估价法相偏离。

7.2 相对估价法的普遍性

尽管课堂上和理论上我们都强调折现现金流法，但有证据显示，实务中对大多数资产估价都是采用相对的方式，原因如下：

- 多数股权研究报告都是以乘数为基础的，例如市盈率、企业价值与息税折旧摊销前收益之比、价格与收入比率等。一项非正式的研究显示，早在 2001 年对 550 份股权调查报告的研究中，相对估价法与折现现金流法的比率就达到了10:1。① 许多股权研究报告包括强制现金流表，所有估价或建议都是通过观察可比公司及使用乘数来实现的。因此，分析人员所称的股价被高估或被低估通常都是基于相对估价进行的判断。
- 折现现金流在收购和公司理财中应用较多。经验表明，每种收购都由某一折现现金流价值作为支撑。收购中所支付的价值经常由使用的某一乘数决定。在收购价值中，折现现金流价值本身就是相对估价，因为终值是利用乘数计算出来的。
- 多数投资规则都是基于乘数的。比如，以低于账面价值进行交易的公司与低于预期增长率的市盈率进行交易的股票是一样的，都比较便宜。

相对估价法在实务中占据主导，如果仅因为这种方法简单而舍弃它是错误的，正如我们在这一章和接下来的两章中所要讨论的，相对估价法有一种与现金流折现法不一样的独特的作用。

7.3 普遍性的原因和潜在的缺陷

为什么相对估价的使用如此广泛？为什么与折现现金流价值相比，基于乘数和

① 笔者也参与了这项研究，该研究包括来自美国、伦敦和亚洲不同投资银行的卖方股权研究报告，其中 75% 来自美国、15% 来自欧洲、10% 来自亚洲。

可比公司的价值与经理和分析人员联系更紧密？在本部分中，我们将探讨乘数广泛运用的原因：

- 乘数和可比公司运用能够节省时间和资源。与相对估价法相比，折现现金流价值需要更多的信息。如果分析人员受到时间和信息的限制，相对估价法是一种很好的替代。

- 容易出售。在很多情况下，分析人员和销售人员卖给投资者或投资组合经理股票时要用到价值，使用相对估价法要比使用折现现金流法估计容易。毕竟折现现金流价值很难向委托人解释，特别是遇到时间限制的时候，因为许多销售决定都是通过电话做出的，投资者仅有几分钟的时间来思考其决定。相反，相对估价法适应简短的销售决定。用政治术语来说，编造相对估价要比编造折现现金流价值容易得多。

- 容易维护。分析人员经常被监督人、同事或委托人要求为他们的价值假设辩护。折现现金流价值常常有一长串的假设，很难维护，而相对估价维护起来比较容易，因为其估价使用的乘数来自于市场对相似公司的评价。相对估价的势头是否与金融市场相伴而生我们可以进一步探讨。从某种意义上说，我们正在向认为相对估价存在问题的投资者提出挑战。如果他们不喜欢这一价值的话，可以将这一价值应用到市场当中。

- 市场需要。相对估价可以在更大程度上反映市场的状态，因为它反映的是相对的而不是内在的价值。因此，当市场上所有网络股票价格都上涨时，相对估价法能比折现现金流法产生更高的价值。事实上，从定义上看，就全部股票而言，相对估价法计算出来的价值更接近市场价格。这对于那些以相对价值来判断的投资者尤为重要，这些投资者本身也是在一个相对的基础上被评判的。比如，科技共同基金的经理们，这些经理们也是要被评判的，评判的基础就是他们的基金与其他科技基金的相关性。结果就是，如果他们选中的那些科技股票比其他科技股票的价格低，即使整个行业的价值是被高估的，经理们也会受到奖励。

相对估价的优势也是它的劣势。首先，我们可以毫不费力地将相对估价放在一起，将一个乘数和一组可比公司一起考虑，这也导致了价值评估的不连续，主要的变量如风险、增长率及潜在现金流都被忽视了。其次，乘数可以反映市场状态，也表明使用相对估价法评估资产价值时会出现如下问题——市场高估可比公司价值时，相对价值也会被高估；市场低估可比公司价值时，相对价值也会被低估。最后，任何估价都会存在偏差，由于相对估价中的潜在假设缺乏透明度，使得它们很容易被操纵。一个偏心的分析人员如果被允许选择评定价值的乘数和可比公司的话，它就可以确保几乎任何价值都是合适的。

7.4　标准化价值和乘数

比较相同资产时，我们可以比较这些资产的价格。因此，Tiffany 灯的价格可以同市场买卖的其他一样的灯的价格相比，而比较不完全相同的资产时却比较困难。我们比较同一位置的两个建筑物的价格，如果我们通过计算每平方尺的价格进行比较，那么较小的建筑物价格偏低，会比较便宜。当比较公司公开发行的股票时，事情会变得更复杂。毕竟，公司的每股股价既反映公司的权益价值，又反映公司流通在外的股票数量。因此股份分割会使股票的数目加倍，使股价变为原来的一半。为了比较市场上相似公司的价值，我们需要将价值比上一个常量进行标准化，通常可以与收益、账面价值或重置成本、收入或者公司的特殊量进行比较，使价值标准化。

7.4.1 收益乘数

考虑任何资产价值的更为直观的方式之一在于，把它作为资产所生成的收益的某种乘数。在购买股票时，普遍的做法是把所付出的价格看做公司所产生的每股收益的乘数。运用每股的现行收益，可以估计这一价格收益比率，即所谓的P/E；或者是运用下一年的预期每股收益，可以估计预期P/E。

在购买某一公司时，相对于仅仅只关注该公司的股权资本而言，普遍的做法是，审核一下作为经营性收益或者利息、税收、折旧和摊销前收益之乘数的公司价值。虽然对于股权或公司的购买者而言，较低的乘数要优于较高的乘数，但是这些乘数都会受到所收购公司的风险和增长潜力的影响。

7.4.2 账面价值或重置价值乘数

尽管金融市场为业务的价值提供了某种估计，但会计师们通常会对同样的业务做出不同的估计。账面价值的会计估计值取决于会计准则，而且会受到资产的最初支付价格以及后来的会计调整（如折旧）的极大影响。投资者通常会观察对股票所支付的价格与股权资本账面价值（或净资产值）之间的关系，并用它来衡量股票被过高或过低估价的程度；由此而形成的价格—账面价值比率会随着行业的不同而出现很大变化，而这又再次取决于每一行业中的增长潜力和投资质量。在对某一公司进行估价时，我们运用公司的价值和所有资本（不仅仅是股权资本）的账面价值估计这一比率。对于那些认为账面价值不是资产真实价值良好尺度的人而言，另外一种选择在于运用资产的重置成本。公司价值与重置成本之间的比率称为“托宾Q比率”。

7.4.3 收入乘数

收益和账面价值属于会计尺度，取决于各种会计的规则和准则。另外一种可替代的方法就是利用资产价值与它所产生的收入之间的比率，而它受制于会计选择的程度却大大地降低了。对股权投资者而言，它是价格与销售额的比率（PS），即股权资本的市场价格除以收入。对公司价值而言，该比率可被调整成价值—销售额比率（VS），其中的分子变成公司总的价值。此比率在不同行业间有很大变化，大多因为它是各行业利润率的函数。运用收入乘数的优势在于，相对于收益乘数和账面价值乘数而言，它能使我们更容易比较处于不同市场中的、运用不同会计体系的各公司。

7.4.4　行业特定乘数

虽然，针对处于任一行业和遍及整个市场的各个公司，我们都可以计算出收益、账面价值和收入乘数，但还存在一些公司特定乘数。例如，20 世纪 90 年代末期，当互联网公司刚刚问世之时，它们多是负收益及可忽略不计的收入和账面价值。为了对这些公司进行估价而寻找乘数的分析人员们通过把每家公司的市场价值除以该公司被点击的次数，来对这些公司进行估价。平均每次客户点击所具市场价值较低的公司被认为是获得了更低的估价。就像我们根据每个电报用户的市场价值来评价电报公司的市场价值，而不考虑拥有这些用户的期限和利润。

尽管存在着可以验证行业特定乘数的条件，但因为以下两点它们却是危险的：第一，因为我们无法针对其他行业或整个市场计算它们，行业特定乘数可能会使整个行业相对于市场的其余部分而言，持续地获得过高或过低的估价，从而使投资者虽然不至于对某一公司支付高于其收入 80 倍的价格，但可能也没考虑到点击每一网页要支付 2 000 美元，主要是因为他们不了解这一标准是高是低，还是一般。第二，将行业特定乘数和根本因素相连系很困难。虽然后者也是乘数运用的基本组成部分。例如，公司网址的某位访问者的到来是否意味着更高的收入或利润呢，答案不仅因公司而异，也很难对其进行预计。

7.5　使用乘数的 4 个基本步骤

乘数容易使用也容易被误用。我们要明智地使用乘数并去发现它们被其他人误用的情形，就要遵循 4 个基本步骤。第一步，确保乘数的定义具备一致性，而且在被比较的各个公司之间的度量是统一的。第二步，注意乘数的截面分布。不仅在分析行业的各公司间，而且遍及整个市场。第三步，分析乘数。不仅要理解哪些根本因素决定乘数，还要知道这些根本因素的变化如何会转换成乘数的变化。最后一步就是找到用于比较的合适的公司以及控制可能持续存在于这些公司之间的差异。

7.5.1　对定义的检验

即便是最简单的乘数，不同的分析人员也会给出不同的定义。例如，市盈率（P/E），大多数分析人员把它定义为市场价格除以每股收益，但是得到大家共同认可的仅此而已。P/E 存在着几种变形，尽管一般都把现行价格当做分子，但某些分析人员使用的是前 6 个月或前 6 年的平均价格。分母中的每股收益可以是最近财政年度的每股收益（产生现行 P/E）、最近 4 个季度的收益（产生拖拽性 P/E），以及下一个财政年度的预期每股收益（产生预测性 P/E）。此外，每股收益可以根据主要流通股和充分稀释股计算得来，而且可以包括或者排除特别条款。使用以上对于每股收益的不同估计，图 7—1 提供了 Google 公司在 2005 年 11 月份的各种 P/E 比率。

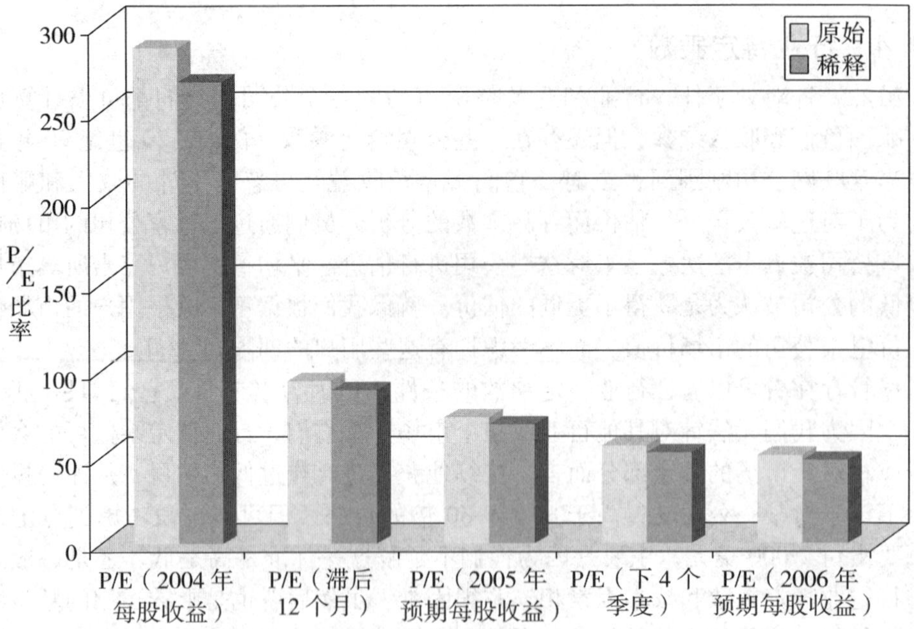

图 7—1　2005 年 11 月 P/E 比率——Google

针对收益的这些变形不仅使市盈率的价值产生很大差异，而且分析人员采用其中的哪一个也取决于它们的偏差。例如，在收益上升期间，预测性 P/E 会持续性地产生出低于拖拽性 P/E 所产生的价值，而后者又会低于现行 P/E。乐观的分析人员倾向于使用预测性 P/E，从而造就股票根据低收益乘数而交易的情形，而悲观的分析人员则专注于现行 P/E，从而造就乘数过高的情形。当我们在讨论以乘数为基础的估价时，第一步就是要确保参与讨论的人对某一乘数都持有相同的定义。

1. 一致性

每一种乘数都有分子和分母。分子可以是股权资本价值（如股权资本的市场价格或价值）或公司价值（如企业价值，它是债务、股权资本和现金净额的价值之和）。分母可以使用股权资本尺度（如每股收益、净收入或股权资本的账面价值）或公司尺度（如经营性收入、EBITDA 或资本的账面价值）。

运用乘数的一个关键性检验在于检查一下分子和分母的定义是否一致。如果乘数的分子是股权价值，则分母也应该是股权价值；如果分子是公司价值，则分母也应该是公司价值。比如，市盈率就是分子分母定义是一致的乘数，因为它的分子是每股价格（是股权价值），分母也是每股价格（也是股权价值），企业价值与 EBITDA 乘数也是分子分母定义一致的乘数，因为分子分母都属于公司价值的尺度。其中，分子企业价值衡量的是公司经营性资产的市场价值，EBITDA 则是公司经营性资产所产生的先于税收和再投资之前的现金流。

在使用的各乘数中是否有定义不一致的情形呢？考虑下价格—EBITDA乘数。在过去数年中，分析人员一直固守着这个乘数。该乘数分子是股权价值，而分母衡量的则是公司收益。使用这一乘数的分析人员或许认为这种不一致无关紧要，因为乘数是针对所有可比公司而计算的，但是他们想错了。如果有的公司无债务而有的公司承担巨额债务的话，以价格—EBITDA乘数来计算，后者价值会较低，而事实上对于它们的定价可能高，也可能刚刚好。

2. 统一性

根据相对估价法，乘数是针对某一组中的所有公司而计算的，然后用于在这些公司间进行比较，以便对某一公司的定价是过高还是过低做出判断。如果要使这种比较能够说明问题，就必须在所有公司中针对乘数进行统一的定义。因此，如果一家公司使用拖拽性P/E，那么其他所有的公司也得使用。实务中，当我们用现行P/E比较一组中的各个公司时，存在的问题是，不同的公司具备不同的财政年度截止期。这一点会导致某些公司的价格被第一年7月到第二年6月的收益所除，而其他公司的价格则被同一年1月到12月的收益所除。尽管这种差异在成熟的行业中不会太大，因为其收益在6个月内不会发生剧增，但在高增长的行业中其收益的增量却不容忽视。

具备了收益和账面价值两种尺度，还有一个值得关注的因素就是用于估计收益和账面价值的会计标准。对于相似的各公司而言，各种会计标准之间的差异会导致很大的收益差异和账面价值差异。这就使得对处在不同市场、具备不同会计标准的各公司进行乘数比较很困难。即便公司使用相同的会计标准，由于会计选择的随意性也会导致差异。某些公司出于财务报告或是税收的目的，会使用不同的会计规则（针对折旧和支出）。[①] 总的看来，使用大胆假设衡量收益的公司，其收益乘数会低于采用保守会计实践的公司。

7.5.2　描述性检验

运用乘数时，了解乘数高、中、低的市场价值水平总是有用的。换句话说，想知道运用乘数计算出来的公司价值是被低估还是被高估了，关键是要知道乘数的分布特征。此外，还需要理解样本中极端值对平均值的影响，并且要了解在估计乘数的过程中所产生的任何偏差。在本章的最后一部分，我们介绍乘数分布随着时间改变而发生的变化。

1. 分布特征

许多运用乘数进行分析的分析人员都专注于某一行业，而且能很好地把握行业中各公司是如何根据特定乘数进行排位的。然而，他们欠缺的是对乘数在整个市场

---

① 因报告和税收目的而采用不同准则的公司向股东报告的收益往往高于向税收征管者报告的收益。对那些报告和税收采用的准则相同的公司，基于价格收益偏差进行比较的时候，它们的价值会比较低（较低的P/E）。

中分布的认识。或许您有这样的疑问：软件分析人员为什么要关注公共事业公司股票的市盈率呢？因为软件公司和公共事业公司股票正在竞争着同样用于投资的美元，因此从某种意义上说，它们必须遵守同样的规则。进一步地，当所分析的行业被过高或过低估价时，了解各乘数在各行业之间如何发生变化是非常重要的。

重要的分布特征是什么呢？标准的统计指标——平均值和标准差——应该是起始点，但它们仅是探索的开始。像在美国这样的市场中，多种多样的公司从事不同的行业，任何乘数在公司间都会存在不同。表 7—1 给出了 3 个被广泛使用的乘数的平均值和标准差，市盈率、价格账面价值比率和企业价值与 EBITDA 乘数，采用的是美国市场 2005 年 1 月的数据。此外，每种乘数的最大值和最小值也已给出。

表 7—1　　**乘数的归纳统计——2005 年 1 月**

	当前 P/E	价格账面权益比	企业价值/息税折旧摊销前收益
均值	48.12	7.14	26.52
中位数	23.21	2.53	8.64
标准离差	235.64	65.44	250.54
标准差	3.69	0.85	3.85
最小值	0.10	0.00	0.00
最大值	10 081.16	4 447.00	11 322.07

要注意，以任何乘数计算出来的任何公司的价值都不会低于零，而最大值没有限制。这种情况导致了这些乘数偏向于正值的分布。图 7—2 将乘数分布的价值与正态分布进行了比较。

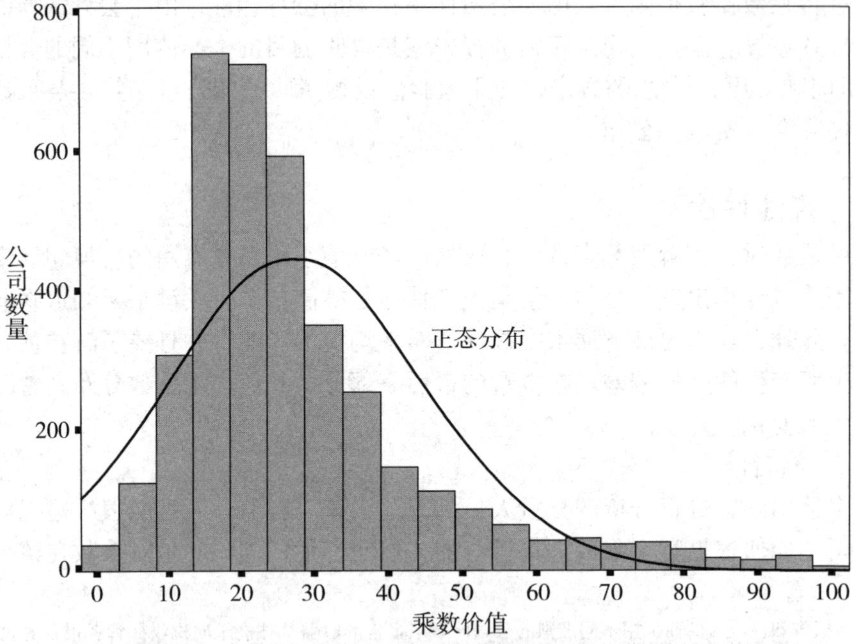

图 7—2　乘数分布与正态分布

非对称分布的结果对投资者分析人员来说都是非常重要的：

• 均值与中位数。由于正的不对称分布，乘数的平均价值要比中位数高。[①] 比如，P/E 比率的中位数 2005 年 1 月是 23，低于表 7—1 中所报告的均值 48，对所有乘数来说都是成立的。对样本中的典型公司，中位数更具有代表性，而且任何值都可以和中位数进行比较。原来一种股票被定位为便宜是因为它以低于行业均值的乘数交易，看来这种方式应该改变，因为股票价格应与行业均值相比较。

• 概率描述。在大多数统计分类中我们都关注正态分布，所以我们将特征归因于所有分布。比如，正态分布中价值低于均值两个标准差的概率非常小。以 P/E 比率为例，几乎没有哪家公司的 P/E 比率会低于 40.74（均值 48.12 减去两个标准误差）或者高于 55.5（均值加上两个标准误差）。事实是，有许多公司在这一范围之外。尽管这些乘数的最大值和最小值用处不大，但其百分点价值（第 10 个百分点、第 25 个百分点、第 75 个百分点和第 90 个百分点等等）在判断一组中乘数的高价值和低价值是多少的时候可以派上用场。

2. 极端值和平均值

如前所述，乘数并不存在上限的限制，公司可以具备 500、2 000 或 10 000 的乘数。此情形的出现不仅是由公司的股票价格很高而造成的，有时可能是因为公司收益下降到几美分的原因。这些极值会使样本的均值没有代表性。在大多数情况下，计算和报告乘数平均值的金融服务公司（如 Value Line 价值在线和标准普尔）要么在计算平均值时剔除这些极端值，要么限制乘数不能低于或高于某一数值。例如，市盈率高于 500 的任何一家公司可能会被赋予等于 500 的市盈率。结果就是，由于处理极端值的方式不同，两家公司针对同一行业报告的均值或市场指数不匹配。2005 年 11 月，标准普尔报告的 P/E 均值是 500，与 Yahoo 所报告的 16.5 和 Morningstar 所报告的 24.2 相去甚远。投资者有责任清楚地知道这些数据是如何被计算及如何在比较中保持一致的。

3. 估计乘数时的偏差

对于每一种乘数而言，总是存在着无法计算这种乘数的公司。以市盈率为例，当每股收益为负时，公司的市盈率没有意义，而且经常不会被报告。当观察一组公司的市盈率均值的时候，拥有负收益的公司会被排除在样本外，因为它们的市盈率无法计算。为什么这一点在样本很大时至关重要呢？被剔除样本的公司是亏损公司，这一事实会造成选择过程中的偏差。事实上，因为剔除了这些公司，样本组的市盈率均值将会产生偏差。

有三种方法可以解决这一问题。首先是认识到这种偏差，并将其结合到分析中。用操作术语来说，这意味着调整平均 P/E 比率以反映对亏损公司的调整。其次是加总该组中所有公司股权资本的市场价值和净收入（或损失），包括亏损公司

① 对于中位数而言，样本中有一半的公司低于中位数，一半公司高于中位数。

在内，并且运用得到的总值计算市盈率。图 7—3 归纳了 3 个行业——电脑软件、广告和航天/国防的 P/E 比率均值、P/E 比率中位数和基于加总收益计算的 P/E 比率。

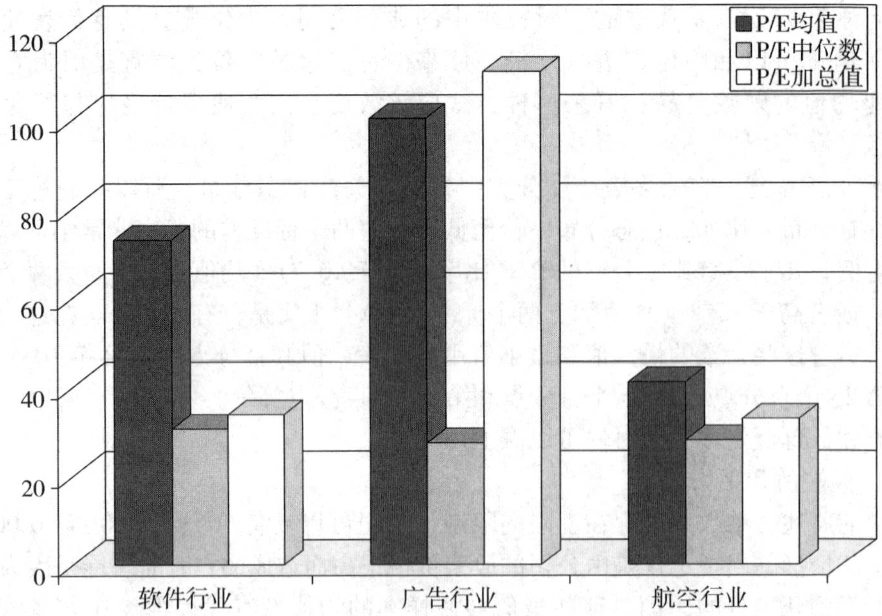

图 7—3 均值、中位数和加总值

可以看到，在 3 个行业中，P/E 比率中位数比 P/E 比率均值低得多。然而在权益与净收入的市场价值之和的基础上计算的 P/E 比率低于软件和航空行业的P/E 比率均值，而高于广告行业的 P/E 比率均值。这是因为广告行业中有许多亏损公司，使总收入下降了。

第三种选择是，运用可针对该组中所有公司而计算得出的那些乘数。市盈率的倒数，被称为收益率，可针对所有的公司进行计算，包括亏损公司在内。

4. 乘数的时间变化

任何跟踪过市场的投资者无论跟踪多长时间都会了解到，无论是整个市场还是个别行业，乘数都会随着时间而改变。为了衡量乘数随着时间改变的程度，表 7—2 计算出了从 2000 年到 2005 年每一年美国股票市场 P/E 比率均值和中位数。在最后一列中，我们给出了全部样本中可以计算 P/E 比率的公司的百分比。可以看到起点 2000 年是市场泡沫的顶峰，P/E 比率的高价值与此密切相关。

为什么乘数会随着时间而改变？有些改变可归结于根本原因。因为利率和经济增长都随着时间而变化，股价也会变化，以反映这些因素的变动。比如，20 世纪 90 年代，低利率在收益乘数上升的过程中起重要作用。一些改变源于市场风险意识的改变，由于投资变得规避风险（萧条时容易发生），对股票支付的乘数就会下降。

表7—2 跨时段的 P/E 比率：美国股票

	均值	中位数	拥有 P/E 比率的公司比例
Jan - 00	52.16	24.55	65.33
Jan - 01	44.99	14.74	63.00
Jan - 02	43.44	15.50	57.06
Jan - 03	33.36	16.68	49.99
Jan - 04	41.40	20.76	58.18
Jan - 05	48.12	23.21	56.43

从实践的角度看，结果是什么呢？第一，跨时间的乘数比较可能隐藏风险。在下一章，我们将通过比较现行 P/E 比率和历史 P/E 比率来看市场价值是被低估还是被高估了。第二，相对估价的短期性。今天，一个股票与可比公司相比可能较便宜，但在接下来的几个月，这种评估可能会发生很大变化，内在价值要比相对价值稳定。

7.5.3 分析性检验

在讨论分析者为何乐于使用乘数时，有人认为，这是因为相对估价法比折现现金流估价法要求更少的假设。尽管这一说法在技术意义上成立，但这只是表面现象。事实上，我们针对相对估价法所做出的假设与针对折现现金流估价法中的假设则是明确的。在使用乘数之前，需要回答的两个首要问题在于：决定公司应该据以交易的乘数的根本因素是哪些？根本因素的变化会如何影响乘数？

1. 各种决定因素

在关于折现现金流估价法的那一章中，我们看到，公司的价值是3个变量的函数——产生现金流的能力、这些现金流的预期增长值以及与这些现金流相关的不确定性。每一个乘数，无论它是收益、收入还是账面价值的，都同样是3个变量的函数——风险、增长和现金流产生潜力。在直观意义上，与较低增长、较高风险和较小现金流生成潜力的公司相比，具备较高增长率、较低风险和较大现金流生成潜力的公司应该根据较高的乘数获得交易。

增长、风险和现金流生成潜力的特定尺度将因乘数的不同而异。比方说，为了剖析股权资本和公司价值乘数所掩盖的实质内容，我们可以返回到相当简单的针对股权资本和公司价值的折现模型，并运用它们导出各种乘数。

根据针对股权资本的最为简单的折现模型，即稳定增长的股息折现模型，股权资本的价值等于：

$$\text{股权价值} = P_0 = \frac{DPS_1}{K_e - g_n}$$

DPS_1 是预期股利，K_e 是股权资本成本，而 g_n 则是预期的稳定增长率。两边同时除以收益，可以得出表述稳定增长公司的价格—收益比率的折现现金流方程：

$$\frac{P_0}{EPS_0}=P/E=\frac{股利支付率\times(1+g_n)}{k_e-g_n}$$

P/E 比率的主要决定因素是预期每股收益增长率、股权资本成本和股利支付率。其他因素都是一样的，高增长、低风险和高股利支付率的公司应以较高的收益乘数进行交易。

两边同时除以股权资本账面价值，可以估计出稳定增长公司的价格—账面价值比率：

$$\frac{P_0}{BV_0}=P/BV=\frac{ROE\times 股利支付率\times(1+g_n)}{k_e-g_n}$$

其中，ROE 是股权资本报酬，除了 3 个决定 P/E 比率的因素（增长率、股权成本和支付率）外，这是唯一一个影响价格股权账面价值的变量。

两边如果同时除以每股销售额，就可以估计得出稳定增长公司的价格—销售额比率。它是边际利润、股利支付率、风险和预期增长的函数。

$$\frac{P_0}{Sales_0}=PS=\frac{边际利润\times 股利支付率\times(1+g_n)}{k_e-g_n}$$

净边际利润是新加入的变量，所有这些计算都是基于稳定增长的股利折现模型，但稍后我们也会看到对于高增长潜力的公司和其他股权价值模型来说，这一结论依然是成立的。

我们可以进行类似的分析，以导出公司的各种价值乘数。处于稳定增长中的公司的价值可以表示为：

$$公司价值=V_0=\frac{FCFF_1}{k_c-g_n}$$

$FCFF_1$ 是公司预期现金流，k_c 是资本成本，g_n 是经营性收入增长率。

两边同时除以公司预期自由现金流，产生稳定增长公司的价值—FCFF 比率：

$$\frac{V_0}{FCFF_1}=\frac{1}{k_e-g_n}$$

公司自由现金流乘数取决于两个变量：一个是资本成本，另一个是预期稳定增长率。鉴于公司自由现金流是减去净资本支出和公司所需流动资本之后的税后经营性收益，对 EBIT、税后 EBIT 和 EBITDA 也可以采用相似的方式进行估计。第 9 章我们将重新回到这一问题上来。

在此，分析的要点不在于建议您回到折现现金流模型，而是建议您理解可能会引起各乘数在同一行业的不同公司间变化的各种变量。如果我们忽视这些变量，可能会得出 P/E 比率为 8 的股票比 P/E 比率为 12 的股票便宜的结论，而真正的原因可能是后者有更高的预期增长率；或者我们会认为具备 0.7 的 PBV 比率的公司比具备 1.5 的 PBV 比率的公司更加便宜，而真正的理由或许在于，后者具备高得多的股权资本报酬。

2. 联系

知道那些决定某一乘数的根本因素是首要步骤，但是对于乘数的运用而言，理解乘数如何随着各种基本因素的变化而变化同样重要。要解释这一问题，仅知道较高增长的公司具备较高的市盈率还不能构成充分的见解，假如我们所要分析的是，增长率是行业平均值两倍的公司市盈率是否应为行业均值的1.5倍、1.8倍或2倍。为做出判断，还需要知道市盈率如何随着增长率的变化而变化。然而，有很多分析人员是基于这样的假设进行分析的，即在各种乘数和根本因素之间存在着某种线性关系。例如，价格收益增长比率（PEG），它是价格—收益对公司预期增长率之比，被广泛地用于分析高增长的公司，这就假设了市盈率与增长率是线性关系。

从折现现金流模型中推导出各种乘数的优点之一在于，同上一节一样，我们可以分析每种根本因素与乘数之间的关系，通过保持所有其他变量不变，而只是改变那个变量的价值。当我们这样操作时，就会发现，在估价中并不存在多少线性关系。

3. 伴随变量

虽然我们可以从折现现金流模型中提取出决定某一乘数的各种变量，而且可以通过保持其他所有条件不变并提出各种“如果—那么”的问题，阐述每一变量和乘数之间的关系，但在解释每一变量时，总是存在着另一个占主导地位的变量。该变量被称为伴随变量，一般可以通过观察各乘数在行业中不同公司间以及在整个市场中如何变化而确定。在接下来的两章中，我们将要确定从价格—收益比率到价值—销售额乘数等使用最广的乘数所具备的伴随变量，然后把它们运用于分析之中。

7.5.4 应用检验

当各种乘数被使用时，它们通常是与可比公司一起被使用的，以便确定公司的价值或者它的股权资本价值。但是，什么样的公司才是可比公司呢？尽管常规的做法是把处于同一行业或业务中的各个公司看做是可比公司，但这并不一定是确定可比公司的正确或最佳方式。此外，无论我们如何细心地选择可比公司，在所估价的公司和可比公司之间总会存在着某些差异。知道如何控制这些差异是相对估价法的一个重要部分。

1. 什么是可比公司

可比公司是一个在现金流、增长潜力和风险方面与被估价公司相似的公司。如果我们能够通过考察在风险、增长和现金流方面完全相同的公司如何获得定价而对某一公司进行估价的话，那将是十分理想的。但是，在这一定义中，并不存在把行业或行业与它们所属的公司连接在一起的因素。从而，一家电信公司和一家软件公司如果在风险、增长和现金流方面一致的话就可以进行比较。然而，在大多数分析中，分析者都把可比公司定义为与公司所从事业务相同的其他公司。如果在行业中存在着足够多的公司允许我们这样做的话，那就还需要根据其他标准对名单进行删除。例如，只有规模相同的公司，我们才考虑。在此蕴含的假设就是，同一行业中的各公司具备相同的风险、增长和现金流状态，从而可以对它们进行更合理的比较。

当行业中存在相对较少的公司时，对于这一方式的运用就会变得比较困难。在美国以外的大多数市场中，在某些特定行业中，上市公司的数目很少，尤其当行业被定义得较狭窄时，如果同一行业的各公司在风险、增长和现金流状态上的差异也很大，那就同样难以把同一行业中的各个公司定义为可比公司。因此，尽管在美国或许存在着数百家软件公司，但这些公司的差异却很大。从而，取舍变得很简单。更加广泛地定义某一行业就能够增加可比公司的数目，但它也会导致一个变化更大的样本组。

相对于定义可比公司的常规做法，还存在另外一些选择。一种方法是考察在根本因素方面相似的公司。例如，估价一家 β 为 1.2、每股收益的预期增长率为 20% 而股权资本报酬为 40%①的公司，我们会在这个市场上发现具备相似特征的公司。另一种选择是把市场上所有的公司都看做可比公司②，并且运用统计技术控制这些公司在根本因素方面的差异。

2. 控制公司之间的差异

无论我们在确定可比公司的名单上如何细心，我们最终获得的公司总是会不同于所估价的公司。公司间的差异在某些变量上可能很小，但在另一些变量上却很大，我们必须在相对估价过程中控制这些差异。控制这些差异有 3 种方法：主观调整、修正的乘数及统计技术。

1）主观调整

相对估价法开始于两种选择——用于分析中的乘数和构成可比公司的公司组。在许多相对估价中，我们都是针对每一个可比公司，计算出乘数及其平均值；然后，为了估价某一公司，把它据以交易的乘数和算出的平均值进行比较。如果它存在着明显的差异，分析人员就要针对该公司的个别特征（增长、风险或现金流）是否能够解释这一差异做出主观判断。这样，市盈率均值为 15 的某个行业中，某公司的市盈率可能是 22。但我们可能得出这样的结论，这种差异是正常的，因为该公司比行业中的其他公司具备更高的增长潜力。根据我们的判断，如果乘数上的差异无法被根本因素所解释的话，该公司可能被高估（如果它的乘数高于均值）或被低估（如果它的乘数低于均值）。

这种方法的劣势在于需要分析人员做出主观判断，这种判断更多依赖的是猜测，而且这种判断会进一步加深分析人员对公司的偏见。

2）修正的乘数

在此方法中，我们对乘数进行调整，以便考虑到决定它的最重要的变量——伴随变量。这样，针对某一公司，把市盈率除以每股收益的预期增长率，以便确定经过增长调整的市盈率或者价格收益增长比率。然后在有不同增长率的公司间比较这

① 40% 的股权收益率是现金流潜力的代用变量。伴随 20% 的增长率和 40% 的股权收益率，此公司能够将收益的一半以股利形式或股票回购形式返给股东。

② 如果包括 10 000 只股票，用手工去找将是一件令人乏味的事情，可以采用聚类分析法等统计技术去找那些相似的公司。

一比率，以便发现被低估或被高估的公司。

这里有两个暗含的假设。一是除了被控制的那一个尺度外，这些公司在所有的价值尺度上都具备可比性。换句话说，当比较各公司间的 PEG 比率时，我们假设它们的风险是相等的。另一个就是假设各乘数与根本因素之间的关系是线性的。仍然用 PEG 比率说明问题。假设增长翻倍，P/E 比率也会翻倍。如果这一假设不成立，则 P/E 比率不会随增长率等比例增长。拥有高增长率的公司由于 PEG 比率的偏差，会变得更便宜。

［例 7—1］比较公司间的 P/E 比率和增长率：软饮料公司

对于被归类为软饮料公司的各公司，下表是它们在未来5年中的市盈率和预期每股收益增长率的数据。这些数据建立在分析人员一致估计的基础上。

公司名称	拖拽性 P/E 比率	预期增长率（分析人员估计,%）	标准差（%）	价格收益增长比率（PEG）
Andres Wines Ltd. A	8.96	3.50	24.70	2.56
Anheuser－Busch	24.31	11.00	22.92	2.21
Boston Beer A	10.59	17.13	39.58	0.62
Brown－Forman B	10.07	11.50	29.43	0.88
Chalone Wine Group Ltd.	21.76	14.00	24.08	1.55
Coca－Cola	44.33	19.00	35.51	2.33
Coca－Cola Bottling	29.18	9.50	20.58	3.07
Coca－Cola Enterprises	37.14	27.00	51.34	1.38
Coors（Adolph）B	23.02	10.00	29.52	2.30
Corby Distilleries Ltd.	16.24	7.50	23.66	2.16
Hansen Natural Corp.	9.70	17.00	62.45	0.57
Molson Inc. Ltd. A	43.65	15.50	21.88	2.82
Mondavi（Robert）A	16.47	14.00	45.84	1.18
PepsiCo，Inc.	33.00	10.50	31.35	3.14
Todhunter Int'l	8.94	3.00	25.74	2.98
Whitman Corp.	25.19	11.50	44.26	2.19
平均	22.66	12.60	33.30	2.00

在相对的基础上，Andres Wines 公司是否被低估了呢？对乘数作一简单回顾会使我们得出这样的结论：因为它的 8.96 的市盈率远低于行业均值。

在进行这一比较时，我们假设 Andres Wines 具备与行业平均值相似的增长和风险特征。把增长带入比较中的一种方法在于计算 PEG 值，它被列示在最后一栏。以 2.00 的行业平均 PEG 比率和 Andres Wines 的估计增长率为基础，可得出 Andres Wines 的市盈率如下：

市盈率 = 2.00 × 3.5% = 7.00

以这一经过调整的市盈率为基础，Andres Wines 似乎被高估了，即便它具备较低的市盈率。虽然这看起来像是解决公司之间差异问题的一种简便的调整，其结论却只有在这些公司具备相同的风险时才能够成立。

3）统计技术

当乘数和起决定作用的根本变量之间的关系变得复杂时，主观判断和修正的乘数将很难使用。此种情形下，我们可以运用统计技术。在本节中，我们会考虑这种方法及潜在的优势。

（1）行业回归

在回归中，用影响独立变量的相关变量去解释独立变量。在相对估价中，我们曾尝试这样做，解释公司间根本变量（风险、增长和现金流）乘数（市盈率、股权价值与 EBITDA 之比）的不同。与主观判断相比，回归方法有三种优点：

A. 输出值可以告诉我们乘数和变量之间关系的紧密程度。因此，如果我们认为高增长公司有较高的 P/E 比率的话，回归方程就会告诉我们增长和 P/E 比率的关联关系（通过作为相关变量的增长相关系数）以及这种关联程度如何（通过 t 检验和 R^2 检验）。

B. 如果乘数和用于解释乘数的根本因素之间的关系是非线性的，那么回归方程就应该被修正，以满足这种关系。

C. 修正的乘数方法中，我们只能用一个变量去控制差异，而回归方程则范围更大。不只是一个变量，更包括这些变量间的相互影响。

一般来说，回归方法有助于我们完成相对估价中的任务，使得大量的有时甚至相互矛盾的数据变得有意义。进行行业回归时，我们面对两个问题：

A. 第一个问题与我们如何定义行业有关。如果我们将行业定义得太狭窄，就要承担样本规模变小的风险。这会削弱回归方程的有用性。宽泛地定义行业，这种风险就会降低。这样，公司间会存在很大差异。我们可以在回归方程中控制这些差异。

B. 第二个问题就是我们在回归方程中使用的独立变量。于是，统计分类中的关注点提升了回归方程的解释力度（通过 R^2），而且包括任何一个伴随的变量。在相关估价中，回归方法的集中度是比较窄的，因为我们的目的不是为了解释各公司定价的不同，而是那些被根本因素所解释的差异。我们将使用这些与根本因素相关的变量。前一节中我们采用折现现金流分析的乘数会给我们提供有价值的线索。以 P/E 比率为例，由于它由支付率、预期增长和风险三个因素决定，回归方程中仅包括这些变量。

在回归方程中，如果其他变量与P/E比率无根本联系的话，我们不会加入其他变量，即使这样做会增加解释力度。

［例7—2］再访饮料行业：行业回归

市盈率是预期增长率、风险和股利支付率的函数。在饮料行业中，没有哪一个公司支付大量的股利，但它们在风险和增长方面却各有不同。下表概括了名单上各公司的市盈率、股票价格的标准差以及预期增长率：

公司名称	拖拽性P/E比率	预期增长率（%）	标准差（%）
Andres Wines Ltd. A	8.96	3.50	24.70
Anheuser – Busch	24.31	11.00	22.92
Boston Beer A	10.59	17.13	39.58
Brown – Forman B	10.07	11.50	29.43
Chalone Wine Group Ltd.	21.76	14.00	24.08
Coca – Cola	44.33	19.00	35.51
Coca – Cola Bottling	29.18	9.50	20.58
Coca – Cola Enterprises	37.14	27.00	51.34
Coors（Adolph）B	23.02	10.00	29.52
Corby Distilleries Ltd.	16.24	7.50	23.66
Hansen Natural Corp	9.70	17.00	62.45
Molson Inc. Ltd. A	43.65	15.50	21.88
Mondavi（Robert）A	16.47	14.00	45.84
PepsiCo，Inc.	33.00	10.50	31.35
Todhunter Int’l	8.94	3.00	25.74
Whitman Corp.	25.19	11.50	44.26

鉴于这些公司在风险和预期增长方面并不相同，可以把价格收益针对这两个变量进行如下的回归：

$$P/E = 20.87 - 63.98\,(\text{标准差}) + 183.24\,(\text{预期增长}) \qquad R^2 = 43\%$$
$$[3.01]\ [2.63] \qquad\qquad [3.66]$$

方括号中的数字为t统计值，它表明这一回归方程的市盈率和两个变量间的关系在统计上是有意义的。R^2 系数则指出了市盈率中可为各自变量所解释的百分比。最后，回归方程①本身可用于得出关于名单上各公司市盈率的预测值。

从而，Coca – Cola 的预测市盈率，以35.51%的标准差和19%的预期增长率为

① 两种方法都假设乘数和驱动价值的各变量之间的关系是线性的。由于这一点并不总是能够成立，或许我们需要运用这些回归的非线性形式。

基础：

$$预测的市盈率_{Coca-Cola}=20.87-63.98\ (0.3551)\ +183.24\ (0.19)\ =32.97$$

而 Coca－Cola 的实际市盈率为 44.33，在给定行业中其他部分定价方式的前提下，该式表明其股票被过高估价了。

如果您对“市盈率与增长间的关系是线性的”这种假设不满意，它是我们在前一回归中所假设的，还可以运行非线性回归或者修正回归方程中的变量，而使得这种关系更具线性。例如，在回归中运用增长率的原值而不是增长率，将会产生更良好的线性关系。

（2）市场回归

在公司所属的行业中搜寻可比公司将会受到相当大的限制，尤其当行业中存在着相对较少的公司或者公司经营于一个以上的行业时。鉴于可比公司的定义所针对的不是同一种业务，而是与所分析公司具备相同的增长、风险和现金流特征的公司，所以对于可比公司的选择，我们不必局限于那些处于同样行业的公司中。对于会引起各乘数随公司而变化的变量，前一节介绍的回归可以控制这些变量间的差异。以决定每一乘数的各种变量为基础，应能够对影响乘数的各种变量进行回归。跟前一节一样，决定每一种乘数的基本因素都归纳在表 7—3 中。

表 7—3　**决定权益乘数的基本因素**

乘数	基本决定因素
市盈率	预期增长率、支付率、风险
价格账面权益比率	预期增长率、支付率、风险、净资产收益率
价格收入比率	预期增长率、支付率、风险、净利润

然而，可能出现的情况是，针对风险（β）、增长（预期增长率）和现金流（股利支付）所运用的代用变量可能不尽完善，而关系也可能不是线性的。为了处理这些限制，可以把更多的变量添加到回归中（例如，公司的规模可以作为风险的代用变量）。

相对于在同一行业中对各公司所进行的主观比较而言，这种方法的第一个优点在于：首先，以实际的市场数据为基础，它能够量化较高的增长或风险应该影响各乘数的程度。实际情况是，这些估计值可能包含了噪音，但噪音却反映了许多分析者在做出主观判断时，被有意回避的现实情况。其次，通过观察市场上的所有公司，该方法使我们能够把行业中的各公司与相对的几家公司进行更有意义的比较。再次，它使我们能够通过检查某一行业中的所有公司相对于市场上其他公司的价值，探讨它们是否被过高或过低估价了。

（3）统计技术的局限

统计技术并不是我们在分析中所遇到问题的灵丹妙药。它们是每位分析人员都应了解并掌握的工具。当我们在乘数中应用回归技术时，我们既要了解本章前面提到的乘数分布特性，也要了解回归中应用的独立变量及二者之间的关系。

- 乘数的非正态分布使得应用标准回归技术时会出现问题。样本数目少时，问题将变得更糟。这种分布的非对称性会由于较大极端值的存在而扩大。
- 在乘数回归中，独立变量自身也是相互独立的。然而，考虑下我们用于解释价值乘数的独立变量，有潜在现金流、支付率、预期增长和风险。无论是一个行业还是整个市场，高增长公司风险大，股利支付率低。这种独立变量的相关性就是所谓的多重共线性，它会削弱回归的解释力度。
- 在本章的前面，我们注意到了乘数的分布如何随着时间而改变，将P/E比率与股权价值EBITDA乘数在时间跨度内作对比。解释公司间乘数差异的回归会随着时间的变化降低预测能力。P/E比率的回归和2005年期初的增长率在评估2006年期初股票价值时用处不大。
- 最后一个值得注意的问题，就是相对估价回归中的R^2不应高于70%。通常R^2在30%到35%之间。我们不是要问R^2达到多大值才有意义这样的问题，而是关注回归的预测能力。当R^2下降时，回归的预测范围就会扩大。举例：软饮料行业回归（来自［例7—2］），Coca－Cola产生32.97的预期市盈率，而51%的R^2则以95%的精确度产生了范围为27.11～38.83的预期。如果R^2变高，则范围就会变小。

7.6 协调相对估价法和折现现金流估价法

估价的两种方法——折现现金流估价法和相对估价法——通常会对同样公司的价值产生不同的估计值。可能的情况是，一种方法估计出来的结果是股票被低估，而另一种方法得出来的结论是股票被高估。进一步地，即便在相对估价法的框架内，也会由于使用乘数的不同和使用公司作为相对估价法基础的不同而产生不同的价值估计。

折现现金流估价法和相对估价法之间的价值差异来自于针对市场的有效性，或者更准确地说是针对市场无效性的不同见解。在折现现金流估价法中，我们假设市场会犯错误，这些错误通常发生在整个行业甚至整个市场中。在相对估价法中，我们假设，尽管市场在个别股票上会出错，但平均而言它们是正确的。换句话说，当我们估计一家与其他小型软件公司相关的新型软件公司的价值时，实际上我们假设平均而言市场已对这些公司进行了正确定价，即便它可能对其中个别公司的定价不当。因此，如果用于相对估价法中的公司都被市场过高地估价了的话，某一股票在折现现金流的基础上或许被高估，但在相对的基础上却被低估了；如果整个行业或市场都被过低估价的话，就会出现相反的情况。

7.7 结论

根据相对估价法，一般是通过考察相似的资产如何被定价而估计某一资产的价值。为了进行这种比较，首先把价格转换成乘数（对价格实行标准化），然后在被定义的各可比公司间对这些乘数进行比较。价格可以在收益、账面价值、收入或行业特定变量的基础上予以标准化。

尽管各种乘数的价值具备简便性，但使用它们还是存在4个步骤。首先，必须在一致性的基础上定义乘数，并在所比较的公司之间对它进行统一的定义。其次，需要知道市场上不同公司乘数的区别，也就是要知道乘数的最高价值、最低价值和典型价值各是多少。再次，需要把握决定每一乘数的基本因素，以及这些因素的变化如何影响乘数的价值。最后，需要找出真正的可比公司，并且调整各公司在基本因素上的差异。

第 8 章 权益乘数

当我们投资于一只股票时，通常兴趣是在于看公司的权益是否被公允定价。很自然地，我们就会关注权益乘数。它将权益的市场价值与收益或权益的账面价值相连。在本章中，我们将关注权益乘数的价值，范围从广泛使用的 P/E 比率到使用不多的乘数，如价格与自由现金流之比，然后检验广泛使用的权益乘数分布特征及这些乘数的决定因素。本章的结尾将应用分析工具对估价进行判断。

8.1 权益乘数的定义

权益乘数需要两个输入值：一个是权益的市场价值，另一个是据以衡量权益价值的变量——比如收益、账面价值或收入。在这一节中，首先考虑如何最好地估计权益的市场价值，进而考虑衡量变量的选择。

8.1.1 衡量权益市场价值

所有权益乘数都通过权益市场价值来衡量。对于公开交易的公司，衡量权益的市场价值就像一次琐碎的练习，因为任何时候都只有一个股票价格。无论怎样，我们都需要进行 3 个决定。这会影响到权益价值的衡量。

A. 每股或加总的权益价值。权益市场价值可以在每股基础上或通过加总的价值来计算（市场资产总额或市场价值）。因为后者是用股价乘以流通在外的股数计算出来的。对权益乘数而言，用一个而忽视另一个得出来的结果可能不合理，但在某些条件下，两者会发生偏离。一种情形就是，同一公司中存在着股票的乘数分类，以不同的股票价格进行交易。市场资本总额包括所有流通在外股票的市场价值。于是市场价格仅反映所考虑的股票分类。另一种情形是，当前流通在外的股票数目（原始股票）与考虑管理期权、可转换债券和权证实施后潜在的流通在外的股票（稀释股票）。

B. 付息现金和除息现金。公开交易公司权益的市场价值包括此公司持有的现金和市场化证券。因此，2005 年 11 月微软 3 000 亿美元的市场资本总额实际上包括手中持有的 400 亿美元现金。公司持有现金获得的利息收入包括在公司整体净收入中。在过去的实践中，分析人员用权益的市场价值和全部净收入或权益的账面价值计算权益乘数。尽管从内部讲它们是一致的，但持有现金的风险和收益与经营性资产的风险和收益特征是不同的。所以计算扣除现金的权益市场价值会更有意义

(特别是现金收支在公司价值中占据很大比例时)。这种净权益市场价值是非现金或经营性资产的市场价值。

C. 股份期权。在每股价值和加总股权价值之间无联系的一个原因是管理期权的存在。特别是，管理期权和公司发行的股份期权（包括权证和可转债券）一般会产生对公司权益的二次要求（除了原始普通股股东之外的)。具有流通在外的管理期权和股份期权的公司全部股权市场价值就是市场资产总额加上估计或观察到的股份期权市场价值。换句话说，微软 3 000 亿美元的市场资产总值反映的只是公司普通股的价值，公司流通在外的管理期权的估计价值应加计到市场资产总值中，进而得到权益的市场价值总额。不用说，大多数分析人员都不进行此判断。在下节中我们会将这些因素纳入考虑范围。

8.1.2 衡量变量

在第 7 章中我们提到，一致性要求既衡量权益价值又衡量权益变量。权益乘数可以通过收益、现金流、账面价值和收入来反映股权收益变量。

- 股权收益变量。在传统的会计报表中，从收入中减掉净经营费用得到经营性收入，再减去各种财务费用和税得到净收入。在计算权益乘数时，用经营性收入作为收益的衡量很明显是不合适的，因为它增加了公司股东的要求。选择净收入与我们的权益市场价值的计算较匹配。表 8—1 归纳了权益价值不同衡量标准下的一致性选择。①

表 8—1 **股权收益与股权价值的衡量**

股权价值衡量	股权收益衡量
每股价格	每股收益
股权加总市场价值	扣除期权费用的净收入
股权净值 = 股权市场价值 - 现金	净收入 - 现金的税后利息收入
权益增长期权 = 股权市场价值 + 管理期权价值	未扣除期权费用前的净收入

每种衡量下都可以进行其他的判断。例如，所有权益收益的衡量都可以包括或剔除异常条款。关键是想出一种收益的衡量方法在不同公司间具备可比性。带着这个目的，我们就要剔除那些异常条款。然而，当衡量每股收益的时候，我们又面临一个问题，是用部分的原始每股收益和部分的稀释每股收益呢，还是完全使用稀释每股收益？所有这些衡量都会产生潜在的比较问题。

如果我们使用原始的每股收益就忽视了流通在外的管理期权及其他期权，那么分析就会使拥有大量流通在外的此种期权的目标公司的价值被低估，从而出现偏差。如果我们用稀释的每股收益，就是假设流通在外的期权是股权之外的剩余期权的充分衡量，而用相等数目的流通在外期权，我们会计算出同样的公司价值。当有些公司拥

① 将与新期权相关的费用从净收入中减除（特别是美国财务会计准则委员会的新准则出来以后）是符合逻辑的，但这样做并没有意义，因为费用是当前的，而加入到权益价值中的期权是过去授予、现今在流通的。

有长期期权，而有些公司拥有短期期权时，又会出现问题。很明显，期权对权益价值的影响程度，前者更大，后者稍小，但使用稀释每股收益会使得对前者的估计偏低。[①] 使用增长期权的优势在于，它考虑期权的价值而不只是期权的数目。

- 股权现金流量衡量。许多分析人员和投资者对收益会计衡量和良好的原因都持谨慎态度。他们更倾向于现金流量衡量，对权益乘数有两种选择。一是近似的现金收益衡量，通过在净收入中加入一些折旧和非现金项目而获得。另一个是在第 3 章中所介绍的自由现金流与权益的衡量。在第 3 章中，我们考虑再投资需求和债务现金流，从而得到最终的现金流。与收益数目一样，对现金流的定义也应与权益价值衡量中所用到的一致。如果权益价值是加总的权益市场价值，我们就应该使用总的净收入去估计权益的自由现金流。如果权益价值是净现金，权益的现金流也应该是净现金利息收入。

- 权益账面价值的衡量。衡量权益市场价值的另一个方式就是权益的账面价值。再一次，账面权益的衡量也要与市场权益的衡量相一致。表 8—2 归纳了各种选择。

表 8—2 **股权账面价值与市场价值的度量**

股权价值衡量	账面股权衡量
每股价格	每股账面价值
股权加总市场价值	股权账面价值（资产负债表上的股东权益）
股权净值 = 股权市场价值 - 现金	股权账面价值 - 现金
权益增长期权 = 股权市场价值 + 管理期权价值	股权账面价值 + 管理期权的账面价值（如果有的话）

注意，股东权益（权益账面价值）包括留存收益及对账面价值进行的其他会计调整。对于账面权益，摆在分析人员面前的一个比较大的问题是如何对待收购中的商誉。原因在于，考虑商誉使收购与非收购公司之间的比较变得很困难。看看原因，可以注意到，通过内部投资而成长的公司并不将增长的潜在价值作为资产或股东权益的一部分。通过收购而成长的公司需要记录每次收购所支付的市场价值及商誉（被收购公司市场价值与账面价值的差异）。这种商誉可看成是对被收购公司增长资产所支付的溢价。[②] 从实践的术语来说，这意味着收购公司的价格账面价值比率比非收购公司要低（从投资的角度看可能更有吸引力）。

- 收入衡量。许多分析人员用权益市场价值除以公司收入来衡量价格收入比率。这种衡量方式缺乏一致性，因为收入属于整个公司，而不是公司的股权投资者。尽管这样，分析人员仍然愿意使用价格收入比率而非价值收入比率（它可能更具一致性）。这样可以避免在分析中存在主要错误，原因存在于普遍使用这一乘数的行业中。一种是科技公司，这样的公司几乎没有或只有很少的负债，使得公司价值和股权价值相等。另一种是零售公司，公司保持与历史相同的债务比率（通常以经营性租赁的形式）。在这两个行业尽管也在发生着变革，但还是有风险的。

---

① 看看原因，当有许多现金期权时，股票价格要比非现金期权下降得更多。用稀释每股收益除以价格会产生较低的 P/E 比率，而股票会更便宜。

② 商誉包括协作、控制及过度支付的全部内容，因此使得它成为获得的公司资产的不完美衡量。

在科技行业，公司经常持有大量的、偏离的现金收支。在这些公司中使用价格收入比率会使分析人员对有相对较少现金收支的公司的估价发生偏差，造成低估。这一问题的一个解决方法就是使用扣除现金后的权益价值。在零售行业，当有新店开业时，不同公司采用的实践不同。一些可能继续使用经营性租赁，而另一些选择用权益资金或债务资金直接购买店面投资于房地产。使用价格收入比率会对有较高财务杠杆公司的估价低于杠杆较低的公司。

8.2 权益乘数的分布特征

在第7章中，我们注意到，大多数乘数的分布都偏向正值，这种分布自身是不稳定且易变的。权益乘数也不例外。在本节中我们检验一些经常使用的权益乘数的分布。

8.2.1 价格收益比率

价格收益比率是权益市场价值与股权投资者收益的比率：

$$价格收益比率 = \frac{股权市场价值}{股权收益}$$

传统上使用当前每股价格和稀释每股收益，对市场收益的替代可以采用加总的权益价值、权益净现金和增长期权权益。这些都可以作为收益的一致性衡量（见表8—1）。图8—1反映的是2006年1月美国股票的P/E比率。当年P/E比率、拖拽性P/E比率及预期P/E比在图中都有反映。

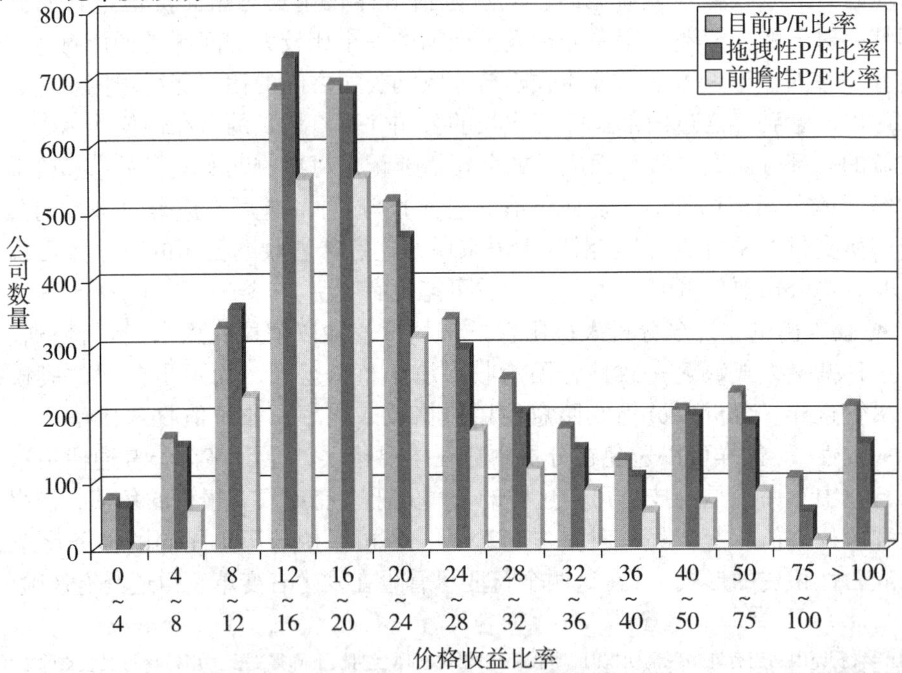

图8—1 2006年1月美国股票市场P/E比率

表 8—3 是 2006 年 P/E 比率全部三种衡量的归纳统计，从均值开始，有标准差、中位数、第 10 个和第 90 个百分比价值。①

表 8—3 归纳统计——2006 年美国股票市场 P/E 比率

	目前 P/E 比率	拖拽性 P/E 比率	前瞻性 P/E 比率
均值	43. 58	40. 52	29. 93
标准差	3. 74	7. 38	1. 81
中位数	20. 67	19. 04	18. 18
标准离差	241. 96	463. 62	88. 57
峰值	1 871. 78	3 611. 60	474. 76
偏度	38. 68	58. 97	19. 35
最小价值	0. 75	3. 12	4. 38
最大价值	12 712. 82	28 518. 28	2 710. 00
总计	4 179. 00	3 947. 00	2 397. 00
90^{th}百分位	54. 21	44. 31	28. 14
10^{th}百分位	11. 22	10. 17	13. 75

看看这些对 P/E 比率的三个衡量方式，均值总比中位数高，反映出 P/E 比率都是很高的正数而且不可能小于 0。这种分布的非对称性在对称价值中可以看到。当前 P/E 比率比拖拽性 P/E 比率高，拖拽性 P/E 比率又高于预期收益比率。

整个样本中有 7 123 家公司，只有 4 179 家拥有正的收益，从而可以计算 P/E比率。对于预期 P/E 比率，由于需要分析人员估计下一年的每股收益，因此还会去掉更多公司。不符合要求的公司都会被从样本中剔除。这种偏差我们在第 7 章中提到过，对 P/E 比率来说是很重要的问题，原因在于不能计算一些公司的乘数。

8. 2. 2 价格收益增长比率（PEG）

组合经理和分析人员有时会将 P/E 比率与预期增长率相比去看股票是被低估还是被高估了。很自然地，价格收益增长比率就被定义成价格收益的比率除以每股收益的预期增长率：

$$\text{价格收益增长比率}=\frac{\text{价格收益比率}}{\text{预期增长比率}}$$

① 均值和标准差是归纳统计中最有可能受到这些极值影响的。

例如，P/E 比率为20，增长率为10%的公司的价格收益增长比率为2。一致性要求此中用到的增长率是每股收益或净收入的预期增长率，而不是经营性收入的预期增长率。因为这是权益乘数。P/E 比率有很多定义，我们应该用哪一个去定义 PEG 呢？答案在于预期增长率是在什么基础上计算的。如果每股收益预期增长率是在最近几年收益（当年收益）的基础上计算的，P/E 比率就应该使用当前 P/E 比率。如果是基于拖拽性收益，则使用拖拽性 P/E 比率。预期 P/E 比率在此计算中用不到，因为它可能导致增长的双重计算。① 2006 年 1 月美国公司 PEG 比率的代表性分布反映在图 8—2 中。

在估计这些 PEG 比率的时候，分析人员将对每股收益未来 5 年增长的估计与当前 P/E 比率相连使用。任何公司出现负的每股收益或缺乏分析人员对预期增长的估计会将其从样本中剔除。这可能是出现偏差的原因，因为更大的、流动性更强的公司会被分析人员跟踪考察。

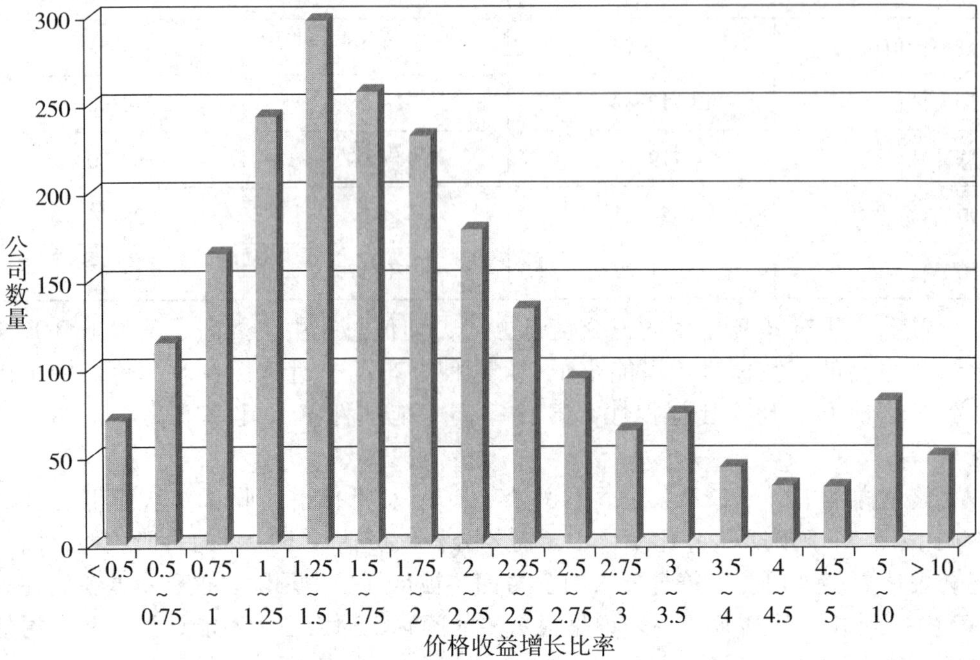

图 8—2 价格收益增长比率——2006 年 1 月美国股票

PEG 比率在分析科技公司时使用较为广泛。图 8—3 是 2006 年 1 月科技公司股票的 PEG 比率分布。再次使用了分析人员对增长率的估计来算 PEG 比率。516 家公司的 P/E 比率都被估计出来了，只有 279 家 PEG 比率；237 家公司的增长不能获得，所以从样本中剔除。

① 看下原因，假如每股收益当前是 1 美元，明年预期翻倍达到 2 美元。接下来 4 年的增长率都是 4%，接下来 5 年的预期增长率是 18.53%。很大程度上是因为明年的预期增长率。如果我们使用预测的每股收益 2 美元去计算 P/E 比率，而被预期增长率 18.53% 除的话（达到一个较低的 PEG），结果是我们将下一年的增长计算了两次。

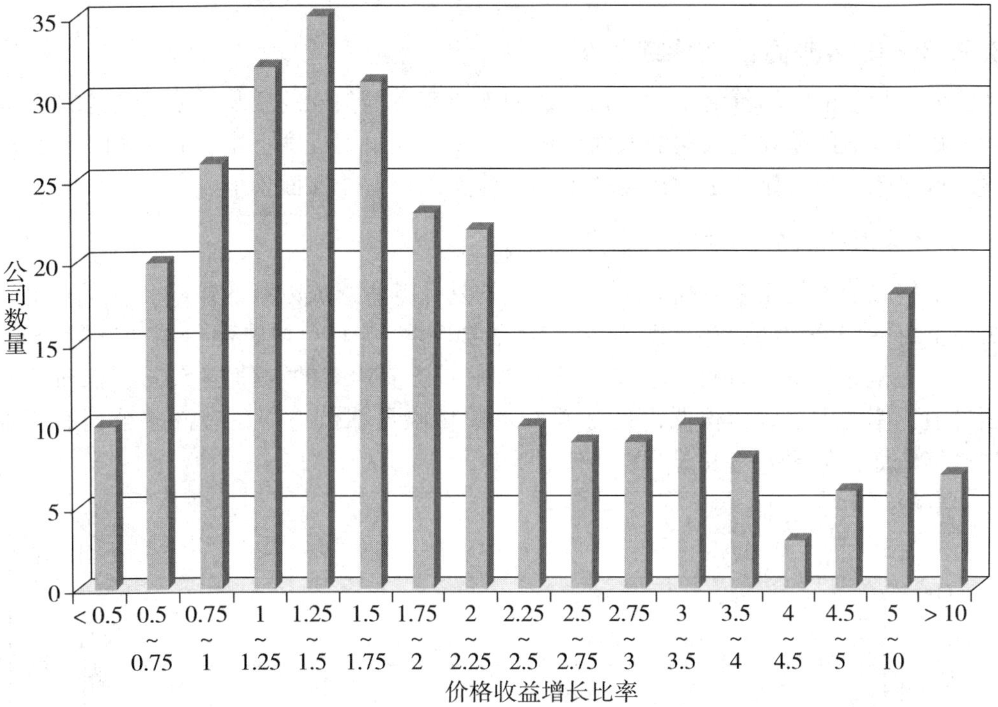

图 8—3　高增长公司的价格收益增长比率——2006 年 1 月美国科技公司

表 8—4 包括 2006 年 1 月科技股票与所有股票的 PEG 比率归纳统计。科技股票 PEG 比率均值略低于全部股票的 PEG 比率均值。另外，两组均值都高于各自的中位数。在两组中都有很多另类的公司有很高的 PEG 比率。这种异常值很突出。

表 8—4　　**价格收益增长比率：科技股与非科技股**

	所有公司	科技公司
均值	2. 64	2. 54
标准差	0. 17	0. 25
中位数	1. 70	1. 66
偏度	20. 11	9. 92
范围	234. 24	60. 43
最小值	0. 00	0. 34
最大值	234. 43	60. 09
总计	2 178. 00	279. 00
最大（100）	6. 15	2. 03
最小（100）	0. 57	1. 33

8.2.3 价格账面价值比率

公司权益的市场价值是对公司收益和现金流市场预期的反映。资产账面价值与债务账面价值的差异是权益的账面价值——一个在很大程度上由会计准则决定的数值。价格账面价值比率是用权益的市场价值除以权益的账面价值：

$$价格账面价值比率（P/BV）=\frac{股权市场价值}{股权账面价值}$$

价格账面价值比率时高、时低、时平均是受哪些组成因素的影响，我们计算了名单上每一家公司的比率。图8—4归纳了2006年1月价格账面价值比率的分布。这种分布是非常不对称的，原因在于价格账面价值比率的均值是5.33，而价格账面价值比率的中位数却很低，只有2.32。就像收益乘数一样，有许多公司有很高的价格账面价值比率（超过10）。

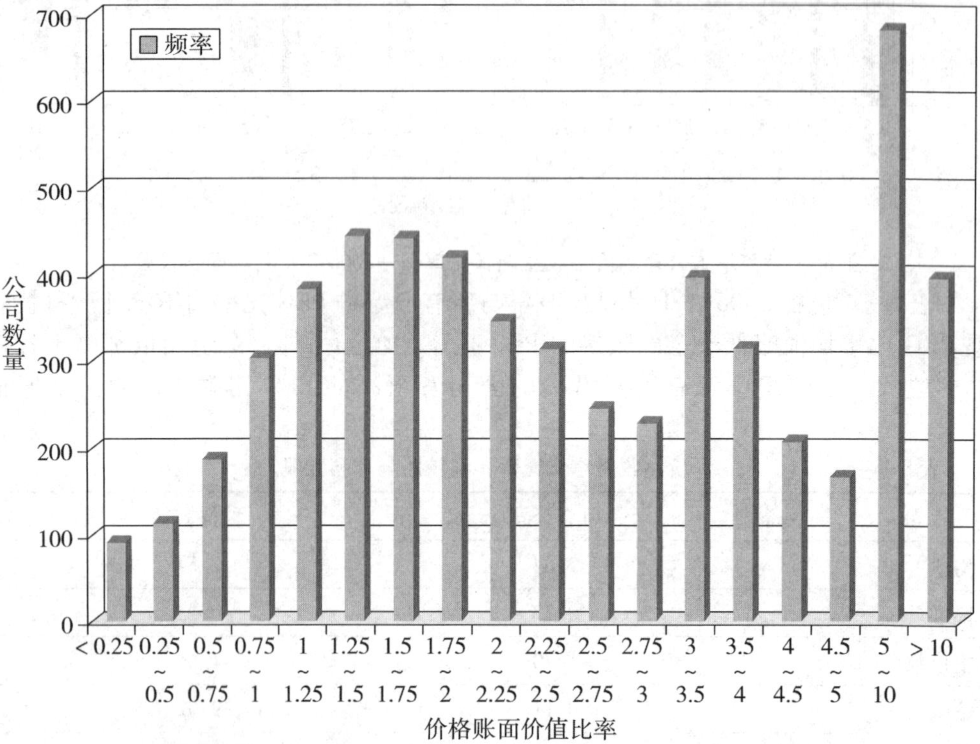

图8—4 价格与股权账面价值之比——2006年1月美国股票

有关价格账面价值比率还有一点要说，许多公司有负的股权账面价值（这是不断亏损的结果）。在这种情形下不能计算价格和账面价值。在7 123家公司的样本中，有1 467家发生了此种情形。比较而言，有3 000家公司有负的收益，不能计算其P/E比率。

8.2.4　价格收入比率

收入乘数衡量的是权益价值或与收入相关的业务价值。与其他乘数一样，另外的因素是相等的，以较低收入乘数交易的公司被认为比以较高收入乘数交易的公司要便宜：

$$价格收入比率 = \frac{股权市场价值}{收入}$$

尽管对这一比率的定义并不统一，但该比率仍然被广泛使用。图8—5归纳了2006年1月美国公司价格收入比率的分布。

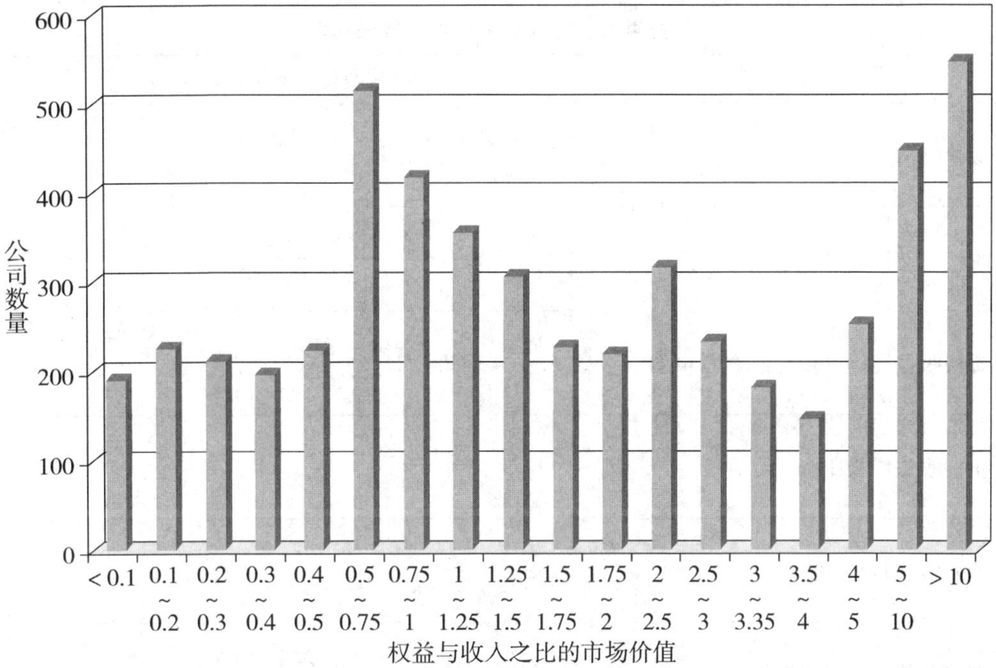

图8—5　价格与收入比率——2006年1月美国公司

收入乘数好于收益和账面价值乘数的一个优势在于很少有公司不能计算收入乘数，所以在比较过程中偏差较小。[①] 在计算时，我们排除的公司是无明确具体收入的公司，与银行和其他财务服务公司一样，时间短、新成立的公司没有商业性产品。

价格收入比率与其他权益乘数的不同就在于其分布的特性。与P/E比率和P/BV比率（价格账面价值比率）的分布不同，它们会出现很高的峰值，但价格收入乘数分布非常一致。换句话说，各行业间都有宽泛的变化，没有哪一个价格收入比率具备代表性，可以应用于各公司或各行业。

---

① 收入永远不会是负值，但可以是0。样本中有100家公司无收入，但有权益的市场价值。除此之外，对财务服务公司收入的定义是很模糊的。

8.3 权益乘数的分析

对于每个乘数都有两个关键问题需提出：一个与决定乘数的变量有关；另一个是变量与乘数之间的关系。在这一节中，我们考虑这两个问题。

8.3.1 权益乘数的决定因素

在第7章中，我们从一个稳定增长的股利折现模型开始，作为分析收益乘数的基础，之后根据基本因素描述乘数。表8—5回顾了我们的发现。

表8—5 **权益乘数决定因素——稳定增长模型**

乘数分析	稳定增长的股利折现模型
股权价值	$P_0=\frac{DPS_1}{k_e-g_n}$ 或者 $P_0=\frac{FCFE_1}{k_e-g_n}$
价格收益比率（使用当前收益）	$\frac{P_0}{EPS_0}=P/E=\frac{\text{支付比率}(1+g_n)}{k_e-g_n}$
价格收益比率（使用前瞻性收益）	$\frac{P_0}{EPS_1}=P/E=\frac{\text{支付比率}}{k_e-g_n}$
价格收益增长比率	$PEG=\frac{\text{支付比率}}{g(k_e-g_n)}$
价格/自由现金流	$\frac{P_0}{FCFE_1}=\frac{1}{k_e-g_n}$
市场价值与股权账面价值	$\frac{P_0}{BV_0}=P/BV=\frac{ROE\times\text{支付率}(1+g_n)}{k_e-g_n}$
价格收入比率	$\frac{P_0}{Sales_0}=PS=\frac{\text{收益}\times\text{支付率}(1+g_n)}{k_e-g_n}$

模型可以从实际股利（支付率）或潜在股利（自由现金流/收益）开始。除了PEG比率，所有这些权益乘数都会随着支付率和增长率的增长而增长，随着公司的风险而下降。尽管只有变量影响收益乘数，但股权报酬和净边际利润是各自决定价格账面价值和价格销售收入比率的附加变量。

高增长公司的权益乘数与基本因素相连。在股利折现的两阶段模型中，这种关系明晰简单。如果一个公司预期n年都会高增长，之后稳定增长，股利折现模型就可以表示如下：

$$P_0 = \frac{EPS_0 \times \text{支付率} \times (1+g)\left[1 - \frac{(1+g)^n}{(1+k_{e,bg})^n}\right]}{k_{e,bg} - g} + \frac{EPS_0 \times \text{支付率}_n \times (1+g)^n (1+g_n)}{(k_{e,st} - g_n)(1+k_{e,bg})^n}$$

EPS_0：第 0 年的每股收益（当年）

支付率：第一个 n 年里的支付率

g：第一个 n 年的增长率

$k_{e,bg}$：高增长时期的权益成本

支付率$_n$：n 年后稳定增长的支付率

g_n：n 年后稳定增长的增长率

$k_{e,st}$：稳定增长阶段的权益成本

等式两边同除以 EPS_0（基期每股收益），我们可以计算出一个高增长公司的 P/E 比率。

$$\frac{P_0}{EPS_0} = \frac{\text{支付率} \times (1+g)\left[1 - \frac{(1+g)^n}{(1+k_{e,bg})^n}\right]}{k_{e,bg} - g} + \frac{\text{支付率}_n \times (1+g)^n (1+g_n)}{(k_{e,st} - g_n)(1+k_{e,bg})^n}$$

因此决定高增长公司的 3 个变量与稳定增长公司相同，即：支付率、风险及预期收益增长率。唯一的不同在于，对于高增长公司，我们要两次估计这些输入值，一次是高增长阶段，一次是稳定增长阶段。这个公式可以应用于任何公司，即便是目前不支付股利的公司。事实上，对于那些支付股利较少的公司而言，自由现金流与收益的比率可由支付率替代。

将同样的方法延伸，我们可以得到 PEG 比率、价格账面价值比率和价格收入比率的基本等式：

$$PEG = \frac{\text{支付率} \times (1+g)\left[1 - \frac{(1+g)^n}{(1+k_{e,bg})^n}\right]}{g(k_{e,bg} - g)} + \frac{\text{支付率}_n \times (1+g)^n (1+g_n)}{g(k_{e,st} - g_n)(1+k_{e,bg})^n}$$

$$\frac{P_0}{BV_0} = ROE_{bg}\frac{\text{支付率} \times (1+g)\left[1 - \frac{(1+g)^n}{(1+k_{e,bg})}\right]}{k_{e,bg} - g} + ROE_{st}\frac{\text{支付率}_n \times (1+g)^n (1+g_n)}{(k_{e,st} - g_n)(1+k_{e,bg})^n}$$

$$\frac{\text{价格}}{\text{收入}} = \text{净收益} \times \left\{\frac{\text{支付率} \times (1+g)\left[1 - \frac{(1+g)^n}{(1+k_{e,bg})^n}\right]}{k_{e,bg} - g} + \frac{\text{支付率}_n \times (1+g)^n (1+g_n)}{(k_{e,st} - g_n)(1+k_{e,bg})^n}\right\}$$

此等式可能看上去让人沮丧，但结论却很让人欣慰。对于这些乘数的 3 个决定因素，像 PEG 比率一样，在稳定增长情形下并未改变。

所有这些等式都基于两阶段增长模型，将支付率用自由现金流与净收入比率相替代，就可以得到自由现金流模型。这种替代有两个优势：第一，我们可以对那些不将现金流作为股利支付的公司进行更真实的估计。第二，自由现金流与净收入比率或潜在的股利支付比率并未限定一定大于 0。换句话说，如果自由现金流是负值，公司再投资的数目要比净收入多。至少在高增长阶段，潜在的支付比率也是负值。负的潜在支付比率表明公司在高增长阶段会提高权益资本，以满足再投资。预期的稀释会使今天的 P/E 比率下降。

[例8—1] 两阶段模型中高增长公司权益乘数估计

假设估计某公司的权益乘数有如下特征：

(1) 公司去年净收入150万元、收入1 500万元、权益投资750万元，净利润和权益报酬如下：

$$净利润=\frac{净收入}{销售收入}=\frac{15}{150}\times 100\%=10\%$$

$$\frac{销售收入}{股权账面价值}=\frac{150}{75}=2$$

$$权益报酬率=净利润\times\frac{销售收入}{股权账面价值}=10\%\times 2=20\%$$

公司希望永久保持这一价值。

(2) 公司将收益的10%作为股利发放，留存比率为90%。假设公司将自有现金流作为股利发放，预期5年内保持这一支付比率。

(3) 接下来5年的预期增长率可以通过留存比率和权益报酬率计算。

(4) 第5年后，假设净收入的预期增长率会降到4%，权益报酬仍是20%，稳定阶段支付率是80%，则：

$$稳定时期的支付率=1-\frac{g}{ROE}=1-\frac{0.04}{0.20}=0.80\ (或80\%)$$

(5) 假设权益的β值永远是1，无风险收益率是5%，市场风险溢价是4%，则股权成本是9%。

$$股权资本成本=无风险利率+\beta\times风险溢价=5\%+1\times 4\%=9\%$$

现在可以估计公司的价格收益比：

$$PE=\frac{0.1\times 1.18\times\left(1-\frac{1.18^5}{1.09^5}\right)}{0.09-0.18}+\frac{0.8\times 1.18^5\times 1.04}{(0.09-0.04)\times 1.09^5}=25.38$$

此公司P/E比率为25.38，PEG比率为1.41：

$$PEG=\frac{0.1\times 1.18\times\left(1-\frac{1.18^5}{1.09^5}\right)}{0.09-0.18}+\frac{0.8\times 1.18^5\times 1.04}{0.18\times(0.09-0.04)\times 1.09^5}=141\ (或者1.41)$$

账面价值比率可以通过20%的股权报酬估计：

$$PBV=\frac{0.1\times 1.18\times\left(1-\frac{1.18^5}{1.09^5}\right)}{0.09-0.18}+0.20\times\frac{0.8\times 1.18^5\times 1.04}{(0.09-0.04)\times 1.09^5}=5.08$$

股票高于账面价值交易并不奇怪，因为股权报酬高于股权成本，价格收入比率可以通过净利润计算（10%）：

$$PS=0.10\left\{\frac{0.1\times 1.25\times\left(1-\frac{1.25^5}{1.115^5}\right)}{0.115-0.25}+\frac{0.50\times 1.25^5\times 1.08}{(0.115-0.08)\times 1.115^5}\right\}=2.54$$

基于以上基本因素，我们预测股权将以收入的2.54倍进行交易。

8.3.2 乘数与基本因素的关系

在前一节中，我们列示了驱动价值的根本变量（现金流、增长及风险）与权益乘数之间的明确关系。当我们在分析公司时，要求我们判断变量的差异如何转化为乘数的差异。例如，在其他情形不变时，我们很容易证明高增长公司应该以较高的权益乘数进行交易。而且我们需要明确这些乘数是如何随着增长的变化而变化的。在这一节中，我们使用前一节的基本等式来说明这个问题。

1. 增长效应

权益价值对高增长阶段增长率的预期较敏感。因此在前面的举例中，5 年高增长阶段 18% 的预期增长率对决定权益乘数起了重要作用。但如果预期增长率与我们的预期不同该怎么办？很明显，如果预期增长率高于 18%，权益价值会提高，反之下降。表 8—6 表明高增长阶段预期增长率的变化对权益乘数的影响。其他因素均不变（支付率、权益报酬、股权成本、高增长阶段、稳定增长各变量）。

表 8—6 **权益乘数与预期增长率**

高增长时期的增长率（%）	P/E	PEG	P/BV	PS
0	11.20	∞	2.24	1.21
2	12.35	6.18	2.47	1.24
4	13.59	3.40	2.72	1.36
6	14.93	2.49	2.99	1.49
8	16.38	2.05	3.28	1.64
10	17.93	1.79	3.59	1.79
12	19.6	1.63	3.92	1.96
14	21.4	1.53	4.28	2.14
16	23.32	1.46	4.66	2.33
18	25.38	1.41	5.08	2.54
20	27.58	1.38	5.52	2.76
22	29.94	1.36	5.99	2.99
24	32.45	1.35	6.49	3.25
26	35.13	1.35	7.03	3.51
28	37.99	1.36	7.60	3.80
30	41.03	1.37	8.21	4.10
32	44.26	1.38	8.85	4.43
34	47.69	1.40	9.54	4.77
36	51.34	1.43	10.27	5.13
38	55.20	1.45	11.04	5.52
40	59.29	1.48	11.86	5.93

除了 PEG 比率外，所有高增长公司的权益乘数都会随着增长率的超常增长而提高。预期增长率越高，乘数的价值越大。在［例 8—1］中，增长率是 18% 时，P/E 比率为 25.38；如果增长率降至 8%，P/E 比率就会降至只有 16.38。在价格账面价值和价格收入比率中也可以看到类似的趋势。

而对于 PEG 比率，预期增长上升时，PEG 比率最初会下降。当预期增长率为 24% ~26% 时，PEG 比率将降至底线 1.35，之后开始上升。这暗示着两个问题：第一，与原来正相反，PEG 比率并不能完全控制公司间增长的差异。一般来说，低增长的公司在 PEG 比率基础上会被高估。这是 PEG 比率中线性假设的直接结果。毕竟，在线性假设下，增长率为 0 的公司其 PEG 比率也为 0。第二，与其他乘数增长与乘数价值关系的方向可以预测不同，PEG 比率的增长效果取决于被比较的预期增长率。换个方式说，当比较两家公司时，一家期望增长率是 4%，另一家期望增长率为 15%。PEG 比率会使我们偏向高增长公司而否定低增长公司。当比较两家增长率分别为 30% 和 40% 的公司时，PEG 比率就可能会使我们偏向低增长公司而否定高增长公司。

权益乘数预期增长率改变的效应取决于利率的水平。直觉很直接。增长的价值在于未来，利率上升，预期增长率会下降。结果让人感到奇怪的是，预期增长在利率低的时候影响更大。图 8—6 可以说明在不同的风险利率下（4%、6%、8%、10%）P/E 比率预期增长的不同影响。

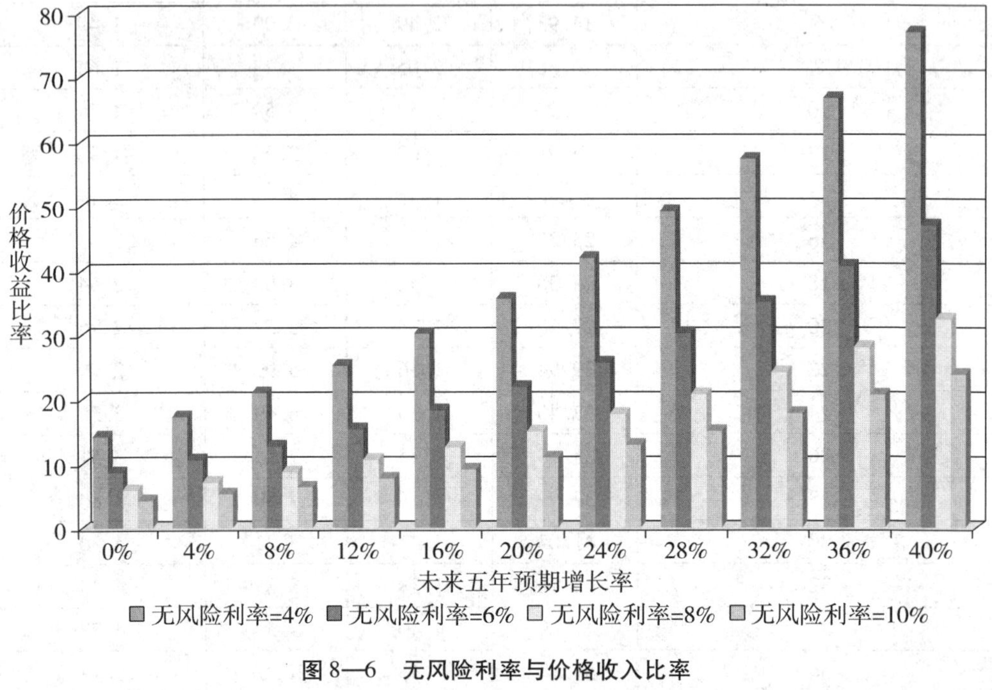

图 8—6 无风险利率与价格收入比率

利率低时 P/E 比率对于预期增长率的变化更为敏感。此发现与市场对公司收益的反应之间有可能的联系。当公司报告的收益高于预期收益（利好消息）或低于预期收益（不利消息）时，投资者对期望增长率的认知会同时发生变化，导致价格效应。在给定收益下，无论是正是负，在低利率时比在高利率时可以看到更大的价格反映。

有另外一个方法可以衡量高增长的效应，就是通过增长期的长短（当预期增长率固定时）。换句话说，也就是公司不是在未来5年保持18%的增长率，而是在未来3年情况会怎样？要是8年呢？表8—7总结了每个权益乘数增长期长短的影响。

表8—7　**增长期与权益乘数**

增长年限	P/E	PEG	P/BV	PS
0	16. 64	0. 92	3. 33	1. 66
1	18. 12	1. 01	3. 62	1. 81
2	19. 73	1. 10	3. 95	1. 97
3	21. 46	1. 19	4. 29	2. 15
4	23. 34	1. 30	4. 67	2. 33
5	25. 38	1. 41	5. 08	2. 54
6	27. 58	1. 53	5. 52	2. 76
7	29. 97	1. 66	5. 99	3. 00
8	32. 55	1. 81	6. 51	3. 26
9	35. 35	1. 96	7. 07	3. 53
10	38. 38	2. 13	7. 68	3. 84

效应是可以预期的，如果公司能在较长的时间内保持高增长，那么所有权益乘数都会提示着更高的价值。第4章讨论过增长期的主要决定因素是公司的竞争地位。公司的竞争优势越大，增长期的时间就越长。表8—7表明，在其他因素相同的情况下给定预期增长率，有较强竞争地位的公司会以较高的乘数进行交易。

2. 风险效应

风险通过股权成本进入等式。我们用β系数作为对股权风险的衡量。无论我们选择使用什么样的风险收益模型，股权成本都会随着风险的增加而增加。其他变量保持不变，股权风险增加会使权益乘数下降。表8—8是β系数变化对所有权益乘数的影响。风险上升，权益乘数下降。一家拥有15%股权成本的公司会以9.14倍的收益进行交易，尽管它的预期收益增长率只有18%。对于PEG比率、价格账面价值比率和价格收入比率也是一样。

表 8—8 风险与权益乘数

β	股权成本（%）	P/E	PEG	P/BV	PS
0.50	7.00	45.91	2.55	9.18	4.59
0.75	8.00	33.04	1.84	6.61	3.30
1.00	9.00	25.38	1.41	5.08	2.54
1.25	10.00	20.32	1.13	4.06	2.03
1.50	11.00	16.74	0.93	3.35	1.67
1.75	12.00	14.09	0.78	2.82	1.41
1.20	13.00	12.05	0.67	2.41	1.20
2.25	1.040	10.44	0.58	2.09	1.04
2.50	15.00	9.14	0.51	1.83	0.91

从实践的角度讲，我们应给这些分析加一个注释，对行业中各公司的 P/E 比率和 PEG 比率应相互比较，目的是找出被低估或被高估的股票。在不控制风险差异的情况下，这种分析倾向于使我们认为风险高的公司便宜（因为它以较低的乘数进行交易），而风险低的公司价格较高。

从公司的观点看，这种关系也表明，在高风险的水平上，公司的权益乘数在风险下降时比在增长上升时提高得多。对于许多刚成立的公司，它们有风险，也有很高的增长潜力。降低风险比提高预期增长更能提高权益价值。

3. 投资效果

投资者和分析人员对预期收益增长的关注会使我们忽视一个事实：并不是所有的增长都是相等的。高效率增长的公司（用较少的投资）与低效率增长的公司相比，应以较高的权益价值进行交易。看待这一问题最简单的方式就是回到预期收益增长的根本决定因素：

收益增长率 = 留存收益比率 × 股权报酬率

在我们的例子中，用 20% 的股权报酬率和 90% 的留存收益比率达到 18% 的收益增长率。还有其他的股权报酬率和留存收益比率的结合可以产生相同的增长率。比如，一个公司有 30% 的股权报酬率，要使其收益的预期增长率还是 18%，则留存收益比率应为 60%。相反，股权报酬率为 15% 的公司，要使其收益的预期增长率是18%，则留存收益比率应为120%。实际上，公司每年都会发行新股。[①] 表8—9反映的是保持预期增长率18%，股权报酬的改变对权益乘数的影响。

表8—9　　股权报酬与权益乘数

股权报酬（%）	留存收益比率（%）	P/E	PEG	P/BV	PS
8	225	7.48	0.42	0.60	0.75
10	180	13.45	0.75	1.34	1.34
12	150	17.43	0.97	2.09	1.74
14	129	20.27	1.13	2.84	2.03
16	113	22.4	1.24	3.58	2.24
18	100	24.05	1.34	4.33	2.41
20	90	25.38	1.41	5.08	2.54
22	82	26.46	1.47	5.82	2.65
24	75	27.37	1.52	6.57	2.74
26	69	28.13	1.56	7.31	2.81
28	64	28.79	1.60	8.06	2.88
30	60	29.36	1.63	8.81	2.94

股权报酬上升，权益乘数也会上升。在股权报酬很低时，公司会发行新股以保持较高的收益增长，而每股股权价值会下降以反映潜在的稀释。如果股权报酬低于成本，增长就意味着侵蚀股权。在这个例子中，当股权报酬下降至成本10%以下时，增长率的上升就会降低股权价值。在第7章中我们讨论变量比较的时候，与股权报酬密切相连的乘数是价格账面价值比率。如果我们将股权报酬与股权成本之间的差异作为股权投资者剩余收益的衡量，那么剩余收益与公司是否以低或高的股权账面价值交易之间存在关系。图8—7是剩余收益的改变对价格账面价值比率的影响。

当剩余收益为负值时，股票以较低的股权账面价值交易。实际上，当股权报酬与股权成本永远相等时，股票以账面价值进行交易。对比公司间的价格账面价值权益比率时，忽视股权报酬的差异是不明智的，而且会使我们得出结论，即股权报酬低的股票更便宜（因为它们以较低的股权账面价值乘数进行交易）。

① 这是第二个效应，留存收益比率的稳定增长也使得公司永远以4%增长。随着股权报酬的下降，股权的终值最终也会下降。

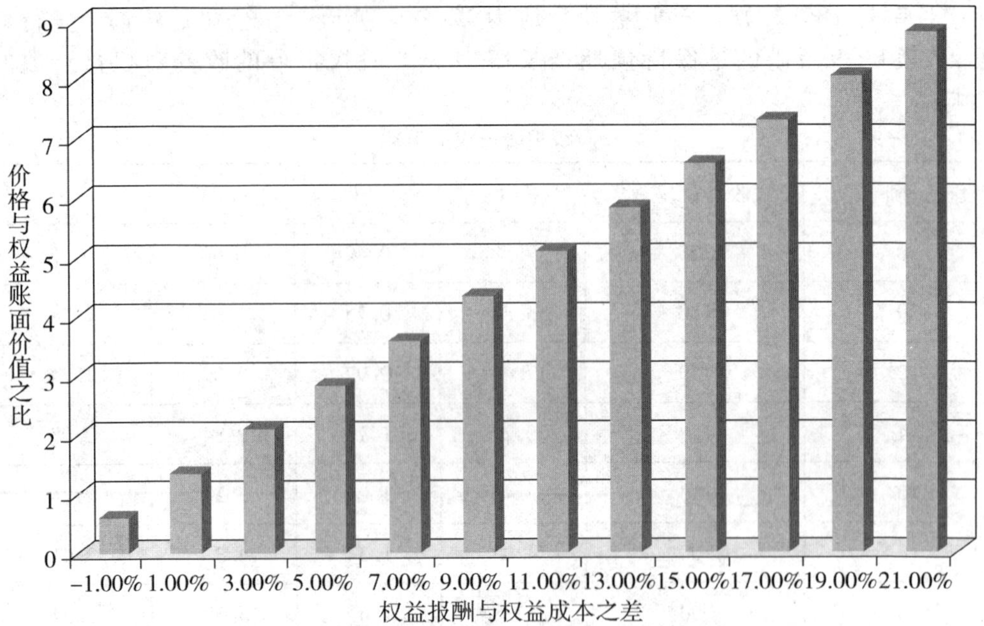

图 8—7 超额股权报酬与价格账面价值比率

另一个不太直接，用公司产生的净利润去衡量收益的质量。我们再次使用前一节提到的净利润与股权收益之间的关系，可以看到预期增长率是净利润的函数：

$$预期增长率 = 净利润 \times \frac{销售收入}{权益账面价值} \times 留存比率$$

在［例 8—1］中，我们假设公司净收益为 10%，收入权益账面价值比率为 2，则股权报酬可以达到 20%。在表 8—10 中，将在保持预期增长率和收入权益账面价值不变的情况下来检验净收益改变的影响。换句话说，如果净收益降至 5%，留存收益比率就会改变，使得公司在高增长阶段以 18% 的比率增长。

表 8—10 **净收益与权益乘数**

净收益（%）	P/E	PEG	P/BV	PS
4	7.48	0.42	0.6	0.3
6	17.43	0.97	2.09	1.05
8	22.4	1.24	3.58	1.79
10	25.38	1.41	5.08	2.54
12	27.37	1.52	6.57	3.28
14	28.79	1.6	8.06	4.03
16	29.85	1.66	9.55	4.78
18	30.68	1.7	11.05	5.52
20	31.35	1.74	12.54	6.27

当净收益上升时，权益乘数也会上升。因为净收益是价格收入比率的伴随变量。在图8—8中，我们检验了净收入的改变对价格收入比率的影响。

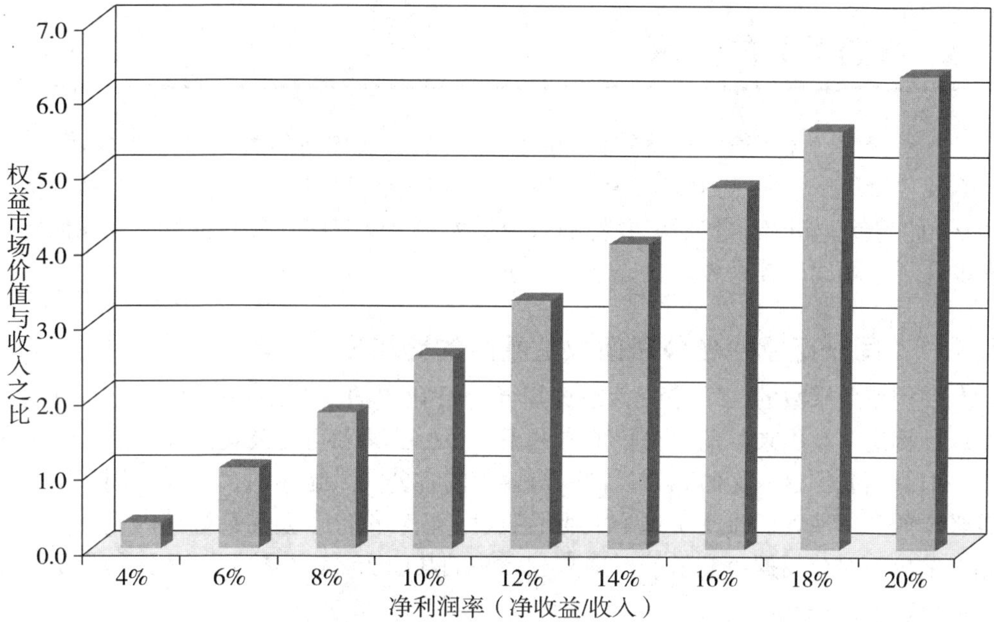

图8—8　价格与收入比率与净收益

当以价格收入比率为基础对公司进行比较时，我们要考虑净收益的效应。有较低净收益的公司，要么是它们没有定价权，要么是大批量或低价格策略（比如打折销售），应以较低的收益乘数进行交易。

4. 偏差总结

本节我们讨论的每一个变量，我们已经列示了分析时可能忽视它们会出现的一些潜在的问题。对于风险，我们已经重复了好多次。表8—11说明了忽视任一或全部变量可能带来的偏差。

表8—11　**遗漏变量带来的偏差比较**

遗漏变量	被低估的公司	被高估的公司
高增长时期的预期增长率	低增长公司（P/E、P/BV、PS） 高增长公司（PEG）	高增长公司（P/E、P/BV、PS） 低增长公司（PEG）
增长期长短	公司拥有较弱的短期竞争优势	公司拥有较强的可持续竞争优势
股权风险	公司拥有较高的股权风险，可能是因为公司涉足的商业领域风险大，也可能是它们有较高的债务比率	公司拥有较低的股权风险，因为公司涉足的商业领域风险小，财务杠杆比率低
股权收益	公司的股权收益低	可以获得超额股权收益
净利润	公司采用数量主导策略（数量大，价格低）	公司采用价格主导策略（数量小，价格高）

关键问题是我们在做相对估价时，如何最好地控制这些差异。下一节我们检验这一问题。

8.4 权益乘数的应用

既然我们已经知道了权益乘数的决定因素及乘数如何随着变量的改变而改变，那么我们就可以将注意力转向公认的底线。本节中，我们从行业传统上对乘数的使用来做价值判断开始，然后将我们的讨论扩大到整个市场。我们也将考虑如何跨时间及在各市场间比较乘数。

8.4.1 同一行业中各公司间权益乘数的比较

使用权益乘数的常用方法就是选择同一行业中的一组公司作为我们估价的公司，计算这一组中乘数的均等价值，并根据目标公司和可比公司的差异主观调整这一均值。当我们这样做时，假设同一行业中的各公司风险相同，因此控制风险是没有必要的。即使我们接受了这个大胆的假设，相对估价也会在某范围内变动。有些相对估价不对公司据以交易的对乘数有影响的其他变量进行控制，其他的只是对差异进行部分的控制。

回忆本章前面所提到的权益乘数的决定因素，在表8—12中我们归纳了影响每一个乘数的所有变量。伴随变量在表中用斜体字表示。我们希望分析人员至少可以控制这一变量。然而，还有其他的变量影响乘数，关于各变量的明示或暗示的假设可以决定哪些价格低哪些价格高。

表8—12 **权益乘数和基本因素**

使用的乘数	基本决定因素
P/E	支付率、预期增长率、股权风险
PEG	支付率、预期增长率、股权风险
价格/自由现金流	风险、预期增长率
价格/股权账面价值	支付率、预期增长率、股权风险、权益报酬
价格/收入	支付率、预期增长率、股权风险、净收益

因没有控制影响乘数的变量而导致的偏差可以通过行业间的相对估价来观察。在接下来的4个例子中，我们检验了乘数的使用及控制基本因素的不同方式。

［例8—2］ 比较软件公司间的P/E比率

下表归纳了2006年1月在美国上市的软件公司的拖拽性P/E比率。每股收益使用的是每家公司最近4个季度的数据，股票价格是2005年12月29日的价格。

公司名称	P/E	预期增长率（%）
Accenture Ltd.	19.34	13.00
Adobe Systems	38.03	19.50
Affiliated Computer	16.82	5.50
ANSYS Inc.	39.53	16.00
Automatic Data Proc.	25.62	10.00
BearingPoint	37.13	21.50
BMC Software	53.85	25.00
Borland Software	12.77	8.00
CACI Int'l A	21.62	17.00
Cerdian Corp.	65.97	17.00
Citrix Sys.	29.16	15.50
Cognizant Technology	67.96	29.00
Computer Sciences	18.49	10.00
Compuware Corp.	45.94	21.50
DST Systems	20.83	12.50
Eletronic Data Sys.	77.84	26.50
Fair Isaac	26.58	13.00
First Data Corp.	17.83	7.00
Fiserv Inc.	20.21	16.00
Henry (Jack) & Assoc.	23.11	16.50
Infosys Techn. ADR	50.50	27.00
Intergraph Corp.	37.66	29.00
Intuit Inc.	25.72	11.50
Keane Inc.	19.46	19.00
Manhattan Assoc.	27.42	11.50
ManTech Int'l A	39.24	17.50
MacAfee Inc.	47.06	22.00
Mercury Interactive	25.06	8.50
Microsoft Corp.	22.68	13.50
Moldflow Corp.	23.18	27.00

续表

公司名称	P/E	预期增长率（%）
Novell Inc.	53. 51	18. 00
Oracle Corp.	18. 63	19. 50
Paychex Inc.	43. 39	15. 00
Red Hat Inc.	100. 44	34. 50
RSA Security	23. 74	31. 00
SEI Investments	22. 61	10. 50
Siebel Systems	47. 64	14. 00
Sybase Inc.	30. 27	11. 00
Symantec Corp.	33. 57	15. 00
Synopsys Inc.	18. 44	7. 00
Transaction Sys. A	30. 50	17. 50
Verint Systems	61. 51	26. 00

Borland Software P/E 比率最低，为 12. 77；Red Hat P/E 比率最高，为 100. 44。我们假设这些公司间是等风险的，P/E 比率的差异可以用潜在增长的差异来解释。为说明问题，分析人员对未来 5 年每家公司每股收益的预期增长进行了估计，在表中最后一栏列示。

每家公司 P/E 比率对预期增长率的回归产生如下结果（括号中是每个系数的 t 统计量）：

P/E 比率 = 4. 24 + 177. 12 × ln（预期增长率）　$R^2 = 42\%$

[0. 71] [5. 59]

高增长公司有较高的 P/E 比率。实际上，预期增长率相差 1%，会使 P/E 比率相差 1. 77。使用这一回归，我们可以估计 Adobe Systems 的预期 P/E 比率。它的增长率是 19. 5%：

预期 P/E 比率 = 4. 24 + 177. 12 × 0. 195 = 38. 78

实际 P/E 比率是 38. 03，Adobe 被低估了一点点（大约 1. 93%）：

Adobe 被低估的数值 =（38. 03 ÷ 38. 78 − 1）× 100% = −1. 93%

下表中，我们估计了预期的 P/E 比率及样本中每家公司被低估或高估的百分比。

公司名称	P/E	预期 P/E	低估或高估
Accenture Ltd.	19. 34	27. 27	−0. 29
Adobe Systems	38. 03	38. 78	−1. 93
Affiliated Computer	16. 82	13. 98	20. 27
ANSYS Inc.	39. 53	32. 58	21. 32

续表

公司名称	P/E	预期 P/E	低估或高估
Automatic Data Proc.	25.62	21.95	16.96
BearingPoint	37.13	42.32	-12.36
BMC Software	53.85	48.52	10.98
Borland Software	12.77	18.44	-30.66
CACI Int'l A	21.62	34.35	-37.07
Cerdian Corp.	65.97	34.35	92.05
Citrix Sys.	29.16	31.70	-7.99
Cognizant Technology	67.96	55.61	22.22
Computer Sciences	18.49	21.95	-15.76
Compuware Corp.	45.94	42.32	8.54
DST Systems	20.83	26.38	-21.03
Eletronic Data Sys.	77.84	51.18	52.09
Fair Isaac	26.58	27.27	-2.53
First Data Corp.	17.83	16.64	7.16
Fiserv Inc.	20.21	32.58	-37.97
Henry (Jack) & Assoc.	23.11	33.47	-30.94
Infosys Techn. ADR	50.50	52.06	-3.00
Intergraph Corp.	37.66	55.61	-32.27
Intuit Inc.	25.72	24.61	4.50
Keane Inc.	19.46	37.89	-48.64
Manhattan Assoc.	27.42	24.61	11.42
ManTech Int'l A	39.24	35.24	11.35
MacAfee Inc.	47.06	43.21	8.92
Mercury Interactive	25.06	37.01	-32.29
Microsoft Corp.	22.68	28.15	-19.44
Moldflow Corp.	23.18	52.06	-55.48
Novell Inc.	53.51	36.12	48.14
Oracle Corp.	18.63	38.78	-51.97
Paychex Inc.	43.39	30.81	40.82
Red Hat Inc.	100.44	65.35	53.70
RSA Security	23.74	59.15	-59.86
SEI Investments	22.61	22.84	-1.00
Siebel Systems	47.64	29.04	64.07
Sybase Inc.	30.27	23.73	27.59
Symantec Corp.	33.57	30.81	8.94
Synopsys Inc.	18.44	16.64	10.81
Transaction Sys. A	30.50	35.24	-13.44
Verint Systems	61.51	50.29	22.30

RSA Secutity 是样本中被低估得最多的公司（大约59.86%），Ceridian 是被高估得最多的公司（大约92.05%）。

[例 8—3] 半导体公司的 PEG 比率比较

许多分析人员使用 PEG 比率对有不同预期增长的公司进行定价。下表归纳了 2006 年 1 月半导体公司 P/E 比率、预期增长率（分析人员对未来 5 年的预测）及 PEG 比率。

公司名称	价格收益比（P/E）	预期增长率（%）	价格收益增长比率（PEG）
Taiwan Semiconductor ADR	16.12	50.00	0.32
Mattson Technology Inc.	13.68	40.00	0.34
National Semiconductor	25.11	65.00	0.39
Int'l Rectifier	27.34	28.50	0.96
Bell Microproducts	21.13	20.00	1.06
MIPS Technologies Inc.	17.44	16.00	1.09
Motorola Inc.	29.35	26.50	1.11
Altera Corp.	27.99	24.50	1.14
Maxim Integrated	23.29	19.50	1.19
Intel Corp.	21.36	17.50	1.22
Analog Devices	24.97	19.00	1.31
Cree Inc.	34.63	26.00	1.33
STMicroelectronics	27.55	20.00	1.38
Texas Instruments	29.31	20.50	1.43
Linear Technology	26.86	18.00	1.49
Semtech Corp.	23.90	16.00	1.49
Qlogic Corp.	16.86	9.50	1.77
Microchip Technology	30.76	16.00	1.92
Fairchild Semicondutor	36.79	19.00	1.94
Xilinx Inc.	30.05	14.50	2.07
Catalyst Semicondutor Inc.	21.68	10.00	2.17
Rudolph Technologies Inc.	33.72	15.00	2.25
NVIDIA Corp.	63.08	26.00	2.43
Rambus Inc.	49.73	14.50	3.43
Supertex Inc.	87.71	25.00	3.51
Intersil Corp. A	41.98	10.50	4.00

台湾 ADR 半导体公司的 PEG 比率为 0.32，是这组中最便宜的股票。Interil 的 PEG 比率为 4，是被高估得最多的股票。将高增长公司与表中的低 PEG 比率结合在一起似乎成了一种模式。PEG 比率与预期增长率之间的关系并不是线性的，图 8—9 中的散点图表示得更明显。

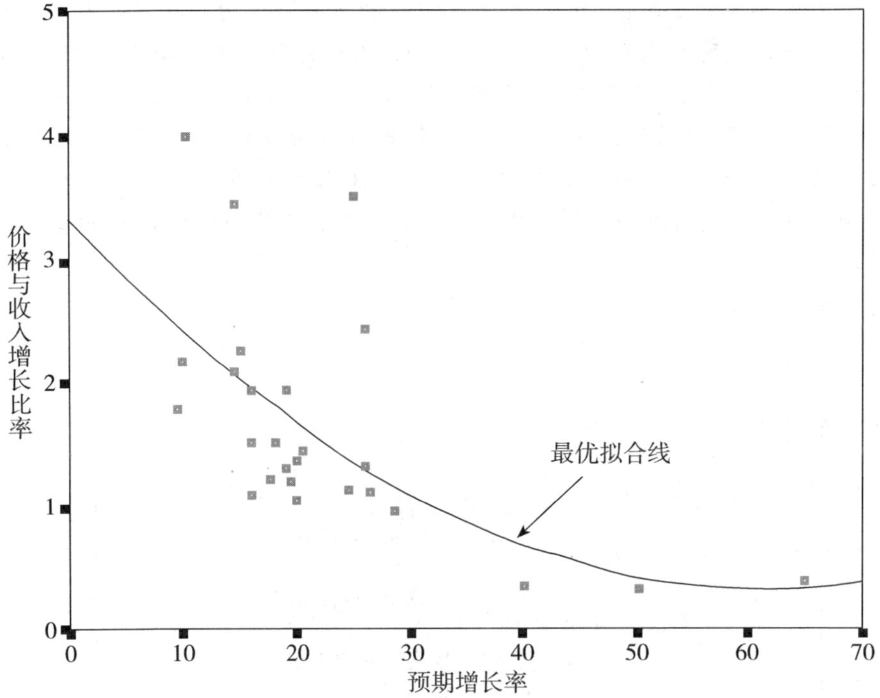

图 8—9 价格与收入增长比率和预期增长：半导体公司

允许非线性关系，我们将 PEG 比率与预期增长率的自然对数进行回归[①]：

$$\text{PEG} = -0.32 - 1.23 \times \ln(\text{预期增长率}) \quad R^2 = 34\%$$
$$[0.58]\ [3.69]$$

考虑 Intel 公司，PEG 比率为 1.22，以低于行业均值 1.64 的 PEG 比率进行交易。至少在初始阶段表明该股票被低估。预期增长率 17.5%，基于此回归的预期 PEG 比率是：

$$\text{预期 PEG 比率} = -0.32 - 1.23 \times \ln(0.175) = 1.82$$

对 Intel 而言，给定预期增长率，在 PEG 比率基础上或至少基于这个回归，被低估 33%。

最后一点需要解释，为什么台湾半导体公司在 PEG 比率基础上更便宜。它是本行业少数几个突出的公司之一，与地位相关的风险会降低它的 P/E 比率。

① 使用预期增长率的自然对数会缩小公司间在增长尺度上的差异，使 PEG 与增长间的关系变得更线性。

[例 8—4] 银行间 P/BV 比率比较

如果错误估价的本质是发现那些价格账面价值比率与股权报酬不相一致的公司，那么标出公司的价格账面价值比率及股权报酬就可以实现这种错误的匹配。图 8—10 是 2006 年 1 月美国银行的价格账面价值比率及最近财政年度的股权报酬。

落在左侧高处的公司被高估（有较高的价格账面价值比率与较低的股权报酬），落在右侧低处的公司被低估（有较低的价格账面价值比率与较高的股权报酬）。美国银行价格账面价值比率 65. 32% 的差异可由股权报酬的差异来解释。回归线及 95% 的置信区间表明银行在这一范围外被低估或高估。另一种方式就是我们一旦调整股权报酬的差异，样本中所有的银行都会在价格账面价值的基础上被公允定价。

将价格账面价值比率与股权报酬回归我们得到：

$$P/BV = 0.434 + 14.12 \times ROE \quad R^2 = 65\%$$

[1. 37] [6. 86]

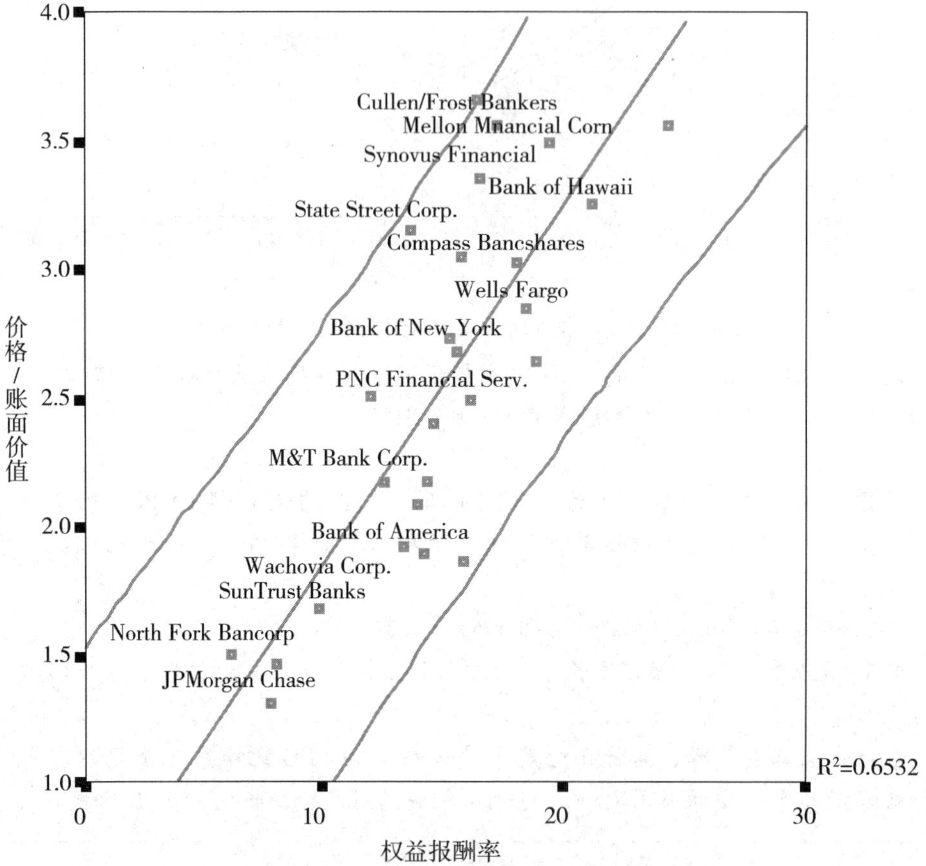

图 8—10　价格账面价值比率与股权报酬：2006 年 1 月美国银行

下表列示了使用该回归，预测银行的价格账面价值比率：

公司名称	价格账面价值	预期价格账面价值	低估或高估（%）
JPMorgan Chase	1. 31	1. 53	-14. 34
Region Financial	1. 46	1. 58	-7. 12
North Fork Bancorp	1. 51	1. 31	14. 69
Sun Trust Banks	1. 68	1. 82	-7. 61
Wachovia Corp.	1. 76	1. 99	-11. 42
Popular Inc.	1. 87	2. 66	-29. 88
Bank of America	1. 88	2. 44	-22. 72
KeyCorp	1. 92	2. 33	-17. 61
TD Banknorth Inc.	2. 08	2. 4	-13. 33
BB&T Corp.	2. 18	2. 46	-11. 46
M&T Bank Corp.	2. 18	2. 21	-1. 65
Zions Bancorp.	2. 41	2. 49	-3. 24
PNC Financial Serv.	2. 49	2. 7	-7. 51
Mercantile Bankshares	2. 51	2. 12	18. 17
AmSouth Bancorp.	2. 65	3. 11	-14. 68
Bank of Nes York	2. 69	2. 62	2. 59
City National Corp.	2. 74	2. 59	5. 78
Wells Fargo	2. 84	3. 05	-6. 89
Compass Bancshares	3. 02	2. 99	1. 01
Wilmington Trust	3. 05	2. 65	15. 16
State Street Corp.	3. 14	2. 36	33. 41
Bank of Hawaii	3. 25	3. 44	-5. 36
Synovus Financial	3. 36	2. 77	21. 31
Mellon Financial Corp.	3. 49	3. 19	9. 59
Hudson United Bancorp	3. 57	3. 87	-7. 85
Cullen /Frost Bankers	3. 57	2. 86	24. 73
Commerce Bancorp NJ	3. 66	2. 75	33. 18

该组中被低估得最多的公司是 Popular inc.，以 30% 进行交易，低于预测的价值，State street 被高估得最多的公司，以 33. 41% 进行交易，高于预测价值。

[例 8—5] 比较特产零售商的价格收入比率

价格收入比率被广泛地应用于分析零售公司，图 8—11 是美国特产零售商的价格收入比率与公司净收益之间的对比。

有较高净收益的公司有较高的价格收入比率，低净收益的公司有较低的价格收入比率。与 P/E、PEG 比率及价格账面价值比率一样，价格收入比率与净收益的对比也支持如下结论：

价格收入比率 = -0.107 + 25.45 × 净收益　$R^2 = 68\%$

[0.67] [11.50]

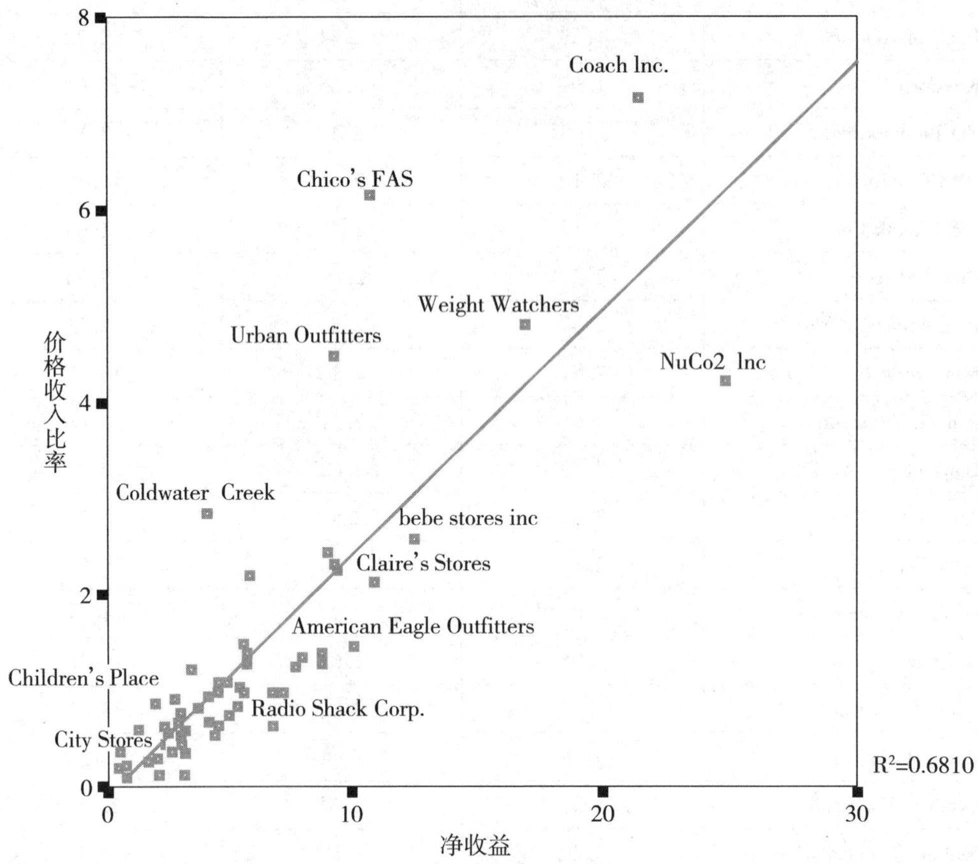

图 8—11　价格收入比率与净收益

此回归有 63 个观测值，括号里是 t 统计值。对 Coach 公司（该组中的一个零售商）价格收入比率的预测在净收益为 21.4% 时，可以估计：

预期价格收入比率 = -0.107 + 25.452 × 0.2141 = 5.34

实际的价格收入比率是 7.19，与该行业中其他的特产零售商相比，Coach 公司被高估。

8.4.2 整个市场上各公司权益乘数的比较

在前一节中，可比公司被定义为从事同一业务的其他公司。在本节中，我们可以放眼整个行业或整个市场，扩大可比公司的数目。这种扩大了的分析有两个优势，一是随着可比公司数目的增加，这种分析可能变得更精确。二是这种扩大性的分析可以使我们更精确地知道小样本中的公司相对于行业或市场中其他的公司而言是被低估还是被高估了。当我们放宽可比公司的定义时，公司间的差异会增大，而我们还要调整这种差异。最简单的方式就是使用乘数回归，权益乘数是独立变量，而且是形成独立变量的风险、增长和支付率的代用量。本节中，我们列示每个权益乘数进行市场回归的结果。

1. P/E 比率

2006 年 1 月进行回归，将 P/E 比率与市场上所有公司的支付率（最近财政年度）、β 系数（来自价值）及预期增长（分析人员对未来 5 年的一致估计）进行回归。

$$P/E = 6.75 + 113.10 \times 预期增长率 - 0.919 \times \beta + 7.33 \times 支付率 \qquad R^2 = 30.6\%$$

[4.83] [29.66]　　　　[0.76] [5.64]

样本数量扩大到 2 631 家公司时，这种回归代表着更广泛的对相对价值的衡量。其他因素不变时，回归表明：

（1）未来 5 年每股收益增长 1%，P/E 比率会增长 1.131%。

（2）β 增加 1%，会使 P/E 比率减少到 0.92。

（3）支付率增加 1%，会使 P/E 比率增加 0.07。

比如，预期增长率为 12% 的公司，β 系数为 1.2，支付率为 20%，则预期 P/E 比率为：

$$预期\ P/E\ 比率 = 6.75 + 113.1 \times 0.12 - 0.919 \times 1.20 + 7.33 \times 0.20 = 20.68$$

这一回归的 R^2 值较低，但是它更多反映的是 P/E 比率的噪音，而不是回归方法。正如我们所看到的，价格账面价值和价格收入比率比 P/E 回归表现得好，而且 R^2 值高。当系数都达到预期时，P/E 比率会随着增长和支付率的上升而上升，随着风险的上升而下降。事实上，在 2003 年和 2004 年所做的回归中给了 β 系数一个错误的提示，β 系数较高的公司应该有较高的 P/E 比率而不是较低的 P/E 比率。这种情况的出现可能是因为回归中独立变量本身是彼此相关的。高增长、低支付率的公司风险较大。①

2. PEG 比率

当比较公司间的 PEG 比率时，比较风险、增长和支付率的差异是非常重要的。尽管我们主观上也尝试这样去做，但 PEG 比率同基本因素间的复杂关

---

① 这就是回归中的多重共线性现象。为说明这一现象，我们假设高增长公司有较高的 β 系数和较低的支付率，则 β 系数既代表风险也代表增长，回归中系数会反映主要因素。在 2003 年和 2004 年，β 系数更成为了增长的代用量，而不是解释 β 系数正相关的风险的代用量。

系还是向我们提出了挑战。一个可行的路线就是像P/E比率中那样，用回归的方法将可比公司的PEG比率与对可比公司风险、潜在增长和支付比率的衡量联系起来。

对P/E比率而言，可比公司可以被狭窄地定义为从事同一业务的公司，或宽泛地定义为在同一个行业或市场中的所有公司。在这些回归中，那些P/E回归中的限制性条款依然适用。独立变量间彼此仍然相关，但这种关系是不稳定的，而且是非线性的。实际上，图8—12是2006年1月美国股票PEG比率与增长率的散点图，表明这种非线性的程度。

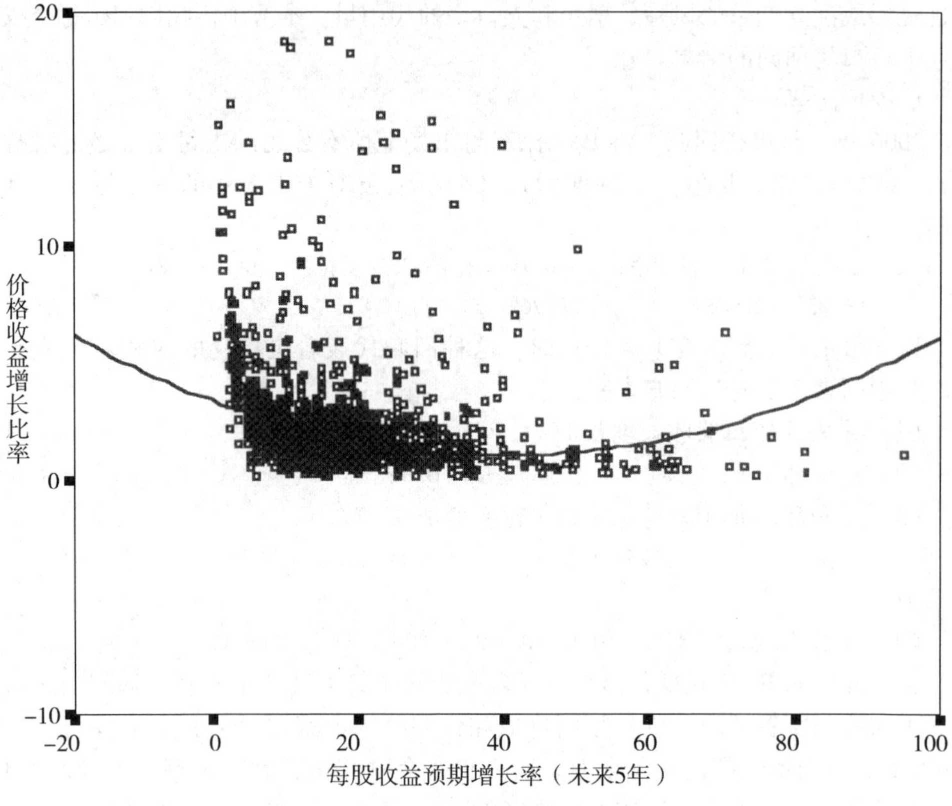

图8—12　PEG比率与预期增长率

回归时，特别是当样本中各公司的增长水平不同时，我们应该改变增长率，使关系更线性。图8—13是PEG比率与预期增长率自然对数的散点图，可以看到关系更线性了。

PEG比率与预期增长率自然对数、β系数、支付率回归的结果如下（2 159家公司）。

PEG比率 $=4.27-0.83\times\ln$（增长）$-0.417\times\beta+0.769\times$支付率　$R^2=21.5\%$

　　　　[1.76] [25.35]　　　　　[4.49] [12.46]

增长率用绝对数，25%写成ln（25）。

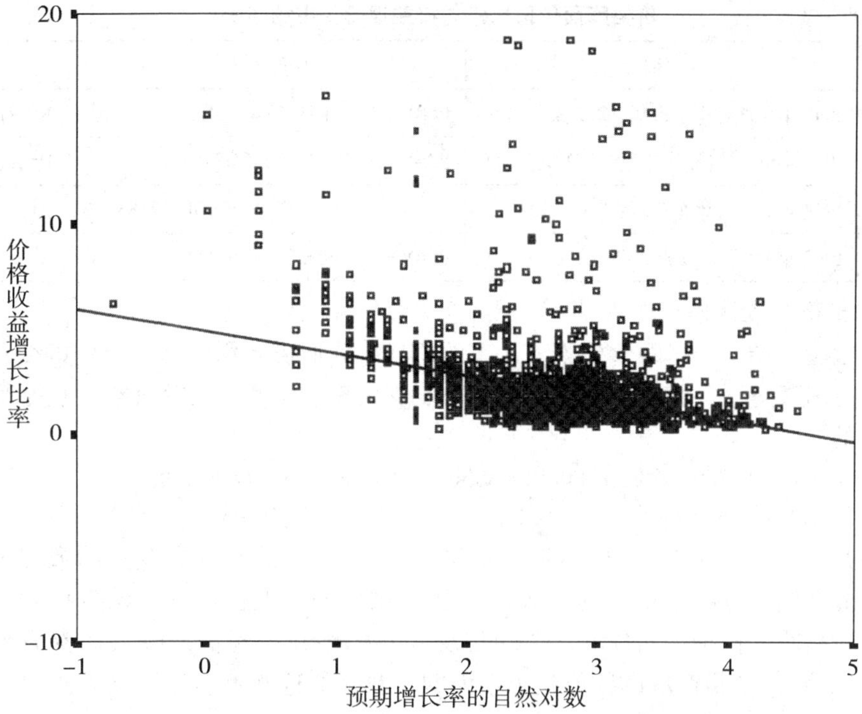

图 8—13　PEG 比率与预期增长率的自然对数

与 P/E 比率回归一样，这种回归可以用于估计单个公司的 PEG 比率，尽管 R^2 值比 P/E 比率回归中小。从整个市场来看，高增长和高风险公司与相应的低增长公司相比，有较低的 PEG 比率。

3. 价格账面价值比率

在前一节中，我们注意到，价格账面价值比率受到股权报酬的影响。在 2006 年 1 月，我们将价格账面价值比率与前一节的基本因素回归。这些基本因素包括股权报酬（最近财政年度）、支付率、未来 5 年的预期增长率（来自分析预测）。

$$P/BV = -0.49 + 17.60 \times ROE + 0.16 \times 支付率 - 0.534 \times \beta + 11.90 \times 增长率$$

[2.69] [47.51]　　[3.06]　　[3.72]　　[26.91]

R^2 是 55.6%，与 P/E、PEG 回归相比是一种改进。股权报酬与价格账面价值之间的相关性很强。系数的 t 统计值较大可以说明这一点。报酬增加 1%，则价格账面价值比率提高 0.176。

价格账面价值比率和股权报酬之间较强的正相关关系并不只存在于美国。表 8—13 总结了其他国家不同时点价格账面价值与股权报酬之间的回归。在每个市场中，高股权报酬的公司总是有较高的价格账面价值比率，尽管这种关系在葡萄牙和印度表现更明显，而在希腊和巴西表现得弱一些。

表 8—13　　价格账面价值比率与权益报酬：市场回归

国家	回归细节	回归等式	
希腊	2001 年 5 月（整个市场：272 家公司）	P/BV = 2.11 + 11.63 × ROE	R^2 = 17.5%
巴西	2000 年 10 月（整个市场：172 家公司）	P/BV = 0.77 + 3.78 × ROE	R^2 = 17.3%
葡萄牙	1999 年 6 月（整个市场：74 家公司）	P/BV = −1.94 + 16.34 × ROE + 2.83 × β	R^2 = 78%
印度	1997 年 11 月（50 家大型公司）	P/BV = −1.68 + 24.03 × ROE	R^2 = 51%

4. 价格收入比率

为检验市场上公司间价格收入比率的差异，我们需要用到前一节中的变量作为它的决定因素——每股收益的预期增长率、支付率、β 系数及净收益（也是最近财政年度的）：

$$PS = -1.648 + 23.6 \times 净收益 + 0.12 \times 支付率 + 0.36 \times \beta + 8.80 \times 增长率$$

[10.55] [46.89]　　[3.49]　　[3.72]　　[19.63]

回归的 R^2 是 58.4%，样本是 1 877 家公司。它们所有独立变量的数据都可以获取。此回归中有两个错误的成分：一是 β 系数的错误提示——风险高的公司有较高的价格收入比率，而预测结果却相反（我们会在谈到价格收入比率时解释该情况的原因）。二是截取的数值是个很大的负数，但这并不多见，会导致对一些公司预测出负的价格收入比率。

为了消除第二个问题，在回归中不使用拦截数据，得到如下结果：

$$PS = 21.8 \times 净收益 + 0.06 \times 支付率 - 0.832 \times \beta + 8.39 \times 增长率$$

[44.76]　　[3.49]　　[8.78]　　[18.26]

这样，不仅回归不太可能产生负的预测价值，β 系数也会出现正确的提示：低增长公司有较高的价格收入比率。

8.4.3 比较不同时点的权益乘数

分析人员和市场战略家们经常将市场的 P/E 比率与它的均值进行比较，进而判断市场是被低估还是被高估了。因此，以高于历史水平的 P/E 比率进行交易的市场被认为是被高估了，反之则被认为是被低估了。

向历史标准的回归是资本市场上很强的一股力量。对于这样的比较中得出来的结论，我们应持谨慎态度。由于基本因素（利率、风险溢价、预期增长和支付率）随着时间而改变，P/E 比率也会改变。其他因素不变，我们预测如下：

（1）利率增加，股权成本增加，从而得到较低的 P/E 比率。

（2）投资者愿意承担风险会给所有股票带来较低的股权风险溢价和较高的P/E 比率。

（3）公司收益的预期增长会带来较高的市场 P/E 比率。

（4）公司股权报酬增加会导致任何增长率固定的公司有较高的支付率和所有公司较高的 P/E 比率。

换句话说，不能观测到基本因素，很难对 P/E 比率下结论。更合适的比较不是不同时点 P/E 比率的比较，而是同一时点在基本因素基础上的实际 P/E 比率与预测 P/E 比率的比较。

[例8—6] 标准普尔不同时点的 P/E 比率

实务中，广泛使用的是 P/E 比率。市场战略家们喜欢关注数值的倒数，即E/P（收益价格比或称为收益率）。为了说明此问题，P/E 比率为 20 则收益率是 5%，可以与股利率和国债利率相比较。图 8—14 是 1960—2005 年标准普尔 500 的收益率与国债利率的数据。

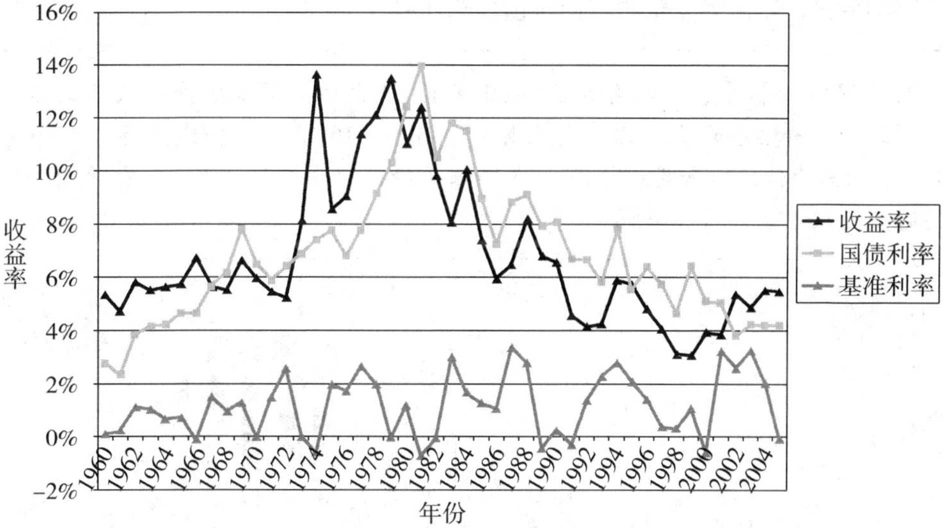

图 8—14 收益率与利息率：标准普尔 1960—2005

收益率与国债利率之间有很强的正相关关系。这从两个变量的相关系数为 0.69 可以看出。此外，还表明，利率的期限结构影响收益率。在下面的回归中，将收益率跟国债利率及利差（国债利率减基准利率）进行回归，使用 1960 年到 2005 年的数据。

$$E/P = 0.0209 + 0.7437 \times \text{债券收益率} - 0.3274 \times (\text{债券收益率} - \text{现金收益率}) \quad R^2 = 49.09\%$$

[2.44] [6.64] [1.33]

其他因素相同，该回归表明：

（1）国债利率增加 1%，收益率增加 0.7437%（相应地，P/E 比率下降）。这并不令人感到奇怪，正好说明了高利率对 P/E 比率的影响。

（2）国债利率减基准利率之间的差异每增加 1%，收益率减少 0.3274%。较平或者向下倾斜的收益率曲线与低的 P/E 比率相关，向上倾斜的收益率曲线与较高的 P/E 比率相关。乍一看，我们可能会感到奇怪，至少在美国，向上倾斜的收益率曲线预示着经济以高于曲线的倾斜程度在增长。

基于此回归，我们预测 2006 年初的收益率（基准利率为 4.31%，国债利率为 4.39%)。

$$E/P_{2006} = 0.0209 + 0.7437 \times 0.0439 - 0.3274 \times (0.0439 - 0.0431) = 0.0533$$

$$P/E_{2006} = 1 \div (E/P_{2006}) = 1 \div 0.0533 = 18.77$$

标准普尔 2006 年初以 18.27 倍收益的乘数进行交易，这表明市场进行了正确的定价。加入其他变量后，这种回归将会扩大。这些变量可以与价格收益比率正相关，如 GDP 的预期增长与支付率可作为独立变量。实际上，在过去十几年中，科技公司股票加入到标准普尔 500 中，同时期美国公司股权报酬的上升和风险溢价的下降可以用于解释同时期 P/E 比率的上升。

[例 8—7] 不同时点价格账面价值比率比较

在 [例 8—6] 中，我们看到了 1960 年至 2005 年美国市场价格收益比率的变化。同时期，价格账面价值比率也在增加。图 8—15 用两个轴线表述了标准普尔 500 价格账面价值比率和股权报酬。价格账面价值比率在过去 20 年中的增加可以用同时期股权报酬的增加来解释。

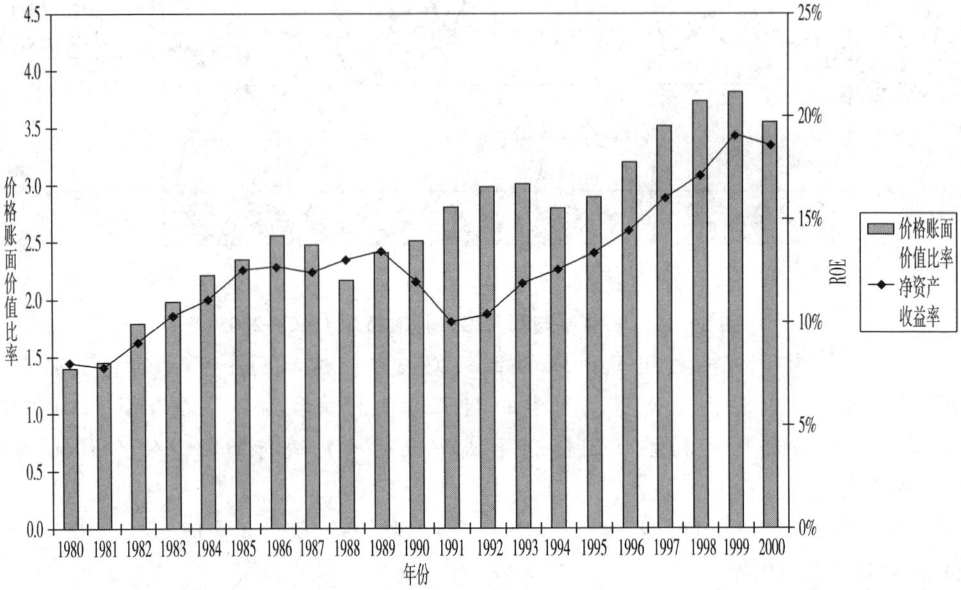

图 8—15 价格账面价值比率与 ROE：标准普尔 500

8.4.4 不同国家权益乘数比较

通常比较不同国家的 P/E 比率的目的是找到被低估或被高估的市场。P/E 比率较低，可能市场被低估，反之可能被高估。由于国家间基本因素的差异，很容易得出误导性结论。比如，其他情形相同，可能会出现如下情况：

（1）相比之下，实际利率高的国家P/E比率低。

（2）相比之下，预期增长高的国家P/E比率高。

（3）高风险国家的P/E比率低于较安全国家的P/E比率。

（4）投资效率高（投资回报也高）的公司应以较高的P/E比率交易。

［例8—8］市场间P/E比率比较

此原则可被扩展，更宽泛地用于比较国家间P/E比率。下表总结了2006年1月不同国家的P/E比率及同期的股利率和利率（长短期）。

国家和地区	价格收益比率	股利收益率（%）	10年期利率（%）	短期利率（%）
阿根廷	14.65	2.03	14.00	8.00
澳大利亚	16.98	3.86	5.19	5.64
奥地利	16.93	1.29	3.30	2.48
比利时	12.74	3.21	3.30	2.48
巴西	14.59	5.70	21.00	18.03
加拿大	20.88	1.97	3.95	3.35
智利	16.45	3.15	7.00	5.28
中国大陆	18.36	3.30	3.09	2.90
哥伦比亚	12.84	1.54	8.25	6.35
捷克	29.06	1.58	3.69	2.16
丹麦	13.98	1.62	3.28	2.46
芬兰	16.90	2.64	3.23	2.41
法国	15.00	2.42	3.30	2.48
德国	15.00	2.14	3.30	2.48
希腊	20.83	2.49	3.30	2.48
中国香港	14.45	3.50	4.19	4.18
匈牙利	13.52	2.37	8.00	6.30
印度	20.33	1.28	7.10	5.64

续表

国家和地区	价格收益比率	股利收益率（%）	10年期利率（%）	短期利率（%）
印度尼西亚	11.06	2.89	13.54	15.00
意大利	14.70	3.84	3.30	2.48
日本	45.01	0.95	1.46	0.25
马来西亚	14.19	4.67	4.11	3.20
墨西哥	11.30	1.80	5.30	8.14
荷兰	17.69	3.46	3.29	1.70
挪威	14.43	3.20	3.63	2.60
秘鲁	13.14	3.30	9.00	3.44
菲律宾	11.15	2.63	11.90	7.69
波兰	11.76	2.20	5.07	4.62
葡萄牙	16.59	3.19	3.30	2.48
俄罗斯	8.89	1.80	15.01	13.00
新加坡	13.03	4.29	3.18	3.22
南非	11.09	2.76	7.45	7.15
韩国	11.67	0.56	5.59	4.07
西班牙	16.38	2.85	3.30	2.48
瑞典	16.02	2.39	3.28	1.68
瑞士	18.29	1.59	1.96	0.99
中国台湾	13.81	3.83	3.77	1.35
泰国	10.33	3.64	5.38	4.50
土耳其	11.44	1.94	15.50	14.77
英国	18.60	3.56	4.09	4.59
美国	18.27	1.80	4.37	4.23
委内瑞拉	5.17	12.19	13.50	11.50

单纯P/E比率的比较表明，日本股票的P/E比率为45.01被高估，俄罗斯和委内瑞拉的股票由于P/E比率值只有一位数被低估。然而国家间P/E比率的差异

反映的是国家间利率的差异，较低（高）的P/E比率会有较高（低）的利率。下表总结了P/E比率、利率和股利率之间的关系。

	P/E比率	长期利率	短期利率	长期利率减短期利率
P/E比率	1.000	-0.425	-0.448	-0.041
长期利率		1.000	0.939	0.406
短期利率			1.000	0.066
长期—短期利率				1.000

在整个样本中，利率低（无论长期短期）的国家其P/E比率较高。此外，有向上倾斜的收益率曲线（用长短期利率的差异来衡量）的国家其P/E比率高，这一曲线是未来增长的反映。

我们的样本中既包括发达国家的市场，也包括新兴国家的市场。后者的P/E比率比较低。为了部分地控制这种差异，我们引入虚拟变量，将新兴市场设为1，将发达市场设为0。在长期利率基础上，P/E比率的行业交叉回归、收益率曲线的倾斜（反映长短期利率的差异）及新兴市场的虚拟变量（简写为EMDUM）会产生如下结果：

$$\text{P/E比率} = 22.51 - 67.78 \times \text{长期利率} + 96.85 \times (\text{长期利率} - \text{短期利率}) - 4.83$$

[11.03] [3.33]　　[1.59]　　[2.35]

回归的R^2值是24.7%，系数表明统计的意义。如果其他情形相同，此回归表明长期利率1%的差异会转化成P/E比率相差0.68，新兴市场以低于发达市场的P/E比率进行交易。基于此回归，不同国家P/E比率的预测见下表：

国家和地区	价格收益比率	预期价格收益比率	低估或高估（%）
澳大利亚	16.98	18.55	-8.48
中国大陆	18.36	15.77	16.45
中国香港	14.45	14.85	-2.67
印度	20.33	14.28	42.38
印度尼西亚	11.06	7.09	56.09
日本	45.01	22.69	98.38
马来西亚	14.19	15.77	-10.04
菲律宾	11.15	13.69	-18.55
新加坡	13.03	15.48	-15.84
韩国	11.67	15.36	-24.03
中国台湾	13.81	17.47	-20.93
泰国	10.33	14.88	-30.59

续表

国家和地区	价格收益比率	预期价格收益比率	低估或高估（%）
英国	18.60	19.25	-3.38
德国	15.00	16.23	-7.48
法国	15.00	16.23	-7.61
西班牙	16.38	16.23	0.89
瑞士	18.29	17.29	5.79
比利时	12.74	16.23	-21.53
意大利	14.70	16.23	-9.45
瑞典	16.02	17.00	-5.79
荷兰	17.69	16.99	4.14
希腊	20.83	16.23	28.30
挪威	14.43	16.21	-11.01
芬兰	16.90	16.28	3.79
葡萄牙	16.59	16.23	2.19
南非	11.09	17.75	-37.51
俄罗斯	8.89	9.45	-5.91
波兰	11.76	14.68	-19.87
匈牙利	13.52	13.90	-2.74
捷克	29.06	16.66	74.45
奥地利	16.93	21.06	-19.63
丹麦	13.98	21.08	-33.67
土耳其	11.44	12.71	-9.97
美国	18.27	19.68	-7.17
加拿大	20.88	20.41	2.30
墨西哥	11.30	11.33	-0.31
巴西	14.59	6.32	130.88
阿根廷	14.65	14.00	4.65
委内瑞拉	5.17	10.46	-50.59
智利	16.45	14.60	12.68
哥伦比亚	12.84	13.93	-7.80
秘鲁	13.14	16.96	-22.53

8.5　结论

对于权益乘数，我们用股权收益、账面价值或收入作为股权价值进行衡量。使用最多的权益乘数是价格收入比率，此时权益的市场价值用净收入来衡量。即使是这么简单的乘数，不同分析人员也可以以不同的方式进行定义。从本章开始我们就从这些变量谈起。我们在P/E比率及价格股权账面价值、价格收入比率的基础上考虑这些变量。后者并不总是被定义成乘数，但仍然被广泛使用。

决定权益乘数的基本因素与折现现金流模型中的相同：收益预期增长、股权风险和潜在现金流。如果其他情况相同，高增长、低风险和高支付率的公司应以较高的收益、股权账面价值和收入进行交易。在某种程度上，不同国家、时点、公司间的基本因素是存在差异的，权益乘数也会随之变化。如果不能控制基本因素间的差异，将在单纯使用乘数进行比较时得出错误的结论。

权益乘数在估价中的使用有几种方式，一是比较狭义的可比公司间的乘数，并主观控制风险、增长和支付率的差异。二是扩大可比公司的定义至整个行业（如高科技）或市场，使用统计技术（如回归）去控制基本因素间的差异。

第9章 价值乘数

权益乘数关注股权价值，企业及公司价值乘数则是对公司或其经营性资产进行估价。就像在折现现金流估价中从权益到公司价值只需改变财务杠杆就能获得更大的灵活性一样，当公司间债务比率不同时，公司价值乘数要比权益乘数更简单。在本章中，我们从企业或公司价值乘数定义开始，检验它们在不同公司如何分布；接下来估计影响每一个乘数的变量及这些变量的变化如何影响乘数；最后我们可以看到企业价值乘数在各种情形下的应用。

9.1 价值乘数的定义

价值乘数要求两个输入量：分子上是对公司或其经营性资产的估计值，分母上是对收入、收益、账面价值的衡量。我们先看看对公司价值衡量的变量，在接下来的第二节中可以看到对公司价值衡量的可能一致的尺度。

9.1.1 衡量价值

衡量股权价值时，我们面对两个问题——如何更好地处理现金和股票期权；衡量公司价值我们也面对两个问题——如何处理交叉持股及负债的内容问题。

1. 附息现金和除息现金

对公司价值的传统衡量是将股权市场价值与债务市场价值相加。然而，公司价值的衡量还包括公司持有现金在内的资产。公司价值中扣除净现金就是企业价值，即公司经营性资产的价值。

公司价值 = 股权市场价值 + 债务市场价值

企业价值 = 股权市场价值 + 债务市场价值 – 持有现金

一些分析人员找到了经营性现金和多余现金之间的区别，减掉多余现金就可以得到企业价值。经营性现金的定义不断变化，我们可以发现多余现金与非多余现金之间的联系，用非多余现金去投资可以获得公平的市场报酬率。我们将非多余现金从债务中减除就可以得到企业价值。在第10章中，我们将更详细地讨论这一问题。

2. 股票期权

当讨论权益价值时，可以注意到权益的整体市场价值应该包括公司发行的股票期权的价值，包括非交易的管理期权的估计价值。同样的推理可以应用到公司或企业价值中。如果我们的目的是估计公司的整体市场价值，我们应将股票期权加入到市场资本总额中，得到权益的市场价值。

3. 交叉持股

在第6章讨论折现现金流估计的时候，简单的提到了交叉持股的问题。在第10章中，我们将作进一步的讨论。交叉持股在衡量公司价值或企业价值时又是一个问题。公司总体价值包括参股或控股的其他公司的估计市场价值。从实践的角度讲，得到母公司的市场价值很容易，就是减去持有的其他公司股份的市场价值。在处理交叉持股时，有些错误是分析人员容易犯的，会导致出现一些错误的结论：

- 计算少数股权的比例而非债务和现金。对于少数股权来说，一种常见的错误源自计算母公司的股权市场价值时包括在其他公司的少数股权，但不包括负债和现金，因为它们来自母公司的资产负债表。如果目的是计算出我们持有少数股权的子公司的股份比例，则应保持一致。换句话说，如果母公司权益市场价值包括持股5%的子公司，就应该在计算企业价值用到的债务和现金中加入5%的子公司债务和现金。如果目的是将子公司整体排除在外，就应减掉子公司的股权市场价值(5%持有)，以得到母公司的股权市场价值。

- 将资产负债表中的少数股东利益与企业价值相加可得到合并公司的市场价值。如果控股其他公司，我们面临的问题又将不同。当母公司持股一个子公司达到55%，则要求合并公司的财务报表。结果是，用于计算企业价值的债务和现金包括全部子公司的债务和现金（而不仅是持55%的），但股权市场价值仍是仅持55%的股权的反映。为了没有被包括在计算中的45%的股权价值，分析人员会将少数股东权益（外部人员持有45%的价值的会计衡量）加入到企业价值中。少数股东权益的问题是，它是账面价值，通常会保守估计子公司股权的市场价值。与折现现金流估计一样，估计少数股权的市场价值，然后将它加到企业价值中，会提供一个更好的对总体价值的衡量。

总的看来，公司合并的价值，包括可以通过下式计算出的交叉持股（从母公司合并报表中可以得到债务和现金价值）：

$$
\begin{aligned}
\text{企业价值}_{\text{交叉持有}} = {} & \text{股权市场价值}_{\text{合并}} + \text{债务市场价值}_{\text{合并}} - \text{现金}_{\text{合并}} \\
& + \sum_{j=1}^{j=n} \pi_j(\text{少数股东持有的债务}_j - \text{少数股东持有的现金}_j) \\
& + \sum_{k=1}^{k=n} \text{少数利息的市场价值}_k
\end{aligned}
$$

等式中加入的第一个术语就是少数持有的净负债持有比例（π_j）（j点持有），第二个术语是多数持有的股权整体价值（k点持有）。一个更简单的解决办法就是不考虑交叉持股，而计算企业价值。

$$
\text{企业价值}_{\text{交叉持有}} = \text{股权市场价值}_{\text{合并}} + \text{债务市场价值}_{\text{合并}} - \text{现金}_{\text{合并}}
$$

$$- \sum_{j=1}^{n} \pi_j \text{ 少数股东持有的权益市场价值}_j$$

$$- \sum_{k=1}^{k=n} (\text{多数持有的市场价值}_k + \text{债务}_k - \text{利息}_k)$$

第一个术语减除了少数股权市场价值估计值，第二个术语因从交叉持股中减除了持有的市场价值估计值及合并的债务和现金，从而消除了多数持有的影响。

4. 衡量债务

在折现现金流估价中，我们对于债务由两套规则。当计算资本成本时，我们采用狭义的债务定义，即只考虑有息债务和租赁。从公司价值到权益价值，我们假设包括其他潜在的负债，如未付养老金和保健义务。在这两者中，我们认为，债务市场价值是对债务最好的衡量。当计算企业价值时，我们更多地采用第二个定义，并在债务中包括更多的潜在负债。我们也认为，使用债务的市场价值（即使是估计的）好过使用债务的账面价值。

[例9—1] 公司及企业价值的估计

在此例中，我们估计 Segovia 的企业及公司价值。此公司持有两家公司的股票，60%持有 Seville Television，10%持有 LatinWorks，一家唱片 CD 公司。前者是控股（需要合并报表）；后者是参股，少数持有。在此，我们使用以下信息估计 Segovia 的公司价值。

（1）Segovia 的股权市场价值是 1 500 百万美元，流通在外的合并债务是 500 百万美元，合并的现金是 150 百万美元。流通在外的债务 150 百万美元及现金 50 百万美元是 Seville Television 创造的。Segovia 的资产负债表中 Seville 的少数股东权益是 120 百万美元。

（2）Seville Television 是公开交易的公司，其股权市场价值是 600 百万美元。

（3）LatinWorks 是私人公司，股权市场估计值是 400 百万美元；公司有 100 百万美元流通在外的债务和 25 百万美元的现金。

如果我们使用合并财务报表计算未调整的 Segovia 企业及公司价值，可以得到如下：

公司价值 = 股权市场价值 + 债务

= 1 500 + 500 = 2 000（百万美元）

企业价值 = 股权市场价值 + 债务 − 现金

= 1 500 + 500 − 150 = 1 850（百万美元）

因为股权市场价值反映 60% 对 Seville Television 的持有、10% 对 LatinWorks 的持有，所以这种估计可能并不精确，但债务和现金反映的是 100% Seville 的持有，与 LatinWorks 完全不一样。

对于控股调整的传统方式就是将少数股东利益的账面价值加回，表面上加入到其他投资者的股权利益当中。

企业价值＝股权市场价值＋债务－现金＋少数股权利益

＝1 500＋500－150＋120＝1 970（百万美元）

如果要衡量母子公司的价值，此法并不适用，因为少数股东权益的会计衡量与市场价值并不匹配。事实上，为了调整少数股权的市场价值，我们可以进行如下操作：

$企业价值_{合并}$＝股权市场价值＋债务－现金＋少数股权利益市场价值

＝1 500＋500－150＋0.40×600＝2 090（百万美元）

可以注意到，我们使用的是合并子公司的股权市场价值。如果是私人业务，我们就要估计股权的市场价值。这种对企业价值的衡量包括持有LatinWorks的少数股权。如果不包括这一部分，可以从如下衡量中减掉估计的价值。

$企业价值_{合并但不考虑少数股权持有}$＝$企业价值_{合并}$－少数股权利益市场价值

＝2 090－0.1×400＝2 050（百万美元）

在此计算中，我们再一次使用了LatinWorks的股权市场价值估计值。

最后，消除控股对企业价值的影响，我们可以估计母公司的企业价值。

$企业价值_{母公司}$＝$企业价值_{合并但不考虑少数股权持有}$－$企业价值_{子公司}$

＝2 050－（600＋150－50）＝1 350（百万美元）

9.1.2 衡量变量

一致性原则要求我们使用相关的变量衡量公司价值，而不是用股权。一般来说，这些变量有收益、账面价值、收入及活动变量。在本节中，我们将探讨对它们的选择。

1. 收益变量

衡量股权价值时，我们用的是权益变量，如净收入和每股收益。为了计算公司或企业的价值，我们对收益的衡量要与整个企业相关。对经营性资产，可以选择以下三种衡量方法：

A. 利息、税收、折旧及摊销前收益。在税收和再投资以前，这是对公司经营性资产产生的现金流最恰当的衡量。

B. 利息、税收前收益（经营性收入）。虽然在税前，但这是经营性资产会计收益的传统衡量。

C. 息前税后收益（税后经营性收入）。它将经营性收入转化为税后价值。

这三种衡量方式都不包括对其他公司现金和少数股权的持有。如果对收益的衡量是针对母公司的（不需合并），那么衡量的价值就应该只反映母公司，应将现金持有及控股、参股持有都减掉。如果是合并收益，则应使用公司价值的衡量，不包括现金和少数持有，但包括控股持有。表9—1归纳了我们的选择。

如果我们将少数股权包括在企业价值中（像许多分析人员所做的那样），在计算乘数的时候，我们就要计算出子公司现金、负债及经营性收入的比例。这是一个麻烦的事情，特别是有许多交叉持股存在时。

表 9—1 **价值衡量与经营收益**

收益衡量	价值衡量
税后经营收入、经营收入或息税折旧摊销前（未合并）	母公司企业价值 = 股权市场价值$_{合并}$ + 债务市场价值$_{合并}$ − 现金$_{合并}$ $-\sum_{j=1}^{j=n}\pi_j$(少数股东持有的股权市场价值$_j$) $-\sum_{k=1}^{k=n}$ 多数持有的市场价值$_k$ + 债务$_k$ − 现金$_k$
税后经营收入、经营收入或息税折旧摊销前（合并）	合并公司企业价值 = 股权市场价值$_{合并}$ + 债务市场价值$_{合并}$ − 现金$_{合并}$ $-\sum_{j=1}^{j=n}\pi_j$(少数股东持有的股权市场价值$_j$) $+\sum_{k=1}^{k=n}$ 少数利息的市场价值$_k$

2. 账面价值变量

当计算价格账面价值权益比率时，我们使用权益账面价值作为起点。当计算价值乘数时，也要使用资本的账面价值，尽管我们可能要对现金持有和其他公司的股票持有做出调整。表 9—2 归纳了我们的选择。

表 9—2 **价值衡量与账面价值**

账面价值衡量	价值衡量
资本账面价值 = 股权账面价值 + 债务账面价值	公司价值 = 股权市场价值 + 债务市场价值
非现金投资资本账面价值 = 股权账面价值 + 债务账面价值 − 现金	企业价值 = 股权市场价值 + 债务市场价值 − 现金
合并资本账面价值 = 股权账面价值 + 债务账面价值 − 现金 + 少数权益（账面价值）	企业价值 = 股权市场价值 + 债务市场价值 − 现金 + 少数股权市场价值

可以注意到，在每种情形中，那些包括在账面价值中的条款也就是那些包括在市场价值中的条款。这就是为什么在公司或企业价值中不使用账面价值，而使用总资产的估计市场价值。

3. 收入

在权益乘数那一章，价格收入比率（权益的市场价值比总收入）的前后定义是不一致的。既然公司收入是整个业务所产生的，那么就应该用整体价值比总收入来计算此乘数。对于收益来说，尽管交叉持股会歪曲这一乘数，但下列调整是按顺序的：

- 应从权益市场价值中减掉少数持有的估计市场价值得到企业价值，因为在计算母公司收入时少数持有的收入并未考虑在内。

● 控股的情况是完全需要合并的，应将少数股东利益的市场价值加回到企业价值中，得到反映公司整体收入的综合价值（包括来自于子公司的收入）。换种方式，我们也可以只关注母公司的价值和收入。

4. 活动变量

最终的一些与公司业绩相关的变量也是来自于那些衡量公司经营活动的变量，如单位产品生产、消费者数目等。因此电报公司的市场价值可以除以订阅者的数目，得到人均市场价值。在20世纪90年代末期，许多互联网公司是根据网页访问者数量或网页被浏览的时间长短等乘数进行估价的。一般来说，在价值衡量中，最有意义的活动变量的使用是企业价值，即减掉现金后的负债和股权价值。

9.2　价值乘数的分布特征

企业价值乘数，与我们前面章节提到的权益乘数一样，有很宽的范围。有些公司以很高的价值乘数进行交易。与权益乘数一样，它们要大于0，所以相应的分布也趋向于较大的正向价值。

9.2.1　价值/经营收益乘数

为了得到对价值乘数分布特征的最好的衡量。在图9—1中，我们可以看到经营收入的乘数。在图9—1中，是2006年1月美国公司的EBITDA、经营收入、税后经营收入的企业价值乘数。

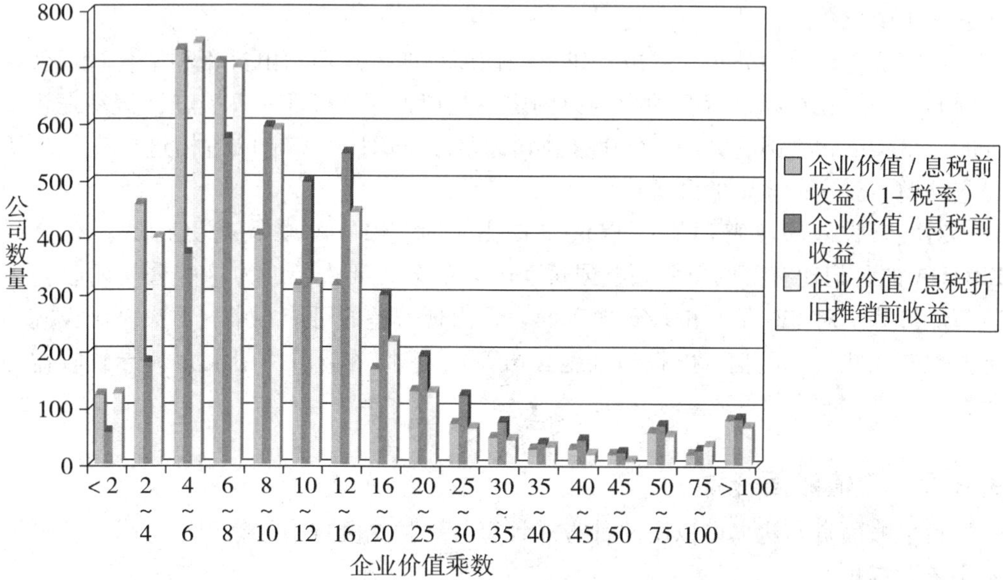

图9—1　企业价值与经营收入乘数

根据统计特征，在2006年1月，表9—3中每一个乘数都以均值和中位数作为起点，当然也包括第10和第90的百分比分布（第8章报出的是2005年的数量）。

表9—3　　分布特征——企业价值/经营收入乘数

	企业价值/息税前收益（1－税率）	企业价值/息税前收益	企业价值/息税折旧摊销前收益
均值	29.55	24.73	21.18
标准差	1.69	3.18	3.35
中位数	12.72	10.49	8.09
标准离差	142.61	196.34	212.32
总计	3 816.00	3 816.00	4 018.00
最小价值	0.45	0.60	0.60
最大价值	6 155.15	5 130.46	4 984.22
第90百分比	34.72	29.38	23.37
第10百分比	5.16	4.90	3.36

与前一章描述的股权收益乘数一样，经营收入的乘数也有很大的极端值，使得均值大于中位数。

观察价值乘数的分布，可以提供给我们简单的方式揭示出投资和组合管理公认原则的缺陷。收购和组合管理中的原则之一是以低于EBITDA 7倍进行交易是较便宜的。事实上，美国有大约1 500家公司以低于EBITDA 7倍的价格进行交易，所以应该抛弃对这一原则的疑虑。

对经营收入乘数普遍有一点值得提出，对EBITDA乘数就更特殊。有负的EBITDA的公司比有负的每股收益或负净收入的公司要少，因为这些公司的收益乘数不能计算，对EBITDA和P/E比率而言，出现偏差的可能要小。重大基础设施的行业尤其如此（如电信、电报、细胞公司等），它们的折旧费用很大（导致收益为负）。

9.2.2 价值账面资本

价值账面资本比率可以用两种方式计算：一种是资本中包括现金，另一种是资本中不包括现金：

$$\text{价值/账面价值}=\frac{\text{股权市场价值}+\text{债务市场价值}}{\text{股权账面价值}+\text{债务账面价值}}$$

$$企业价值/投资资本 = \frac{股权市场价值 + 债务市场价值 - 现金}{股权账面价值 + 债务账面价值 - 现金}$$

在图 9—2 中，可以看到价值/账面资本和企业价值/投资资本的分布。就像其他乘数一样，它也是高度不对称的分布。价值账面资本比率的中位数是 1.83，而企业价值/投资资本比率的中位数是 2.06。两者均略低于这些公司的价格账面价值比率，但两者的分布在很多时候都是相似的，企业价值/净账面资本比率与价值账面比率相比有更高的均值和中位数。

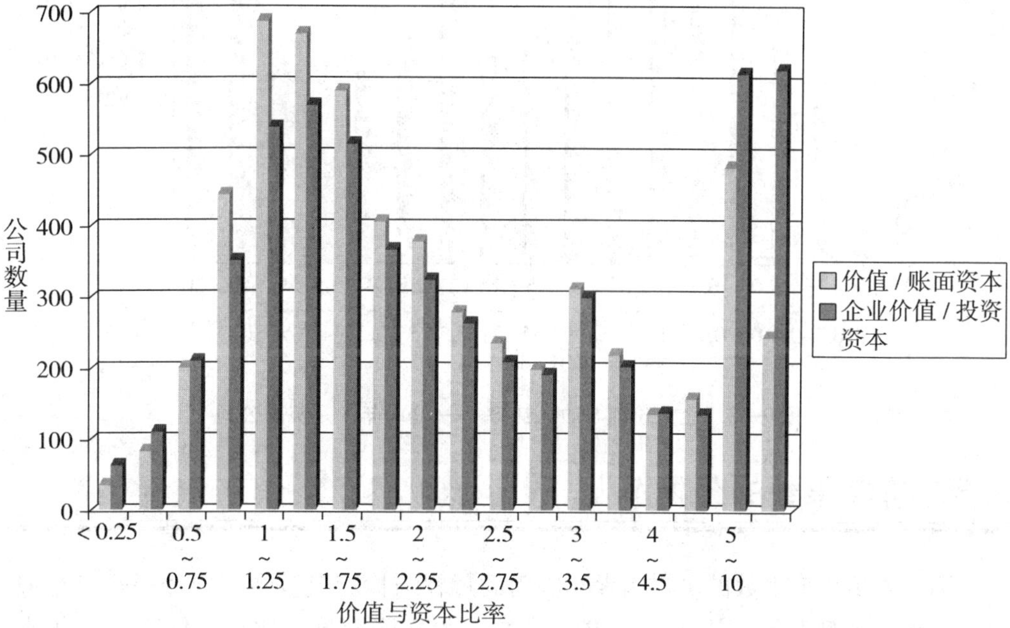

图 9—2　价值/账面资本与企业价值/投资资本——2006 年 1 月美国公司

从价格账面比率到价值账面比率的转换，一个有趣的副产品是样本中没有缺少一家公司。换句话说，权益账面价值是负的，资本账面价值是正的。投资资本，从资本账面价值中减掉净现金，在那些现金收支超过资本账面价值的公司是负的。

9.2.3　企业价值/收入

在第 8 章中，我们看到了价格收入比率的分布。图 9—3 反映的是最近财政年度企业价值与收入的乘数前四季度的收入（拖延性收入）。

并不奇怪，大多数公司的企业价值与收入比率高于价格收入比率，因为这些公司流通在外的负债超过现金。有些公司，特别是高科技行业的公司，拥有很多现金，其负债却很少甚至没有。对这些公司来说，企业价值与收入比率要低于价格收入比率。整个市场企业价值与收入比率的中位数是 1.58。例如，所有美国公司的价值收入比率高值都超过 15，而底线低于 0.25。

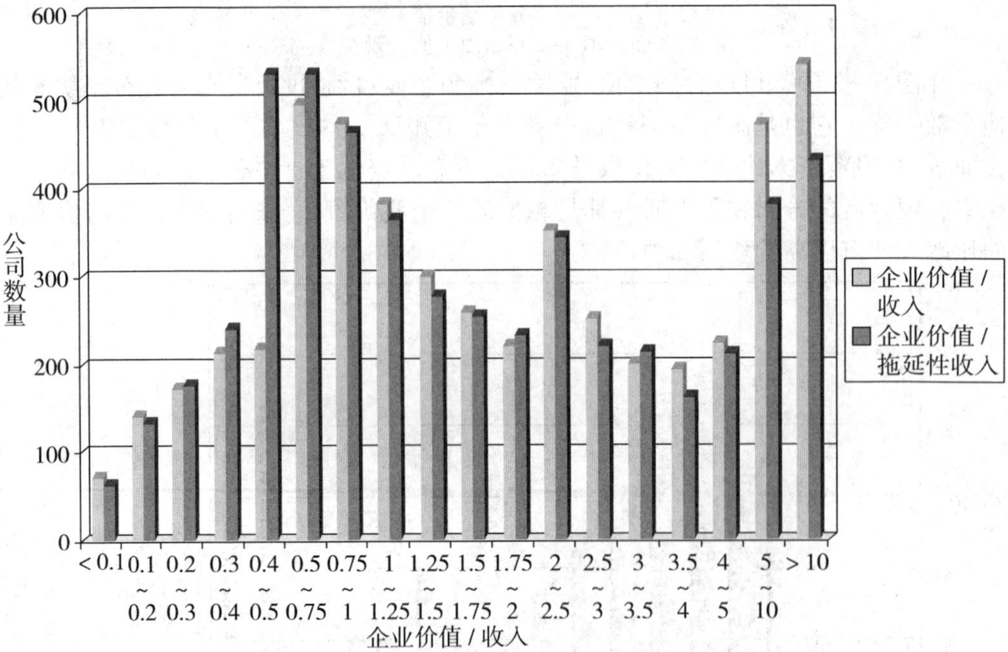

图 9—3　企业价值与收入比率——2006 年 1 月美国公司

9.3　价值乘数的分析

为了弄清价值乘数的决定因素，所用的过程与检验权益乘数的过程非常相似。以股利折现模型开始，用它去算 P/E 比率、价格账面价值比率、价格收入比率。在价值乘数中，我们从公司估价模型开始，将现金流用资本成本折现，而后检验每一乘数的决定因素。

9.3.1　价值乘数的决定因素

在权益乘数中，从稳定增长到两阶段增长，乘数的决定因素并不改变，尽管对于两阶段增长有更多估计上的要求。稳定增长模型比高速增长模型更容易，所以我们用稳定增长的公司估价模型来找到价值乘数的决定因素：

$$企业价值 = \frac{自有现金流_{下一年}}{资本成本 - 预期增长率}$$

从我们在第 3 章对公司自由现金流的讨论可以得出结论，公司自由现金流可以税后营运收入和再投资率表示如下：

$$企业价值 = \frac{息税前收益_{下一年}（1-税率）（1-再投资率）}{资本成本 - 预期增长率}$$

g 表示预期增长率，t 是税率，我们很容易得出下一年作为企业价值乘数的经营收入（EBIT）和税后经营收入（EBIT×（1－税率））。

$$\frac{企业价值}{息税前收益_{下一年}}=\frac{(1-税率)(1-再投资率)}{资本成本-g}$$

$$\frac{企业价值}{息税前收益_{下一年}(1-t)}=\frac{(1-再投资率)}{资本成本-g}$$

如果我们想知道今年经营收入的企业价值乘数，就在等式的分子上考虑一年期的增长：

$$\frac{企业价值}{息税前收益_{当年}}=\frac{(1+g)(1-t)(1-再投资率)}{资本成本-g}$$

$$\frac{企业价值}{息税前收益_{当年}(1-t)}=\frac{(1+g)(1-再投资率)}{资本成本-g}$$

其他情形相同，企业价值/经营收入和企业价值/税后经营收入会随着增长率的提高和资本成本的降低而上升。当再投资率下降的时候，它们也会上升（给定增长率)。然而，就像前面所讨论的，增长是资本报酬和再投资率一起计算出来的，所以在其他情形不变时，企业价值乘数会随着资本报酬的上升而上升。

为了分析企业价值/EBITDA 乘数，我们根据 EBITDA 计算公司的自由现金流：

$$\begin{aligned}公司的自由现金流 &= 息税前收益(1-t)-(固定资产投入-折旧)-经营资本的改变\\ &= 息税折旧摊销前收益(1-t)+折旧-固定资产投入-经营资本的改变\end{aligned}$$

用下一年稳定增长的公司价值模型替代这一等式，得到：

$$企业价值=\frac{EBITDA_1(1-t)+折旧(t)-固定资产投入-经营性资本改变_1}{资本成本-g}$$

再除以 EBITDA，就得到了企业价值/EBITDA 乘数的决定因素。

$$\frac{企业价值}{EBITDA_1}=\frac{(1-t)+\left[\frac{折旧(t)-固定资产投入-经营性资本改变_1}{EBITDA_1}\right]}{资本成本-g}$$

如果合并再投资，可以作进一步的简化：

再投资 = 固定资产投入 - 折旧 + 经营资本改变

$$\frac{企业价值}{EBITDA}=\frac{(1-t)-\frac{再投资}{EBITDA_1}-\frac{折旧(1-t)}{EBITDA}}{资本成本-g}$$

换句话说，企业价值/EBITDA 乘数是决定经营收益乘数的相同变量的函数。那些高增长、低资本成本、高资本报酬（再投资下降）的公司以较高的 EBITDA 乘数进行交易。

此外，折旧费用大的公司与无折旧费且其他因素（增长、资本成本和再投资）相同的公司相比，应以较低的 EBITDA 乘数进行交易。

最后一点，税前收益乘数（EBIT 和 EBITDA）也受税率的影响。高税率会转化成较低的税前收益乘数。结果是，我们期望公司合并，以较高的税率及较低的 EBITDA 乘数进行交易。

为了弄清楚账面价值的决定因素，我们再次回到稳定增长模型：

$$企业价值=\frac{EBIT_{第二年}(1+g)(1-t)(1-再投资率)}{资本成本-g}$$

等式两边同除资本账面价值，得到如下：

$$\frac{企业价值}{资本账面价值}=\frac{\frac{EBIT_{第二年}(1-t)}{资本账面价值}(1-再投资率)}{资本成本-g}$$

资本报酬和再投资的代用量得到如下：

$$资本回报率=\frac{EBIT_{第二年}(1-t)}{资本账面价值}$$

$$再投资率=\frac{g}{资本回报率}$$

企业价值账面资本报酬比率可写成：

$$\frac{企业价值}{资本账面价值}=\frac{ROC-g}{资本成本-g}$$

换句话说，一个公司据以交易的账面资本乘数是两个变量的增函数——公司资本再投资的超额收益（资本报酬减资本成本）和预期增长率。

为了分析价值收入乘数，我们重复如下过程，仍然从稳定增长公司估价模型开始：

$$企业价值=\frac{EBIT_{第二年}(1-t)(1-再投资率)}{资本成本-g}$$

两边同时除以收入，可得：

$$\frac{企业价值}{收入}=\frac{\frac{EBIT_{第二年}(1-t)}{收入}(1-再投资率)}{资本成本-g}$$

企业价值收入比率，除了随着增长的提高和资本成本的下降而提高外，还会随着税后经营收益的上升而上升。

所有这些乘数都可以运用到高增长时期，使用两阶段公司估价模型：

$$V_0=\frac{EBIT_0(1-t)(1-RIR_{hg})(1+g)\left[1-\frac{(1+g)^n}{(1+k_{c,hg})^n}\right]}{k_{c,hg}-g}+\frac{EBIT_0(1-t)(1-RIR_{st})(1+g)^n(1+g_n)}{(k_{c,st}-g_n)(1+k_{c,hg})^n}$$

RIR 是再投资率，k_c 是高增长和稳定增长阶段价值不同的公司的资本成本。对于权益乘数而言，所要求的是变量估计两次：一次是高增长阶段，一次是稳定增长阶段。比如，高增长公司股权价值/资本比率可写成：

$$\frac{V_0}{BV_0}=ROC_{hg}\frac{(1-RIR_{hg})(1+g)\left[1-\frac{(1+g)^n}{(1+k_{c,hg})^n}\right]}{k_{c,hg}-g}+ROC_{st}\frac{(1-RIR_{st})(1+g)^n(1+g_n)}{(k_{c,st}-g_n)(1+k_{c,hg})^n}$$

其中，ROC 是税后资本报酬，下标 hg 表示高增长阶段，st 表示稳定增长阶段。

［例9—2］公司价值乘数的估计

假设我们算价值乘数的公司有如下特征：

（1）在最近的财政年度，公司折旧20百万美元，息税前收益（经营收入）100百万美元，收入10亿美元，税率40%，税后经营收益率是6%。

税后经营收益率＝EBIT（1－t）÷收入＝100×（1－0.4）÷1 000×100%＝6%

（2）资本投资400百万美元，转化成税后资本报酬为15%。

税后资本报酬率＝EBIT（1－t）÷再投资资本＝100×（1－0.4）÷400×100%＝15%

公司将永久保持这一资本报酬。

（3）公司预计未来5年将每年税后经营收入的60%作为再投资，每年的预期增长率为9%。

预期增长率＝再投资率×资本报酬＝0.6×15%＝9%

（4）资本成本是10%，5年后预期增长率为4%。使用上节末尾提到的两阶段增长模型估计公司价值。

稳定增长时期再投资率＝g÷ROC＝4%÷15%＝26.67%

现在我们可以获得此公司中的企业价值乘数。使用前一节中的等式，两阶段估价模型：

$$价值=\frac{100\times(1-0.4)\times1.09\times\left(\dfrac{1-1.09^5}{1.10^5}\right)}{0.10-0.09}+\frac{100\times(1-0.4)\times1.09^5\times(1-0.2667)\times1.04}{(0.10-0.04)\times(1+0.10)^5}$$

$$=845.39（百万美元）$$

两边除以EBITDA、经营收入、账面资本和收入就可以得到企业价值乘数（单位：美元）：

EV/EBITDA＝845.39÷120＝7.04

EV/EBIT＝845.39÷100＝8.45

EV/EBIT（1－t）＝845.39÷100（1－0.4）＝14.09

EV/再投资资本＝845.39÷400＝2.11

EV/收入＝845.39÷1 000＝0.8454

9.3.2 乘数与基本因素之间的关系

在前一节中，我们用公司估价模型找到决定每一乘数的变量，并用虚构的公司进行了举例。在这节中，我们将用［例9—2］中的虚构公司，探寻财务基本因素和每个公司价值乘数的关系。

1. 增长效应

其他变量保持不变，提高经营收入中的预期增长会提高企业价值乘数。表9—4归纳了［例9—2］中高增长阶段预期增长的改变对公司的影响。

表 9—4 **预期增长率与企业价值乘数**

高增长时期的增长率（%）	企业价值/息税折旧摊销前收益	企业价值/息税前收益	企业价值/息税前收益（1－税率）	企业价值/资本	企业价值/收入
0	4.70	5.65	9.41	1.41	0.56
2	5.16	6.19	10.32	1.55	0.62
4	5.65	6.78	11.30	1.69	0.68
6	6.18	7.41	12.35	1.85	0.74
8	6.75	8.09	13.49	2.02	0.81
10	7.36	8.83	14.71	2.21	0.88
12	8.01	9.61	16.02	2.40	0.96
14	8.71	10.46	17.43	2.61	1.05
16	9.46	11.36	18.93	2.84	1.14
18	10.27	12.32	20.54	3.08	1.23
20	11.13	13.35	22.26	3.34	1.34

高增长阶段预期增长率上升，企业价值和 EBITDA 乘数也会从 4.7（当预期增长为 0 时）升到 11.13，如果预期增长是 20%。在其他乘数中结果是相似的。这一结果的含义很明显，比较增长率不同的同一行业中公司间的企业价值乘数会使分析人员得出结论，低增长的公司被低估（因为它们看起来便宜），高增长的公司被高估，除非它们很明确地控制增长的差异。

在第 8 章权益乘数中，我们看到了乘数对于增长期长短的敏感性。不是重复这一演示，但要重申对于企业价值乘数的结论。在其他变量不变时，剩余报酬较长时期的高增长会提升企业价值。结果是，公司竞争优势更强更持久的公司将以较高的企业价值乘数交易。

2. 风险效应

风险以两种方式影响企业价值乘数，一是通过风险与股权成本，另一个是通过债务比率和债务成本。低违约及经营风险的成熟公司能够以较低的成本借到钱，无需给股权成本更大的压力。结果是，它们的资本成本较低。风险公司不仅股权成本高，而且债务成本高，从而资本成本高。

观察风险对于公司价值乘数影响的最简单的方式就是通过资本成本。回到 [例 9—2]，其他变量不变，表 9—5 反映了资本成本的改变对企业价值乘数的影响。资本成本上升，企业价值乘数剧烈下降。因此，预期增长率为 9% 的公司（资本成本为 6%）将以 23 倍的 EBITDA 进行交易，但如果资本成本是 15%，将只以 3.5 倍的 EBITDA 进行交易。

表9—5　　资本成本与企业价值乘数

资本成本（%）	企业价值/息税折旧摊销前收益	企业价值/息税前收益	企业价值/息税前收益（1－税率）	企业价值/资本	企业价值/收入
6	23.01	27.61	46.02	6.90	2.76
7	15.00	18.00	30.00	4.50	1.80
8	11.01	13.21	22.02	3.30	1.32
9	8.63	10.35	17.25	2.59	1.04
10	7.04	8.45	14.09	2.11	0.85
11	5.92	7.11	11.84	1.78	0.71
12	5.08	6.10	10.17	1.53	0.61
13	4.44	5.32	8.87	1.33	0.53
14	3.92	4.71	7.85	1.18	0.47
15	3.51	4.21	7.01	1.05	0.42

对分析人员来说，在相对估价中使用企业价值乘数有三个暗示：

第一，与成熟、安全、有可预测收入来源的公司比，风险公司（即使是同一行业）将以较低的企业价值乘数进行交易。

第二，财务杠杆的差异会间接影响企业价值乘数，特别是有些公司接近最优财务杠杆，而有些公司较低或较高时。后者将拥有较高的资本成本和较低的企业价值乘数。

第三，比较新兴市场上的公司和比较发达的市场上的公司会出现——前者的资本成本和风险都高于后者，结果是它们以较低的企业价值乘数进行交易。

3. 投资效果的质量

增长率的影响大，增长的质量影响更大。企业价值乘数增长的质量是通过资本报酬来反映的。给定增长率，较高的资本报酬会转化成较低的再投资率和较高的给投资者的现金流，从而推升价值。表9—6检验了［例9—2］中保持预期增长率和资本成本，改变资本报酬的影响。

表 9—6 **资本报酬与企业价值乘数**

资本报酬（%）	企业价值/息税折旧摊销前收益	企业价值/息税前收益	企业价值/息税前收益（1-税率）	企业价值/资本	企业价值/收入
6	2.98	3.58	5.96	0.36	0.36
7	3.69	4.42	7.37	0.52	0.44
8	4.27	5.12	8.54	0.68	0.51
9	4.77	5.72	9.54	0.86	0.57
10	5.22	6.26	10.43	1.04	0.63
11	5.62	6.75	11.25	1.24	0.67
12	6.01	7.21	12.01	1.44	0.72
13	6.37	7.64	12.73	1.65	0.76
14	6.71	8.05	13.42	1.88	0.81
15	7.04	8.45	14.09	2.11	0.85

注意，在增长率固定（9%）时，再投资率会随着资本报酬的下降而上升。比如，6%的资本报酬，再投资率前5年是150%（为获得9%的增长率），5年后将降至66.67%（为保持4%的稳定增长率）。由于资本报酬上升，企业价值乘数也会因此而上升。

特别地，企业价值/再投资资本比率取决于公司获得的超额收益。超额收益被定义为资本报酬和资本成本之间的差额。图9—4归纳了超额收益的改变对企业价值/投资资本比率的影响。

对于价格账面比率来说，关系是很明确的。当超额收益为正时（资本报酬超过资本成本），则企业价值投资资本比率大于1。当资本报酬小于资本成本时，公司将以低于账面价值进行交易。

这种讨论也适合于税后经营收益，因为当收入资本比率固定时，收益的改变会改变资本报酬：

资本报酬 = 税后经营收益 × 收入 ÷ 投资资本

在［例9—2］中，当保持收入资本比率和预期增长率固定时，税后经营收益改变，企业价值乘数也会改变，见表9—7。

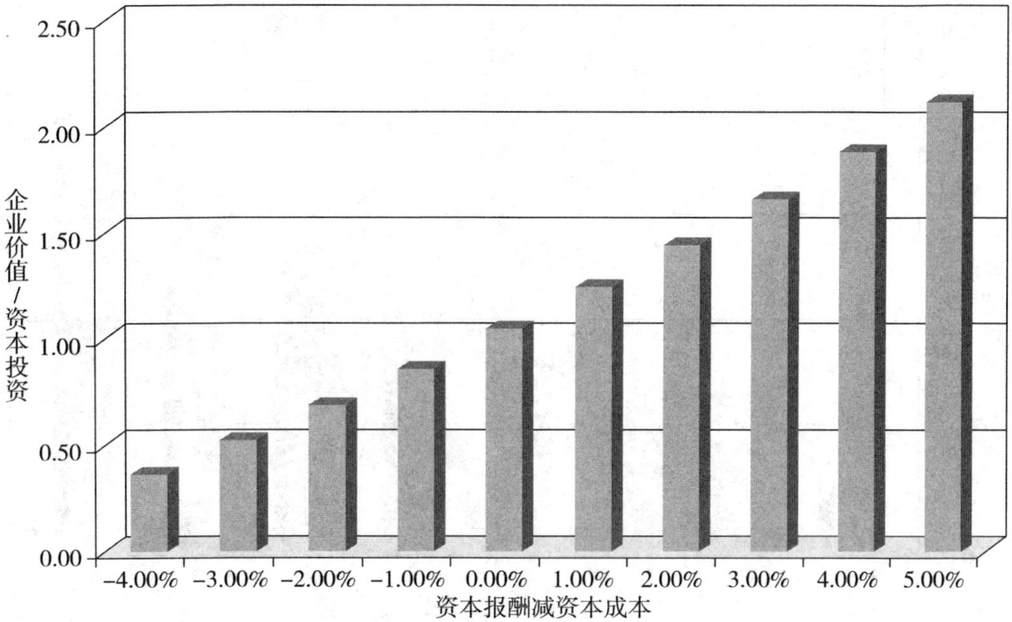

图 9—4　企业价值/投资资本与超额回报

表 9—7　税后经营收益与企业价值乘数

税后经营收益（%）	资本报酬率（%）	企业价值/息税折旧摊销前收益	企业价值/息税前收益	企业价值/息税前收益（1－税率）	企业价值/资本	企业价值/收入
3	7.5	3.99	4.79	7.98	0.60	0.24
4	10.0	5.22	6.26	10.43	1.04	0.42
5	12.5	6.19	7.42	12.37	1.55	0.62
6	15.0	7.04	8.45	14.09	2.11	0.85
7	17.5	7.85	9.42	15.71	2.75	1.10
8	20.0	8.64	10.37	17.29	3.46	1.38
9	22.5	9.43	11.32	18.87	4.25	1.70
10	25.0	10.24	12.28	20.47	5.12	2.05

税后经营收益增加时，企业价值乘数也增加。与税后收益联系最密切的乘数是企业价值收入。在图 9—5 中，我们检验二者之间的关系。

当比较公司间的企业价值与收入比率时，我们应该意识到市场战略与收益的差异。如果没有很好地控制这些差异，就会发现在企业价值/收入的基础上低税后经营收益的公司看上去更便宜。

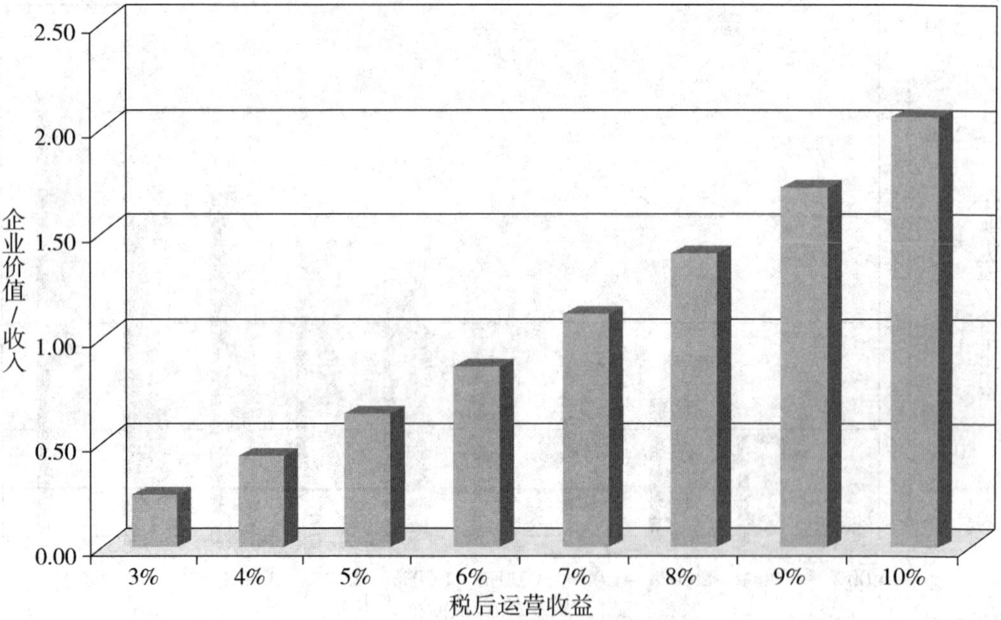

图 9—5 企业价值/收入与税后运营收益

4. 税率

一个公司支付的税率并不影响其价值及所有企业价值乘数。像 EBITDA（息税、折旧、摊销前收益）和收入这样税前衡量的乘数效应被放大。仍然用［例 9—2］中的虚构公司，在表 9—8 中，我们检验了税率（从 40% 开始）的改变对企业价值乘数的影响。

表 9—8 税率与企业价值乘数

税率（%）	企业价值/息税折旧摊销前收益	企业价值/息税前收益	企业价值/息税前收益（1－税率）	企业价值/资本	企业价值/收入
0	17.06	20.47	20.47	5.12	2.05
10	14.15	16.98	18.87	4.25	1.70
20	11.52	13.83	17.29	3.46	1.38
30	9.16	10.99	15.71	2.75	1.10
40	7.04	8.45	14.09	2.11	0.85
50	5.16	6.19	12.37	1.55	0.62
60	3.48	4.17	10.43	1.04	0.42

税率上升，企业价值乘数下降，但税前乘数EV/EBITDA（企业价值/息税、折旧、摊销前收益）和EV/EBIT（企业价值/息税前收益）与税后乘数EV/EBIT(1－t)会随着税率的上升而上升。比如，如果税率是20%，EV/EBITDA乘数是11.52，而EV/EBIT（1－t）乘数是17.29。在40%税率的情况下，EV/EBITDA乘数会下降至7.04，不到EV/EBIT（1－t）乘数的一半。换种说法，就是随着税率的提升，税前乘数不成比例的下降程度超过税后乘数。

相对估价的结果是什么呢？当对税率偏差很大的公司进行比较时，如果未能控制税率的差异，将导致在EV/EBITDA基础上高税率公司比低税率公司的价值低。这是许多欧洲的分析人员在比较不同国家同属一个行业的公司时所面临的境况。德国公司与爱尔兰公司比，应以较低的乘数进行交易。德国的税率超过38%，而爱尔兰的公司税率只有12%。甚至对于同样的市场，公司也可能面对不一样的有效税率，在很大程度上是受净经营损失和税率筹划的影响。有较大净经营损失即NOL（有较低有效税率）应以较低的EBITDA或EBIT乘数进行交易。

9.4 价值乘数的应用

既然我们已经了解了影响每一个乘数的变量，而且知道了变量的改变如何影响企业价值乘数，那么接下来我们就应该关注如何在相对估价中使用这一乘数。在本节中，与权益乘数应用那一节一样，先看行业中公司的比较，然后将比较扩大到整个市场范围内。

9.4.1 行业比较

与权益乘数一样，企业价值乘数被分析人员应用于比较同一行业中的公司。比权益乘数还多的是，当分析人员比较软件公司间的P/E比率时，至少考虑的是公司间增长率的差异，而分析人员经常比较电报电信公司间的EV/EBITDA乘数，而不考虑公司间的根本差异。在本节中，与权益乘数中的方法一样，3个例子可以表明3种控制公司间差异的方式。

1. 主观调整

这是简单方法的简单延伸。在比较了公司间企业价值乘数的价值之后，我们应该考虑影响乘数的变量，并看看是否可以解释差异。因此我们需要检验以较低的企业价值/账面资本比率进行交易的公司的资本报酬。如果资本报酬是负值或非常小，我们需要进行更合适地解释为什么企业价值账面比率如此低。这种方法的局限在于债券的价值可能被低估或高估。对于大多数公司来说，至少有一个变量可以解释乘数为什么比行业均值要高或低。

2. 矩阵方法

在矩阵方法中，我们将分析的乘数依伴随变量分成4块。比如，应用企业价值投资资本比率，我们依税后投资资本报酬将乘数分块，如图9—6所示。

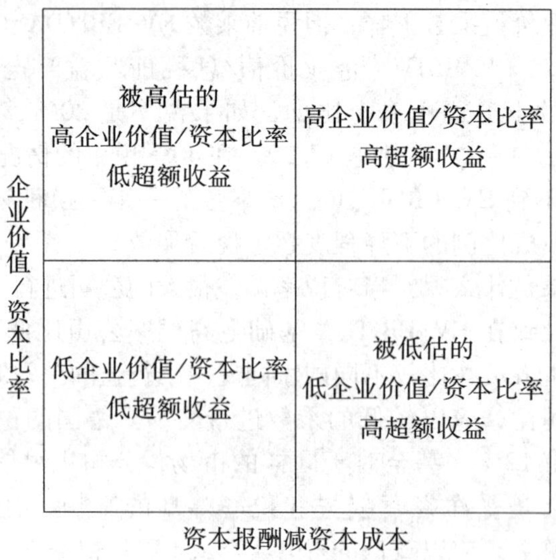

图 9—6　价值矩阵：价值账面比率与超额报酬

有较高而且正的超额收益的公司会有较高的价值账面比率，而有较低且为负的超额收益的公司会有较低的价值账面比率。被错误估价的公司将会落入另外两个象限中。左上方是拥有较高企业价值/资本比率和负的或较少的超额收益而被高估的公司。右下方是以较低价值/资本比率进行交易，同时保持正的超额收益而被低估了的公司。

3. 回归

矩阵方法的局限在于很容易识别极端值，但对于并没有被过多高估或低估的公司不容易分辨，而且很难控制一个曲线中的两个变量，因为在一个曲线中我们不能创造出三维空间。回归是控制公司间差异更具说服力、更通用的方式。在保持这些数据的同时，会有许多独立变量，而且可以允许乘数与基本因素之间的非线性关系。与权益乘数一样，需要注意的是，我们的目的并不是解释公司间的所有差异，而是要解释那些重要差异。

［例 9—3］ 比较企业价值经营收入乘数

EV/EBITDA 乘数被广泛地应用于评估制造业和建造重大基础设施的公司。下表归纳了 2001 年 3 月美国钢铁公司的 EV/EBITDA 乘数：

公司名称	企业价值/息税折旧摊销前收益	税率（%）	净资本报酬（%）	资本支出/息税折旧摊销前收益（%）	折旧与摊销/息税折旧摊销前收益（%）
Ampco - Pittsburgh	2.74	26.21	12.15	15.72	20.05
Bayou Steel	5.21	0.00	5.95	12.90	41.01

续表

公司名称	企业价值/息税折旧摊销前收益	税率（%）	净资本报酬（%）	资本支出/息税折旧摊销前收益（%）	折旧与摊销/息税折旧摊销前收益（%）
Birmingham Steel	5.60	0.00	6.89	-28.64	51.92
Carpenter Technology	5.05	33.29	9.16	15.51	28.87
Casele（A. M.）& Co.	9.26	0.00	8.92	9.44	27.22
Cleveland - Cliffs	5.14	0.00	7.65	51.84	26.33
Commercial Metals	2.40	36.86	16.60	1.19	26.44
Harris Steel	4.26	37.18	15.00	3.23	4.92
Huntco Inc.	5.40	0.00	4.82	-48.84	53.02
IPSCO Inc.	5.06	23.87	9.22	50.57	16.88
Kentucky Elec. Steel Inc.	1.72	37.26	6.75	-25.51	38.78
National Steel	2.30	0.00	8.46	68.49	53.84
NN Inc.	6.00	34.35	15.73	-15.04	24.80
Northwest Pipe Co.	5.14	39.47	9.05	8.73	17.22
Nucor Corp.	3.88	35.00	18.48	15.66	26.04
Olympic Steel Inc.	4.46	37.93	5.80	-3.75	26.62
Oregon Steel Mills	5.32	0.00	7.23	-31.77	49.57
Quanex Corp.	2.90	34.39	16.38	-3.45	29.50
Ryerson Tull	7.73	0.00	5.10	3.50	38.36
Samuel Manu - Tech Inc.	3.13	31.88	14.90	-2.91	21.27
Schnitzer Steel Inds. A	4.60	8.70	7.78	-16.21	38.74
Slater Stl Inc.	4.48	26.00	11.25	0.80	27.96
Steel Dynamics	5.83	36.33	10.09	33.13	23.14
Steel Technologies	3.75	36.87	9.22	11.95	27.69
Steel - General	4.14	38.37	9.80	21.69	28.75
Un’vl’stainless & Alloy Prods.	4.28	37.52	14.51	12.73	15.15
Worthington Inds.	4.80	37.50	12.54	0.16	22.79

不同公司间 EV/EBITDA 乘数的变化很大。许多公司有负的净资本支出，这在一定程度上反映了行业的成熟程度，也部分地反映了再投资的性质。有些公司无税负，但还是损失。我们将 EV/EBITDA 乘数与作为 EBITDA 百分比的税率、折旧、摊销进行回归。

$$价值/EBITDA = 8.65 - 7.20\ (税率)\ - 8.08\ (DA/EBITDA) \qquad R^2 = 29.76\%$$
$$[6.37]\ [2.36] \qquad [3.60]$$

我们并未使用预期增长或资本成本作为独立变量，因为它们在各个公司很相似。使用此回归，则伯明翰钢铁预期价值/EBITDA 乘数是：

$$预期价值/EBITDA_{伯明翰钢铁} = 8.65 - 7.20\ (0.00)\ - 8.08\ (0.5192)\ = 4.45$$

5.6 倍的 EBITDA，公司价值被高估了。

[例 9—4] 比较企业价值/资本比率

许多价值方面的顾问都赞同企业价值/资本比率，它的关注点是改善公司的项目决策（及超额报酬）。在下表中，我们估计了 2006 年 1 月欧洲化妆品公司的企业价值/资本比率。

公司名称	企业价值	投资资本	企业价值/资本	资本报酬（%）
Ales Groupe	249.48	105.86	2.36	10.47
Beiersdorf Ag	8 665.20	967.00	8.96	31.17
Body Shop Int'l	566.81	156.60	3.62	19.10
Christian Dior	20 194.70	9 635.00	2.10	15.63
Clarins	1 919.48	506.63	3.79	16.54
Inter Parfums	348.54	96.79	3.60	15.55
Jacques Bogart	85.14	91.42	0.93	2.19
L'Oreal	41 313.47	11 009.30	3.75	12.48
Mirato Spa	154.43	65.24	2.37	9.40
Pz Cussons Pic	569.36	271.54	2.10	12.03
Robertet Sa	282.19	105.13	2.68	13.45
Sarantis	366.63	165.42	2.22	21.29
Ulric De Barens	93.74	14.92	6.28	18.84
Wella Ag	6 501.86	1 417.11	4.59	12.16
平均			3.52	15.02

在最后一栏中，我们列示了行业中公司的税后资本报酬。不经意地细读表格我们会发现企业价值/资本比率与资本报酬之间的关系，较低的资本报酬与较低的企业价值资本报酬相连。如果我们把被低估的公司定义为拥有较低的企业价值/资本比率的同时保持较高的资本报酬，那么只有这样的公司才被看成是低估的，即它们

以低于行业均值（3.52）的企业价值/资本比率进行交易，同时资本报酬超过行业均值（15.02）。用这种方法衡量，只有Sarantis和Christian Dior两家公司通过了测试。前者以企业价值/收入比率2.22进行交易，同时保持资本报酬21.29%，后者以企业价值/收入比率2.10进行交易，同时保持资本报酬15.63%。同样道理，L'Oreal和Wella看上去被高估了。它们以高于均值的EV/EBITDA乘数进行交易，同时产生的资本报酬低于行业均值。

企业价值/资本比率（EV/Capital）和资本报酬之间的关系反映在图9—7中，是二者间的散点分布图。Beierdorfde的税后资本报酬率最高（31.17%），企业价值/资本比率最高（8.96），而Jacques Bogart的企业价值/资本比率最低（0.93），资本报酬率也最低（2.19%）。在此矩阵中，被低估的公司（如Sarantis）将会落入右下角的象限，而被高估的公司将会落入左上角的象限。

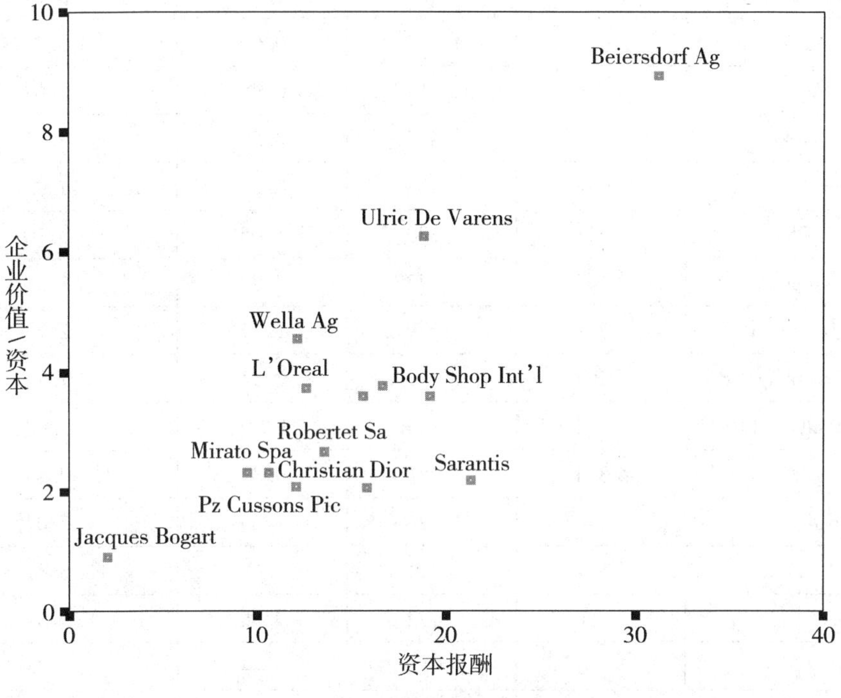

图9—7 企业价值/资本与资本报酬——欧洲化妆品公司

最后，我们将企业价值/资本比率与税后经营收益回归，来完成分析：

企业价值/资本比率 = −0.044 + 23.756（税后经营收益） $R^2 = 56.6\%$

[0.05] [4.24]

在本行业中，收益增加1%会使企业价值/资本比率增加0.2376。使用回归方法可以估计出单个公司被低估或高估的程度，比如Sarantis和Christian Dior（用同样的测试表明这两家公司被低估）。

预测价值/资本$_{\text{Sarantis}}$ = −0.044 + 23.756（0.2129） = 5.01

预测价值/资本$_{\text{Christian Dior}}$ = −0.044 + 23.756（0.1563） = 3.67

在这些预测的基础上，Sarantis 被低估了大约 55%（企业价值/资本比率为 2.22），而 Christian Dior 被低估了约 43%（企业价值/资本比率为 2.10）。

[例 9—5] 比较价值/收入乘数

收入乘数被广泛地应用于分析零售公司，但它在公司间收益存在重大差异的任何行业中也是适用的。在下表中，我们比较了在欧洲不同市场上上市的特殊化学公司的企业价值/收入乘数。

公司名称	企业价值	收入	企业价值/收入	税后经营收益（%）
Auriga Inds - B	6 023	5 310	1.13	8.57
Ciba Specialty - R	7 732	7 027	1.10	6.69
Clariant Ag - Reg	5 631	8 144	0.69	2.74
Degussa Ag	10 976	11 244	0.98	5.64
Didier - Werke	260	444	0.59	4.79
Dynaction	174	259	0.67	4.03
Elementis Plc	411	389	1.05	0.10
Graphit kropfmue	63	73	0.87	1.59
Gurit - Heber - B	705	579	1.22	2.74
Lonza Group Ag - R	5 104	2 182	2.34	7.42
Pcas - Produits Ch	154	194	0.79	5.60
Rhodia Sa	4 334	5 281	0.82	-9.43
Sgl Carbon	1 140	926	1.23	7.04
Siegfried Holdin	541	321	1.68	6.31
Snia Spa	56	122	0.46	-33.83
Umicore	3 161	7 115	0.44	2.98
Victres Plc	524	102	5.16	22.75
Yule Catto & Co.	573	537	1.07	1.99
Zirax Pic	30	17	1.76	7.09
平均			1.27	2.88

Sins Spa 的企业价值/收入比率倒数第二，拥有最多负的经营收益。另一极端，Victrex 企业价值/收入比率最高，达到 5.16，税后经营收益最高为 22.75%。

为得到企业价值/收入比率与税后经营收益之间的关系，我们将同一行业中公司的数据进行回归：

企业价值/收入比率 = 1.10 + 5.71（税后经营收益） R^2 = 29.32%

[5.22] [2.91]

此回归可用于估计一组中任何公司的预测企业价值/收入比率。为了说明问题，Yule Catto 的税后经营收益 1.99%，预测企业价值/收入比率为 1.22。

预测企业价值/收入比率$_{\text{Yule Catto}}$ = 1.10 + 5.71（0.0199） = 1.22

而实际企业价值/收入比率是 1.07，Yule Catto 被低估了大约 12.1%。

这种分析可以扩大使用到影响企业价值的其他变量身上。这些公司的财务杠杆有明显的不同，使得有些公司风险大有些公司风险小。为了检测这一效应，我们可以估计出每一公司的利息覆盖率，并将此变量加入到回归当中。有较高利息覆盖率的公司应比那些有较低覆盖率的公司更安全，而且能以较高的权益乘数进行交易：

企业价值/收入比率 = 0.71 + 7.86（税后经营收益） + 0.0108（利息覆盖率）

[2.91] [1.61] [2.62]

此回归的 R^2 值是 84.68%。用它估计 Yule Catto 的预测企业价值/收入比率会出现如下结果：

预测企业价值/收入比率$_{\text{Yule Catto}}$ = 1.10 + 7.86（0.0199） + 0.0108（2.12） = 0.89

Yule Catto 的负债比同行业中的其他公司多，所以其利息覆盖率为 2.12。在调整了较高的财务杠杆之后，公司被高估了 20.5%。

9.4.2 市场比较

行业比较在分析某公司相对于行业中的其他公司是被低估还是被高估时是有用的，但它不能回答某公司相对于市场上的其他公司是被高估还是被低估。比较业务、风险、增长和现金流都不同的公司，似乎是徒劳的事情，但可行，并可以提供给我们更加宽阔的视野，特别是当整个行业都被错误估价时。在本节中，我们可以看到价值乘数在不同市场间如何变化及能最好解释公司间差异的各种变量。

1. 企业价值/经营收入乘数

第一个市场回归，我们用的是企业价值/经营收入乘数，使用的数据是 2006 年 1 月美国公开交易公司的数据。从 EV/EBIT 乘数开始，进行如下回归，使用税率、再投资率、未来 5 年收入的预期增长率 g（由分析人员估计）作为独立变量：

EV/EBIT = 4.30 − 13.8（税率） − 2.32（再投资率） + 143.7（g） R^2 = 40.6%

[4.40] [4.74] [3.20] [30.28]

再转向 EV/EBITDA 乘数，从与税率、再投资率、资本报酬和收入预期增长比率的回归中，可得到如下结果。前 3 个数据来自于最近财政年度的报告，最后一个（收入预期增长率）是分析人员一致的估计值。

EV/EBITDA = 0.03 − 5.14（税率） + 1.20（ROC） − 1.68（再投资率） + 129.6（g）

[0.04] [2.34] [0.78] [3.05] [34.32]

此回归的 R^2 值是 50.9%。

我们并不想让 R^2 值相差太多，经营收入回归的 R^2 值一般高于权益收益回归的

R^2 值，而在特殊情况下，高于 P/E 比率回归的 R^2 值。这表明我们可以用基本因素较好地解释经营收入乘数的差异，比解释权益乘数的差异更容易。

2. 企业价值/资本比率

价值账面与资本报酬之间的关系是强于价值账面与权益报酬之间的关系还是弱于后者？为了解释这一问题，我们将企业价值投资资本比率与资本报酬进行回归（数据来自于 2006 年 1 月美国公司）：

$$企业价值/资本比率 = -1.35 + 12.6\ (ROC) \ + 27.0\ (g) \ - 0.7\ (再投资率) \ - 0.10\ (债务/资本)$$

$$[8.89]\ [29.98]\ [24.62]\qquad [5.14]\qquad [2.02]$$

回归的结果与价格账面比率的结果相似，R^2 值为 57.3%。

资本报酬仍然是解释公司间企业价值/资本比率差异的关键变量。

如果价值账面与价格账面比率的结果是并列的，那么为什么选择其一而不是另一个呢？价值账面比率适合那些有较高或不断变化的财务杠杆的公司。公司可以使用杠杆提高权益报酬。在这一过程中，也可能提高衡量的不稳定性——好的时候，权益报酬很高，而糟糕的时候，权益报酬很低甚至为负。对这些公司来说，价值账面比率和相应的资本报酬能产生稳定可靠的相对价值估计。此外，对那些权益账面价值为负的公司来说，也可以计算它的价值账面比率，而且有较小的可能出现偏差。

3. 价值/收入比率

在最终的回归中，2006 年 1 月美国公司的行业交叉数据可以被用来估计价值/收入比率，税后经营收益、收入预期增长率（g）和再投资率（RIR）作为独立变量使用：

$$价值/收入比率 = -1.24 + 8.55\ (经营收益) \ + 24.1\ (g) \ + 0.76\ (RIR) \qquad R^2 = 52.6\%$$

$$[10.3]\ [26.82]\qquad [24.58]\qquad [6.21]$$

经营收益来自于最近的财政年度，未来 5 年收入的预期增长率是分析人员共同的估计值，再投资比率也是用最近财政年度的数据算得。公司间税后收益相差 1% 会导致价值/收入比率相差 0.855。

9.4.3 前瞻性收入

对于行业和市场比较来说，企业价值乘数可以根据未来收入或经营收入来衡量。所以我们可以估计从现在起未来 5 年的价值收入乘数。至少对于某些公司来说，这样做是有好处的。

• 对于目前收入很少，但预期快速增长的新兴公司来说，未来收入——从现在起 5 年——比目前收入更能说明企业真实的潜力。例如，在第 6 章［例 6—5］中，对 Sirius Satellite Radio 的估价，它的收入现在 187 百万美元，预期 5 年后增至 45.35 亿美元。使用当前收入基础上的乘数将变得好困难，使用预期未来 5 年的收入将变得更容易。另外一些前瞻性乘数能发挥作用的公司就是那些目前处于财务困境中的公司。因为在负收益的情况下不能使用收益乘数，则应用前瞻性收益数据

（是正的），并应用乘数，则能达到对价值的估计。

- 增长率达到平缓、公司风险适中后，估计收入的乘数将变得更容易。无论是新兴公司还是处于财务困境的公司，使用未来 5 年的数据都好过使用现在的数据。

假设从现在起适用未来 5 年的收入估计价值，应使用哪些乘数呢？我们有三种选择。一是使用目前可比公司价值收入乘数的均值，从现在算起 5 年后的价值，并将价值折现到现在。因此，如果关于无线电、卫星业务成熟的公司目前的企业价值/收入比率是 1.5，那么 Sirius 5 年后的价值可进行如下估计：

5 年后 Sirius 的收入 = 4 535（百万美元）

5 年后 Sirius 的价值 = 6 802（百万美元）

用 11.44 的资本成本折现到现在，就可以得到公司目前的价值：

当前价值 = 6 802 ÷ 1.1144^5 = 3 958（百万美元）

第二种选择是预测 5 年后每家可比公司的预期收入，用目前公司价值除以每家公司的预测收入。这种目前价值与未来收入的乘数可以用于估计当前价值。例如，对可比公司来说，如果当前价值是 5 年后收入的 0.8 倍，Sirius 的价值可以被估计。

Sirius 5 年后的收入 = 4 535（百万美元）

目前价值 = 5 年后的收入（当前价值/收入$_{第5年}$）$_{可比公司}$

= 4 535 × 0.8

= 3 628（百万美元）

第三种方法，我们可以通过目标公司和可比公司在经营收益、增长和风险方面的差异调整未来收入乘数。比如，Sirius 公司未来 5 年（基于我们的估计）的预期经营收益率是 6.23%；在 5 年结束后，接下来的预期收入增长率是 14.35%（从第 6 年到第 10 年）。价值收入比率和当前可比公司经营收益及预期增长率的回归如下：

价值收入 = 0.52 + 2.34（经营收益） + 6.16（增长）　R^2 = 65%

5 年后 Sirius 的价值可以使用此乘数来估计：

Sirius5 年后的收入 = 4 535（百万美元）

Sirius5 年后的价值 = 4 535 × 1.57 = 7 120（百万美元）

目前的价值 = 7 120 ÷ 1.1144^5 = 4 143（百万美元）

使用前瞻性乘数和未来收入或收益对于新兴或财务困境公司是合理的。如果遵循以下原则就可以避免一些误区：

- 使用预期价值。在估价中使用未来收入或收益的应该是预期价值，而不是最佳情况下的估计值。对于财务困境公司和新兴公司，我们要考虑公司不能持续的可能性，并相应地减少预期价值。

- 不要重复计算增长。对于高增长公司获得未来价值经常使用此方法。然而，分析人员经常使用收益或收入的膨胀系数获得未来价值，并用公司高增长的潜力作为判断。由于收入或收益的未来价值也反映高增长，这会导致增长的双重计算。

- 转化成当前的价值。将预期价值使用到收益上会产生未来价值，必须折现到当前，使得当前的市场价值可做比较。在 Sirius 估价中，我们使用 11.44% 的资本成本折现，反映出第 5 年我们面临的高风险。

风险资本家使用这一方法的变量估计新兴公司的未来收益，用退出乘数（反映那一点上公众交易或收入的乘数）估计未来价值。将这一价值以较高的报酬率折现（25% ~35%）来估计当前的价值，通过指出失败的可能性来判断较高的目标回报率。

9.5 结论

企业价值乘数关注的是公司经营资产的市场价值，而不仅仅是权益的价值。因为它提供了一个更广范围的价值衡量，较少受到财务杠杆的影响。本章在强调一致性的基础上介绍了企业价值的各种衡量方法。当在企业价值乘数中考虑对于公司的交叉持股（无论是参股还是控股）时，都会给分析人员带来麻烦。

企业价值乘数的决定因素来自于观察简单的公司现金流折现模型。不足为奇，决定公司价值的变量同样也影响企业价值乘数——资本成本、增长率和再投资率。每一个乘数都有一个与之最密切的变量。对于企业价值与资本比率来说，这一变量是资本报酬；对于企业价值与收入比率，这一变量是税后经营收益。

在最后一节中，我们考察了企业价值乘数在估价中的潜在用法，给出了控制公司间差异的 3 种方式——主观调整，即寻找偏离行业均值的实质原因；矩阵方法，即找出企业价值乘数与决定这些乘数的主要变量；第三种方法是乘数回归。

第 3 部分　估价的其他问题

对公司进行估价时仅对企业的营业资产进行估价容易造成短视。这是我们估价时常犯的错误，因为它忽略了估价的其他问题。

第 10 章，我们将首先考察如何对公司持有的现金进行估价。尽管每个人都知道，现金的 1 美元就值 1 美元，但我们将提供证据说明，市场对某些公司 1 美元现金的估价有时会超过 1 美元，而对其他公司的估价可能会少于 1 美元。然后我们将构建一个框架，用以对少数投资和多数投资的交叉持股进行估价。

第 11 章，我们将探讨如何处理以股权或限制性股票方式给予职工的权利。这些权利要在发生的时候进行估价。他们既会影响收益也会影响股权价值。

第 12 章，我们将考察与有形资产相比，对无形资产进行估价时是否需要不同的估价模型和方法。对那些独立的、能够创造现金流的无形资产来说，我们认为，折现现金流估价（DCF）法是最合适的；对那些必须依附于公司才能产生价值的无形资产（如商标）来说，将采用更复杂的价值评估方法。最后，对于具有创造未来现金流潜力的无形资产，我们认为，应该采用期权估价模型。

第 13 章，我们解析了经常被用于判断公司收购中大额溢价的控制权溢价，并且认为，不同公司间控制权价值有所不同，在管理不善的公司中其价值更高。

第 14 章，我们将探讨：是否不应该考虑非流动性资产的价值；如果确实应该扣除的话，应该扣除多少。在进行这一判断时，我们会考虑从公开交易债券和股票一直到私营企业的一系列资产。

第 15 章，我们将收购中的另一个常用因素分离出来，即协同效应，并且探讨所有形式下的协同效应的价值。同时在本章中还将探讨收购公司是否应为协同效应支付溢价。如果是，这一溢价的金额是多少。

第 16 章，我们将对公司估价难易程度不同的公司进行比较，并判断估价中信息透明度对它的影响。本章中列举了对公司复杂程度进行估价的不同方法，以及如何将这些方法与传统的估价模型进行结合。

第 17 章是第 3 部分的最后一章。我们将考察如何利用传统的估价方法来处理因财务危机而导致的公司经营中断的可能性，并提出危机公司经常被高估的观点；然后，进一步提供了将危机成本纳入考虑范围的更精确的其他方法。

围绕这些章强调的一个主题就是，通过采用主观或不变的溢价或折价的方法来粉饰估价是不正确的做法。

第 10 章 现金 交叉持股及其他资产

不论公众公司还是私人公司，其账面都会有被视为非营业资产的资产。这类资产的第一种，也是这类资产最明显的例子就是现金和准现金投资，即大部分拥有大量现金余额的公司都会进行的、对无风险或者低风险项目进行的投资。第二种是对其他公司的股票和债券进行投资。有时是出于投资目的，有时是出于战略目的。第三种是持有其他公司（公众公司或私人公司）的股份。这种资产在会计上有不同的分类方法。最后还有不产生现金流但仍然具有价值的资产，如纽约或东京的未开发土地或超额福利退休金等。在进行估价时如果不重视或者忽视这些资产，后果将会是非常严重的。前几章的折现现金流估价和相对估价法中都提到了这些资产。在本章中，我们将考察与这些非营业资产估价有关的问题以及可能出现的常见错误。

10.1 现金和准现金投资

每个公司的资产负债表上都有一行专门列示现金和交易证券，也就是持有的现金和准现金投资。投资于可以迅速并以极低成本变现的短期政府证券和商业票据被视为准现金投资。本章从公司持有现金的动机及现金持有的幅度开始，然后探讨对现金持有进行分类的不同方法以及如何在折现现金流和相对估价法中考虑持有的现金。

10.1.1 公司为什么持有现金

每家公司账面上都有现金，而且很多公司都有大量的现金余额，占其价值一定的百分比。John Maynard Keynes 认为，个人持有现金通常有三种动机，即为交易持有现金、为应付非预期费用持有现金和为投机需要持有现金。[①] 一般认为，公司持有现金的原因基本上与个人的持有动机是一样的，但公司还有一个激励方面的原因。由于大型公开交易公司的所有权和经营权相分离，因此公司（或至少是公司的管理者）产生了持有现金的激励动机。[②]

---

① J. M. Keynes, *The general Theory of Employment*, *Interest and Money*（New York: Harcourt, Brace & World 1936）.

② Tim Opler, Lee Pinkowitz, René Stulz and Rohan Williamson, "The Determinants and Implications of Corporate Cash Holdings," *Journal of Financial Economics* 52（1992）: 3－46. 这篇文章考察了现金持有的决定因素，并指出，很多导致公司债务比率较低的变量（重要的增长机会、高风险等）同样能够导致大量的现金余额。

1. 经营（交易）动机

公司经营需要现金，不同行业的需要有所不同。例如，零售商店的收银台必须有可用现金，以保证其经营的正常进行。另外，零售商店还需要现金来更新其减少的存货，并支付每周的员工工资。[①] 与之不同的是，计算机软件公司可能仅需要保持很小的现金余额。一般认为，营业现金需求应该是以下变量的函数：

- 现金导向的行业还是信用导向的行业。现金导向行业的公司（如快餐店、零售商店等）在经营中需要的现金要比信用导向行业的公司多。
- 小额交易还是大额交易。如果公司的收入大部分是由大量小额交易带来的，那么与利用少量大额交易产生收入的公司相比会更需要现金。例如，像 Boeing 这样的公司（该公司仅通过少量但金额非常大的交易产生收入），其大部分交易都是不可能通过现金收付的。同时，由于规模经济的存在，也使得大型公司可以比小型公司保持的营业现金余额更低一些（按比例计算）。[②]
- 银行系统。因为银行系统的介入，使用现金的交易越来越少了。因此我们认为，随着银行系统越来越复杂，允许客户用信用卡或支票支付的情况越来越多，公司对现金的需求会越来越少。

尽管在公司到底需要多少营业现金方面尚存在争议，但几乎所有人都认可的是，在大部分经济情况下，由于大部分公司的银行业务技术和投资机会都得到了提高，因此导致了平均营业现金需求的下降。

2. 预防动机

持有现金的第二个原因是应付意料之外的费用，或应付不能详细说明的或有事项。例如，周期性公司必须在经济繁荣时期大量积累现金，并用这些现金应付经济衰退时可能发生的营业亏损。因此，一般来说，我们认为现金余额的构成应该是以下变量的函数：

- 经济波动性。在其他条件不变的情况下，与成熟的经济环境相比，在不稳定、反复无常的经济环境下，公司应该积累更多的现金。在不稳定的经济环境下公司受打击的可能性较大，因此需要更多的现金。[③]
- 经营波动性。我们认为，在特定经济环境下，为了满足或有事项的需要，经营现金流量波动性较大的公司通常会比现金流量稳定的公司持有更多的现金余额。科技公司一般会持有大量的现金余额，因为其未来收益是不确定的。
- 竞争环境。增加不稳定性的因素之一就是公司所处行业的竞争非常激烈。

---

① M. H. Miller and D. Orr, "A Model of the Demand for Money by Firms," *Quarterly Journal of Economics* (1966): 413 – 435. 他们建立了一个计算公司最优现金余额的模型，其中最优现金余额是持有现金的机会成本和营业现金需求的函数。

② M. Faulkender, "Cash Holdings among Small Businesses," working paper, Social Science Research Network (SSRN), 2002. 这篇文章发现，规模经济是存在的，且随公司规模增大，公司现金余额降低。

③ C. Custodio and C. Raposo, "Cash Holdings and Business Conditions," working paper, SSRN, 2004. 这篇文章发现了财务受限公司用调整现金余额的方法反映行业状况的强有力的证据，即衰退时持有更多的现金。财务不受限公司也表现了同样的做法，但这种联系不是很明显。他们的结论与另一篇文章——C. F. Baum, M. Caglayan, N. Ozkan and O. Talvera, "The Impact of Macroeconomic Uncertainty on Cash Holdings for Non-Financial Service Firms," working paper, SSRN, 2004——的结论是类似的。

我们认为，处于竞争非常激烈的行业的公司比受竞争保护的同类公司持有的现金要多。①

• 财务杠杆。特定经营现金流量的情况下，具有较高债务比率的公司要承诺未来会支付更高数额的利息。考虑到必须能够进行这些支付，因此公司必须保留更高的现金余额。

3. 未来的资本投资

如果资本市场是有效的，且进入时没有交易成本，则在公司需要投资新项目或进行其他新投资时可以随时筹集到所需资本。在现实世界中，公司进入资本市场通常都会存在限制，并必须负担成本。有一些限制是内部产生的（如管理层），但大部分都是外部的。它们甚至会限制公司为非常好的投资项目筹集新的资本。面临这些限制，公司必须留出足够的现金，以满足未来的投资需要。如果它们不这样做，就会面临不得不放弃值得进行的投资的风险。因此我们认为，基于这种原因持有的现金余额应该是以下变量的函数：

• 未来投资的数量及不确定性。对于那些既有重大的预期投资项目需求，而且这些需求的数量又是高度不确定性的公司来说，它们持有的现金数额将会是最多的。毕竟如果具有大量投资需求的公司可以预计该需求的话，那么它就可以事先筹集外部资金，而具有较小投资需求的公司可以不用预留大量的现金余额。②

• 进入资本市场的难易程度。如果公司能够比较容易地且能够以较低成本进入资本市场，则与其他公司相比，应该可以保持较少的现金。因此一般认为，小型公司的现金余额要比大型公司的高（按比例计算），私人公司的现金余额要比公开交易公司的高，新兴市场上的公司的现金余额要比成熟市场上的公司的现金余额高。现金余额还会随着公司筹集资本可选择性的增加而降低。因此，如果非金融公司除可以通过传统的银行贷款获取债务外还可以进入公司债券市场的话，则其现金余额将会降低。③

• 投资的信息不对称。当外部投资者获取的关于公司潜在支出的信息比公司本身能够获得的要少时，公司以公允价格为其投资项目筹集资本就会变得更加困难。④ 因此我们认为，如果在项目评估和监控比较困难的行业，公司一般会保留大量的现金余额。这也可以解释为什么具有大量研发项目的公司其现金持有量通常会

① D. Haushalter, S. Klasa and W. F. Maxwell, "The Influence of Product Market Dynamics on the Firm' s Cash Holdings and Hedging Behavior," working paper, SSRN, 2005. 这篇文章的作者发现，与其他强大的竞争对手共同分享增长机会的公司更有可能累计更多的现金余额，而这些现金的持有又会给该公司提供战略好处。

② V. Acharya, H. Almeida and M. Campello, "Is Cash Negative Debt? A Hedging Perspective on Corporate Financial Policies," working paper, SSRN, 2005. 这篇文章的作者对这一结论提出了不同的观点。他指出，当公司经营现金流量较低但还需要进行重要的投资时（这种需求被分类为套期需求），为满足这些投资的需要，通常他们会保持大量的现金余额。

③ Lee Pinkowitz and Rohan Williamson, "Bank Power and Cash Holdings: Evidence from Japan," *Review of Financial Studies* 14 (2001): 1059-1082。他们比较了日本公司、德国公司和美国公司的现金持有，得出的结论是：日本公司平均持有的现金是德国公司或美国公司平均现金的2.5倍。他们猜测（并提供了证据）这些较高的现金余额反映了日本银行对公司收取费用而导致的公司被迫持有比其需求量更多的现金。他们特别指出，日本公司的现金余额在银行力量强大期间更高。

④ S. Myers and N. Majluf, "Corporate Financing and Investment Decisions When Firms Have Information That Investors Do Not Have", *Journal of Financial Economics* 13 (1984): 187-221.

更高，其原因就在于不论是贷款人还是股东，都很难评价这些项目成功的可能性。

4. 战略性现金持有

有些情况下，公司并不是因为心目中已经有了特定的投资项目而想为这些项目持有现金，而仅是考虑万一的情况。"万一什么?"你或许会问。这些公司将现金当做一种战略武器，可以用来利用将来可能实现的机会。当然，这些机会也可能压根就不会出现，但毕竟公司积累现金还是理性的。实际上，当现金成为稀缺资源，且资本市场很难进入甚至关闭的时候，持有现金的好处是最大的。例如在很多新兴市场，公司持有大量的现金余额，并在经济危机时期利用这些现金从危机公司手中以便宜价格购买资产。成熟市场上持有现金的好处小了很多，但好处仍然是存在的。

5. 管理层兴趣

正如在本部分开始中论述的那样，公开交易公司与私人公司相区分的一个标准就是所有权和经营权相分离。现金是属于所有者的，但管理者具有对现金的决策权，也就是由管理者决定这些现金是返还给股东（以股利或股票回购的形式）还是继续由公司持有。大多数公司都认为，管理者在管理公司过程中有其追求的目标，而现金为其提供了充足的能源。① 因此，公司 CEO 积累现金的原因有可能不是出于为股东着想，而是因为现金可以为其经营规模的扩张提供资源。② 如果以上推理成立的话，我们认为公司的现金余额会随以下因素的不同而不同：

• 公司治理。如果由于公司章程、惯例或投票权不同，股东对管理者的治理权不大，甚至没有治理权，则与那些管理者受股东制约的公司相比，这些公司通常会持有更多的现金。③

• 内部人持股。如果公司的大部分股票及管理层大部分都是公司内部人，则其现金持有量会非常高。④

另外，还有证据表明，现金持有量较高的公司通常（至少在平均水平上）会报告更高的经营业绩。⑤

① Michael C. Jenson, "Agency Costs of Free Cash Flow, Corporate Finance and Takeovers," *American Economic Review* 76 (1986): 323 – 329.

② 有很多文章得出了如下的结论，即具有大量现金余额的公司更倾向于利用现金进行不良投资和过度支付收购款项，见：J. Harford, "Corporate Cash Reserves and Acquisitions," *Journal of Finance* 54 (1999): 1967-1997; O. Blanchard, F. Lopez-de-Silances and A. Shleifer, "What Do Firms Do with Cash Windfalls?," *Journal of Financial Economics* 36 (1994): 337-360; J. Harford, S. A. Mansi and W. F. Maxwell, "Corporate Governance and a Firm's Cash Holdings", working paper, SSRN, (2004)。最后一篇文章发现股东权利较弱的公司通常现金余额不会太高，但是它们在不良投资项目上消费现金的速度要比那些股东权利较高的公司要快。

③ A. Dittmar, J. Mahrt-Smith and H. Servaes, " International Corporate Governance and Corporate Cash Holdings, *Journal of Financial and Quantitative Analysis*38 (2003): 111-133. L. F. Pinkowitz, R. M. Stulz and R. Williamson, " Do Firms In Countries with Poor Protection of Investor Rights Hold More Cash?," working paper, SSRN, (2003). 这两篇文章都发现，在股东权益较小的国家，公司通常会持有较多的现金。他们的结论还得到了以下文章的支持——Y. Guney, A. Ozkan and N. Ozkan, "Additional International Evidence on Corporate Cash Holdings," working paper, SSRN, 2003。他们比较了日本、法国、德国和英国的 3 989 家公司的现金持有情况。其结论是，对股东的保护越强，公司持有的现金就越少。

④ R. Zhang, " The Effects of Firm-and Eountry-Level Governance Mechanism on Dividend Policy Cash Holdings and Firm Value: A Cross Country Study," working paper, SSRN, 2005. 这篇文章发现，所有权集中的公司其现金持有量较高。

⑤ W. H. Mikkelson and M. Partch, "Do Persistent Large Cash Reserves Hinder Performance?," *Journal of Financial and Quantitative Analysis* 38 (2003): 257-294.

10. 1. 2　现金持有的程度

公司持有现金的数额是不同的，不仅在特定时间内不同公司间不同，而且同一公司在不同的时间内也可能不同。为考察公司持有的现金（及准现金投资），我们先看一下以下 3 种对现金持有量的衡量方法：

A. 现金占公司市场价值总额的百分比。公司价值被定义为公司债务及股票的市场价值的总和。图 10—1 列示了 2005 年 1 月美国公司这种衡量方法的分布情况。尽管这一指标的中值为 6. 07%，但有超过 300 家公司现金占公司价值的百分比超过了 50%。另外还有大量的公司现金低于公司价值的 1%。

B. 现金占资产账面价值总额的百分比。这一指标与上一指标的区别是，这一指标反映的是公司会计人员对公司价值的评估，而不是市场对其的判断。图 10—2 列示了 2005 年 1 月美国公司现金占公司资产账面价值百分比的分布情况。这一指标的中值是 7. 14%，比现金占公司价值百分比的中值稍高一些。

C. 现金占公司收入的百分比。这一指标衡量了现金持有和公司经营状况之间的关系（如果这种关系存在的话）。图 10—3 列示了 2005 年 1 月美国公司现金占公司收入百分比的分布情况。这一指标的中值是 3. 38%，但同样存在大量的公司的数值超过了这一数额。在最近几年中，一些年轻的、成长率较高的公司的现金甚至超过了销售收入的 100%。

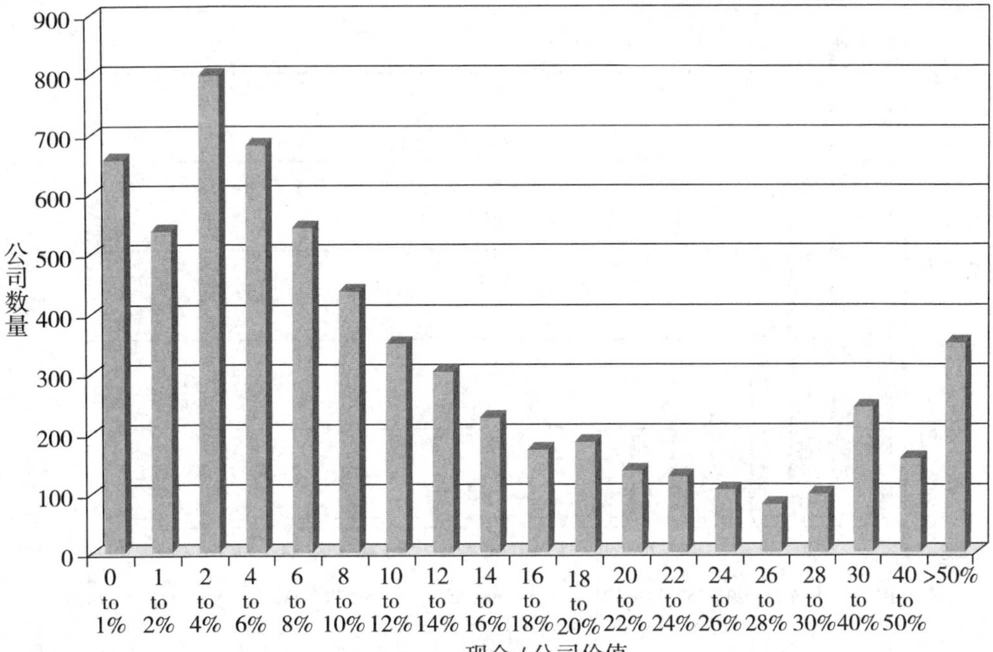

图 10—1　现金占公司价值（市场）的百分比——美国公司

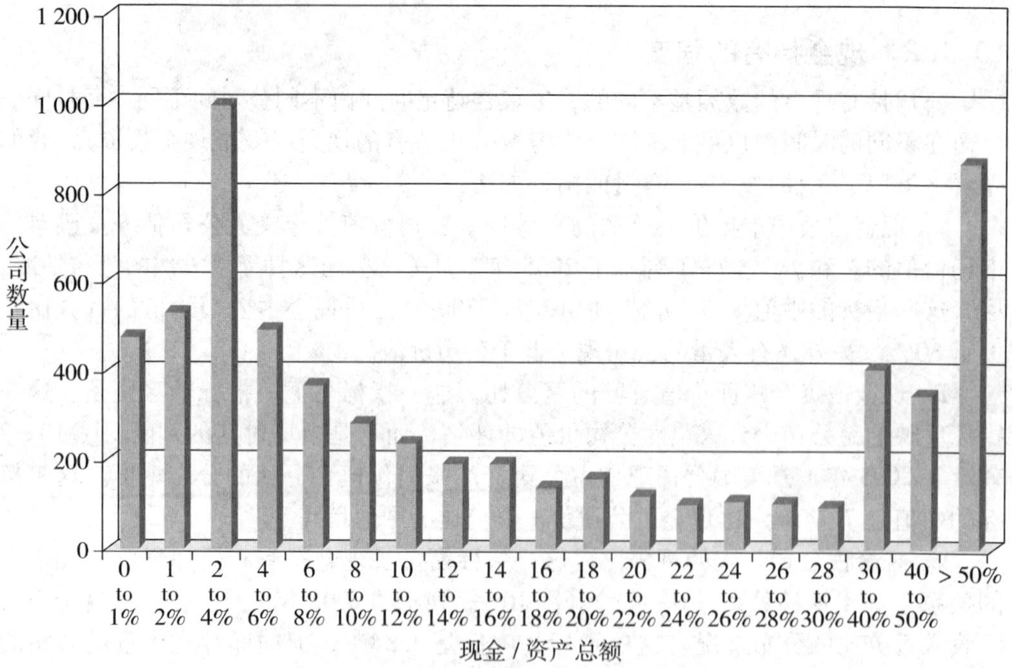

图 10—2 现金占公司资产账面价值的百分比

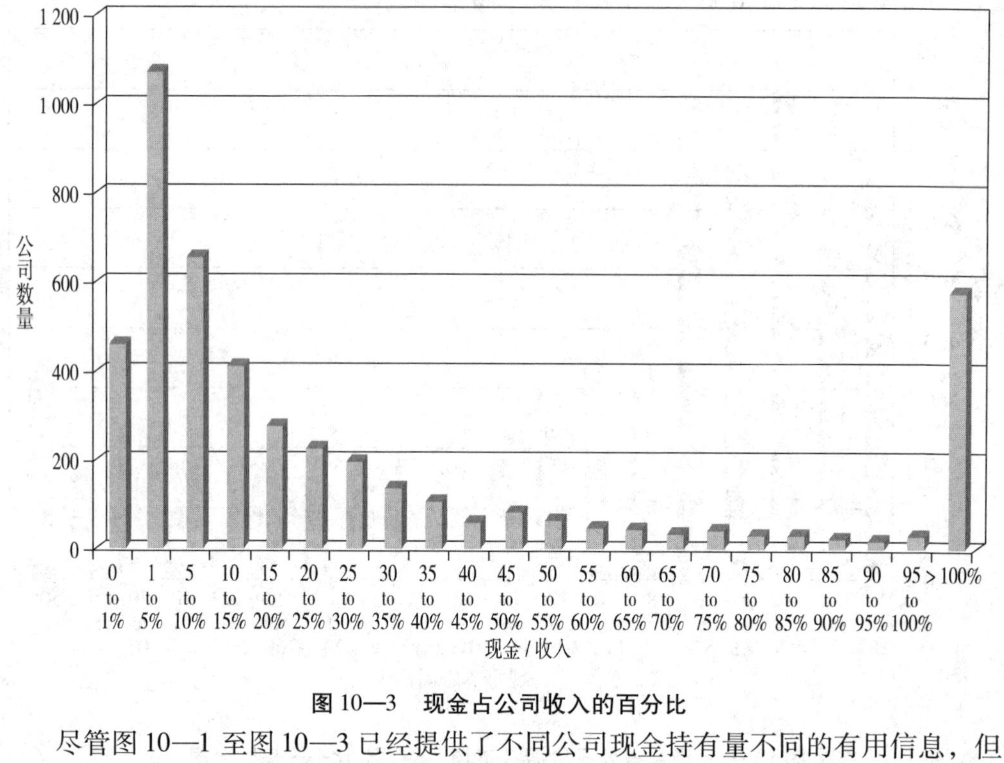

图 10—3 现金占公司收入的百分比

尽管图 10—1 至图 10—3 已经提供了不同公司现金持有量不同的有用信息，但是对不同行业间现金持有的差异进行详细考察还是非常有必要的。我们分别使用这

3 种方法（现金/公司价值、现金/资产账面价值、现金/收入）计算了美国不同行业的平均值，结果见附录 10—1（本章末）。[①]

10.1.3　现金持有的分类

由于现金持有的动机不同，因此分析人员按照不同方法对现金持有进行了分类。实务中最常见的分类方法是将现金余额分为经营性现金余额与超额现金。从估价的角度看，更有用的分类方法是，按照现金被投资于何处，将现金分为损耗现金与非损耗现金。

1. 经营性现金与非经营性（超额）现金

在上一部分中我们说明了公司可能因为经营的需要而持有现金。对很多分析人员来说，确定经营性现金的金额是分析现金的关键。这一金额一经确定，经营性现金就被视为营运资本的一部分，并会影响现金流量；持有的超过经营性现金的现金余额或者被加回到经营性资产的估计价值中，或者在流通在外负债总额中扣除，以获得净负债的金额。确定经营性现金持有量是很困难的，通常可以按照以下 3 种方法进行估计：

A. 一般规则。几十年以来，分析人员一直按照一般规则来定义经营性现金。一个运用非常广泛的方法是经营性现金是销售收入的 2%，但这一方法的起源已经无法考证了。采用这种方法，如果公司销售收入为 1 000 亿美元，则其应该持有的现金余额就是 20 亿美元。超过 20 亿美元的现金持有则被视为超额现金。这种方法的不利之处在于，它不对不同的公司加以区分，对行业中大小规模不等的所有公司全部同样对待。

B. 行业平均。允许我们对不同行业的不同公司进行区分的一个方法就是使用附录 10—1 中列示的行业平均数值。假设这些行业平均数值中都不存在超额现金，则这些数值可以代表经营性现金的金额。因此，任何持有的现金余额超过这一行业平均数值的都被视为持有了超额现金。

C. 跨行业回归分析。在考察现金持有动机时，我们引用了几篇考察影响现金持有量因素的文章。大部分的文章都通过以下方法得出了结论，即根据个别公司的风险、增长率、投资需求及公司治理情况等对个别公司的现金余额进行回归分析。这种回归可以用来预计特定情况下的公司现金余额持有量。任何超出这一预计现金余额的现金都被视为非经营性现金。

2. 损耗现金与非损耗现金

我们认为，有关经营性现金持有量和超额现金持有量的争论实际上并没有在估价中有所体现，因为即使为经营性需要而持有的现金也可以被投资于准现金投资，如国库券或商业票据等。尽管这些投资的收益率很低，但这种收益率是确实存在的。换句话说，对国库券的投资是一项净现值为零的投资，它获取的收益正好等于

① 这些指标的更新版本可以在我的网站（www. damodaran. com）“Updated Data（更新数据）”下取得。

它应该获取的，因此对价值不产生影响。正如我们在第3章中所探讨的，在计算现金流量时不应该将这部分现金算做营运资本的一部分。

因此，能够影响价值的现金分类方法应该是将现金余额分为损耗现金与非损耗现金。在投资风险已知的情况下，只有那些被投资于低于市场利率的现金才被视为损耗现金。因此，无法赚取利息的、目前仍停留在支票账户中的现金就是损耗现金。如果公司（或个人投资者）目前的投资机会是已知的，那么能力不强的公司财务人员将保留大部分的现金余额作为损耗现金。例如，微软（Microsoft）公司就将绝大部分现金都投资在了商业票据或国库券上。其他很多公司也是如此。

作为分析人员，应如何对现金进行这种分类呢？一个简单的方法就是考察公司在这一年度中赚取的利息收入占平均现金余额的百分比，然后将这一现金账面利息率水平与同一期间的市场利息率水平进行比较。如果现金投资效果良好，那么这两个利息率水平大体相当。如果现金是损耗现金，则现金利息率会低于市场利息率。下面看一个简单的例子。计算机技术公司（CyberTech Inc.）2004财务年度的平均现金余额为200百万美元，其报告的持有这些现金的利息收入是4.2百万美元。如果同一期间平均的国库券利率是2.25%，则可以估计损耗现金为：

2004年利息收入 = 4.2百万美元

$$\text{平均现金余额的账面利息率} = \frac{\text{利息收入}}{\text{平均现金余额}} = \frac{4.2}{200} = 2.1\%$$

市场利率（国库券）= 2.25%

$$\text{损耗现金占现金余额的比重} = 1 - \frac{\text{账面利率}}{\text{市场利率}} = 1 - \frac{0.021}{0.0225} = 0.0667\ (\text{或}\ 6.7\%)$$

因此，200百万美元的6.67%（13.34百万美元）将被看做损耗现金，与存货和应收账款一起被视为营运资本的一部分，而其余的186.66百万美元则被视为非损耗现金，应加回到公司经营性资产的价值中。

10.1.4 估价中对现金持有的处理

尽管看起来对公司现金估价非常微不足道，但在分析中会存在一些陷阱可能会导致很大的估价错误。接下来我们将进一步探讨如何在折现现金流和相对估价法中处理现金。

1. 在折现现金流估价法中估计现金的价值

在折现现金流估价法中有两种方法可以将现金及交易证券纳入考虑范围之内。一个是将其并入公司经营性资产中，并把公司（或股票）作为一个整体进行估价；另一个是分别对经营性资产和现金及交易证券进行估价。通过下面的分析我们认为，后一种方法是更可靠的，导致错误的可能性更小。

1）合并估价法

有没有可能将现金看做公司总资产的一部分，然后将公司作为一个整体进行估价呢？答案是肯定的。这实际上也正是我们在预测公司净利润总额，并根据这些预测来估计股利和权益自由现金流量时所采取的做法。在这种情况下，净利润会包括投资于政府证券、公司债券和股票投资的利润。① 尽管这种方法比较简单，在金融投资占资产总额比例很小的时候可以使用这种方法，但当金融投资占总资产比重较大时使用这种方法则比较困难。原因主要有以下两点：

A. 用于对现金流量折现的权益成本或资本成本必须被调整成以现金为基础。也就是说，必须使用无负债的 β 系数来表示公司经营性资产无负债 β 系数和现金及交易证券无负债 β 系数的加权平均数。例如，一家现金占公司价值 10% 的钢厂，其无负债 β 系数应该是钢厂的无负债 β 系数与现金 β 系数（通常情况下为零）的加权平均数。如果这 10% 的现金被投资于有风险的证券，则必须对 β 系数进行相应的调整。如果利用由下至上（bottom-up）β 系数的方法，那么这种调整比较简单，但在利用回归方法获取 β 系数时则会非常困难。②

B. 随着公司的增长，由经营性资产带来的利润有可能会发生变化，而当这种变化发生时，为保持一致性，我们必须对输入估价模型的变量进行调整，如现金流量、增长率及折现率等。

那么，要是不进行这些调整结果会怎样呢？结果是，将会错误地估计这些金融资产。例如，假设你正在对刚才描述的那家钢厂进行估价，该钢厂利润的 10% 来源于现金，且这些现金被投资于政府证券上，其获取的无风险利率假设为 2% 。如果将这一利润加回到公司的其他利润中，并按照钢厂适当的权益成本（假设为 11%）进行折现的话，那么这些现金的价值将会大打折扣。例如，10 亿美元的现金将会被估价为只值 800 百万美元，这是因为使用的折现率是不正确的。

2）分别估价法

将现金及交易证券与经营性资产进行区分并分别进行单独估价的方法是更安全的。我们在对公司进行估价而不是仅对股票进行估价时通常会采用这种方法。这是因为我们一般利用经营利润估计公司自由现金流量，而经营利润通常是不包括金融资产带来的利润的。在对经营性资产估价之后，就可以将现金和交易证券的价值加回到经营性资产中，以获得公司价值。

利用前几章中介绍的 FCFE 估价模型能做到这一点吗？尽管公司净利润中包括金融资产带来的利润，但如果需要的话，还是可以将现金和交易证券与经营性资产区分开的。为做到这一点，我们首先要得出代表金融投资（债券利息、股票股利）的净利润，然后用非现金的净利润估计权益自由现金流量，用仅反映经营性资产的 β 系数估计的权益成本对这些归属于权益的自由现金流量进行折现。经营性资产的权益价值估计完毕之后，就可以将现金及交易证券的价值加回来，以获得公司权益价值总额。

如果现金与其他资产是分别持有的，则在估价中必须考虑一个最终调整。为估

① 因此，如果现金代表了公司价值 10% 的话，那么无负债公司的 β 系数则是经营性资产 β 系数和现金 β 系数（等于零）的加权平均数值。

② 利用回归分析得出的无负债 β 系数反映了回归期间公司的平均现金余额（占公司价值的百分比）。因此，在公司现金百分比始终保持不变的情况下，通常会得到正确的无负债 β 系数。

计可持续的或基本增长率，我们将净利润与权益报酬率联系起来，将经营利润增长率与资本报酬率联系起来。[①] 这些报酬率只能用非现金盈利和投资于经营性资产的资本来计算：

$$非现金权益报酬率=\frac{净利润-现金利息收入}{权益账面价值-现金}$$

$$投入资本报酬率=\frac{EBIT\ (1-税率)}{权益账面价值-负债账面价值-现金}$$

这些指标也可以被用于和权益成本及资本成本进行比较，以确定公司的投资是否创造了更多的报酬。将现金纳入考虑范围之内（对于权益报酬率一般总是考虑现金，而对于资本报酬率是有时考虑）使这些公式更加复杂了。

[例 10—1] 合并估价与分别估价法：无负债公司

为考察现金余额对公司价值的影响，考虑以下公司。该公司非现金经营性资产投资额为 1 200 百万美元（原书为 1 000 百万美元，应为 1 200 百万美元。——译者注），现金为 200 百万美元。为简化，做以下假设：

（1）非现金经营性资产 β 系数为 1，预期每年以永续年金的形式获净利润 120 百万美元，没有再投资需求（与不存在增长假设一致）；

（2）现金以无风险利率进行投资，假设为 4.5%；

（3）每年净利润都返还给股东（以股利或股票回购的方式）；

（4）市场风险溢酬假设为 5.5%；

（5）该公司所有资金都是权益资金。

依据以上假设，可以采用合并估价法，也可以采用分别估价法对权益价值进行估价。

首先看合并估价法。用每种资产的估计价值（见下面对经营性资产估计价值的计算）作为权重，通过计算非现金经营性资产和现金资产的加权平均 β 系数的方法来估计公司所有资产（包括现金）的权益成本。

$$公司\ \beta\ 系数=\beta_{非现金资产}\times 权重_{非现金资产}+\beta_{现金资产}\times 权重_{现金资产}$$

$$=1\times\frac{1\ 200}{1\ 400}+0\times\frac{200}{1\ 400}=0.8571$$

公司权益成本 = 4.5% + 0.8571 × 5.5% = 9.21%

公司预期利润 = 经营性资产取得的利润 + 现金利息收入

= 120 + 0.045 × 200

= 129 百万美元（由于没有再投资需求，因此这也是 FCFE）

$$权益价值=\frac{FCFE}{权益成本}=\frac{129}{0.0921}=1\ 400\ （百万美元）$$

权益价值为 1 400 百万美元。

下面我们再用分别估价法计算一下，从非现金投资开始。

---

① 净利润增长率 = 权益报酬率 × 权益再投资率（或保持率）；经营利润增长率 = 资本报酬率 × 再投资率。再投资率是再投资总额（营运资本变动）除以税后营业利润。

非现金投资的权益成本 = 无风险利率 + β 系数 × 风险溢酬

= 4.5% + 1 × 5.5%

= 10%

经营性资产的预期利润 = 120 百万美元（也是由这些资产带来的 FCFE）

$$\text{非现金资产价值} = \frac{\text{预期利润}}{\text{非现金资产的权益成本}} = \frac{120}{0.1} = 1\ 200\ (\text{百万美元})$$

然后将 200 百万美元的现金价值加回去，得到公司权益价值为 1 400 百万美元。

要注意，使用合并估价法可能出现问题。如果我们按 10% 的权益成本（仅反映经营性资产）将 FCFE 总额 129 百万美元进行折现的话，公司价值将被估计为 1 290百万美元，而这 110 百万美元的价值损失可以追溯为对现金的处理不当。

现金利息收入 = 4.5% × 200 = 9（百万美元）

如果按 10% 的折现率将现金折现，则现金价值为 90 百万美元，而不是正确的价值 200 百万美元，因此价值损失为 110 百万美元。

3）负债总额、负债净额及对待现金的方式

在很多拉丁美洲和欧洲国家，分析人员们通常将现金余额从流通在外的负债当中减掉，以获得负债价值的净额，并用其计算债务比率和资本成本。在公司价值的计算中，使用负债总额和负债净额将在以下方面产生不同：

- 假设公司使用的是由下至上的 β 系数，通常我们会从无负债 β 系数开始，然后利用负债净额与权益资本的比率将 β 系数调整为负债的 β 系数。在这里我们使用的不是负债总额与权益资本的比率，因此在利用负债净额比率方法时可能会导致较低的 β 系数和最低的权益成本。
- 当计算资本成本时，使用的债务比率是债务净额与资本的比率而不是债务总额比率。如果两种方法下的债务成本是相同的，则负债净额比率方法中权益成本的高权重就会补偿（至少部分补偿）这种方法下的低权益成本。一般情况下，利用负债总额比率得到的资本成本与利用负债净额比率方法得到的资本成本是不一样的。
- 使用两种方法下公司的现金流量是相同的，在按资本成本将现金流量折现获得公司价值之后，两种方法下对负债和现金的调整也是相同的。在负债总额方法下，我们将现金余额加回到经营性资产中，然后再减掉负债总额；在负债净额方法中，做法是一样的，只不过减掉的是负债净额。

因此两种方法得出不同价值的原因在于两种方法下取得的资本成本不同。为理解为什么会存在这种差异，考虑一家非现金资产为 12.5 亿美元、现金余额为 250 百万美元的公司。进一步假设该公司流通在外的负债为 500 百万美元，其税前债务成本为 5.9%，该公司股票市场价值为 10 亿美元。在负债总额方法下，假设按负债总额（500 百万美元）除以公司市场价值（1 500 百万美元）计算出来的负债总额与资本比率被用于筹集其所有的资产，即经营性资产和现金资产。因此我们使用负债总额比率计算资本成本，并用它将经营现金流量进行折现。

在负债净额比率法中我们做了不同的假设。假设现金是用无风险负债（没有股票）来筹集的。因此，公司经营性资产是通过其余的负债（250百万美元）和所有股票筹集的。其结果是，这样计算而导致的较低的债务比率（250÷1 250）通常会导致更高的资本成本和经营性资产及股票的更低的价值。图10—4归纳了两种方法下对资产筹资来源不同的假设。要注意，两种方法中用于筹集负债的债务成本都假设是无风险的。在负债总额方法下，我们假设用于筹集债务的股票也是无风险的（其β系数为零）。

整个公司

经营性资产	1 250	负债	500
现金	250	股票	1 000

负债总额方法

经营性资产

经营性资产	1 250	负债	416.67
		股票	833.33

现金

现金	250	负债	83.33
		股票	166.67

负债净额方法

经营性资产

经营性资产	1 250	负债	500
		股票	1 000

现金

现金	250	负债	250
		股票	0

图10—4 负债总额方法与负债净额方法——固有的假设（金额单位：百万美元）

[例10—2] 对持有现金的有负债公司进行估价：负债总额法与负债净额法

假设某公司经营性资产投资为10亿美元，该经营性投资税后资本报酬率为12.5%，现金投资为250百万美元，获取的是4%的无风险收益率。每种投资都不存在预期利润的增长情况，且利润是永续的。假设经营性资产的无负债β系数为1.42，且公司具有流通在外的负债金额为500百万美元（税前债务成本为5.9%）。最后假设股票的市场价值为10亿美元，公司所得税税率40%，股票风险溢酬5%。

（1）负债总额估价法

$$负债总额与资本比率=\frac{负债总额}{负债总额+股票}=\frac{500}{500+1\ 000}=33.33\%$$

$$负债\beta系数=无负债\beta系数\times[1+(1-税率)\times(\frac{负债总额}{股票市场价值})]$$

$$=1.42\times[1+(1-0.40)\times\frac{500}{1\ 000}]=1.846$$

$$权益成本=无风险利率+\beta系数\times风险溢酬=4\%+1.846\times5\%=13.23\%$$

$$资本成本=13.23\%\times\frac{1\ 000}{1\ 500}+5.9\%\times(1-0.4)\times\frac{500}{1\ 500}=10.00\%$$

$$预期税后营业利润=投入资本\times资本报酬率=1\ 000\times0.125=125（百万美元）$$

$$经营性资产价值 = \frac{预期税后营业利润}{资本成本} = \frac{125}{0.10} = 1\ 250（百万美元）$$

预期现金利润 $= 250 \times 0.04 = 10$（百万美元）

$$现金价值 = \frac{预期现金利润}{无风险利率} = \frac{10}{0.04} = 250（百万美元）$$

公司价值 = 经营性资产价值 + 现金 $= 1\ 250 + 250 = 1\ 500$（百万美元）

权益价值 = 公司价值 − 负债总额 $= 1\ 500 - 500 = 1\ 000$（百万美元）

（2）负债净额估价法

负债净额 = 负债总额 − 现金 $= 500 - 250 = 250$（百万美元）

$$负债净额与资本比率 = \frac{负债净额}{负债净额 + 股票} = \frac{250}{250 + 1\ 000} = 20\%$$

$$负债\beta系数 = 无负债\beta系数 \times [1 + (1 - 税率) \times (\frac{负债净额}{股票市场价值})]$$

$$= 1.42 \times [1 + (1 - 0.40) \times (\frac{250}{1\ 000})] = 1.644$$

权益成本 = 无风险利率 + β 系数 × 风险溢酬 $= 4\% + 1.644 \times 5\% = 12.22\%$

$$资本成本 = 12.22\% \times \frac{1\ 000}{1\ 250（原书中为1\ 200，应为笔误——译者注）} + 5.9\% \times (1 - 0.4) \times \frac{250}{1\ 250}$$

$$= 10.41\%$$

预期税后营业利润 = 投入资本 × 资本报酬率 $= 1\ 000 \times 0.125 = 125$（百万美元）

$$经营性资产价值 = \frac{预期税后营业利润}{资本成本} = \frac{125}{0.1041} = 1\ 200.45（百万美元）$$

权益价值 = 经营性资产价值 − 负债净额 $= 1\ 200.45 - 250 = 950.45$（百万美元）

负债净额方法得到的权益价值比负债总额方法得到的要低。

4）两种方法的调节

在以上所举的特定例子中，使用负债净额方法计算出的权益价值是低于负债总额方法的，但情况并不一定都是这样。图10—5列示了税率从0到50%不等时使用两种方法得到的公司价值。如果税率低于15%，负债净额方法得到的权益价值就比负债总额方法得到的价值高。实际上，如果我们假设税率是零，且债务成本是无风险利率水平的话，这两种方法得到的权益价值将是相同的。

导致权益价值产生差异的原因有两个。第一个原因是两种方法中在计算经营性资产的资本成本时我们使用了同样的债务成本，而在存在违约风险的情况下，负债净额法下用于计算资本成本的债务成本比负债总额法下的要高。为说明这一问题，考虑［例10—2］中5.9%的债务成本，并假设这是公司负债总额500百万美元的债务成本。负债净额法下，250百万美元的债务是为现金筹集的，其利率为无风险利率，而其余负债（用于为经营性资产筹资）税前借款成本就会高一些：

$$负债净额法下税前借款成本 = \frac{0.059 \times 500 - 0.04 \times 250}{250} = 7.80\%$$

负债总额法下，仅1/3的现金是用负债筹集的。这就是无风险利率下的83.33百万美元。其余负债的成本为：

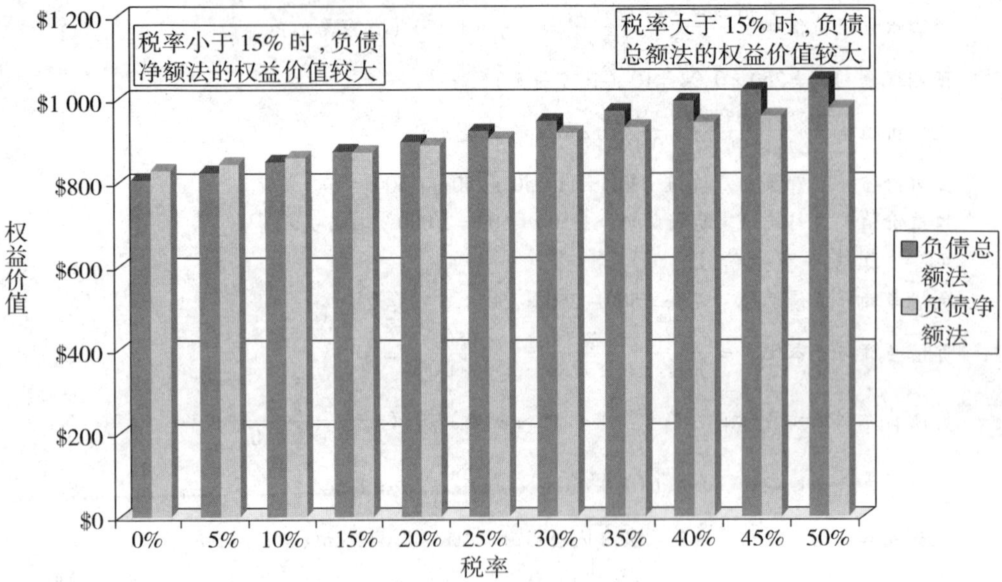

图 10—5　税率与权益价值——负债总额法与负债净额法

$$负债总额法下税前借款成本=\frac{0.059\times500-0.04\times83.33}{416.67}=6.28\%$$

如果利用以上不同的税前债务成本计算经营性资产的资本成本，则在零税率假设的前提下，负债总额法和负债净额法下的权益价值将会是相同的。

第二个原因是负债净额法取消了为现金筹资的负债具有的税收好处，而负债总额法考虑了所有债务的税收好处，即使这些债务是为现金筹集的。① 随着税率的提高，这两种估价方法下的价值差异也随之提高。一般情况下，这两种方法下的价值差异会随着税率和违约风险的提高而提高，但到底哪一种方法能够得出更精确的估计价值，目前仍无定论。负债净额法关于债务的税收好处与现金利息收入的税收成本相抵消的假设更现实一些，但是负债净额比率可能是负的（如果现金超过负债的话）②，并且随时变换现金余额可能会导致波动性增加。总之，我们倾向于使用负债总额法对经营性资产进行估价，将现金看成是一项单独的资产。

5）现金应该被折现吗

一般情况下我们认为，1 美元的现金就应该被估价为 1 美元，现金不应该存在折价或者溢价，至少在对内在价值估价的情况下是这样的。有两种情况下现金价值可能存在折价，换句话说，就是 1 美元的现金可能会被市场估价为低于 1 美元。③

A. 在已知投资项目风险的前提下，公司持有的现金被投资于低于市场利率的

---

① 在负债净额法中，我们假设所有债务（为现金筹资的）的税收好处正好与现金利息收入所带来的税收成本相抵消。

② 当负债净额比率变成负的时，分析人员仍然要继续使用这一负的价值，尽管这看上去不是很正常。实际上，这将意味着负债 β 系数要比无负债 β 系数低，而且计算资本成本中的债务比率也将是一个负值。

③ 还有第三种情况。当按照风险调整后的折现率（见［例 10—1］）对现金（无风险的）的利息收入折现时，现金的价值有可能被低估，但其折现的原因本身就是错误的。

投资项目上。

B. 因为过去投资交易信息的原因，股东对管理层保管大额现金余额持不信任态度。

（1）以低于市场利率的水平投资现金

第一种也是最明显的一种情况是当公司的所有或大部分现金余额不能获得市场利息率时。如果确实是这种情况，则持有过多的现金肯定会减少公司价值。尽管美国的大部分公司目前都能够非常容易地进行国库券和其他政府债券投资，但对于一些小型公司和美国市场以外的公司来说进行这种选择就很受限制了。如果这种情况发生，则大量地获取低于公允报酬率的现金余额会破坏公司价值。

［例10—3］以低于市场利率的水平投资现金

在［例10—1］中我们假设的是现金按无风险利率进行投资。以下我们假设无风险利率是4.5%，但该公司的200百万美元现金余额只能获得3%的收益。因此，公司持有的现金价值应该是：

$$按3\%投资的现金预期价值=\frac{0.03\times200}{0.045}=133.33\ （百万美元）$$

以较低利率进行投资的现金价值为133.33百万美元。在这种情况下，如果现金被返还给股东，则会给其带来66.67百万美元的剩余价值。实际上，只要投资项目能够弥补清算，那么对任意报酬率小于要求报酬率的资产进行清算都会得到同样的结果。[①]

（2）对管理层的不信任

尽管投资于低风险或者无风险交易证券的大额投资本身是价值中立的，但大量增长的现金余额可能会使管理者冒险接受大额投资或进行收购，即使在这些投资并不能获得标准投资报酬率的情况下。有时管理层还可以采取这些措施，以防止自己变成收购的目标。[②] 从股东预计的这种非标准化投资的程度来说，公司的现行市场价值将会反映折价水平的现金。对于投资机会很少且管理较弱的公司，通常这种折价是最大的，而对于投资机会很多且管理较强的公司来说，有可能根本就不存在这种折价情况。

［例10—4］对未来不良投资进行折现

回到现金按无风险利率4.5%进行投资的［例10—1］。一般情况下，我们认为这样的公司其股票交易量应该是其价值总额1 400百万美元。假设该公司管理层曾有过不良的收购历史，并且目前大量现金余额的存在增加了管理层可能会收购另

---

① 尽管这一假设对于现金是很适用的，但对实物资产其适用性则会差一些，因为实物性资产的清算价值可能反映较弱的资产获利能力。因此，由清算带来的剩余价值实际上是不容易获得的。

② 由于现金可以被用于抵消某些收购成本，因此具有大量现金余额的公司是非常具有吸引力的目标公司。

一家公司的可能，该可能性从0上升至30%。另外，进一步假设市场预计该公司对这一收购将会多支付50百万美元。那么，现金会被估价为185百万美元。

现金余额的预计折价 = Δ概率$_{收购}$ × 预计多支付金额$_{收购}$ = 0.3 × 50 = 15（百万美元）

现金价值 = 现金余额 − 预计折价 = 200 − 15 = 185（百万美元）

决定这一折价的两个因素，即不良投资增加的可能性和投资项目的预计净现值，都是以投资者对管理层质量评价为基础的。胜任能力不强的管理层手中的现金比胜任能力很强的管理层手中的现金更有可能发生折价。

6）分别估价法和合并估价法：总结

在对持有现金的公司进行估价时出现错误的原因是很容易被发现的。两种方法间的差异非常微小。只有对那些输入量进行微调才能反映所用方法的特征。尽管可能会与前几页已阐述的问题发生重复，但我们还是对两种方法的差别进行了汇总，结果见表10—1。

表10—1　现金估价方法的区别

	合并估价法	分别估价法
目标	将公司作为一个整体进行估价，现金是资产的一部分	将非现金资产与现金分别进行估价
利润	应该包括现金和交易证券的利息收入	不应该包括现金和交易证券的利息收入（如果用净利润估计权益可得的现金流量，则必须去除税后利息收入）
再投资	经营性资产和现金中都应该考虑再投资	再投资仅发生在经营性资产中
无负债β系数	应该是经营性资产无负债β系数和现金β系数（一般情况下是零）的加权平均数。权重通常是经营性资产和现金的估计价值	仅是经营性资产的无负债β系数
会计收益	应该按利润总额（包括现金带来的利润）和包括现金的资本进行衡量	应该按非现金利润进行衡量，现金应该从资本中减掉
增长率	增长率应该能够反映合并利润（包括现金带来的利润）的增长情况	增长率仅指经营利润的增长率
最终估价	现金流量的现值中已经包括了现金。不需要再将现金加回来	现金流量的现值是经营性资产的价值。必须加上现金

2. 在相对估价法中估计现金的价值

如果分析人员在折现现金流估价法中无法准确处理现金，通常他们会倾向于将现金纳入相对估价法的考虑范围之内。接下来我们将考察如何在计算乘数并在不同公司间进行比较时更好地考虑现金。

1）权益乘数

运用最广泛的权益利润乘数是市盈率，而非常有意思的是，很少有分析人员在运用这一指标时考虑过具有大量现金余额对这一乘数的影响。如果公司具有经营性资产和大量的现金余额，那么这两种投资收益率的不同以及风险水平的不同会使市盈率指标成为现金余额的函数。为说明其原因，下面看一家具有 10 亿美元经营性资产投资和 250 百万美元现金投资的公司。假设该公司经营性资产的资本成本为 10%，可以获得 12.5% 的税后收益率；现金的资本成本为 4%，可以获取 4% 的收益率。为简化，假设每种资产的收益都是固定不变且长期的，且该公司没有负债，则可以估计每种投资的市盈率内在价值如下（金额单位：百万美元）：

投资部分	投资资本	税后利润	价值	P/E
经营性资产	1 000	125	125 ÷ 0.1 = 1 250	1 250 ÷ 125 = 10.00
现金	250	10	10 ÷ 0.04 = 250	250 ÷ 10 = 25.00
公司	1 250	135	1 500	1 500 ÷ 135 = 11.11

在这个例子中，由于现金是无风险的，因此其交易的利润乘数要大得多，公司的市盈率指标是随着现金占公司价值比重的增长而增长的。但要注意，如果为与超额收益一致而考虑增长率的话，那么现金对 P/E 指标的影响将会发生很大的变化。如果经营性资产的利润具有预期增长率，则经营性资产的价值（同时也意味着 P/E 指标值）将会增加。[①] 在某些增长率下，经营性资产的 P/E 指标会超过现金的 P/E 指标。这种情况一旦发生，则增加公司的现金持有量（占公司价值的百分比）将会降低市盈率指标，而不是提高这一指标。

但这和相对估价法有什么关系呢？在大部分的相对估价法中，分析人员都会比较同一行业不同公司的市盈率，尽管这些公司持有的现金量可能相差很大。上述分析表明，这种做法对那些具有大量现金余额的公司来说可能是不精确的。在一些增长率很低或适中的成熟行业，具有大量现金余额的公司可能以较高的 P/E 指标进行交易，但这并不是因为它们被高估了，而是因为现金比经营性资产要求更高的利润乘数；在高增长率行业，具有大量现金余额的公司通常会以较低的 P/E 指标进行交易，但这也不说明他们就因此成为了便宜货。现金持有量不起作用的唯一情况是同一行业的所有公司持有的现金都相当（占市场资本总额的百分比），或者是更不常见的情况——现金和经营性利润要求同样的乘数。对这一比较有一个非常简单的解决方法。正如我们在第 8 章中所谈到的，可以用非现金权益和非现金利润计算

① 这一结论仅在公司投资能够获取超额收益时才成立。零超额收益的增长率对价值或市盈率指标没有任何影响。

所有公司的市盈率指标：

$$\text{市盈率（现金调整后）}=\frac{\text{市场资本总额}-\text{现金}}{\text{净利润}-\text{现金利息收入}}$$

这一指标是不受现金持有量影响的。

在分析人员利用市价与权益账面价值比率时，由现金持有所带来的问题同样也会出现。实际上，一般情况下，现金都应该是按照或接近账面价值进行交易的，而经营性资产则可以按不等于1的市价与账面价值比进行交易。利用上一部分的例子（金额单位：百万美元）：

投资部分	投资资本	税后利润	价值	P/BV
经营性资产	1 000	125	1 250	1 250 ÷ 1 000 = 1.25
现金	250	10	250	250 ÷ 250 = 1.00
公司	1 250	135	1 500	1 500 ÷ 1 250 = 1.20

在本例中，现金交易使用的市价与账面价值比要比经营性资产的低，因此现金的存在会降低公司的市价与账面价值比。当然，在经营性资产获得的收益低于标准收益且按低于账面价值进行交易时，相反的情况也会发生。同样，对这一问题的解决办法是计算市价与账面价值比时从市场价值与权益的账面价值中都扣除现金。

$$\text{市价与账面价值比（现金调整后）}=\frac{\text{市场资本总额}-\text{现金}}{\text{权益账面价值}-\text{现金}}$$

由于不同公司间（即使在同一行业内）现金持有量不同，因此目前无法在相对估价法中明确处理现金已经成为越来越重要的问题。

2）公司及企业价值乘数

一般情况下，分析人员在使用公司价值乘数时更愿意考虑现金的影响。就像在第9章中讨论的，大部分分析人员在计算这些乘数时都利用企业价值，而这一价值是从负债和权益的市场价值中把现金减掉的。由于分母通常是营业利润（EBITDA，税后营业利润）的变量，因此这一乘数通常不受现金持有的影响，但分析人员还是要格外注意以下两种情况：

A. 从公司价值中减掉的现金余额通常都是从最近的财务报表中取得的。考虑到季节性因素会影响费用和现金余额，利用最近的现金余额可能会歪曲乘数。例如，假设某家公司通常会在每年的12月末积累大量的现金余额，以应付来年1月发生的大量现金流出量，但利用这一现金余额来计算公司价值将会导致较低的公司价值乘数。在现金余额存在季节性因素的情况下，使用全年的平均现金余额而不是最近的现金余额会更加合理。

B. 重申第9章中提到的问题，即与计算市价和账面价值比一样，在使用公司价值与资本比率时，现金应该从资本的账面价值中减掉：

$$\text{EV/投资资本}=\frac{\text{权益市场价值}+\text{负债市场价值}-\text{现金}}{\text{权益账面价值}+\text{负债账面价值}-\text{现金}}$$

如果不对分母进行现金调整，将会导致具有大量现金余额的公司的乘数数值下降。

要注意，公司改变现金余额的方式是多样的，因此这种现金调整也要考虑这些不同方式的影响。支付了大量股利或回购了大量股票的公司将会减少其现金余额，但权益的市场价值将下降同样的金额。在财务年度结束之前举借大量借款的公司将会报告大量的现金余额，但同时也会报告更多的流通在外的债务。

在计算公司价值与营业利润或现金流量乘数时，最后一个要注意的问题是与现行投资有关的撤出投资，尤其是发生在财务年度末的。撤资将会用大量的现金余额（撤资收入）代替经营性资产，但上一年度的营业利润或 EBITDA 仍然包括被撤出资产的利润。为得到更现实的估计数额，我们必须在以下两种做法中选择一种，即扣除归属于被撤出资产的 EBITDA，或者使用不包括这些资产带来的利润的预计金额。

10.1.5　市场如何对现金进行估价

在上一部分中我们讨论的是如何在折现现金流估价法和相对估价法中更好地估计现金的价值，但最后如果不考察市场如何对现金进行估价讨论是不能结束的。毕竟，如果市场错误地估计了现金的价值，那么即使分析人员正确地估计了现金的价值，这一价值仍然无法实现。Pinkowitz 和 Williamson（2002）试图利用公司市场价值对决定价值的基本变量（包括增长率、负债水平和风险）进行回归，并将现金作为独立变量加回来的方法估计市场对现金的估价。① 他们得出的结论是，市场对1美元现金的估价基本上等于其面值，但标准离差比较大。与现金持有动机一致，他们发现，如果将那些未来投资需求不确定性较高的高增长率公司与较为成熟的大型公司相比，市场对前者持有现金的估价更高。令人惊奇的是，在市场对现金的估价与公司进入资本市场的难易程度方面，他们仅发现了二者之间有很弱的关系。有意思的是，另一项研究结果正好与之形成了对比。这项研究是对非美国市场进行的，运用了与上一研究相同的方法。该项研究表明，在对股东保护较少的新兴市场上，1美元仅能被估价为0.65美元。②

Schwetzler 和 Reimund（2004）将这一对现金持有的分析延伸到了德国公司③，将德国的公司价值与其现金占销售收入的比联系起来。他们得出的结论是，持有现金水平低于行业平均水平的公司通常会以较低的价值交易，而持有超额现金（与平均水平比较）的公司则会以较高的价值交易。Faulkender 和 Wang

① L. Pinkowitz and R. Williamson, "What Is A Dollar Worth? The Market Value of Cross Holdings," working paper, Georgetown University, 2002.

② L. Pinkowitz, R. Stulz and R. Williamson, "Do Firms in Countries with Poor Protection of Investor Rights Hold More Cash," working paper, SSRN, 2003.

③ B. Schwetzler and C. Reimund, "Valuation Effects of Corporate Cash Holdings: Evidence from Germany," HHL working paper, SSRN, 2004.

（2004）至少在总体上得出了相反的结论。[①] 他们得出的结论是，所有公司 1 美元现金的边际价值是 0.96 美元。换句话说，市场估价会给予现金一个很小的折价，而不是增加一个溢价。另外，现金的边际价值随着公司现金持有量的增加以及公司借款的增加而减少。同时，现金的边际价值在支付股利的公司比进行了股票回购的公司更低。这反映了样本期间股利的应计税收好处。最后，对那些资本受限制且有较好投资机会的公司来说，现金的边际价值更高。Faulkender 和 Wang 将他们的研究结果与早期研究成果的差异归因于在对现金估价时他们使用的是权益价值而不是公司价值。

需要指出的是，所有这些研究都是以大量的不同类型公司样本为基础的。尽管他们都试图利用增长率和风险控制这些公司的差异，但回归方法本身就是有局限的，而且这些增长率或风险的代表性也不精确。例如，销售收入的历史增长率不能完全代表未来增长率；这会导致现金系数的大幅度变化。不过至少，所有的研究都认可这一点，即市场对不同公司的 1 美元现金估价是不同的，我们不能机械地假设所有公司的现金都会被按面值进行估价。

10.2 金融投资

到现在为止，我们已经在本章讨论了现金的持有与准现金投资。在某些情况下，公司会投资于有风险的证券，其范围可以从其他公司的公开交易的投资等级债券直到高收益债券。接下来我们将考察这种投资的动机、后果以及处理方式。

10.2.1 持有风险证券的原因

为什么公司会投资于风险证券呢？有些公司这样做是想通过投资股票或公司债券获得比投资国库券更高的收益。近年来又出现了一种趋势，即公司通过对其他公司的权益进行投资以进一步获取战略性收益。另外还有一些公司对其认为被市场低估了的证券进行投资。最后，投资于风险证券是银行、保险公司和其他金融服务机构业务的一部分。

1. 获取更高的收益

像国库券和商业票据这样的准现金投资的流动性是很强的，而且风险很小甚至没有，但他们获取的收益也很低。当公司具有大量的金额可以用于交易证券投资时，他们可以通过投资风险证券来获得更高的收益。例如，投资于公司债券就比投资于政府债券能够获得更高的利息率，并且该利率水平还会随着投资风险的增加而增加，而投资于股票比投资于公司债券能获得更高的预期收益，尽管这些更高的收益并不一定是实际的到手收益。图 10—6 归纳了风险投资（公司债券和

① M. Faulkender and R. Wang, "Corporate Financial Policy and the Value of Cash," working paper, SSRN, 2004.

股票）的收益水平，并将其与1995年到2005年间的准现金投资收益进行了比较。

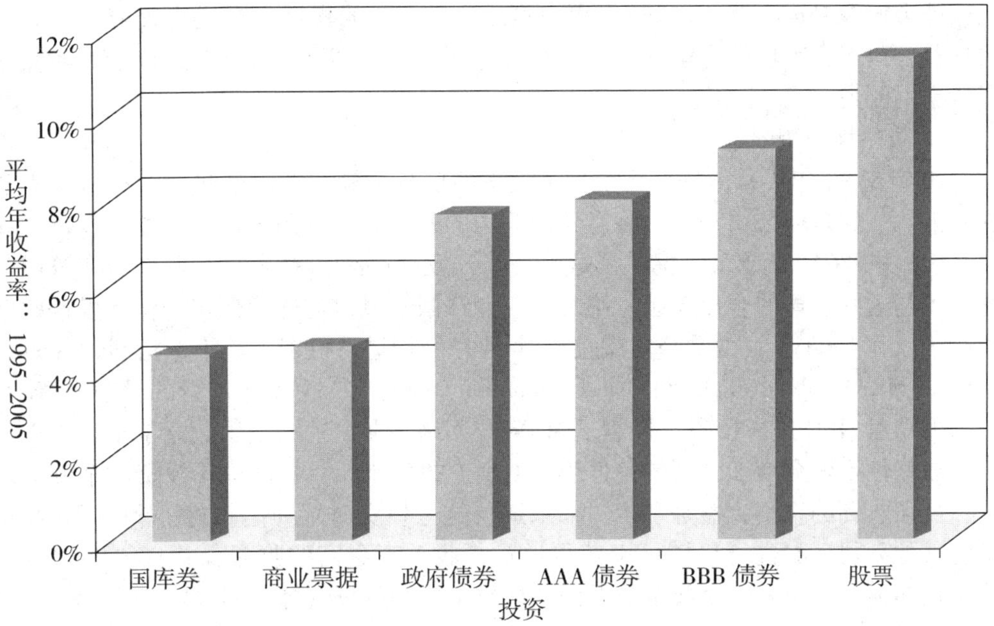

图10—6 投资收益，1995—2005

资料来源：Federal Reserve.

投资于有风险的投资项目可能会为公司带来更高的收益，但它并不能增加公司的价值。实际上，利用与分析准现金投资时相同的原因可以使我们得出结论，即投资于风险投资，获取公允的市场收益（弥补其风险水平）是价值中立的。

2. 投资于被低估的证券

好的投资是能够获得高于要求收益率的投资（在风险既定的情况下）。从项目投资和资产投资环境中发展起来的这一原则也同样适用于金融投资。由于投资于被低估证券的收益将超过这些投资的权益成本，因此公司投资于被低估的股票实际上是在接受一个净现值为正的项目。同样，公司投资于被低估的公司债券也能够获得超额收益，其净现值也将是正的。

那么公司怎样才能找到被低估的股票和债券呢？这取决于市场的有效性及公司管理层寻找被低估证券的能力。在特定的情况下，与竞争的产品市场相比，公司可能会更擅长于在金融市场上寻找好的投资机会。看下面的例子。Berkshire Hathaway在过去几十年一直充当Warren Buffett的投资工具。1999年第二季度末，Berkshire Hathaway对其他公司的证券投资有690亿美元，其中投资于可口可乐公司124亿美元，投资于美国运通66亿美元，投资于吉列39亿美元。尽管Berkshire Hathaway同时还具有实物收益，包括对一家保险公司（Geico）的所有权，但该公司的投资者仍从其被动的权益投资中获取了大量的收益。

尽管Berkshire Hathaway公司取得了成功，但美国的大部分公司还是会尽量避免寻找金融投资中的便宜货。这其中一部分原因是由于他们已经意识到在金融市场上寻找被低估的证券是非常困难的。勉强进行了这些投资的一部分原因还有以下一点，即类似像 Procter & Gamble 和可口可乐这样公司的投资者在进行投资时是看好了这些公司产品市场的竞争优势（商标、市场占有率等等），而不是特别针对其选择股票的能力。

3. 战略性投资

20 世纪 90 年代，微软公司积累了大量的现金余额。它用这些现金投资了大量软件公司、娱乐业公司和与网络有关的公司的股票。该公司这样做的原因有以下几个[①]：第一，它给微软公司提供了这些公司开发的产品和服务的发言权，并可以优先获得与这些公司的合作关系。第二，它允许微软公司与这些公司合作开发这些联产品。仅在 1998 年，微软公司就宣布对 14 家公司进行投资，其中包括 ShareWave、General Magic、Roadrunner 和 Qwest Communications。在 1995 年进行的早期投资中，微软公司对 NBC 进行投资，创建了 MSNBC 网络，在电视和娱乐业立了足。

战略性投资会增加公司的价值吗？对所有投资来说，这取决于投资的金额是多少，公司收到的投资收益是多少。如果进行这些投资时存在附带好处和协同效应，则对其他公司证券进行投资可以获得比最低收益率更高的收益，并且能够创造价值。很明显，这也是一个成本较低的获取整个公司的可选择方案。

4. 商业投资

一些公司持有交易证券并不是要进行酌量性投资，而是出于其行业特点的需要。例如，保险公司和银行在其经营过程中经常进行交易证券投资。前者是为弥补保险请求权上的预期债务，后者是在交易的过程中进行投资。尽管这些金融服务公司的资产负债表上有大量的金融资产价值，但这些公司持有的与本章之前描述的公司不具有可比性。实际上，金融资产在这些公司的投资更类似于制造业公司所使用的原材料，而不是酌量性金融投资。

10.2.2 在估价中处理交易证券

交易证券可以包括存在违约风险的公司债券以及风险更大的交易股票。随着公司持有的交易证券风险越来越大，对其进行的处理也越来越复杂。对交易证券进行估价有以下三种方法：

A. 最简单也是最直接的方法是获得或估计这些交易证券的现行市场价值，并将其加到经营性资产的价值上。对于以持续经营为基础进行估价的具有大量交易证券的公司来说，这是唯一一个可行的选择。

B. 第二种方法是估计交易证券的现行市场价值，然后减掉如果这些交易证券今天就被出售可能带来的资本利得的税收影响。以清算为基础对公司进行估价时，这种方法是最好的。

---

① 微软公司最不寻常的投资之一是在 1998 年早期对其主要竞争对手——苹果电脑公司——进行的投资。该投资的目的可能是对抗司法部针对微软公司提出的反垄断法案。

C. 将交易证券价值纳入公司价值考虑范围之内的第三种也是最难的一种方法是对发行这些证券的公司进行估价，并估计这些证券的价值。对于持有其他公开交易公司证券相对较少但金额较大的公司来说，这种方法最有效。

［例10—5］微软公司的现金及交易证券

1991—2000年间，由于持有大量即将支付给股东的自由现金流量，微软公司积累了大量的现金余额。例如，下表列示了2000年6月微软公司持有准现金投资的情况（单位：百万美元）：

	1999	2000
现金及现金等价物		
现金	635	849
商业票据	3 805	1986
存款单	522	1 017
美国政府和机构证券	0	729
公司票据和债券	0	265
货币市场优先股	13	0
小计	4 975	4 846
短期投资		
商业票据	1 026	612
美国政府和机构证券	3 592	7 104
公司票据和债券	6 996	9 473
地方政府证券	247	1 113
存款单	400	650
小计	12 261	18 952
现金及短期投资总计	17 236	23 798

对微软公司进行估价时，我们必须将这240亿美元投资当做公司价值的一部分。问题是这些投资会不会有折价，反映投资者对公司可能运用这些现金进行不良投资的惧怕程度。在其整个有效期间内，微软公司都没有因为持有现金而受到过惩罚，主要是因为该公司具有保持持续增长利润的同时还持有高股票收益的良好纪录。我们将按面值将现金余额的价值加到该公司经营性资产的价值中。

另一个有趣的部分是，微软公司2000年列示的风险证券投资177亿美元。对这些投资，微软公司还报告了以下信息（单位：百万美元）：

		未实现		
	成本基础	利得	损失	记录基础
以市场价格记录的债务性证券				
1 年内	498	27	0	525
2—10 年	388	11	-3	396
10—15 年	774	14	-93	695
超过 15 年	4 745	0	-933	3 812
小计	6 406	52	-1 029	5 429
股票和其他投资				
普通股和权证	5 815	5 655	-1 697	9 773
优先股	2 319	0	0	2 319
其他投资	205			205
小计	8 339			12 297
债务性证券、股票及其他投资总计	14 745	5 707	-2 726	17 726

微软公司账面收益接近 30 亿美元，其原始成本是 147.45 亿美元，报告的现行价值为 177.26 亿美元。这些投资大部分都是在市场上交易的，都以市场价值进行记录。处理这些投资的最简单的方法是将这些投资的市场价值加到经营资产价值上，以获得公司价值。这其中波动性最大的项目是对其他公司普通股进行的投资。

与记录基础 9 773 百万美元相比，这些投资的价值几乎翻了一倍。对微软公司进行估价时应该反映这一现行市场价值吗？一般情况下答案是肯定的，但是如果这些投资被高估了，我们就会面临将高估的价值纳入估价范围之内的风险。另一种方法是分别对公司投资的每一种股票进行估价，但随着公司投资股票数量的增加，这样做的工作量会更大。总之，我们必须将准现金投资的 237.98 亿美元和股票投资的 177.26 亿美元都加到微软公司经营性资产的价值上。

另外必须指出，微软公司在 2003—2004 年间支付了历史上最大数额的公司股利（约 300 亿美元），但公司持有的现金余额仍然是几百亿美元。尽管 2003 年监管股利的税收法案的变化加剧了这些股利的发放，但仍有证据表明这些股利的发放同时也反映了市场对微软公司的不信任呈增加趋势。毕竟，在 Microsoft Windows 和 Office 软件之后，微软公司就没有突出的成功表现了。

1. 交易证券溢价还是折价

一般情况下，我们不能对交易证券附加溢价或折价，因此我们会将整个价值 17 726 百万美元加到微软公司的价值上，但有一种情况例外，也就是以买卖金融资产为业务的公司，他们是封闭式共同基金。在美国股票交易所上有几百家上市的封闭式共同基金和投资公司，如 Fidelity 和 T. Rowe Price 等。封闭式共同基金向投资者销售证券，用这些基金投资于金融资产。封闭式基金的数量是不变的，但其每份的价格会发生变化。由于封闭式基金是公开交易的证券，因此有时会出现每份封闭式基金的市场价值高于或低于基金拥有的证券的市场价值的情况。对于这些公司，应该给交易证券附加折价或溢价，以反映其创造超额收益的能力。

能够持续发现被低估资产并获得比预期收益（在风险一定的情况下）高的收益的封闭式共同基金应该在交易证券价值基础上增加溢价。溢价的金额取决于超额收益的大小以及预期公司获取这种超额收益的时间长短。相反，收益率低于预期收益水平的封闭式基金应该以交易证券价值的折价进行交易。很明显，这种基金的股东会从清算中得到更多的好处，但这可能不是种明智的选择。

[例 10—6] 对封闭式基金进行估价

Pierce Regan Asia 基金是一种投资于亚洲股票的封闭式基金，目前的市场价格是 40 亿美元。在过去 10 年中，该基金的平均年收益为 13%，但基于投资股票的风险以及亚洲市场的业绩，我们预计它每年将获利 15%。[①] 另外，未来对亚洲市场投资的预计年收益率为 12%，但预计 Pierce Regan 基金每年以 2% 的比率持续运作不佳（每年仅能获得 10% 的收益）。

为估计净资产的折价，首先假设该基金以永续年金的方式进行投资，并且每年获得比市场收益率少 2% 的收益：

$$\text{预计折价} = \frac{\text{超额收益} \times \text{基金价值}}{\text{市场预计收益率}} = \frac{(0.10-0.12)\quad \times 4\,000}{0.12} = -667\ (\text{百万美元})$$

以百分比形式表示，该折价为投资市场价值的 16.67%。如果假设该基金或者被清算，或者在未来特定时期（假如从现在开始 10 年后）开始获得预期收益，那么预计的折价就会越来越小。

10.3 持有其他公司股票

接下来我们考虑更宽泛的非经营性资产投资种类，包括对其他的公开公司或私人公司进行投资。首先介绍一下对不同投资的不同的会计处理，以及这些处理方式如何影响其在财务报表中的报告。

10.3.1 会计处理

对交叉持股进行估价的方式取决于投资方式的分类以及进行这些投资的动机。一般情况下，对其他公司的投资可以被分为少数被动投资、少数主动投资和多数主动投资等。不同的投资方式其会计处理不同。

---

① 预计收益率可以通过风险调整获得，利用基金股票的 β 系数和该基金投资的亚洲股票市场的整个市场收益率来计算。更简单的方法是用整个市场收益率作为预计收益率，因此实际上是假设基金投资的是这个市场上的平均风险的股票。

1. 少数被动投资

如果持有的其他公司证券或资产比例低于被投资公司整体所有权的20%，则这一投资被视为少数被动投资。这种投资既有收购价值（即公司购买证券的原始价值），又有市场价值。会计上要求这种资产必须被归属于以下三种分类中的一种：持有至到期投资、可供出售投资和交易投资。每种分类的估价原则都不同。

A. 对于持有至到期投资，估价是按历史成本或账面价值进行的，投资带来的利息或股利在利润表中列示。

B. 对于可供出售投资，估价是按市场价值进行的，但未实现利得或损失是在资产负债表的权益部分列示的，而不是在利润表上。因此，未实现损失会降低公司权益的账面价值，而未实现利得会增加权益的账面价值。

C. 对于交易投资，估价是按市场价值进行的，未实现利得或损失在利润表上列示。

一般情况下，允许公司对这些投资进行分类，也就允许这些公司选择对这些资产的估价方法，但他们必须报告的仅是在利润表中反映的从这些少数被动投资中获得的股利。这种分类方法保证了像投资银行这样的主要资产是被其他公司持有的公司在每个期间能够按照市场价值对这些资产进行重新估价。这叫做盯市制度，它提供了市场价值超过会计报表上的账面价值的情况。

2. 少数主动投资

如果持有的其他公司证券或资产比例占被投资公司整体所有权的20%到50%，则这一投资被视为少数主动投资。尽管这些投资具有原始收购价值，但通常都会根据被投资公司净利润或净损失，按该投资所占份额（占所有权的份额）对取得成本进行调整。另外，从投资中收到的股利会减少取得成本。这种对投资进行估价的方法叫做权益法。

这些投资的市场价值仅在投资清算的时候予以考虑。清算时，与调整后的取得成本相比而得到的清算利得或损失作为当期利润的一部分列示在利润表上。

3. 多数主动投资

如果持有的其他公司证券或资产比例高于被投资公司整体所有权的50%，则这一投资被视为多数主动投资。[①] 在这种情况下，投资不再作为金融投资出现，而是要被被投资公司的资产和负债所取代。这种方法导致了两家公司合并资产负债表的产生，即两家公司的资产和负债合并在一起，在一张资产负债表上列示。被其他投资者持有的公司股份在资产负债表的负债部分作为少数股权列示。同样的合并情况还出现在公司的其他财务报表中，如合并现金流量表表示合并后公司的累计现金流入情况和累计现金流出情况。这和用于少数投资的权益法是相反的。权益法中仅将投资中收到的股利列示在现金流量表的现金流入栏目中。

同样，这些投资的市场价值也仅在投资清算的时候予以考虑。清算时，市场价

① 持有其他公司股份低于50%的公司可以不遵循合并的要求。

格与公司权益净价值之间的差额作为当期利得或损失。

10.3.2　对其他公司交叉持股进行估价——折现估价法

已经了解了对其他公司持有的股票可以有三种处理方式，那么在估价时应如何处理每一类持股呢？处理所有这些投资的最好的方法就是单独估计每种持股的股票价值，并估计持股部分的价值，然后将这些价值加到母公司的股票价值上。因此，如果要对持有其他 3 家公司股票的公司进行估价，就必须分别估计这些公司股票的价值，计算每种投资所占的比重，然后加到母公司的股票价值上。当利润表是合并利润表时，必须在进行其他上述工作之前首先将子公司的收入、资产和负债等从母公司报表中剥离出来。如果不这样做，将会重复计算子公司的价值。

你也许会问，为什么我们不直接对合并公司估价呢？也可以这样做。实际上在某些情况下，由于缺少信息，是必须要这样做。我们建议分别估价的原因在于母公司和子公司可能具有截然相反的特点，如资本成本、增长率及再投资率等。在这种情况下，如果对合并公司进行估价可能会导致错误的结果。另外还有一个原因。在对合并公司估价结束之后，必须从子公司的权益部分中减掉母公司不拥有的那部分，而如果没有对子公司进行单独估价，这点很明显是完成不了的。

1. 全面信息条件下

如果我们采用单独对每种持股进行估价并确定持股份额的方法，就必须要有完成这些估价的信息。特别是必须能够取得完全的子公司财务报表。如果子公司是独立经营的公开交易公司，取得其报表将是非常容易的，但如果持有的是其他私人公司或者子公司和母公司的账户是混合的，那么情况就复杂多了。在前一种情况下，财务报表应该是存在的，但它不公开，而对于后者，母子公司之间的交易（如公司内部销售或贷款）会使财务报表非常容易误导使用者。假设交叉持股的信息是可以从财务报表中剥离出来的，则对交叉持股公司的估价步骤如下：

第一步：如果公司存在多数交叉持股，利用母公司财务报表对母公司进行估价。如果仅能取得合并报表，则需要把子公司数据从合并报表中剥离出来，然后将母公司看成一个单独的实体进行估价，通过加回现金和被减掉的债务的方法估计母公司的权益价值。

第二步：使用能够反映子公司经营的风险、现金流量和增长假设等，对母公司持有的所有子公司都按独立公司进行估价。估计每家子公司的权益价值。

第三步：为估计具有交易持股的母公司的权益价值，将各子公司的权益价值份额（第二步估计的）与母公司权益价值（第一步得出的）相加。

［例 10—7］对持有其他公司的股份进行估价

Segovia Entertainment 公司经营的是大范围的娱乐业。当年该公司报告了 300 百万美元的营业利润（EBIT），其资本投资为 1 500 百万美元，流通在外的负债总额为 500 百万美元。该公司的一部分，营业利润 100 百万美元、资本投资 400 百万美

元和流通在外的负债150百万美元代表了Segovia对Seville Television（一家电视台）的投资。Segovia仅拥有Seville 51%的股权。Seville的财务信息与Segovia的进行合并报告。[①] 另外，Segovia还拥有LatinWorks（一家录音机和CD公司）15%的股权。这些投资被归类为少数被动投资，其股利收入作为Segovia公司净利润（而不是营业利润）的一部分列示。LatinWorks当年报告了75百万美元的营业利润，其资本投资为250百万美元。该公司流通在外的负债为100百万美元。假设以下各项成立：

（1）不考虑对Seville和LatinWorks的持股情况，Segovia Entertainment公司资本成本为10%。公司处于稳定增长状态，营业利润（同样不考虑持股情况）每年增长5%。

（2）Seville Television公司的资本成本为9%，同样也处于稳定增长状态。营业利润每年增长5%。

（3）LatinWorks公司的资本成本为12%，处于稳定增长状态。营业利润每年增长4.5%。

（4）这几家公司都不存在大额的现金和交易证券。

（5）所有公司的税率都是40%。

可以分3个步骤估计Segovia Entertainment公司的价值：

（1）不考虑持股情况对Segovia公司的经营性资产进行权益估价。首先必须从合并报表中将营业利润剥离出来。

Segovia公司经营性资产的营业利润 = 300 − 100 = 200（百万美元）

Segovia公司经营性资产的资本投资 = 1 500 − 400 = 1 100（百万美元）

Segovia公司经营性资产的负债 = 500 − 150 = 350（百万美元）

$$\text{Segovia公司经营性资产的资本收益率} = \frac{200 \times (1-0.4)}{1\,100} = 10.91\%$$

$$\text{再投资率} = \frac{g}{ROC} = \frac{5\%}{10.91\%} \times 100\% = 45.83\%$$

$$\text{Segovia公司经营性资产价值} = \frac{EBIT\ (1-t) \times (1-\text{再投资率}) \times (1+g)}{\text{资本成本} - g}$$

$$= \frac{200 \times (1-0.4) \times (1-0.4583) \times 1.05}{0.10-0.05}$$

$$= 1\,365\ (\text{百万美元})$$

权益价值 = 经营性资产价值 − 负债价值 = 1 365 − 350 = 1 015（百万美元）

（2）对持有Seville公司的51%股票进行估价：

Seville公司经营性资产的营业利润 = 100百万美元

Seville公司经营性资产的资本投资 = 400百万美元

投资于Seville公司的负债 = 150百万美元

$$\text{Seville公司经营性资产的资本收益率} = \frac{100 \times (1-0.4)}{400} \times 100\% = 15\%$$

---

① 美国的合并要求对子公司进行100%合并，尽管可能实际拥有的股份不足100%。世界上还有其他市场的合并要求按实际拥有的公司股份进行合并，叫做比例合并。

$$再投资率=\frac{g}{ROC}=\frac{5\%}{15\%}\times100\%=33.33\%$$

$$Seville公司经营性资产价值=\frac{EBIT(1-t)\times(1-再投资率)\times(1+g)}{资本成本-g}$$

$$=\frac{100\times(1-0.4)\times(1-0.3333)\times1.05}{0.09-0.05}$$

$$=1\ 050（百万美元）$$

Seville公司的权益价值＝经营性资产价值－负债价值＝1 050－150＝900（百万美元）

Seville公司权益价值中归属Segovia公司的价值＝0.51×900＝459（百万美元）

（3）对持有LatinWorks公司的15%股票进行估价：

LatinWorks公司经营性资产的营业利润＝75百万美元

LatinWorks公司经营性资产的资本投资＝250百万美元

$$Latin\ Works公司经营性资产的资本收益率=\frac{75\times(1-0.4)}{250}\times100\%=18\%$$

$$再投资率=\frac{g}{ROC}=\frac{4.5\%}{18\%}\times100\%=25\%$$

$$Latin\ Works公司经营性资产价值=\frac{EBIT(1-t)\times(1-再投资率)\times(1+g)}{资本成本-g}$$

$$=\frac{75\times(1-0.4)\times(1-0.25)\times1.045}{0.12-0.045}$$

$$=470.25（百万美元）$$

LatinWorks公司的权益价值＝经营性资产价值－负债价值＝470.25－100

＝370.25（百万美元）

LatinWorks公司权益价值中归属Segovia公司的价值＝0.15×370.25＝55（百万美元）

则Segovia公司的公司价值可以计算如下（假设没有现金余额）：

Segovia公司价值＝Segovia公司权益价值＋持有Seville公司51%的股票价值

＋持有LatinWorks公司15%的股票价值

＝1 015＋459＋55＝1 529（百万美元）

为提供对比，下面我们考虑一下如果用合并利润表和Segovia公司资本成本进行估价可能产生的结果。我们将对Segovia公司和Seville公司一起进行估价。

Segovia公司合并资产的营业利润＝300百万美元

Segovia公司合并资产的资本投资＝1 500百万美元

合并负债＝500百万美元

$$Segovia公司经营性资产的资本收益率=\frac{300\times(1-0.4)}{1\ 500}\times100\%=12\%$$

$$再投资率=\frac{g}{ROC}=\frac{5\%}{12\%}\times100\%=41.67\%$$

$$Segovia公司经营性资产价值=\frac{EBIT(1-t)\times(1-再投资率)\times(1+g)}{资本成本-g}$$

$$=\frac{300\times(1-0.4)\times(1-0.4167)\times1.05}{0.10-0.05}$$

$$=2\ 205（百万美元）$$

Segovia公司权益价值＝经营性资产价值－合并负债－对Seville公司的少数权益

+对 LatinWorks 的少数权益

=2 205 - 500 - 122.5 + 22.5 = 1 605（百万美元）

要注意，对 Seville 公司的少数权益是按 Seville 公司权益账面价值的 49% 计算的：

Seville 公司权益的账面价值 = Seville 公司的资本投资 - Seville 公司负债

= 400 - 150 = 250（百万美元）

少数权益 =（1 - 母公司持股比例）× 权益账面价值

=（1 - 0.051）× 250 = 122.5（百万美元）

对 LatinWorks 的少数权益是按 LatinWorks 公司权益账面价值 150 百万美元（原书为 250 百万美元，应为 150。——译者注）（投入资本减掉流通在外的负债）的 15% 计算的。使用这种方法估计出的公司价值与前述估计的权益价值 1 529 百万美元相等的机会非常小。

从以上对其他公司持股进行估价的讨论中可以看出，要想对交叉持股进行正确估价，必须掌握大量的信息。

2. 部分信息条件下

随着公司持股越来越多，估计个别持股的价值将会越来越困难。实际上，对交叉持股估价所需要的信息有很多都是不能取得的，这使得分析人员的选择越来越少。

- 交叉持股的市场价值。如果被投资公司是公开交易的，那么用被投资公司的市场价值代替估计价值是一个比较好的方法。尽管这样做将面临把市场对这些被投资公司估价的错误信息纳入估价范围之内的风险，但这种方法还是非常省时的，特别是当公司持有很多公开交易公司的股票时。

- 估计市场价值。当公开交易公司持有私人公司的股份时，无法非常容易地取得该私人公司的市场价值，因此必须利用可以取得的有限资料来对该私人公司的价值做最好的估计。有很多种可行办法。

第一种方法是估计同行业（持有的私人公司所处的行业）公司典型交易的账面价值乘数，然后将这一乘数用于该私人公司的账面价值。例如，假设正在对一家持有 5 家私人的生物工程公司股票的控股制药公司进行估价，这 5 家公司的账面价值为 50 百万美元。如果生物工程公司的典型交易是账面价值的 10 倍，则对这些投资估计的市场价值就是 500 百万美元。实际上，这一方法可以被用来估计缺乏单独估价信息的所有复杂持股的价值，或者具有太多的持股情况下的估价。例如，可以据此估计具有几十家控股公司的日本公司的价值，仅仅对这些公司的累计账面价值运用一个乘数就可以得到这些交易持股的估计价值。

要注意，实务中最常采用的方法是使用持股的会计信息，但在估价中这应该是最后采用的一种方法，特别是当交叉持股价值特别大的时候。

10.3.3　对其他公司交叉持股进行估价——相对估价法

以上所介绍的有关现金及其对相对估价法的影响实际上也可以用在交叉持股上，但解决方法没有那么简单。首先考虑持股的不同种类对权益乘数的影响。

- 少数被动投资。只有这些投资上收到的股利在利润表上作为收益确认。由于大部分公司支付的股利要比他们获得的盈余少，因此对少数被动投资较多的公司来说，这可能会提高市盈率指标（由于权益的市场价值会反映投资价值，而净利润不会）。
- 少数主动和多数投资。这种投资问题就比较少了，因为净利润也能够反映子公司盈利的情况。① 尽管利润乘数是一致的，但寻找可比公司是非常困难的，尤其是在子公司规模非常大且与母公司具有不同特征（现金流量、增长率及风险）的情况下。

在使用公司价值乘数时面临的问题与以上有所不同，但同样也取决于对交叉持股的分类：

- 少数被动和主动投资。公司价值乘数一般是以经营性衡量指标（销售收入、营业利润、EBITDA 等）为基础的。在少数投资的情况下，这些数字没有一个是和具有少数股权的母公司合并在一起的。实际上，对少数投资的所有调整都发生在营业利润线以下。因此，由于公司价值考虑了这些持股的价值（至少在权益的市场价值中有所考虑）而分母（销售收入或营业利润）不考虑，当少数投资较多时，公司价值乘数会提高。
- 多数投资。对多数投资进行的合并会严重破坏公司价值乘数。为解释其原因，假设 A 公司拥有 B 公司 60% 的股权，并提供合并财务报表。再假设目前正在计算这家公司的公司价值与 EBITDA 之比。图 10—7 列示了合并对乘数每一因式的影响。

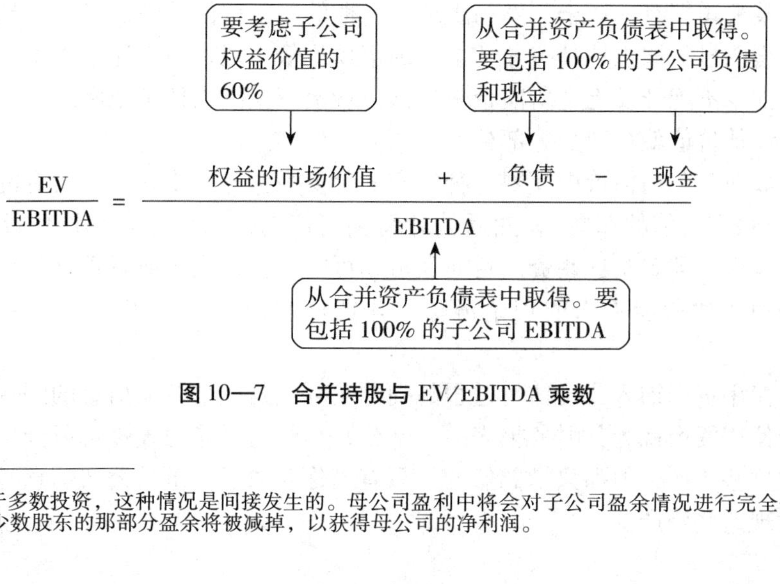

图 10—7　合并持股与 EV/EBITDA 乘数

① 对于多数投资，这种情况是间接发生的。母公司盈利中将会对子公司盈余情况进行完全合并，但归属于子公司少数股东的那部分盈余将被减掉，以获得母公司的净利润。

正如我们在第 9 章中所提到的，分析人员经常会将少数权益（会计人员估计的不属于 A 公司的 B 公司价值的 40%）加回到分子上，试图解决这种不一致的问题。但问题是，如果他们想得到的是公司价值与 EBITDA 之比这一乘数的话，他们必须将子公司市场价值的 40% 加回到分子中来。我们可以利用上一部分提出的方法，包括对少数权益使用市价与账面价值乘数，来完成这一估计。对于权益乘数来说，问题在于如何找到相同行业的可比公司。处理多数持股的一个更有效的办法是计算第 9 章中介绍的母公司单独的公司价值与 EBITDA 之比这一乘数，在计算中，我们从公司价值中减掉了所有持股（包括少数持股和多数持股）的价值。

$$\frac{\text{EV}}{\text{EBITDA}}(\text{母公司})=\frac{\text{权益市场价值}+\text{母公司负债}-\text{母公司现金}-\text{所有交叉持股的权益市场价值}}{\text{母公司 EBITDA}}$$

然后可以把它和与母公司类似的公司进行比较。

10.4 其他非经营性资产

公司还可能拥有其他非经营性资产，但这些资产的重要性远比以上所列举的那些资产差。特别是公司有时还会持有未使用资产。这些资产不产生现金流量，其账面价值与市场价值有很大不同。典型的例子就是从公司取得开始就不断升值的公司主要的房地产，但它们不能创造现金流量，即使能，其数额也非常小。同样的问题还存在于超额支付的退休金计划上。那些超额的基金是属于股东吗？如果是，如何将其影响纳入价值范围之内？

10.4.1 未使用资产

折现现金流估价模型的依据是以资产产生的预计现金流量为基础估计资产的价值，但在某些情况下，这可能会导致在最后的估价环节忽略资产的大部分价值。例如，假设某公司拥有一块未开发的土地，土地的账面价值反映的是该土地的原始取得成本。很明显，该土地具有非常重要的市场价值，但目前它还不能为企业创造现金流量。如果不把开发土地所能带来的预计现金流量纳入估价范围之内，最终对这块土地的评估价值就会缺少一部分。

那么如何在公司估价中反映这种资产的价值呢？第一步是清查所有的这类资产（或至少是最有价值的那些），然后估计每类资产的市场价值。这种估计可以通过以下方式获得，即观察这些资产目前在市场可能获得什么，或者预计如果这些资产被开发利用的话所能带来的现金流量，并把这些现金流量按适当的折现率进行折现。

将未使用资产纳入公司估价过程的问题实际上是一个有关信息的问题。公司一般不把未使用资产视为其财务报表的一部分，尽管有时作为投资者或分析人员你可能会发现这些资产，但那只是偶然的。只有当你获取了大量的公司信息时，才能很容易地发现这些资产。

10.4.2　退休金基金资产

具有退休金负债的公司有时会积累多于这些负债的退休金基金。尽管这些超额基金也是属于股东的，但当对其行使请求权时通常会面临税收责任。处理多支付的退休金基金计划的比较保守的方法是假设由于重新要求超额基金权利时社会成本和税收成本过大，使得很少有公司愿意这样做。另一种方法是将超额基金的税后部分加回到估价中。例如，假设一家公司报告的退休金基金资产超过其负债 10 亿美元。由于从退休金基金中收回超额资产要被处以 50% 的税收（在美国），则可以在公司经营性资产的估计价值上加上 500 百万美元。它表示公司支付税收后可能剩余的 50% 的超额资产。

更实用的一种方法是在未来退休金基金中反映这种超额支付。大概情况是，具有超额支付退休金基金计划的公司可能会降低未来年份在退休金方面的支付。这些少支付的未来退休金可以创造更多的现金流量和更高的公司价值。

10.4.3　合资投资

合资投资面临很多交叉持股具有的问题。按照国家和合资投资的性质不同，公司可以采用权益法、比例合并或完全合并来报告合资投资的情况。[①] 在某些情况下，合资的一方会对合资负债负主要责任。另外，合资一般是不能公开交易的。这使得它与私人公司的交叉持股比较相似，而不是公开交易公司。当对合资投资进行估价时，分析人员必须首先考察合资投资如何在账面上反映。如果合资投资是比例合并或完全合并的，则母公司的营业利润中已经包含了合资带来的收益；在全面合并的情况下，还必须对不属于公司的合资部分进行调整（类似于多数交叉持股下的少数权益调整）。如果合资投资是按权益法报告的，则必须与对待少数交叉持股同样的方式进行处理。在公司价值评估中就要求要对合资的部分的所有权进行估价，并把它加回到经营性资产的价值中。在权益价值评估中，净利润将包括合资盈利的份额，因此没有必要对合资进行单独估价。

10.5　结论

对现金、交易证券和其他公司（交叉持股）进行的投资通常被认为是估价的后续事项。分析人员通常只会花少量的时间去评估这些资产对价值的影响，但这样做的风险还是比较大的。在本章中，我们首先考虑了公司进行现金投资的重要性，并阐述了公司积累现金的动机，然后考察了在折现现金流估价法和相对估价法中如何更好地评估现金的价值。现金是无风险的，通常获取的收益率较低，这使得其与

① 权益法和完全合并法与在交叉持股中使用的这两种方法类似。在比例合并法中，涉及合资的公司必须对归属于它们的合资收入、合资营业费用和营业利润进行合并，必须在资产负债表上报告属于他们的合资资产和合资负债的金额。

公司的经营性资产区别较大。处理现金的最安全的方法就是将其与经营性资产相区别，并在折现现金流估价法和相对估价法中单独对其进行估价。在本章中，我们还探讨了在公司估价中如何将金融资产的价值、交叉持股和其他非经营性资产纳入考虑范围之中。

附录 10—1　行业平均：现金比率——2005 年 1 月

行业	公司数量	现金占公司价值的百分比（%）	现金占总资产的百分比（%）	现金占销售收入的百分比（%）
广告	35	8.89	13.68	14.80
航空/国防	67	7.18	11.89	7.77
航空运输	46	20.26	16.74	14.07
服饰	65	13.84	13.23	10.51
汽车及卡车	25	6.19	6.45	6.32
自动配件	60	6.24	7.50	6.94
银行	499	13.01	3.31	N/A
银行（加拿大）	7	3.79	0.49	N/A
银行（外国）	5	5.09	1.14	N/A
银行（中西）	38	10.79	3.18	N/A
饮料（酒精）	22	8.69	10.70	3.47
饮料（软饮）	17	3.09	6.53	3.75
生物工艺	90	13.06	44.95	48.32
建筑材料	49	9.91	8.60	7.71
有线电视	21	3.79	9.00	12.21
加拿大能源	11	6.60	10.44	14.92
水泥及混凝土	13	5.24	9.32	8.46
化学（基本）	16	6.37	5.67	4.63
化学（多样化）	31	6.39	8.17	7.80
化学（专门化）	92	8.06	12.29	15.10
煤炭	11	2.53	4.21	6.18
计算机软件/服务	389	20.27	31.97	33.82
计算机/外围设备	143	20.38	33.37	34.61

续表

行业	公司数量	现金占公司价值的百分比（%）	现金占总资产的百分比（%）	现金占销售收入的百分比（%）
多样化公司	117	8.86	10.64	12.59
药品	305	21.79	52.76	58.73
电子商务	52	20.67	39.46	35.98
教育服务	38	13.79	23.19	24.56
电子设施（中央）	25	2.91	4.92	10.15
电子设施（东部）	31	5.91	3.99	7.65
电子设施（西部）	16	5.37	3.68	9.21
电子设备	93	11.43	18.64	22.20
电子工业	179	12.94	22.31	22.79
娱乐业	88	6.19	11.49	16.47
娱乐技术	31	10.71	28.78	31.00
环境业	85	6.67	12.61	12.64
金融服务（部门）	233	19.36	20.27	26.45
食品加工	104	4.97	9.63	9.31
食品零售	20	7.70	9.40	9.98
外国多样化	1	100.00	96.84	0.00
外国电子工业	12	13.98	13.72	9.27
外国电信	21	20.96	18.03	18.73
家具/家庭设备	38	5.66	8.72	4.78
百货	23	9.02	9.15	3.85
卫生保健信息	32	21.68	33.49	31.50
家庭用具	16	14.58	19.05	19.74
家用住房	34	8.11	10.23	14.52
宾馆/赌博	77	10.34	13.38	17.86
客房用品	30	4.25	9.31	10.51
人力资源	28	9.95	17.99	10.46
工业服务	200	13.44	19.52	15.40
信息服务	33	5.46	17.43	16.43
保险（部门）	1	23.02	26.25	N/A

续表

行业	公司数量	现金占公司价值的百分比（%）	现金占总资产的百分比（%）	现金占销售收入的百分比（%）
保险（人寿）	43	15.53	4.25	N/A
保险（财产/房屋）	78	17.62	6.96	N/A
网络	297	17.85	35.10	33.27
投资公司	21	1.46	1.89	4.36
投资公司（外国）	17	0.21	0.73	0.67
机器	133	9.40	11.20	9.84
房屋制造/RV	19	11.92	14.98	8.16
海运	28	4.53	4.35	7.47
医疗服务	195	10.42	23.20	19.06
医疗用品	262	10.39	27.23	27.92
金属制造	38	4.58	7.31	3.56
金属及采矿（部门）	76	6.79	13.02	9.70
天然气（分销）	30	2.59	2.68	2.44
天然气（部门）	38	1.75	2.87	6.09
报纸	20	7.34	9.33	11.58
办公设备/用品	28	9.19	11.60	7.67
油田服务/设备	93	5.66	9.13	14.23
包装	35	3.66	6.58	4.41
造纸/森林产品	39	4.05	5.77	6.08
石油（集团）	34	4.62	9.79	9.64
石油（生产）	145	7.96	12.60	15.40
制药服务	14	3.76	7.59	2.31
电力	24	12.50	21.16	30.96
贵金属	61	8.90	23.98	36.59
精密仪器	104	13.91	25.12	29.42
出版	43	6.38	7.95	5.29
铁路	18	3.80	3.94	6.68
娱乐	78	11.06	16.04	14.25
信托投资公司	135	1.53	1.57	2.15

续表

行业	公司数量	现金占公司价值的百分比（%）	现金占总资产的百分比（%）	现金占销售收入的百分比（%）
饭店	84	7. 61	9. 82	7. 50
零售（特殊运输线路）	175	10. 87	15. 94	9. 39
汽车零售	14	3. 44	5. 04	4. 71
建筑材料零售	9	3. 11	5. 67	2. 52
零售商店	49	6. 42	7. 20	3. 43
证券经纪公司	26	40. 43	30. 84	58. 01
半导体	124	21. 94	35. 54	47. 58
半导体设备	16	17. 86	30. 90	43. 56
鞋	24	11. 93	17. 44	12. 23
钢厂（一般）	24	3. 13	4. 59	4. 05
钢厂（集团）	14	5. 14	4. 75	3. 10
电信设备	120	21. 55	33. 96	39. 37
电信服务	137	13. 41	17. 74	19. 26
互助储蓄银行	222	24. 70	4. 32	N/A
轮胎及橡胶	14	6. 31	17. 04	11. 81
烟草	13	5. 77	10. 38	9. 83
化妆品	23	9. 00	11. 23	11. 44
货车运输	36	3. 03	5. 34	6. 67
公用事业（外国）	6	2. 42	3. 26	8. 56
水利事业	17	2. 33	2. 02	8. 67
无线网络	66	16. 09	27. 23	33. 23
市场	**7 091**	**12. 69**	**18. 48**	**18. 97**

第 11 章 员工股权期权及薪酬

近年来，许多公司的员工薪酬开始向以股权为基础转变。每年将几百万的期权赠予其高层管理人员甚至是低层员工的公司也很普遍。这些期权会导致普通股价值潜在价值的减少。用估算的股权价值除以流通股股数这个曾经用于计算每股价值的简单方法已经不再适用。在未来出现更多流通股的可能促使分析人员努力寻找最好的办法调整流通股数量（以及每股价值）。他们试图通过用公司部分稀释或完全稀释的流通股数量来获取稀释效应。在本章中，我们将说明这些方法通常会导致每股价值被错误计算，然后将提出一种更合理的处理员工期权的方法。

在本章中还将研究股权薪酬的其他形式，包括将限制性股票和非限制性股票赠予管理者，以及这种赠予对每股价值的影响。和期权一样，这些股票的赠予降低了现有股东的股权价值，因此必须在估价中进行考虑。

11.1 股权为基础的薪酬

股权薪酬有三种形式。使用时间最长也是最常规的形式是将股票或股权作为薪酬赠予公司管理者、员工或其他相关者。第二种是一种不同的普通股和股权的赠予方式，赠予的股票具有赠予后一段时期内没有要求权或不能交易等限制。第三种则是股权期权，允许员工在一段时期内以固定的价格购买公司的股票。这些方法通常伴随着一定的限制。

近 10 年来，以股权为基础的薪酬开始在整个员工薪酬中占据越来越大的比例，最初出现在美国公司，近些年也出现在其他市场。这一趋势的产生主要是因为以下 4 个原因：

A. 持股管理者联盟。随着公开上市公司的成熟和日益扩大，股东（拥有公司的人）和管理者（运行公司的人）的利益开始发生分歧。随之产生的代理成本已经在以往文献中被广泛讨论。在一篇开创性的论文中，Jensen 和 Meckling 提出，管理者为了实现他们的最大利益，通常会做出损害股东价值的行为。[①] 研究人员已经发现管理者会按照自己的意愿过多地积累现金、过少地进行贷款以及进行不良的投资和收购。给管理者提供公司股权可以促使管理者更多地从股东的角度考虑问题，从而减少代理问题。

---

① M. C. Jensen and W. H. Meckling, "Theory of the Firm: Managerial Behavior, Agency Costs and Ownership Structure," *Journal of Financial Economics* 3 (1976): 305 – 360.

B. 现金不足。这种向股权薪酬转变的趋势在美国的科技公司中最为明显。尤其是在 20 世纪 90 年代陆续进入市场的年轻的科技公司，它们许多在年报中几乎没有收入或利润。由于它们缺少现金，因此这些公司唯一可以吸引并留住员工的方式就是提供给他们非现金的薪酬，通常以用于衡量其拥有股权价值的货币进行计量。

C. 雇员保持。大多数股权薪酬要求员工在公司留任一段时期（授予期 vesting period）之后才能行使这种薪酬的要求权。因此，接受期权或限制性股票作为薪酬的员工通常会留在公司，尤其是当股权薪酬在他们整个财产中占较大比例的时候。①

D. 会计和税收处理。向股权薪酬的转变受到会计准则和税收法规的援助和支持，会计准则对使用股权基础薪酬的公司比使用现金基础薪酬的公司采取更宽松的处理（通过报告更高的收入），而税收法规则为使用期权奖励员工的公司提供税收优惠。

在这 4 种股权薪酬形式中，从价值评估的观点来看，使用普通股票的方式表现出的问题最少。赠予的股票价值作为一种薪酬费用（当赠予发生的时候），而且公司的股票数量增加。对于分析人员来说，股票期权的赠予以及限制性股票会产生更复杂的问题，包括在衡量每一时期的收入及每股价值方面。在下一节中，我们将首先讨论股权期权，然后转向限制性股票问题。

11.2　员工期权

公司使用股权期权奖励管理者以及其他员工。这些期权对每股价值的影响有两种。一种是由已经赠予的期权产生的。由于公司现有股权的一部分需要留出，以备这些期权最终的执行，因此这些期权（有些当前已经执行了其价值）降低了每股的股权价值。另一种影响是这些公司将会继续以期权为基础奖励或酬付员工。这些期望期权的赠予降低了为现有股东积累的期望未来现金流的部分，并因此降低了目前的每股价值。接下来，我们会观察使用员工股权期权的趋势以及期权赠予最多的公司的类型；然后我们对员工期权的特征以及它们过去的记账方法进行论述；最后，我们将重新对员工股票期权是否应该费用化以及新的会计法规是否会控制期权的赠予等问题进行回顾。

11.2.1　期权悬置（overhang）的数量

在管理者薪酬组合中使用期权对于公司来说并不新鲜。许多公司在 20 世纪 70 年代和 20 世纪 80 年代开始使用期权基础的薪酬组合，促使高层管理者更多地从股

---

①　使用股权期权补偿员工的另一个优点在于股权期权的价值在该部门运行良好且员工拥有最佳跳槽机会的时候可能会最大。这样，在跳槽机会最高的时候转换工作的成本就会最大。关于此动机更进一步的讨论和一些经验证据请参照：P. Oyers and S. Schaefer, "Why Do Some Firms Give Stock Options to All Employees? An Empirical Examination of Alternative Theories," *Journal of Financial Economics*75 (2004): 99 – 132.

东角度出发。那么近年来，尤其是在科技公司，期权赠予产生了什么不同？首先，这些公司的管理合约中使用期权的权重比其他公司更大。其次，这些公司现金的短缺意味着期权的赠予不再仅仅针对高层管理者，而是包括了整个组织的所有员工，这就使得整体的期权赠予规模更大。最后，一些规模较小的公司将期权作为货币来抵消营运费用，对其所享受的服务进行支付。

1. 市场趋势

我们可以用许多不同的统计结果证明股权期权薪酬的增长。其中最简单的衡量方式是员工未行权期权（outstanding option）占整个流通股的百分比，也称为期权悬置（option overhang）。投资者责任研究中心（IRRC）是一家独立的股东监管部门，他们追踪了 1 500 家公司（包括 S&P 500、中等市值以及较小市值股票）并估计出 2003 年期权悬置从前一年的 15.7% 提高至 17%，期权悬置里的中位数从前一年的 14.8% 提高至 16.3%。图 11—1 列示了 IRRC 计算的从 1997 年到 2003 年的期权悬置。

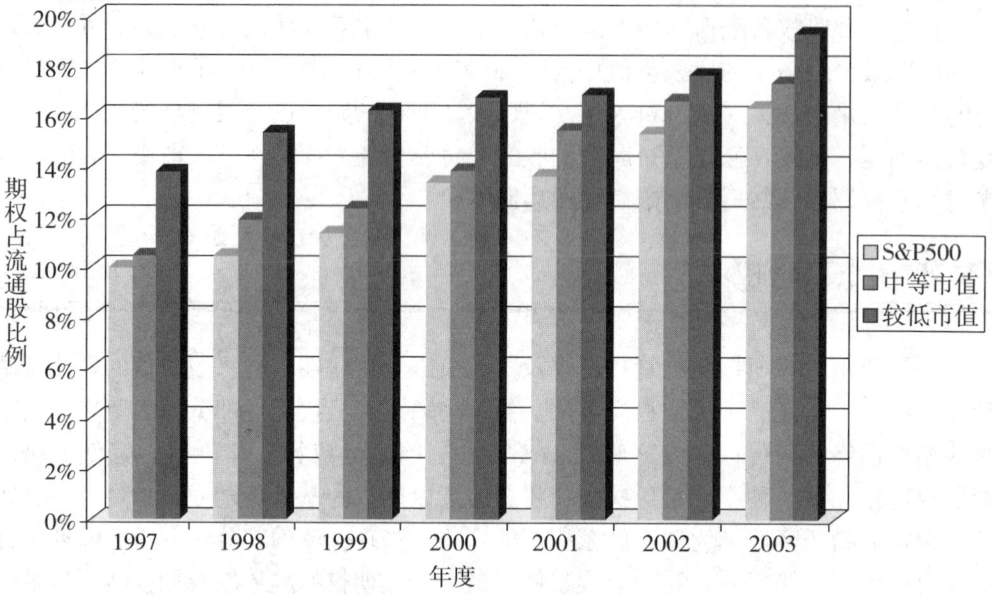

图 11—1　美国公司的期权悬置

资料来源：投资者责任研究中心（IRRC）。

尽管较小的公司比有较大市值的公司拥有数量更多的未行权期权，但仅 S&P 500 中较大市值的公司的期权悬置就为 16.4%。从将期权赠予管理者的公司数量以及占流通股较高比例的未行权期权数量同样能够看出期权使用的普遍性。例如 2003 年，IRRC 发现，在他们的样本中有将近 90% 的公司拥有期权悬置，67 家公司（约占样本总数的 4.6%，该数字 2001 年为 3%，2002 年为 3.6%）拥有超过 40% 的悬置期权。

另一个衡量期权使用范围的方法是接受期权作为其薪酬组合一部分的员工数量。根据美国国家员工所有权中心（National Center for Employee Ownership）的统计，2000 年接受期权作为其薪酬一部分的员工数量从 1990 年低于 100 万增加到大约 300 万，而且有大约 1 000 万的员工持有股票期权。美国劳动统计局（Bureau of Labor Statistics）2003 年 3 月的调查支持了这一结论。该调查报告的结果是大约 8% 的员工接受期权作为其薪酬。白领员工的数字（约 12%）要远高于蓝领（6%）和服务业员工（2%）。虽然近年来广泛使用期权赠予的趋势在增加，但是还是为公司的高层管理者保留了很高的比例。例如 2002 年，赠予 S&P 500 公司的 CEO 和前五大管理者的期权价值大约占期权赠予总数的 9.5%。[①]

美国财务会计准则委员会（FASB）提出，从 2006 年开始，所有公司要开始期权费用化（expensing options）。该决定已经开始对期权赠予产生影响。2004 年据 IRRC 统计，所有美国公司期权悬置均有下降，并发现公司开始根据股东的质疑重新检查其期权赠予的程序。

2. 谁在使用期权

上一节中提到的在 IRRC 的研究中将公司分为 10 个经济行业并检验每个行业期权悬置的数量。其中科技公司的平均数量最大，从前一年的 20.8% 增长至 2004 年的 24.4%。公共事业和能源公司的期权悬置最低，2003 年的平均数低于 8%。随着网络公司和新科技公司的出现，这一差距在 20 世纪 90 年代末期的科技爆炸时期被扩大。Hall 和 Murphy（2003）在他们的研究中对员工股票期权使用的问题进行了探讨，并统计了从 1993 年到 2001 年，在旧的经济环境和新的经济环境下期权赠予的情况。图 11—2 对他们的研究结果进行了总结。

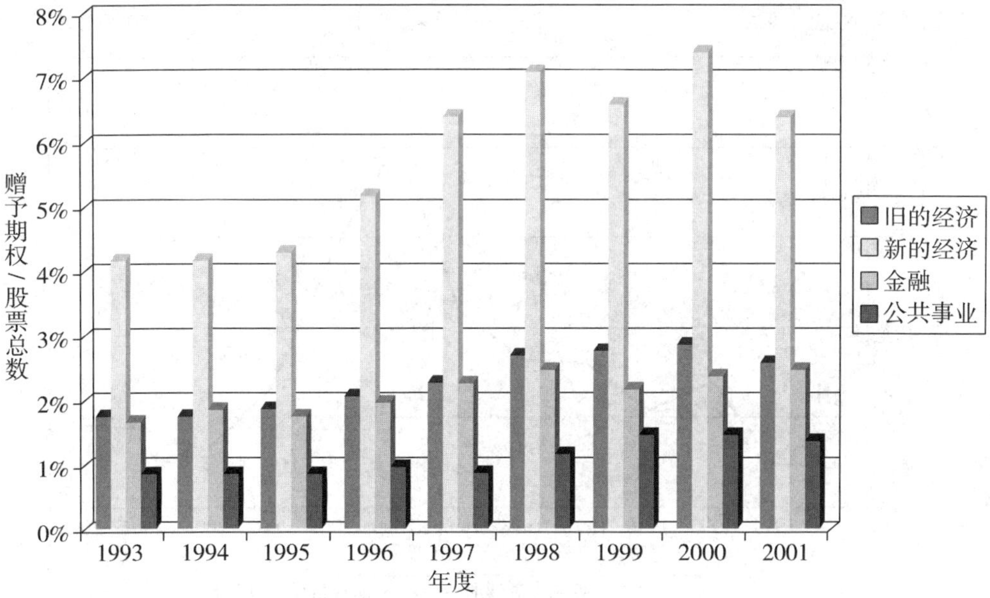

图 11—2 不同行业的赠予期权

资料来源：Hall 和 Murphy（2003）。

① B. J. Hall and K. J. Murphy, "The Trouble with Stock Options," working paper, NBER, 2003. 他们指出，CEO 和高层管理者的期权数量从 20 世纪 90 年代初期的 15% 降低到 2002 年的不足 10%。

不同行业之间的差距也许并不令人惊讶，但是这种差异存在的原因是首先需要研究的。通常来说，我们可以列出 3 种可以解释这种差异的原因：

A. 公司的年龄以及潜在增长。我们认为年轻公司会比成立较早且较成熟的公司更充分地使用股权期权。毕竟支付给员工的现金的短缺是股权期权使用背后的因素之一，而年轻的公司比成熟的公司更有可能受现金的约束。

B. 公司的风险。风险较大的公司与较为安全的公司相比更有可能使用股权期权。虽然随着风险的增大，公司的证券价值会降低，但是其期权价值却会增加。这点在市场对公司风险估计过高的时候尤为明显，因为公司期权的价值被接受这些期权的员工高估了。①

C. 公司的市场价值。在下一节中我们将会提到，使用股权期权作为薪酬的公司存在税收优惠。由于使用了期权作为薪酬，公司会产生高乘数的利润并获得更大的税收优惠。

这些特征都不是静止的，他们会随着公司生命周期的变化而改变。我们认为，在市场价值最高、年轻且具有风险的公司中，赠予期权占流通股的比例最大。随着增长的稳定、现金流增加以及价值的回落，该比例开始下降。Cisco System 提供了一项关于这一转变的有趣的案例，图 11—3 中描述了 1993—2005 年赠予期权占流通股的比例。Cisco 的赠予期权占流通股的比例从 1995—1997 年的超过 5% 降低为 2002—2005 年的大约 3%。赠予期权的价值在 2000 年股票市场泡沫的顶点处达到高峰，然后迅速下降。

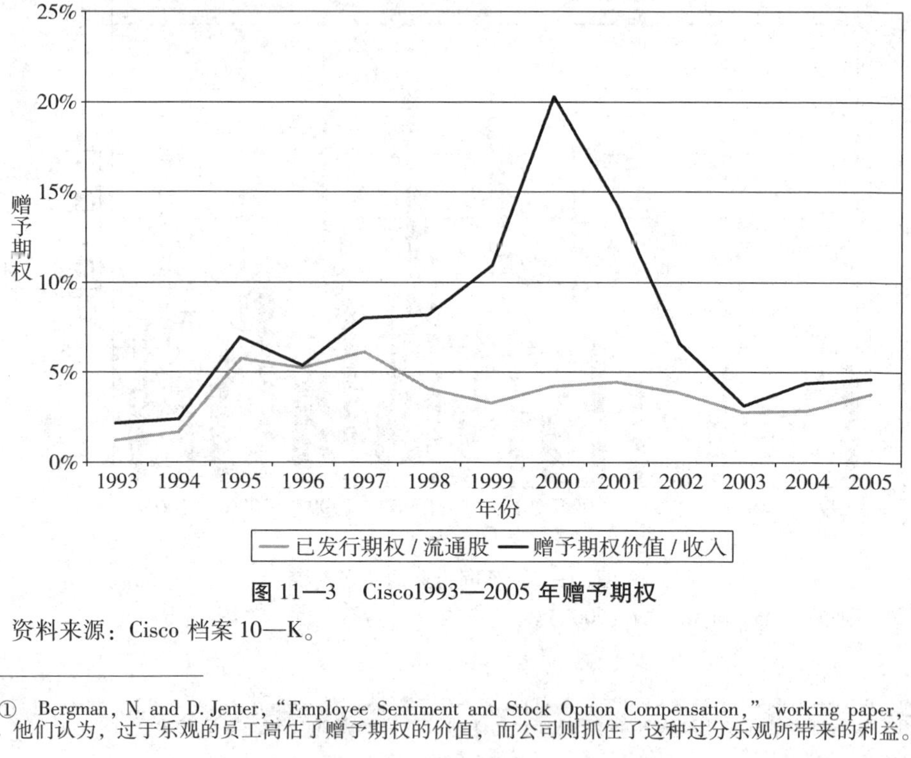

图 11—3 Cisco1993—2005 年赠予期权

资料来源：Cisco 档案 10—K。

① Bergman, N. and D. Jenter, "Employee Sentiment and Stock Option Compensation," working paper, MIT, 2003. 他们认为，过于乐观的员工高估了赠予期权的价值，而公司则抓住了这种过分乐观所带来的利益。

虽然上述讨论集中于公开上市公司的期权赠予，但是广泛分布于私有公司的股权期权的使用同样值得一提。美国国家员工所有权中心对 275 家科技和电信行业中风险资本支持的私有公司进行调查。在这些公司中，77% 的公司为其员工提供期权，虽然 23% 的公司只是选择性的提供。如果我们结合风险资本投资者本身接受股权期权（通常以可转债和优先股的形式）的事实，就会发现许多年轻的公司在他们进行首次公开发行的时候就已经拥有了大量的期权悬置。

11.2.2　赠予期权的特征

将期权作为员工薪酬的公司通常每年都会发行期权，履约价格与流通的股票价格相等；员工期权通常以平价发行。虽然不同公司的到期日不同，这些期权在发行时通常都是长期的，以 10 年期为标准。由于期权的赠予发生在不同的时点，因此公司未行权期权在任一时点自然会表现出不同的到期日。使用员工期权的公司对行使时间和行使条件通常具有一定的限制。例如，要求赠予期权只有在被确认的时候才能行使。为了等待行使的发生，雇员通常必须在企业留任至合约中规定的日期。虽然公司添加此限制来降低员工的周转，它还涉及我们下面将研究的期权价值。图 11—4 报告了 Cisco 公司 2005 年已确认和未确认期权，按执行价格划分。

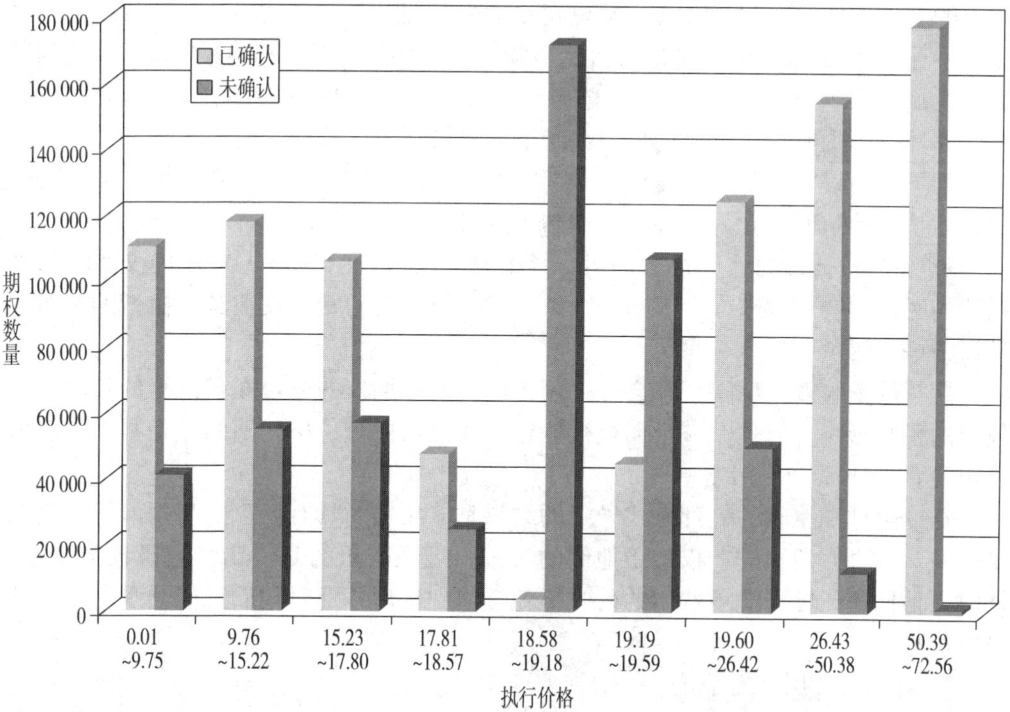

图 11—4　Cisco 公司已确认和未确认期权

资料来源：Cisco 公司档案 10—K。

未确认期权在大约 19 美元左右达到最高，反映了 Cisco 公司从 2003 年到 2005 年在此价格附近进行交易，且大多数的已发行期权在该时期仍未得到确认。处于严重价外状态的期权几乎被全部确认，因为这些期权是在 2000 年前股价较高的兴盛时期发行的。

员工期权还有其他的特征。员工通常可以不对期权进行交易，因此它们无法流通。如果员工离开公司，假设其拥有的期权已经确认，那么他们通常会被迫执行期权。在合并或收购中，目标公司所有的未行权期权都将被迫执行。

11.2.3 期权的会计处理

正如 Warren Buffett 在 1998 年说的那样："如果期权不是一种薪酬的形式，那它们是什么？如果薪酬不是费用，那它是什么？如果费用不记入到收入中，那应该记入到哪里？"关于期权费用化的争辩已经有了倾向。反对者使用了书本中的所有论据，而合理的论据（如果费用化会有利）似乎获得了最终的胜利。在本节中，我们将讨论到目前为止对员工期权进行会计处理的方式以及今后将计划如何进行处理。

1. 常规的处理方法

许多期权的滥用都可以归结于会计准则对期权的错误分类和估价，尤其是引导期权的会计处理的两个关键（而且是错误的）假设：

A. 执行价值就是内在价值。直到 2004 年，大部分公司仍应用美国会计准则委员会意见书第 25 条（APB 25）对赠予期权进行会计处理，其中将期权的内在价值定义为其执行价值，且仅要求公司在赠予的时候披露该价值。由于大部分公司以平价发行员工期权，因此这就给予了这些公司免费入场券。这些期权不存在执行价值，而从会计角度来看，这些期权在赠予的时候没有价值。

B. 关注执行日期胜于赠予日期。紧跟第一条假设的是，认为未行权期权直到执行的时候才会对股东产生影响。结果，与期权相关的费用仅在其被执行的时候才得以考虑。

期权的税收效应反映了其会计处理方法。发行期权的公司在其发行的年度没有任何的税收影响。但是，一旦期权被执行，股价与执行价格之间的差距被允许当做可免税费用处理。

这一会计和税收的处理方式导致的结果是，年轻的具有风险的公司能够将很高价值的、数百万的长期期权赠予他们的员工，且在赠予的时候不必记录任何费用。同时，他们还能够将此项费用的税收抵免推迟到日后，那时他们可能会受到更大的税收优惠。

2. 对期权费用化的争论

正如我们在本节开头所提到的那样，关于是否应将期权费用化的争论持续了十多年。由于在我们看来，关于员工期权是否是营业费用的原则问题没有讨论的价值，因此由反对费用化的人提出的 6 个观点值得考虑。

A. 赠予期权并不影响当前收入，而是对是否影响未来收入的纯粹的投机。该观点基于与期权在未来是否存在执行价值相关的不确定性。相反的观点认为，赠予期权的公司和接受期权的员工在赠予的时候认为期权是有价值的。当公司放弃或接受某些价值的时候，即使该价值是一个估计值，我们也必须确认该项交易。

B. 期权定价模型没有提供准确的期权价值计算。我们在赠予期权的时候的确需要期权定价模型对期权进行估价，且这些模型的假设可能并不总是对员工期权有效。这样，我们从这些模型中获得的价值是估算的而并非准确的价值。可是，正如我们下一节会看到的那样，这些模型的变形对这些假设的确定进行了合理的修正。此外，我们可以很确定地说，即便是最不精确的期权定价模型也比在传统会计准则下以执行价值衡量期权价值的模型更接近期权的真实价值。

C. 随着时间的推移，费用化期权会引起收入变动。期权在其赠予期时确认的价值会随着时间的推移而变化。有些会贬值，而有些会增值。这些变化就会引起收入随时间的变动，但是我们要提出两点与这个观点的相反的观点。首先，较高的收入变动反映了这样一个事实：选择期权来奖励员工的公司增加了股东收入的波动性。其次，使用期权偿付员工是一项选择。公司可以选择使用股票或限制性股票作为薪酬，从而降低收入随时间的变动性。

D. 如果年轻的公司必须将期权费用化，它们就无法雇用员工。如果那些反对员工期权的人是正确的，那么期权费用化将为年轻的科技公司敲响丧钟。根据他们的观点，这些公司将无法继续发行期权，因为他们现在必须对其损失进行披露。我们认为这一观点没有依据。首先，投资者已经显示了他们有意愿购买拥有增长潜力的年轻科技公司，即使它们有亏损。其次，为了长期利润和价值而将商业模式和营业利润依赖于期权的会计处理方式的年轻公司，根本就是有问题的公司。这样的公司或许将会，也应该会实行期权费用化。

E. 期权是非现金费用。一些会计和价值评估分析人员认为期权赠予并不影响现金流，因此不会影响价值。这种观点是错误的。毕竟，如果期权赠予的公司对市场发行期权（例如交易的认股权证）并用因此产生的现金收益酬付给员工，我们就认为这是一项营业费用。我们并不奖励将股权作为现金使用的公司。如果这样做的话，公司就会彻底转变为所有的事情都用股权（股票或期权）支付，并声称完全不存在现金费用。

F. 员工期权的所有信息已经在财务报表中披露，费用化只是一种形式。这一观点得到了许多的赞同声。自从 20 世纪 90 年代后期，公司已经开始披露当年赠予期权以及未行权期权的信息。一些分析人员希望调整收入和现金流，因此已经提供了这些信息。期权费用化也不会影响到他们的估价。不幸的是，许多分析人员和投资者仍然依赖于公认的底线，也就是会计收入。如果员工期权被记入费用，他们可能能够更好地推测真实的收入潜力。

反对费用化期权的人们的抗议和游说推迟了期权费用化新法规的执行。可是大部分的市场已经推行了该项法规。到 2004 年 2 月为止，已经有 276 家 S&P 500 以外的公司（占全部资本化市场的41%）转变了其在期权赠予的时候对员工期权公允价值的会计处理方法。

3. 员工期权的新法规

正如我们前文提到的，大多数公司以往使用的是 APB 25 来对期权进行会计处理，将员工期权的执行价值定义为其内在价值。美国财务会计标准委员会（FASB）早在 1994 年就承认该条准则是不正确的，并颁布了新的标准（FAS 123）规定期权在赠予的时候就应估价并记为费用，但是它允许公司继续在旧的法规下报告收入，并只要求基于新的标准计算预算收入。

2002 年，FASB 148 发布了一项暂时法规，为希望期权的处理方式自动转变为基于价值的会计处理的公司设计了两种新的转变办法。2003 年，该法规的最终版本（FASB 123R）提出了期权的会计处理的法规：

• 期权在被赠予的时候，需要用一个期权定价模型对它们进行估价。公司可从二项树模型（binomial lattice models）、B－S 模型（Black Scholes）以及蒙特卡罗模拟（Monte Carlo simulations）等方法中选择其一对期权进行估价。[①] 这些模型可以通过调整来反映员工期权的特殊特点，因此公司可以使用不同的期权定价模型对不同的赠予期权进行价值评估。此外，期权价值必须根据这些期权的预期没收（expected forfeitures）而调整。[②]

• 这些期权的价值可以从赠予的年度开始分布于整个授予期。这样，评估价值为 1 000 万美元、执行期为 5 年的赠予期权可以以每年 200 万美元的价值分布于 5 年。[③] 因此，大多数公司的员工期权费用项目不仅仅反映了本年度的赠予部分，还反映了上年度的期权赠予部分。

• 如果实际的没收率高于或低于最初的估计（用于在赠予时估计期权价值），期权价值必须在下一年重新估计，而该年度调整的薪酬成本则反映了这个变化。[④]

• 如果期权的有效期被更改，同重新设定执行价值一样，公司必须在更改的时候确认期权价值的改变。

无须质疑，公司在开始费用化期权以及在实际中陷入困难的时候需要重新回顾这项法律。

4. 国际差异

就在使用员工期权作为薪酬在美国之外的市场不断扩张的时候，国际会计准则也尽力解决如何对其进行最好的处理。国际财务报告准则委员会（International Financial Reporting Standards Board）于2004 年2 月发布了 IFRS 2，要求使用员工期

---

① 该法规要求期权估价需要六个数据——当前股票价格、执行价格、期权的期望有效期（反映了期权到期日以及授予概率），股票价格的方差，无风险理论以及期望股利。

② 该没收率反映了执行和没收的历史曲线，假设较高没收率会降低期权价值。

③ 该法规最初的版本要求应该用加速法对员工期权费用进行注销，但是最终的版本允许公司在简单的直线法和加速法中进行选择。

④ 例如，假设一个公司的假定没收率为 3%，而且在赠予期权的时候评估的期权价值为 1 000 万美元；5 年授予期内每年的年度成本为 200 万美元。如果一年以后，没收率变为 2%，公司必须重新根据实际的没收率估计期权价值，并调整该年的薪酬从而反映这一变化。

权作为薪酬的公司在赠予的时候对期权进行估价。实际上，IFRS 2 中的股权为基础的薪酬的范围比 FAS 123R 中的更为广泛。可是从大部分上来说，两项声明意见一致的地方比不一致的地方要多，而且差异也较小。下面列举了一些差异：

- 私有实体与国有实体。IFRS 2 对国有和非国有实体对期权估价采取相同的法规。二者都必须在赠予的时候对其公允价值进行估价，并作为费用处理，而 FAS 123R 虽然要求非国有实体的期权价值计算建立在其公允价值的基础上，但是允许在衡量私有公司期权价值的时候使用行业平均方差，且在期权模型的输入数据难以获得的时候允许使用内在价值（执行价值）。
- 递延税款处理。例如，在美国的税收管辖权中，只有期权的执行价值才是税收减免（而不是整个期权价值）。IFRS 2 要求递延税款资产只在股权期权存在可以抵免税收的执行价值的时候才能确认。因此，以平价发行的期权不会产生递延税款资产，直到期权是价内状态（in-the-money）。相反，FAS 123R 则要求递延税款资产的确认建立在赠予期的公允价值之上。随后降低（或缺乏增长）的股票价格的影响直到相关的薪酬成本为了税收目的而被确认的时候才会在递延税款资产的会计处理中反映出来。随后股票价格上涨会产生超额税收优惠，在它们影响应付税款的时候被确认。

随着时间的变化，我们会发现原有的美国标准和国际标准之间的差异会逐渐缩小和趋同。

11.2.4　期权对价值的影响

为什么赠予期权会影响每股价值？需要注意的是，并不是所有的期权都具有影响。实际上，由期权交易所发行和上市的期权对发行期权的公司的每股价值并没有影响，而由公司发行的期权对每股价值有影响，因为存在在近期或远期执行的可能。由于这些期权提供给个人以固定价格购买股票的权利，他们只有在股票价格超过执行价值的时候才会执行。当公司将期权赠予员工的时候，现有股东为这些期权付款。因此，问题就不再是期权是否影响价值，而是如何影响价值。

在本节中，我们将讨论期权影响每股股权价值的 3 个层次。第一个也是限制最大的衡量方式是当年的赠予期权对当年的公司收入的影响。第二个方式是潜在的稀释效应。不仅包括当年发行的期权，还包括公司历年来累积未行权期权；期权的执行会在未来某天增加股票数量，而该事件的发生会影响当天的每股价值。第三个也是最广泛的方式是观察继续赠予期权对未来期望收入的影响，以及因而对每股价值的影响。

1. 对收入的影响

在上一节中，我们陈述的观点（目前大部分已经被会计准则所接受）认为员工期权作为薪酬应该作为营业费用的一部分进行处理。如果我们接受了这个观点，则将赠予期权作为薪酬一部分的公司报告的收入将会更低。

不同公司的赠予期权对收入的影响不同。Bear Stearns 的研究分析人员对 S&P

500 和 NASDAQ 100 的公司进行分析，估计员工期权以费用形式处理对各个公司收入的影响。[①] 他们的研究结果显示，如果赠予期权费用化，S&P 500 公司的收入平均下降 8%，NASDAQ 100 公司的收入则平均下降 25%。[②] 他们还估算了这 600 家公司每家的期权费用化对收入的影响。图 11—5 总结了 S&P 500 中不同行业的公司以股权为基础的员工薪酬费用化对净收入的影响。对信息基础行业影响最大，以股权为基础的薪酬的累积成本总计达到 144. 3 亿美元，占 485. 3 亿美元非调整净收入（股权基础薪酬费用化之前）的 32%。

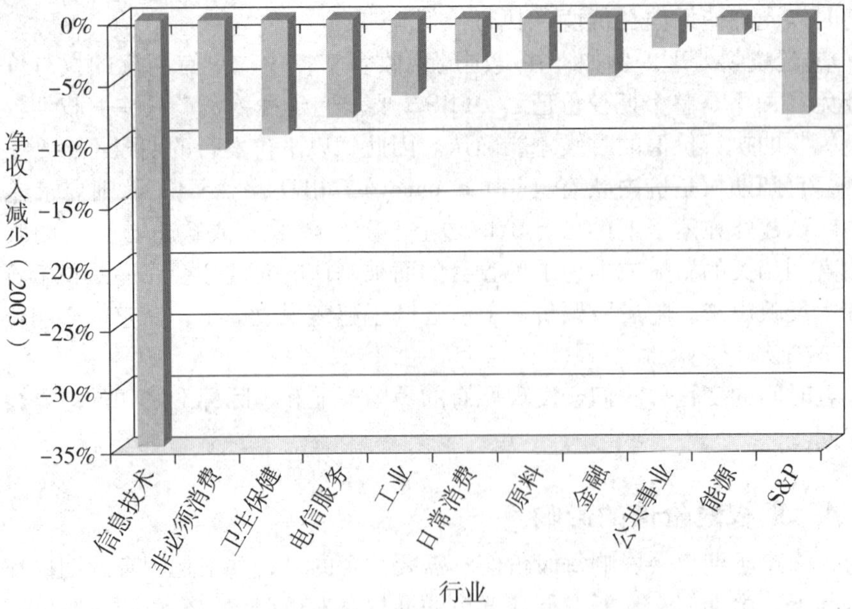

图 11—5 员工期权费用对净收入影响

资料来源：Bear Stearns.

2. 稀释效应

虽然当年的赠予期权降低了该年度收入，但是公司的每股股权价值受以前赠予的但仍未行权的期权累积影响而被压低。尽管有些期权可能是价外状态，但仍有可能在未来行权，这样就增加了流通股的数量。未行权期权的潜在稀释效应会降低每股股权价值，且对于拥有较多未行权期权（占流通股百分比）的公司比拥有较少的公司的影响更大。前面的图 11—2 中提到了悬置期权在旧的经济、新的经济、金融服务和公共事业公司中的差异。

分析人员和会计人员尝试在计算每股收入的时候通过完全稀释（将所有期权都作为流通股处理）或部分稀释（仅考虑价内期权）的股票数量解决稀释产生的

① 2004 Earnings Impact of Stock Options on the S&P 500 and NASDAQ 100 Earnings, Bear Stearns Equity Research publication, March 21, 2005.

② Bear Stearns 的研究对强迫期权费用化对所有公司的影响进行研究，并得出 S&P 500 公司净收入降低 5%，科技公司降低 22%。它还指出一些公司已经在 2003 年转化为费用化期权。我们报告的数字还包括这些公司的期权费用，因此数字偏高。

潜在价值损失。这些方法没有反映或甚至没有试图去衡量期权会被执行的可能性，因此仅提供了一个非常粗略的稀释效应的替代方法。

还有一些人认为期权的执行不会带来稀释效应。他们指出，许多公司回购股票并将它们取消，从而抵消期权执行，而不是发行新的股票。这种行为的确存在，但是它仍然会通过影响期望现金流而影响每股价值。当这些期权不存在的时候，公司的股东每年可以要求更大的现金流（尽管它们可能不以股利的形式接受）。

3. 对未来收入的影响

观察当年赠予期权（以及对收入的影响）和累积期权（以及稀释效应）使分析人员可以研究过去赠予期权对价值的影响。但是，大部分使用赠予期权的公司会在未来继续使用，因此而影响了未来的收入。期望赠予期权是员工薪酬，并增加了未来年度的营业费用，减少了营业收入。目前公司的价值是期望现金流的现值，那些被期望在期权赠予上更慷慨的公司的价值会更低。

会计标准最终解决了赠予期权对当前收入的影响（见 FAS 123R），分析人员也试图用稀释的股权数量得到稀释效应，尽管十分粗糙。可是，分析人员仍然对期望的未来期权赠予的处理十分随意。尽管有些人试图对这些赠予期权的数量进行预测，大部分的评估或者完全忽略它们的存在，或者通过对包括了期权费用的当前收入的预测将它们包含进去。①

11.2.5　将现有期权记入到折现现金流估价的方法

正如我们在上一节中所提到的，每股价值被所有未行权期权的累积影响所降低。有 4 种方法可以将仍未行权的期权的影响记入每股价值中。第一种方法是调整流通股数量来反映未行权期权。第二种方法是预测未来期权执行的事件以及对股票数量的影响。第三种方法被称为库藏股法（treasury stock approach），是第一种方法的扩展。除了使用稀释股份，该方法还调整股权价值，以反映期权执行的期望收益。最后一种方法以公允价值而不是执行价值来衡量未行权期权价值，并将其从整个股权价值中减去，得出普通股的股权价值。我们认为最后一种是唯一一种完全将现有期权的影响记入到每股价值中去的方法。

1. 使用完全稀释股票数量计算每股价值

将未行权期权的影响记入到每股价值中的最简单的方法是用从折现现金流模型中得到的股权价值除以假如目前所有期权都被执行的所有将会流通的股票数量（即完全稀释股票数量）。虽然这种方法十分简单，但是由于以下 3 种原因，它计算的每股价值偏低：

A. 它考虑了所有的未行权股票，而不仅仅是价内期权和已授予的期权。为了公正，存在变量对该方法中流通股进行调整，从而仅反映价内和已授予期权。

---

① 例如我们对可口可乐公司进行价值评估。该公司自 2003 年起已经将员工期权进行费用化。如果我们使用 2004 年的收入作为基准年，并运用其期望增长率，则我们假设期权费用化在未来以所列项目继续，但是收入比例仍保持 2004 年的水平。

B. 它没有包括将执行的期望收益，而该收益将组成公司的现金流。

C. 最后，这种方法没有将期权的时间价值计入到估价中。

［例 11—1］用完全稀释法计算每股价值

为了用完全稀释法计算每股价值，我们对两家拥有大量期权悬置的公司 Cisco 和 Google 进行价值评估。我们用常见的折现现金流估价模型，然后用完全稀释股权的方法调整每股价值并计算出公司股权价值。①

	Cisco	Google
股权价值（百万美元）	65 622.00	32 187.00
原始股（百万）	6 487.00	277.78
悬置期权	1 436.00	25.61
完全稀释股权	7 923.00	303.39
每股价值（原始）（美元）	10.12	115.87
每股价值（完全稀释）（美元）	8.28	106.09

用完全稀释法计算的每股价值明显低于用原始流通股计算的每股价值。但是，该价值忽略了执行期权的收益以及期权固有的时间价值。例如 Cisco，大量过去发行的期权是价外期权，且可能根本不会执行。

这个方法的改进是在计算稀释股份的时候仅将价内期权计算在内。用这种方法，我们计算出 Cisco 和 Google 公司的每股价值如下：

	Cisco	Google
股权价值（百万美元）	65 622.00	32 187.00
原始股（百万）	6 487.00	277.78
价内期权	591.00	25.61
部分稀释股权	7 076.00	303.39
每股价值（部分稀释）（美元）	9.27	106.09

对于 Google 公司，由于它的所有期权均为价内期权，因此该调整对其没有影响，而对于 Cisco 公司，只有 5.91 亿股为价内期权（与分析时的股价 17.67 美元相比）。实际上，仅计算 Cisco 公司已授予的价内期权能够将考虑的期权数量降低至 4.41 亿，并能够略微提高每股价值。

2. 计算未来执行的期望期权并将其加入到期望稀释中

在这种方法中，通过假设公司会回购股票以抵消期权的执行，我们可以对未来

① 折现现金流价值评估的方法有许多，具体的细节可从作者网站中获取（http://www.damodaran.com）。

期权执行的日期进行预测，并将其加入到与执行相关的期望现金流中。这个方法最大的限制就是需要估算未来股价的大小以及期权执行的日期。倘若我们的目标是验证目前的股价是否正确，那么用预测的未来价格去估算目前的每股价值似乎成为一个循环。一般来说，这个方法既不准确，又不适用于合理的价值计算。

3. 库藏股法

这种方法是不同的完全稀释法。在这里，股票数量需要被调整，从而反映未行权期权，但是来自执行的期望收益（执行价格乘以期权数量）被加入到股权价值中。该方法的限制同完全稀释法一样，没有考虑期权的时间价值，且没有对授予进行有效的处理。一般来说，由于这种方法低估了赠予期权的价值，因此导致每股股权价值的高估。

这种方法最大的优点在于不需要一个合并了期权价值的每股价值（或股票价格）。在最后一种（也是推荐的）方法中我们可以看到，在将股价作为一个变量用于计算期权价值的时候会产生一个循环，因为每股价值计算反过来需要期权价值。

[例 11—2] 库藏股法

在下面的表格中，我们用库藏股法重新估算了 Cisco 公司和 Google 公司的每股价值

	Cisco	Google
未行权期权数量	1 436.00	25.61
平均执行价格（美元）	25.02	24.41
来自执行的收益（百万美元）	35 928.00	625.00
股权价值（百万美元）	65 622.00	32 187.00
+来自执行的收益（美元）	35 928.00	625.00
总价值（百万美元）	101 550.00	32 812.00
完全稀释股票数量	7 923.00	303.39
每股价值（美元）	12.82	108.15

我们可以看出两家公司的每股价值在这种方法中要高于在完全稀释法中计算的价值。Cisco 公司的差异最大，因为其平均执行价格高于当前股票价格，而 Google 公司由于执行价格大大低于目前的股票价格（大约 300 美元），因此影响很小。计算的每股价值仍然忽略了期权的时间价值。

同稀释法一样，这种方法也存在改进的方法，即仅考虑价内期权。这会大大降低 Cisco 公司的每股价值，因为价内期权的平均执行价格要远远低于加权平均执行价格 25.02 美元。

4. 期权价值评估

处理期权最准确的方法是在给出目前每股价值和期权时间溢价的基础上计算目前的期权价值。一旦这一价值确定，将它从计算的股权价值中扣除，再除以流通股数量，就得出每股价值。

每股股权价值 =（估算的股权价值 - 未行权员工期权价值）÷原始流通股数量

在本节中，我们将对员工期权价值评估相关的计量问题以及用于评估它们的扩展模型进行阐述。

1）计量问题。在估计员工期权价值的时候，我们必须面对 5 个计量问题。首先涉及的问题是：并不是所有的未行权期权都被授予，一些未授予期权可能永远都不会被授予。其次是员工期权的非流动性。结果，员工期权通常在到期前执行，导致它们的价值低于其他类似的可流通的交易期权。第三个问题涉及用于估算期权价值的股票价格。尽管传统的期权定价模型使用当前市场价格作为关键的变量，我们在计算公司价值的时候仍需要计算每股价值，且这一价值与当前股票价格差异较大。我们需要考虑是否需要计算出每股价值，而不是用市场价值，从而保持价值评估的一致性。

第四个问题是税收问题。正如我们前面所提到的，在期权的会计处理上，公司的股票和期权执行价格之间的差异可以扣除，而且在期权执行的时候存在潜在的税收节约。最后一个问题涉及私有公司或临近公开销售的公司的赠予期权。期权定价模型中主要的变量无法获得，包括股票价格和方差，但是期权价值仍然需要被评估。

（1）授予。在本文的前面提到，赠予员工期权的公司通常要求接受期权的员工为了期权的授予在一段时期内留任于该公司。因此，当我们检验公司未行权期权的时候，我们要观察授予和未授予期权的组合。未授予期权价值应该低于授予期权，但是授予的概率取决于期权折价的程度以及授予员工的期限。已经有人试图[①]将期权定价模型扩展，考虑了员工可能在授予之前离开公司的概率以及没收其期权的价值。卡彭特（1998）对标准期权定价模型进行了简单的扩展，考虑了提前执行和没收，并用其评估执行期权。[②] 由于管理员工期权的新会计准则要求公司在赠予期权的时候计算没收率，毋庸置疑的是将会有人试图为授予和没收建立新的模型。

（2）非流动性。接受期权作为薪酬的员工在账面上较为富有，但是由于期权不能交易，因此无法将它们兑现。此外，对这些期权进行套期保值（hedge）往往是不可行或非法的。这种期权价值的非流动性的影响会促使员工提前执行期权，而放弃期权的时间溢价。

尽管有人认为提前执行是不理智的，但是存在很好的理由对此进行解释。

---

① Cuny, C. and P. Jorion, "Valuing Executive Stock Options with Endogenous Departure," *Journal of Accounting and Economics*20 (1995): 193 - 205. 他们对存在没收概率时的期权价值评估进行研究。

② Carpenter J. N., "The Exercise and Valuation of Executive Stock Options," *Journal of Financial Economics* 48 (1998): 127 - 158.

Huddart（1994）指出，提前执行实际上对于风险规避的投资者是最佳的方案。[①] Lambert、Larcker 和 Verrecchia（1991）和 Hemmer、Matsunaga 和 Shevlin（1994）指出卖空（short selling）和期权头寸套期保值的局限能够导致提前执行。[②] Brooks、Chance 和 Cline（2005）认为，私人信息也可能导致提前执行：持有员工期权的管理者往往掌握了判断其股票被高估还是被低估的信息。如果根据他们的评估发现股票被高估，那么就很有可能会提前执行。[③]

经验证据也为提前执行理论提供了明确的支持。Brooks、Chance 和 Cline（上文引用过的）对在1996—2003年间美国公司262 931项员工期权的执行进行全面的研究，发现92.3%的执行为提前执行。他们还发现期权平均在授予后2.69年执行，离到期日还有平均4.71年。换句话说，一项10年期的员工期权通常在5.29年执行。Bettis、Bizjak 和 Lemmon（2003）还发现不同公司间执行政策的显著差异，即在风险较大的公司的员工几乎比较为稳定的公司的员工提前一年或半年执行期权。[④] 这点对期权估价的含义十分明显。在期权定价模型中同计算可流通期权一样用固定到期日计算员工期权，就会导致员工期权价值的高估。

（3）哪一个股票价格。这个问题的答案可能很明显。由于股票是可交易的，我们能够获得股票价格，因此似乎我们应该使用当前股票价格来计算期权价值。但是，我们计算这些期权的价值得出每股价值，然后我们要将其与市场价格进行比较，判断该股票被高估还是被低估了。例如，我们可能发现一个每股价格为25美元的股票，而其实际价值为每股12美元。使用当前市场价格计算出期权价值，再用这个期权价值去计算出一个完全不同的每股价值，似乎有些矛盾。

这一问题可以这样解决：可以用估算的每股价值计算期权价值。这就在价值评估中产生了一个循环推理。换句话说，我们需要用期权价值来计算每股价值，又需要用每股价值去计算期权价值。我们可以用库藏股法计算每股价值，然后通过迭代最终接近于正确的每股价值。[⑤]

此外还有一个相关问题：当期权执行的时候，流通股股数增加，因此对股票价格有一定的影响。在传统的期权定价模型中，期权执行对股价并无影响。这些模型需要考虑期权执行对股票收益的冲减，进而进行调整。

（4）税收。期权执行的时候，为了税收筹划，公司可将当前股票价格与执行价格之间的差异作为员工费用扣除。这一潜在税收优惠降低了由于存在未行权期权

---

① Huddart, S.,"Employee Stock Options," *Journal of Accounting and Economics*18 (1994): 207-231.

② Lambert, R., D. Lacker and R. Verrecchia,"Portfolio Considerations in Valuing Executive Compensation," *Journal of Accounting Research* (Spring 1991): 129-149; Hemmer, T., S. Matsunaga and T. Shevlin,"Estimating the 'Fair Value' of Employee Stock Options with Expected Early Exercise," Accounting Horizons 8, No. 4 (December 1994): 23-42.

③ Brooks, R., D. Chance and B. N. Cline,"Private Information and the Exercise of Executive Stock Options," working paper, SSRN, 2005.

④ Bettis, J. C., J. M. Bizjak and M. L. Lemmon," The Cost of Employee Stock Options," working paper, SSRN, 2003.

⑤ 用库藏股法获得的每股价值会被称为期权定价模型中的股票价格。用这个价格计算出的期权价值用于计算新的每股价值。该价值再反馈到期权定价模型中，以此类推。

而增加的价值的消耗。下面举一个税收优惠数量的例子。Cisco 公司 2000 年由于期权执行而产生的税收抵免为 25 亿美元，几乎全部抵免了其当年的营业收入 26.7 亿美元，因此仅需支付少量税款。我们可以通过以下 3 种计算员工股票期权的方式说明这一税收减免。

A. 减少营业收入的税率以反映员工期权的扣除。我们使用税后营业收入计算公司的自由现金流。如果公司拥有大量的未行权期权，我们在预测的近几年中使用较低的税率来反映来自员工期权的税收减免。① 这会导致这些年度中的现金流量的增加（并因此影响价值）。由于期权执行的税收节约会随着时间而减少，因此当我们接近终值的时候再将税率调整回法定税率。

B. 税收影响期权执行价值。计算税收优惠的一个更简单的方式是将当前股票价格与执行价格之间的差异乘以税率。显然，这仅适用于期权是价内状态的时候。尽管这个方法并不适用于长期的期望价格评价，但具有使用简单的优点。

C. 税收影响期权的公允价值。还有一种可供选择的税收优惠计算方法——计算期权的税后价值：

期权的税后价值 = 期权定价模型计算的价值 × （1 - 税率）

这个方法也十分直观，并且考虑了由于期权执行导致的税收优惠。这个方法的一个优点是，即使在期权处于价外状态的时候仍然能够考虑潜在税收优惠。

目前会计准则已经为促使期权费用化而改变，而且似乎很快税收准则也会做出相应的改变。如果这种改变真的发生，期权将在被赠予的期间费用化，而且不再需要考虑现有期权的税收影响（因为税收节约在期权被赠予的时候就已经发生了）。

（5）非上市公司。期权定价模型中两个重要的变量——当前每股价格以及股价波动率——在没有公开上市的公司中无法获得。在这种情况下有两种选择：一种是回到库藏股法计算未行权期权的价值，放弃期权定价模型；另一种是仍旧使用期权定价模型，使用折现现金流模型计算的每股价格。相似的公开上市公司的股价方差可以用来计算期权价值。

2）期权定价模型。伴随着所有这些影响估价的问题，我们如何对传统期权定价模型进行改变以衡量员工期权价值呢？衡量期权价值的学者和 FASB 已经提出了这个问题。他们的目的就在于为那些为费用化期权而衡量期权价值的公司提供指导。

（1）B - S 模型及其变形。传统的 B - S 模型用于衡量可交易资产的欧式期权价值，而不存在直接变量反映员工期权中固有的稀释效应或这些期权的非流动性/授予事项的特殊性。然而，这一模型的变形可以提供合理的价值计算：

- 将期望的稀释纳入股票价格中。B - S 模型的一个变量为当前股票价格。假

① Edwards, C., J. R. Graham, M. H. Lang and D. Shackelford, “Employee Stock Options and Taxes,” working paper, SSRN, 2004. 在这篇论文中，他们计算了拥有大量未行权员工期权公司的税率，并提出它们大大低于法定税率。例如，Dell 公司由于期权费用化导致其税率为 20%，而法定税率为 35%。

如期权的执行增加了流通股数量（以低于当前股票价格的价格），股票价格将会在执行时下降。可通过一个简单的估价调整来体现这一影响：

$$调整的股票价格 = 当前股票价格 \times [n_{流通股} \div (n_{流通股} + n_{期权})]$$

得出的较低的调整股票价格同样会降低期权价值。

- 缩短期权年限，以反映非流动性和提前执行。在本文的前面我们提到，员工通常因为这些期权的非流动性而在到期日之前执行期权。一般而言，期权大约在规定期限的一半被执行。使用缩短的期权年限能够降低其价值。
- 根据授予的概率调整期权价值。授予的调整可以在计算期权价值的时候进行。如果我们能够计算授予的概率，那么将此概率与期权价值相乘，就得到期权的期望价值。

尽管仍有反对者，但是该模型在其基本假设被推翻的情况下仍显示了非凡的活力。

B－S模型拥有许多员工期权的变形。下面列举出其中两个例子：

A. FASB 模型。虽然 FASB 没有提供具体的模型，但是他们提议在计算员工期权的时候假定一个员工没收率（基于公司的历史数据），并且使用比规定到期日更短的期限（考虑到提前执行期权）。FASB 推荐这两项计算使用历史数据。

B. The Bulow－Shoven 模型。该模型的前提是长期员工期权并不是长期的。该模型提出一个计算的方法。首先将所有的员工股票期权按是否拥有90天有效期处理，然后用B－S模型计算最初价值。但是，随着员工继续为公司工作，他们的期权获得90天的延期，这些延期被当做期权进行估价，并作为下一期的费用进行处理。[①]

这些模型的变形得出的员工期权价值要低于使用未经调整的B－S模型计算出的价值。

（2）二项树模型。员工期权中大量存在的提前执行以及未授予的概率导致许多专业人士提出使用二项式模型估计员工期权价值。与B－S模型不同的是，这些模型不仅仅考虑了提前执行，还能够根据员工期权的其他特殊性进行修正，包括授予。此外，二项式模型考虑了更多的变量的变动，使用不同时期变化的波动而不是固定的常量（是B－S模型中的假设条件）。二项式模型的缺点在于，需要太多的投入信息，模型的每一个节点都需要股票的价格。该模型在现实中使用的时候时间间隔很短，就是说，需要几百个潜在价格。

虽然我们可以根据标准方差得出二项树，从而避免与展开项树相关的计算问题，但是得出的结果却接近与B－S模型得出的结果。换句话说，要体现二项树模型的优点，我们就必须完成展开的价格路径的所有的计算。FAS 123R 最初的版本要求公司使用二项树模型衡量员工期权价值，最终的版本则明智地将模型的选择权交给公司。

---

① Bulow, J. and J. B. Shoven, "Accounting for Stock Options," working paper, SSRN, 2004.

二项树模型最大的优势在于它提供给使用者较大的灵活性去模拟股票价格和提前执行之间的相互影响。例如 Hull－White 模型，它将用于计算员工期权价值的期权有效期降低到更现实的水平。[①] 该模型考虑了授予期间员工退出的比率（因此考虑了期权最终以未授予和无价值结束的概率）以及期权在授予后的期望有效期。为了计算后一项，模型假设当股票价格达到执行价格先前指定的倍数的时候会执行期权，这样就使得执行变成模型的一个内在成分，而不是外在的成分。得出的期权价值通常低于使用 B－S 模型计算出的价值。

（3）模拟模型。计算员工期权价值第三个选择是蒙特卡罗模拟模型。这些模型首先要解决的是股价的分布以及期权执行策略的预先规定，然后对股票价格进行模拟，得出员工期权被执行的概率以及执行时的期权期望价值。模拟模型的优势在于它们为加入可能影响员工期权价值的条件提供了最大的灵活性，尤其是可以将授予、股票价格和提前执行之间的相互影响全部纳入模拟模型中，而不是将其作为假设；缺点是模拟模型需要比其他模型更多的信息。

（4）市场价格。所有衡量员工期权价值的模型都能够因为其假设以及其不可实现性而被质疑。实际上，存在一个合理的论证证明——我们真正需要用于衡量员工期权价值的是这些期权的市场价格。尽管这个论据看上去不切实际，Cisco 公司通过创造一个类似于员工期权的“市场工具（market instrument）”提出一种新颖的解决员工期权估价的办法。这个新工具被称为员工股票期权基准证券（employee stock option reference securities，ESORs）。该工具的购买者无法转让，且将持有的期权在 5 年后才可能授予。两条规定均与员工股票期权的规定类似。Cisco 公司认为，这些证券的市场价格应该用于衡量员工期权价值。2005 年 9 月，SEC 拒绝了 Cisco 公司的提议，认为公司的投资者不会以与员工同样的标准衡量员工期权价值，但他们开辟了未来以市场为基础解决这一问题的道路。

（5）模型有多大的影响。衡量员工期权价值的模型到底有多大的影响？换句话说，如果我们使用不同的模型衡量员工期权价值会不会有显著的差异？从很大程度上来说，决定员工期权价值最大的一个因素是期权的有效期。使用固定有效期的员工期权在 B－S 模型中会得到比其他模型大得多的价值。如果我们使用期权的期望有效期（考虑了提前执行和授予概率），那么使用不同模型得出的结果就不会有太大差异。Ammann 和 Seiz（2003）指出使用员工期权定价模型（二项树模型、调整有效期的 B－S 模型以及 Hull White 模型）都得出了相似的价值。[②] 结果他们认为，我们应该远离那些需要难以计算的变量（如风险厌恶系数），而使用较为简单的模型。

---

① J. Hull and A. White, "How to Value Employee Stock Options," *Financial Analysts Journal 60*, No. 1 (2004): 114－119.

② Ammann, M. and R. Seiz, "Does the Model Matter? A Valuation Analysis of Employee Stock Options," working paper, SSRN, 2003.

[例11—3] 期权定价方法

在下面的表格中，我们用根据稀释效应以及使用固定到期日的一半（考虑提前执行）调整后的B－S模型对Cisco公司和Google公司的未行权期权价值进行计算。为了计算期权的价值，我们首先计算公司前两年股价的标准差。[1] 计算时采用每周股价以及年利率。[2] 所有的授予和未授予期权均被估价。没有对未授予期权进行调整。

期权定价模型	Cisco	Google
未行权期权数量	1 436	25.61
平均执行价格（美元）	25.02	24.41
计算的标准差（波动率,%）	45	55
平均固定到期日	5.17	9.00
为提前执行而调整的到期日	2.58	4.50
分析时的股票价格（美元）	17.67	295.97
每股期权价值（美元）	2.27	274.27
每股未行权期权价值（美元）	3 257.00	7 023.00
税率（%）	36.80	35.00
未行权期权税后价值（美元）	2 058.00	4 565.00

在计算公司税后期权价值的时候，我们使用了边际税率35%。由于税法仅仅在执行的时候对执行价值考虑了税收减免，所以我们有可能高估了可能的税收优惠（以及低估了成本）。

在下面的表格中，通过从股权价值中减去未行权期权价值，然后除以原始流通股股数，就可以计算出每股价值。

	Cisco	Google
股权价值（百万美元）	65 622.00	32 187.00
－ 未行权期权价值	2 058.00	4 565.00
流通股股权价值（百万美元）	63 564.00	27 622.00
原始流通股股数	6 487	277.78
每股价值（美元）	9.80	99.44

在比较该表格中计算的每股价值与前一个表格中计算每股期权价值所用的股票价格的时候，先前提出的矛盾十分明显。例如，Google公司的每股价值为99.44美

① 方差的计算实际是股票价格的自然对数。这就使得我们至少符合正态分布的概率。由于价格不能低于0，回报率不能低于－100%，因此股票价格和股票回报率无法呈正态分布。

② B－S模型所有的变量必须按年计算。计算按周计算的变量时，我们将其乘以52。

元，而用于计算期权价值的股票价格为295.97美元。如果我们选择迭代，用估算的价值99.44美元重新计算期权价值，就会得出更低的期权价值，提高每股价值，然后再进行二次迭代、三次迭代等等。两种方法计算的价值逐渐集中并产生一个趋于一致的计算结果。一致的价值计算结果列于下表：

	Cisco	Google
期权价值（用当前股票价格计算）（美元）	2 058.00	4 565.00
每股价值（美元）	9.80	99.44
期权价值（用迭代价值计算）（美元）	332.00	1 501.00
每股价值（美元）	10.07	110.47

两家公司估算的税后期权价值大幅度下跌，导致了每股价值的增加。

11.2.6 在相对估价法中体现现有期权的方法

正如期权内在价值的影响一样。它们还对相对估价产生影响。在对多个不同公司之间的比较方面，由于公司拥有未行权员工期权的数量不同，这种比较尤为复杂。直接将这些期权纳入到分析中的错误处理会导致对拥有未行权期权数量过多或过少（相对于同行业）的公司估价错误。

检验期权对收益乘数的影响时，使用最广泛的指标是市盈率。分子通常是当前的每股价格，分母为每股收益。显然，使用原始的每股收益会导致拥有较高期权悬置公司的价值被低估。为什么会产生这种偏差呢？每股价格应该包括未行权期权的影响，在存在较多未行权员工期权的时候，市场价格较低，但是分母（EPS）却没有包括此影响，因为它反映的是实际的流通股，而并没受到潜在稀释的影响。这种偏差在公司向费用化期权的转变时仍然存在。

为了防止这种偏差，分析人员通常使用完全稀释的每股收益来体现未行权期权的影响，从而对拥有大量未行权期权的公司进行处罚。这种方法的问题在于将所有的期权均同等处理——无论期权是处于价外状态且距到期日还剩3周，还是处于严重价内状态且距到期日还剩5年，其股票数量的增加量相同。显然，拥有后者较多的公司的市场价值应该较低（对于任意给定的收益水平），且在稀释后基础上显得更便宜一些。

这个问题如何进行解决？唯一将期权的影响纳入到收益乘数的方法是以当前股票价格为基础估计期权的公允价值，并将此价值加入到市场资本总额中，进而得到股权总市场价值。[①] 这个总股权市场价值除以合计净收入得出包含了（修正的）期权的影响的市盈率。这个方法使得分析者考虑了所有未行权期权，并将其特点体现到价值中去。

---

① 回顾上一节，使用的期权价值的计算应该基于当前股票价格（而不是估算的价值）以及税前基础。

期权修正的市盈率 =（市场资本总额 + 估算的未行权期权价值）÷净收益

使用的净收益应该是在假设员工期权为报酬且为营业费用之下计算的收益。随着 123 R 的采用，这种操作会变得更容易。

我们对收益乘数的所有叙述均适用于账面价值乘数。错误地将股权期权价值纳入到股权市场价值中会使期权比例较大的公司的价值低于拥有较少未行权期权的公司的价值。这个问题的解决方法与收益乘数类似。计算员工期权的价值，并将其加入到市场资本总额中，这样基本可以排除对比过程中产生的偏差。

[例 11—4] 为未行权期权修正的市盈率

仍旧使用我们在［例 11—3］中估计的 Cisco 公司和 Google 公司的未行权期权价值。在下面的表格中，我们计算常规的市盈率，并将其与根据上述方法修正的市盈率进行比较：

	Cisco	Google
股票价格（美元）	17.67	295.97
原始每股收益（美元）	0.885	3.48（过去 12 个月）
稀释后每股收益（美元）	0.725	3.19
原始市盈率	19.97	84.92
稀释后市盈率	24.39	92.75
市场资本总额（百万美元）	114 625	82 214
+ 期权价值（百万美元）	3 257	7 023
股权市场价值（百万美元）	117 882	89 237
净收入（百万美元）	5 741	968
期权费用化后净收入（百万美元）	4 712	953
调整的市盈率	117 882 ÷4 712 =25.02	89 237 ÷953 =93.64

为费用化期权对净收入进行调整的时候，我们使用公司提供的财务报表中的信息来计算预计收入。Cisco 公司当年报告了 1 628 百万美元的员工期权费用，税后费用为 1 029 百万美元。将该费用从报告的净收入中扣除。由于 Google 公司净收入的数据是过去 12 个月的数据（到 2005 年 6 月），员工期权调整的数据仅在上个财务年度可获得（截至 2004 年 12 月），因此我们必须临时处理。Google 公司报告 2004 年对净收入的调整在税后为 15 百万美元。尽管实际的调整可能会更高，但是我们对过去 12 个月的收入进行了同样的调整。

11.2.7　未来赠予期权及其对价值的影响

虽然现有期权影响了价值，但是他们只是问题的一部分。过去发行期权的公司很有可能在未来继续使用期权。在本节中，我们将讨论为什么这些期望的未来期权发行会影响价值，以及如何将这些影响纳入价值中。

1. 为什么未来期权发行会影响价值

正如未行权期权对当前股权投资者意味着潜在的稀释效应或现金流出，未来的期望赠予期权会由于增加了未来的流通股数量而影响每股价值。

- 考虑这种期望稀释效应最简单的办法是在折现现金流模型中使用终值。终值是未来某一时点的价值。在评估公司价值的时候，先将终值折成现值，再除以当前的流通股，得出每股价值。但是，期望的未来期权发行将会增加终期流通股数量，并因此减少属于当前股权投资者的终值部分。
- 另一个考虑为什么未来期权赠予会影响价值的办法是将它们当做员工薪酬处理。增加的营业费用会降低营业收入以及未来的税后现金流，因此降低目前公司的价值。

2. 在折现现金流价值中体现未来期权的方法

将期望期权发行的影响体现在价值中比体现现有期权要困难得多。这是因为我们不仅需要预测公司未来将会发行多少期权，还要预测这些期权的期限。虽然在两个专有信息发布的时期（公司公布计划发行的数量以及期限）这些预测是可能的，但是在该时点之外的时期就比较困难了。我们将介绍一种可以用于获得期权价值的评估方法，然后讨论一旦获得这种估价后的两种处理方法。

1）将期权价值作为营业或资本费用进行估价。我们可以按占收入或营业收入的比例对未来赠予的期权价值进行估价。这样就能够避免对未来期权发行的数量和期限的估计。由于有公司的往年记录（通过前几年期权赠予价值占收入或营业费用的比例）以及该行业中更加成熟公司的经验可以参照，因此估价也会变得更加容易。通常来说，公司规模越大，赠予期权的价值占收入的比例会越小。

对期望的未来期权发行价值进行估计后，还存在另外一个问题：我们是否应在每期都将该价值作为营业费用来计算税后营业收入？如果选择这样做，那么我们就认为期权来自于部分的年度薪酬。还有一种可选择的方式是将其作为资本费用，并在多个期间内摊销。虽然当期的现金流不会被这两种方法的区别所影响，但是它会影响我们对公司资本回报率和再投资率的计算。

避免对未来期权的发行进行重复计算是很重要的。当前公司的营业费用可能已经通过以下两种方式之一被纳入到员工期权费用中去了。

A. 如果公司在赠予的时候以公允市场价值对期权费用化，当前收入则会反映出近年内赠予期权的价值。如果我们根据这个当前收入来预测未来收入，就意味着公司不仅在未来继续赠予期权，而且赠予期权的价值还会保留在当期收入中。

B. 如果公司不对期权费用化，那么公司当前收益可能已经包括了当期执行期权的相关费用。如果当期期权执行对营业收入的影响小于新的期权发行的期望价值，我们则必须考虑与期权发行相关的额外费用。相反，如果上期执行的期权数量异常巨大，我们则必须考虑到未来期权发行的期望影响会较小，从而减少营业费用。

在对未来期权发行进行预测的时候，还有一件需要考虑的重要因素是发行期权公司规模变化的影响。当公司规模扩大的时候，赠予期权占收入或价值的比例将会降低。因此，我们在对未来进行更深入的预测的时候应该将公司赠予期权向行业平均水平或成熟公司的管理靠拢。

［例11—5］对期望期权发行的估价

在对Cisco公司和Google公司估价的时候，公司当前的营业收入以及行业的平均值均为关键变量。两家公司对员工期权费用的处理是我们在估价中使用哪种营业收入的关键。对于Cisco公司，最近一年报告的税前营业收入为7 416百万美元，但是，公司既没有将赠予的员工期权在当年进行费用化，也没有在其收入中显示出期权执行的成本，而是在股权的账面价值中对后一项进行了调整。因此，该年度以公允市场价值计算的期权赠予的所有的成本都应从税前营业收入中扣除，从而得到更为合理的营业收入的计量：

报告的税前营业收入	7 416 百万美元
+期权执行费用	0 百万美元
-当年赠予期权的公允市场价值	1 628 百万美元
调整的税前营业收入	5 786 百万美元

如果我们使用该税前营业收入作为未来营业收入的预测基础，就意味着我们认为员工期权赠予在未来还会持续，并且这些赠予期权的价值占收入的比例还会维持本年度6.56%的水平。由于该数字高于同行业水平（平均的赠予期权价值比例接近3%），我们假设期权赠予占收入的比例在未来10年内会从现有水平降低至3%。[①] 更重要的是，由于员工期权费用而对营业收入进行错误的调整会导致收入、现金流和价值全部被高估。实际上，如果我们在计算中使用报告的营业收入，期权价值会被高估近240亿美元。

另一方面，Google公司在2005年6月30日公布的4个季度的税前营业收入为1 433百万美元。与Cisco公司一样，它也没有在当年对员工期权赠予进行费用化，但是与Cisco不同的是，它将期权执行费用作为一项营业费用进行公布，因此获得正确的营业收入的调整稍微有些复杂：

报告的税前营业收入	1 433 百万美元
+期权执行费用	264 百万美元
-当年赠予期权的公允市场价值	286 百万美元
调整的税前营业收入	1 411 百万美元

最近一年赠予期权的价值占收入的比例为6.39%。同Cisco公司一样，我们在未来10年内将此价值降低为3%，反映了我们的预测，即随着公司的逐渐成长，

① 为了达到该目标，我们必须对报告的税前营业收入和员工期权费用进行单独预测，其中后者是以每年占收入比例定义的。

其赠予期权占收入的比例会越来越小。这种比例的降低又会提高未来的营业利润率。

为得到正确的营业收入而对 Cisco 公司和 Google 公司进行的调整显示了对所有公司进行这种调整的难度，至少在 FAS 123R 提出一些公司之间实践的标准之前，这种难度是存在的。例如，2005 年一些公司已经开始对员工期权进行费用化，而其他公司没有。在没有进行费用化期权的公司中，某些公司将与期权执行相关的费用作为营业费用处理（如 Google 公司），而其他的公司（如 Cisco 公司）则将其作为股权账面价值的调整项。因此，不同的公司其调整的方法也不同，而我们则主要根据所有公司都必须披露的为员工期权费用所做的预算调整进行判断。强迫所有的公司使用一个标准和费用化期权的方法（FAS 123R）的最大的好处在于，我们可以对不同公司的营业利润进行比较（或者计算其平均水平），而不用担心是否将某些公司的员工期权费用化之前的利润与某些公司员工期权费用化之后的利润相比较。

2）计算由于期权发行导致的期望股票价格稀释。另一种处理未来期望期权赠予的方法是加入由这些期权发行产生的期望稀释。实施这种方法的前提是必须进行一个简单化的假设。例如，我们可以假设每期发行的期权在流通股中占固定比例，这个比例的计算建立在公司的历史数据或行业中更成熟的公司经验的基础上。通常，这种方法比第一种方法更为复杂，且无法得到精确的数据。显然，两种方法同时进行是不恰当的，即一方面将期权发行作为一项费用披露，另一方面还要考虑发行时发生的稀释效应。这样会导致对相同成本的重复计算。

11.2.8 市场对员工期权价值的估计正确吗

关于如何以最恰当的方式将员工期权体现到价值评估中去的争论演变成为一种理论上的争论，即市场在对公司每股股权价值进行评估的时候是否总是错误地估计员工期权价值。实际上，有许多分析人员认为在折现现金流或相对估价中对员工期权的随意处理不会产生太多的成本，因为市场对员工期权的估价也很随意。有三个方面来衡量市场如何看待员工期权：当期权赠予员工的时候市场如何反应？当员工执行其期权的时候市场如何反应？当对公开上市公司的股权进行估价的时候，市场是否考虑了期权悬置？下面列举每个问题的证据：

A. 价格对期权赠予的反应。没有证据证明市场对公司的期权赠予产生负面反应。一些人认为这是因为公司过去并没有将这些期权的赠予作为费用，但是没有原因证明期权赠予本身对于股东来说是坏消息。实际上，如果我们将期权赠予看做薪酬，它们是现金流紧张的年轻公司在运行中的正常成本的一部分。因此，期权赠予的消息本身对于市场来说既非好消息，也非坏消息。

B. 价格对期权执行的反应。Garvey 和 Milbourn（2002）研究了股票价格对执行期权导致的稀释的反应。[①] 他们认为，在一个合并了期权执行导致的潜在稀释的有效市场，实际的执行应该是不影响股票价格的无效事件。然而，他们发现了股票价格对与稀释相关的期权执行的负面反应，他们将此作为证明市场没有完全考虑期权悬置的证据。这个观点未必是正确的，因为期权执行本身为市场传递了信息，尤其是员工大量地执行期权可被看做他们认为股票被高估的信号。

C. 市场价值与期权悬置。Li 和 Wong（2004）研究了市场对拥有员工股票期权的公司的价值评估。[②] 他们发现，拥有大量悬置的公司的市场价格实际上偏低（低了6%），而且在价值评估中，对员工股票期权进行调整得出的价值会更接近于市场价格。这个结论可以作为证明市场的确在评估公司价值的时候考虑了悬置期权的价值的证据。

随着2006年会计制度的潜在变更，即要求公司以公允市场价值对期权赠予费用化，这种争论越来越激烈。有的观点认为这种费用化会吸引市场的注意，并导致较大的价值评估的再评估，至少在那些拥有异常大量期权赠予的公司是这样的。一项对在2002年和2003年转变为费用化的公司的研究指出，这种担心是多余的。在该研究中，转变为期权费用化的公司的回报率既没有升高也没有降低。换句话说，费用化本身对价值没有任何影响。这就意味着这些公司的价值评估在这之前就已经有效地将期权费用化纳入其中了。[③]

冒着过分简化该争论的风险，我们认为存在解决这些研究之间差异的方法。认为股权价值中包含了由期权导致的现有以及潜在的稀释的研究通常是正确的。大多数的投资者和分析人员在衡量股票价值的时候的确考虑了员工期权的影响，但是也仅仅是使用完全稀释的每股收益在进行价值评估判断中进行了粗略的判断。认为期权执行对股票价格有负面影响的研究也可能是正确的，至少在拥有异常大量期权赠予的公司（相对于同行业其他公司）或者在极为有利的期间（授予以及执行价格）。

如果所有的公司都将在下年采取费用化期权赠予，那么这对股价意味着什么？假设公司没有改变其下一年期权赠予的处理方式，期权赠予相关费用的透明度会导致某些公司每股股权价值的再评估，拥有低于期望期权费用（例如行业标准）的公司每股价值会增加，而拥有高于期望期权费用的公司每股价值会降低。但是我们预计许多后一种公司会降低其期权赠予，以接近行业平均水平。如果 FAS 123R 达到其效果，最终会导致越来越少的员工期权赠予，同一行业不同公司间赠予越来越标准化，以及不再对市场有较大的影响。

---

① Garvey, G. T. and T. T. Milbourn, "Do Stock Prices Incorporate the Potential Dilution Effect of Employee Options?," working paper, SSRN, 2002.

② Li, F. and M. H. F. Wong, "Employee Stock Options, Equity Valuation and the Valuation of Option Grants Using a Warrant Pricing Model," working paper, SSRN, 2004.

③ Semerdzhian, M., "The Effects of Expensing Stock Options and A New Approach to the Valuation Problem," working paper, SSRN, 2004.

11.2.9 期权为基础的薪酬的结果

在本文的前面，我们对近年来向股权薪酬转移的原因进行了总结。除了影响收入和价值之外，员工期权的赠予还影响公司的财务政策。我们在本节中会看到，使用员工期权的公司比不使用的公司更广泛地采用多种投资、融资和股利政策。尽管这种差别大部分可归结于期权赠予的公司通常是较为年轻、增长较快、风险较高的公司，还有一些差别可以直接归结于员工期权及其对管理人员的激励。

1. 投资政策

通常公司财务理论认为公司应该选择拥有正向净现值的项目进行投资，但一般很少提及项目的风险。换句话说，公司应该接受拥有正净现值的项目，无论风险是大还是小。当然，这是基于假设用于风险项目的折现率包含了风险。如果两个项目的净现值相同，那么公司可以任意选择其中一个。如果管理者在开始的时候被赠予了期权，那么这种平衡就被打破了。由于期权在较高波动率下更有价值，因此管理者倾向于投资风险较高的项目。尽管这在投资的净现值相等的情况下可能不会产生问题，但是在风险较小、净现值较大的投资被拒绝而风险较大、净现值较小的投资被采用的情况下就会产生问题。实际上，这些公司普通股东对持有期权的管理者进行了补贴。在实践中，这种高风险的偏向可以通过多种方法证明。

- 现金与实物投资。现金投资于国库券和商业票据的净现值为0，但是是无风险的。管理者可能会有动机将现金投资于有风险的实物工程（或收购），甚至在这些工程的净现值为负的时候。

- 风险转移。随着时间的推移，管理者可能会将公司向风险业务组合方向转移，即使这在经济上无意义。价值上的损失可被管理者在期权持有上的利润抵消。

关于管理者期权和投资政策之间相互影响的经验证据是多样的。有些研究指出，由于以期权作为其薪酬的管理者的财富在很大程度上与公司的经营状况相关，因此他们会偏好较小的风险。

2. 融资政策

基于期权持有者在股权风险较大的时候会获利的观点，我们可以预测，期权悬置越多的公司使用债务就越多。较高的财务杠杆增加了股价的波动，也将增加股权价值。这里存在一个抵消因素。正如我们前面所提到的那样，股权期权的执行为公司创造了税收抵免，降低了近期的有效税率。这可能会降低由于使用债务而带来的税收优惠。两者的最终影响决定了负债比例究竟应该上升还是下降。Graham、Land 和 Shackelford（2003）发现发行员工期权的公司的负债很少，因此认为这些公司获得的来自期权费用化的税收节约会降低边际税率，从而降低了贷款的潜在利益。①

① Graham, J. R., M. H. Lang and D. A. Shackelford, "Employee Stock Options, Corporate Taxes and Debt Policy," Journal of Finance 159 (2004): 1585 - 1618.

3. 股利政策

员工期权的使用对公司回报股东的程度以及回报的形式（股利或股票回购）具有重大的意义。首先，我们认为拥有期权的公司比不拥有期权的公司更倾向于使用现金回报股东。毕竟现金是零风险投资，这使得股权中的期权价值更低。其次，我们认为以股利形式支付的现金要少于以股票回购方式支付的现金。股利毕竟会降低股票的价格，而等量的股票回购会减少流通股，并且可以很好地维持股价。

有许多证据证明，拥有大量未行使员工期权的公司更倾向于回购股票而不是支付股利。Fenn 和 Liang（2002）指出，拥有员工期权的公司与没有这种期权的公司相比，股利支出趋于减少。① Kahle（2004）提供证据证明股票回购在拥有大量未执行期权的公司中越来越普遍，并提出回购的动机出于抵消期权执行以及提高股票价格。② 同时，金融市场对这些回购的正面反应越来越小，这意味着它们对于回购的动机的认可。

4. 底线

期权和普通股都是权益工具，但是它们各有不同的特点，尤其是风险能够对股票价值产生负面影响，但却可以提高期权的价值。这就解释了为什么公司在使用期权薪酬的时候要谨慎。如果使用期权是为了降低管理者和股东之间的利益冲突以及现金的短缺，使用普通股（限制性或其他）同样可以达到这些目的，且避免了期权的附带成本。

11.3　限制性股票

虽然期权吸引了大部分的注意力，但是在开始进行股权薪酬的时候，赠予公司的股权比期权早实行了几十年。除了常规薪酬外，私有公司和上市公司还通过提供给员工股票来吸引他们。当然，提供给员工的股票的要求权和交易是有限制的。随着近年来员工期权的滥用，这些限制性股票的发行开始逐渐回升。2003 年 7 月，微软公司从使用期权转向使用限制性股票是这一趋势最显著的体现。

11.3.1　限制性股票的使用和会计处理

同员工期权一样，我们首先讨论限制性股票的优势以及倾向于使用限制性股票的公司的类型。我们还会对这些股票的特有的限制条件以及限制性股票的会计准则的发展进行研究。

---

① Fenn, George and Nellie Liang, "Corporate Payout Policy and Managerial Stock Incentives," *Journal of Financial Economics* 60（2001）: 45－72. 得出相同结论的还有：Lambert, Richard A., William Lanen, and David F. Larcker, "Executive Stock Option Plans and Corporate Dividend Policy," *Journal of Financial and Quantitative Analysis* 24, No. 4（1989）: 409－425。

② Kahle, K. M., "When a Buyback isn't a Buyback: Open Market Repurchases and Employee Options," working paper, SSRN, 2004.

1. 数量及使用方法

尽管证据显示员工期权仍旧是争论最多的话题，但是已经开始发生明显的转移，尤其在FAS 123R公布之后。由一家咨询公司——Mercer于2004年5月进行的调查显示，由于期权费用化的规定，大约三分之二的被调查公司改变了其股权薪酬计划。在已经开始转变的公司中，22%的公司将其以期权为基础的薪酬降低了40%，甚至更多。36%的公司以其他的股权薪酬形式代替员工期权，其中限制性股票是最普遍的选择。例如Amazon公司，在20世纪90年代末大量地使用员工期权。2001年，Amazon公司将46.25百万美元的期权赠予员工，但是该数字在2002年降低至3.045百万美元，2003年则降低至226 000美元，而限制性股票的赠予从2001年的几乎为0曾一度增加到2002年的2.9645百万美元，但在2003年降低至2.1百万美元。

在未来期权费用化的前提下，这种向限制性股票的转变很可能继续保持，甚至加速，而过去的倾向于员工期权的会计偏好（来自APB 25）会逐渐消失。然而，限制性股票不可能完全取代股权期权。毕竟，对于一些公司来说，赠予管理者期权比赠予限制性股票更适合，而且我们认为股权期权对处于生命周期初期的高风险、高增长的公司来说仍旧占据主要的地位，因为它能够促使员工将赌注压在企业的未来增长上。随着公司逐渐成熟，我们会发现，公司开始逐渐向限制性股票转移，以波动和增长为特征。

2. 限制性股票的特征及变形

限制性股票通常有两个限制。第一个限制涉及员工是否留任于公司。大多数时候，限制性股票在员工辞职的时候被没收。第二个限制涉及股票的交易。通常限制性股票在限制期结束之前不能交易。这两个条件使得限制性股票的价值低于非限制性股票的价值。限制性股票的变形为虚拟股票（phantom stock）。虚拟股票即公司将假设的股票存入员工账户。在指定期限结束时如果员工仍留在公司，那么这些股票会转变为实际的股票。实际上，在限制性股票和虚拟股票的价值评估方法上没有太大的区别，尽管二者在会计处理上可能会有所不同。第三种变形是股票红利计划（stock bonus plan），即在公司达到指定营业目标时（如收入翻倍、净收入增长20%等）会发生股票的赠予。

3. 限制性股票的会计处理

与员工薪酬会计准则不同，限制性股票的会计准则随时间变化保持相对的稳定。当发行限制性股票的时候，公司必须估计限制性股票的价值，并将其作为薪酬成本处理。同员工期权一样，限制性股票的价值分散于授予期。例如，一个4年授予期评估价值为100万美元的限制性股票会在未来4年里产生每年250 000美元的会计费用。

在对限制性股票价值进行估计的时候，要求公司将没收的概率（员工离开公司）以及股票的非流动性包括在内，并根据市场价格进行折现。引自FASB：

“限制性证券通常以其他相同的非限制性证券的报价的折价购买，反映了一段时期内无法进入市场引起的缺乏流动性。因此，在限制性证券公允价值的计算中，将其他相同的非限制性正确的报价根据限制的影响进行调整，考虑的因素包括限制的状态（即时间）、非限制性证券的波动率以及无风险利率。”①

FASB 还进一步要求在确定折价的时候需要分析人员的判断。

4. 估计限制性股票的价值

正如我们前面所提到的那样，通常存在3种可以影响价值的限制性股票的限制条件。首先是雇用限制。由于限制性股票仅仅在他或她仍旧受雇于公司的时候才会授予，因此雇用终止的可能性越大，限制性股票的价值就越小。对这一因素进行调整需要计算雇员在限制期内留任于公司的概率，并将此概率乘以当前股票价格。

限制性股票最普遍的形式防止员工在他们被赠予股票后一段时期内将股票在市场上进行交易。因此，限制性股票相对于其他股票是非流动的，应该以市场价格的折价进行交易。这个折价应该为多少？这取决于以下几个因素：

A. 非流动期限。无法交易的限制时间越长，限制性股票的非流动折价就越大。为了证明这一折扣的重要性，我们发现，对投资者发行限制性股票进行筹资（相对于将其作为管理者薪酬使用）的公司通常对这些股票采用20%～30%的折扣。

B. 套期保值/贷款限制。如果拥有限制性股票的员工可以进行与股票变动相反的套期保值（因此使得他们可以将限制性股票固定在较高的股票价格上）或者以计算的限制性股票的市场价值进行贷款，就可以很好地避免最大的非流动性成本，但是随着套期保值和贷款限制的加强，限制性股票的非流动折价也会增加。

C. 股票波动率。因为股票价格在各个期间内可能变化较大而导致员工没有办法保障其利益或变现，因此在波动较大的公司其限制性股票的非流动成本也较大。

限制性股票的非流动折价的计算过于繁琐，因此在本文中不予以阐述，在另外一篇文章中对此进行阐述②。

第三种限制条件是绩效概率。如果员工仅仅在其业绩达到某项要求后才会获得股票（无论这种要求是以收入还是以利润形式规定的），限制性股票的价值必须反映出该事件发生的概率。

11.3.2 将限制性股票纳入价值评估中

赞同使用限制性股票的一个观点是将限制性股票纳入价值评估中比员工期权容易得多。在本节中，我们将讨论如何在折现现金流以及其他价值评估方法中考虑限制性股票的发行。

1. 折现现金流估价

同员工期权一样，限制性股票发行可以从3个方面来影响价值。过去发行的限制性股票会产生影响非限制性股票每股价值的限制性股票悬置。在当年以限制性股票作为员工薪酬会降低当期收入，因为它们被作为薪酬费用确认。未来的期望限制

---

① FASB Financial Accounting Series, No. 1201 - 100, June 23, 2004.

② Damodaran, A., “Marketability and Value: Measuring the Illiquidity Discount,” working paper, 2005.

性股票会降低未来收入以及现金流。

• 过去发行的限制性股票。过去发行的限制性股票会在公司任意时点的流通股数量中体现出来。因此，假设公司在过去的5年中发行了20百万股限制性股票，且保持其限制性。此外，假设该公司在当前的市场中拥有80百万股非限制性股票，那么该公司将报告10 0百万股流通股股票，但是这些股票并不完全相同。正如我们在上一节中所提到的，限制性股票价值低于非限制性股票，因此，如果整个股权价值为10亿美元，限制性股票的价值低于10美元，而非限制性股票价值则高于10美元。

• 当年发行的限制性股票。将员工期权作为薪酬费用处理的观点同样适用于限制性股票。因此，在当年赠予员工的限制性股票的价值（考虑了非流动性折价）应该作为一项营业费用处理，并抵减当年的营业收入及净收入。

• 未来发行的期望限制性股票。未来发行的期望限制性股票是一项营业费用项目。同期权一样，计算该项目最佳的方式是计算历史上每年赠予的限制性股票价值占收入的百分比，然后根据结果对未来年份进行预测。该项目会抵减期望的未来现金流，也会降低当前的每股价值。

综上，限制性股票的处理方法反映了具有一个明显限定的员工期权的处理方法。与期权相比，与衡量限制性股票价值相关的估价问题较少，至少对于公开上市公司是这样的。唯一真正值得争论的就是股票价格的非流动性折价应该为多少。

2. 相对估价

因为会计人员已经由于未行使的限制性股票调整了流通股数量，因此分析人员将限制性股票的影响纳入相对估价法中普遍变得更加容易。一个经常被忽略的潜在问题是限制性股票同正常的股票一样是记入到股票总数中的，但是它们实际上只拥有较低的价值（由于非流动性），结果可能会导致对拥有大量未行使限制性股票的公司的所有乘数的高估。

为什么会这样呢？因为任何一个乘数（股权或企业价值）都有一部分市场价值作为分子。市场价值的常规计算是用观测的市场价格乘以流通股股数。由于限制性股票价值较低，因此拥有大量悬置限制性股票的公司的市值会被高估。例如，假设一家公司拥有80百万普通股以及20百万限制性股票，且股票价格为10.15美元（可流通股票）。用流通股股数乘以市场价格（10.15美元）得到市场价值为10.15亿美元。实际上，20百万的限制性股票会以折价进行销售（假如它们发生交易），而累积的市场价值会降低（例如10亿美元）。

虽然存在以上问题，但由于限制性股票悬置往往很少（相对于期权悬置），且非流动折价很小（同样相对于期权价值的变动），因此与员工期权相比，限制性股票很少会歪曲相对估价法的结果。

11.4　结论

将股权作为员工薪酬并不新鲜。公司经常使用股权赠予作为激励方式，这不仅仅为了吸引公司的管理者，还为了使其为股东利益受益。在过去的 20 年中，公司，尤其是科技公司开始使用股权薪酬。在许多这种公司中，主要通过期权对管理者进行酬付，辅以对这些赠予的松散的会计和税务处理（执行之前不予以费用化）。在过去的几年中，对员工期权的关注由于以下两点逐渐得到了提高：首先是发现一些管理者无论付出何种努力，都会受到大量不成比例的价值数千万美元的期权组合的奖励；其次是会计准则委员会最终接受员工期权为薪酬，且应该在赠予的时候估价并费用化（而不是在执行的时候）。

在关注的同时，问题也随之而来：我们应该如何对员工期权进行估价？它们如何影响公司的内在价值（折现现金流）？我们应如何比较对员工期权的使用拥有不同政策的不同公司的收益或账面价值乘数。本章对这些问题进行了回答。特别指出的是，员工期权赠予影响每股价值不仅是因为它们影响当前收益以及未来收益，还因为它们拥有改变流通股股数的可能。

在最后一部分中，我们讨论了限制性股票的再度出现，以及如何在评估公司价值的时候采用最佳的方案对其进行处理。由于限制性股票的非流动性，其价值通常应该低于其他股票。同期权一样，它们也会影响每股价值。

第12章 无形资产价值

人们通常将能够看到和感觉到的资产与无法看到和感觉到的资产进行区分，且感觉前者会更安全。这是人之常情。后者一般也分为商誉、品牌、员工忠诚以及技术能力等。通常对于价值评估方法（尤其对财务分析人员）的批评意见就认为，我们对无形资产太不重视，导致最终低估其价值。

在本章中，我们将对不同类型的无形资产进行观察。首先是能够独立存在且会产生现金流的无形资产（商业的研发专利、版权、商标以及特许权），同时本章提出传统的折现现金流模型能够对其进行估价。然后对品牌和公司声誉这种能为公司产生现金流但很难分离且单独估价的无形资产进行研究。尽管如此，我们仍然认为传统的折现现金流估价模型能够对其进行估价，并且如果给这些无形资产增加溢价将会导致价值的重复计算。在本章的最后，将对最难以捉摸的无形资产进行研究，即目前并没有产生现金流但具有在未来产生现金流的潜力的无形资产。这类资产很广泛，如未开发专利以及经营的灵活性等。由于它们具有期权的特性，因此也是最难以估价的无形资产。

12.1 无形资产的重要性

工业时代成长起来的第一批上市公司，其大部分的价值来源于实物资产。这些早期的企业巨头，包括 General Motors、Standard Oil 和 AT & T，拥有土地、建筑和厂房，较为容易进行会计处理和估价。上半个世纪产生了一批新一代的公司，例如 Coca Cola、Microsoft 和 Pfizer。它们的价值则来源于非实物资产。不同公司的无形资产形式不同，如品牌（Coca Cola）、专利（Pfizer）还有科技（Intel、Microsoft），但是它们仍拥有一些相同的特征。首先，传统的会计准则会低估或者完全忽略这些资产的价值。这些公司的资产负债表仅披露了很少的价值。其次，这些公司大部分的市场价值来源于这些无形资产，例如有证据显示，仅品牌就占许多消费品公司一半以上的价值。最后，无形资产的无法估价导致收益性会计指标（如股权以及资本收益率）和价值的市场指标（例如市盈率和 EV/EBITDA 乘数）的错误计算。

在一项研究中，费城联邦储备银行的 Leonard Nakamura 提出在当前经济环境下衡量无形资产大小的三种不同指标：研发投资、软件、品牌扩张和其他无形资产价值的一种会计计算方法，支付给生产这些无形资产的研究人员、技术人员和其他生产工人的工资和薪水，以及由于提高无形因素而提高的营业利润。[1] 用这三种方法，他计算出在2000年无形资产投资超过1万亿美元。这些无形资产的资本化价值在该年度会超过6万亿美元。

Baruch Lev 提出了较有说服力的观点。他认为会计人员对无形资产的处理方法既不保守也不充分。[2] 例如，研发费用会低估高成长公司的收入，但却会高估低成长公司的收入。在 Paul Zarowin 的论文中，他提出有证据显示美国公司收入与股票价格的相关性已经变小，并将该现象归结于对无形资产会计处理的不当。[3]

如果说会计人员对无形资产价值的估计不恰当，那么价值分析人员做的是否更好呢？假如我们引用很多会计报表中用于估价的信息，对无形资产的估价就会被认为承受了许多同会计处理同样的限制。实际上，会计人员在财务报表中更好地反映出品牌等无形资产的压力，会促使价值评估分析人员更密切地关注他们对相同资产如何进行评估或如何错误地评估。

12.2　独立的且产生现金流的无形资产

最容易估价的无形资产是那些单独且会产生现金流的产品或生产线（product line）。这些资产通常寿命有限，在该期限内必须对现金流进行估价，但是它们在性质上同许多限定期间内产生现金流的有形资产没有区别。在本节中，我们将对这类资产的一些案例进行分析。

12.2.1　商标、版权和许可

商标、版权和许可给予其所有者生产产品或提供服务的专有权利。因此，它们的价值来源于专有权利产生的现金流。如果生产存在成本，那么价值就来自于拥有专有权利产生的超额收益率。

同其他的资产一样，我们能够采取下列两种方法之一对商标或版权进行估价。可以计算拥有该项资产的期望现金流，并对该现金流采取一个折现率，以反映它们的不确定性并得到现值，就得出该项资产的折现现金流计算价值。或者还可以尝试相对估价法，采用一个我们认为产自于商标或版权的收入或收益的乘数。该乘数通常通过以往同类商品出售的价格进行计算。

在计算的时候，我们通常会陷入到该类资产独有的计算问题。首先必须考虑版权或商标在有限期间内提供给我们的专有权利的因素。因此，我们计算的现金流仅产生于该期间内，且通常不会存在终值。其次，必须将侵害版权和商标的期望成本

① Nakamura, L., "Intangibles: What Put the New in the New Economy?," *Federal Reserve Bank of Philadelphia Business Review* (1999): 3-16.

② Lev, B., "Remarks on the Measurement, Valuation and Reporting of Intangible Assets," *FRBNY Economic Policy Review* (2003).

③ Lev, B., and P. Zarowin, "The Boundaries of Financial Reporting and How to Extend Them," *Journal of Accounting Research* (1999): 353-385.

包括在内。这种成本至少包括两项：一项是强制排外的法律和监控成本；另一项是无论我们多么小心的进行监控，还是无法防止侵权发生，由此而导致的收入（利润）的损失会降低该权利的价值。

［例 12—1］对"Damodaran on Valuation—2006"版权的价值评估

假设 John Wiley 面临另一个有兴趣购买本书版权（Damodaran on Valuation）出版商的竞争。为了计算版权的价值，我们进行了以下的假设。①

（1）该书期望未来 3 年每年产生 150 000 美元的税后现金流，以及接下来的两年中每年产生 100 000 美元。这是扣除作者版税、宣传费用以及生产成本后的现金流。

（2）该现金流的大约 40% 来自于下了大量订单的大型组织，是可预计且稳定的。该现金流的资本成本为 7%。

（3）现金流剩下的 60% 来自于普通公众，且这部分的现金流更为不稳定。现金流的资本成本为 10%。

版权的价值可以用上述的现金流和资本成本计算出来，并列示于下表（单位：美元）：

年	固定现金流	现值（资本成本 7%）	波动现金流	现值（资本成本 10%）
1	60 000	56 075	90 000	81 818
2	60 000	52 406	90 000	74 380
3	60 000	48 978	90 000	67 618
4	40 000	30 516	60 000	40 981
5	40 000	28 519	60 000	37 255
		216 494		302 053

在上述假设条件下，版权价值为 518 547 美元（即 216 494 美元与 302 053 美元的和）。

12.2.2 特许经营权

特许经营权给予其所有者交易或出售某个品牌公司的产品或服务的权利。特许经营权的例子包括全世界数千家的麦当劳、汽车公司的经销权，甚至更宽泛地说，纽约出租车经营牌照。在每一个例子中，经销商（购买特许经营权的人）会支付给授权方（麦当劳或福特）一项固定费用以及行使特许经营权的年费。作为回报，他或她得到品牌的权利、公司的支持以及广告赞助。

1. 特许经营权价值以及超额收益率。特许经营权的获得提供给经销商在特许

① 我有意将这些假设提得尽可能乐观。同读者一样，我希望获得的实际现金流能够与我的计算相同。

经营权期限内获得高于市场收益的机会。虽然不同的例子中高于市场的收益并不相同，但是它们能够归结于一系列不同的因素。

• 品牌价值。特许经营权能够拥有品牌的价值，使经销商要价较高，且吸引较其他类似的企业更多的顾客。这样，为了能够利用其公司的品牌价值，投资者就愿意支付大量的固定费用来获取麦当劳的特许经营权。通过授权方频繁地为其产品做广告宣传，该品牌价值得到扩张。

• 产品/服务技术。在一些例子中，由于授权方提供出售的产品和服务的技术，特许经营权因此拥有价值。例如，一个麦当劳的经销商将会获得麦当劳使用的标准设备以及产品成分（如巨无霸的特殊酱料）。

• 法律专利权。有时，特许经营权可能因为经销商被授予提供服务的唯一权利而拥有价值。例如，某家公司可能会为一个棒球场内的特许经营权而支付大笔费用，因为它们得知在该场内不会有其他的竞争者。还有一种对该形式轻微的变形，即有时多个特许经营权被出售，但是会限制数量，以保证经销商获得超额收益率。例如纽约出售经营黄色出租车所必需的出租车经营牌照。他们对提供相同服务的无牌照所有者同样进行严格的限制。因此，出租车经营牌照的购买和出售市场能够存在。

基本上，特许经营权是直接同产生超额收益率的能力相联系的。任何会影响这种超额收益率的行为或事件都会影响特许经营权的价值。

2. 特许经营权估价的特殊问题。购买特许经营权通常是一把双刃剑。虽然经销商得到拥有大量资源的著名公司的资助，但是还存在一些会影响特许经营权价值的成本。这些成本列示如下：

• 授权方的问题会殃及经销商。例如，如果韩国汽车制造商 Daewoo 的贷款太多并陷入财务困境，他们全球各地的经销商也会受到影响。同样，麦当劳全球各地的经销商也会被反全球化积极分子所抗议。这样，一个有效的且运行良好的特许经营权会被拥有很少甚至没有控制的行为所影响。

• 因为授权方通常是大型公司，而经销商则通常是规模较小的企业或个人，因此前者通常会拥有更多的议价权利，且通常会利用这个权利以自己的利益改编特许经营权合约的期限。经销商可以通过联合在一起增加自己的权利，并以联合会的形式来进行溢价。

• 特许经营权的价值来自于它授予授权者出售公司产品的唯一权利。该价值在特许经营权被赠给竞争者的时候会被降低。例如，Burger King 的特许经营权价值可能会被同一条街上距离 5 英里的另外一间开业的 Berger King 所降低。

3. 关于特许经营权价值评估最后的思考。使用折现现金流或相对估价模型对特许经营权进行价值评估并不难。使用折现现金流模型的时候，主要的问题在于拥有特许经营权与相同行业没有特许经营权相比增加的现金流的计算。比如，当对 Burger King 特许经营权进行价值评估的时候，就需要计算经营一家 Burger King 的现金流以及经营一家菜单相同但没有品牌特许经营权的餐馆的现金流。得出的增量现金流以风险调整折现率进行折现，从而反映特许经营权所在行业的风险，最终得到特许经营权的价值。

然而，在使用相对估价法的时候，我们会利用买卖特许经营权的交易价格。至于如麦当劳等被广泛持有的特许经营权，我们可以复制对股票的操作方法，即计算一个基于近期交易的估价乘数（特许经营权价值/销售额），并将其用于对某个特许经营权进行估价。

12.3 产生现金流的公司范围的无形资产

那些最被关注且拥有最高价值的无形资产通常难以独立和估价。他们本身并不会产生现金流，但可以使公司对其产品定价较高，并产生更多的现金流。因此，对这些无形资产的估价较为困难。有三种不同的方式可以用于对其价值的评估。

A. 投入的资本。我们可以通过公司一共对某项资产投资多少来计算该项资产的账面价值。例如对于品牌，就需要观察期间内的广告费用，将这些费用进行资本化，并观察当前保留的还未摊销的该费用的余额。尽管这种方法主观性最小，但是它得出的结论可能与该项资产的市场价值并不相符，甚至相差很大，但是它与其他有形资产的账面价值的会计处理是一致的。

B. 折现现金流估价法。我们可以将由问题中的无形资产产生的公司期望增长现金流进行折现。这就需要将可以归结于品牌或科技部分的现金流从合计公司现金流中分离出来，并以合理的折现率对其进行折现。

C. 相对估价法。将例如品牌等无形资产的影响进行分离的一个方法就是将该公司的市场价值（拥有无形资产）与其他没有该项无形资产的类似公司价值进行比较。两者之间的差异可以归结为无形资产。

在下一节中，我们会详细地讨论品牌的估价，并对人力资本进行粗略的讨论。

12.3.1 品牌

品牌是在讨论到无形资产的时候通常最常会想到的资产。毕竟，品牌在许多消费品公司的价值中占有很大的比例，且许多国家在会计准则中要求公司对其品牌进行估价并反映在其账面中。在本节中，我们研究在对品牌进行估价的时候面临的选择以及为什么会得出不同的答案。

1. 历史成本法

在历史成本法中，我们采用惯例的权责发生制中形成的方法对品牌进行估价。我们首先假设公司发生费用的大小通常会影响其品牌。这是显而易见的。例如每家公司一部分的广告费用是花费在建立或增加公司的品牌上的。然后，我们使用类似于对研发费用进行资本化的时候使用的步骤来计算品牌的价值。

A. 根据我们认为品牌支出会产生的利益的期间，我们确认该品牌支出的摊销期间。对于消费品公司来说，由于品牌会持续很长时间，因此可能会延长至20年，甚至更久。

B. 我们收集自品牌摊销期间内的历史上每年的品牌支出数据。这样，如果选择 20 年作为摊销期间，我们将要收集前 20 年每一年品牌的支出（或者至少是我们归结于品牌的支出）。

C. 使用直线摊销的计划，我们会在随后的年度中将一定比例的品牌支出（例如摊销期限为 20 年时，品牌支出为 5%）从每年的支出中扣除。这样，我们在当前年度就能够计算出品牌支出摊销的总额（处理方式与折旧类似）以及以前年度还未摊销的部分，即目前当做资产处理的部分（品牌价值）。

虽然这种方法操作简单，且减少了公司自由选择的权利，但是它没有真正地衡量品牌的价值。它所衡量的是投入到品牌中的资本，即可能与当前实际的市场价值很少或根本没有相似之处。毕竟，有的公司在广告上投入了几十亿美元，但是却并没有显示出品牌的价值，而有些公司通常因为他们以正确的时间出现在了正确的地方，因此花费了很少甚至没有花费广告费用就建立了其品牌价值。

［例 12—2］计算品牌价值：历史成本法

2004 年，Coca Cola 被《商业周刊》杂志列为世界品牌排名第一。我们知道，该公司通常在广告花费上十分大方，其一部分原因是为了建立品牌。在下表中，我们对品牌的摊销期限进行假设，并列出了在过去 25 年中 Coca Cola 的出售和广告费用（单位：美元）（实际上，我们应该回顾的更久一些，但是由于数据限制无法进行）。

年份	销售和广告总计	品牌相关费用	本年摊销额	未摊销费用
1980	1 121	561	22.43	0.00
1981	1 189	594	23.77	23.77
1982	1 221	610	24.41	48.83
1983	1 376	688	27.52	82.56
1984	1 543	771	30.85	123.41
1985	1 579	789	31.57	157.87
1986	1 631	815	32.61	195.68
1987	1 777	888	35.53	248.73
1988	2 025	1 013	40.51	324.05
1989	2 232	1 116	44.64	401.76
1990	2 717	1 359	54.35	543.47
1991	3 069	1 535	61.39	675.25
1992	3 499	1 750	69.99	839.84

续表

年份	销售和广告总计	品牌相关费用	本年摊销额	未摊销费用
1993	3 797	1 898	75.93	987.13
1994	4 198	2 099	83.96	1 175.44
1995	4 657	2 329	93.15	1 397.20
1996	5 347	2 673	106.93	1 710.93
1997	5 235	2 617	104.69	1 779.79
1998	5 523	2 761	110.45	1 988.16
1999	6 543	3 271	130.85	2 486.21
2000	5 701	2 850	114.01	2 280.27
2001	4 099	2 050	81.99	1 721.72
2002	4 667	2 334	93.35	2 053.63
2003	4 992	2 496	99.84	2 296.32
2004	5 431	2 715	108.61	2 606.72
			1 703.35	26 148.75

我们假设每年50%的销售和广告费用用于建立品牌，余额产生当年的收入。在倒数第二栏中，我们使用25年期的直线摊销，计算了本年度的前一年费用的摊销。在最后一栏中，我们记录了以前年度费用的未摊销部分。该栏计算出的价值(261.5亿美元）可以认为是品牌的价值。

这种计算方法存在可能的改进：一种是使用更长的摊销期间，回溯到更久去获取广告费用；另外一种是基于通货膨胀将过去的费用转换为当前的美元费用。换句话说，1980年的11.2亿美元的费用如果以2004年的美元衡量实际上要大得多。①这两种方法都会增加品牌的价值。

2. 折现现金流法

在折现现金流法中，我们试图将品牌对公司现金流的影响进行分离，但是由于品牌的影响是通过公司来实现的，因此这一点很难做到，而且也很难将品牌的影响与其他可能同样会影响现金流的因素相分离，如公司质量、服务的声誉以及市场力等。

1）与无品牌公司的比较

也许衡量品牌价值最简单的方法是通过将某个品牌公司与其他没有品牌的可比公司（在产品及规模方面）相比较而获得。两者之间的差异就可以归结于品牌，而该现金流的现值就应该是该品牌的价值。

① 当我们使用通货膨胀的调整价值的时候，品牌的价值增长了大约400亿美元。

虽然这种方法很直观，但是主要的局限在于找到一个品牌公司的无品牌可比公司。通常，品牌公司在行业中占主导地位且拥有不同的产品组合，收入要远远高于同行业中的无品牌公司。然而，要找到与宝洁（Procter & Gamble）或者吉列（Gillette）公司相似的无品牌公司是不可能的。为了简化这一过程，我们推荐以下方法：

A. 品牌营业利润法。在该法中，我们用同行业中无品牌公司的营业利润取代品牌公司的营业利润。隐含的假设是品牌的力量存在于产品的定价中，且品牌公司对同样产品的定价较高（与无品牌公司相比）。用无品牌利润对品牌公司进行再估价将会产生连锁反应，因为较低的利润产生较低的资本收益，而较低的资本收益则导致较低的增长率。因此，即使很小的营业利润的变动也会招致较大的价值变化，即可以归结于品牌。

B. 无品牌资本收益率法。与第一个方法相近的替代法是用无品牌替代品的资本收益率取代品牌公司的资本收益率。这里，我们假设品牌的力量最终会体现在较高的资本收益率上。[①] 营业收入和增长率因此发生的变化会降低公司的价值，而这种价值的变化正是品牌的价值。在这里，我们假设品牌公司和无品牌公司的资本成本是相同的。

C. 无品牌超额收益率法。在该法中，我们用无品牌公司获得的超额收益率（资本收益率减去资本成本）取代品牌公司获得的超额收益率。除了获得资本收益率改变的所有影响之外，该方法还允许我们为品牌公司和无品牌公司设置不同水平的资本成本。一个合理的解释就是，品牌公司拥有较少的市场风险（无杠杆 beta 值）、较多的负债能力和较低的资本成本。

在所有的这些方法中，我们进行了两个关键的假设。第一个是存在无品牌公司，且我们能够获得其财务报表，尽管品牌公司及其无品牌的可比公司并不需要公开上市。第二个是品牌公司是解释这些公司之间利润、资本收益率和超额收益率差异的唯一原因。如果品牌混合了其他无形资产，那么我们所获得的就是所有这些资产价值的综合指标。这就使得该方法对于价格差异的唯一原因在于品牌而非产品质量或服务的产品来说更为贴切。因此，该方法更适于衡量 Coca Cola 或 Mars Candy 等品牌的价值，而对于 Sony 或 Goldman Sachs 的品牌估价则并不适合。

2）超额收益率模型

当无品牌公司不存在的时候，我们可以用另外一种方法来衡量品牌的价值，但是需要设定一些很冒险的假设。如果我们假设公司获得的所有的超额收益率（超过资本成本的收益率）都能够归结于其品牌，那么品牌的估价就变得容易得多。在第6章中，我们介绍了评估公司价值的超额收益率模型，并指出在不存在超额收益率的情况下，公司会以投资资本的账面价值进行交易。如果我们假设超额收益率

---

① 因为资本收益率是税后营业利润与营业额周转率比率的乘积，因此这个方法使品牌公司有两种方法得到更高的价值。一种是通过对相同的产品定价较高，从而获得较高的利润；另一种是虽然定价相同，但是可能销售量更大，因此增加销售额比率。

完全归结于品牌，那么品牌的价值可以以公司的评估价值与公司投资资本的账面价值之差进行计算。

品牌的价值 = 评估的公司 DCF 价值 - 公司的投资资本

如果无品牌公司的超额收益率为零，那么该方法会得出与无品牌公司法相同的价值。该方法的局限在于，超额收益率来源于整个公司的竞争优势，而并非只有品牌。此外，会计选择和处理能够影响估算的投资资本，并因此影响品牌价值的估算。

［例 12—3］计算品牌的价值：无品牌法和超额收益率模型

在下面的案例中，我们首先使用无品牌公司法估算了 Coca Cola 的价值，然后与通过超额收益率法得到的价值进行比较。

为了使用无品牌法，我们首先对无品牌饮料公司进行广泛的研究，然后选定一家加拿大饮料制造公司 Cott 公司。它是制造并主要在美国出售无品牌碳酸饮料的加拿大公司。在下表中，我们对 Coca Cola 和 Cott 公司的主要统计数据进行比较（金额单位：百万美元）：

	Coca Cola	Cott
收入	21 962	949
营业利润（税后,%）	15.57	5.28
资本收益率（税后,%）	20.84	11.20

品牌的优势十分明显。Coca Cola 的收入要远远高于 Cott。

为了评估 Coca Cola 的品牌价值，我们首先私用营业利润法，即将 Coca Cola 的税后营业利润（15.57%）更换为 Cott 的税后营业利润（5.28%），收入仍然维持在 21 962 百万美元，营业额/资本比例为 Coca Cola 的现有水平（1.34），资本成本也是 Coca Cola 的当前资本成本（7.65%）。得出的价值显示于下表（金额单位：百万美元）：

	Coca Cola 的价值	
	使用当前利润	使用 Cott 利润
当前税率（%）	40	40
当前收入	21 962	21 962
高增长阶段		
高增长期持续时间（n）	10 年	10 年
再投资率（%）	50	50
营业利润（税后,%）	15.57	5.28
营业额/资本（周转率比率）	1.34	1.34

续表

	Coca Cola 的价值	
	使用当前利润	使用 Cott 利润
资本收益率（税后）	20.84	7.06
该期间增长率（g,%）	10.42	3.53
该期间资本成本（%）	7.65	7.65
稳定增长期		
稳定状态的增长率（%）	4.00	4.00
稳定状态的资本收益率（%）	7.65	7.65
稳定增长的再投资率（%）	52.28	52.28
稳定状态的资本成本（%）	7.65	7.65
公司价值	79 611.25	15 371.24

资本收益率 = 营业利润 × 销售额 ÷ 资本

注意较低的营业利润影响当前营业收入，而且还会转变为较低的资本收益率和较低的增长率。Coca Cola 的价值在其本身的当前利润下为 79 611 百万美元，而在无品牌利润下仅为 15 371 百万美元（Cott）。

品牌的价值 = 79 611 − 15 371 = 64 240（百万美元）

接下来我们用资本收益率法估计 Coca Cola 的品牌价值，将 Coca Cola 的资本收益率 20.84% 改变为 Cott 的资本收益率 11.20%，而 Coca Cola 的投资资本仍为 16 406百万美元，资本成本为 7.65%。下表显示了品牌的价值评估（金额单位：百万美元）：

	Coca Cola 的价值	
	使用当前 ROC	使用 Cott 的 ROC
投入的资本（负债和权益的账面价值）	16 406	16 406
高增长阶段		
高增长期持续时间（n）	10 年	10 年
再投资率（占 EBIT（1 − t）的百分比,%）	50	50
资本收益率（税后,%）	20.84	11.20
该期间增长率（g,%）	10.4194	5.60
该期间资本成本（%）	7.65	7.65
稳定增长期		
稳定状态的增长率（%）	4.00	4.00
稳定状态的资本收益率（%）	7.65	7.65
稳定增长的再投资率（%）	52.28	52.28
稳定状态的资本成本（%）	7.65	7.65
公司价值	79 611.25	28 883.10

将 Coca Cola 的资本收益改变为 Cott 的资本收益会改变当前的营业收入、增长率以及价值。新的品牌价值计算如下：

品牌价值 = 79 611 - 28 883 = 50 728（百万美元）

该价值与营业利润法中得出的价值的差异主要因为 Cott 的销售额/资本比率要高于 Coca Cola 公司，会将其资本收益率提高至 11.20%。如果销售额/资本比率相同，则资本收益率仍为 7.06%。

最后，我们通过超额收益率法估计 Coca Cola 的品牌价值。Coca Cola 的资本收益率为 20.84% 而资本成本为 7.65%，因此超额收益率为 13.19%。Cott 的资本收益率为 11.20%，而资本成本为 10%，得出的超额收益率为 1.20%。我们将 Coca Cola 的收益率和资本成本都更换为 Cott 的收益率和资本成本，Coca Cola 的投资资本仍为当前水平，则品牌价值评估见下表（金额单位：百万美元）：

	Coca Cola 的价值	
	使用当前 ROC	使用 Cott 的 ROC
投入的资本（负债和权益的账面价值）	16 406	16 406
高增长阶段		
高增长期持续时间（n）	10 年	10 年
再投资率（占 EBIT（1 - t）的百分比,%）	50	50
资本收益率（税后,%）	20.84	11.20
该期间增长率（g,%）	10.42	5.60
该期间资本成本（%）	7.65	10.00
稳定增长期		
稳定状态的增长率（%）	4.00	4.00
稳定状态的资本收益率（%）	7.65	7.65
稳定增长的再投资率（%）	52.28	52.28
稳定状态的资本成本（%）	7.65	10.00
公司价值	79 611.25	17 502.22

该方法与前面的方法主要的不同在于我们除了将资本收益率改为 11.20% 之外，还将 Coca Cola 的资本成本改为 10%（即 Cott 的资本成本）。最后的结果是估算的品牌价值增加了：

品牌价值 = 79 611 - 17 502 = 62 109（百万美元）

在分析的最后，我们假设将 Coca Cola 公司全部的超额收益率都归结于品牌价值，并计算品牌价值。Coca Cola 公司投入资本仍为当前水平 16 406 百万美元。评估过程见下表（金额单位：百万美元）：

	Coca Cola 的价值	
	使用当前超额收益率	使用 Cott 的超额收益率
投入的资本（负债和权益的账面价值）	16 406	16 406
高增长阶段		
高增长期持续时间（n）	10 年	10 年
再投资率（占 EBIT（1-t）的百分比,%）	50	50
资本收益率（税后,%）	20.84	7.65
该期间增长率（g,%）	10.42	3.83
该期间资本成本（%）	7.65	7.65
稳定增长期		
稳定状态的增长率（%）	4.00	4.00
稳定状态的资本收益率（%）	7.65	7.65
稳定增长的再投资率（%）	52.28	52.28
稳定状态的资本成本（%）	7.65	7.65
公司价值	79 611.25	17 053.55

在这里，我们得到的品牌价值如下：

品牌价值 = 79 611 - 17 054 = 62 557（百万美元）

回顾我们的计算结果，得到最高的品牌价值的是营业利润法（640 亿美元），最低的为资本收益率法（500 亿美元）。

3. 相对估价模型

在相对估价模型中，我们尝试通过研究拥有品牌和无品牌的公司市场价格来获得品牌的价值。第一个相对估价法源自我们前面在折现现金流估价法中使用的无品牌公司的计算。第二个方法则采用我们在第 9 章中所介绍的多元回归法，即以公司交易的多种因素对决定价值的基本指标进行回归。

1）比较无品牌公司价值评估。该方法的前提是品牌公司和与之类似的无品牌公司均为上市公司。由于我们能够观察到两家公司的市场价值，就可以通过对两者价值差异的研究得出属于品牌的价值。由于无品牌公司的规模可能小于（或大于）品牌公司，因此综合市场价值很难进行比较。我们用两者的企业价值乘数对其进行替代，用收入、营业利润或账面资本作为基础。如果品牌拥有价值，而且是两家公司之间的唯一差异，那么品牌公司的企业价值乘数应该高于无品牌公司。品牌价值可以写为：

$$品牌价值 = [(EV/变量)_{品牌} - (EV/变量)_{无品牌}] \times 变量_{品牌}$$

这样，如果我们使用 EV/销售额比率作为乘数进行比较，则上式可写为：

$$品牌价值 = [(EV/销售额)_{品牌} - (EV/销售额)_{无品牌}] \times 销售额_{品牌}$$

由于该方法假设市场价值是给定的，而不必自己去计算价值，因此需要做的工作要少于折现现金流法。另一方面，市场失灵会影响我们的估价，而且我们仍旧假设公司之间差异的唯一原因就是拥有品牌或者无品牌。

2）比较不同公司的市场估价。如果无法找到公开上市的无品牌公司怎么办？在第9章中，我们介绍了多元回归，即对决定价值的基本指标进行公司交易的多种因素的回归。得出的结果就能够将每个基本指标的影响进行分离。例如，我们可以计算EV/销售额的较高增长对零售业公司的影响。通过在回归中引入直接或间接的品牌衡量指标，我们可以计算其对价值的影响。

- 品牌的直接指标。假设我们对30家消费品公司进行分析，其中10家拥有较强的品牌而另外20家则品牌较弱。我们可以在回归中引入品牌虚拟变量来获取其对价值的影响。例如，使用EV/销售额比率作为乘数，我们可以进行以下的回归：

EV/销售额 = a + b（风险指标） + c（期望增长） + d（品牌虚拟变量）

公司品牌较强的时候，品牌虚拟变量为1；品牌较弱的时候，品牌虚拟变量为0。品牌虚拟变量的系数d会得到拥有一个品牌对价值的影响。

- 品牌的代理指标。在早期，我们认为品牌的价值更有可能在较高的营业利润中显示。将营业利润引入到回归中，会得到这个影响。

EV/销售额 = a + b（风险指标） + c（期望增长） + d（营业利润）

大概是因为拥有较高营业利润的公司会以较高的销售额乘数进行交易，而营业利润的系数“d”则会受到这一影响。在该回归中使用某家无品牌甚至是行业平均营业利润会得到无品牌公司EV/销售额比率的评估值。将这个预计价值与品牌公司的实际EV/销售额比率相比较，就会得到品牌的价值。

$$品牌价值 = [(EV/销售额)_{品牌} - (预计\ EV/销售额)_{无品牌}] \times 销售额_{品牌}$$

［例12—4］计算品牌价值：相对估价法

在本例中，我们首先将Coca Cola公司的市场价值同Cott公司的相比较，见下表：

	Coca Cola	Cott
股权市场价值	98 160	949
负债	7 178	345
现金	6 707	27
公司价值	98 631	1 267
销售额	21 962	1 646
EBITDA	7 760	186
投资资本	16 406	775
EV 乘数		
EV/销售额	4.49	0.77
EV/EBITDA	12.71	6.81
EV/投资资本	6.01	1.63

可以发现，Coca Cola的EV/销售额比率要远远高于Cott公司。我们可以通过使用两家公司的EV/销售额比率的差异乘以Coca Cola公司的收入，得到Coca Cola公司的品牌价值：

Coca Cola的品牌价值 = 21 962 ×（4.49 - 0.77）= 81 725（百万美元）

使用EV/EBITDA以及EV/投资资本会产生较低的品牌价值：

Coca Cola的品牌价值 = 7.760 ×（12.71 - 6.81）= 45 823（百万美元）

Coca Cola的品牌价值 = 16 406 ×（6.01 - 1.63）= 71 821（百万美元）

该价值根据使用的衡量标准不同而产生很大的变化。至少在本例中，用收入之比进行衡量得到的价值最大，而用EBITDA进行衡量得到的价值最小。

我们还可以用EV/销售额比率对饮料公司税前营业利润进行回归，并得到如下结果：

EV/销售额 = 0.33 + 13.28 ×（税前营业利润）　R^2 = 45%

在该回归模型中，税前利润每变化1%，就会导致EV/销售额比率变化0.1328。如果我们将此应用于Coca Cola税前利润25.94%以及Cott的税前利润8.80%，以Coca Cola的收入为衡量指标，则会得到品牌价值如下：

Coca Cola的品牌价值 = 21 962 ×［13.28 ×（0.2594 - 0.0880）］= 50 015（百万美元）

R^2 表示在这个估算价值中将会存在很大的标准误差。

---

4. 品牌价值评估中的问题

虽然我们提出了许多估算品牌价值的方法，但是在对品牌价值进行评估的时候不同公司之间仍旧存在许多必须考虑的差异。

- 单独品牌与多品牌。一些公司所有的产品仅拥有一个品牌（IBM、America Express、McDonald's），还有一些公司则拥有许多品牌（Procter & Gamble、Kraft Foods）。当我们使用上一节中介绍的方法的时候，我们会得到后者所拥有的全部品牌的综合价值。
- 单一产品与多生产线。在不同行业销售产品的公司品牌比只拥有一个产品领域产品的公司品牌更难估价。例如，Coca Cola大部分的收入从软饮料中获得（尽管它拥有一些其他的品牌）。与之相反，IBM的收入则从拥有不同营业组合的计算机硬件、软件和服务中获得。为了衡量IBM的品牌价值，我们必须对每一个部分单独进行估价。品牌价值很有可能在某个部分中较高而在另一个部分中并不高。
- 其他竞争优势。我们在讨论中始终提到，当品牌是公司唯一的竞争优势的时候最容易估价。如果公司拥有多种竞争优势，就会使评估变得十分困难，因为我们所计算的品牌的价值可能实际上是所有竞争优势的综合价值。

Fernandez（2001）对多种品牌价值评估方法进行回顾，并得出结论——所有方法均存在缺点。[1] 虽然他所批评的模型之一来自于本书第一版，我们同意他的一般观点。品牌的价值评估在公司仅有一个生产线而且没有其他竞争优势的情况下最容易，而在其他情况下都会变得较为困难。将一部分价值划归于品牌会使会计人员对他们的资产价值衡量感觉更好，但是通常提供给投资者的信息很少。

12.3.2 人力资本

我们不再重复在品牌价值评估中的论述，而是可以将衡量品牌价值的方法发展到衡量其他同样为整个公司产生价值的无形资产的价值，其中之一就是人力资本。拥有良好训练、忠诚并且聪明的员工的公司价值应该高于其他拥有较少专业技能员工的类似公司，尤其是咨询公司、投资银行以及其他大多数价值来源于人力资本的企业。

- 历史成本法。对于品牌，我们将广告费用当做确定的费用，而对于人力资本，我们将招聘、培训以及员工福利费用当做确定的能力。同品牌一样，在投资获利之前，公司需要在人力资本上投资很长时间，但是我们可以假设一个摊销期限并收集在此期间内员工费用的信息，从而确定人力资本的会计价值。
- 折现现金流模型。我们可以将投资于人力资本的公司的价值与同行业中的一般公司进行比较，从而对公司投入的人力资本进行估价。找到一家关于人力资本的一般公司比找到一家关于品牌的一般公司更难。毕竟，每一家咨询公司都认为其顾问拥有专业的品质；区别是相对的。
- 超额收益率模型。在股价价值和投入资本之差作为衡量人力资本价值的指标的情况下，我们可以将公司所获得的所有超额收益率全部归结于人力资本。
- 相对估价法。我们可以将拥有较高人力资本投资公司的交易的市场乘数与拥有员工水平较为一般的公司相比。

在这些方法中，我们需要注意一点：与被公司拥有的品牌不同，人力资本仅仅是被租用的。换句话说，很难阻止公司中有经验的顾问或经纪人以合适的价格跳槽到竞争公司去。考虑一下华尔街有经验的经纪人从一家投资银行跳槽到另外一家的频率。在超额收益率法中，可以想象，来自人力资本的全部超额收益属于拥有人力资本的人，而不是雇用人力资本的公司。

12.3.3 商誉：非资产

令人惊讶的是，我们没有提到资产负债表中最常见的无形资产商誉。商誉不是一项资产，而是一项插入变量（plug variable）。需要注意的是，它在收购后方能显示，且设定为支付给目标公司的价格与其资产账面价值之差。这样就保证收购之后的资产负债表仍旧平衡。

对商誉最宽泛的解释是，它是衡量目标公司中成长资产的估算价值的指标。成

---

① Fernandez, P. , “Valuation of Brands and Intellectual Capital,” working paper, SSRN, 2001.

长资产是目标公司期望在未来进行的投资。这仅在收购中以公允价格支付且目标公司的账面价值衡量当前资产的价值的情况下成立，而这两种假设均较为大胆。在实际中，商誉的价值会受以下因素影响：

- 错误的账面价值衡量。如果资产的账面价值由于会计准则的选择而被低估（或高估），那么商誉就会被高估（或低估）。
- 收购中的超额支付或支付不足。如果在收购中收购方超额支付，其商誉会随超额支付而增加。如果它被低估，则相反。

虽然可能会要求过多，但是在资产负债表的商誉项目被分为好的和差的两部分的时候，我们的估价工作就会变得很容易。前一个针对成长资产（并因此可证明），而后一个则获得收购中的超额支付。当计算投入资本的收益（即我们通常所称的估算当前资产收益率）的时候，我们将差的商誉而不是好的商誉作为投入资本的一部分处理（因此降低资本收益率），因为期望公司从他们还没有进行的投资中产生营业收入是不公平的。

12.4 拥有潜在未来现金流的无形资产

最难估价的无形资产是当前不存在而在未来可能会产生现金流的资产。虽然这些资产很难以折现现金流法进行估价，且通常不太可能以相对估价法估价，但是他们拥有期权特性，最好使用期权定价模型进行估价。在本节中，我们首先将未开发专利以及自然资源储备作为期权进行研究，然后再来考虑两种定义并不十分清晰的无形资产——新的市场及产品开发的期权和放弃投资的期权（本章附录1中将给出期权定价模型的简单概述）。

12.4.1 未开发专利

专利提供给公司开发以及出售某件产品或服务的权利，并因此可以被看做一项期权。虽然未开发专利可能在目前财务上并不存在且不会产生现金流，但是因为它在未来能够被开发，因此仍旧拥有相当大的价值。在本节中，我们将首先研究将专利作为期权进行价值评估的方法，然后将讨论扩展到研究对拥有已开发产品和未开发专利的公司进行估价的最佳方法。

1. 将专利作为期权进行估价

假设公司的收入来自于专利的使用。公司将仅在产品销售产生的期望现金流的现值超过开发成本的时候才会开发某项专利，如图12—1所示。否则，公司就会将该项专利搁置，从而不会导致任何更多的成本。如果I是该项专利的市场开发成本的现值，V是来自开发的期望现金流的现值，则：

拥有某项产品专利的收入 $= V - I$（$V > I$ 时）

$= V - I$（$V \leq I$ 时）

这样，一项产品专利可以看做是一项买方期权，其中产品为标的资产。

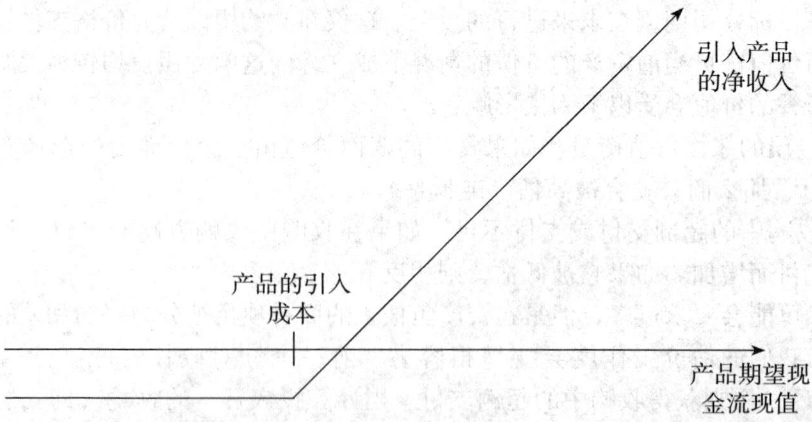

图 12—1 引入产品的收入

[例 12—5] 专利估价：1997 年的 Avonex

Biogen 是一家生命技术公司，拥有一种名为 Avonex 药物的专利，得到 FDA 批准用于治理多发性硬化。假设我们要对该项专利进行估价，且使用期权定价模型进行如下计算：

- 基于潜在市场和公司对药品期望的定价，在考虑了最初投资成本之前，一项当前药品财务生存能力的内在分析得出现金流现值为 34.22 亿美元。
- 如果该药品在当前引入市场，则估算的用于商业用途的药品最初开发成本为 28.75 亿美元。
- 公司在未来 17 年拥有该项药品专利，且当前长期国债利率为 6.7%。
- 上市生物科技公司价值的平均方差为 0.224。

我们假设超额收益率的潜力仅在专利期内存在。超过专利期，竞争将会消除超额收益率。因此，一旦专利变为可行，所有药品引入的延期都会损失公司一年的受专利保护的超额收益。（为了最初的分析，延期的成本为 1/17，下一年为 1/16，再下一年为 1/15，以此类推。）

基于以上假设，我们得到期权定价模型的输入变量如下：

当前引入药品产生的现金流现值 = S = 34.22 亿美元

用于商业用途的开发药品的初始成本（当前） = K = 28.75 亿美元

专利期 = t = 17 年

风险利率 = r = 6.7%（17 年期长期国债利率）

期望现值方差 = σ^2 = 0.224

期望的延期成本 = y = 1/17 = 5.89%

计算的 d 和 N（d）结果如下：

$d_1 = 1.1362$ N（d_1） = 0.8720

$d_2 = -0.8152$ N（d_2） = 0.2076

将其代入到调整股利的布莱克—斯克尔斯期权定价模型中①，我们得到：

专利的价值 $=3\,442\,e^{(-0.0589)(17)}(0.8720)-2\,875e^{(-0.067)(17)}(0.2079)=907$（百万美元）

为了提供对比，该项目的净现值仅为 547 百万美元。

NPV = 3 422 - 2 875 = 547（百万美元）

该期权的时间溢价为 360 百万美元（907 - 547），意味着公司继续等待将会更好，而不是立刻开发该药品，尽管存在延期成本。但是，延期成本会随时间不断增加，因此执行（即开发）在未来年度中越来越有可能发生。

为了说明，我们将对买方期权进行估价。假设除了专利期，所有的输入变量保持不变。例如，假设专利还剩下 16 年。保持其他不变，延期成本会因为专利期的缩短而增加。

延期成本 = 1/16

现金流现值（S）的减少以及延期成本（d）的增加降低了专利的期望价值。图 12—2 显示了期权的价值以及该项目每年的净现值。

基于此分析，如果条件不发生改变，我们认为从现在起 8 年内 Avonex 作为商业化产品的价值要高于作为专利的价值，而第 8 年同样也是商业开发该产品的最佳时机。

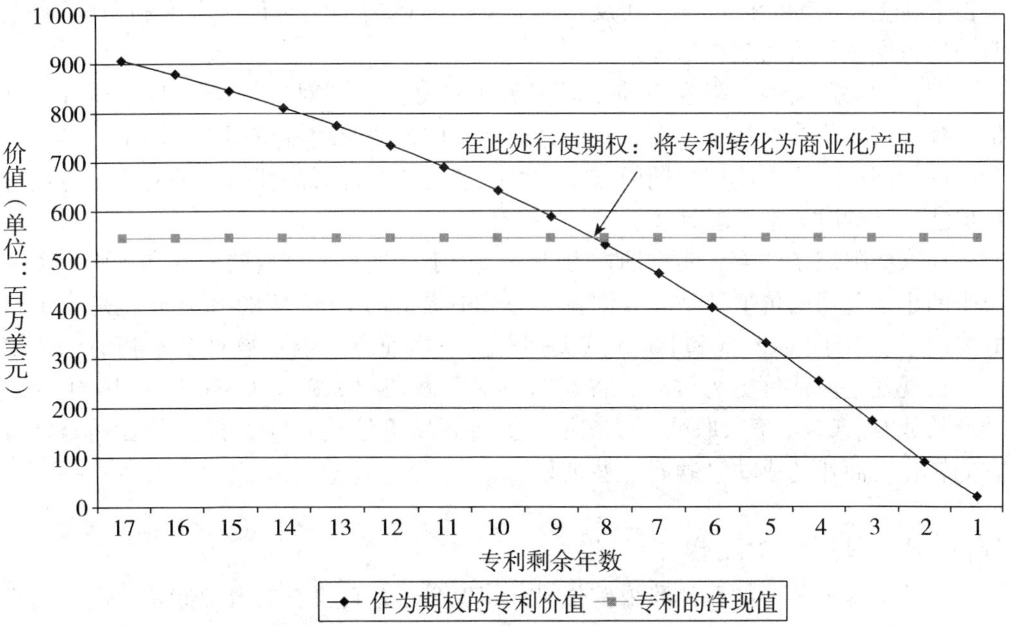

图 12—2 专利的期权价值与净现值

2. 对拥有专利的公司进行估价

如果公司拥有的专利可以被当做期权来估价，那么如何将这个估算的结果纳入

① 在二项式模型中，我们对相同的期权估算的价值为 915 百万美元。

到公司价值中去呢？如果一家公司的价值主要来源于产自其专利的商业化产品，那么该公司的价值可以写成由以下 3 个变量构成的函数。

A. 来自已经转化为商业化产品的专利的现金流。

B. 已经拥有但还未进行商业开发的专利的价值。

C. 公司研究可能获得的新的专利在未来期间内预计产生的期望价值。

$$\text{公司价值}=\text{商业化产品价值}+\text{现有专利价值}+\left(\text{未来将获得的新的专利的价值}-\text{这些专利的获得成本}\right)$$

第一部分可以用传统的现金流模型进行估算。现有产品的期望现金流可以按照其商业化期限进行估价，并按适当的资本成本折现，得到这些产品的价值。第二部分的价值可通过使用前面提到的期权定价模型对每一个专利进行估价而获得。第三部分的价值将建立在对公司研发能力的感观上。在研发以及未来开发的期望成本与该研究产生的专利的价值相等的特殊情况下，第三部分的价值为 0。通常情况下，Cisco 和 Pfizer 这类拥有产生自研发的价值的历史纪录的公司，该部分还是会产生正的价值。

如何将用这种方法得到的价值与用传统折现现金流模型得到的价值相比？在传统折现现金流估价中，价值的第二部分和第三部分从期望增长率以及现金流中该期望增长率的期望时间中获取。由于拥有科技优势以及研发能力，公司能够以更高的增长率在更长的期间内成长。相反，本节中所描述的方法对每一个专利单独研究，明确地考虑了价值的期权部分。

期权方法最大的局限在于使用时所需的信息。为了对每一个专利单独进行估价，我们需要所有的信息，而这些信息通常仅供公司管理者使用。实际上，某些信息，例如期权定价中使用的期望方差，可能连内部人都无法获得，但对每个专利进行单独估价的时候都需要计算。

在这些限制条件下，实物期权方法可以用于对拥有一个或两个专利且确定资产很少的小型公司的价值评估。我们在上一节中提到的 1997 年的 Biogen 就是一个很好的例子。对于像 Cisco 和 Pfizer 这类拥有大量当前资产以及数百个专利的公司来说，折现现金流估价更为实际。将新的技术看做期权识破了 Cisco 过去 10 年的成功增长战略。Cisco 擅长收购处于初期且拥有开发价值技术（期权）的公司，并将它们转化为商业的成功（执行这些期权）。

12.4.2 自然资源期权

自然资源公司，如石油和采矿公司，其现金流来自现有的资源储备，但是同样拥有未开发储备。如果它们选择开发就能够开发。当这些资源（石油、黄金、铜）的价格上涨的时候，它们将更有可能对这些储备进行开发，因此这些未开发储备可以被看做买方期权。在本节中，我们首先对未开发储备的估价进行研究，然后研究如何将这种估价扩展至同时拥有已开发和未开发储备的自然资源公司。

1. 作为期权的未开发储备

在一项自然资源投资中，标的资产为自然资源，而资产的价值基于计算的数量以及资源的价格。因此，在一项金矿中，标的资产是矿中黄金储备基于黄金价格的评估价值。这种投资大部分存在开发资源的最初成本；估算的储备价值以及开发成本之间的差异就是资源所有者的利润（如图 12—3 所示）。设开发成本为 X，估算的资源价值为 V，则自然资源期权的潜在收入如下：

自然资源投资的潜在收入 = V - X （V > X 时）

= 0（V≤X 时）

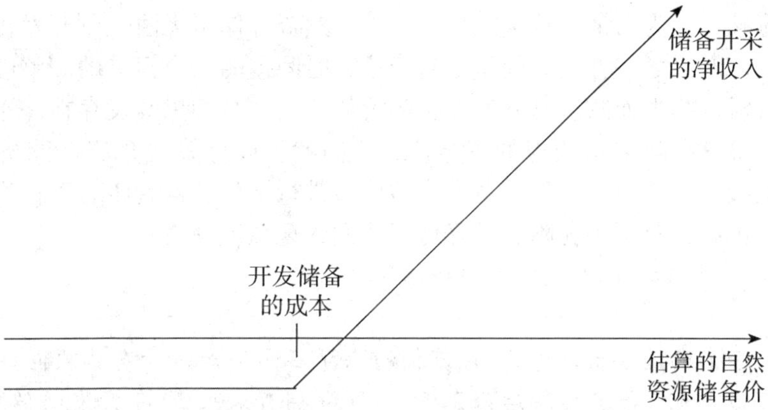

图 12—3 开发自然资源储备的收入

因此，对一项自然资源期权进行投资，拥有的收入与买方期权类似。

2. 自然资源期权估价的输入变量

为了将自然资源投资作为期权进行估价，我们需要对许多变量进行假设。

A. 如果在当天开采的话，可用的资源储备以及计算的价值。因为在开始并不确定，因此需要计算。例如石油矿区，地质学家能够对该矿区的石油质量进行相当精确的评估。该储备的价值就是计算的储备及储备的单位贡献（资源市场价格 - 开采的变动成本）的乘积。

B. 开发资源的估算成本。开发资源储备的估算成本是期权的执行价格。在石油资源中，该成本是为开发储备的使用而安装钻探设备的固定成本，而对于采矿来说，该成本是与矿产开采运行相联系的成本。因为石油和采矿公司在此前的许多设置中进行过相关的工作，因此可以利用经验对开发成本进行合理的衡量。

C. 期权到期日。自然资源期权的期限有两种定义方式。第一种方式是，如果投资的所有权在固定期限结束的时候必须放弃，则该期限为期权的期限。例如，在许多的海洋石油租赁中，石油矿区以固定期间租借给石油公司。第二种方式是建立在资源存货与生产产量比率基础上的，也就是计算存货将会被耗尽的年限。因此，一个储备为 300 万盎司、年生产产量比例为 150 000 盎司的金矿将在 20 年内耗尽，该期限即被称为自然资源期权的期限。

D. 标的资产价值的方差。标的资产价值的方差由资源价格的变动以及可用储备估价的变动决定。在储备的数量确定的特殊情况下，标的资产价值的方差完全取决于自然资源价格的变动。

E. 延迟成本。一旦某项资源储备被开发，净生产收入是即将产生的年现金流占该储备市场价值的比率。这相当于股利收益率，其处理方法与计算期权价值相同。另外一个考虑该成本的方法是以延迟成本的方式。当某项自然资源期权处于价内状态时（储备的价值大于开发该储备的成本），通过放弃开发储备，公司放弃了由开发可能会产生的生产收入。

使用期权定价模型衡量自然资源期权价值的一个重要的问题就是开发滞后于期权估价的影响，因为石油、黄金或任何其他自然资源储备无法立刻开发，在决定开采资源和实际开采之间存在时间差。对于这种时间差的一个简单的调整就是根据开发期间现金流的损失而减少已开发储备的价值。这样，如果开发存在一年的滞后且我们能够估算这一年之后获得的现金流，我们就可以计算现金流占储备价值的比率，并将其按该比率对已开发储备的当前价值进行折价。这就相当于将第一年的现金流从我们的投资分析中扣除，并降低了我们的现金流现值。

[例 12—6] 对一项石油储备进行估价①

来看一项石油储备估计为 50 百万桶的海洋石油资产；开发该项储备的成本预计为 600 百万美元，而开发滞后为 2 年。Exxon 拥有未来 20 年开发该储备的权利。石油的每桶边际价值（每桶价格减去每桶边际成本）当前为 12 美元。② 一经开发，每年的净生产收入将为储备价值的 5%。无风险利率为 8%，石油价格的方差为 0.03。

基于以上信息，布莱克—斯克尔斯模型的输入变量计算如下：

当前石油储备价值 $=12\times50\div1.05^2=544.22$（百万美元）（按两年折现，以反映开发滞后）

执行价格 = 开发储备成本 = 600 百万美元

期权的期限 = 20 年

标的资产价值的方差③ = 0.03

无风险利率 = 8%

股利收益率 = 净生产收入/储备价值 = 5%

基于这些变量，布莱克—斯克尔斯价值计算如下：

$d_1=1.0359$　　$N(d_1)=0.8498$

$d_2=0.2613$　　$N(d_2)=0.6030$

买入价值 $=544.22\,e^{(-0.05)(20)}(0.8498)-600\,e^{(-0.08)(20)}(0.6030)=97.10$（百万美元）

虽然以当前的价格不存在可行性，但是该石油储备由于当油价上涨的时候拥有

---

① 以下是由 Siegel、Smith 和 Paddock 提出的对一项海洋石油资产估价的简化，见：Siegel, D., J. Smith and J. Paddock, "Valuing Offshore Oil Properties with Option Pricing Models," *The New Corporate Finance*, ed. D. H. Chew, Jr. (New York: McGraw Hill, 1993).

② 为了简化，我们假设虽然石油的每桶边际价值会随时间增长的时候，但是边际价值的现值将保持在每桶 12 美元不变。如果我们不提出该假设，我们就必须估算整个开采期被开采的石油的现值。

③ 在本例中，我们假设唯一不确定的就是石油的价格，因此方差变为“ln（石油价格）”的方差。

产生价值的潜力，因此仍然是有价值的。①

3. 对拥有未开发储备的公司进行价值评估

上面举的例子对期权定价理论在衡量单个矿井以及石油矿区中的应用进行了解释。因为一个自然资源公司所拥有的资产从根本上可以被看做期权，所以对公司本身的估价可以使用期权定价模型。

1）单独储备与聚集储备得到公司价值最好的方法就是将每个未开发储备分别看做一项期权，对其进行估价，并将期权的价值进行累计。对于大型自然资源公司，例如拥有几百个这种资产的石油公司，其信息可能很难获得，因此该方法的一个变化就是将整个公司作为一个期权进行估价。纯粹论者可能会反对，认为由于将并不完全的关联资产聚集在一起会产生较低的方差，降低聚集的组合的价值，因此将一个资产组合看做一项期权进行评估（就像该方法中一样）得到的价值要低于一个期权组合（即自然资源公司实际拥有的）的评估价值。然而，该模型得到的价值仍然提供了决定自然资源公司价值的引人注意的观点。

2）期权价值评估的输入变量。如果我们决定使用期权定价方法来对未开发储备价值进行估算，那么我们必须对模型中的输入变量进行估算。通常，尽管其过程类似于对单独储备进行估价使用的过程，但是还是存在一些不同。

- 标的资产的价值。我们应该将公司所拥有的所有未开发储备进行累计，并在当前资源价格以及开采这些储备的平均变动成本的基础上，对这些储备的价值进行估算。某些储备的变动成本可能较高，另外一些可能较低。根据储备资源数量对每一个储备的变动成本进行加权，就会得到价值的合理近似值。假设我们至少假定公司能够在同一时间决定开采其所有未开发储备，且不会影响资源的价格。
- 执行价格。对于该项输入变量，我们应该考虑公司在当前对其所有未开发储备进行开发所花费的成本。同样，对于某些储备来说，其成本可能高于其他储备，因此我们可以使用加权平均成本。
- 期权期限。一家公司的每项储备可能拥有不同的期限。因此，我们将必须对不同的资源使用加权平均期限。②
- 对资产进行价值评估的方差。这里对于仅将石油价格作为方差来源的观点存在较大的争议，因为公司对其全部储备的价值评估应该比其储备中任何一个单独的储备更为精确。
- 股利收益率（延迟成本）。同单独储备一样，拥有可行储备的公司如果延迟执行，就会放弃下个期间内开发这些储备所产生的现金流。该现金流占储备价值的百分比就相当于股利收益率。

开发的滞后降低了该期权的价值，同其降低一个单独储备的价值一样。逻辑上

① 用二项式模型估算的价值为99.15百万美元。

② 如果我们永远拥有某些储备，那么我们在进行估算的时候应该对储备的期限采用一个较大的值——例如30年。

暗示着未开发资源在能够迅速开发其储备的石油公司中的价值要高于效率较低的公司。

［例12—7］对1984年的石油公司 Gulf Oil 进行价值评估

Gulf Oil 在1984年早期以70美元每股的价格成为接管的目标公司（它拥有165.30百万股流通股以及99亿美元的负债）。它拥有3 038百万桶石油储备，且当时估算的平均开发成本为303.8亿美元（开发滞后大约为两年）。该资源的平均放弃期限为12年。石油价格为22.38美元/桶，生产成本、税款以及使用费估算为7美元/桶。当时的债券利率为9%。如果 Gulf 选择开发该储备，则下年期望现金流约为已开发储备价值的5%。石油价格的方差为0.03。

标的资产价值＝按开发滞后期进行折现的估算的储备价值

$=(3\ 038)\ (22.38-7)\ \div 1.05^2=42\ 380$（百万美元）

需要注意的是，我们使用预计的石油价格以及估算的生产期间的现金流来计算标的资产的价值，即所有这些现金流的现值。为了计算简便，我们假设在生产期间，当前每桶15.38美元的边际贡献将以现值的形式保持不变。

执行价格＝估算的当前储备开发成本＝30 380百万美元

到期时间＝放弃期权的平均时间＝12年

资产价值的方差＝石油价格的方差＝0.03

无风险利率＝9%

股利收益率＝净生产收入/已开发资源的价值＝5%

基于上述变量，利用布莱克—斯克尔斯模型计算买方期权价值如下①：

$d_1=1.6548$　　$N(d_1)=0.9510$

$d_2=1.0548$　　$N(d_2)=0.8542$

买入价值 $=42\ 380\ e^{(-0.05)(12)}\ (0.9510)\ -30\ 380\ e^{(-0.09)(12)}\ (0.8542)\ =13\ 306$（百万美元）

这与通过当前开发储备的现金流现值（423.8亿美元）与开发成本（303.8亿美元）之差获得折现现金流价值120亿美元不等。这个差额可以归结于 Gulf 在开发其储备的时候对其所拥有的期权的选择。

这体现了 Gulf Oil 公司拥有未开发储备的价值。此外，Gulf Oil 拥有来自已开发储备的石油及汽油生产所产生的915百万美元的公司自由现金流，假设这些现金流可能保持10年不变（剩下的开发储备时间）。这些已开发资源的现值以加权平均资本成本12.5%进行折现，得到：

已开发储备的价值 $=915\ (1-1\div 1.125^{10})\ \div 0.125$

$=5\ 066$（百万美元）

将 Gulf Oil 的已开发与未开发储备价值相加，得到公司价值。

未开发储备价值	13 306 百万美元
当前生产价值	5 066 百万美元

① 通过二项式法计算该储备的价值为137.3亿美元。

公司总价值	18 372 百万美元
减去未偿还负债	9 900 百万美元
股权价值	8 472 百万美元
每股价值	8 472 ÷165.3 =51.25（美元）

该分析显示，Gulf Oil 70 美元的每股价格被高估。

12.4.3　灵活性的价值

近年来，采用实物期权法的人们对折现现金流估价法存在一些争议。他们的主要观点是：由于使用期望现金流并将其折现的方法，折现现金流模型低估了拥有期权的公司的价值，那么如果情况发展顺利，会扩展至新的市场和行业（拥有大量较高现金流），或者如果不顺利，会消减或放弃行业（因此节省了负的产量）。在本节中，我们将探讨扩展和放弃的期权何时拥有价值以及如何将其纳入到公司价值中去。

1. 扩展至新的市场和产品的期权

有时公司对项目的投资是因为该投资使得他们能够在未来进行更长远的投资或进入其他市场。在这种情况下，我们可以将最初的项目看做允许公司对其他项目进行投资的期权，因此我们应该愿意对这类期权支付一定的价格。换句话说，一家公司可能会接受净现值为负的初始项目，而这是为了未来项目产生较高的正净现值的可能性。

1）期权扩展的收入。扩展的期权的价值能够在对初始项目进行分析的时候被评估。假设该初始项目会给予公司在未来扩展和投资新的项目的权利。当前评估的投资于未来项目产生的期望的现金流现值为 V，该项目所需的投资总额为 X。公司拥有一个固定的时间范围。在该范围的终点，公司必须决定是否进行未来投资。最后，如果公司不投资于该项目，则无法进行未来投资。这些设想显示在图 12—4 的期权收入中。正如我们所看到的那样，在达到固定时间范围的时候，如果该时点期望现金流的现值大于扩展的成本，则公司将扩展新的项目。

2）衡量扩展期权价值的输入变量。为了了解如何衡量扩展期权的价值，我们首先肯定通常有两个项目推动了该期权：第一个项目通常拥有负的净现值，且被公认为是一个较差的投资，甚至对其进行投资的公司也这样认为。第二个项目是伴随第一个项目的扩展的潜力。正是第二个项目体现了期权的标的资产，因此输入变量定义如下：

- 如果当前对第二个项目进行投资（扩展期权），那么产生的现金流的现值就是标的资产的价值——期权定价模型中的 S。
- 如果扩展的可能存在很大的不确定性，该现值可能会产生波动并随环境的变化而变化。这就是我们将用于对扩展期权进行估价的现值的方差。因为项目是不可交易的，所以我们只能通过仿真或同行业中上市公司价值的方差来对此进行计算。

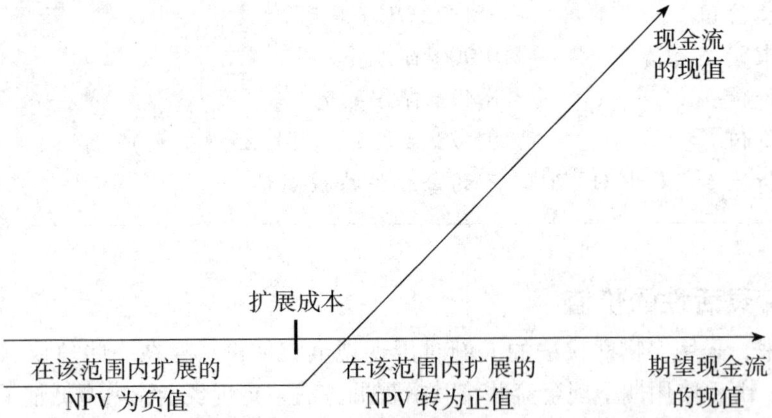

图 12—4 扩展项目的期权

- 如果我们当前对扩展进行投资，那么预先发生的成本则等同于履约价格。
- 由于不存在外部强加的执行期间，期权的期限很难确定。（这与我们在前面所评估的专利不同，专利的法律期限可以作为期权的期限。）当对扩展期权进行价值评估的时候，期权的期限是由公司本身规定的一个内部约束。例如，某家公司对中国的小规模投资可能规定一个约束——或者在 5 年内进行扩展，或者离开市场。为什么这样做呢？因为维持小规模占有率需要相当大的成本，或者因为公司可能资源有限，且必须投资于其他地方。
- 同其他实物期权一样，一旦扩展期权变为可行，就可能会存在等待成本。该成本的形式可能是一旦扩展项目不进行而导致的损失的现金流，或者公司在做出最终决定之前强加于公司的成本。例如，公司在做出其最终决定之前每年必须支付一定的费用。

［例 12—8］对扩展期权价值进行评估：Ambev 和 Guaraná

Guaraná 是巴西的一种非常有名的含咖啡因的软饮料，而 Ambev 则是一家巴西饮料加工公司，是 Guaraná 全球最大的生产商。假设 Ambev 考虑将该饮料引入美国市场，且决定分两步进行。

1. Ambev 将首先仅对美国的大型主要地区引入 Guaraná，来评定潜在需求。该限制性引入的期望成本为 500 百万美元，期望现金流的现值仅为 400 百万美元。换句话说，Ambev 预计在第一项投资中得到 100 百万美元的负的净现金流。

2. 如果限制性引入成功的话，Ambev 期望将 Guaraná 引入美国其他市场中，但是到那时，公司对该扩展潜力并不乐观，并认为虽然全面引入成本将为 10 亿美元，而期望的现金流现值仅为 750 百万美元（使其成为现金流为负的投资）。

表面看来，对于较差项目的投资得到投资更差项目的投资机会似乎是一个错误的交易，但是第二个投资拥有补偿特点。这是一个期权。如果期望现金流的现值低于投资（10 亿美元）则 Ambev 将不会进行第二个投资，而且该市场的规模和潜力存在较大的不确定性，公司可以适当地抓住有利时机进行投资。

为了将第二项投资作为一项期权进行价值评估，我们首先确认标的资产——扩展项目，并将当前估算的期望价值（750百万美元）作为标的资产价值。由于执行价格是该投资需要的10亿美元，所以该期权是一项价外期权。两个问题最大的假设与标的资产的方差以及期权的期限相关：

1. 我们计算的美国小型上市饮料公司的平均标准离差为35%，并假设其能够较好地替代该扩展期权标准离差。

2. 我们假设Ambev有5年来做出决定。我们承认这种假设是一个武断的约束，但是在现实中，它可能受以下任意一个因素的驱动：

① 财务约束（贷款到期）。

② 战略决策权（我们必须对资源投资的方向进行选择）。

③ 个人决定（必须雇用管理人员并将其安置于合适的位置）。

基于以上变量，我们得到以下期权定价模型的输入变量。

S＝当前扩展期权产生现金流的现值＝750百万美元

K＝执行价格＝1 000百万美元

t＝5年

价值的标准离差＝35%

我们使用5%的无风险利率，并从标准离差中得出期望的上涨和下跌变动。①

u＝1.4032

d＝0.6968

二叉树如图12—5所示。

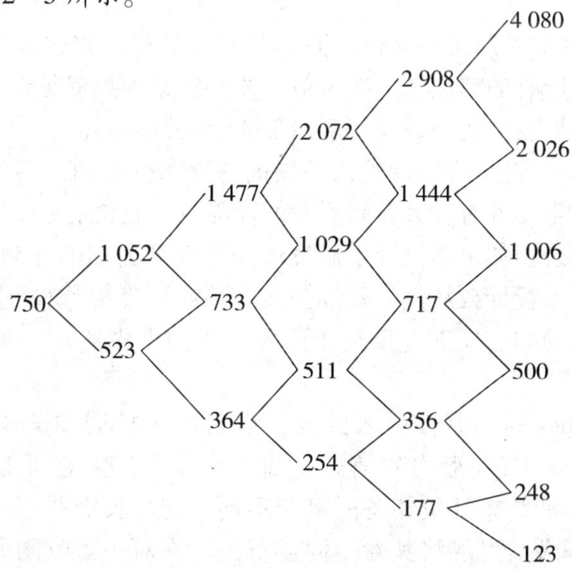

图12—5 二叉树——Ambev扩展期权

① 关于该转换如何进行的更多信息参见附录。

使用复制组合结构，我们计算出扩展期权价值为203百万美元。该价值增加到考虑中的原始项目的净现值中。

限制性引入的NPV = -500 + 400 = -100（百万美元）

扩展期权价值 = 203百万美元

拥有扩展期权的NPV = -100 + 203 = 103（百万美元）

尽管其净现值为负，但Ambev应该进行限制性引入，因为它最终会获得更高价值的期权。

3）扩展期权何时拥有价值。虽然认为某些或许多投资拥有较大价值的战略或包含扩展期权的观点具有较大的吸引力，但是该观点可能会导致较差投资被证明是合理的。实际上，收购方在协同和战略范围上拥有长期合理的巨大收购溢价，因此我们在对实物期权价值进行衡量以及使用实物期权证明高价格支付或进行较差投资合理的时候必须更加严格。

当实物期权被用于证明某项决策合理的时候，其论据不能仅限于定性方面。换句话说，以项目产生的实物期权为基础，主张投资于较差回报的项目或在收购中支付溢价的管理者应该对这些实物期权进行估价，并指出超出成本的经济利益。这种需要存在两种反对观点。第一个是实物期权由于输入变量很难获得且经常有噪音，因此其价值很难评估。第二个是期权定价模型的输入变量能够轻易地被操纵以支持任何可能得出的结论。虽然两种观点拥有一定的根据，但是有估价总比没有估价要好得多。实际上，尝试对实物期权价值进行评估的过程就是了解价值驱动因素的第一步。

4）拥有价值的扩展期权的测试。并不是所有的投资都包含期权，而且即使存在期权，也并不是所有的期权都拥有价值。要评价某项投资是否产生了需要被分析和估价的有价值的期权，我们需要了解以下3个关键问题。

A. 第一个投资是否是后续投资或扩展的必要条件？如果不是，第一个投资对后续投资或扩展的重要性有多大？来看我们前面将专利价值或未开发石油储备价值作为期权的分析。公司如果不投资于研发或购买其他公司的专利就无法产生专利，如果不在政府拍卖中投标或从其他石油公司购买就不会获得未开发石油储备的开发权。很明显，这里的初始投资（投资于研发，在拍卖中竞标）是公司拥有第二个投资的必要条件。

现在来看Ambev对限制性引入的投资以及后来扩展到美国市场的期权。初始投资提供给Ambev市场潜力的信息。如果不存在潜力它可能就不会在更大的市场内扩展。与专利和未开发储备的例子不同，初始投资并不是第二个投资的必要条件，尽管管理人员可能将其看得同样重要。在对一家收购另外一家公司来获得进入更大市场的期权的公司进行研究时，我们发现这种联系甚至更弱，期权价值也会更低。收购一家网络服务供应公司以获得在网络零售市场的立足之地或者收购一家中国酿酒公司来维持进入中国啤酒市场的期权等，都是价值较小期权的例子。

B. 公司是否拥有后续投资或扩展的唯一权？如果不是，初始投资是否为公司后续的投资提供了较大的竞争优势？期权价值最终并非来源于第二个以及后续的投资产生的现金流，而是来源于这些现金流所产生的超额收益率。第二个投资获得的超额收益率越大，第一个投资的扩展期权价值就越大。超额收益率的潜力与第一个投资为公司在进行后面的投资时提供的竞争优势的大小紧密相关。

来看一个极端，对研究开发投资以获得专利。专利给予其拥有公司唯一的生产该产品的权利，以及在市场潜力很大的情况下获得来自项目的超额收益率的权利。另一个极端，公司可能没有获得在后来的投资中的竞争优势。在这里，这些投资是否能够产生超额收益就十分令人怀疑。在现实中，大多数的投资介于两个极端之间。拥有的竞争优势越多，获得的超额收益就越大，期权价值也就越大。

C. 竞争优势是如何维持的？在竞争市场，超额收益率会吸引竞争者，且竞争会减少超额收益。公司拥有的竞争优势维持能力越强，初始投资中包含的期权价值就会越大。竞争优势的维持能力是由两种力量决定的。第一种是竞争的自然属性。如果其他条件保持不变，在竞争激烈的行业中，竞争优势下降得更快。第二种是竞争优势的自然属性。如果公司所控制的资源是有限而且稀缺的（例如自然资源储备以及空闲土地），则竞争优势可能会持续更长时间。此外，如果竞争优势来自成为市场中第一个行动者或拥有科技技术，则该优势很快会受到冲击。在期权价值中反映这种竞争优势的最直接的方法就是其期限。期权的期限可以设置为竞争优势的期间，而仅将此期间内获得的超额收益计算为期权的价值。

如果所有这三个问题的答案都是肯定的，那么扩展期权就是有价值的。对 Ambev 扩展期权使用最后两个测试，我们可以发现潜在问题。虽然 Ambev 是全球 Guaraná 的最大生产商，但是它并没有该产品的专利。如果初始引入证实是成功的，那么 Coke 和 Pepsi 完全有可能在本国市场生产它们自己的 Guaraná 产品。如果发生了这种情况，那么就表示 Ambev 花费了 100 百万美元的资金为它的竞争者提供了市场信息。因此，如果 Ambev 的初始投资没有在扩展市场中得到竞争优势的话，则扩展期权不再拥有价值，且无法用于证明初始投资的合理性。

现在来看两个折中方案。如果 Ambev 由于其初始投资而在扩展投资项目中获得一段领先时期，我们可以为该领先时期建立较高的现金流，并在之后的衰退中降低现金流。这会降低扩展的现金流现值以及期权价值。一个简单的调整会为现金流的现值制定一个上限。目前的观点认为竞争会限制净现值能够增长的程度以及拥有上限的期权的价值。例如，如果我们假设来自扩展期权的现金流现值不能超过 20

亿美元，则扩展期权的价值会跌至142百万美元。①

5）对拥有扩展期权的公司价值的评估。在公司中是否存在能够导致公司以超过其折现现金流价值的溢价进行交易的扩展期权呢？至少在理论上，该观点对处于变化较大的市场中的小型高增长公司存在合理解释。折现现金流估价法是基于期望现金流以及期望增长率的，而且这些期望应该能够反映出公司能否获得重大成功（或重大失败）的概率。期望可能没有考虑到在成功的情况下，公司可以投入更多、增加新的产品或扩展到新的市场，从而扩大这种成功。这就是产生附加价值的实物期权。

如果这种扩展期权的价值被评估，公司的价值即为两个部分的合计——基于期望现金流的折现现金流价值以及与扩展期权相关的价值。

公司的价值 = 折现现金流价值 + 扩展期权

期权定价模型法通过扩展期权价值的计算使得该观点更为严密，而且还对最有价值的时机提出了观点。通常，扩展期权的价值在波动较大且项目回报较高的行业（例如生物科技或电脑软件）明显高于稳定且项目回报较低的行业（例如住宅、公共事业或汽车生产）。

然而，我们也小心不要重复计算期权的价值。如果我们由于展开期权而在期望的基础上使用比合理的增长率还要高的增长率，那么我们就已经在折现现金流中计入了期权的价值。如果再增加一个反映期权价值的附加部分就会导致重复计算。

［例12—9］扩展期权价值的考虑

Rediff. com是一家印度次大陆网络门户服务公司。2000年6月，公司收入仅为几百万美元，但是作为门户和电子交易市场，该公司拥有极大的成长潜力。基于其网络门户交易的期望现金流，我们用折现现金流模型计算出的Rediff. com的价值为474百万美元。假设收购Rediff. com，我们实际上是购买印度网络交易市场的扩展期权。该市场目前较小，但是在5年或10年内发展潜力十分巨大。

更详细地说，假设Rediff. com拥有未来进入印度网络零售行业的期权。基于当前的期望，进入该行业的成本预计为10亿美元，当前进入该行业产生的现金流的现值仅为500百万美元。基于当前印度电子商业行业的期望成长，该投资明显不合理。

印度网络零售的未来成长以及整个印度经济绩效具有很大的不确定性。如果在未来5年经济繁荣且网络交易市场成长高于期望，则Rediff. com能够从进入该市场中产生价值。如果我们将进入网络零售行业的成本维持在10亿美元，那么

① 我们可以通过两次使用布莱克—斯克尔斯模型衡量扩展期权的价值来对上限买方期权进行估价。一次的执行价格为1 000美元（得出最初的扩展期权价值为218百万美元），另一次的执行价格为2 000美元（得出期权价值为76百万美元）。两次结果之差为拥有上限的扩展期权价值的现值。我们还可以直接通过二叉树模型对其进行估价。设该价值只要超过二叉树中的数即为2 000美元。（注意：问题要求对现金流现值或S设定上限，而不是执行价格。）

Rediff. com 为了进入该行业并增加价值，其现金流的现值则必须超过此价值。期望现金流（当前为500百万美元）的标准差设为50%。

扩展至网络零售的期权价值现在能够用期权定价模型计算，参数如下：

S = 当前进入市场产生的期望现金流的限制 = 500 百万美元

K = 当前进入市场的成本 = 10 亿美元

σ^2 = 期望现金流现值的方差 = $0.5^2 = 0.25$

r = 5.8%（此为5年长期国债利率；该分析以美元形式进行）

t = 5 年

扩展期权价值计算如下：

扩展期权 = 500（0.5786） - $1000e^{(-0.058)(5)}$（0.1789） = 155.47（百万美元）

为什么期权期限设为5年？如果印度的网络零售交易市场发展超过这个时间，则假设会有其他潜在的进入者进入市场，Rediff. com 将不再拥有竞争优势，因此就没有合理的理由进入市场。如果印度的网络零售交易市场发展比期望的要快的话，则假设 Rediff. com 作为一个市场上知名度较小的品牌，将会成功地利用其品牌以及其门户的访问者，从而建立竞争优势。

Rediff. com 作为一家公司的价值现在可以以折现现金流价值474百万美元与扩展至零售交易市场的期权价值（155百万美元）的总和进行计算。折现现金流估价法的确是基于收入的高增长比率，但是所有的增长都表现在网络门户行业中，而不是网络零售。

实际上，进入网络零售的期权是几个期权中 Rediff 唯一可用的期权。另外一种投资的方法是变为一个资源的发展交流——印度的软件开发商以及程序员在美国以及其他发达市场找寻编程工作。该期权的价值还可以使用类似于上面显示的方法来计算。

12.4.4 放弃投资的期权

当投资于新的项目，公司会担心投资不盈利以及实际现金流与期望不符的风险。拥有放弃不盈利项目的期权具有价值，尤其是在有重大损失潜力的项目上。在本节中，我们对放弃期权的价值及其决定因素进行检验。

1. 放弃期权的收益。期权定价方法提供了一个计算和建立放弃期权价值的一般方法。例如，假设 V 是项目持续到期限结束的持续价值，L 是同一时点、同一项目的清算或放弃价值。如果该项目拥有 n 年的持续期限，可以将该项目的持续价值同清算（放弃）价值相比较。如果持续的价值较高，则该项目应该持续；如果放弃价值较高，则放弃期权的持有者会考虑放弃该项目。收益可以写为：

拥有一项放弃期权产生的收益 = 0（$V > L$ 时）

= $L - V$（$V \leq L$ 时）

该收益体现在图12—6中，由期望股票价格决定。同前面两种情况不同，放弃期权采用的是卖方期权的特征。

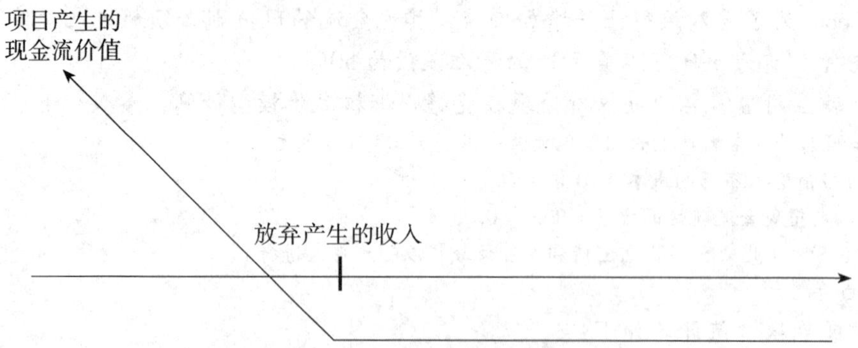

图 12—6 放弃一个项目的期权

[例 12—10] 对放弃期权进行估价：Airbus 和 Lear Aircraft

假设 Lear Aircraft 想要建造一种小型客机，并提议 Airbus 进行合资。每个公司将投入 500 百万美元进行合资并生产飞机。该投资期望拥有 30 年的期限。Airbus 通过一种传统投资分析发现，他们分摊的期望现金流的现值仅为 480 百万美元。该项目的净现值为负，因此 Airbus 不准备参与该项合资。

合资被拒绝后，Lear 同 Airbus 进行协商，提出在未来 5 年之后的任意时间以 400 百万美元购买 Airbus 在合资中 50% 的股份。尽管低于 Airbus 的初始投资，但是为其损失提供了底线，因此给予 Airbus 一个放弃期权。为了对 Airbus 的该期权价值进行估价，其输入变量如下：

S = 当前该投资产生的现金流限制的分摊额 = 480 百万美元

K = 放弃价值 = 400 百万美元

T = 持有该项放弃期权的期限 = 5 年

为了计算方差，假设 Airbus 在项目分析中采用 Monte Carlo 仿真，并计算出该项目的标准差为 25%。最后，由于该项目是一个有限期限的项目，现金流剩下的时间越来越少，因此现值会随时间而降低。为了简化，我们假设该项目剩余的时间是均衡的：

股利收益率 = 1/项目的持续时间 = 1 ÷ 30 = 3.33%

将这些变量输入到布莱克—斯克尔斯模型中，设无风险利率为 5%，则卖方期权价值为：

$$放弃期权的价值 = 400e^{(-0.05)(5)}(1-0.5776) - 480e^{(-0.033)(5)}(1-0.7748)$$
$$= 40.09 \text{（百万美元）}$$

由于高于投资的负的净现值，Airbus 应该会加入该项合资。另外，Lear 需要产生至少 40.09 百万美元的正的净现值来作为赠送该期权的补偿。①

2. 价值评估的含义。正是因为放弃期权对独立项目拥有价值，所以它能够在

① 通过二叉树模型得到的价值为 34.74 百万美元。

投资选择中加入放弃的灵活性。我们来看一个简单的例子。两家公司从 DCF 基础看上去十分类似——相同的期望现金流、相似的资本成本、相等的资本回报率以及相等的期望增长率。我们用折现现金流模型计算的两家公司价值相等。然而，假设第一家公司（A 公司）已经在其大型投资中建立了系统的退出条款——它对其顾客承担短期而非长期义务，没有长期的联盟协议以及租赁而是购买资产，而第二家公司（B 公司）则没有类似的步骤。我们对放弃期权进行分析，发现 A 公司的价值较高。

放弃期权还可以为公司的收入增长质量提供有用的分析。一家公司承诺可以在效益不好的时候以极少的成本甚至无成本退出，诱使顾客签订长期合同购买其产品，可以使收入快速增长，但是我们应该从其价值中扣除已经给予顾客的放弃期权的价值部分。

12.4.5 将折现现金流同实物期权估价法相协调

为什么当我们使用实物期权法的时候计算的投资价值有时会高于使用传统的折现现金流模型计算的投资价值呢？答案在于公司在对市场观察的基础上改变其投资和运行项目的方式的这种灵活性。因此，一家石油公司在石油价格为 15 美元/桶的时候将不会生产与价格上升至 35 美元/桶的时候同样数量的石油或开发同样多的新的矿井。

在传统的净现值中，我们用期望行为以及这些行为产生的现金流来计算一项投资的价值。如果在未来的投资中存在可能，即在公司的未来扩展或放弃，我们所能做的只是将这种行为的概率加入到我们的现金流中。分析人员通常通过使用决策树来考虑这种灵活性，给出每条路径的最终结果，并制订出最佳计划。然后我们可以使用每个分支的概率计算每个分支产生的现金流现值，从而计算公司的当前价值。

决策树同我们用于衡量实物期权的二叉树法拥有很大的相似之处，但是有两点差别。第一个是结果的概率并不直接用于衡量期权的价值，第二个是二叉树中每个节点只有两个分叉。虽然如此，我们可以考虑为什么两种方法对同一项目进行价值评估的时候会得出不同的价值。答案十分简单，因为我们为计算价值而设定的折现率不同。在实物期权法中，我们使用项目的资本成本作为整个过程的折现率。如果每个节点的市场风险的暴露（即资本成本的决定因素）发生改变，我们就可以指出全部使用同样的资本成本是错误的。我们应该随时间的移动而修改折现率。这样，两种方法就会得到同样的价值。实物期权法考虑了更多的灵活性，且在连续的分布中使用更为简便（与我们在决策树中假设的离散结果相反）。

12.5 结论

有两种观点被广泛认可。无形资产是世界经济以及许多上市公司的重要组成部分，而会计人员对这些资产价值的评估并不完善。在本章中，我们主要探讨无形资产价值评估的最佳方式。

第一类也是最容易估价的资产是与独立产品或服务相连并产生现金流的无形资产，其中简单的例子就是商标与版权。我们可以计算产品或服务在有限的期间内产生的现金流，用传统的折现现金流模型对其价值进行评估。

第二类无形资产较为复杂，因为这些资产为公司而不是为某个产品创造现金流，且其利益增加较为广泛。一个典型的例子就是能够影响多种产品的销售额及公司资本成本的品牌名称。我们介绍了许多衡量品牌价值的不同方法，但是需要注意的是，当品牌与其他竞争优势混合在一起的时候就变得很难估价。

最后一类无形资产包括那些目前不产生现金流但拥有未来在合适的条件下产生现金流潜力的资产。在该类资产中，不仅包括为开发期权以及自然资源储备，还包括了更为普遍的扩展到新的市场或行业以及放弃现有投资的灵活性期权。这些资产的最佳评估方式为期权定价模型。

附录 12—1　期权定价模型

一项期权为其持有者提供以固定价格（被称为敲定价格或执行价格）在期权到期日或之前购买或出售一定数量的某项标的资产的权利。由于这是一项权利而不是义务，因此持有者可以选择不执行权力直到期权到期。有两种类型的期权：买方期权和卖方期权。

A12.1　买方期权和卖方期权：描述以及收益图

一项买方期权给予期权购买者以固定价格（成为敲定或执行价格）在到期日之前任意时间购买标的资产的权利。购买者为该权利支付一定价格。如果到期日资产价值低于执行价格，期权将不被执行，以无价值到期。另外，如果资产的价值高于执行价格，期权被执行——期权的购买者以执行价格购买该资产（股票）。资产价值与执行价格之差即为期权投资的毛利润。投资的净利润为毛利润与为买方期权最初支付的价格之差。

收益图解释了一项期权在到期日的现金收益。对于买方期权，如果标的资产价值低于执行价格，则净收益为负（且等于为买方期权支付的价格）。如果标的资产价格高于执行价格，则标的资产价值与执行价格之差为毛收益。毛收益与买方期权价格之差为净收益。这体现在图 A12—1 中。

一项卖方期权给予期权购买者以固定价格（同样被称为敲定或执行价格）在到期日之前任意时间出售标的资产的权利。购买者为该权利支付一定价格。如果标的资产的价格高于执行价格，则该期权不会被执行，直到以无价值到期。另一方面，如果标的资产的价格低于执行价格，则称执行价格与该资产的市场价值之差为毛利润。同样，扣除为卖方期权支付的初始成本则得到交易的净利润。

如果标的资产的价值超过执行价格，则卖方期权的净收益为负，而如果资产价

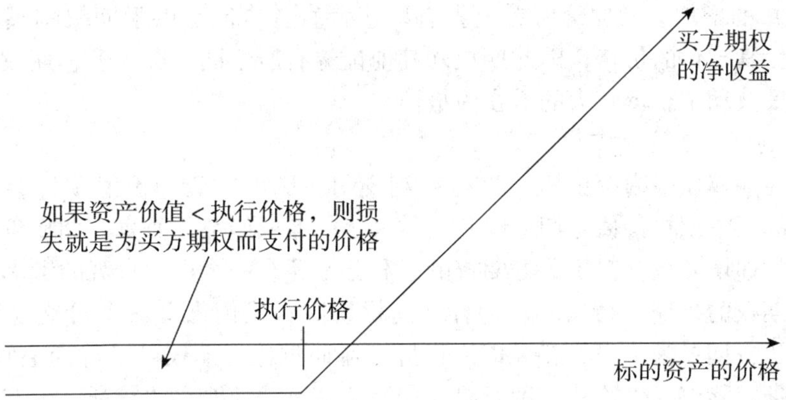

图 A12—1　买方期权的收益

值低于执行价格，则执行价格与标的资产价值之差为毛收益。这体现于图 A12—2中。

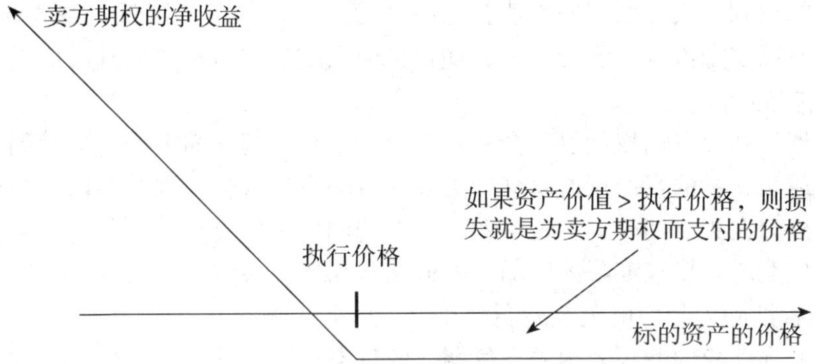

图 A12—2　卖方期权的收益

A12.2　期权价值的决定因素

一项期权的价值由一系列与标的资产和金融市场相关的变量决定：

1. 标的资产的当前价值

期权是价值取决于标的资产的资产。因此，标的资产的价值变化会影响该资产的期权价值。由于买方期权提供以固定价格购买标的资产的权利，因此，该资产价值的上升会提高买方期权的价值。卖方期权的价值会随着资产价值的上升而降低。

2. 标的资产价值的波动

一项期权的购买者得到以固定价格购买或出售标的资产的权利。标的资产价值波动越大，期权价值就越大。[①] 这对买方期权和卖方期权来说均成立。即使风险指

① 需要注意的是，较大的波动可能会降低标的资产的价值。买方期权价内状态越深，它就越类似于标的资产。对于价内状态很深的买方期权，较高的波动能够降低期权的价值。

标（方差）的增加会增加价值看上去有些违背直觉，但是由于期权购买者的损失不会高于为其支付的价格，因此期权同其他证券有所不同。实际上，期权能够从价格的大幅度波动中获得较大的潜在回报。

3. 标的资产的红利支付

如果在期权期限内标的资产进行红利支付，则标的资产价值预计会下降。因此，资产的买方期权价值是期望红利支付大小的递减函数，而卖方期权价值是期望股利支付的递增函数。对于买方期权的股利分配还有一个更为直观的考虑方法——它是价内期权的延期执行成本。为什么这样说呢？我们来看一个可交易股票的期权。如果买方期权为价内状态（即期权持有者通过执行期权可以得到毛收益），则执行买方期权能够提供给持有者股票，并授予其下一期股票的红利。没有执行期权则意味着这些红利是过去的。

4. 期权的执行价格

用于描述期权的一个关键特征是执行价格。在买方期权中，持有者得到以固定价格购买的权利，买方期权的价值会随着执行价格的升高而降低；在卖方期权中，持有者拥有以固定价格出售的权利，期权价值会随着执行价格的升高而上升。

5. 期权的到期日

买方期权和卖方期权价值都会随着期权到期日的延长而上升。这是因为，到期日的时间越长，标的资产价值就会有更多的时间发生变化，因此会增加两种期权的价值。此外，在买方期权中，购买者必须在期满的时候支付一个固定价格。该固定价格的现值会随着期权期限的增加而降低，从而增加买方期权的价值。

6. 期权期限内相应的无风险利率

由于一项期权的购买者预先支付期权的价格，因此涉及一种机会成本。该成本取决于利率水平以及期权的到期日。由于执行价格不需要在买入（卖出）期权到期日之前支付（接受），因此无风险利率在计算执行价格现值的时候还会用于进行期权价值评估。利率的增加会增加买方期权的价值，而降低卖方期权的价值。

表 A12—1 对这些变量以及它们对买方期权和卖方期权价格的潜在影响进行了总结。

表 A12—1　**影响买方期权和卖方期权的影响因素**

因素	影响	
	买方期权	卖方期权
标的资产价值增加	增加	降低
执行价格增加	降低	增加
标的资产方差增加	增加	增加
到期日时间增加	增加	增加
利率增加	增加	降低
红利支付增加	降低	增加

A12.3 美式期权与欧式期权：提前执行相关的变量

美式期权与欧式期权主要的区别在于美式期权可以在到期日之前任意时间执行，而欧式期权只能在到期日执行。在其他条件类似的情况下，提前执行的可能性使得美式期权d价值高于欧式期权，但也使得它们的价值更难以估计。有一个修正因素使得美式期权的价值可以使用欧式期权的估价模型进行衡量。在大多数情况下，一项期权剩余期限相关的时间溢价以及交易成本导致提前执行并非为最佳方案。换句话说，价内期权的持有者通过将期权出售给其他人获得的收益通常要高于提前执行期权获得的收益。

虽然提前执行并非最佳方案，但是仍有至少两个例外。一个是当标的资产支付较高的红利的时候，资产价值因此而降低，资产的任何买方期权也会降低。在这种情况下，如果该期权的时间溢价低于红利支付引起的资产价值的预计下降，则卖方期权可能会恰好在除息日之前执行。另一个例外发生在当利率较高的时候，一个投资者同时持有标的资产以及该资产的严重价内状态的卖方期权。在这种情况下，该卖方期权的时间溢价可能会低于提前执行卖方期权产生的潜在收益及执行价格获得的利息。

A12.4 期权定价模型

自1972年Black和Scholes在他们的开创性论文中提出衡量不考虑红利的欧式期权价值的模型之后，期权定价理论开始得到广泛的发展。Black和Schole使用“复制投资组合”——由标的资产和无风险资产组成的拥有待估期权相同现金流的投资组合——得出他们最终的公式。[①] 虽然他们的推导从数学角度看过于复杂，但是有一种更为简单的二叉树模型，其逻辑与其类似。

A12.4.1 二叉树模型

二叉树期权定价模型是基于资产的价格运动过程的一种简单推导，即资产价格在任何时期都有两种可能的变动。符合二叉树股票价格的一般推导过程如图A12—3所示。在图A12—3中，S为当前股票价格；在任意时间内股票价格上涨到S_u的概率为p，而下降为S_d的概率为1－p。

1. 产生复制的投资组合

复制投资组合的目的是为了使用无风险借款或贷款以及标的资产产生一个拥有与待估期权相同现金流的投资组合。这里运用套利定理。期权的价值与复制的投资组合价值相等。在上面的一般推导中，股票价格在任何时间内可能上升至S_u，也有可能下降为S_d，则执行价格为K的买方期权的复制投资组合可为借入B美元并购入Δ数量的标的资产，其中：

---

① Fisher, B. and M. Scholes, “The Pricing of Options and Corporate Liabilities,” *Journal of Political Economy* 81 (1973): 637－654.

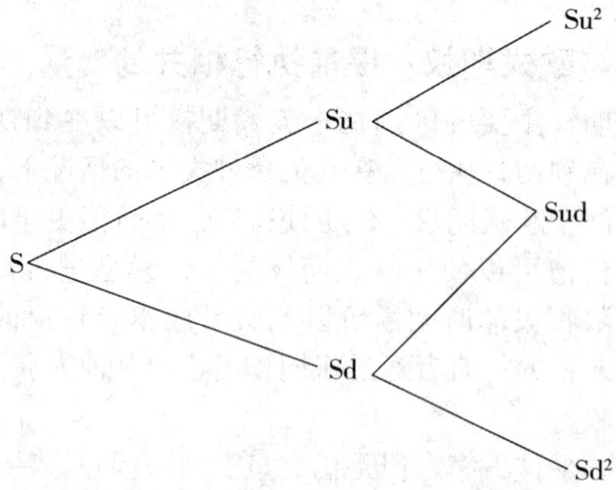

图 A12—3　二叉树价格路径的一般推导

Δ = 购入的标的资产的单位数量 = $(C_u - C_d) / (S_u - S_d)$

其中：

C_u = 价格为 S_u 时买方期权价值

C_d = 价格为 S_d 时买方期权价值

在一个多期的二叉树过程中，价值评估需要反复进行，即从最后期开始一直推算到当前时点。每一步都产生期权的复制投资组合，并对其进行估价，得出该期间期权的价值。二叉树期权定价模型最终得出的结果就是通过复制投资组合得出的期权价值，由 Δ 股（期权 Δ）标的资产以及无风险借款或贷款组成。

买方期权价值 = 标的资产当前价值 × 期权 Δ − 复制期权所需借款

［例 A12—1］二叉树期权估价

假设要对执行价格为 50 美元的买方期权价值进行评估，期权的有效期预计为两段时期，资产当前价格为 50 美元，且预计遵照二叉树过程，则（金额单位：美元）：

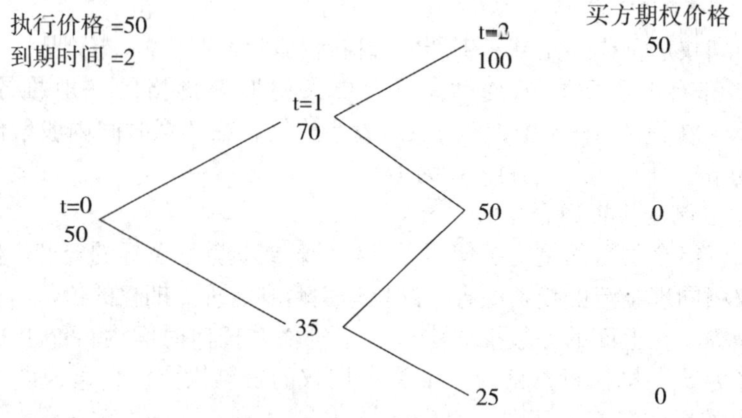

现在假设利率为 11%。此外，将以下变量定义为：

Δ = 复制投资组合中股票数量

B = 复制投资组合中的借款

目标为将Δ股股票与B美元借款相结合复制执行价格为50美元的买方期权的现金流。这可以重复进行，从最后一期开始沿着二叉树反向回推。

步骤1：从最后一个节点开始向回推算（金额单位：美元）：

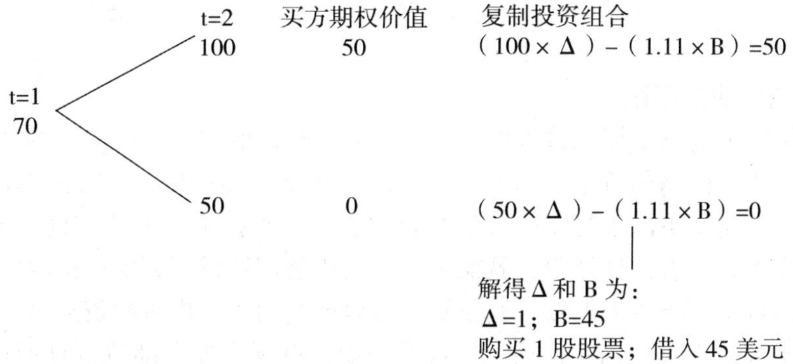

这样，如果在t=1的时候股票价格为70美元，则借入45美元并购入1股股票同购买买方期权拥有相同的现金流。如果股票价格为70美元，则t=1时买方期权价值为：

买方期权价值=投资组合价值=70Δ-B=（70）（1）-45=25（美元）

来看t=1时二叉树另外一个节点（金额单位：美元）：

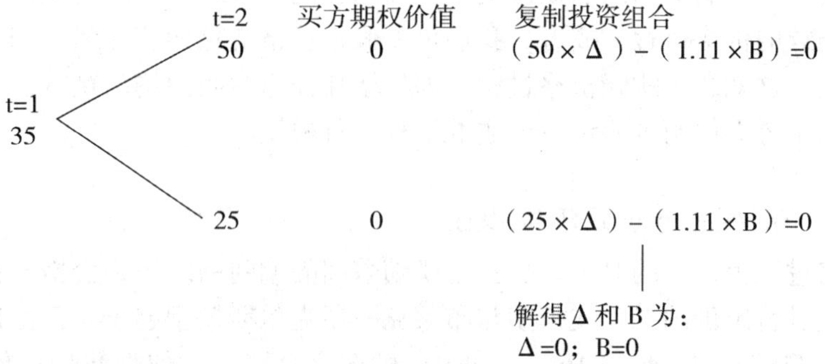

如果在t=1时股价为35美元，则买方期权价值为0。

步骤2：向后推到更早的时期，并产生与期权现金流相同的复制投资组合（金额单位：美元）。

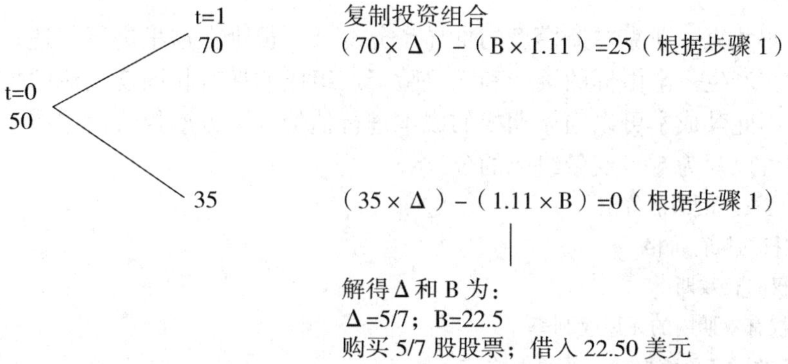

换句话说，借入 22.5 美元并购买 5/7 股股票的现金流同执行价格为 50 美元的买方期权一样。因此买方期权的价值同该组合价值相同。

买方期权价值 = 复制投资组合价值 = （5/7）（当前股票价格） − 22.5

= （5/7）（50） − 22.5 = 13.21（美元）

2. 价值的决定因素

二叉树模型提供了期权价值的决定因素。期权价值并不是由资产的期望价格决定的，而是由它的当前价格（反映了对未来的预期）决定的。这是套利的直接结果。如果期权价值不同于复制的投资组合的价值，则投资者就能够建立套利头寸，即不需要投资，没有任何风险，就能获得正向收益。假设买方期权的复制投资组合的成本在市场上高于买方期权，则投资者可以购买期权，出售投资组合，来获得收益。两个头寸的现金流相互弥补，导致下一期没有现金流。随着到期时间的延长、股票价格运动（u 和 d）的增加以及利率的增加，期权价值也会增加。

虽然二叉树模型为期权价值的决定因素提供了一个直观的感觉，但是在每一个节点的未来期望价格方面仍需要大量的输入变量。如果我们缩短二叉树模型的间隔期间，则我们可以从以下两种假设中选择一种对资产的价格进行假设。我们可以假设价格变化随着间隔期间的缩短而变小。当间隔期间接近于 0 的时候价格变化无限小，产生连续的价格过程。或者，我们可以假设价格变化即使在间隔期间缩短的时候仍然很大。这就产生跳跃价格过程，即价格在任意时间内均为跳跃性变动。在本节中，我们来考虑这两种假设下形成的期权定价模型。

A12.4.2 布莱克—斯克尔斯模型

当价格过程为连续的时候，也就是说随着间隔期间的缩短，价格变化变得非常小，对期权进行定价的二项式模型与布莱克—斯克尔斯模型趋于一致。该模型以其共同创始人 Fischer Black 和 Myron Scholes 的名字命名，它使得我们能够使用很少的输入变量对任何期权价值进行衡量，且它在许多上市期权的价值评估中优势尤为显著。

1. 模型

虽然布莱克—斯克尔斯模型的推导十分复杂，很难在这里进行表述，但是它同样是建立在产生一个由标的资产和无风险资产组成的拥有相同现金流的投资组合的思想上，因此其成本可以当做期权的成本进行估价。买方期权价值用布莱克—斯克尔斯模型可以写为 5 个变量组成的公式：

S = 标的资产的当前价值

K = 期权的执行价格

t = 期权的有效期

r = 期权有效期内的无风险利率

σ^2 = 标的资产价值自然对数的方差

买方期权价值则为：

$$买方期权价值 = SN(d_1) - Ke^{-rt}N(d_2)$$

其中：

$$d_2 = d_1 - \sigma\sqrt{t}$$

需要注意的是，e^{-rt}是反映了买方期权的执行价格直到到期才支付的现值因数。$N(d_1)$ 和 $N(d_2)$ 是概率，通过使用累积标准正态分布以及期权获得的 d_1 和 d_2 的价值计算。累积正态分布如图 A12—4 所示。

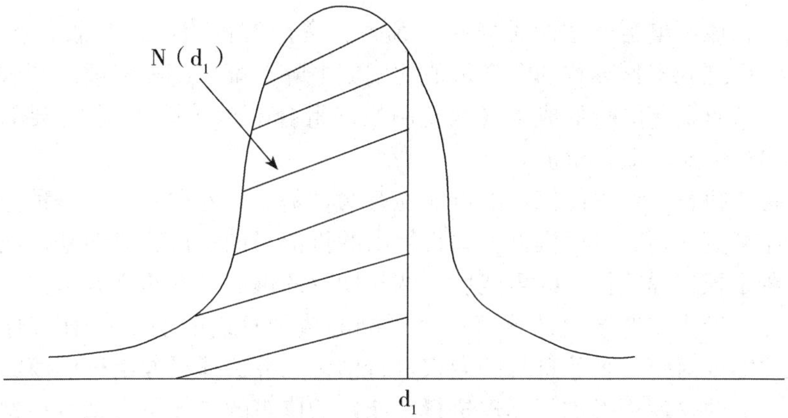

图 A12—4 累积正态分布

这些概率近似得出某个期权在执行时为其所有者产生的正现金流的概率，也就是在买方期权 S > K 时以及卖方期权 K > S 时。买方期权的复制投资组合为购入 $N(d_1)$ 单位的标的资产，并借入 $Ke^{-rt}N(d_2)$。该投资组合的现金流同买方期权相同，因此价值也相同。$N(d_1)$ 为产生复制投资组合需要的标的资产的单位数，被称为期权 Δ。

2. 模型的局限性及调整

布莱克—斯克尔斯模型仅适用于评估到期时执行以及不支付红利的标的资产的期权价值。此外，期权价值的评估建立在期权执行并不影响标的资产价值的假设之上。在实际中，资产需要支付红利，期权有时会提前执行，且执行期权可能会影响标的资产的价值，但是可以对其进行调整。虽然并不完美，但是调整能够为布莱克—斯克尔斯模型提供部分的修正。

(1) 红利。红利的支付会降低股票价格。需要注意的是，在除息日，股票价格通常会下降，因此随着期望红利支付的增加，买方期权价值会降低，而卖方期权价值会升高。有两种方法可以处理布莱克—斯克尔斯中的红利。

① 短期期权。处理红利的一个方法就是计算期权期限内标的资产支付的期望红利的现值，并将其从资产的当前价值中扣除，作为模型中的 S。

调整的股票价格 = 当前股票价格 - 期权期限内期望红利的现值

② 长期期权。由于在期权期限变长的情况下对红利现值的计算有些不切实际，

我们提出一个调整的方法——如果标的资产的红利收益率（y = 红利/资产现值）预计在期权期限内保持不变，则调整的考虑了红利的布莱克—斯克尔斯模型为：

$$C = S e^{-yt} N(d_1) - K e^{-rt} N(d_2)$$

其中：

$$d_1 = \frac{\ln\left(\frac{S}{K}\right) + \left(r - y + \frac{\sigma^2}{2}\right)t}{\sigma\sqrt{t}}$$

$$d_2 = d_1 - \sigma\sqrt{t}$$

直观上，该调整会产生两种影响。第一，资产的价值以红利收益率折现为现值，考虑了由红利支付导致的资产价值的期望下降。第二，利率被红利收益率所抵消，反映了持有资产的较低成本（在复制投资组合中）。最终的影响会降低使用该模型计算出来的买方期权价值。

（2）提前执行。对提前执行的可能性有两种基本的处理方式。一种是继续使用未调整的布莱克—斯克尔斯模型，并将得出的价值当做真正价值的基础或保守的估算。另一种是根据提前执行的可能性，调整期权的价值。有两个方法：一个方法是使用布莱克—斯克尔斯模型计算每一个可能的执行日期的期权价值。对于股票期权，这主要需要对每一个除息日的期权进行估价，并选择买方期权价值的最大计算值。第二个方法是使用考虑了体现执行可能性的修正的二叉树模型。在这个修正模型中，每个期间资产价格上升以及下降的变动能够从方差及每个期间的长度估算出来。①

方法 1：准美式价值评估

步骤 1：确定红利支付时间以及支付大小。

步骤 2：用红利调整法对每一个除息日的买方期权价值进行估算，其中股票价格根据期望红利的现值而减少。

步骤 3：在计算的每一个除息日的买方期权价值中选择最大值。

方法 2：使用二叉树模型

二叉树模型由于考虑了每一个间隔期间的现金流，而不仅是到期日的现金流，因此对于提前执行的处理更为有效。二叉树模型最大的限制在于在每个期间的最后决定股票价格，但是这是可以通过一个估算的方差来计算股票价格上涨和下跌变动来克服的。该方法有 4 个步骤。

步骤 1：如果股票价格自然对数的方差在布莱克—斯克尔斯模型中已经计算过，则可以将其转化为二叉树模型的输入变量。

$$u = e^{\left[\left(r - \frac{\sigma^2}{2}\right)\left(\frac{T}{m}\right) + \sqrt{\frac{\sigma^2 T}{m}}\right]}$$

---

① 如果 σ^2 是股票价格的自然对数的方差，则二叉树中上升及下降的变动计算如下：

$$u = e^{\left[\left(r - \frac{\sigma^2}{2}\right)\left(\frac{T}{m}\right) + \sqrt{\frac{\sigma^2 T}{m}}\right]}$$

$$d = e^{\left[\left(r - \frac{\sigma^2}{2}\right)\left(\frac{T}{m}\right) - \sqrt{\frac{\sigma^2 T}{m}}\right]}$$

其中 u 和 d 是二叉树每单位时间上升和下降的变动，T 是期权的期限，m 是该期限内变动期间的数量。

$$d = e^{[(r - \frac{\sigma^2}{2})(\frac{T}{m}) - \sqrt{\frac{\sigma^2 T}{m}}]}$$

其中 u 和 d 是二叉树模型中每单位时间上升和下降的变动，T 为期权的期限，m 为该期限内变动期间的数量。

步骤 2：确定红利支付的期间，并假设该期间内股票价格会根据红利支付的数量而下降。

步骤 3：假设刚好在除息日之前存在提前支付的可能性，在二叉树的每一个节点计算买方期权价值。如果期权的剩余时间溢价低于由于红利支付导致的期权价值的预计降低，则将会发生提前执行。

步骤 4：使用标准的二叉树方法，计算 0 时点买方期权的价值。

（3）执行期权对标的资产价值的影响。布莱克—斯克尔斯模型建立在期权的执行不会影响标的资产价值的假设之上。这对于上市的股票期权来说可能是成立的，但是对于某些类型的期权来说是不成立的。例如，权证的执行会增加流通股股票的数量，并为公司带来新的现金，两者均会影响股票价格。[①] 与其他类似的买方期权相比，执行期权的预计负面影响（稀释效应）会降低权证的价值。根据稀释效应对布莱克—斯克尔斯模型中股票价格的调整十分简单。股票价格根据期权执行权产生的期望稀释而调整。例如在权证中：

$$根据稀释效应调整的\ S = \frac{Sn_s + Wn_w}{n_s + n_w}$$

其中：

C = 股票当期价值

n_w = 流通的权证数

W = 流通的权证价值

n_s = 流通股股数

当权证被执行的时候，流通股股数会增加，从而降低股票价格。分子反映了股权的市场价格，包括股票和流通的权证。S 的减少会降低买方期权的价值。

由于权证的价值计算需要计算根据稀释效应调整的 S，而根据稀释效应调整的 S 则需要权证价值的计算，因此该分析中存在一个循环。这个问题可以通过以一个假设的权证价值开始（例如，执行价值或权证当前的市场价格）进行解决，由此会得出权证的价值，而该计算价值可以再次作为权证价值计算的输入变量，直到该值趋于集中。

3. 布莱克—斯克尔斯模型评估卖方期权价值

卖方期权的价值可以通过执行价格和到期日相同的买方期权价值推算出来。

$$C - P = S - Ke^{-rt}$$

其中，C 为买方期权价值，而 P 为卖方期权。买方期权和卖方期权价值之间的关系称为卖方—买方平价，而任何平价的偏差都会被投资者用于获得无风险收益。

① 权证是由公司发行的买方期权，可作为管理人员薪酬合约的一部分，也可以用于股权募集。在第 11 章中有详细叙述。

卖方—买方平价保持的原因是什么呢？我们来看出售一个买方期权，购入一个卖方期权，其执行价格均为 K，到期日均为 t，并同时以当前价格 S 购入标的资产。该头寸的收益无风险，且在到期日 t 时的收益始终为 K。假设股票价格在到期日为 S^*。该投资组合中每一个头寸的收益如下：

头寸	在 t 时如果 $S^*>K$ 的收益	在 t 时如果 $S^*<K$ 的收益
出售买方期权	$-(S^*-K)$	0
购入卖方期权	0	$K-S^*$
购入股票	S^*	S^*
合计	K	K

由于该头寸收益始终为 K，则产生该头寸的成本一定等于无风险利率下 K 的现值（Ke^{-rt}）。

$$S+P-C=Ke^{-rt}$$

$$C-P=S-Ke^{-rt}$$

将布莱克—斯克尔斯模型中买方期权价值用上式进行替代，得出：

$$\text{卖方期权价值}=Ke^{-rt}[1-N(d_2)]-Se^{-yt}[1-N(d_1)]$$

其中：

$$d_1=\frac{\ln\left(\frac{S}{K}\right)+\left(r-y+\frac{\sigma^2}{2}\right)t}{\sigma\sqrt{t}}$$

$$d_2=d_1-\sigma\sqrt{t}$$

因此，卖方期权的复制投资组合通过出售 $1-N(d_1)$ 股股票并投资 $Ke^{-rt}[1-N(d_2)]$ 于无风险资产来建立。

第 13 章 控制权价值

企业的控制权价值是什么？这个问题的答案取决于股票的定价方式以及收购时支付溢价的方式。在本章中，我们将解释为什么公司的控制权可以被估价以及应该如何衡量这种价值。然后，我们将引入大量关于控制权价值在私有公司价值评估中应用的案例，包括为拥有投票权的股份（相对于无投票权的股份）支付的溢价以及私有公司估价中少数股权折价的计算问题。

13.1 控制权期望价值的衡量

控制权的价值来源于公司会因为被操纵而偏离目前的运营方式的观念。本节我们首先对管理决策影响公司价值的因素以及如何衡量这种变化的影响进行分析，然后将对现有的管理政策变动的概率进行分析。控制权期望价值就是由这两个变量决定的：改变公司经营政策导致的公司价值的变化以及这种变化发生的概率。

13.1.1 控制权价值

企业的价值取决于企业管理者对投资项目的选择、对选中的投资项目进行资金筹集的方式以及对企业所有者现金回报的分配。因此，当我们对一个企业进行估价时，通常直接或间接地假设我们已知企业管理者的人选及其管理方式。当我们假设企业的管理者不合格的时候，企业的价值就会被低估。无论是私有企业还是国有企业，当它的管理者已经确定的时候，我们就将面临选择：我们可以对由现任管理者管理的公司进行评估，得出一个现状价值；我们还可以对由一个假设的最优管理团队进行管理的公司进行重新评估，得出一个最优价值。最优价值与现状价值之差就是企业的控制权价值。

1. 公司价值的决定因素

第 2 章到第 6 章论述了任何资产的价值都是由资产、资产使用期限、现金流预计增长以及与这些现金流相关的风险而计算出的企业的现金流决定的。如果我们把公司看做是一个资产的集合，那么公司的价值就可以通过这种方法来计算公司的价值，即用公司经营年限内的现金流与公司所有资产的总体风险的折现率计算。这种方法在一部分资产已经存在，也就是存在当前资产（assets-in-place）的情况下比较复杂，因为公司价值中的很大一部分反映了对未来投资的预期。决定公司价值的 5 个关键因素分别是：

A. 现有资产带来的现金流。现有资产带来的现金流是扣除所得税以及再投资之后，支付债务利息之前的现金流。

$$公司自由现金流 = EBIT（1-T）（1-再投资率）$$

该现金流反映了公司资产的管理效率。

B. 非常增长时期的期望增长率。公司的价值是由营业收入中的期望增长率决定的。正如第 4 章所描述的，驱动增长的基本原理很简单，包括两个部分。第一个部分的增长来自于新的投资，也就是公司再投资的结果，即用于投资净资本性支出以及改变非现金营运资本的税后营业收入的部分。这部分再投资的质量由资本投资收益来衡量。

$$期望增长率_{新的投资} = 再投资率 \times 资本回报率$$

第二个部分的增长来自于提高现有投资的管理效率。这部分额外的增长是来自现有投资产生的更高的资本回报。

$$增长_{效率} = (ROC_{t,现有投资} - ROC_{t-1,现有投资}) / ROC_{t-1,现有投资}$$

如果这种现有投资的资本回报的增长长期持续，这种增长率同样分布于这个时期。[①] 两部分的增长主要的区别在于它们持续的程度。来自新的投资的增长可以持续很长时间，直到公司不再继续对其资本回报进行再投资，而来自现有资产的增长则只能在较短的时期内持续，因为现有资产的利用效率是有限的。

C. 非常增长时期的持续时间。假设永续现金流是无法计算的，我们一般假设现金流每期按固定的比率增长，这样我们就可以计算其终值。因此，在折现现金流计算中，我们需要对固定增长进行两个必要的假设。第一个假设涉及当所估价的公司还没有实现固定增长，但未来即将实现的时候。这个问题的答案大部分取决于该公司所拥有的竞争优势的大小以及这种优势的持续能力。第二个假设涉及将实现固定增长的公司在资本回报和资本成本方面的特性。固定增长的公司一般具有较小甚至可以忽略的超额回报和平均风险。

D. 资本成本。期望现金流需要被一个反映资产筹资成本的比率折现。回顾第 2 章的内容，资本成本是由债权成本和股权成本组成的融资成本，是两者融资结构的加权平均成本。股权成本体现了公司股权投资者的要求报酬率，而债权成本则衡量当前的借款成本，根据借款的节税收益而调整。一个公司的资本成本由融资的选择以及负债是否反映了公司的资产（长期资产由长期债权融资，短期资产由短期债权融资）来决定。运用非最优融资结构来融资或者负债与其资产性质的不匹配将会导致更高的资本成本，降低公司的价值。

E. 现金、交叉持股以及其他非营运资产。在对营运资产进行评估时，我们通常会计算现金、交叉持股以及公司拥有的其他资产的价值。尽管传统观点认为持有现金对价值没有影响，但根据我们在第 10 章中所陈述的观点，现金（至少在某些

---

① 如果双倍的资本回报率发生在 5 年，那么每年的增长率可以表示为：
$年增长率 = [1 + (ROC_t - ROC_{t-n}) / ROC_{t-n}]^{1/n} - 1 = [1 + (0.10 - 0.05) \div 0.05]^{1/5} - 1 = 0.1487$
部分的年增长率为 14.87%。

公司的手中）被认为是价值破坏。交叉持股其他公司也是这样。

综上，对任何公司进行估价都要从对增长持续的时间、增长率的高低以及现金流的大小的评估入手，然后计算终值，并将所有的现金流（包括终值）折现来计算公司营运资产的价值，最后再将现金、交叉持股以及非营运资产的价值加回到公司价值中去。图 13—1 总结了公司价值评估的过程和决定因素。

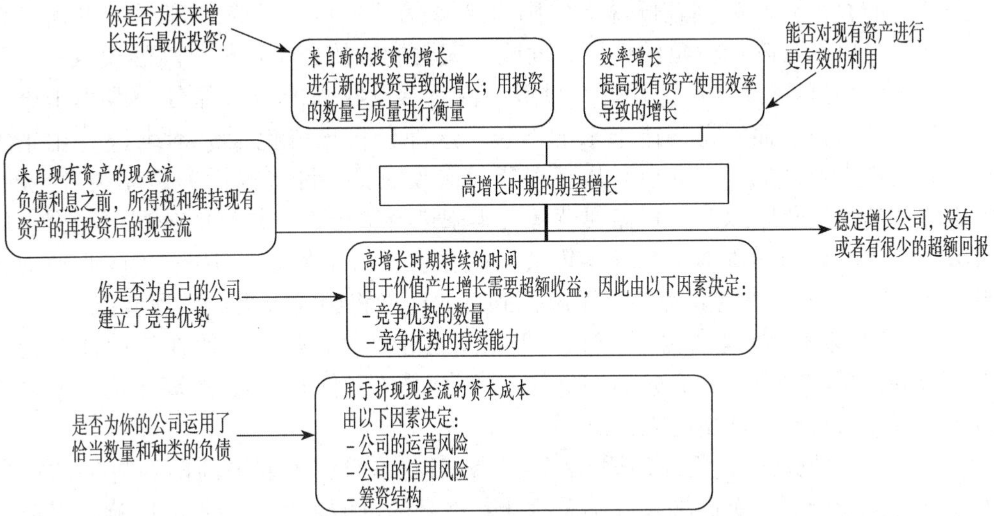

图 13—1　公司价值的决定因素

2. 价值增长的方法

公司的价值增长可通过增加现有业务的现金流、增加期望增长以及高增长的时期，或者通过减少融资成本来实现，但是在实务中，这些方法的操作并不简单，而且这些变化是否能够实现取决于我们在估价中经常忽略的一些定性因素：管理的质量、品牌的影响力、战略决策以及好的市场营销。

1）来自当前资产的现金流。价值首先来自公司的当前资产。这些资产反映了公司已经投资并为公司创造当前营业收入的项目。当这种投资收益小于资本成本，或小于它们能够获得的收益时，在最优管理状态下就存在价值创造的潜力。一般而言，来自当前资产的现金流的增加可划分为以下几类：

- 资产转移。在企业的资产被投资到收益较差的项目中时，可通过出售这些资产①或将其从目前的项目中转移到其他能够创造更高价值的项目中去，以增加企业的现金流。例如，一个拥有自己店面的零售公司认为如果其店面用于发展商业化房地产，其价值将会高于用于零售的价值。

- 提高营运效率。当公司的营运效率很低，减少或消除这种低效率将意味着增加营运现金流以及价值。那么，一个员工超编的电讯公司应该通过裁员来创造价

① 从表面来看，出售收益较低或者亏损的企业似乎可以导致价值创造，但是能否真正创造价值需要看出售的价值是否超过继续经营的价值。如果是，这种出售才创造了价值，因为当一个企业的收益很低的时候，潜在购买者不可能为它支付太高的价格。

值。一个设备陈旧的钢铁公司可以通过更新其设备来增加公司价值。近年来，制造业公司通过将其业务从如美国和西欧等的成熟市场转移到劳动力成本更低的发展中市场来降低成本。

- 减少税负。每个公司都有义务支付其应付的税务，但是数额不超过其公允价值。公司可以以合法途径降低其税负。一个跨国公司可以通过将其业务（以及业务产生的收入）转移到较低税率的国家来降低其税负。风险管理通过平衡各期收入同样可以起到降低税负的作用，而收入突增能够使公司背负更高的税收。

- 减少资本维持以及营运资本投资。税后营业收入的一大部分一般用于维持现有业务的再投资而不是创造未来的增长。这部分再投资包括资本维持（用于维护和更换现有资产的资本支出）以及存货或应收项目。许多再投资是无法避免的，因为资产的使用年限以及公司需要营运资本来进行销售，但是有的公司可能会有储备潜力，尤其是营运资本。一家零售公司的存货量占销售量的10%（行业平均水平为5%），如果能够将其存货水平降低到行业标准将会大大增加其现金流。

2）增加期望增长。如果能够在高增长期迅速增长，那么即使在当前拥有较低现金流的公司同样可以具有较高的价值。像前面提到过的那样，更高的增长来自于新的投资以及现有资产更有效的利用。

- 在新的投资中，更高的增长来自于更高的再投资率或更高的新投资的资本回报，或二者皆有。更高增长并不总意味着更高的价值，因为增长的影响可以被估价中其他方面的改变所抵消。这样，更高的再投资率常常会导致更高的期望增长，但却是以更低的现金流为代价的，因为更多的再投资至少会在近期内导致自由现金流的减少。[①] 当新的投资的资本回报高于（低于）资本成本的时候，公司的价值就会随着再投资率的增加而增加（降低）。同样，更高的资本回报也会导致期望增长的增加，但是如果新的投资风险较高且高于资本成本相应的增长，公司的价值同样会降低。

- 对于现有资产，这种影响更为明显，即更高的资本回报意味着更高的增长以及价值。一个公司如果能够将其现有资产的资本回报在随后的5年中从2%提高到8%，那么就意味着它的增长状况良好并拥有较高的价值。

这两种方式哪一种更能促进价值的增长？答案取决于公司本身。对于具有较低资本回报的成熟性公司（尤其是那些资本回报低于资本成本的公司），至少在短期内增长更多地来自现有资产。对于拥有相对较少的当前资产的小型公司，增长来自产生良好回报的新的投资。

3）延长高增长期限。像前面所提到过的那样，每一个公司在未来都会发展成为稳定增长的公司，以等于或者小于所处经济水平的比率增长。此外，增长仅仅在投资回报大于资本成本的时候促进价值增长。很明显，在其他因素保持不变的情况下，高增长以及超额回报持续的时间越长，公司的价值就越大。然而，值得注意的

---

① 收购被认为是再投资资本支出的一部分。这样，增加公司的再投资率相对较容易，但是这些公司还要保持高资本回报率十分困难。

是，在竞争的商品市场中，公司无法永远获得超额回报，因为公司的超额回报会引起竞争者的注意。因此，假设存在与超额回报相关联的高增长的同时也意味着假设存在一些进入限制，以防止新的公司进入市场。

假设公司能够持续以高于平均水平的比率增长的时间和存在进入限制之间有联系，公司价值增长的一个方法就是加大现有的进入限制并且增加新的进入限制，换句话说就是获得超额回报的公司拥有很多的竞争优势。培养这些优势就可以增加价值。

4）降低融资成本。在前面，我们将资本成本定义为债务融资成本和股权融资成本的组合。期间内产生的现金流以资本成本为折现率折现为现值。如果保持现金流不变，降低资本成本就会增加公司的价值。有 4 种方式可以降低公司资本成本，或者说，通过改变筹资组合和类型的方法增加公司价值。

A. 降低产品/服务的自由选择。公司的经营风险直接取决于其提供的产品或服务，以及这些产品/服务对其客户的自由选择。客户的自由选择权利越大，公司所面临的经营风险就越大。因此，公司可以通过降低其客户对产品和服务的自由选择来降低经营风险。广告无疑是一个办法。另一个办法是增加产品/服务的其他用途。

B. 降低经营杠杆。公司的经营杠杆是用来衡量固定成本的比例。在其他条件不变的情况下，公司固定成本的比例越高，其收益的波动性越大，其股权成本/资本成本就会越高。降低公司的固定成本比例会降低公司的风险，从而降低资本成本。①

C. 改变融资组合。债权成本通常被认为比股权成本更低，因为债权人比股权投资者承受较小的风险，此外还因为负债利息的抵税优势。这种优势会被负债导致的风险的增加以及债权成本（通过增加破产的概率）和股权成本（通过增加股权投资者收入的波动）的增加所抵消。负债最终的影响取决于当公司增加负债的时候资本成本将会增加还是降低。最优融资组合就是资本成本最低时的组合。

D. 将融资与资产相匹配。设计公司融资组合的最根本的原则是保证负债带来的现金流与资产带来的现金流尽可能的相匹配。那些没有将负债带来的现金流和资产带来的现金流相匹配的公司（通过用短期负债来筹集长期资产、用一种货币的负债来筹集另一种货币的资产，或者用浮动汇率的负债来筹集现金流受更高通货膨胀反向影响的资产）将会由于更高的信用风险、资本成本以及更低的公司价值而面临倒闭。当公司利用衍生工具以及掉期来减少这种不匹配的时候，公司价值就会上升。

5）非营运资产的管理。在前 4 个部分中，我们主要对营运资产对公司价值的增加的方式进行了解。公司价值的很大一部分来自非营运资产，即现金和交易证券、持有其他公司的股份以及养老保险基金资产（债务）。当这些资产处理不得当时，就可能会对企业的价值有潜在的影响。

① 近年来常被报道的外包（outsourcing）以及弹性工资合同（more flexible wage contracts）现象均可被认为是公司试图降低其固定成本的方式。

（1）现金及交易证券。在传统的价值评估中，我们将企业所持有的现金及交易证券增加到营运资产中。也就是说，我们假设现金和交易证券为中性投资（neutral investments，NPV 为 0 的投资），获得明确的回报率以及确定的投资风险。因此，尽管将 20 亿美元的现金投资于国库券及商业票据可能会获得较低的回报率，然而这也正是你对这些投资所期望的回报率。

但是，在两种情况下，大量的现金没有被中性地评估并且导致价值的增加。首先是当现金被投资于较低的市场利率。一家公司以无利息形式的支票账户持有 20 亿美元现金会损害股东的利益。其次是当投资者担心现金将会因为管理人员进行较差的投资（或收购）而被滥用。在这种情况下，一个折现率将会被用于反映这种管理者滥用现金以及这种滥用会导致的后果的概率。回到刚才那个持有 20 亿美元现金的公司的例子，假设投资者认为该笔现金有 25% 的概率会被用于一项收购，并且公司会对该收购超额支付 5 亿美元。该公司现金的价值计算如下：

现金的价值 = 账面价值 - 用于较差投资的概率 × 较差投资的投资成本

$= 20 - 0.25 \times 5 = 18.75$（亿美元）

在这两种情况下，将一部分或者全部的现金以股息或股份回购的形式返还给股东更符合股东的利益。

（2）持有其他公司的股份。当公司获得其他公司的股份时，这些股份的价值将会增加到营运资产的价值中得到公司的股权价值。同样，按照评估惯例，这些股份对价值的影响是中性的。同现金一样，这些交叉持股的潜在问题能够导致它们价值被市场所低估（相对于它们真正的价值）。交叉持股很难估价，尤其是当它们在与母公司有着不同风险和增长曲线的时候。拥有大量交叉持股的公司的股份往往被市场所低估。在一些案例中，这种低估可能是由关于交叉持股的成长、风险以及现金流的重要细节没有准确传递给市场而引起的信息不对称（information gap）导致的。在另一些案例中，这种低估可能反映了市场对母公司管理其交叉持股组合的能力的怀疑，可以将其看做是一种混合合并的折让（conglomerate discount）。[①] 一旦存在这种折让，价值的增长就很简单。将交叉持股的股份从母公司中分割或者出售则会使它们真正的价值得以披露，从而增加母公司股东的利益。

（3）养老基金债务（以及责任）。大多数公司拥有大量的养老金债务以及与之相匹配的养老金资产。由于债务和资产的增长，导致威胁和机遇并存。如果一个公司对其养老金资产疏于管理，就没有足够的资金来源偿还养老金债务，从而导致资产的价值的减少。相反，如果一个公司养老金资产汇报产生的汇报高于期望价值就意味着资金充足的养老金计划、增加资产价值。

由养老基金投资来增加价值的方法有很多，尽管与其他的方法相比，有些会在道德观念上产生一些质疑。第一种方法是大量投资养老基金资产，产生较高的风险调整回报以及较高的股东价值。第二种方法（较为值得质疑）就是通过与员工重

① 关于集团企业的研究结论认为，企业组合部分的折价应该介于 5% ~10% 之间。

新协商或者将持有养老基金资产并将债务转移给其他实体（例如政府）的方法来降低养老基金债务。

3. 转变管理（changing management）的价值

如果将价值看做是企业投资、筹资和分配决策的最终结果，那么公司的价值就是衡量公司管理是否理想（或不理想）的工具。如果假设继续实行现有的管理方法并对公司的价值进行估价（称之为现状价值），假设实行最优管理对同一个公司价值进行再估价（称之为最优价值），那么转变管理的价值可以用以下公式表示：

转变管理的价值 = 最优公司价值 - 现状价值

转变管理价值是公司运行方式提高程度的直接结果。当公司的管理已经达到最优时，转变管理的价值为0，而当公司的管理很糟糕时，转变管理的价值则很大。

回顾估价的步骤，我们可以很清楚地发现不同公司价值增长的方法也不同。次优管理（sub-optimal management）在不同公司以不同的方式出现。对于现有资产管理较弱的公司，价值增长首先要从提高对这些资产管理的效率入手——从这些资产以及有效的增长中得到较高的现金流。对于投资策略较为合理但融资策略较为失败的公司，价值增长则来源于改变债权和股权比例以及较低的资本成本。表13—1给出了现有管理中存在的潜在问题、解决的方案以及价值结果。

表13—1 **价值增长的方法**

潜在问题	表现形式	可能的解决方案	价值结果
对现有的资产管理软弱	营业毛利率低于行业水平，且资本回报率低于资本成本	提高对现有资产的管理效率，可能需要出售某些绩效不良的资产	现有资产拥有较高的营业毛利率以及资本回报率，导致较高的营业收入。资本回报率的提高导致近期有效的增长
投资不足（即对于开发新的增长机会过于保守）	高增长期内的较低的再投资率以及较高的资本回报率	增加对新项目的再投资，即使项目的资本回报率较低（虽然大于资本成本）	在高增长期内较高的增长率以及再投资率导致更高的价值，因为该增长是价值的增长
过度投资（即对价值破坏的新投资项目进行投资）	较高的再投资率，但资本回报率低于资本成本	降低再投资率，直到边际资本回报率至少等于资本成本	高增长期内较低的增长率以及较低的再投资率导致更高的价值，因为增长不再是价值破坏
没有对可能的战略优势进行开发	高增长期很短甚至不存在，超额回报很低甚至没有	建立竞争优势	较长的高增长期以及较高的超额回报导致较高的价值

续表

潜在问题	表现形式	可能的解决方案	价值结果
债权使用不足	资本负债率低于最优负债水平（或者行业平均值）	增加债权融资	较高的资本负债率以及较低的资本成本导致较高的公司价值
过度使用债权	资本负债率高于最优负债水平	减少债权融资	较低的资本负债率和较低的资本成本导致较高的公司价值
使用错误的融资方式	债权成本高于应有水平，例如公司收入能力	将负债与资产相协调，运用掉期、衍生物或者发行新债	较低的债权成本以及资本成本导致更高的公司价值
持有超额现金并不被市场所信任	现金及交易证券在公司价值中占很大比例；公司在投资中拥有不良记录	将现金通过股利或股票回购的方式返还给股东	公司价值由于现金支付而降低，但是股东由于现金被贴现而获利
投资于不相关的公司	大量的其他公司的交叉持股导致价值被市场低估	首先尝试使交叉持股运作更透明。如果得不到改善，则需要将交叉持股出售	公司价值由于出售交叉持股而降低，但是由于收到出售所得现金而增加。如果交叉持股被低估，增加的部分会超出降低的部分

［例 13—1］ 转变管理的价值：SAP

SAP 是一家商业软件制造公司，总部设在德国。该公司因高效的管理获得较高的声誉，尤其是在公司进行新项目投资的时候；公司 2004 年将税后营业收入的 57.42% 用于再投资并且产生 19.93% 的资本回报率。这两方面指标均高于同行业公司。该公司的债务却使用得非常保守，其资本负债率为 14%，并导致资本成本为 8.68%。在图 13—2 中，我们对该公司价值进行评估，并假设公司仍然采用现有的投资政策（未来 5 年保持其 2004 年的再投资率和资本回报率）以及保守的融资策略。每股价值为 106.12 欧元。

SAP 公司能够负担多少贷款？为了解决这个问题，我们在表 13—2 中对 SAP 公司的资本成本进行计算，按照资产负债率从 0% 到 90% 排列。①

当资产负债率为 30% 时，资本成本最低，为 7.95%，比现在的资本成本大概低 0.73%。

① 在不同的资产负债率下计算股权和债权成本的具体方法在作者的实用公司融资（John Wiley & Sons，第二版，2004）中有详细的介绍。

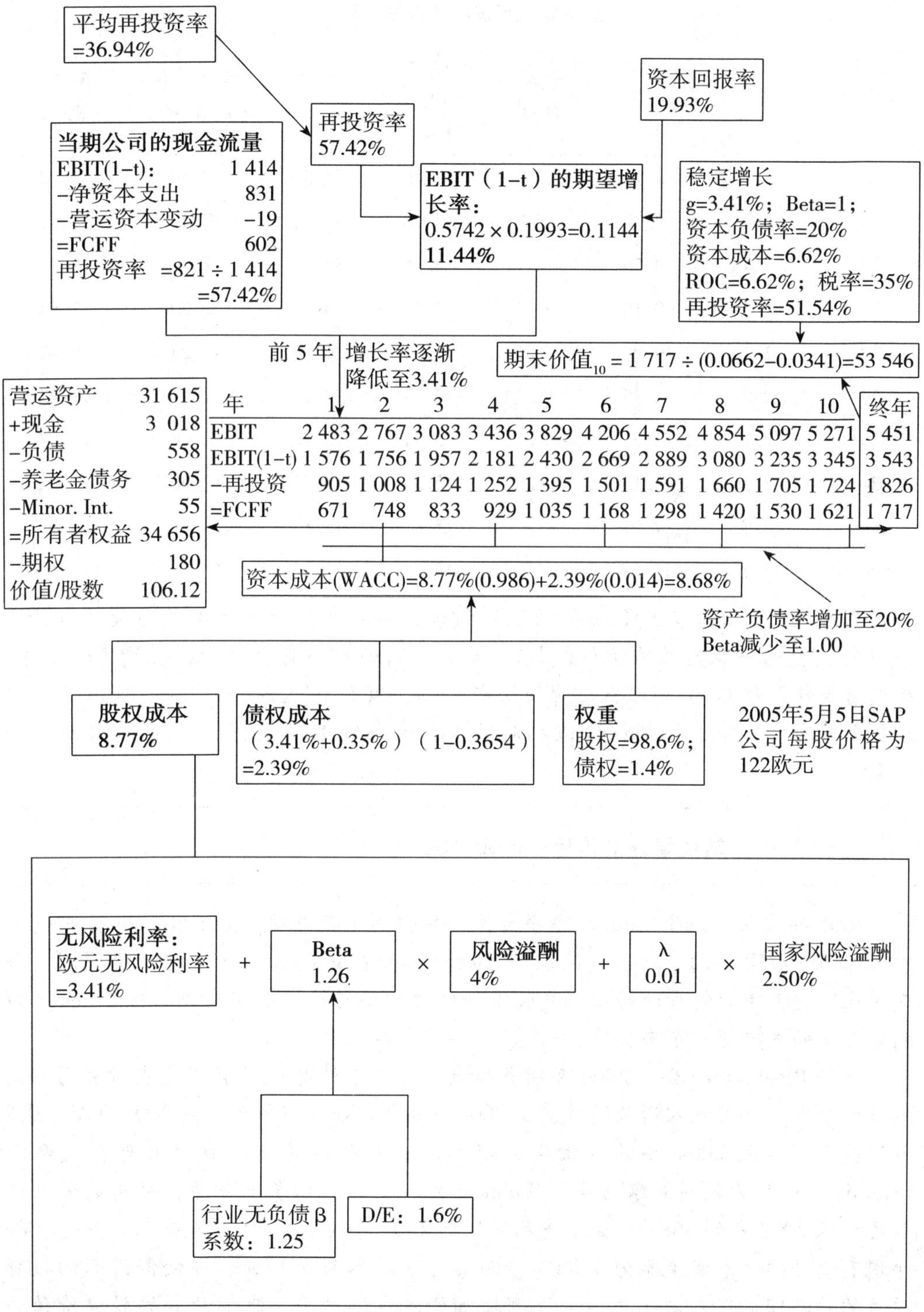

图 13—2　SAP：现状价值

表 13—2 资本成本与资产负债率：SPA

资本负债率（%）	β	股权成本（%）	债券等级	债务利息率（%）	税率（%）	债权成本（税后,%）	WACC（%）
0	1.25	8.72	AAA	3.76	36.54	2.39	8.72
10	1.34	9.09	AAA	3.76	36.54	2.39	8.42
20	1.45	9.56	A	4.26	36.54	2.70	8.19
30	1.59	10.16	A -	4.41	36.54	2.80	7.95
40	1.78	10.96	CCC	11.41	36.54	7.24	9.47
50	2.22	12.85	C	15.41	22.08	12.01	12.43
60	2.78	15.21	C	15.41	18.40	12.58	13.63
70	3.70	19.15	C	15.41	15.77	12.98	14.83
80	5.55	27.01	C	15.41	13.80	13.28	16.03
90	11.11	50.62	C	15.41	12.26	13.52	17.23

如果假设仅仅改变 SAP 公司的融资组合，将资产负债率调整成为最优负债水平 30%（能够产生最低的资本成本），SAP 公司的价值将会上升。在图 13—3 中，我们对重新调整后的 SAP 公司价值进行评估，其价值达到每股 118.70 欧元。在 SAP 公司的案例中，控制权价值相对较小，为每股 12.6 欧元，大概占股权价值的 12%。

[例 13—2] 转变管理的价值：Blockbuster

2005 年 4 月，Carl Icahn 对董事会候选席位的争夺惊动了 Blockbuster 公司（一家录像租赁公司）的管理层。他认为 Blockbuster 公司的管理和运行十分糟糕，并建议采取更多重大的管理转变。尽管现任的管理层与他进行了争辩，但是 Icahn 得到了足够的支持他对董事会进行改选的股东。

根据 Blockbuster 公司 2004 年财务报表，能够很清楚地了解到股东对公司感到不满的根源。公司收入增长缓慢，从 2002 年的 5 566 百万美元，到 2003 年的 5 912 百万美元，再到 2004 年的 6 054 百万美元。更糟糕的是，由于来自在线租赁（Netflix 公司）以及折扣零售商（Walmart 公司）日益增长的竞争，公司的营业收入已经从 2002 年的 468.20 百万美元降低到 2004 年的 251.20 百万美元。公司 2004 年现有资产的资本回报率为 4.06%，而其资本成本为 6.17%。即使假设新的投资项目的资本回报在未来 5 年内会逐渐增加资本成本水平，我们计算的股权价值为 955 百万美元，每股价值仅为 5.13 美元（如图 13—4 所示）。

那么应该如何对 Blockbuster 公司进行调整？第一步也是最重要的一步就是至

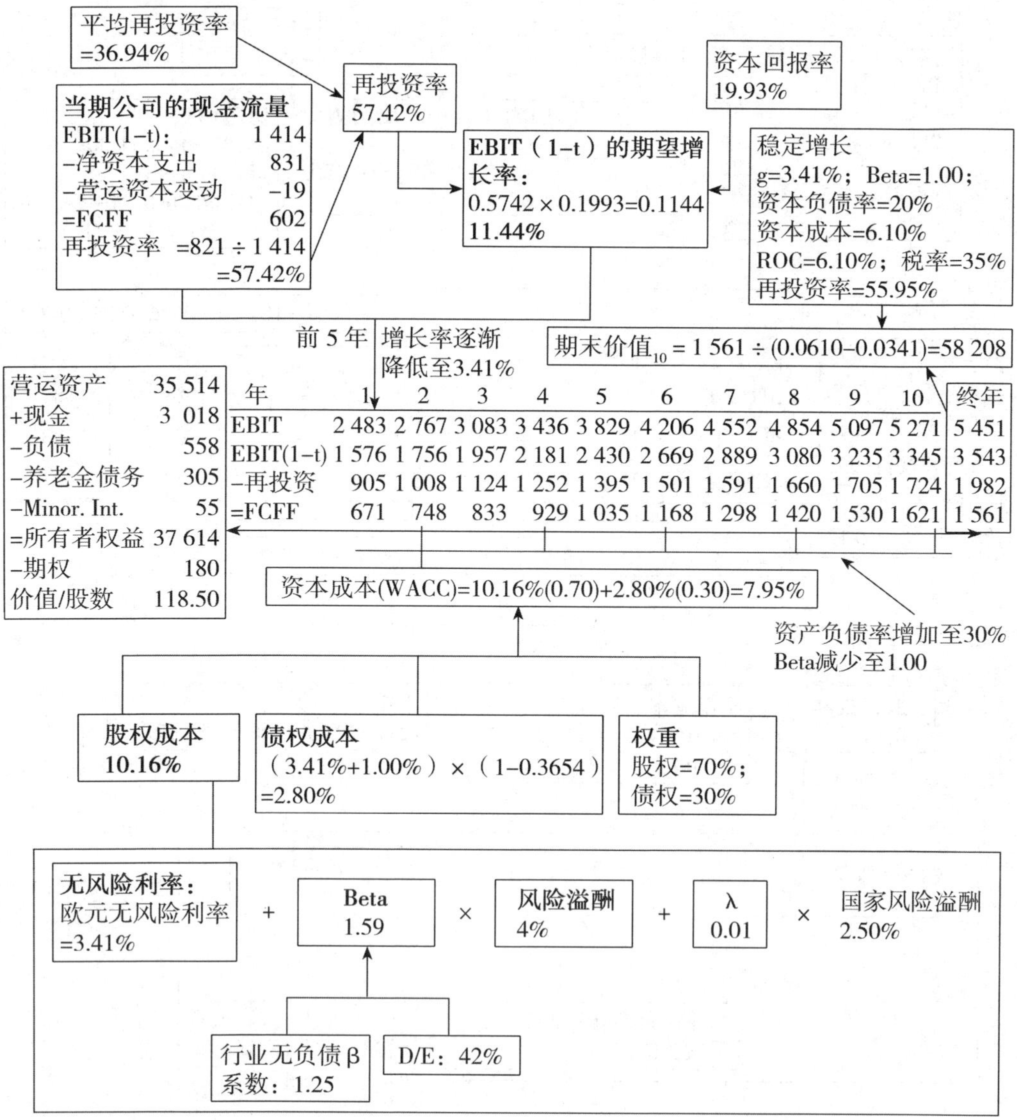

图 13—3　SAP：转变融资的价值

少将现有资产的回报率增加到资本成本的 6.17%。这就需要产生更多的营业收入（必须将其增加到 381.76 百万美元）或者放弃一些与产生最差的回报的资产相匹配的现存资本（需要从出售中获得大于 10 亿美元）。如果假设公司可以将其新的投资项目的资本回报立即提高至资本成本水平，股权价值则升至 23.230 亿美元，公司的每股价值则为 12.47 美元（如图 13—5 所示）。

Blockbuster 公司拥有两类股票对价值没有影响，即 188 百万拥有每股一票的投票权的 A 类股票以及 63 百万的拥有每股两票的投票权的 B 类股。在该分析中，两类股票的交易价格都粗略地记为每股 9.50 美元。我们将在本章后面再对有投票权

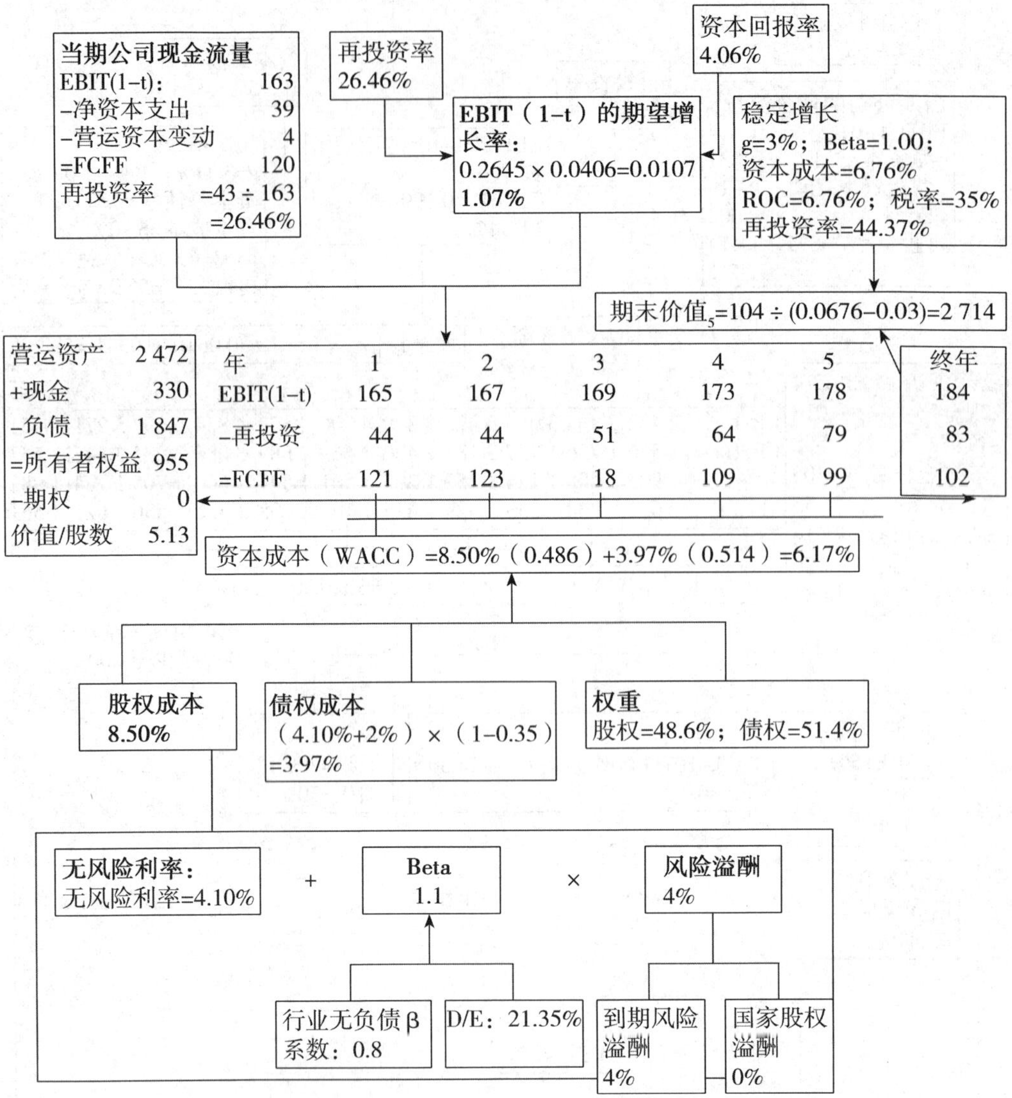

图 13—4　Blockbuster 公司：现状价值

和无投票权股票的发行及其价格差异的决定因素进行描述。

［例 13—3］转变管理价值：Nintendo 公司

Nintendo 公司是一家日本电子游戏制造公司，于 2005 年年初发布了一张有趣的报告。公司于 2005 年 3 月公布本年度收入为 4 430 亿日元，大概与其前三年的收入持平。公司本年营业收入大约为 1 000 亿日元。公司股权的市场价值大概为 16 000亿日元，没有未偿还负债，现金账户为 7 170 亿日元（大概占整个公司价值的 45%）。

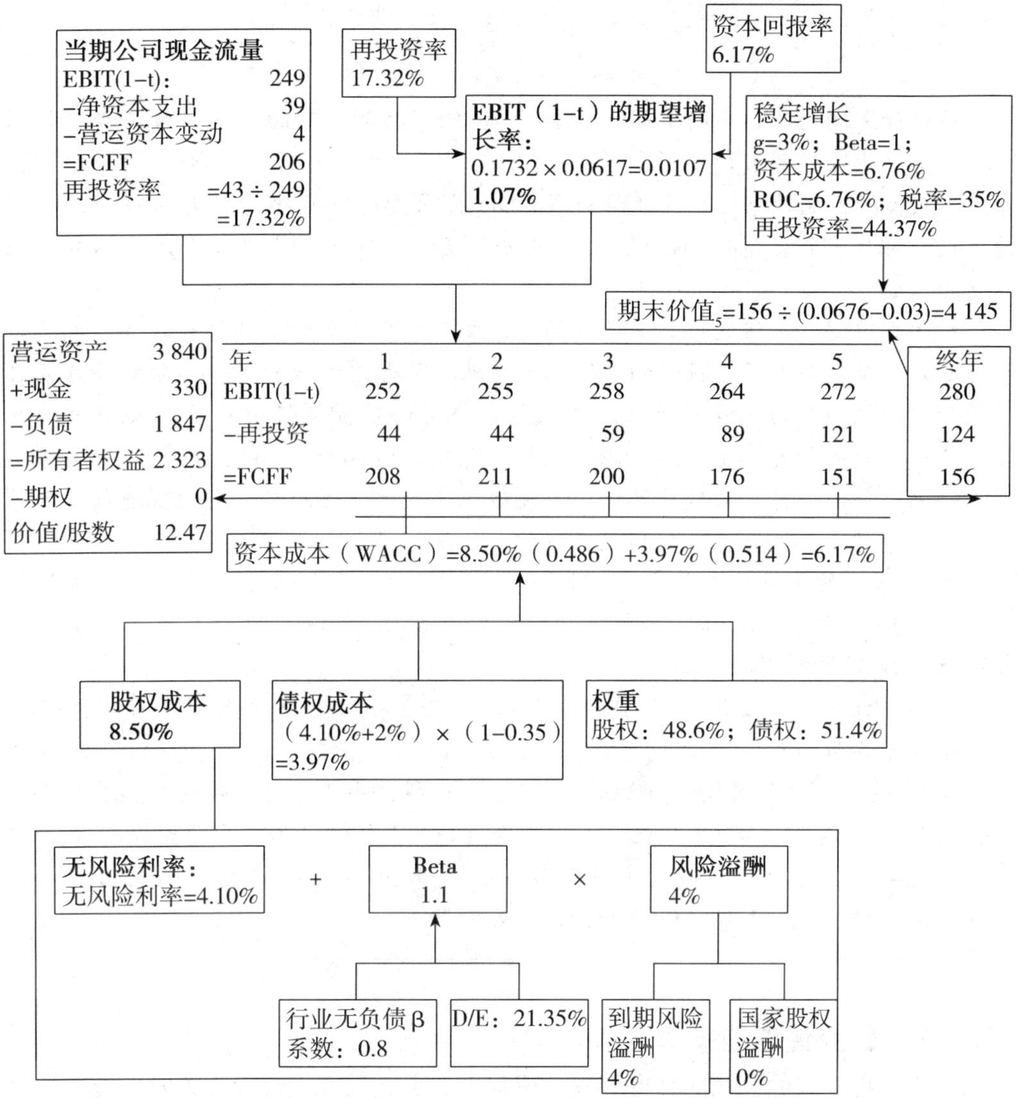

图 13—5　Blockbuster 公司：董事会调整后价值

在过去的几年里，Nintendo 公司很少将钱再投资到其营运资产中，其最近的再投资率大概为 5%。降低成本使公司的现有资产产生较好的资本回报率 8.54%，远远高于其资本成本 6.80%。如果假设公司能够保持这种资本回报率和再投资率，则期望增长率仅为 0.43%。

期望增长率 = 再投资率 × 资本回报率 = 0.05 × 0.0854 = 0.0043（或者 0.43%）

将公司看做稳定增长的公司，我们得出其营运资产价值为 99 990 亿日元（税率为 33%）。

$$\text{Nintendo 公司营运资产的价值} = \text{EBIT}\ (1-t)\ \frac{1-\text{再投资率}}{\text{资本成本}-\text{稳定增长率}}$$

$$=100\times(1-0.33)\times\frac{1-0.05}{0.068-0.0043}$$

$$=9\,990\text{（亿日元）}$$

另外加上现金账户中的7 170亿日元，并除以公开上市的股票总数，我们计算出现状价值为每股12 115日元，大概比普遍的市场价格每股11 300日元高出8%左右。较低的市场价格是由于市场对Nintedo公司能够一直维持目前的超额回报保持怀疑（即我们在估价中的假设），一部分也是由于对其大量现金账户的怀疑（以及它的用途）。

对于公司潜在价值的提高有三种转变方案。首先是更积极的增长状况。电子游戏行业是一个需要大量再投资的快速增长行业，尽管这种增长和价值的提高建立在较低资本回报的新的投资项目上。其次是在公司的融资策略中更多的实用负债融资。公司目前的融资结构完全由股权融资构成，因此很容易将负债比例提高到20%而且不会使公司陷入信用风险中。最后就是减少现金账户。我们在进行以下的更改后重新对Nintendo公司价值进行评估：

- 将未来的再投资率提高为40%，资本回报率为7.50%。这样，公司该期间内的年增长率将提高至3%。5年之后，我们假设公司拥有2%的增长率以及与之相一致的再投资率。①
- 资产负债率为20%，税前债权成本为3%，将未来5年的资本成本降低为6.49%且始终为5.84%（当我们将β降低为1）。
- 将现金账户大幅减少为2 000亿日元。这样，由于现金导致的折扣就会降低甚至消失（评估显示为7 180亿日元，但是其中5 180亿日元作为股利被支付）。

经过这样的转变，公司的每股股权价值增加至14 107日元，比现状价值的12 115日元增加了大约18.5%（如图13—6所示）。

13.1.2 转变管理的概率

如果管理不善的公司的转变管理价值很大，那么只有在管理政策发生转变的时候才会产生价值增加。尽管这种转变有时能够通过令人信服的现任管理者改变其管理方式来实现，大部分的转变需要对管理者进行更换。如果转变管理发生的概率很低，那么控制权价值的期望价值也会很低。在本节中，我们首先探讨转变管理的机制，然后是转变管理概率的决定因素。

1. 转变管理的机制

对公司的运行方式进行转变是很困难的，但是通常来说有4种方式可以达到这种转变的目的。首先是道德变化（variation of moral），至少是经济说服（economic suasion），当一个或多个机构投资者提出主要为了提高公司治理结构的股东提议，

① 我们使用固定资本回报率7.50%计算再投资率：
再投资率＝增长率/资本回报率＝2%÷7.50%＝26.67%

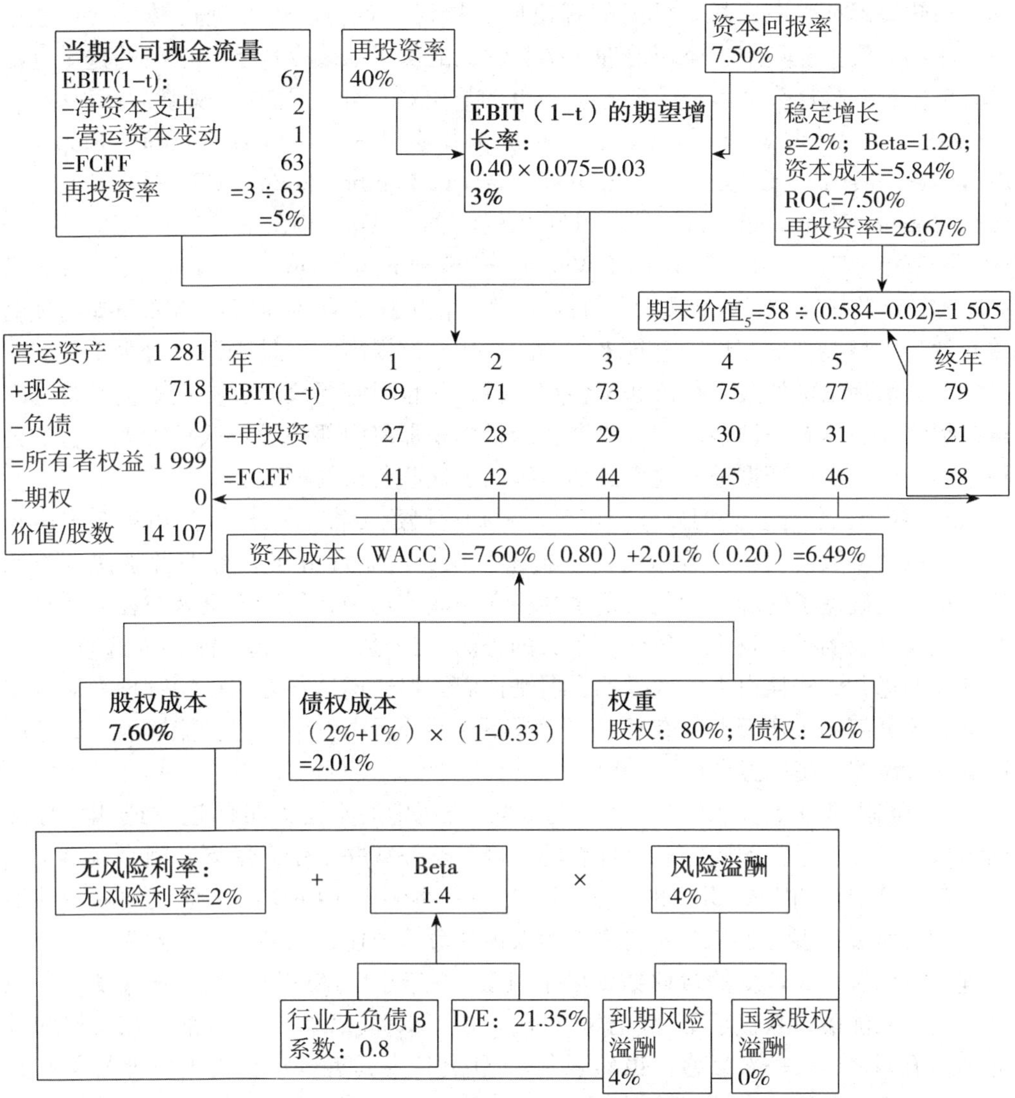

图 13—6　Nintendo：重组

对上层管理者进行威胁时。其次是代理权争夺。如果某个投资者对公司经营方式不满，则通过代理人投票对在职管理者提出质疑；如果拥有足够的票数，该投资者就有权利代表董事会并且可以转变管理政策。再次是尝试通过更有能力的管理者来替代现任公司的管理者。在公开上市的公司，这就需要董事会有质疑管理的意愿。最后也是最极端的是通过投资者或其他公司的恶意收购。在职管理者通常在收购之后被替代，公司的政策也会被修正。

1）积极投资者。大部分的机构投资者和大投资者较为被动，在对公司经营方式不满意的时候选择出售股份。养老基金和私人投资者组成的组合则显示了其与在职管理者对抗的积极性。这些积极的投资者持有较大比例的股票，能够在他们感觉到公司政策不利于股东权益的时候提出股东提议，对公司政策进行转变。一般来说，这些提议主要集中在公司治理结构，常见的例子如改变董事会成员的选举办法并将反监管条款从公司章程中消除。积极的投资是近年才出现的现象，且很少见。在1986年和20世纪90年代初，5家机构投资者——California Public Employee Retirement System（Calpers）、College Retirement Equities Fund（CREF）、California State Teacher Retiement System（CalSTERS）、New York City Employees Retirement System（NYCERS），以及State of Wisconsin Investment Board（SWIB）——占所有股东提议的将近20%[①]。需要注意的是，这一积极投资者改变管理政策和提高经营绩效的记录是混合的。尽管近年来成功的比例已有提高，但是仍旧只有少于五分之一的公司治理结构的股东提议获得多数支持，并且尽管提议通过，董事会常常忽略这些提议。虽然有证据显示积极投资者的目标是那些内部持股较低且管理不善的公司，但是仍很少有证据证明他们成功地提高了这些公司的绩效。

2）代理权争夺。大型公开上市公司中拥有高度分散的股权，公司年会出席率很低。在大多数公司中，股东往往不出席会议，而通常由在职管理者掌握其投票权，这样就确保了管理层控制了董事会。在一些公司中，积极投资者与在职管理者对个人投资者的代理权进行争夺，其目的是为了使他们的候选人能够入选董事会。尽管他们通常无法赢得大多数投票，但是他们能够通过这种方式提醒管理者对股东负责。这就解释了代理权争夺经常在运行不善的公司中发生，并且能够引起管理政策的重大改变、提高经营绩效。[②]

3）强制CEO更替。CEO更替在大部分公司中通常是人员的退休或死亡导致的结果，继任者通常跟随在职管理者的足迹。这一点并不令人惊讶，因为董事会成员通常是精选出的支持CEO的。然而，在一些案例中，CEO由于他或她的业绩不令人满意而被董事会罢免，公司之外的人被任命为公司的领导者。这就为公司现行管理政策以及重大转变的再评估提供了机会。在美国，强制CEO更替与投资者积极主义一同涨落，兴盛于20世纪80年代，并于20世纪90年代衰落，在安然和世通公司丑闻之后又一次兴盛。虽然强制CEO更替直到近些年在美国以外的国家并不多见，但正变得越来越频繁。实际上，2004年，欧洲强制撤职的CEO数量要多于美国。

4）恶意收购。投资者压力、CEO更换以及代理权争夺体现了对管理层约束的内在程序。一旦这些程序失败，股东所剩下的最后的武器就是期望公司成为恶意收购的对象，收购者将会接管公司并改变公司的运营方式。为了使恶意收购能够成为管理层约束的有效机制，需要依次做到以下几点：第一，公司的管理和运行很差，需要被作为收购目标。第二，应该给予潜在恶意收购者以合理的机会来赢得收购。

---

① Del Guercio, D. and J. Hawkins, "The Motivation and Impact of Pension Fund Activism," *Journal of Financial Economics* 52 (1999).

② Mulherin, J. H. and A. B. Poulsen, "Proxy Contests and Corporate Change: Implications for Shareholder Wealth," *Journal of Financial Economics* 47 (1998): 279-313. 他们发现，大多数源于代理权争夺的财富来自于随后被收购的或管理层发生转变的公司。

第三，收购者必须在收购之后对目标公司的管理者和经营政策进行转变。我们在本章的后面将会提到每一部分的经验证据。

2. 管理转变的决定因素

即使公司中普遍认为管理层缺乏能力或者对股东利益不关心，还是存在强烈的维持现任管理者的偏好。有些困难来自于制度上对现任管理者的倾斜，有些则使得管理者的更换变得困难，虽然更换并非不可能。

1）制度约束。管理绩效和运行较差的公司现任管理层所面对的第一类约束就是来自制度上的约束。一些约束是由于为挑战进行资金筹措而导致的困难，一些是由于政府在接管方面的限制，还有一些是由于惯性（inertia）。

（1）资本约束。要收购管理不善的公司需要筹集资本，并且该程序所有的约束都能够阻止恶意收购。这就是为什么恶意收购在资本市场（包括股权和债权）并不发达的经济体制下十分罕见。实际上，20 世纪欧洲大多数管理绩效不善的公司由于缺少积极的公司债券市场和公司银行贷款的信任，至少从恶意收购中被不完全隔离出去。Olivetti 公司在 1999 年对意大利电信公司（Telecom Italy）的收购就是通过 Olivetti 公司使用初期的欧洲债券市场促成的。这是欧洲最早一批规模较大的恶意收购之一。如果 Olivetti 公司通过意大利银行来进行相同的筹资，那么就很有可能在出价中失败。

因此，一般而言，我们认为当资本市场是开放的且资金能够以低廉的成本从多种投资者手中获得（而不仅仅是信用级别较高的大型公司）的时候，更换管理不善的公司的管理者的概率更大。甚至在美国，恶意收购的概率在 20 世纪 80 年代 Drexel Burnham Lambert 公司的 Michael Milken 和其同事打开了垃圾债券市场（junk bond market）之后得到了显著的增长，使得如 T. Boone Pickens 公司以及 Carl Icahn 公司这些恶意收购者通过发行很少甚至没有保障的债券来为恶意接管提供资金。

资本约束的确拥有不成比例的影响，为市值（market cap）较大的公司提供比较小的公司更好的保护。毕竟一个恶意收购者即使在受限制的资本市场上也能够筹集到 10 亿美元的资金用于收购，但是不太可能筹集到 150 亿美元或者 200 亿美元资金。这样就解释了为什么在封闭资本市场中，大型公司的管理者总是在保持市场封闭中拥有既得利益。

（2）政府限制。美国以外的许多融资市场强加给接管行为相当大的法律和制度限制。尽管很少有市场完全禁止接管，这些限制的累积影响使得恶意接管几乎不可能发生。即使在美国，许多州在 20 世纪 80 年代就对接管强加限制，反映了公众和政治对恶意接管的强烈反对。政府强加限制的一个例子就是宾夕法尼亚州（Pennsylvania）1989 年通过的法案，包括三条使得接管变得更为困难的规定。第一，未经管理层许可而持有超过 20%、30%，或者 50% 股权的出价者需要得到其他股东的许可才能使用他们的投票权。由于投票仅限于持有股票超过 12 个月的股东，因此这种许可更难以获得。第二，董事会被允许在所有的利益相关者中权衡同意或拒绝接管的影响，包括客户、员工以及当地社区，这样就为董事会成员提供相当大的拒绝恶意出价的退路。第三，出价者被迫在试图接管的 18 个月内偿还所有出售目标公司股票所得的利润，这样就加大了失败出价的成本。本书中类似的法律还存在于许多的国家。

（3）惯性以及利益冲突。还有最后一种因素来判断管理不善公司的管理者是否能感受到来自股东的压力。如果这些公司的股东十分被动，对收购的请求或其他投资者将他们的股份在收购中或者将他们的代理权在代理权争夺中进行投标等事项没有反应，那么现任管理者继续留任的概率就会很大。拥有大概 70% 的在外发行股票的机构投资者在大型公开上市的公司中比积极投资者更为被动，与同管理者进行对抗相比，更倾向于使用用脚投票的方式（通过出售他们认为管理不善的公司的股票）。[①] 在许多案例中，他们趋向于附和他们所拥有股票的公司的现任管理者，而不是对他们的决定进行辩论。[②] 为什么在许多公司中，投资者在绩效很差的情况下仍然支持管理者？对于一些机构投资者来说，例如拥有数百家公司股票的 Fidelity 公司，这可能是唯一的实际解决方法。毕竟，积极的投资是时间和资源的消耗，这对于持有数百家公司的基金来说可能并不可行。对于另外一些投资者，如投资和商业银行，通过与现任管理者保持较好关系能够获得附带利益（side benefits）。这些利益能够超过来自作为更积极的股东的潜在收益。

2）公司特性约束。有一些公司的现任管理者通过公司采取的行动而抵抗股东的压力，而无论这些管理者多么不称职。这种保护可能以反接管的形式修正公司章程、精心设计复杂的交叉持股结构并发行拥有不同投票权的股票。在一些案例中，现任管理者可以拥有足够多的公司股份来阻止任何对他们领导权力的质疑。

（1）公司章程修正。为了适应 20 世纪 80 年代恶意收购的浪潮，许多公司修正了它们公司的章程使得接管更困难。这些变化有多种解释原因。首先，它们能将管理者从与恶意接管者消耗时间的谈判任务中解脱出来，并让他们能够将时间用于生产性决策。第二，它们通过增加管理者的还价权利，从而在接管中提供给管理者额外的能够从恶意出价者手中提高价格的方法。第三，它们让管理者能够关注长期价值的最大化，而与想象中大部分接管中固有的短期价值最大化相反。这些公司的管理者为这个目标提供一系列的反接管修正方案。由于每年仅仅更换一部分的董事，董事会选举交错于这些方案之间，使得股东更难以获得控制权，绝大多数条款要求合并要获得超过半数的赞同（典型的为 70% ~80%），并且不包括双重出价（two-tier offers）。[③]

从理论上来说，这些反接管的修正应该对股价产生负面影响，因为它们使得接

① Parrino, R, R. W. Sias and L. T. Starks, "Voting with Their Feet: Institutional Ownership Changes around Forced CEO Turnover," *Journal of Financial Economics* 69 (2003): 3 – 46. 他们发现，在强制 CEO 更替之前，机构投资者的数量降低了大概 12%，而个人投资者数量则有所增加。机构投资者获取的信息更充分，而且他们更加关注稳健的股票。他们更倾向于在这一期间出售股票。

② 例如在 2001 年，Hewlett Packard 公司宣布了它收购 Compaq 公司的意图。两名 Hewlett Packard 的董事，包括 David Hewlett（已辞职）争论说收购并不合理，但是 Fiorina 女士，Hewlett Packard 的 CEO，能够说服足够多的机构投资者在最后的投票中支持她。

③ 在双重投标出价中，最初 51% 的投标股份需要更高的价格，而剩下 49% 价格则较低。这样做的目的是希望增加投标股东的数量。

管的发生概率降低，保护了现任管理者的地位。由于反接管修正的通过，公司被接管的概率降低，其市场价值也随之降低，但是不同公司对价值的实际影响也有所不同。管理效率最差的公司在通过这些修正方案时价值下跌的概率最大，而管理效率较好的公司则可能并没有显示显著的价值变化。

令人惊讶的是，关于反接管修正对股价的影响并没有一个一致的结论。Linn和McConnell（1983）研究了反接管修正对股价的影响，发现反接管修正的正面但并不显著的作用。[①] DeAngelo和Rice（1983）研究了同样的现象却发现负面但是不显著的影响。[②] Dann和DeAngelo（1983）对停止协议（standstill agreements）[③] 和协议溢价回购（negotiated premium buybacks）进行研究[④]，并发现它们的公布对股价具有负面影响，结果与股东财富损失相一致。[⑤] Dann和DeAngelo（1988）将其研究进行进一步扩展，提出反接管方法不仅仅是对接管企图的反应，而是一种接管之前的防御办法。[⑥] 他们发现股价在这些办法公布前后降低了2.33%。Comment和Schwert（1995）对此重新进行研究并为先前的研究结论提出了一个可能的解释。他们认为，反接管修正为防止恶意收购提供了相对较少的保护，并且通常会在收购中增加对目标公司股东的溢价支付。[⑦]

（2）投票权。保护现任管理层使用较早的方法是发行拥有不同投票权的股票。这种方法最极端的形式就是现任管理者拥有所有股票的投票权而仅对公众发行无投票权的股票。这在拉丁美洲和欧洲的大部分地区成为规律而非个例。[⑧] 在那里，公司通常对公众发行无投票权的股票，并将有投票权的股票保留给控股股东和管理者。结果，这就保证了公司的内部人以相对于公开上市股票的总数较小的股权比例控制了他们自己的命运。更普遍的是，公司能够通过发行不同投票权的股票达到相同的目的。

为了补偿缺乏的投票权，许多公司通过对无投票权股票支付较高的股利或者给予他们现金流的优先要求权。这就使得这些股票价格的比较更为复杂，因为较高股利的价值能够抵销一部分甚至全部由于没有投票权而造成的价值损失。一些公司在这一概念上加以变化，仅仅将投票权授予那些已经持有股票超过一段时间（例如3

---

① Linn, S. and J. J. McConnell, "An Empirical Investigation of the Impact of Anti-Takeover Amendments on Common Stock Prices," *Journal of Financial Economics*11（1983）：361－399.

② DeAngelo, H. and E. M. Rice, "Antitakeover Charter Amendments and Stockholder Wealth," *Journal of Financial Economics*11（1983）：329－360.

③ 在停止协议中，公司与潜在恶意收购者达成协议。根据协议，收购者同意不再购买任何股份。同时，收购者收到现金或其他补偿作为回报。

④ 这是绿邮勒索（greenmail）的别名。凭此方法公司以超出股票价格的溢价从潜在收购者手中购回股票。作为回报，收购者签订"停止协议"，承诺在一定时期内不再购买该公司的股票。

⑤ Dann, L. Y. and H. DeAngelo, "Standstill Agreements, Privately Negotiated Stock Repurchases, and the Market for Corporate Control," *Journal of Financial Economics*11（1983）：275－300.

⑥ Dann, L. Y. and H. DeAngelo, "Corporate Financial Policy and Corporate Control：A study of Defensive Adjustments in Asset and Ownership Structure," *Journal of Financial Economics*20（1988）：87－128.

⑦ Comment. R and G. W. Schwert, "Poison or Placebo? Evidence on the Deterrence and Wealth Effects of Antitakeover Measures," *Journal of Financial Economics*39（1995）：3－43.

⑧ Faccio, M. and L. Lang, "The Ultimate Ownership of European Corporations," *Journal of Financial Economics* 65（2002）：365－396. 他们分析了欧洲5 232家公司，并发现虽然37%的公司为分散持股，但是44%的公司为家族控制，且具有双重等级的股票和金字塔型结构。在欧洲大陆，规模越小的公司家族控制的概率就越大，而在英国和爱尔兰，规模越大的公司分散持股的概率就越大。

年）的股东。这就自然给予长期持股股东在公司如何运行方面比短期持股股东（被看做投机者而非投资者）更多的发言权。然而，实际的结果是，给予现任管理者更多的权利并减少了股东的权利，无论是短期股东还是长期股东。

（3）公司持股结构。控制权可以通过多种公司结构在公司之间维持，包括金字塔结构和交叉持股。在金字塔结构中，投资者通过对一家公司的控制去建立其在另一家公司的控制。例如，X 公司可以拥有 Y 公司 50% 的股份，并用 Y 公司的资产去购买 Z 公司 50% 的股份。结果，控制 X 公司的投资者最终还控制了 Y 公司和 Z 公司。研究显示，金字塔结构是巩固亚洲和欧洲的家族式公司的普遍方法。① 在交叉持股结构中，公司拥有彼此的股份，使集团的控股股东能够以低于 50% 的在外流通股股份操纵整个公司。②

在 20 世纪 90 年代，绝大多数日本财阀（keiretsus）和韩国大商社（chaebols）的结构为交叉持股，使这些公司的管理避免受到股东的压力。

（4）大股东/管理者。在一些公司，大股东作为管理者是恶意收购或管理转变的重要阻碍。例如 Oracle 公司，其创始人同时也是公司 CEO 的 Larry Ellison 拥有近 30% 的流通股股份。即使不用分散投票权，他也能有效地阻止恶意收购的发生。对公司管理不善会导致同样是公司股东的管理者的市场价值大部分损失，那么为什么这种情况仍然会发生呢？首先可能是因为管理者的骄傲和自负。创始人兼任 CEO 对外部投资者的恐惧很小，趋于集中的权利可能会导致严重的错误。其次是因为对那些通常将自己的全部财富投资于公司的内部股东有利的行为可能并不利于公司的其他投资者。

3. 什么会导致管理转变概率的变化

市场上唯一不会改变的就是转变。那些被认为不受外界质疑影响的管理者会发现他们的权威在面临着质疑。下面我们来探讨导致这种变化的一些因素。

• 首先是管理公司治理的规章会发生改变，有时有利于现任管理者，有时有利于股东。例如，近年来，许多新兴市场经济使得公司股东对管理者的质疑更容易。欧洲也存在同样的趋势，尽管在几年前现任管理者还占据控制地位。这项改革的推动力来自机构投资者，因为他们已经厌倦了在有明显的证据证明管理者决策失误的情况下仍被管理者所忽略。

• 尽管规章允许投资者对管理者决策提出质疑，大多数投资者还是选择用脚投票的被动方式。积极投资者的出现改变了这一局面。他们愿意在公司中占有较大比例股份，并以此作为平台提出质疑和改变管理者行为。在美国，这些投资者出现

---

① Bebchuk, L, R. Kraakman, and G. Triantis, "Stock Pyramids, Cross Ownership and Dual Class Equity: The Mechanisms and Agency Costs of Separating Control from Cash Flow Rights," working paper, Harvard Law School, 2000. 对于金字塔结构，他们以中国香港的李嘉诚集团（Li Ka-shing group）为例。它拥有 35% 的长江集团（Cheung Kong Company）的股份，而长江集团则拥有 44% 的和记黄浦（Hutchison Whampoa）的股份，和记黄浦拥有嘉宏国际（Cavendish International），后者则控制了香港电灯公司（Hong Kong Electric）。

② 以 Lippo Group 为例，Lippo Group 由三家印度尼西亚公司构成——Lippo Bank，Lippo Life 和 Lippo Securities——所有的公司都由里亚迪家族控制。尽管里亚迪家族在 20 世纪 90 年代自行出售了其在 Lippo Bank 的持股，但它仍然通过持有 Lippo Securities 的股份而控制整个三家公司。Lippo Securities 拥有 Lippo Life 27% 的股份，而 Lippo Life 拥有 Lippo Bank 40% 的股份。

于 20 世纪 80 年代。[①] 尽管在世界其他地区还需要一定时间，但是积极投资者已经开始出现在越来越多的国家中。

- 没有什么能比引人注意的恶意接管或将大型公司的 CEO 驱逐出同一市场更能改变外部质疑者认为管理者管理不善的观念。例如，在 20 世纪 90 年代末期，Olivetti 公司对 Telecom Italia 公司的恶意收购改变了欧洲的情况，也改变了以往在欧洲的大型公司股东质疑对管理者没有影响的观念。

4. 计算管理转变的概率

尽管能够列出影响管理转变的决定因素，对发生的概率进行量化计算仍然有很大的难度。有一种较好的统计方法即逻辑值（logit）或者概率值（probit）。我们可以通过与管理已经发生转变的公司的过去特征与还没有发生转变的公司的特征相比较，计算出管理转变的概率。研究人员已经开始运用这种技术来研究收购和强制的 CEO 更换。

作为最早通过比较收购目标公司与非目标公司来计算接管概率的论文之一，Palepu（1986）指出，接管中的目标公司比非目标公司要小，而且投资效率较低。[②] 之后，North（2001）认为，拥有较低内部管理者股份的公司更有可能成为被接管的目标。[③] 但是这两篇文章都没有明确地关注恶意收购。Nuttall（1999）发现，恶意收购中的目标公司倾向于以比其他公司更低的市净率（price to book ratios）进行交易，而 Weir（1997）则进一步发现恶意收购中的目标公司获得更低的投资资本回报率（returns on invested capital）。[④] 最后，Pinkowitz（2003）发现，没有证据支持拥有大量现金账户的公司更容易成为恶意收购的对象这种传统观念。[⑤] 因此，概括来说，恶意收购中的目标公司往往规模较小，市净率较低，投资回报率相对较低[⑥]。

虽然许多 CEO 的更换是自愿的（退休或工作转换），仍然有一些 CEO 是被董事会强制更换的。最近，研究人员对 CEO 强制更替最可能发生的情况进行了研究。

---

① Del Guercio, D. and J. Hawkins, "The Motivation and Impact of Pension Fund Activism," *Journal of Financial Economics* 52 (1999): 293 – 340. 作者研究了 5 个积极的养老基金——CREF、CALPERS、CALSTRS、SWIB 和 NYC——这些基金在 1987—1993 年间占整个养老基金投资的 20%，并发现他们所拥有股份的公司比其他公司更有可能成为恶意接管和管理转变的目标。

② Palepu, K. G. "Predicting Take-Over Targets: A Methodological and Empirical Analysis," *Journal of Accounting and Economics* 8 (1986): 3 – 35.

③ North, D. S., "The Role of Managerial Incentives in Corporate Acquisitions: The 1990s Evidence," *Journal of Corporate Finance* 7 (2001): 125 – 149.

④ Nuttall, R. "Take-Over Likelihood Models for UK Quoted Companies," Nuffield College working paper, Oxford University, 1999; Weir, C. "Corporate Governance, Performance and Take-Overs: An Empirical Analysis of UK Mergers," Applied Economics 29 (1997): 1465 – 1475.

⑤ Pinkowitz, L., "The Market for Corporate Control and Corporate Cash Holdings," working paper, SSRN, 2003. 他对 1985—1994 年的恶意收购进行研究，并得出结论认为，拥有大量现金账户的公司成为恶意收购的对象的概率更小（不是更大）。

⑥ Franks 和 Mayer（1996）得出相反的结论。他们发现，在英国，没有证据显示恶意收购的目标公司绩效较差。Franks, J. and C. Mayer, "Hostile Takeovers and the Correction of Management Failure," *Journal of Financial Economics* 40 (1996): 163 – 181.

• 股票价格和收入绩效。公司的营业额比同类公司或期望值较低①。管理绩效差的一个表现为收购中的超额支付。有证据显示在收购中支付太多的公司的 CEO 比不进行这种收购的 CEO 更有可能被替代。②

• 董事会结构。强制 CEO 更替在董事会规模较小③、由外部董事组成④以及 CEO 不兼任董事会主席的公司中发生的概率更大。⑤

• 所有权结构。强制 CEO 更替在拥有高比例机构投资者持股和低比例内部人持股的公司更为⑥，在那些新资产更加依赖股权市场的公司也频繁发生。⑦

• 行业结构。在竞争激烈的行业，CEO 更有可能被替换。⑧

总之，那些 CEO 被强制替换的公司同恶意收购的目标公司有一些共同的特征——他们的管理绩效和运行都有失误——但是他们拥有高效的董事会成员和较为积极的投资者，他们会更换公司的管理层，而避免公司被恶意收购。

13.2 控制权价值的表现形式

如果说控制权价值来自于公司运行方式的改变，而控制权的期望价值则是由控制权价值和公司管理转变的概率决定的，这已经涉及价值评估的每一个方面——从对收购中公开上市的公司的估价到对私有公司股票的估价。在本节中，我们将讨论控制权价值将在哪些应用范围内起作用。

13.2.1 恶意收购

尽管所有的合并都具有来自控制权的价值，但是恶意收购是其中最明显的控制权溢价的例子，这是因为目标公司的管理者被收购者告知他们在收购之后将会被替代。

1. 计算收购中的控制权溢价

计算收购中的控制权溢价是由三个步骤组成的程序，能够很贴切地反映我们在上一节中的分析。第一个步骤是在现有的投资、筹资和分配的管理政策下对目标公

---

① Warner, J., R. Watts and K. Wruck, "Stock Prices and Top Management Changes," *Journal of Financial Economics* 20 (1988): 461 - 492; Murphy, K. and J. Zimmerman, "Financial Performance Surrounding CEO Turnover," *Journal of Accounting and Economics* 16 (1993): 273 - 316; Puffer, S. and J. B. Weintrop, "Corporate Performance and CEO Turnover: The Role of Performance Expectations," Administrative Science Quarterly 36 (1991): 1 - 19.

② Lehn, K. and M. Zhao, "CEO Turnover after Acquisitions: Do Bad Bidders get fired?," working paper, University of Pittsburgh, 2004.

③ Faleye, O., "Are Large Boards Poor Monitors? Evidence from CEO Turnover," working paper, SSRN, 2003. 运用比例风险模型，他发现，每增加一名董事会成员就会减少 13% 的强制 CEO 更替概率。

④ Weisbach, M., "Outside Directors and CEO Turnover," *Journal of Financial Economics* 20 (1988): 431 - 460.

⑤ Goyal. V. K., and C. W. Park, "Board Leadership Structure and CEO Turnover," *Journal of Corporate Finance* 8 (2001): 49 - 66.

⑥ Dennis, D. J., D. K. Dennis and A. Sarin, "Ownership Structure and Top Executive Turnover," *Journal of Financial Economics* 45 (1997): 193 - 221.

⑦ Hillier, D., S. Linn and P. McColgan, "Equity Issuance, Corporate Governance Reform and CEO Turnover in the UK," working paper, SSRN, 2003. 他们发现，强制 CEO 更替在新股票发行或出售之前更有可能发生。

⑧ DeFondt, M. L. and C. W. Park, "The Effect of Competition on CEO Turnover," *Journal of Accounting and Economics* 27 (1999): 35 - 36.

司的现状价值进行计算。第二个步骤是收购公司对目标公司的运行方式进行转变的重组价值（restructured valuation）的计算。重组价值和现状价值之差即为控制权价值。第三个步骤则是决定这个溢价中哪个部分应该在收购中被支付。值得注意的是，如果支付的价格反映全部溢价，则意味着给予目标公司股东全部的控制权价值。

如果不对其他广泛提及的收购动机（即协同 synergy）采取措施，这个程序仍旧是毫无意义的。换句话说，如果在合并中存在来自潜在的协同的价值，就会被增加到控制权价值中去。由于协同是作为混合公司的一项优势而产生的（成本或增长），因此其关键的区别在于协同需要两个实体的存在，即一家收购公司和一家目标公司。然而，控制权完全存在于目标公司而不需要收购实体，一个个体就可以收购运行较差的公司并改变其运行的方式。

2. 含义

如果控制权价值是公司现状价值和公司最优运行的价值之差，那么我们就能够得出以下结论：

- 每个公司的控制权价值均不同。由于控制权溢价是现状价值和最优价值之差，因此溢价在管理不善的公司中较大，而在管理较好的公司中较小。实际上，在管理层已经做出正确决定的公司中，其控制权溢价为零。

- 控制权溢价不存在单凭经验的方法。由于公司之间的控制权溢价不同，因此不存在适用于所有公司的简单的经验方法。因此，控制权价值是价值的20%～30%的观念就是错误的。[①]

- 控制权溢价的变化应该取决于公司的绩效不良的原因。当不良的公司绩效是由不良的管理决策导致的时候，控制权的溢价应高于当公司问题是出于外部因素而管理层拥有有限的甚至没有控制权的时候。因此，一个收益受黄金价格下跌而降低的金矿开采公司的控制权价格就要低于一个由于管理者对顾客需求判断失误而导致收益较低的制造业公司。

- 控制权溢价应该是由管理转变的难易程度决定的。并不是所有的转变都容易进行或很快实现。改变一个杠杆率低的公司的融资组合比对一个制造业公司陈旧和落后的设备进行现代化要容易得多。前者的控制权价值会高于后者，因为前者的转变能够很快实现并且其补偿能更早地体现在现金流当中。

3. 经验证据

支持恶意收购的主要动机为控制权的证据可以分为以下三类。第一类证据认为，之所以在恶意收购中支付给目标公司溢价是因为这种溢价反映了收购者对控制权价值的期望。第二类证据主要关注恶意收购中典型的目标公司的类型——如果控

① 这个数字通常通过观察收购公司在收购中支付超过市场价值的典型的溢价为多少来获得（从如Mergerstat这样的数据来源）。这种方法有两个问题。第一是收购中支付的溢价可能是出于多种原因，包括协同。实际上，我们可以明确地提出如果收购中支付的典型的溢价为25%，那么控制权价值就非常小。第二是存在自我实现预兆的危险。如果控制权溢价是基于其他收购者能够支付的价格而不是目标公司的特点，那么这种溢价就具有很少甚至没有理由存在。

制权是激励，典型的目标公司应该是管理不善而且运行也较差。第三类证据观察恶意收购之后发生的事件——由控制权所激励的收购之后发生的应该是管理层的转换、融资和投资政策的转变以及绩效的提高。

1）收购中支付给目标公司的溢价。研究人员已经将合并中收购者支付的溢价用于衡量控制权，但是这种溢价混合了收购背后所有的动机，包括协同作用。在收购中，溢价是由控制权、协同和超额支付混合组成的价值。在这种情况下，怎样才能将分析仅仅集中在控制权上呢？首先，我们可以只关注恶意收购而非所有的收购。如果控制权价值的本质是能够转变公司的管理方式，那么在主要的动机是控制权的情况下，目标公司的现任管理者不可能同意善意接管。

其次，我们可以排除收购者为其他公司的所有恶意收购。毕竟协同需要存在两个组织。如果在收购之后只有目标公司就不存在协同。通过观察那些目标公司在交易后保持独立的恶意收购，我们至少可以集中于仅仅是支付于控制权和超额支付的溢价。虽然在美国 20 世纪 80 年代和 20 世纪 90 年代支付给目标公司的平均溢价[①] 为 20% ~30%，恶意收购中的溢价往往略高。[②] 此外，在所有的收购中，出价公司的回报往往很少，甚至为负值，而恶意收购中更多的为正值。总之，在恶意收购中，控制权的益处较大，市场也往往看好这种收购。

2）目标公司特征。存在企业控制权市场最大的支持在于恶意收购中典型的被收购的公司类型。在本文的前面，我们提到差的经营和股价业绩是恶意收购的目标公司的显著指标。图 13—7 对恶意收购和善意接管的目标公司进行对比，总结了两者之间的差别。[③]

从图 13—7 中可以看到，恶意收购中的目标公司的平均资产回报率比行业中其他公司低 2.2%，股东回报率比市场回报率低 4%，而且公司内部人的持股比例仅有 6.5%。典型的目标公司具有以下特点：较差的项目选择、不良的股票价格以及较低的内部人持股比例。

3）收购后表现。还有证据显示，公司在恶意收购后的运行方式有较大的改变。Bhide（1989）检验了恶意接管的结果，并且发现了以下改变：

- 许多恶意接管之后负债会增加，会导致负债等级的下降，但是很快负债会随着出售资产收益的增加而减少。
- 这些公司资本投资的总量没有显著的变化。
- 几乎 60% 的接管之后都会发生重大的剥离，公司的一半甚至更多被剥离。绝大部分被剥离的是那些与公司核心业务无关的业务的单位（也就是，他们建立了与之前公司经营多样化相反的局面）。

---

① Jarrell, G. and A. Poulsen, "The Returns to Acquiring Firms in Tender Offers: Evidence from Three Decades," *Financial Management* 18 (1989): 12 – 19.

② Lang, L. H. P., Stulz, R. and Walkling, R. A., "Managerial Performance, Tobin's Q and the Gains from Successful Tender Offers," *Journal of Financial Economics* 24 (1989): 137 – 154.

③ Bhide, A., "The Causes and Consequences of Hostile Takeovers," *Journal of Applied Corporate Finance* 2 (1989): 36 – 59.

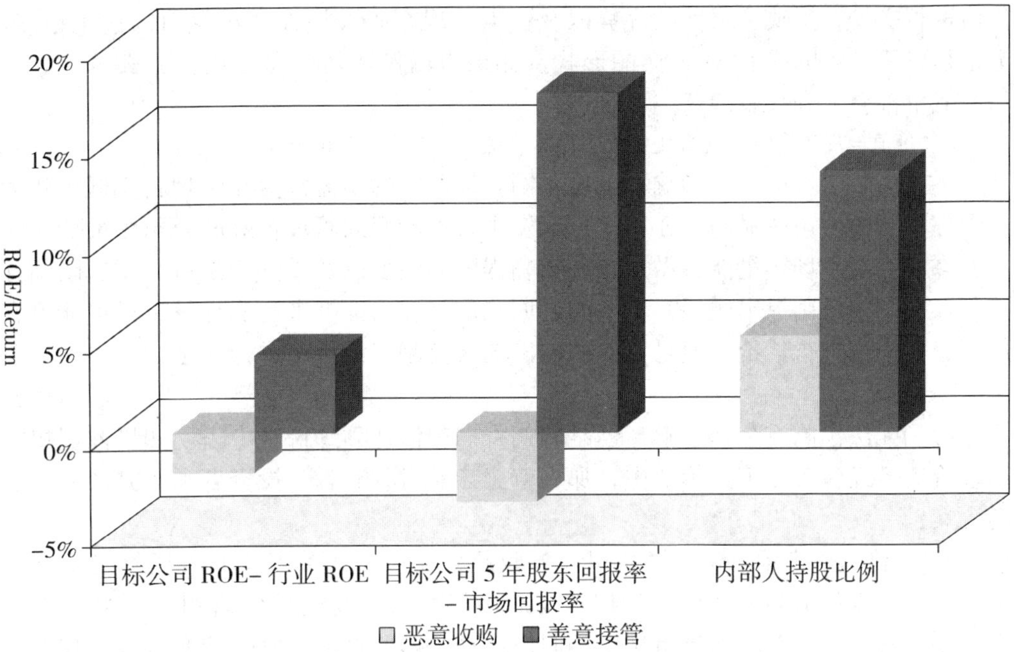

图 13—7　恶意与善意接管

资料来源：Bhide（1989）.

- 在 19 例恶意接管中有 17 例发生了重大的管理转变，其中 7 例伴随着整个公司管理团队的更换。

另一项关于 288 家廉价出售的公司被“贪婪的投资者（vulture investors）”收购的研究显示，有证据证明收购之后经营业绩有所提高。[①] 因此，与普遍的观点相反[②]，大多数恶意接管之后，收购者并不会剥离目标公司的资产并导致其破产。相反，目标公司重新将业务集中于他们的核心业务，而且通常会提高他们的经营绩效。

13.2.2　公开上市公司的估价

对于控制权存在一种广泛的误解，即只有在收购的时候才会有控制权。相反，我们认为，每一家公开上市的公司的股价中都包含控制权的期望价值，反映了公司管理发生转变的概率以及这种转变创造的价值。

1. 期望值以及股价

为了检验控制权期望价值如何在股价中显示出来，假设不会发生管理转变，且市场在评价公司价值方面是合理有效的。在这种情况下，每一家公司都会以其现状

① 贪婪的投资者通常指那些购买管理较差的公司并对其进行重组的个体。Hotchkiss, E. S. and R. M. Mooradian, “Vulture Investors and the Market for Control of Distressed Firms,” *Journal of Financial Economics* 43（1997）：401 -432.

② 即使并不是普遍的观点，但它是好莱坞在例如 Wall Street、Barbarian at the Gate 和 People's Money 等影片中建立的最普遍的观点。

价值进行交易，反映了目前的优势以及弱点。现在假设将管理转变引入这个市场，无论是以恶意收购或 CEO 更换的形式。如果市场保持其合理有效，那么每一家公司的股价都会上升来表现这一可能性：

市场价值 = 现状价值 + （最优价值 − 现状价值） × 管理转变的概率

不同的公司对市价的影响程度也不同。控制权的期望价值在管理转变概率较大的管理不善的公司中最高，在不太可能发生管理转变的管理较好的公司则最低。

许多人对市场容量能否做出各种精确程度的估价以及投资者是否真正试图估计控制权的期望机制提出质疑。本节的后面我们将提出证据来证明尽管市场可能没有使用经验模型进行估价，但是它们的确试图对控制权的价格进行评估。

2. 含义

市场无法预测或全部了解，但是它们将期望值计算到价格中去。如果控制权的期望价值已经包含在市场价值中，那么就意味着对收购者、投资者和研究者有重要的含义：

- 支付超出市场价格的溢价可能导致超额支付。如果当前的市场价格中混入了全部控制权价值的一部分，管理转变对市场价值（与现状价值相反）的影响就会很小，甚至不存在。如果市场已经假设这家公司的管理会发生转变，并将其加入股价中，那么投资者就应该对当前市场价格的溢价的支付保持警惕。举一个极端的例子。假设一家公司的现状价值为 1 亿美元，最优管理价值为 1.5 亿美元，且市场已经将公司即将发生管理转变机会的 90% 记入股价中。该公司的市场价值为 1.45 亿美元。如果收购者决定为该公司支付较高的溢价（例如 4 000 万美元），尽管建立在公司管理不善的基础上，他的支付还是过高。在这里，他为一个价值为 1.5 亿美元的公司支付了 1.85 亿美元。

- 所有导致市场对管理转变概率的认知的变化能够对所有的股票产生巨大影响。例如，恶意收购一家公司可能导致投资者改变其对所有公司管理转变概率的评估，并导致股价的上涨。由于恶意收购通常发生在某个特殊行业（例如 20 世纪 80 年代的石油公司），因此一个公司的恶意收购通常会导致同一行业公司股价的上涨。

- 不良的公司治理导致较低的股票价格。不良的公司治理的代价能够在股价中体现出来。毕竟，好的公司治理的本质就是给予股东对管理不善公司的管理进行改变的权利。因此，在公司治理有效的市场环境下，股价能够反映出很高的改变不善管理的概率以及更高的控制权期望价值。相反，虽然并非不可能，但是在一个公司治理不良的市场环境下对管理者进行驱逐较为困难。在这种市场中，股票价格也混合了较低的控制权期望价值。公司治理的区别可能大部分显示在市场中管理最差的公司中。

3. 经验证据

检验所有公司的股价包含了控制权期望价值这一命题唯一的方法是对期望价值改变的事件进行观察。我们已经指出导致这种情况发生的三个事件：恶意收购其他公司、CEO 更换以及公司治理改革。

1）恶意收购。如果所有的股票价格都反映控制权的期望价值，那么所有增加或减少恶意收购概率的行为都会影响股票价格。一个明显的例子就是政府颁布法律使得收购概率增加或减少。在本章的前面，我们提到 1989 年宾夕法尼亚州政府颁布法律限制该州内公司的接管。Karpoff 和 Malatesta（1990）对该项法律的结果进行调查，发现在 1989 年 10 月 13 日，即该法律的新闻报道发表的第一天，宾夕法尼亚州的公司股价平均下跌了 1.58%。在此期间，从第一个新闻报道到将该法案纳入宾夕法尼亚州立法体系中，这些公司的股价下跌了 6.90%①。之后的一项研究支持了他们的发现，并估算出该项法律造成了总共 40 亿美元的市场价值的损失，尽管退出该项法案的公司收回了损失价值中的大部分②。

需要注意的是，并不是只有恶意接管中的目标公司受它发生的影响。与之类似的所有其他的公司也会被注意，其股价也能反映出更高的接管可能。在一项对 312 家大型英国公司的研究中，Weir、Laing 和 McKnight（2004）发现，相对于重置成本或账面价值，在接管发生频繁（通过行业中合并发生数量衡量）的行业中的公司拥有较高的市场价值。③

2）管理转变。在本章的前面，我们提到了强迫 CEO 更换。如果市场价格反映了公司控制权的期望价值，CEO 更换的条件以及继任者如何挑选也应该影响股票价格。在管理不善的公司，用外部继任者对 CEO 强制更替应该会产生正面的结果，尤其是当外部人员被认为能够改变公司运行方式的时候。Khurana 和 Nohria 围绕 CEO 更替是强制的还是自然的（退休或死亡）以及继任者是内部人还是外部人提出了 4 种可能的情况。④ 通过对这些管理转变情况的观察，我们可以得出表 13—3 中的结果。

表 13—3 **CEO 更替和继任者身份**

	继任者为内部人	继任者为外部人
自然的 CEO 更替	现状	管理转变的概率没有变化，但是目前管理政策可能有所转变
强制的 CEO 更替	转变的可能性增大，但是管理政策没有立即的变化	大多数改变了管理政策并增加了未来改变的概率

强制 CEO 更换增加了未来管理转变的可能性，因为它提醒董事会应该主动地

① Karpoff, J. M. and P. H. Malatesta, "The Wealth Effects of Second-Generation State Takeover Legislation," *Journal of Financial Economics* 25 (1990): 291 - 322. 由宾夕法尼亚州反接管法案掀起的争论在机构投资者中产生了强大的反对运动。他们以抛售所持有的宾夕法尼亚州决定接受该法案保护的公司的股票作为威胁。面对这一威胁，许多宾夕法尼亚州的公司选择退出反接管法案。

② Szewczyk, S. H. and G. T. Tsetsekos, "State Intervention in the Market for Corporate Control: The Case of the Pennsylvania Senate Bill 1310," *Journal of Financial Economics* 31 (1992): 3 - 24.

③ Weir, C., D. Laing and P. J. McKnight, "An Empirical Analysis of the Impact of Corporate Governance Mechanisms on the Performance of UK Firm," working paper, Cardiff Business School, 2002.

④ Khurana, R. and N. Nohria, "The Performance Consequences of CEO Turnover," working paper, SSRN, 2002.

对管理提出质疑。选择外部人作为替代者更有可能导致当前管理政策的改变。二者的产物即控制权期望价值。该价值在现任 CEO 被强制更换并被外部人所取代的时候可能会增长至最大。

3）公司治理。Gompers、Ishi 和 Metrick 开发了一套基于 24 个因素的公司不良治理指标，通过 1 500 家公司研究了公司治理对股价的影响。得分越高意味着其公司治理越差。[①] 研究中发现，股东权利最小的公司股票的年回报率比股东权利最大的公司低 8.4%。他们还发现不良治理指标每增加 1%，公司的 Tobin's Q（市场价值/重置成本）就降低 2.4%。不良公司治理与不良股票回报率和较低股票价格相关的事实本身无法确切地证明股票价格中包含了控制权的期望价值，因为拥有较好的公司治理的公司可能运行得更好并且产生更好的运营结果。在冈珀斯等的研究中，他们为公司的具体特性（例如投资和增长）进行控制，并发现公司治理仍继续影响着股票价格。我们将此作为证据来证明市场的确在尝试将控制权的期望价值作为股票价格的一部分。换句话说，我们认为那些股东拥有很大权利来替换和转变管理者的公司的市场价值要高于其他那些股东对管理者的影响力有限甚至无影响力的规模较小的公司（在风险、增长以及现金流等方面）。Black、Jang 和 Kim 仅仅针对韩国公司进行了类似的研究，其研究结论也类似——公司治理不良的公司比公司治理良好的公司拥有较低的回报率和较低的 Tobin's Q。[②] 在相关的结果中，Baek、Kang 和 Park 发现，1997 年韩国金融危机期间，在韩国拥有集中家族股权的交叉持股的公司（chaebol）的股权价值下跌较快。他们将此归结于这些公司不良的公司治理。[③]

一些国家的公司治理体系与其他地区相比较为强大，且已经出现一些研究对不同国家的公司业绩/价值与公司治理之间的关系进行分析。Klapper 和 Love 对 14 个拥有不同公司治理和法律体系的新型市场进行分析。他们发现，法律体系较弱的国家的公司治理体系也较弱。他们还认为，拥有强大公司治理体系的公司的市场价值也较大，且其报告的经营业绩也较好。[④] 最后，他们发现，在法律体系较弱的国家，公司治理的力度更为重要。

Bris 和 Cabolis 对这一概念进行了有趣的变换。他们对 9 277 项跨国合并中的目标公司进行分析，其中目标公司的公司治理体系被收购方的公司治理体系有效的取代。由于不同国家的公司治理体系不同，这就为检验转变公司治理体系对股价的影响提供了机会。他们发现，当同一行业中的一家或几家公司被其他国家的拥有较好

① Gompers, P. A., J. L. Ishi and A. Metrick, "Corporate Governance and Equity Prices," *Quarterly Journal of Economics* 118 (2003): 107 – 155.

② Black, B. S., H. Jang and W. Kim, "Does Corporate Governance Predict Firms' Market Values? Evidence from Korea," working paper, University of Texas School of Law, SSRN, 2004.

③ Baek, J., J. Kang and K. S. Park, "Corporate Governance and Firm Value: Evidence from the Korean Financial Crisis," *Journal of Financial Economics* 71 (2004): 265 – 313.

④ Klapper, Leora F. and Inessa Love, "Corporate Governance, Investor Protection and Performance in Emerging Markets," *Journal of Corporate Finance* 10 (2004): 703 – 728.

公司治理的公司收购的时候，该行业中的公司的 Tobin's Q 就会增加。①

[例 13—4] 市场价格和控制权期望价值

以 [例 13—2] 中的 Blockbuster 的价值为例。我们计算了公司股权的现状价值和最优价值，得出结果如下：

	股权价值	每股价值
现状价值	95.5 万美元	5.13 美元/股
最优管理	232.3 万美元	12.47 美元/股

估价当天（2005 年 5 月）的每股市场价格约为 9.50 美元。尽管关于我们得出的价值与市场价格之间的差距有很多种解释，但是只有一种可能的解释较为直观。假设市场价格和我们得出的每股价值都是正确的，那么市场价格就可以写成是控制权转变的概率和控制权期望价值：

每股期望价值 = 现状价值 + 控制权转变的概率 ×（最优价值 - 现状价值）

9.50 = 5.13 + 控制权转变的概率 ×（12.47 - 5.13）

根据市场计算的管理政策改变的概率为 59.5%。这是在 Icahn 对管理的成功质疑之后。在这之前，市场价格为每股 8.20 美元，产生的管理转变概率仅为 41.8%。

13.2.3 拥有投票权和无投票权股票

在许多市场，不同等级的股票拥有不同的投票权是常见的情况。没有投票权或投票权很少的股票比拥有较多投票权的股票价值更低，而两者之间的价格差额就是由控制权的期望价值决定的。

1. 拥有投票权股票的溢价

为了将拥有投票权股票的溢价与控制权的期望价值相联系，我们先从一个极端的最简化的例子开始。假设你拥有一家公司 n_v 股拥有投票权的股票和 n_{nv} 股无投票权的股票，且有投票权的股东拥有公司全部的控制权。这样，他们就能够忽略无投票权股东对恶意接管的意见，并同收购者谈判尽力为自己谋求最大的利益。② 进一步假设公司的现状价值为 V_b，最优价值为 V_a，并且公司管理转变的概率为 π。由于无投票权股票对于管理能否转变完全没有发言权，因此无投票权股票每股价值完全基于现状价值：

无投票权股票的每股价值 = $V_b/(n_v + n_{nv})$

拥有投票权股票以反映控制权期望价值的溢价进行交易：

---

① Bris, A. and C. Cabolis, "Corporate Governance Convergence by Contract: Evidence from Cross Border Mergers," Yale working paper No. 02 - 32, 2002. 英格兰或北欧地区的公司往往在公司治理的衡量中得分较高。

② 实际上，即使是无投票权的股东也能够在接管中至少获得部分保护，并分享一部分利益。

拥有投票权股票的每股价值 $= V_b/(n_v+n_{nv}) + (V_a-V_b)\pi/n_v$

因此，拥有投票权的股票溢价取决于公司管理转变的概率（π）以及转变管理的价值（V_a-V_b）。

由于无投票权股东受到保护或者能够榨取一部分控制权期望价值，因此拥有投票权股票和无投票权股票的差距会更小。例如，无投票权股票有可能通过管理者更换获得一部分控制权价值，比通过恶意收购可能性更大。这样，公司的价值将会上升，所有股东都将获利。

在已经私有化的国有企业中常常会出现一种特殊类别的拥有投票权股票，称为金股（golden shares）。这些股票在私有化之后仍归政府所有，实质上在公司做出的重大决策上给予政府否决的权利。结果，这使得政府在公司如何运行方面保留了一部分甚至大部分的控制权。即使金股并不流通，但是它们会通过降低控制权期望机制来影响流通股的价值。

1）含义

如果说拥有投票权股票的溢价主要的原因是控制权价值，那么可以得出如下结论：

- 如果不存在转变管理/控制的机会，那么拥有投票权股票和无投票权股票之间的差距为0。这很明显取决于拥有投票权股票的股权集中。如果存在相对较少的拥有投票权股票，且全部被内部人持有，那么管理转变的概率基本接近于0，拥有投票权股票价格与无投票权股权价格相等。另一方面，如果公众拥有公司大部分的拥有投票权股票，那么管理转变的概率则较高，且拥有投票权股权会反映这一溢价。

- 假设其他条件都相等，那么管理不善的公司的拥有投票权股票交易的溢价要高于管理良好的公司。由于控制权期望价值在管理良好的公司接近于0，因此这些公司的拥有投票权股票和无投票权股票交易的价格大概相等。在管理不善的公司，由于拥有投票权股票的溢价，控制权期望价值可能更高。

- 假设其他条件都相等，那么拥有投票权股票数量相对于无投票权股票数量越小，拥有投票权股票的溢价就越大。由于控制权期望价值除以拥有控制权股票数量等于溢价，因此股票数量越小，每股分得的价值就越大。当拥有投票权股票数量很少的时候，更有可能全部被现任管理者和内部人持有，这样就减少了管理转变的概率。

- 假设其他条件都相等，那么可供普通大众交易（出售）的拥有控制权股权的比例越大，拥有投票权股票的溢价就应该越高。当拥有控制权股票全部或大部分被管理者和内部人所持有的时候，控制权改变的概率就很小，从而导致控制权期望价值很小。

- 任何说明拥有投票权股票的权利与无投票权股票相关的事件都有可能影响所有拥有投票权股票交易的溢价。控制权的期望价值是由这些公司的管理能够发生转变的感知决定的。在现任管理者已经被确立的市场环境下，拥有投票权股票交易时可能不存在溢价，因为投资者认为不存在控制权价值。为无投票权股东提供保护的市场中的恶意收购或调整的改变都能够提高所有公司的控制权期望价值，随之增长的是拥有投票权股票的溢价。

综上所述，我们认为：在拥有投票权的股票被公众分散持有的管理不良的公司中，拥有投票权股票的溢价最高；在拥有投票权的股票集中于内部人和管理层手中的管理良好的公司中，拥有投票权股票的溢价最低。

2）经验证据

拥有不同投票权的股票在美国并不常见。尤其在市场资本总额较大的公司中。尽管如此，早期关于拥有投票权股票溢价的研究仍旧围绕着拥有不同投票等级的美国公司。Lease、McConnell 和 Mikkelson（1983）发现拥有投票权股票在市场交易中比无投票权股票平均高出5%～10%的微弱溢价。[①] 他们将研究期间延长，结果发现拥有投票权股票的溢价消失或进行折价销售。这一惊人的发现可以部分地解释为拥有投票权股票的相对非流通性（因为只有一小部分的拥有投票权股票可供公众交易）。Zingales 在其1995年的研究中证实了这种微弱的溢价被拥有投票权股票支配。[②] 近年来的研究则将对拥有投票权股票的溢价的分析扩展到投票权不一致的情况更普遍的其他市场。研究发现，在英国和加拿大，溢价的大小与美国相同（5%～10%）。拉丁美洲（50%～100%）、以色列（75%）和意大利（80%）的溢价则更多。Nenova（2000）对18个国家的661个公司的拥有投票权溢价进行比较研究，并发现：法律环境是解释不同国家差异的关键因素——法律对大多数的无投票权股东保护得越好，拥有投票权溢价就越小；那些没有提供这种保护的国家其溢价就更大。[③]

上述研究有一些还假设（并检验）了为什么拥有投票权的溢价在相同市场可能有所不同。Zingles 在对意大利股票的研究中提出，意大利股票中一些拥有投票权溢价的差异可以归结于拥有投票权股票的比例（比例越小，每股溢价就越大）以及无投票权股票的股利优先权（优先等级越高，溢价越小）。[④] 然而，他还认为绝大部分的溢价差异无法通过这些因素进行解释，并且认为在假设恶意收购发生的概率较低的情况下，其差异可以归结为拥有投票权股东的私人收益。

为了将控制权对拥有投票权股票溢价的影响分离，Linciano 对接管法更改的影响以及在意大利公司治理对拥有投票权和无投票权股票的影响进行研究。[⑤] 意大利于1992年颁布了一项强制出价法案，允许拥有投票权的小股东在收购中与大股东

---

① Lease, R. C., J. J. McConnell and W. H. Mikkelson "TheMarket Value of Control in Publicly-Traded Corporations," *Journal of Financial Economics* 11 (1983): 439－471.

② Zingales, L., "What Determines the Value of Corporate Votes?," Quaterly Journal of Economics 4 (1995): 1047－1073.

③ Nenova, T., "The Value of Corporate Votes and Corporate Control: A Cross Country Analysis," working paper, SSRN, 2000.

④ Zingales, L., "TheValue of the Voting Right: A Study of the Milan Stock Exchange Experience," *The Review of Financial Studies* 1 (1994): 125－148.

⑤ Linciano, N, "Non-Voting Shares and the Value of Control: The Impact of Corporate Regulation in Italy," working paper, SSRN, 2002.

接受同样的价格，但是并没有涉及无投票权股东。并不令人惊讶的是，在此法案颁布后，拥有投票权股权溢价微弱上涨（大概2%）。随后，1997年的一项公司治理改革法增加了无投票权股东的权利，并将溢价降低了大约7%。Nenova（2001）对巴西市场的研究得出类似的结论，即1997年削弱少数股东保护的法案使拥有投票权股票的溢价加倍，而随后的1999年的法案的改革则增加了对少数股东的保护且得到反向的影响。①

综上所述，拥有投票权股票溢价至少反映了一部分的控制权期望价值。在某些市场相对较大的溢价意味着在这些市场中的很大的控制权私人收益，且可能在很大程度上吞没了控制权价值。

［例13—5］拥有投票权和无投票权股票

为了计算拥有投票权和无投票权股票的价值，我们来看一家巴西航空公司Embraer的例子。与大多数典型的巴西公司一样，这家公司拥有普通股（拥有投票权）和优先股（无投票权）。

我们分两次计算公司价值——第一次在现状管理之下，第二次在最优管理之下。现任管理者在位时，我们计算的股权价值为125亿雷亚尔；该价值是建立在至少在近期内公司会继续维持其保守的融资策略（低负债率）以及较高的投资回报率（虽然再投资率较低）的假设之上的。我们随后假设公司在负债的使用和再投资政策上更积极，并再次计算公司的价值为147亿雷亚尔。

公司拥有2.425亿股拥有投票权股票以及4.767亿股无投票权股票，且公司的管理转变概率相对较低。这一部分是由于大量的拥有投票权股票掌握在内部人手中②，还有一部分是由于巴西政府对公司的影响很大③。假设管理会发生转变的概率为20%，计算的无投票权每股价值和拥有投票权每股价值分别为：

无投票权每股价值＝现状价值/（#拥有投票权股票数量＋#无投票权股票数量）

＝12 500÷（242.5＋476.7）＝17.38（雷亚尔/股）

拥有投票权每股价值＝每股现状价值＋管理转变概率×（最优价值－现状价值）

＝17.38＋0.2×（14 700－12 500）÷242.5＝19.19（雷亚尔/股）

根据我们的假设，拥有投票权股票应该以比无投票权股票高出10.4%的溢价进行交易。如果管理转变的概率增加，则溢价也会增加。

应该注意的是，巴西的无投票权股票并不具有抵消部分或全部控制权溢价的优势。无投票权股票在股利方面具有比拥有投票权股票更优先的要求权，而且也会支付更高的股利。此外，较高比例的无投票权股票可供公众交易，导致了较高的流动性；只有19%的拥有投票权股票被交易，而90%的无投票权股票则在圣保罗证券

---

① Nenova，T.，“Control Values and Changes in Corporate Law in Brazil，”working paper，SSRN，2001.

② 在2.425亿股拥有投票权的股票之中，80%的股份被4个组织平均持有——Cia Bozano、Previ、Sistel以及The European Group。实际上，他们控制了该公司。

③ 巴西政府仅拥有公司0.8%的拥有投票权股票，但是Embraer公司主要的融资由巴西发展银行（BNDES）提供。该银行同样拥有9.6%的无投票权股票。

交易所（34%）和纽约证券交易所（56%）同时进行交易。

13.2.4　私有公司估价

一家独资私有公司通常由其所有者经营，其价值体现了他或她的决策的质量。由于恶意收购在这类公司中并不可行，因此控制权的期望价值只发生在私有公司全部或部分出售的时候。在合伙或者多方投资人持股的私有企业中，控制权的期望价值就是对所有权股份的估价，较大的控股股份掌握一家超过较小的少数股份。最后，那些所有权和管理权分离的企业，即私有所有者雇用管理团队对公司进行管理，控制权的期望价值就是管理者是否被替换的因素。[①]

1. 少数股权折价及控制权溢价

如果我们假设在私有公司中持有51%的流通股就能够给予股东该公司有效的控制权，那么出售51%或更多的股份同出售49%或更少的同一公司的股份之间存在很大的区别。对于前者，股东拥有公司有效的控制权，而后者则没有。在私有公司估价用语中，后者（购买49%或更少）被称为少数持有者，且通常以折价估价。即使通常这种折价很大，在实践中折价的计算也是很随意的。我们可以利用在本文中建立的控制权期望价值框架得出一种更为合理的折价计算方法。

如果你能够购买某公司大多数的控制权股份，你愿意为你的股份所支付的最高价格反映了公司的最优价值，即反映了你认为你在接管后能够对公司进行的转变。这样，如果获得了某家公司51%的股份，你应该愿意支付这家公司最优价值的51%。如果你购买的是公司没有控制权的少数股份，那么你愿意支付的最高价格则反映了该公司的现状价值。

多数和少数股份（少数折价）之间的差异在控制权价值很高的公司是非常大的。例如，如果假设公司的现状价值为1亿美元而最优价值为1.5亿美元，那么购买者为了购买控股股份会愿意支付最优价值（1.5亿美元）的51%，而为了购买少数股份则只会支付现状价值（1亿美元）的49%。2%的投票权的差距转化成2 650万美元的价值差距。

最优价值的51% = 15 000 × 51% = 7 650（万美元）

现状价值的49% = 10 000 × 49% = 4 900（万美元）

少数股权折价 = 2 750 万美元

为什么该推论在大部分人购买明显没有控制权利的公开上市公司的少额股份的时候并不适用？答案是有，但是以更不明显的方式。正如我们在前一节所提到的那样，公开上市公司的股价已经反映了控制权期望价值。如果你购买了一家公开上市公司的少额股票，例如1 000股Cisco公司或IBM公司的股票，你就在市场价格中

---

① Coles, J. L., M. L. Lemmon and L. Naveen, "A Comparison of Profitability and CEO Turnover Sensitivity in Large Private and Public Firms," working paper, SSRN, 2003. 他们提出，私有公司的CEO比同样的上市公司的CEO更有可能在收益率下降的时候被解雇。

支付了控制权的期望价值。换句话说，你接受了市场对控制转变概率的估计以及已经给定的转变的价值。如果你购买该公司较大份额的股票，即假设你能够影响控制权，你就能够决定改变管理转变的概率以及如何进行转变（就是转变的价值）。因此，对于大股东来说，控制权的期望价值可能比市场估计的更高，并转化为多数股份的溢价。一旦你获得了大额股份，公司小股东可能会共同分享你在转变公司运行方式所获得的成功，并分享增长的价值。

1）含义

关于少数股权折价以及控制权溢价，存在多种含义。

• 少数股权折价与公司管理质量相反。如果少数股权折价反映了控制权价值（或者它的缺乏），那么运行不良的公司的折价就较大，而对于运行良好的公司则较小。至于控制权溢价，不存在一个简单的像适用于少数股权折价这样可单凭经验判断的方法。

• 控制可能不总是需要 51% 的股权。虽然在只有两个所有者的私有公司中，要行使控制权需要拥有 51% 的股份，但是在股权分散于多个投资者手中的公司中，掌握较少比例的流通股也能够有效地控制公司。实际上，如果在私有公司中存在多个投资者，那么仅仅拥有 35% 的流通股的股东就能够有效地控制公司，而且少数股权折价只有在收购发生在很小比例的股权范围内的时候，少数股权折价才会实现。在股权分散的公开上市的公司中，甚至更小的股份也能够实现对公司的控制。

• 股权价值建立在它是为所有者提供公司运行方式的发言权。私人公司通常通过外部投资者增加追加股权（additional equity）的方法为它们的扩张和增加机会提供融资。这些投资者，包括私有股权以及风险资本投资者，能够为他们的投资要求一份控制权作为回报。例如，风险投资者通常会得到董事会的代表权，并在下一轮的股权融资中拥有一些权利。许多人在他们所投资的公司的管理中扮演很积极的角色，其股权价值反映了这一权利。控制权的期望价值是股权价值的有效组成。相反，那些购买并持有私有公司股份的消极的私有股权投资者，对于管理程序没有任何投入，因此应该以较低的价值衡量他的股权价值。

2）经验证据

存在明显的证据证明在实务中私有公司的交易使用了控制权溢价，多数股权为 15% ~20%；相反，对于少数股权则转化为等量的折价。这些溢价的来源无从找寻，而且相对来说，很少有人尝试去证实这一价值，因为在私人交易中计算准确的少数股权折价的范围是很困难的，其原因在于不存在市场交易来与交易价格进行比较。

Hanouna、Sarin 和 Shapiro（2001）将 95 866 项公开上市公司的交易按照交易前后的股权比例划分为少数和多数股权交易，试图以此计算少数股权折价的范围；在少数股权交易中，收购者在交易之前和交易之后拥有的流通股比例均低于 30%，而在多数股权交易中，收购者在交易之前拥有的流通股比例为 30% 或低于 30%，而在交易之后则高于 50%。他们发现，在市场主导型的经济环境下（例如英国和美国），少数股权交易的折价为多数股权交易价值的 20% ~30%，而在银行主导型的经济环境下（例如德国、日本、法国和意大利），这种折价则小很多。[①]

更普遍的是，有证据显示，投资者愿意为获得大量股票支付溢价，即使低于 50% 的多数股权界限。Barclay 和 Holderness（1989、1991）发现，在美国，较大的大宗股票交易中的溢价超过 10%。[②] Nicodano 和 Sembenelli（2000）将其研究扩展到意大利的大宗股票交易，并得出结论认为，大型的大宗股票交易的平均溢价为 27%；溢价随着股票规模的增加而增加——股票比例大于 10%，溢价为 31%，而股票比例小于 10%，溢价则为 24%。[③]

［例 13—6］计算少数股权折价

假设你要为在私人交易中的出售估计一家私有的糖果公司 Kristin Kandy 的价值。假设现任的公司管理者未来还将继续连任，则该公司的股权价值为 160 万美元；如果更换了新的更有创造性的管理者，则价值为 200 万美元。[④]

为了计算多数股权价值（假设为 51%），我们使用后一种价值：

公司 51% 的股权价值 = 最优价值的 51% = 51% × 200 = 102（万美元）

为了计算同一公司的少数股权价值，我们使用现状价值：

公司 49% 的股权价值 = 现状价值的 49% = 49% × 160 = 78.4（万美元）

在这里，2% 的股权差异转化为较大的价值差异，因为 1 股（51%）确保了控制权而其他的没有。

13.3 结论

公司的控制权价值在于能够使公司运行发生变化，并且更加有效。因此，控制权价值在主要由管理而导致的绩效不良的公司中影响较大。在本章中，我们首先讨论了公司的管理如何影响其价值以及公司的在职管理者能够被更换的概率。我们的观点是，每家公司的市场价值都反映了控制权的期望价值，即管理转变的概率和这种转变对价值的影响。这拥有多种含义。

在收购中，支付的溢价反映了价格已经反映的控制权期望价值的大小；在已经反映了很高控制权期望价值的市场中，溢价则较小。在存在拥有投票权和无投票权的公司中，拥有投票权股票的溢价反映了控制权的期望价值。如果控制权的转变概

---

① Harouna, P., A. Sarin and A. C. Shapiro, "Value of Corporate Control: Some International Evidence," working paper, USC working paper series, 2001.

② Barclay M. J. and C. Holderness, "Private Benefits from Control of Public Corporations," *Journal of Financial Economics* 25 (1989): 371 – 395; Barclay M. J. and C. Holderness, "Negotiated Block Trades and Corporate Control," *Journal of Finance* 56 (1991): 861 – 878.

③ Nicodano, G. and A. Sembenelli, "Private Benefits, Block Transaction Premiums and Ownership Structure," working paper, SSRN, 2000.

④ 现任管理者较为保守，表现在追求成长机会、保持较高的资本回报率和较低的再投资率。我们假设新的管理者更为积极，使用更高的再投资率以及较低的资本回报率（尽管高于资本成本）。

率很小，并且/或者转化管理的价值很小（因为公司运行良好），控制权期望价值则很小，因此拥有投票权股票的溢价也很小。在那些存在管理方式转变潜力的公司中，控制权期望价值以及拥有投票权股票的溢价就很大。最后，在私有公司的股价中，少数股票折价反映了控制权价值。

第 14 章 流动性价值

当购买股票、债券、实物资产或一个企业的时候，有时你可能会后悔，然后想要改变决定，并将你刚刚购买的东西卖出去。非流动性成本就是这种后悔的成本。对于交易量较大的公司公开上市的股票，这类成本很小。而对于较小的场外交易的股票，这种成本则较大，如果是私有企业则更大，因为潜在购买者相对较少。不同类型的资产非流动性成本不同，实物资产成本较高而金融资产较低。在本章中，我们会讨论投资者衡量流动性价值的原因以及该价值大小的实证证据，然后将对一般理解中的资产流动性和非流动性对支付价格的影响进行分析，并寻求将非流动性纳入到价值评估中的最佳方案。

14.1 非流动性的衡量

不论观念中的非流动性有多大，只要你愿意接受较低的价格，你就能够出售任何资产。因此，我们不应该将资产分为流动和非流动，而将其认为是一种流动性的连续，即所有的资产都是非流动的，只是非流动性的程度不同。获取非流动性成本的一个方法就是通过交易成本，流动性较低的资产，交易成本（占资产价值的百分比）高于流动性较高的资产。在本节中，我们首先对公开交易资产的交易成本的构成进行分析，然后再扩展到非交易资产。

14.1.1 公开交易资产的交易成本

有一些投资者存在一种误解，即在购买或出售资产时，唯一的交易成本就是经纪人佣金（brokerage commission）。尽管这可能是他们唯一直接支付的成本，但是在交易过程中还存在其他成本，通常比佣金成本更大。在所有资产的交易中，交易成本中还存在其他三个成分。首先是资产的购买价格（经销商的卖价）以及出售价格（经销商的买价）之间的价差。其次是投资者通过对资产的交易产生的价格影响，购买资产的时候推动价格上涨，出售资产的时候导致价格下跌。第三个成本由 Jack Treynor 在其关于交易成本的文章[①]中首次提出，即等待交易导致的机会成本。尽管一个有耐心的交易者可能会降低前两种交易成本，但是如果已经完成或立刻交易就已经能够获利而等待则会导致无利可图的时候，等待会减少这种交易产生

① 在他的文章“What does it take to win the trading game?”中提出，发表于 *Financial Analysts Journal*, January-Febuary 1981。

的利润。所有的这些成本连同佣金成本一起构成资产的交易成本。

1. 买卖价差

在几乎所有的交易资产市场中，同一时点、同一资产的买价和卖价之间存在一个差异。买卖价差就涉及到这个差异。我们将在下面对这种差异存在的原因、其作为成本的大小以及决定因素进行分析。

1）为什么存在买卖价差

大多数市场中，存在一个经销商（dealer）或做市商（market maker）设定买卖价差，该价差包括三种经销商所面临的成本。首先是库存持有成本，其次是处理订单的成本，最后是与知情交易者交易的成本。买卖价差必须大到足够涵盖这些成本，从而为做市商产生一个合理的利润。

（1）库存的基本原理。一个交易所的做市商或专家在执行投资者买入或卖出订单义务的时候必须提供买价和卖价。这些投资者可以根据他们获得的信息（知情交易者）、流动性（流动性交易者）、或基于某项资产被高估或低估的信念（估价交易者），自行进行交易。在这样的市场中，如果做市商设定的出价过高，他们会累积股票的库存。如果做市商设定的要价过低，他们则会发现自己的股票存在大量空头。两种情况下对做市商来说都存在成本，而做市商则试图通过提高出价和要价之间的价差来弥补。

做市商还会进行库存约束，某些从外部实行（通过交易所或管制机构），而某些则在内部实行（由于有限的资本以及风险）。当做市商的库存头寸偏离其最佳头寸的时候，他们就会就会承担费用并试图调整出价和要价来达到他们想要的库存头寸。如果库存太高，应该降低出价，如果库存过低，则应该提高要价。

①处理成本的争论。由于做市商承受了书面工作而引起处理成本以及与订单相关的费用，买卖价差必须至少涵盖这些成本。尽管这些成本对于交易所中大单的股票交易可能很小，但是对于可能只能通过做市商市场（dealership market）的小宗股票交易，该成本就变得很大。此外，由于该成本大部分为固定成本，定价较低的股票中这种成本占价格的比例要高于定价较高的股票。

随着计算机处理系统取代了传统的档案管理，科技显然降低了与交易相关的处理成本。这种成本的降低对于大部分交易为小宗交易的股票（由个人而非机构投资者持有的少量股票）来说是最佳的。这些股票的价差大幅降低就不足为奇了。

②逆向选择的问题。逆向选择问题产生于投资者对同一资产的不同交易动机：流动性、信息以及价值评估观点。由于投资者在交易的时候并没有公布其交易原因，做市商通常冒着交易风险来与掌握更多信息的投资者相对抗。由于这种交易的期望利润为负，做市商必须要求一个足够大的平均价差来弥补这一损失。这一理论认为该价差会随着资产市场中知情交易者比例、这些交易者拥有的平均差别信息以及该项资产未来信息的不确定性的增加而提高。

2）买卖价差的大小

根据纽约证券交易所的报告①，1996 年所有 NYSE 股票的平均买卖价差为 0. 23 美元，看上去似乎微不足道，尤其是在考虑到 NYSE 股票的平均价格为 40 美元到 50 美元的情况下。但是这个平均价格隐藏了由于资本总额、股票价格水平和交易量导致的不同股票之间成本占价格比例的较大差异。例如 Thomas Loeb 于 1983 年进行的一项研究②显示小宗的价差占公司股票价格的比例是由其市值决定的，该结果如图 14—1 中所示。

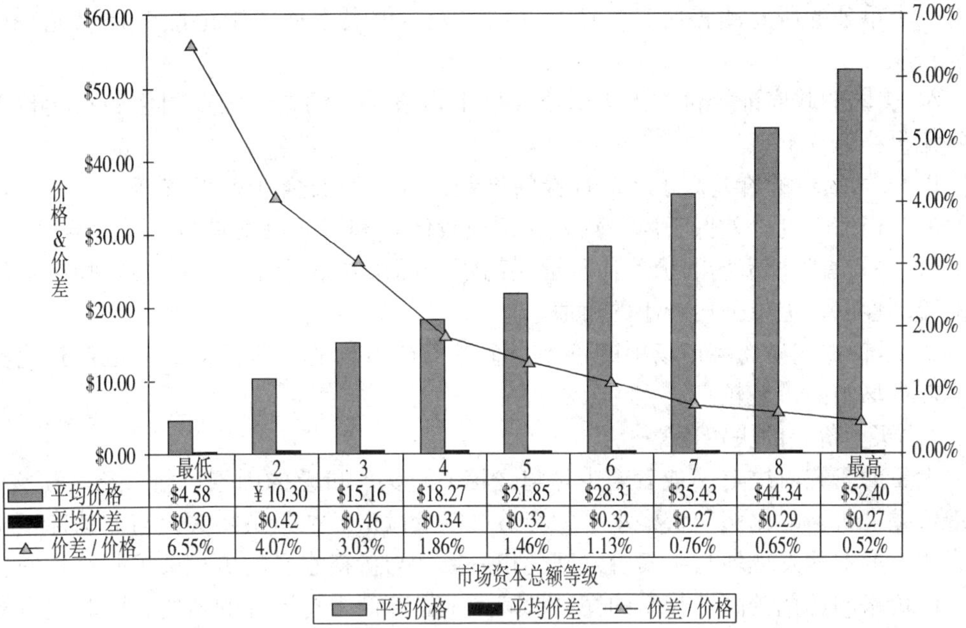

	最低	2	3	4	5	6	7	8	最高
平均价格	$4.58	¥10.30	$15.16	$18.27	$21.85	$28.31	$35.43	$44.34	$52.40
平均价差	$0.30	$0.42	$0.46	$0.34	$0.32	$0.32	$0.27	$0.29	$0.27
价差/价格	6.55%	4.07%	3.03%	1.86%	1.46%	1.13%	0.76%	0.65%	0.52%

资料来源：Loeb（1983）

图 14—1　不同市值的价格和价差

尽管美元价差在不同的市值等级之间的差距并不很大，但是最小规模的公司股票定价仍是趋向偏低。因此，较小资本总额的股票的价差占价格比例高达 6. 55%，而对于较大资本总额公司来说，这一比例低至 0. 52%。Huang 与 Stoll 的另一项研究发现交易量在前 20% 的股票的价差占市场价格比例平均仅为 0. 62%，而后 20% 的股票则为 2. 06%③。美国不同交易所之间的买卖价差同样存在较大差异。仅观察 NASDAQ 股票，Kothare 和 Laux（1995）④ 发现价差占价格比例在 1992 年平均为 2%，远远低于交易所中定价较低的股票。这种差异一部分可归结于 NASDAQ 股票与在 NYSE 或美国证券交易所（AMEX）上市的股票相比通常规模较小（根据市

① 见 NYSE Fact Book 中所有 NYSE 股票平均价差每月列表。

② Thomas Loeb，"Trading Costs：The Critical Link Between Investment Information and Results，" *Financial Analysts Journal*，May/June 1983.

③ Huang，R. and H. R. Stoll.，"The Components of the Bid-Ask Spread：A General Approach，" *Reveiew of Financial Studies* 10（1987）：995 – 1034.

④ M. Kothare and P. A. Laux *Financial Analysts Journal*（March/April 1995）"Trading Costs and the Trading Systems for NASDAQ stocks".

值）且风险较大。

你可以反驳说这些研究已经过时，市场的构成方式及金融市场上价差的设定方式均发生了显著的变化。尤其在研究发现 NASDAQ 的价差可以被专家操纵之后，给交易所造成很大的法律压力迫使其改变价差的设定方式。NYSE 随后将其传统最小报价单位由 1/16 的改为 1/8。这些改变会造成很大的差异么？价差已经平均发生下降，但是规模较小流动性较差的股票下降幅度较大。

尽管这些研究针对的是美国市场，但是在其他市场中买卖价差同样存在。尽管没有一个单独的研究涵盖所有这些存在的价差，但是下面的结论能够提供充分的证据：

A. 美国的政府证券价差大大低于美国上市股票。例如，短期国债的买卖价差通常比价格低 0.1%。

B. 公司债券的价差高于政府债券的价差，且较为安全（评级较高）和流动性较好的公司债券的价差低于风险较大（评级较低）和流动性较差的公司债券。

C. 非美国股权市场的价差通常远远高于美国市场的价差，反映了这些市场较低的流动性以及上市公司较小的市值。

D. 尽管在交易商品市场中的价差与金融资产市场的价差类似，但是在其他实物资产市场中的价差较高。

3）买卖价差的决定因素

大量的研究对决定（或者至少是与之相关）买卖价差的因素进行分析。研究[①]发现价差占价格的比例与价格水平、交易量以及做市商数量负相关，与波动性正相关。所有的这些发现均与买卖价差理论相一致。与价格水平的负相关可归结于处理成本占价格的比例较高。较高的交易量减少了做市商维持库存的需要，同时使得他们的库存迅速周转，减少库存成本。较高的波动性导致较高的买卖价差部分原因可以归结于波动较大的股票逆向选择问题也较严重；通常这些股票会存在较多的知情交易者、较大的信息差异以及未来信息较大的不确定性。还值得注意的是价格水平、波动性和交易量等这些因素不仅彼此之间相关，且同其他因素，如公司规模，同样相关。

上一节中提到的 Kothare 和 Laux 对 NASDAQ 平均价差的研究中同样对 NASDAQ 股票买卖价差的差异进行了研究。除了发现同样的买卖价差、价格水平和交易量之间的相关性外，还揭示了一个新的有趣的因素。他们发现在机构行为显著增加的股票中，买卖价差的增加最大。尽管这一部分可以归结于这一行为导致的股票波动性的增加，但是还反映了部分做市商的感观，认为机构投资者通常是拥有较多或较好信息的知情投资者。但是需要注意的是，机构投资者同样增加了股票的

① S. Tinic and R. West *Journal of Financial and Quantitative Analysis*（June 1972） "Competition and the Pricing of Dealer Service in the Over-the-Counter Market", H. Stoll *Journal of Finance*（November 1978） "The Pricing of Security Dealer Services: An Empirical Analysis of NASDAQ stocks" Jegadeesh, N. and A. Subrahmanyam, *Journal of Business*（April 1993）. V66, 171 – 187 "Liquidity Effects of the Introduction of the S&P 500 Futures Contract on the Underlying Stocks".

流动性，导致构成买卖价差的订单处理成本的降低，而且有时最终结果会导致价差的降低①。

公司能够影响其股票交易的买卖价差么？存在一些证据证明他们可以通过提高对金融市场发布的信息的质量，降低知情交易者相对于市场其他交易者的优势。Heflin，Shaw 和 Wild（2001）对 221 家公司进行研究并检验了信息披露质量（他们用金融分析师联盟的公司信息委员会发布的披露质量得分对此进行衡量）与买卖价差之间的关系。他们发现买卖价差会随着信息质量的提高而降低②。Frost，Gordon 和 Hayes（2002）将该分析进行扩展，对不同股权市场的流动性进行比较，并发现拥有较强披露系统的市场同样拥有较高的流动性③。

尽管上述大部分研究都对不同股票的价差的差异进行了研究，Hasbrouck（1991）对同一股票不同时点的价差变化原因进行了研究④。他提出相对于小规模交易，大规模的交易会导致较大的价差，并假设这是由于大规模交易更有可能控制信息。

4）市场微观结构与买卖价差

买卖价差大小与在哪个市场进行股票交易有关系吗？研究指出即使在控制了前面提到过的差异（交易量和价格水平）之后，NASDAQ 的历史买卖价差还是要高于美国证券交易所。实际上，当从 NASDAQ 向 NYSE 转换的时候，股票的买卖价差降低⑤。

Christie 和 Schultz 在 1994 年的研究中为该现象提出一个解释。他们发现大部分以 1/4 为报价单位而很少以 1/8 为报价单位⑥。他们认为 NASDAQ 的经销商串通将报价单位设置较高，因此提高投资者支付的价格中的买卖价差。这项研究引发了美国证券交易委员会（Securities and Exchange Commission）的调查，并得出结论认为经销商的确参与了这种反竞争行为。最后，交易所为该诉讼支付了 10 亿多美元。另一个 NASDAQ 价差高于 NYSE 的解释是不同市场的结构不同。例如两家交易所对限价订单的处理方式。NYSE 要求如果限价优于专家自己的报价，则必须将其在其买卖价差中反映出来，这就降低了买卖价差的影响。而在 NASDAQ，限价订单并没有影响买卖报价，仅仅在价格与限价反向移动的时候才执行。结果导致了较大的

---

① Dey，M. K. and B. Radhakrishna，“Institutional Trading，Trading Volume and Spread，” working paper，2001.

② Heflin，F.，K. W. Shaw and J. J. Wild，“Disclosure Quality and Market Liquidity，” working paper，SSRN，2001.

③ Frost，C. A.，E. A. Gordon and A. F. Hayers，“Stock Exchange Disclosure and Market Liquidity：An Analysis of 50 International Exchanges，” working paper，SSRN，2002.

④ Hasbrouck，J.，“Measuring the Information Content of Stock Trades，” *Journal of Finance* 46（1991）：179－207；Hasbrouck，J.，“The Summary Informativeness of Stock Trades：An Economic Analysis，” *Review of Financial Studies* 4（1991）：571－595.

⑤ Barclay，M. “Bid-Ask Spreads and the Avoidance of Odd-Eighth Quotes on Nasdaq：An Examination of Exchange Listings” *Journal of Financial Economics* 45（1997）：35－60.

⑥ 如果 1/8 和 1/4 的报价出现可能性相同，那么大约一半的报价会是 1/8 的倍数（1/8，3/8，5/8 或 7/8），而另一半则为 1/4 的倍数（1/4，1/2，3/4）。

买卖价差①。

2000 年，纽约证券交易所结束了其一贯采用的分数报价方式（例如 1/8，1/4 等），而改为使用小数报价方式。由于使用小数报价能够得到较好的价格分级，因此假设这种改变可以降低买卖价差。转变之后的研究显示规模较小、流动性较低的股票的价差已经开始降低，但是对流动性较好的股票没有太大的影响。

2. 价格影响

大部分的投资者认为投资组合越大交易成本就越小。尽管经纪人佣金是这样的，但是对于组成交易成本的其他成本并非如此。其中一个组成是投资者越大，承受的成本越高，且包含在交易对价格的影响中。如果成功的投资本质在于低价买入高价卖出，那么买入时推动价格升高及卖出时价格的降低会导致投资利润的减少。

1）为什么会存在价格影响

投资者交易对价格影响有两个原因。首先市场并不是完全流动的。一个大型的交易可能在买单和卖单之间产生一种失衡，而解决这种失衡唯一的办法就是价格的变化。这种由于缺乏流动性导致的价格变化通常是暂时的，而且随着市场恢复流动而消失。

第二个影响价格的原因是信息。由于可能会受到交易者拥有的新信息的推动，大型的交易会吸引该资产市场上其他投资者的注意。虽然投资者并不承认，但是通常有很好的理由假设大量的购买是预先得到了好的消息，而大量的卖出则意味着公司将会有负面消息传出。这种价格影响通常不会是暂时性的，尤其是对于这种大型交易中大量的股票。尽管投资者有时对大宗交易的信息价值估计错误，但是有理由相信他们几乎通常都是对的。

2）价格影响会有多大

在大型交易对股票价格的影响大小方面存在相互矛盾的证据。一方面，交易所大宗交易的研究指出市场是流动的，交易对价格影响很小，而且恢复迅速。但是这些研究通常研究的是纽约证券交易所交易频繁的股票。另一方面，其他研究认为价格影响可能较大，尤其是规模较小、流动性较差的股票。

对交易所大宗股票交易的价格反映的研究结论认为价格调整发生在这些交易后几分钟内。一个早期的研究通过对投资者在大宗交易发生前后购入并随后抛出所获得的利润的统计，对价格反映的速度进行研究②。他们认为交易后利润是由交易发生在大宗交易之后多长时间决定的，并发现只有在大宗交易进行后一分钟之内发生交易才有可能获得超额利润。（见图 14—2）。换句话说，价格会根据交易 5 分钟内大宗交易对流动性影响进行调整。尽管这反映了 NYSE 大量股票的大宗交易的事

---

① K. Chung，B. Van Ness，and R. Van Ness，“Can the Treatment of Limit Orders Reconcile the Differences in Trading Costs between NYSE and Nasdaq Issues?” *Journal of Financial and Quantitative Analysis* 36（2）（2001）：267 – 286. 即使他们发现对限价订单的处理会降低 NYSE 的买卖价差，但是经销商之间的勾结仍然会导致 NASDAQ 价差的升高。

② Dann，L. Y.，D. Mayers，and R. J. Rabb，“Trading Rules，Large Blocks and the Speed of Price Adjustment，” *Journal of Financial Economics* 4（1977）：3 – 22.

实，但是仍旧存在有力的证据证明市场价值会迅速调整供求之间的失衡。

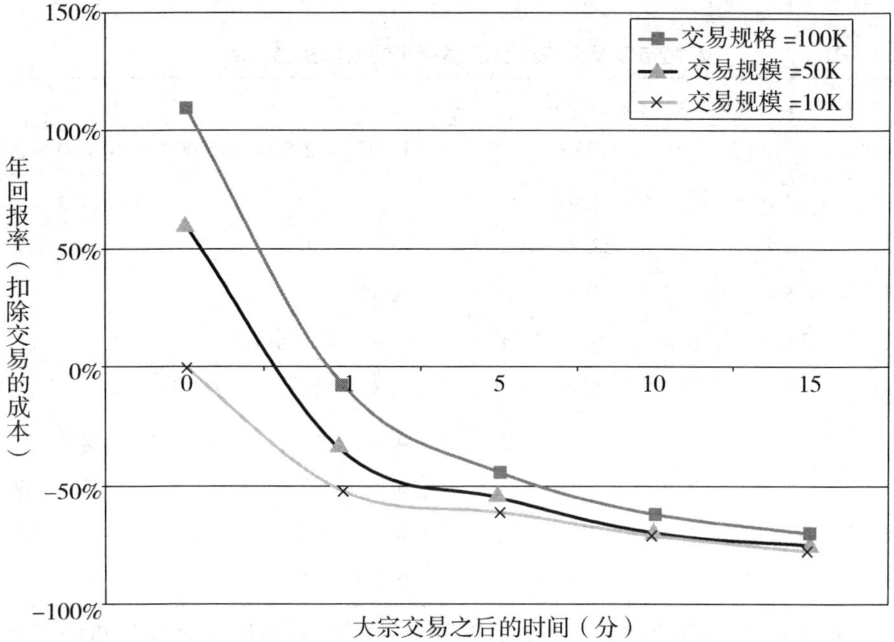

资料来源：Dann，Mayers 和 Rabb（1977）。

图 14—2　在大宗交易之后买入的年收益率

该研究存在样本偏差，即它研究的对象是交易所流动性股票的大宗交易。对规模较小、流动性较弱的股票的研究发现这些股票的价格影响偏大，而且价格调整速度要慢于流动性较强的股票①。其他的研究还发现了大宗交易其他有趣的现象。首先，尽管股票价格在大宗买入时会升高且在大宗卖出时会下降，但它们在卖出交易的时候更有可能会反弹回去。换句话说，当价格在大宗买入之后上升的时候，它们较有可能会持续上涨②。Spierdijk，Nijman 和 van Soest（2002）的研究对 NYSE 流动和非流动股票进行研究，同样发现市场过度的趋势。如果进行大宗买入，价格会上涨过多，且对于非流动股票来说恢复到正常水平需要几天的时间③。

这些研究尽管明确了价格的影响，但在仅仅研究实际执行的范围内仍旧存在其他的选择偏差。真正的市场影响的成本来自于那些在不存在市场影响的情况下能够完成的交易，而不是因为一种认为价格影响成本会很大的感觉。在极少数的对该成本大小的研究中，Thomas Loeb 统计了专家和做市商在同一时点为不同大宗交易规模设定的买价和卖价。这样，随着大宗交易规模的增大，价差之间的差异就可以看

① Joel Haasbrouck 对 NYSE 上市股票的详细数据包括报价、交易以及价差的信息进行研究并得出该结论。

② Holthausen, R. W., R. W. Leftwich, and D. Mayers, "Large-Block Transactions, the Speed of Response, and Temporary and Permanent Stock-Price Effects," *Journal of Financial Economics*, 26 (1990): 71 - 95. Keim, D. B. and A. Madhavan, "Anatomy of the Trading Process: Empirical Evidence on the Behavior of Institutional Trades," *Journal of Financial Economics*, 37 (1995): 371 - 398.

③ Spierdijk, L., T. Nijman and A. H. O. Van Soest, "The Price Impact of Trades in Illiquid Stocks in Periods of High and Low Market Activity," working paper, Tilburg University, 2002.

作为这些交易的期望的价格影响。表 14—1 将其发现进行总结，并按市值进行划分。

表 14—1 随市值及大宗交易规模变化的双向交易成本

分类	大宗交易价值（金额单位：千美元）5	25	250	500	1 000	2 500	5 000	10 000	20 000
最小	17.3%	27.3%	43.0%						
2	8.9	12.0	23.8	33.4%					
3	5.0	7.6	18.8	25.9	30.0%				
4	4.3	5.8	9.6	16.9	25.4	31.5%			
5	2.8	3.9	5.9	8.1	11.5	15.7	25.7%		
6	1.8	2.1	3.2	4.4	5.6	7.9	11.0	16.2%	
7	1.9	2.0	3.1	4.0	5.6	7.7	10.4	14.3	20.0%
8	1.9	1.9	2.7	3.3	4.6	6.2	8.9	13.6	18.1
最大	1.1	1.2	1.3	1.7	2.1	2.8	4.1	5.9	8.0

表中的数据按照市值进行分类，且显示出规模与价格影响之间的负向关系。但是需要注意的是每个分类中增加大宗交易规模对期望价格影响的结果，较大规模的交易的价格影响要高于较小规模的交易。

3）价格影响的决定因素

证据表明决定交易价格影响的因素即是买卖价差的决定因素，这并不令人惊讶。价格影响和买卖价差都是由市场的流动性决定的。对于较小的交易就能够很显著地影响市场的股票来说，库存成本和逆向选择问题的影响可能最大

Breen，Hodrick 和 Korajczyk（2000）对通过对美国证券交易所上市的股票的观察研究了价格影响的大小及其决定因素①。他们发现 5 分钟之内周转率每增加 0.1%，对 NYSE 和 AMEX 的公司股票价格产生 2.65% 的影响，对 NASDAQ 的公司股票价格产生 1.85% 的影响。通过对不同公司价格影响的比较，他们得出以下的证据：

A. 同样数量的股票交易的价格影响，市场价值大的公司要小于市场价值小的公司。但是同样比例的交易的价格影响（占市场价值比例），市场价值大的公司要大于市场价值小的公司。

B. 交易的价格影响对于交易量处于前 25%，以及具有积极因素（例如股票价格在交易之前六个月已经上涨）的公司来说要小的多。

C. 交易的价格影响对于机构持有比例（占流通股股票比例）较高的公司要小于机构持有比例较低的公司。

① Breen，W. A.，L. S. Hodrick，and R. A. Korjczyk，“Predicting Equity Liquidity，” working paper，Kellogg Graduate School of Management，2000.

3. 等待的机会成本

交易成本最后一个组成是等待的机会成本。一个投资者可以将大宗股票分割成小宗股票并在长期内进行交易，从而降低买卖价差以及交易对价格的影响成本。实际上，如果等待没有成本，即使是大的投资者也会将交易分割成许多小的交易，从而避免买入和卖出大量股票对价格的影响或较大的价差。但是，等待是存在成本的。尤其是投资者认为被低估的资产价格，可能会在投资者等待交易的时候上涨，并会导致以下两种结果之一。一个结果是投资者最终购买该资产，但是价格较高，降低了投资的期望利润。另一种结果是价格上涨太多，资产已经不再被低估，因此投资者不再对其进行投资。当投资者想要出卖某项被高估的资产的时候结论相同。

等待成本大部分决定于投资者对他或她在等待购买（出售）某项资产时其价格会上涨（下降）的概率的分配。我们认为该概率决定于为什么投资者认为该项资产被低估或高估。在实际中，以下因素会对该概率产生影响：

A. 价值评估是基于私有信息还是公共信息？私有信息通常在金融市场上保质期较短，且基于私有信息的风险要高于基于已经公布信息的价值评估的等待风险。因此，当购买的战略是基于可能发生接管的谣言（或信息）的时候，等待成本要远远高于基于购买市盈率（P/E）较低的股票。

B. 市场对信息的积极程度如何？基于第一个观点，在投资者拥有有价值的信息，而其他投资者正积极地搜寻同样的信息的市场中，等待的风险较大。从实践的角度说，许多分析人员都密切关注的目标股票，其等待风险要高于几乎没人关注的股票。

C. 战略是长期还是短期？尽管这个概括并不总是正确的，但是相对于长期战略，短期战略更有可能被等待成本所影响。这个观点可以部分归结于短期战略更有可能基于私有信息，而长期战略更有可能是基于价值的观点。

D. 投资战略是反向投资战略（contraian strategy）还是动量投资战略（momentum strategy）？在反向投资战略中，投资者的投资与主要趋势相反（其他人出售的时候买入，或其他人购买的时候卖出），正是因为这种行为导致等待成本可能会较小。相反，在动量投资战略中的等待成本可能会较大，因为投资者在其他投资者购买的时候买入，在其他投资者出售的时候卖出。

综上，短期投资战略、基于私有信息或动量投资战略以及在收集信息积极的市场中，等待成本可能较大。而对于基于公开信息的长期投资战略以及反向投资战略，等待的成本则偏小。

14.1.2 非交易资产的交易成本

如果股票的交易成本很大，那么并不经常交易的资产，例如实物资产或私有公司的股权资产，其交易成本则更大。

- 实物资产的范围从黄金到房地产到艺术品，这些资产交易时发生的交易成本同样差别很大。交易成本最小的是黄金、白银或石油这些商品，因为它们往往具有标准单位。对于住宅房地产，你需要支付房地产经纪人或销售商资产价值的5%～6%作为佣金。而商业房地产，交易规模越大佣金就越小，但是它们的佣金会超过金融资产的佣金。对于艺术品或收藏品，佣金则变得更高。如果你通过一家拍卖行出售一幅贵重的油画，你可能必须支付油画价值的15%～20%作为佣金。

为什么成本会这么高呢？首先是因为与股票或债券市场相比，实物资产行业的中间商很少。其次，房地产和艺术品不是标准化产品。换句话说，每个人对于毕加索的价值评价不同，因此通常需要专家来对其价值进行判断。这就增加了该过程的成本。

- 根据公司的规模、其资产的组成及其盈利能力，购买和出售私有公司的交易成本从很高到高得离谱。存在相对较少的潜在购买者，因此搜索成本（寻找这些购买者）较高。在本章的后面，我们将提出实践中通常使用的私有公司非流动性折价为公司价值的20%～30%。
- 出售私有公司的困难会影响这些公司较小的股权。这样，私有股权投资者以及风险资本家在考虑应该为私有公司的投资支付多少（以及你应该要求私有公司的多少股份作为回报）的同时，不得不考虑它们潜在的非流动性。

总之，通常不会进行交易的资产的交易成本可能会很大。

14.2 非流动性成本：理论

投资者对非流动性资产的支付低于其他类似的流动性资产的观点并不新鲜。过去的二十年中研究人员已经用三种方法检验了非流动性对价格的影响。第一，资产的价值由于受到期望的未来交易成本影响而降低，因此产生了一个价值的折价。第二，调整必要的资产收益率，从而反映其非流动性，流动性较低的资产必要收益率较高（且价值较低）。第三，将流动性的损失作为期权衡量其价值，即非流动性资产的持有者放弃期权并在资产价格较高的时候出售资产。这三种方法都得出结论认为一项非流动性资产应该以低于其他类似流动性资产的价格进行交易。

14.2.1 价值的非流动性折价

如果你是一个投资者，试图确定你应该为某项资产支付多少。在进行判断的时候，你必须考虑该项资产将会为你带来的现金流，以及这些现金流的风险，从而评估其内在价值。你还必须计算在未来决定出售该项资产的时候的出售成本。实际上，如果从你手中购买该项资产的投资者将其在出售时将会面对的同样的交易成本加入到价值中去，那么该项资产当前的价值应该反映了所有未来持有者对未来交易成本的期望价值。这是 Amihud 和 Mendelson1986 年时的观点，他们提出一项资产的价格包括了与未来的期望交易成本相关的成本的现值①。在他们的模型中，买卖价差用于衡量交易成本，较小的价差意味着价值的非流动性折价较大。折价的大小取决于投资者持有的时间以及周转率，持有时间越短、周转率越高，折价就越大。Vayanos（1998）认为交易成本的改变对资产价格的影响比 Amihud 和 Mendelson 计算的结果要小的多，因为投资者会调整持有的期限以反映交易成本。实际上，他认为股票价格会随着其交易成本的升高而上涨，尤其是对于那些交易频繁的股票；持有期限的延长能够抵消交易成本的升高②。

Jarrow 和 Subramanian（2001）提出了另外一种模型对价值的非流动性折价进行计算③。他们的模型将折价看作资产的市场价值与其清算价值之间的差额，并认为该折价在清算的执行滞后的时候会更大。他们以指数效用函数推出投资者最佳交易规律以及非流动性折价的大小。Lo，Mamaysky 和 Wang（2001）假设交易成本是固定的，并得出与 Amihud 和 Mendelson 相类似的结论，认为较小的交易成本会产生大量的非流动性折价，且投资者的风险厌恶会对这种折价产生严重的影响④。

总之，所有对非流动性折价理论模型进行扩展的文章都将其与资产的期望交易成本相联系，但是在计算折价大小的时候需要以投资者持有期限作为一个变量。任何同样交易成本，在投资者拥有长期眼光的时候，其折价要低于投资者眼光短浅的时候。

14.2.2　非流动性及折现率

在传统的资产定价模型中，资产的必要收益率取决于其市场风险的暴露。因此，资本资产定价模型（CAPM）中股权成本取决于某项资产的 β 值，套利定价模型（APM）或多因素模型中，股权成本取决于该项资产多种市场风险来源的暴露。这些模型中很少考虑非流动性因素。因此，拥有相似市场风险暴露的流动资产和非流动资产的必要收益率是相等的。近年来，已经有人试图以下面两种方法之一将非流动性风险考虑到模型中。第一是将影响所有资产的市场的非流动性溢价纳入到理论模型中，衡量单个资产的非流动性。后者的差异会导致拥有不同流动性程度公司的必要收益率的不同。第二是纯粹实证的多要素模型，以非流动性的衡量指标（例如交易量或买卖价差）作为其中的一个因素，试图解释不同股票回收率的长期差异。

关于怎样才能最好地将非流动性纳入到资产定价模型中的理论讨论最早发生于 70 年代。Mayers（1972，1973，1976）将资本资产定价模型进行扩展，考虑了非

① Amihud，Y. and H. Mendelson，"Asset Pricing and the Bid-ask Spread，" *Journal of Financial Economics* 17（1986）：223－250.

② Vayanos，D. " Transactions Costs and Asset Prices：A Dynamic Equilibrium Model，" *Journal of Financial Economics* 11（1998）：1－58.

③ Jarrow，R. and A. Subramanian，"The Liquidity Discount，" *Mathematical Finance* 11（2001）：447－474.

④ Lo，A. W.，H. Mamaysky and J. Wang，"Asset Prices and Trading Volume under Fixed Transactions，" *Journal of Political Economy* 112（2000）：1054－1090.

交易资产以及人力资本①。但是最终的模型并没有针对非流动性做出直接的调整。Acharya 和 Pedersen（2005）最近对将非流动性纳入到回归模型中做了尝试，他们研究了考虑非流动性风险时资产如何定价，并得出了重要的观点②。不仅要考虑资产的非流动性，而且还要考虑非流动的时间。在非流动市场（通常与低档商品市场和经济衰退相符合）中的非流动资产，要比在流动市场中的非流动资产消极得多（导致更高的期望收益率）。因此一项资产的流动性 β 值会反映与市场流动性的资产流动性的协方差。Acharya 和 Pedersen 计算出非流动性股票的年风险溢价要比流动性股票高 1.1%，且 80% 的溢价要归结于股票的非流动性与整个市场的非流动性之间的协方差。Pastor 和 Stambaugh（2003）也指出非流动性风险不仅与股票本身的非流动性相关，与整个市场的流动性的关系也会影响非流动性风险。他们对 34 年的股票收益率进行了检验，并得出结论认为在对标准规模、价值以及动力因素进行调整后，收益率对市场流动性更为敏感的股票的年收益率要比那些收益率对市场流动性并不敏感的股票高 7.5%③。

对非流动性的建模以及得到有用的模型的难度导致许多研究人员考虑使用更为实用方法将非流动性纳入到期望收益率中。在 80 年代的多因素模型以及 90 年代的代理模型的基础上，他们寻找衡量非流动性的方法，并将这些衡量指标纳入到解释长期股票回报差异的模型中去。Amihud 和 Mendelson（1989）对将买卖价差加到 β 中是否有助于更好的解释美国股票之间收益率的差异进行了检验④。他们以 1961 ~ 1980 年 NYSE 股票为样本，发现买卖价差（占股票价格的百分比）每增加 1%，年期望收益率增加 0.24% ~0.26%。Eleswarapu（1997）通过发现 NASDAQ 股票收益率及价差的负向关系而证实了这个结论⑤。其他的研究以交易量、周转率（交易量/股权市场价值）以及非流动性比率作为非流动性的代理指标并得出一致的结论。Brennan 和 Surbrahmanyan（1996）将交易成本分为固定和变动成本，且发现在对例如公司规模以及市场市净率进行控制后，交易的变动成本对收益率有显著影响⑥。Brennan，Chordia 和 Radcliffe（1998）发现在对其他市场风险的来源进行调整后，

---

① Mayers, D., "Nonmarketable assets and capital market equilibrium under uncertainty," in M. C. Jensen, *Studies in the Theory of Capital Markets* (Praeger, New York, NY, 1972); Mayers, D., "Nonmarketable assets and the determination of capital asset prices in the absence of a riskless asset," *Journal of Business* 46 (1973): 258 - 267; Mayers, D., "Nonmarketable assets, market segmentation and the level of asset prices," Journal of Financial and Quantitative Analysis 11 (1976): 1 - 12.

② Acharya, V. and L. H. Pedersen, "Asset Pricing with Liquidity Risk," *Journal of Financial Economics*, 77 (2005): 375 - 410.

③ Pastor, L. and R. Stambaugh, "Liquidity Risk and Stock Market Returns," *Journal of Political Economy* 111 (2003): 642 - 685.

④ Amihud, Y. and. Mendelson, "The Effects of Beta, Bid-Ask Spread, Residual Risk and Size on Stock Returns," *Journal of Finance* 44 (1989): 479 - 486.

⑤ Eleswarapu, V. R. "Cost of transacting and expected returns in the Nasdaq Market," *Journal of Finance* 52 (5) (1997): 2113 - 2127. 其他的研究发现股票收益率和买卖价差之间更微弱的相关或不相关。Chalmers and Kadec 使用摊销价差并发现 NYSE 股票的价差同收益率之间没有关系。Chalmers, J. M. R. and G. B. Kadlec, "An Empirical examination of the Amortized Spread," *Journal of Financial Economics* 48 (2) (1998): 159 - 188.

⑥ Brennan, M. J. and A. Subrahmayam, "Market microstructure and Asset Pricing: On the Compensation for Illiquidity in Stock Returns," *Journal of Financial Economics* 41 (1996): 441 - 464.

交易量与股票收益率负相关[①]。Datar，Nair 和 Radcliffe（1998）使用周转率衡量流动性。在对规模以及市净率进行控制后，他们发现流动性在收益率差异的解释中占重要地位，非流动性较高的股票（周转率为 90%）的年收益率要比流动性股票（周转率为 10%）大约高 3.25%。此外，他们发现周转率每增加 1%，年收益率大约降低 0.54%[②]。Amihud（2002）将非流动性衡量方法进行改进，将股票的平均日交易量除以绝对价格变化来计算非流动性比率，并得出结论认为股票收益率与该指标正相关[③]。Nguyen，Mishra 和 Prakash（2005）认为拥有较高周转率的股票期望收益率较低。他们还发现两个广泛用于解释股票收益率差异的代理指标，市值和市净率，并不适合代表非流动性[④]。

总之，理论模型和实证结果都指出，我们应该针对非流动性调整折现率，理论模型将系统流动性作为关键因素，实证检验则用代理指标如买卖价差和周转率来衡量非流动性。此外，两种方法都指出这种调整应随时间不同而变化，且应该由市场对流动性的广泛需求决定。因此，对于相同的非流动性水平，在市场对流动性评价较高的时候，增加到折现率中的期望溢价要高于市场对流动性评价较低的时候。

14.2.3　将非流动性看做期权

流动性的价值是多少？换句话说，持有某项资产的投资者在什么时候会感到流动性的损失最大？有些学者认为流动性的价值体现在当某项资产被最大程度高估的时候能够出售；非流动性成本则无法做到这点。举一个特殊的例子，假如某项资产的所有者拥有该资产何时会被高估的信息，非流动性的价值可以被看做一项期权。

Longstaff（1995）通过假设一个擅长把握市场时机的投资者拥有某项无法在一段时期内（t）交易的资产，提出了一个期权的上界。在没有交易限制的情况下，该投资者会在价格达到最高的时候卖出该项资产，用这个最高价格计算的回顾期权（look-back option）价值即为非流动性价值的外界（out bound）。[⑤] 使用这个方法，Longstaff 计算了在不同的非流动性期间、拥有不同波动性的资产的变现能力占资产价值的百分比。结果显示在图 14—3 中。

由于假设投资者善于把握市场时机，因此强调这些价值是非流动性价值的上界是有意义的。如果投资者无法确定资产什么时候价格最大的话，非流动性的价值将会低于这些计算结果。更通常的经验仍旧适用。波动性较大的资产非流动性的成本（占公司价值的百分比）也较大，且会随着限制交易期权时间长度的增加而增加。

① Brennan, M. J., T. Chordia, and A. Subrahmanyam, "Alternative factor specifications, security characteristics and the cross-section of expected stock returns," *Journal of Financial Economics*, 49 (1998): 345 – 373.

② Datar, V. T., N. Y. Naik and R. Radcliffe, "Liquidity and stock returns: An alternative test," *Journal of Financial Markets* 1 (1998): 203 – 219.

③ Amihud, Y., "Illiquidity and stock returns: Cross-section and time-series effects," *Journal of Financial Markets* 5 (2002): 31 – 56.

④ Ngyuen, D., S. Mishra and A. J. Prakash, "On Compensation for Illiquidity in Asset Pricing: An Empirical Evaluation using the Three-factor Model and the Three-moment CAPM," working paper, SSRN, 2005.

⑤ Longstaff, F. A., "How much can marketability affect security values?" *Journal of Finance* 50 (1995): 1767 – 1774.

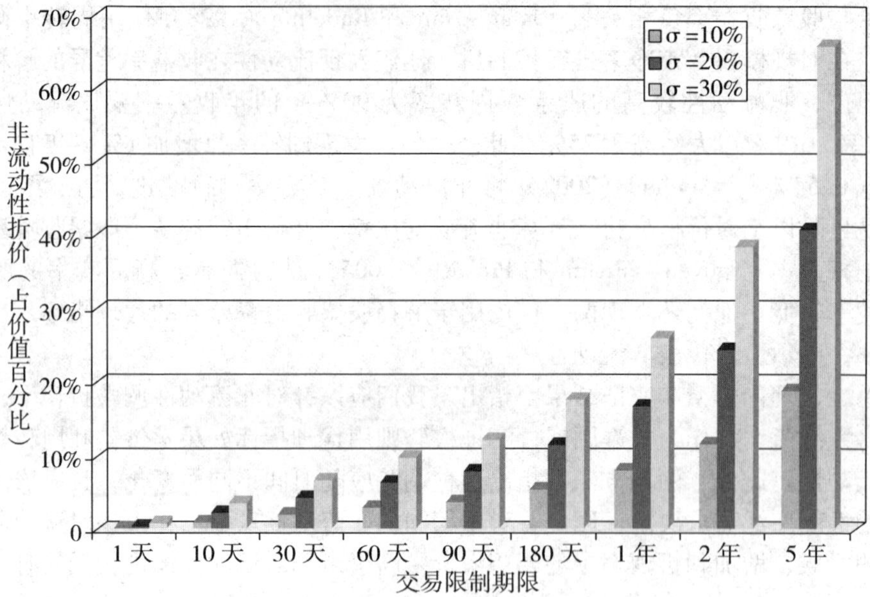

资料来源：Longstaff（1995）。

图 14—3 变现能力折价的上限 - 期权定价模型

14.3 非流动性成本：实证证据

如果我们同意非流动性具有成本，接下来的问题就是实证证据。该成本究竟有多大，是什么导致其随着时间和资产的变化而改变？对其流行程度和非流动性成本的实证研究遍及多个种类的资产。在本节中，我们将首先研究债券市场中非流动性的价格，然后转移到股权市场。最后，我们将研究非流动性对私有股权投资和实物资产的影响。

14.3.1 债券

不同实体发行的债券流动性存在较大的差异，而由相同实体发行的债券随着到期日的不同同样存在差异。这些流动性的差异使得我们能够通过比较流动债券和其他类似的非流动债券的收益来检验投资者价格是否具有流动性，以及如果具有流动性，其流动性的大小为多少。对债券市场流动性的研究已经对政府债券、公司债券和次级债券市场进行了分析。

• 短期/长期政府债券。Amihud 和 Mendelson（1991）对距到期日还剩六个月的长期政府债券与拥有相同到期日的短期政府债券的收益进行比较[①]。他们发现流

① Amihud，Y.，and H. Mendelson，“Liquidity，Maturity and the Yield on U. S. Treasury Securities，” *Journal of Finance* 46（1991）：1411 – 1425.

动性较小的长期政府债券的年收益要比流动性较大的短期政府债券的收益高0.43%，其差异被他们归结于非流动性。随后Kamara（1994）的研究证实了他们的发现，并指出收益的差异为0.37%[①]。Strebulaev（2002）驳斥了他们的发现，指出长期债券与短期债券税务处理的不同才是引起收益差异的原因。他对到期日相同的债券进行比较，发现它们尽管在流动性上具有较大差异，但本质上是以同样的价格进行交易[②]。

• 公司债券。Chen，Lesmond和Wei（2005）对超过4000家公司投资级别和投机类别的债券进行比较，并发现非流动性债券的收益差距高于流动性债券。为了衡量流动性，他们使用了包括买卖价差、时间序列中的零收益率事件[③]以及LOT指标（将买卖价差、机会成本和价格影响混合在一起）等多个衡量指标。不出所料，他们发现债券级别由高到低，流动性也随之降低，到期日由短到长，流动性也随之提高。对这些公司债券收益进行对比，他们发现投资级别的债券交易成本每增加1%收益提高0.21%，而投机级别的债券交易成本每增加1%收益提高0.82%[④]。

• 次级债券。一项针对221支由美国22家银行发行的次级债券的研究发现，非流动性较大的债券的违约风险价差（default spread）要高于其他类似的流动性债券[⑤]。他们还发现在过去六个月内没有交易的债券的违约风险价差要比可交易债券高0.20%，且当该债券在过去的两年中都无法交易的时候该价差会扩大到0.64%。

这些研究一致的结论认为流动性影响所有的债券，但是对风险较大的债券的影响要高于较为安全的债券。这就解释了为什么政府债券市场上流动性溢价的流行存在争议，而公司债券市场上则没有。

14.3.2 公开上市股票

如果流动性为风险较大的债券带来比为安全的债券更多的问题，那么它对股权市场（存在更多风险来源）的影响比对债券市场要大得多。对股权市场中非流动性的研究范围广泛，从股票横截面中的流动性差异的检验以及如何将他们转化为期望收益率的差异等问题，到更受关注的寻找受非流动性重要影响股票的子集以及如何衡量投资者对这种非流动性的反应等问题。

1. 作为一个类别的股权

一个合理的观点认为与股权交易相关的成本要高于与政府短期或长期债券的交

① Kamara，A.，"Liquidity，Taxes，and Short-Term Yields，" *Journal of Financial and Quantitative Analysis* 29（1994）：403－417.

② Strebulaev，I.，"Liquidity and Asset Pricing：Evidence from the US Treasuries Market，" working paper，London Business School，2002.

③ 当一项资产不再一段期间内交易，其收益在该期间内为0。计算收益为0的期间数可以为非流动性提供一个代理指标。

④ Chen，L.，D. A. Lesmond and J. Wei， "Corporate Yield Spreads and Bond Liquidity，" working paper，SSRN，2005.

⑤ Bianchi，C.，D. Hancock and L. Kawano，"Does Trading Frequency affect Subordinated Debt Spreads？" working paper，Federal Reserve Bank，Washington D. C.，2004. 为了衡量流动性，他们考虑是否债券在Bloomberg能够获得一个普通价格。因为普通价格只有在债券交易的时候才能获得，因此成为流动性较强的，拥有较多普通价格的债券的流动性代理指标。

易成本。因此，部分的风险溢价可以归结于股权对这些额外的交易成本的反映。例如，Jones（2002）对1900年到2000年Dow Jones股票的买卖价差及交易成本进行研究，发现当前的交易成本要比20世纪90年代初期的交易成本降低了大约1%，这就导致了近年来较低的股权风险溢价[①]。他还发现买卖价差的增加以及周转率的降低预示着未来股票收益率的提高，并将此作为证据证明非流动性是影响股票风险溢价的大小以及转变的因素。他的研究同其他认为不同期间内股权风险溢价的部分变动可以归结于流动性（及其相关成本）随时间的变化的研究结果一致。

2. 横截面的差异

一些股票比其他股票更具流动性，一些学者针对这种流动性的差异对收益率的影响进行研究。一致认为投资者在对非流动性较高的股票投资的时候要求的收益率也较高。换句话说，相对于流动性较低的投资，投资者更愿意为流动性较高的投资支付更高的价格。在前面关于调整非流动性折价率的讨论中，我们指出不同股票收益率的部分变化可通过非流动性的差异来解释。

已经有其他的研究确定了股票价格变动和流动性之间的关系。

• Cox和Petersen（1994）对一天内股票价格下跌超过10%且第二天随即发生价格反转的美国股票进行研究。他们发现价格反转的大部分原因可以归结于买卖价差，因此价格反转可以被看做非流动性的补偿[②]。Avramov，Chordia和Goyal（2005）还发现了短程价格反转同非流动性之间的重要关系[③]。非流动性最大的股票价格反转也最大，这还意味着试图利用价格反转进行反向投资策略将要承受较高的交易成本。

• 暂时的异常，例如周末效应和一月效应等，对于非流动股票的影响更为严重。Eleswarapu和Reinganum（1993）提出流动性较低、买卖价差较高的股票的大部分超额收益在一月获得[④]。与这些股票交易相关的较高的交易成本可以解释为什么这种异常不断地具有持久力。

• Ellul和Pagano（2002）将337家英国首次公开发行的折价与发行之后的非流动性相联系，并发现期望的流动性股票越少以及预期的流动性越低，发行的折价就越大[⑤]。

• 虽然将所有证据充分的拥有较小市值以及较低市净率的股票的超额收益[⑥]归结于非流动性是不明智的，但是规模较小且危机较大的公司（往往市净率较低）的非流动性要高于市场中其他的公司。

---

① 这在我们对前瞻性的或隐含的股权风险溢价进行研究的时候要比对历史风险溢价研究的时候要更清晰。20世纪90年代的溢价平均大约为3%，而在60年代以前要高于5%。Jones，C. M.，"A Century of Stock Market Liquidity and Trading Costs，" working paper，Columbia University，2002.

② Cox，D. R. and D. R. Peterson，"Stock returns following large one-day declines：Evidence on short-term reversals and longer-term performance，" *Journal of Finance* 48（1994）：255－267.

③ Avramov，D.，T. Chordia and A. Goyal，"Liquidity and Autocorrelations in Individual Stock Returns，" working paper，SSRN，2005.

④ Eleswarapu，V，and M. Reinganum，"The Seasonal Behaviour of the Liquidity Premium in Asset Pricing，" *Journal of Financial Economics* 34（1993）：281－305.

⑤ Ellul，A. and M. Pagano，"IPO Underpricing and After-market Liquidity，" working paper，SSRN，2002.

⑥ Fama，E. F. and K. R. French，"The Cross-Section of Expected Returns，" *Journal of Finance*，47（1992）：427－466.

非流动性与许多可观测的市场低效率之间的相互影响，意味着它在投资者如何对股票进行定价以及在这之后我们观测的收益率中起到重要作用。它还可以解释为什么在账面上存在许多方法制造超额收益，而在实践中却很少。

3. 控制差异

对拥有不同流动性的股票进行比较的研究通常都存在没有对其他因素进行控制的缺陷。毕竟，拥有更多流动性股票的公司通常拥有较大规模的市值以及较低的风险。因此，最公正的非流动性的检验是对同一公司发行的不同流动性级别的股票的比较。股票价格的差异才能完全归结于流动性。

1）限制性股票及私人配售（private placement）。许多非流动性折价的证据来源于对公开上市公司发行的限制性股票的检验。限制性证券是由公开上市公司发行，没有在SEC注册，而是根据SEC法规144通过私人配售出售给投资者。它们在一年的持有期内不能在公开市场上重新出售[①]，且之后出售的数量也是有限的。在发行这种股票的时候，发行价格显然比流动的市场价格要低得多，而两者之间的差异则可以被看做是非流动性折价。两篇最早的、也是引用最多的研究结果已经对该折价的大小进行了研究，总结如下：

- Maher对1969～1973年期间四家开放式基金购买的限制性股票进行研究，并发现他们以相同公司公开上市股票平均35.43%的折价进行交易[②]。
- Silber对1981到1988年期间发行的限制性股票进行研究，发现限制性股票折价的中值为33.75%[③]。他还指出规模较小、运行状况较差的公司以及规模较大的股票折价也较高。

其他的研究证实了这一结论，认为折价范围为30%～35%。Johnson（1999）最近的研究得到一个较小的折价为20%[④]。

限制性股票的研究已经被实践者们用于证明存在较大的流动性折价，但是仍然存在怀疑的理由。首先，这些研究的样本较小，研究的时间期限较长，且标准误差较大。其次，大多数公司并没有发行限制性股票，而且发行限制性股票的公司通常规模较小、风险较大且运行状况也较差。这种选择的偏差可能会影响折价的观测。第三，股权为私下募集的投资者能够为公司提供其他的服务，并以折价作为其补偿。

一个解决服务差异的办法就是将代表了限制性股票发行的非注册的私人配售与已由公司注册的股权私人配售进行比较。由于只有前者在流动性上有限制，因此两者之间的折价差异可以更好地衡量非流动性折价。Wruck（1989）进行了这种比较，并计算出平均的折价差异为17.6%，且两种募集方式的折价的中值仅为10.4%[⑤]。

---

① 持有期在1997年之前为两年，在那之后降低为一年。

② Maher, J. M., "Discounts for Lack of Marketability for Closely Held Business Interests," *Taxes* 54 (1976): 562－571.

③ Silber, W. L., "Discounts on Restricted Stock: The Impact of Illiquidity on Stock Prices," *Financial Analysts Journal* 47 (1991): 60－64.

④ B. A. Johnson, "Quantitative Support for Discounts for Lack of Marketability," *Business Valuation Review* 16 (1999): 152－55.

⑤ Wruck, K. H., "Equity Ownership Concentration and Firm Value: Evidence from Private Equity Financings," *Journal of Financial Economics* 23 (1989): 3－28. 她认为折价的很大一部分可以归结于对公司变化的控制。

Hertzel 和 Smith（1993）通过对 1980 到 1987 年期间 106 个样本的股权私人配售的研究将已注册股票和已注册私人配售的比较进行了扩展①。他们发现尽管所有私人配售折价的中值为 13.26%，但是限制性股票的折价要比已注册股票的折价高 13.5%。Bajaj，Dennis，Ferris 和 Sarin（2001）对 1990 到 1997 年期间 88 个样本的私人配售进行研究，发现已注册的私人配售折价的中值为 9.85%，而限制性股票为 28.13%。在对公司之间的差异进行控制之后，他们认为流动性折价仅为 7.23%②。

应该注意的是这些研究在对进行私人配售的公司关注时仍旧存在选择的偏差。Hertzel 和 Smith（1993，见上文）将进行私人配售的公司与进行公开发行的公司进行比较，发现进行私人配售的公司与其他的公司相比通常规模较小且风险较大，而且通常在场外市场（OTC market）进行交易。许多这类公司还是封闭型公司（closely held）。因此，根据这些小样本计算的折价需要谨慎对待。

2）首次公开发行。另一个计算非流动性折价的方法是将首次公开发行的公司股票价格与在首次公开发行之前相同的股票的交易价格相比较。两者的差异可被看做是非流动性折价。Emory（1996）对 IPO 之前五个月内的股票交易价格与 IPO 价格进行比较，发现私下交易的折价大约为 45%。图 14—4 按年份归纳了折价及样本大小③。

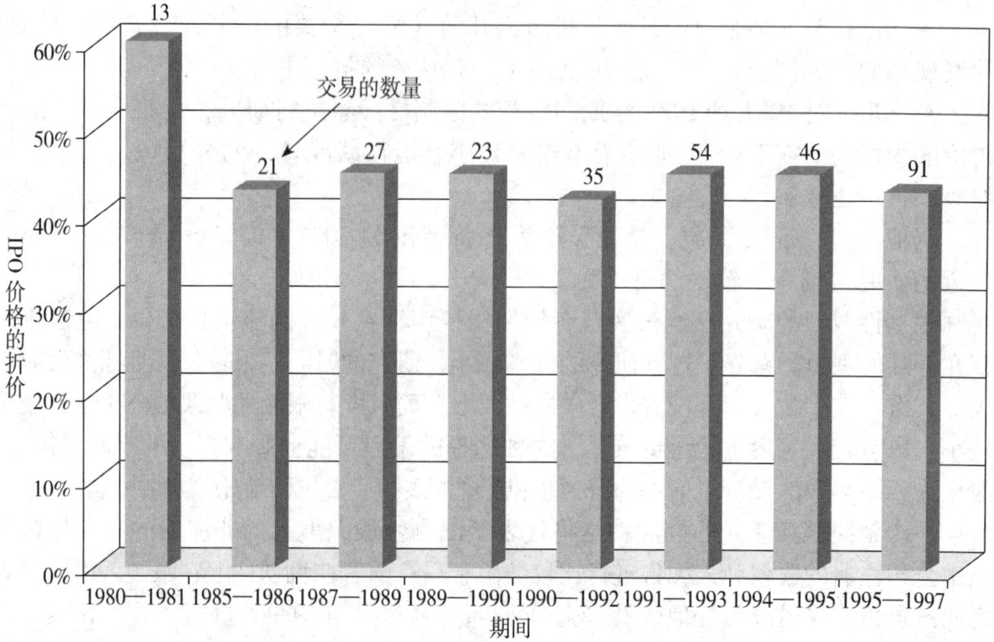

资料来源：Emory（1997）。

图 14—4 IPO 折价

---

① Hertzel，M. and R. L. Smith，"Market Discounts and Shareholder Gains from Placing Equity Privately,"，*Journal of Finance* 48（1993）：459 - 486.

② Bajaj，M.，D. J. Dennis，S. P. Ferris and A. Sarin，"Firm Value and Marketability Discounts，" *Journal of Corporate Law* 27（2001）.

③ J. D. Emory，"The Value of Marketability as Illustrated in Initial，Public Offerings，" Business Valuation Review 16（1997）. This study is reported in A. Pratt，S.，R. Reilly and R. P. Schwiehs，"Valuing a Business：The Analysis and Appraisal of Closely Held Companies，" McGraw-Hill，1997.

Williamette Associates 将该研究进行了扩展，对于 IPO 之前三年的交易进行研究，对交易时间与 IPO 之间的市盈率变化进行调整，并发现折价范围从 32% 到 75%[①]。图 14—5 对他们的发现进行了概括。

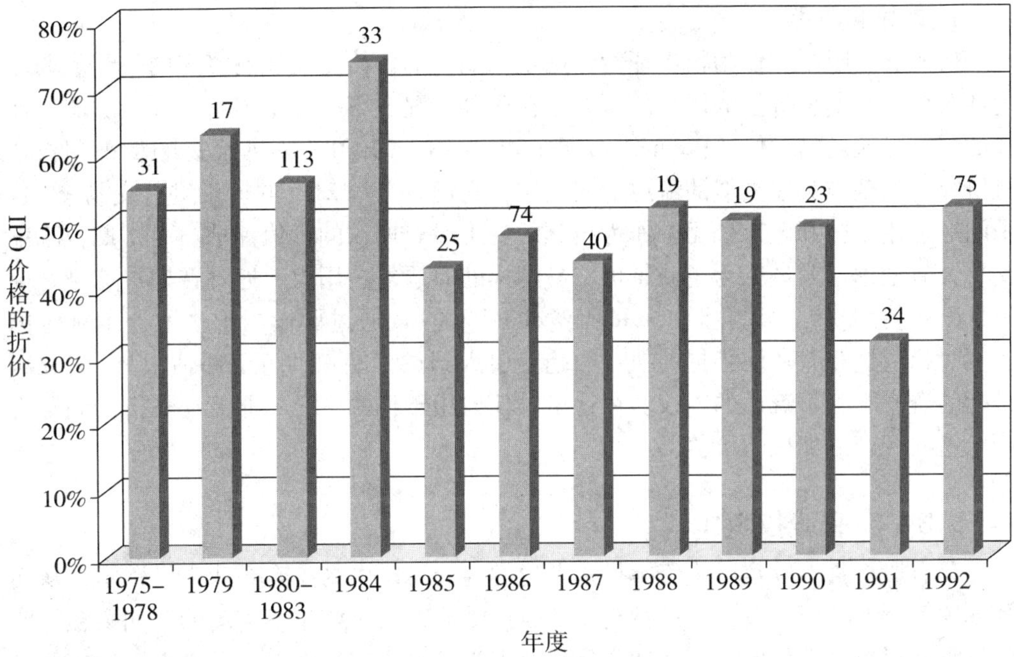

资料来源：Willamette Associates（2002）

图 14—5　IPO 折价－IPO 之前三年

在这两个研究中，折价的大小是惊人的。很难解释为什么投资者会在 IPO 即将发生之前接受估计价值的 40% 的折价。可能这些研究的结果还反映了其他的因素。

4. 股票等级

一些公司在同一个市场中拥有多种等级的股票，且某些等级的股票的流动性要高于其他股票。如果不同等级的股票之间不存在其他的差异（投票权或股利等），那么价格的差异就可以归结于流动性。中国市场就是一个可研究的例子，大部分的公司同时拥有几乎完全不流通的限制性机构股（Restricted Institutional Shares，RIS）[②] 以及在交易所进行交易的普通股。Chen 和 Xiong（2001）将 258 家中国公司的可交易普通股的市场价格与 RIS 的拍卖与私下交易价格相比较，发现拍卖的折价为 78%，私下交易的折价为 86%[③]。他们将这个高得惊人的折价归结于非流动性。不同公司之间折价不同，规模较大，波动性较小的公司折价较低。在另一种类型的研究中，研究人员将中国公司 A 股和 B 股的股票价格进行比较。前者仅针对

① 限制性机构股通过私人配售进行交易。自 2000 年 8 月，为了更加方便的寻找潜在购买者，中国政府也允许对这些股票进行拍卖。

② Williamette Associates，2002.

③ Chen，Z. and P. Xiong，“Discounts on Illiquid Stocks：Evidence from China，” working paper，Yale University，2001.

中国投资者开放，而后者则可以允许国内和国外投资者同时购买。尽管两种股票对现金流拥有同样的要求权，但是 B 股却以 A 股价格的较大折价进行交易。但是，这种差异仅部分归结于流动性的差异，大部分原因是出于信息的不同[①]。

5. 期权和期货

按照套利限制，作为衍生证券，期权和期货的价值受其标的资产的限制。非流动性对期权和期货价值的影响的研究存在两种情况。第一种是当衍生证券非流通而标的资产是流通的时候。Brenner，Eldor 和 Hauser（2001）对非交易的货币期权进行研究，发现与其他类似的流通期权相比，它们以大约 21% 的折价进行交易[②]。这个问题适用于公开上市公司中作为报酬的员工股票期权的价值评估。由于期权不能交易，有证据证明员工为了获得可交易的标的股票的使用权，通常在期权期满之前很早就行使期权[③]。实际上，Hull 和 White（2004）通过假设当价格增加了规定的比例时执行期权，从而将提前执行的趋势引入到员工期权的价值评估中[④]。第二种是标的资产本身不流通的期权。在这里，任何用于标的资产的非流动性折价同样会降低这些资产的期权的价值。

14.3.3 私有股权资本

私有股权资本以及风险资本投资者通常为交易所中的私有企业提供资本，从而分享这些企业的所有权。在进行交易的时候默认这种投资是不流动的。如果私有股权投资者对流动性价值进行评估，他们会因为这种非流动性而对私有企业的价值进行折价，并且在投资额相等的情况下对非流动性企业要求更多的所有权。相对于投资于公开上市公司所获得的收益率，对私有股权投资者获得的收益率的研究应该提供一个指标以衡量非流动性价值大小。

Ljungquist 和 Richardson（2003）发现相对于公开股权市场，私有股权投资者获得 5% ~8% 的超额收益率，而且在 10 年内会为私有股权投资者产生大约 24% 的风险调整附加价值。他们将此归结为为对持有 10 年非流动性投资的补偿[⑤]。Das，Jagannathan 和 Sarin（2003）采用一种更直接的方法计算私有公司折价，即研究风险资本家如何对处于生命周期不同阶段的企业进行价值评估。他们发现私有公司折价在投资的最后阶段仅为 11%，而在初期阶段则可以高达 80%[⑥]。将这些折价归

---

① Wang，S. S. and L. Jiang，"Location of Trade，Ownership Restrictions，and Market Illiquidity：Examining Chinese A-and H-Shares，" working paper，Hong Kong Polytechnic University，2003. Chan，K.，A. J. Menkveld and Z. Yang，"Evidence of the Foreign Share Discount Puzzle in China：Liquidity or Information Asymmetry，" working paper，National Center for Economic Research，Tsinghua University，2002.

② Huddart，S. and M. Lang. "Employee stock options exercises：An empirical analysis，" *Journal of Accounting and Economics* 21（1）（1996）：5 - 43.

③ Hull，J. and A. White，"How to Value Employee Stock Options?" *Financial Analysts Journal* 60（2004）：114 - 119.

④ Hull，J. and A. White，"How to Value Employee Stock Options?" *Financial Analysts Journal* 60（2004）：114 - 119.

⑤ Ljungquist，A. and M. Richardson，"The Cashflow，Return and Risk Characteristics of Private Equity，" working paper，Stern School of Business，2003.

⑥ Das，S.，M. Jagannathan and A. Sarin，"The Private Equity Discount：An Empirical Examination of the Exit of Venture Capital Companies，" working paper，SSRN，2002.

结于流动性的结论会有很多风险。除了非流动性投资，私有股权投资者通常投资种类并不多，因此一部分的额外收益率可能表示了这种非多样性投资的溢价。此外，私有股权投资者还对他们所投资的公司执行一些甚至很多的控制权，从而导致较高的现金流。

14.3.4 实物资产

如果说非流动性是金融资产的难题，那么在投资实物资产的时候这个难题将会加倍。毕竟，出售一项实物资产通常比出售一项金融资产要难得多、贵得多（从交易成本角度考虑）。尽管在大部分实物资产市场中难以量化非流动性折价，仍有学者在房地产市场中进行尝试。Krainer，Spiegel 和 Yamori（2004）通过衡量在1990年股票市场崩溃后房地产价格的调整速度试图对日本房地产市场的非流动性进行衡量。他们提出了一个模型以及有力的证据证明在价格下降后非流动性会上升，而且可预测的现金流越多的资产非流动性的上升幅度越大。在他们的研究中，1990年后日本的商业房地产的价格（现金流变化较低）比住宅房地产下降得更多更快①。

14.4 价值评估中非流动性的处理

理论和实证证据都显示非流动性的重要性以及投资者对非流动性较高的资产定价低于其他类似的流动性资产。接下来我们在衡量资产价值的时候面临的问题就是如何最好的将这种非流动性显示出来。在本节中，我们将考虑三种方法。第一种方法将一项资产或一个企业作为流动性投资进行估价，然后对所估计的价值使用一个非流动性折价。第二种方法是针对资产的非流动性调整折现现金流估价中的折现率；非流动性较大的资产折现率也较大。第三种方法是相对估价法，即根据类似的流动性资产在交易中的定价对资产进行价值评估。在本节中，我们将对这三种方法进行阐述。

14.4.1 价值的非流动性折价

在传统的价值评估中，很少有机会显示非流动性的影响。现金流为期望现金流，折现率通常反映了现金流的风险，而得到的现值则是流动的企业价值。在公开上市公司中，我们使用该价值，隐含假设非流动性并不足够大到影响价值评估。在私有公司的价值评估中，分析人员则不会（有很好的理由）做这种假设。在许多私有公司的价值评估中标准的惯例是对该价值使用非流动性折价。但是这个折价应该为多大，我们如何以最好的方法将其计入到价值中去？这个问题很难以实证方式回答，因为私有公司估价中的折价本身很难观测。即使在我们能够获得所有私有公

---

① Krainer, J., M. M. Spiegel and N. Yamori, "Asset Price Declines and Real Estate Liquidity: Evidence from Japanese Land Values," working paper, Federal Reserve Bank of San Francisco, 2004.

司交易的条款，表明了购买或出售私有公司的价格。这些公司的价值没有报告，而非流动性折价为公司价值与价格之间的差额。在本节中，我们将介绍四种正在使用的方法——固定折价法（对个别公司差异采用边际的主观调整）、根据公司特征的特定公司折价法、由计算一项资产综合买卖价差获得的折价以及期权基础的非流动性折价法。

1. 固定折价法

许多私有公司估价中的标准惯例是对所有公司使用固定非流动性折价，更多的是拥有一个折价的范围，并根据分析人员的主观判断界定某家公司的折价应该属于哪个范围。这种方法不仅在私有公司估价手册中广泛使用，而且在价值评估的法庭案例中也常被引用。这种固定折价起源于我们前面提到的限制性股票的早期研究。这些研究发现限制性（导致无法流通）股票以相对于未限制的类似股票的25～35%的折价进行交易，而私有公司的评估人员也在其评估中采用同样的折扣①。由于许多这类评估是为税务法庭进行的，因此我们能够看到在过去三十年中基于折价的“限制性股票”的踪迹遍布于多个案例的脚注中②。

正如我们上一节中提到的那样，一些研究人员提出这种折价由于采用限制性股票的样本偏差而被高估，因此应以较小的折价代替。近年来，法庭已经开始赞同这种观点。在一件2003年的案例中③，在非流动性折价争论中通常处于劣势的美国国税局（Internal Revenue Service）说服法官认为传统的限制性股票折价过高，并采用较低的折价。

2. 特定公司折价

本章中很多理论和实证观点都支持不同资产和企业的非流动性折价应该不同的观点。特别是在私有公司，非流动性折价由公司规模和公司所拥有资产的类型所决定。在本节中，我们会对非流动性折价的决定因素以及实践中的计算方法进行介绍。

1）非流动性折价的决定因素。任何资产的非流动性折价都是由资产的潜在购买者的数量以及资产能够售出的难易程度决定的。因此，拥有大量潜在购买者（如房地产）的非流动性折价要相对小于潜在购买者较少的资产（如贵重的收藏品）。对于私有企业，对于不同的公司和购买者来说，非流动性折价可能会不同，无法单凭经验来判断。首先来看一下可能会导致不同公司间的不同折价的因素。

A. 公司持有资产的流动性。在公司资产是流动的且售出时没有重大损失的情况下，私有公司并不存在难以出售问题。持有大量现金和可变现证券的私有公司非流动性折价要低于拥有工厂或其他购买者相对较少的资产的公司。

---

① 近年来，一些评估人员开始转为在发行前几年对IPOs的股票采用折价。该折价同限制性股票折价大小类似。

② 举一个例子，在一个广泛引用的税务法庭法案中（McCord同Commissioner，2003），纳税人的专家使用基于四项限制性股票研究计算的35%的折价。

③ 法案是McCord与Commissioner。在法案中，纳税人方面专家提出基于限制性股票研究计算的35%的折价，而IRS则认为限制性股票和IPO研究中观测到的折价的大部分反映了其他的因素而不是流动性，因此折价应为7%。法庭最终决定使用20%的非流动性折价。

B. 公司的财务状况以及现金流。财务状况良好的私有公司要比财务状况较差的公司更容易出售。特别是当公司拥有较多收入和正现金流的时候，其非流动性折价应该低于亏损且现金流为负的公司。

C. 未来上市的可能。私有公司未来上市的可能性越大，其价值的非流动性折价就越低。实际上，在私有公司的价值评估中包括了上市的可能性。例如，在 1998 或 1999 年私有电子商务公司即便是存在非流动性，其所有者不会考虑对其公司的价值采用很大的非流动性折价，因为那几年中公司上市的可能性很大。

D. 公司的规模。如果我们将非流动性折价定义为占公司价值的百分比，那么它会随公司规模的增大而减小。换句话说，对如 Cargill 和 Koch Industries 这类价值几十亿美元的私有公司来说，其非流动性折价占公司价值的百分比应该比价值仅为 5 百万美元的公司要小的多。

E. 控制权成分。如果投资会获得控股股权，那么对私有公司的投资则具有较大的吸引力。因此可得出一个合理的观点，即私有公司 51% 的股份的流动性要高于相同公司 49% 的股份①。

非流动性折价还可能随着潜在购买者的不同而不同，因为不同投资者对流动性的期望也不同。那些拥有大量财富、眼光较远且很少或没有需要将其股权头寸兑现的投资者，对于同样的公司价值的非流动性折价要远远低于没有这些特性的投资者。非流动性折价还会随着时间的变化以及市场对流动性期望的涨落而改变。换句话说，对于同一个购买者来说，同一个企业的非流动性折价随着时间的变化也会发生改变。

2）特定公司非流动性折价的计算。虽然很容易说服怀疑者相信不同公司拥有不同的非流动性折价，但是如何对单个公司的非流动性折价进行计算很难达成一致。在本节中，我们回到固定折价研究的依据，并研究为什么不同公司的折价会不同以及如何将这些差异纳入到非流动折价中去。

（1）限制性股票研究。在本章的前面，我们回顾了限制性股票折价的研究。我们引用的 Silber（1991）的一篇文章通过将折价的大小与可观测的公司特性（如收入和发行的限制性股票数量等）相联系，对不同的限制性股票之间折价的不同的解释因素进行了检验。他得出了以下的回归模型。

$$\ln(\text{RPRS}) = 4.33 + 0.036\ln(\text{REV}) - 0.142\ln(\text{RBRT}) + 0.174\,\text{DERN} + 0.332\,\text{DCUST}$$

其中，RPRS = 限制性股票价格/非限制性股票价格 = 1 − 非流动性折价

REV = 私有公司收入（百万美元）

RBRT = 限制性股票数量/所有普通股数量（%）

DERN = 当收入为正数时为 1；当收入为负数时为 0

DCUST = 当与投资者存在客户关系时为 1；其他情况为 0

在公司收入较高、发行股票数量较低、收入为正以及当投资者同公司存在客户

① 关于控制权价值的更多叙述，参见第 13 章。

关系的时候，非流动性折价通常较低。这些发现同我们前面所提到的一部分非流动性折价的决定因素相一致。特别是在规模较大（至少以收入进行衡量）且财务状况良好的公司（以正的收入衡量财务状况良好），折价通常较小。这就意味着对不同的私有公司使用固定的折价是错误的，因此我们应该对不同公司的差异进行调整。

再来看 Silber 提出的限制性股票的回归模型。它不仅得出一个特定的限制性股票的结论，还提供了一个方法衡量折价会随收入的变化而降低多少。一个收入为 20 百万美元的公司的非流动性折价应该比一个收入为 10 百万美元的公司低 1.19%。这样，我们就可以为一家拥有特定收入（例如 10 百万美元）的可盈利公司确定一个标准折价，并根据不同公司收入的高低对该标准折价进行调整。这个回归模型还可以用于区分可盈利和不可盈利公司。假设对收入为 10 百万美元公司使用 25% 的标准折价，图 14—6 显示了拥有不同收入的可盈利和不可盈利公司之间非流动性折价的差异。

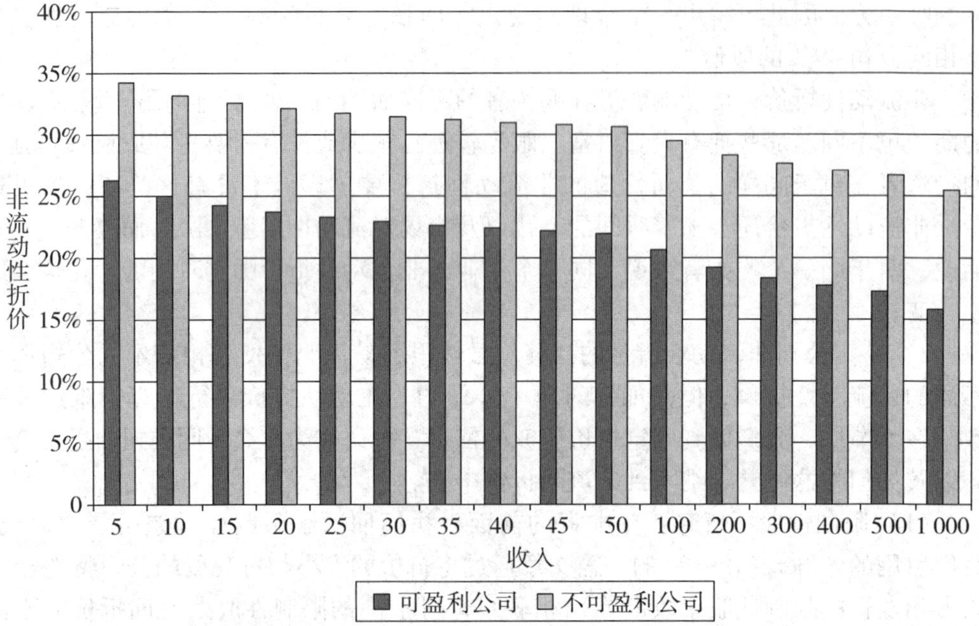

图 14—6　非流动性折价：基于收入为 10 百万美元可盈利公司的折价为 25%

显然用少量的限制性股票建立的回归模型计算的私有公司折价是有较大风险的，但是至少为折价因素的调整开辟了一条道路。

（2）私人配售。同 Silber 所提出的导致不同公司间限制性股票折价不同的基本因素一样，Bajaj et al.（前面所引用的）提出导致不同私人配售公司非流动性折价不同的基本因素。他们对 1990 年到 1995 年间 88 个样本的私人配售进行回归，总结如下：

$$\text{DISC} = 4.91\% + 0.40\ \text{SHISS} - 0.08\text{Z} - 7.23\ \text{DREG} + 3.13\ \text{SDAEV} \qquad R^2 = 35.38\%$$

$$[0.89] \quad [1.99] \qquad [2.51] \quad [2.21] \qquad [3.92]$$

其中，DISC = 市场价格的折价
SHISS = 私人配售占流通股数量比例
Z = Altman Z 评分法（针对财务危机）
DREG = 已注册为 1；未注册（限制性股票）为 0
SDEV = 收益率的标准离差

在其他条件相等的情况下，风险较大或财务危机比较严重的公司私人配售规模越大（占流通股数量比例）折价就越大，而相对安全的公司则是规模越小，折价越大。正如前面提到的，折价对于限制性股票要高于已注册股票。Hertzel 和 Smith（同样也是前文所引用的）对 1980 年和 1987 年间 106 个样本的私人配售公司进行了相同的回归，也发现在危机较大、风险较高以及规模较小的公司中私人配售的折价较大。

这些回归由于样本中包括了已注册的私人配售（不存在非流动性），因此较难适应私有公司的价值评估。但是，这些结果支持了 Silber 的回归结果，即问题较多或危机较严重的公司应该比状况良好的公司拥有更高的非流动性折价。

回归的方法遭到了一些合理的批评。首先是回归中的 R^2 是中度的（30% ~ 40%），与之相关的价值评估标准误差则较大。其次是回归系数并不稳定，可能会随时间而发生改变。尽管两项指责都是合理的，但是它们实际上算是所有代表性的回归的缺点，不能够用于证明所有公司的固定折价。毕竟，这些回归明确拒绝了所有公司拥有相同折价的假设。

3. 综合买卖价差

使用基于限制性股票或私人配售的研究最大的缺点在于其样本数量太少。如果能够获得大样本的拥有非流动性折价公司，那么就能够得出更准确的计算。如果我们考虑了某项公开交易的资产并不是完全流动的事实，那么就可以认为这样的样本是存在的。实际上，在公开上市的股票之间流动性变化较大。一个规模较小的场外交易的公司的流动性要远远低于在纽约证券交易所交易的公司；而同在交易所的公司，资本总额较大且被广泛持有的股票流动性较低。如果像我们前面所指出的那样，买卖价差是衡量股票非流动性的指标，我们可以计算价差占市场价格的百分比，并与公司的基本信息相联系。尽管买卖价差可能只有 1/4 或 1/2 美元，但是一旦以单位价格百分比出现则成为一项较大的成本。对于一支以 2 美元成交的股票，买卖价差为 1/4，成本为 12.5%。而对于价格较高且流动性较高的股票，非流动性折价可能小于 0.5%，但要大于 0。这又与私有公司的非流动性折价有什么相关呢？将私有公司的资产看做是从不发生交易的股票。在上文描述的连续中，你会发现这种股票的买卖价差会很高，且能够很好的衡量非流动性折价。

为了用买卖价差作为衡量指标估算非流动性折价，你需要将公开上市股票的买卖价差与私有企业中能够被衡量的变量相联系。例如，你可以用公司的收入以及反映公司是否盈利的哑变量对买卖价差进行回归，从而将限制性股票的回归模型扩展到更大的样本中。你甚至可以将公开上市股票的交易量作为自变量，并将私有公司的值设为 0。例如使用 2000 年底的数据，我们用年收入、利润为正的哑变量（DERN：负数为 0，正数为 1），现金占公司价值的百分比以及交易量对买卖价差进行回归。

买卖价差 = 0.145 − 0.0022 ln（年收入） − 0.015（DERN） − 0.016（现金/公司价值） − 0.01（月交易量/公司价值）

代入相应的私有公司价值（交易量为 0）就会得到公司的综合买卖价差的估算价值。这个综合的买卖价差可以用于衡量公司的非流动性折价。

4. 期权基础折价

在前面一节中，我们介绍了以期权定价为基础的方法，即通过假设投资者擅长把握市场时机，可以计算出非流动性折价的上界。已经有很多学者对期权定价模型进行扩展来衡量非流动性，并得到了许多不同的结果。在一个经常被引用的变形中，流动性被模拟成为一项卖出期权（put option），期限为投资者被限制交易的期间。因此，某项 2 年内限制出售的资产，价值的非流动性折价可被模拟成 2 年期的平价卖出期权①。这在直观和概念上存在一些不足。首先是流动性并没有给予你在两年之后以当前市场价格出售股票的权利②。其次（也是较小的）的问题在于期权定价模型建立在连续的价格变动以及套利假设基础上，但很难看出这些假设对于一项非流动性资产是成立的。

流动性价值从根本上说来自投资者在非交易期间能够以某个预定价格将资产出售，而不是被迫持有直到限制期结束。我们前面提到的回顾期权法假设一个擅长把握市场时机的投资者在价格最高的时候出售资产，据此算出价值的上界。在没有最佳市场时机的假设下，我们能够运用期权定价模型对非流动性进行估价么？让我们来看一个替代的方法。假设一个有规律的投资者，总是在价格高于原始购买价格 25% 的时候出售投资资产。该项资产一段时期内无法出售（如 2 年）会削弱这一规律，可以认为非流动性的价值是卖出期权价值（执行价格设为高于购买价格 25%，期限为 2 年）以及股票价格在未来 2 年上升 25% 或者更高的概率的结果。

如果你决定使用期权定价模型对私有企业的非流动性进行估价，则标的资产（即私有企业）的价值以及价值的标准离差是必须的输入值。虽然私有企业中这两项的计算要比公开上市的公司难的多，但是我们可以使用行业平均值进行计算。

[例 14—1] 计算私有公司的非流动性折价

Kristin Kandy 是一家私有糖果制造企业，最近财务年度创造了 3 百万的收入及 500，000 美元的税前营业利润。基于其未来 5 年的 6.36%、5 年后 4% 的期望增长率，该公司估算的不经任何非流动性调整的当前价值为 1.796 百万美元（价值评估

---

① 在 1993 年的研究中，David Chaffe 使用 BS 期权定价模型且标的资产波动性范围为 60% ~90%，用该方法计算出某项资产非流动性折价范围为 28% ~49%。

② 有一个简单的方法可以解释卖出期权无法影响流动性。假设你拥有某个流通的上市公司的股票，而且当期股票价格为 50 美元。该股票 2 年期执行价格为 50 美元的卖出期权拥有较大价值，尽管标的股票是完全流通的。价值不会影响流动性，它只是你愿意为保障所支付的价格。

见图 14—7)。在对 Kristin Kandy 进行估价的过程中，除了一项关键的例外之外，我们采用的计算程序同对一家公开上市公司的十分类似。在计算资本成本的时候，我们使用基于全部风险的 β 值，而非仅基于市场风险的常规 β 值①。

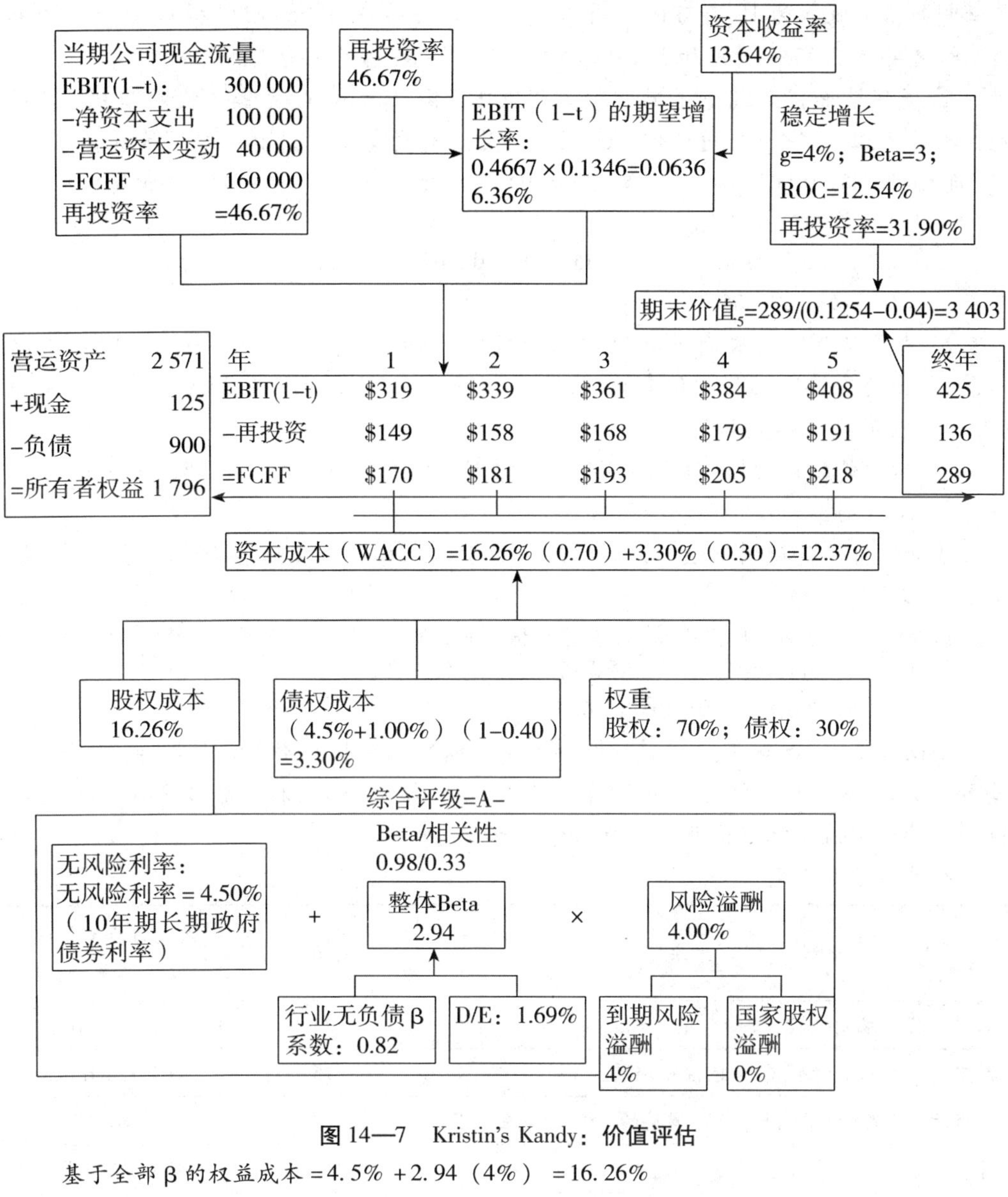

图 14—7　Kristin's Kandy：价值评估

基于全部 β 的权益成本 =4.5% +2.94（4%） =16.26%

基于市场 β 的权益成本 =4.5% +0.98（4%） =8.42%

导致更高的权益成本（以及资本成本）产生了较低的公司价值，但是价值的折价是因为不可分散风险，而并非因为非流动性。我们可以使用上一节中提到的所

① 我们所使用的基本原理是私有企业的所有者并没有变化，且其全部的财富都与企业相联系。因此，她考虑的是公司所有的风险，而并非仅考虑不可分散风险。关于此计算的更多细节参看第 2 章。

有的方法来计算 Kristin Kandy 公司的非流动性折价。在进行这些计算的时候，我们使用了如下的标准：

① 我们用一家状况良好收入为 10 百万美元的公司的基本折价 15% 计算 Silber 的回归折价。收入为 10 百万的公司与 3 百万的公司在 Silber 回归模型中计算的非流动性差异为 2.17%。再加上 15% 的基本折价得到总折价为 17.17%。

② 使用前面提到的价差回归模型以及 Kristin Kandy 的数值（收入 =3 百万美元，收入为正，现金/公司价值 =6.56%，且没有交易量）计算综合买卖价差。

价差 =0.145 −0.0022 ln（年收入） −0.015（DERN） −0.016（现金/公司价值） −0.11（月交易额/公司价值）

=0.145 −0.0022 ln（3） −0.015（1） −0.016（0.0696） −0.11（0）

=0.1265 或 12.65%

③ 为了以期权方法衡量非流动性，我们选择高于当前价值 20% 的价格上限（我们售出的价格）的任意值来举例说明，行业评级标准离差为 25%，交易限制为 1 年，产生的期权参数如下：

S = 估算的股权价值 =1 796 百万美元；K =1 796（1.20） =2155 百万美元；t =1；无风险利率 =4.5%；σ =25%。

流动性价值是期权价值的计算结果，基于以上参数以及股票价格在下一年会提高 20% 以上的概率。

$$\text{流动性价值} = \text{以高于当前股票价格 20\% 出售的期权价值} \times \text{股票价格在下一年会提高 20\% 以上的概率}$$

=354 百万美元 ×0.4405 =156 百万美元

期权价值由 BS 模型计算。而概率则由股权的期望收益率 16.26%[①]以及标准离差 25% 计算得出 44.05%[②]。用计算出的 Kristin Kandy 的股权价值 1 796 百万美元除以流动性价值，就得出非流动性折价 8.67%。

结果显示在下表中：

方法	计算的折价	流动性调整价值（百万美元）
固定折价 − 限制性股票	25.00%	1 347.00
固定折价 − 限制性股票 vs 已注册配售	15.00	1 526.60
根据收入/健康状况（Silber）调整的 15% 的基础折价	17.17%	1 487.63
综合价差	12.65%	1 570.42
期权基础方法（20% 上界；行业离差 25%；1 年交易限制）	8.67%	1 640.24

如果我们认为纯粹的限制性股票折价 25% 被高估，将其以及期权基础方法忽

① Kristin Kandy 的股权成本 16.26% 被当做股权的期望收益率使用。

② 为了方便，我们假设收益率正态分布，并计算下一年收益率高于 20% 的累积概率。（Z = （20 − 16.26） /25 =0.15 N（Z） =0.5595）

略，那么非流动性折价将会降低到一个相当小的范围（12.65%到17.17%）。

14.4.2 对非流动性调整折现率

另一个处理非流动性的方法是根据非流动性调整折现现金流估价中的折现率。在实际中，将非流动性溢价加入到折现率中，在相同设置的折现现金流模型中得到一个较低的价值。我们前面提出了试图纳入了非流动性风险的资产定价模型，但是它们没有明确指出我们应该如何计算额外的溢价（除了提到在市场为非流动的时候，非流动的投资溢价较大以外）。在实际中有三种方法可以解决这一计算问题：

A. 将一个固定非流动性溢价加入到所有非流动性资产的折现率中，从而反映流动性较小（但仍旧能交易）的投资相对于市场上其他资产获得的历史收益率较高。这同在实践中其他十分普遍的折现率的调整一样，是小股票溢价。规模较小公司的股权成本通常增大了3% ~3.5%，以反映在长期内较小资本公司获得的超额回报。我们用与计算小股票溢价相同的历史数据可以对“非流动性溢价”进行计算。

- 实践人员将所有或者大部分 Ibbotson Associates 报告的小股票溢价归结于非流动性，并将其作为非流动性溢价。但是需要注意的是即使是 Ibbotson 研究样本中最小的股票也比典型的私有公司规模要大，且流动性要高。
- 对长期风险资本回报的研究产生了另外一个溢价计算的方法。使用1984~2004年的数据，风险经济学计算出风险资本投资者的收益率比交易股票的收益率高大约4%左右[①]。我们可将这一差异归结于非流动性并将其作为所有私有公司的非流动性溢价。

因为一些小股票溢价可能是小规模公司非流动性的补偿，因此关键问题是避免对非流动性成本的重复计算。

B. 增加公司特定非流动性溢价，反映需要估价资产的非流动性。因为不同公司的流动性溢价不同，我们必须对衡量公司对流动性风险的披露程度的指标进行计算。换句话说，我们需要单个公司的流动性β值或它们的等价物。借鉴基于资本资产定价模型中对流动性的研究，这些流动性的β值反映的不应仅是某项投资交易量的大小，还应反映交易量随时间与市场交易量变化而发生的变化。这在某些不时会存在交易的实物资产中（如房地产）是有可能的，但是对于唯一的私有企业是不可能的。

C. 将观测的可交易资产的非流动性溢价与那些资产的特殊特征相联系。这样，那些拥有较多流通股的经营状况较好的公司，其增加到折现率的非流动性溢价要小于那些拥有不可流通资产且处于困境的公司。虽然可以人为调整，但是在坚实定量

① 几百个样本的风险资本基金在调查期间内获得的年平均收益率为15.7%，而同期 S&P 500 的年平均收益率为11.7%。这些结果没有根据风险进行调整。将风险资本投资进行分级，早期的风险投资收益率为19.9%，而后期的投资回报则仅为13.7%。

基础上进行调整会更合理一些。

调节折现率的三种不同方法同计算价值的非流动性折价方法类似。恒定流动性溢价方法反映了固定流动性折价，而公司特定流动性溢价法与针对单个公司的非流动性折价的调整方法类似。实际上，我们建立回归模型将股票的期望收益率与非流动性的衡量指标相联系，并用这些回归模型预测私有公司的折现率。

有一些实践人员尝试将非流动性纳入模型中。一个广泛使用的模型被称作流动性折价定量模型（Quantitative Marketability Discount Model，QMDM）①。该模型能够使得分析人员根据非流动性因素对折现率进行调整，尽管调整是主观的，然后对非流动性在不同持有期内占公司价值的百分比进行衡量。为了说明该模型的运行方式，假设一家期望现金流为1美元的公司。基于在流动性风险调整之前的基本风险计算的折现率为9%，且现金流的期望增长率永远为4%。该公司内在价值为20美元②。在QMDM模型中，分析人员将根据非流动性对折现率进行调整（假设他对折现率增加了3%，得到必要收益率为12%），规定一个持有期限（比如5年）以及可供支付的现金流比例（比如60%）。则公司的新价值计算如下：

公司的新价值 = 持有期间现金流现值 + 终值的现值

= 5年期收益率为12%增长率为4%的0.6美元的现值 + 20 $(1.04)^5/(1.12)^5$

= 16.13（美元）

第一项为持有期内年现金流的现值：0.6美元（1美元的60%）以每年4%的速度增长5年。第二项为终值的现值（20美元以每年4%的速度增长5年），两项一起以根据流动性调整后的折现率12%进行折现。将估算价值16.13美元同未调整价值20美元相比，得出非流动性折价为19.35%。

虽然QMDM模型的目的很好，但是它在三个层次上是失败的。首先，它假设在未来5年中没有支付出去的现金流被控股股东为了私人利益而浪费，但是在私有企业中不存在这种私人利益③。如果这种情况的确存在，那么最初的公司价值应该以12美元计算，而不是20美元④。其次，模型中计算的非流动性折价实际上同时受到控制权和非流动性的影响。虽然Mercer提出了合理的观点认为两者之间存在内在联系，但是离开其中一项，另一项能够轻易地存在。换句话说，你可以在对公司运行方式没有任何控制权的情况下拥有一项完全流通的投资，例如拥有大型公开上市公司股票。你在任何时间能够出售股票的事实不会使你的利益免受管理者或控股股东行为的影响，因为你出售的价格中会反映管理的失误。第三，对于一个声称能够量化非流动性的模型，QMDM针对非流动性对折现率的调整十分难以理解，此外它还可能被限制性股票研究中观测的非流动性折价所取代。

---

① 关于模型更全面的介绍请参照Z. C. Mercer，企业价值评估的综合理论（The Integrated Theory of Business Valuation）（Peabody发行，2004）。

② 内在价值 = 1美元/（0.09 − 0.04） = 20美元

③ 如果现金被保留在公司中（而不是浪费），它将会另外加入到终值中而不会影响公司的价值。

④ 该模型假设公司将会在非流动期间的最后返回到最佳的经营状态。没有原因对此现象的发生进行解释。如果你并不认为这种现象会发生，那么公司的价值将会基于年增长率为4%的0.60美元的现金流：
公司价值 = 0.60美元/（0.09 − 0.04） = 12美元。

[例 14—2] 为一家私有公司计算非流动性调整后的折现率

本章的前面，我们对 17.96 亿美元的评估价值使用多种非流动性折价的计算方法，得到了调整流动性后的价值。还可以使用另外一种方法，即调整用于衡量 Kristin Kandy 价值的折现率，来反映非流动性。

① 将非流动性溢价 4%（基于所有风险资本投资获得的溢价）增加到股权成本中，得到股权成本为 20.26%，资本成本为 15.17%。使用这个较高的资本成本会将公司的股权价值降低至 1.531 百万美元，比原始的估计价值低大约 15.78%[①]。

② 考虑到 Kristin Kandy 是一家已经成立的盈利公司，因此要将非流动性溢价降低至 2%（由于处于风险资本投资的后期阶段）。这会使股权成本降低至 18.26%，资本成本降低至 13.77%，并导致股权价值提高至 1.658 百万美元。最终得到的非流动性折价为 7.66%。

在针对非流动性调整折现率的时候需要指出两个普遍的观点。首先是折现率较小的调整会导致较大的非流动性折价。其次是我们进行非流动性调整使用的期权长短会影响折价的大小。如果我们为非流动性而不断地增加折现率，而不是我们在上述两种计算方法中使用的 5 年，最终的折价将会过高（非流动性溢价为 4% 时高 31.77%，非流动性溢价为 2% 时高 17.55%）。

14.4.3 相对估价法

我们到目前为止所讨论的价值的调整都是围绕着初始价值构建的，即我们试图在其现金流和风险调整的折价率基础上估算企业的价值。在实践中，大多数的私有和公开上市公司的价值评估都采用的是相对估价法，即对企业的价值评估是建立在其类似资产的定价方式基础上的。在本节中，我们将介绍两种将非流动性纳入到相对估价法当中去的方法。

1. 非流动性资产的相对估价法

将非流动性纳入到相对估价法中最简单的方法就是在对其他流动性（或非流动性）类似的公司的估价方法基础上对公司价值进行评估。使用该方法的关键在于找出可比公司。Koeplin，Sarin 和 Shapiro（2000）通过比较 1984 年到 1998 年期间对 84 家被作为收购目标的私有公司的支付乘数与对 198 家类似的公开上市公司支付的利润乘数相比较，对这种方法进行了解释[②]。图 14—8 显示了私有公司和上市公司的平均利润、账面价值和销售额乘数。

---

① 较高的资本成本只用于最初 5 年。永远用该成本会将股权价值降低至 1.225 百万美元，下降了 31.77%。

② 他们所使用的倍数全部以公司价值（市场股权价值 + 负债 - 现金）为分子。他们对公司价值与 EBIT、EBITDA、销售额以及资本账面价值进行比较。J. Koeplin，A. Sarin and A. Shapiro，"The Private Company Discount，" *Journal of Applied Corporate Finance* 12（2000）.

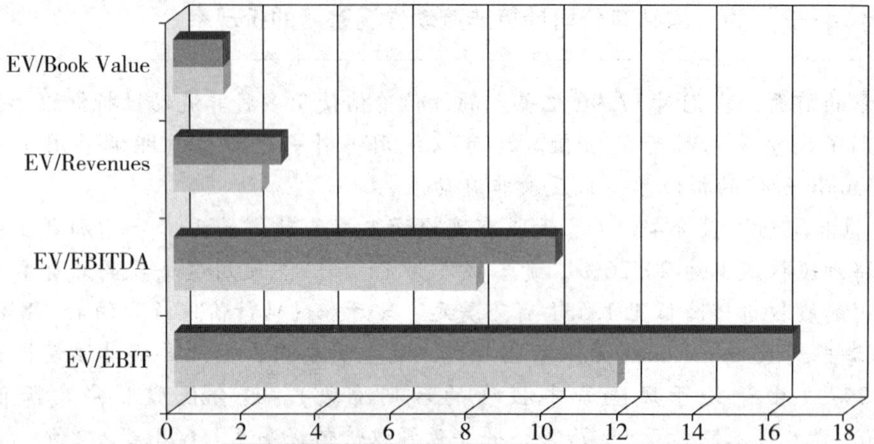

	EV/EBIT	EV/EBITDA	EV/Revenues	EV/Book Value
公开上市公司	16.39	10.15	2.86	1.32
私有公司	11.76	8.08	2.35	1.35

□私有公司 ■公开上市公司

资料来源：Koeplin，Sarin and Shapiro（2000）

图 14—8　私有公司与上市公司收购

从图中可发现，除了账面价值乘数，私有公司以低于公开上市公司 20%～30%的乘数被收购；国外私有公司的折价更大（40%～50%）。他们还指出尽管他们试图对样本进行控制，但是他们样本中私有公司相对比公开上市公司规模较小，且增长率较高。

那么你能够通过对类似私有公司（或资产）的定价来对某家私有公司（或资产）进行价值评估么？如果下列条件具备，那么在一些情况下可以进行。

- 存在一些私有企业同将要估价的私有企业的某些基本特征类似（增长、风险及现金流）。
- 存在足够多的有这些私有企业（或资产）参与的交易，且交易价格的信息可普遍获得。
- 交易价格能够与一些公司绩效的基本指标相关联（如收入、账面价值和销售额），且在不同公司之间这些指标的计算是统一的。
- 其他概括了被购买的企业风险和增长特征的信息同样可轻易获得。

至于实物资产（艺术品、收藏品以及房地产），因为这些条件大部分都成立，因此相对估价法的使用十分普遍。需要做的只是在 Ebay 上搜索一下就会发现贵重的棒球卡或 Tiffany 灯具的所有者对其定价都是基于在近期相同资产的交易基础之上。住宅所有权支付的价格通常基于近期出售的类似住宅的价格。而商业房地产，办公楼的价值可以通过期望租金收入的乘数或平方尺寸进行估价，因为这些信息在其他近期交易中可以获得。

对于私有企业，使用这种方式较为困难，主要有以下几个原因。首先，可比较的企业范围较小，而且并不经常发生交易。即使发生，交易价格也并不向外公布，或者可能反映了其他的因素（例如税收筹划）。最后，私有公司的会计标准以及实践，收入和利润等偏移标准化指标存在很大的不同。尽管存在这些限制，在一些领域的私有企业估价仍然广泛采用相对估价法（例如饭店经营权和医学实践等），使用收入和利润乘数的经验判断法对评估价值进行判断。实际上，私有公司的交易数据已经由诸如美国商业评估学会（Institute of Business Appraisers，IBA），BIZCOMPS 和 Pratt's Stats 等数据库广泛提供。

2. 非流动折价的相对估价法

在大多数的私有公司估价中，很难获得近期发生交易的可比私有企业的集合。分析人员通常只能使用公开上市公司的集合作为可比公司，得到这些公司的收入或利润乘数，再对该乘数进行修改来对私有企业进行估价。关键的问题集中于如何对公开上市公司的乘数进行调整，用于私有公司中。存在两种选择。

A. 使用同前一节中介绍相同的方法计算非流动性折价，对乘数进行调整：例如，一个分析人员认为 25% 的固定非流动性折价适用于所有私有企业，因此他会将公开上市公司的乘数降低 25% 并用于私有企业的估价中。一个分析人员认为不同公司乘数应该不同，那么他就会根据公司规模以及财务状况来调整折价，并将此折价对公开上市公司的乘数进行调整。

B. 除了计算公开上市公司乘数的平均数或中值，还有一种方法是将这些公司的乘数与公司的特征（如规模、增长率、风险以及非流动性指标）相关联。得出的回归模型可以用于估算私有企业的乘数。

根据这两种方法，可以通过公开上市公司的定价方式来对私有公司进行价值评估。如果公开上市公司的市场定价正确，就会得出合理的价值。如果市场对可比企业的价值高估或低估，那么你的估价也同样会偏高或者偏低。

[例 14—3] 用相对估价法计算非流动性

仍旧使用 Kristin Kandy 公司的评估案例。我们将市场市值小于 300 百万美元的公开上市的食品加工公司作为可比公司。最终的 38 个样本公司的公司价值比销售额比率、营业利润以及周转率列于下表中：

公司名称	股票代号	EV/销售额	营业利润	周转率
Gardenburger Inc.	GBUR	0. 62	0. 03	0. 65
Paradise Inc.	PARF	0. 33	0. 05	0. 38
Armanino Foods Dist.	ARMF	0. 59	0. 06	0. 37
Vita Food Prods.	VSF	0. 57	0. 02	0. 13
Yocream Intl Inc.	YOCM	0. 53	0. 07	0. 70
Allergy Research Group Inc.	ALRG	0. 72	0. 15	0. 16
Unimark Group Inc.	UNMG	0. 55	0. 02	0. 14
Tofutti Brands.	TOF	0. 81	0. 05	0. 10

续表

公司名称	股票代号	EV/销售额	营业利润	周转率
Advanced Nutraceuticals Inc.	ANII	1. 13	0. 02	0. 26
Sterling Sugars Inc.	SSUG	0. 96	0. 15	0. 23
Spectrum Organic Products Inc.	SPOP	0. 75	0. 02	0. 20
Northland Cranberries Inc.	NRCNA	0. 66	0. 10	0. 07
Scheid Vineyards	SVIN	1. 77	0. 25	0. 26
Medifast Inc.	MED	1. 41	0. 16	0. 74
Galaxy Nutritional Foods Inc.	GXY	1. 44	0. 09	0. 17
Natrol Inc.	NTOL	0. 51	0. 06	0. 15
Monterey Gourmet Foods Inc.	PSTA	0. 76	0. 01	0. 34
ML Macadamia Orchards LP	NUT	3. 64	0. 08	0. 38
Golden Enterprises	GLDC	0. 50	0. 20	0. 12
Natural Alternatives Intl Inc.	NAII	0. 59	0. 08	1. 31
Rica Foods Inc.	RCF	0. 80	0. 06	0. 06
Tasty Baking	TBC	0. 52	0. 06	0. 39
Scope Industries	SCPJ	0. 75	0. 17	0. 15
Bridgford Foods	BRID	0. 47	0. 03	0. 07
Poore Brothers	SNAK	1. 12	0. 10	0. 70
High Liner Foods Inc.	HLF. TO	0. 42	0. 07	0. 23
Seneca Foods A	SENEA	0. 38	0. 07	0. 05
LIFEWAY FOODS	LWAY	5. 78	0. 22	1. 95
Seneca Foods B	SENEB	0. 38	0. 07	0. 13
FPI Limited	FPL. TO	0. 40	0. 04	0. 14
Rocky Mountain Choc Factory	RMCF	6. 24	0. 22	1. 65
Calavo Growers Inc.	CVGW	0. 50	0. 04	0. 13
MGP Ingredients Inc.	MGPI	0. 55	0. 07	1. 86
Hanover Fiids Corporation /PA/	HNFSA	0. 58	0. 09	0. 09
Omega Protein	OME	1. 16	0. 15	0. 22
Reliv Intl	RELV	1. 70	0. 11	0. 47
Agricore United	AU. TO	0. 27	0. 04	0. 27
Sanfilippo, John B.	JBSS	0. 50	0. 10	1. 80

用这些公司的营业利润和周转率对 EV/销售额进行回归，得出以下模型：

EV/销售额 = 0.11 + 10.78 EBIT/销售额 + 0.89 周转率 − 0.67β　　$R^2 = 45.04\%$

(0.27) (3.81)　　　(2.81)　　(1.06)

（T 检验结果列于系数下面的括号中）

Kristin Kandy 的税前营业利润为 25%，周转率为 0（反映其私有公司的特征），β 值（总）为 2.94。由此产生的期望 EV/销售额比率为 0.835。

EV/销售额 = 0.11 + 10.78（0.25） + 0.89（0） − 0.67（2.94） = 0.835

将该值乘以 Kristin Kandy 公司的最近财务年度的收入 3 百万美元得出公司的评估价值 2.51 百万美元。该价值已经对非流动性进行了调整，高于案例 14—1 和 14—2 中以折现现金流法得出的评估价值。

14.5 非流动性的结果

非流动性几乎对财务所有方面都有影响。一家公司是否应该上市的问题最终体现为控制权（即作为私有公司的所有者）与成为公开上市公司后的流动性之间的抉择。投资者，例如投资组合经理，私有股权投资者或风险资本家，将必须根据流动性对他们投资的方式以及投资的资产进行更改，而绩效评价和风险管理工具则解决非流动性。基本的公司理财指标（例如资本成本）要调整以反映非流动性，而投资、筹资和股利决策也将必然受到公司对其本身流动性（或缺乏流动性）感知的影响。

14.5.1 上市（私有化）

一个正在成长且较为成功的私有公司是否应该上市的问题涉及到抉择。上市公司的确有更多的机会获得资本且为其所有者提供更多的流动性。私有公司的所有者也的确拥有较多的对市场发布多少信息和企业如何运行的控制权。这种非流动性和控制权之间的抉择将首先决定公司是否上市。

假设上市允许投资者对公司股权进行交易，并有效地减少价值的非流动性折价，对于不同行业不同时间上市的动机，我们可以得出以下结论：

- 研究人员对首次公开发行进行观察，发现公开发行存在旺季和淡季现象。在某些年度存在许多的公开发行，而有些几乎一次也没有。正如我们前面提到的那样，非流动性的市场价格随时间变化而不同，小公司在非流动性的市场溢价最小的时候（导致这些公司较高的价值）进行的公开发行会较多，同样随着市场上涨也会发生。

- 同样值得注意的是一些行业在一段时期内公开发行通常会很密集，尽管这些行业本身可能会随时间而变化。对于这种密集性的可能的解释（之一）是非流动性折价最大行业的公司更有可能会上市。有理论和经验的原因认为这在波动性行业中更有可能发生。经验证据证明了这种假设。

那么作为通常伴随管理层收购和杠杆收购而发生的事件，上市公司私有化是怎样进行的呢？这些公司同样进行抉择，但是他们是用较多的控制权替换较少的流动性。尽管进行了这种抉择，需要注意的是大部分的这类私有化交易着眼于不久后再次上市。因此，这里的非流动性是短期内的，且成本低于成为私有企业的永久性的非流动性。

14.5.2 投资组合管理

如果非流动性会减少价值，那么投资者必须在选择投资的时候对其影响进行检验，并在对投资组合绩效进行评价的同时改进交易策略。首先考虑投资选择的结果。正如证据显示的那样，如果随时间的变化流动性较小的股票会产生较高期望收益率以补偿非流动性，那么具有长远眼光的投资者会通过直接将现金投入到这些投资中，而产生超额回报。这些投资的较高收益率会抵消其非流动性产生的成本。超额收益率的大小将取决于市场中拥有长期眼光和短期眼光投资者数量的相对数，当缺乏长期投资者的时候该收益率将最大。相反，拥有短期眼光的投资者的投资组合应该更集中于流动性较大的投资。总的来说，我们会发现含有周转率较高且强调风险，市值较低股票的投资策略在市场中表现不佳①。将此分析扩展到风险资本和私有股权投资中，会发现非流动性在这些投资选择中的影响甚至更大。这些投资中的投资者在对其提供资金应获得的企业股份进行谈判的时候，必须考虑非流动性的价值折价。

对于绩效评价的影响是最大的。对于上市股票，我们通常使用市场价格来衡量收益率，这些价格直接反映了非流动性的影响。换句话说，主要投资于流动性较小的股票的投资组合经理人不会比投资于流动性较高的股票的经理人获得优势。私有股权和风险资本基金的资产不能交易，且价值评估通常在内部进行（由基金经理进行）。如果非流动性没有明确的包含在其价值中，那么投资组合的定期价值就会被估计错误。一般来说，这会导致拥有较高流动性投资的基金收益率的高估，且这种高估在整个市场不流动的时候（当流动性意味着较高的溢价的时候）会更大②。

14.5.3 公司理财

非流动性对公司财务决策的影响有两个层面。第一个层面涉及到公司为了筹集资本而发行的证券（股票和/或债券）的流动性。第二个层面集中于公司拥有资产的流动性。

公司发行证券的流动性或缺乏流动性几乎能够对公司财务的每个方面起到重大

① 在共有基金的研究中有证据证明这一观点。共有基金周转率以及超额收益之间存在负相关，但是这种相关在规模较小、增长较快的共有基金中最大。

② 这在2001到2002年网络泡沫破裂的后果中清楚地显现出来，即当风险资本基金公布比期望还要低得多的负的收益率标志着公开市场倒塌的时候。这种低估一部分可以归结于基金的价值平滑，但是一部分可以解释为没有考虑在此期间内较高的非流动性成本。

的影响。

• 如果我们承认股权成本中包括非流动性溢价，那么流动性较小的公司会拥有高于流动性较高公司的股权成本（以及资本成本）。还存在一些证据证明他们在筹集资本的时候会面对较高的发行成本。Butler，Grullon 和 Weston（2002）对1993年~2000年间2 387例股权再融资（seasoned equity offering）进行研究，发现在对其他因素进行控制之后，投资银行对股票流动性较高的公司收费较低。他们还发现完成有经验的股权发行的时间会同市场流动性水平一起降低①。

• 再来看投资决策，非流动性的感知能够影响公司将会采取的投资类型。一般来说，拥有非流动证券的公司很少愿意投资于早期拥有数量很大的负现金流的长期项目，即使这些项目的NPV为正数，由于他们无法筹集到这些现金流。

• 拥有流动证券的公司还能够承担较高的股利支付并保留较少的现金，因为他们知道自己总能够筹集到新的资本（以较低的交易成本）来弥补资金的不足。

• 最后，证券的流动性或缺乏流动性能够对公司管理人员得到报酬的方式产生影响。近年来，公司已经逐渐使用期权和限制性股票来对管理者进行酬付。由于标的股票是不可流通的，因此期权价值较低，而公司可能需要提供较多的期权或支付现金，才能产生同等的报酬。②

资产的流动性又是什么情形呢？拥有流动性资产的公司做出的决策可能与拥有非流动性资产的公司完全不同。通常来说，拥有流动性资产的公司可以借入较多的贷款（由于他们总是可以在发生现金短缺的时候出售一部分资产），并且出于同样的原因，他们在股利和投资政策上具有较高的灵活性。在L. A. Gear的研究中，一家公司的股权价值从1989年的10亿美元下降至1998年的0美元，DeAngelo，DeAngelo和Wruck（2000）总结认为资产的流动性能给予管理者很大的自由裁量权，尤其在公司处于财务危机的时候③。

14.6 结论

非流动性很重要。投资者为流动性较高的资产支付的价格通常会高于其他类似的非流动性资产。尽管这一观点已经被广泛接受，但是对于如何衡量非流动性大小以及将其纳入到价值中还存在许多的争论。在本章中，我们首先将非流动性与交易成本相联系；较低流动性的投资交易成本也较高，尤其是在我们认为该成本广泛包括买卖价差和价格影响的时候。然后我们对市场价值流动性大小的实证证据进行了回顾。通过对从政府债券到私有股权等大量投资的研究，得出一致的结论认为非流

① A. W. Butler, G. Grullon and J. P. Weston, "Stock Market Liquidity and the Cost of Raising Capital," working paper, SSRN, 2002.

② 转为使用限制性股票对管理者进行酬付（例如2004年的Microsoft）将会更直接的面临非流动性问题。接受这类股票的员工会将股票的非流动性纳入到其估价中。

③ DeAngelo, H., L. DeAngelo, and K. H. Wruck, "Asset Liquidity, Debt Covenants and Managerial Discretion in Financial Distress: The Collapse of L. A. Gear," working paper, SSRN, 2000.

动性投资以低于流动性投资的价格进行交易，且产生较高的收益率。不同资产的非流动性折价的大小不同，风险较高的投资非流动性折价较大。此外非流动性折价还随时间的变化而变化，当整个市场本身流动性最低的时候折价最高。

本章的接下来部分对将非流动性纳入到价值中的不同方法进行了论述。在折现现金流估价法中，我们既可以先将资产或企业作为流动资产进行估价，然后再使用非流动性折价；也可以针对非流动性调整折现率（通过增加一个非流动投资的溢价）。在这两种方法的案例中，调整应该反映公司的特征，且对于某些资产（风险较大且处于困境中的公司）要大于其他资产。在相对估价法中，我们可以搜寻类似的流动性资产的交易价格并根据这个信息来对资产进行定价，以此来避免估价问题。如果不可行，我们必须依靠同调整折现现金流估价法中相同的方法，根据非流动性对相关价值进行调整。

非流动性如何影响价值的问题对投资者和财务经理均有影响。对于投资者来说，它突出了寻找一个与时间观念相符合的投资策略的重要性；流动性较低的投资更适合于长期投资者。对于财务经理来说，对公司证券以及资产的流动性的感观能够影响其投资、融资和股利政策。通常，拥有较低流动性资产和证券的公司在对长期项目进行投资和支付股利的时候会更为保守。

第 15 章 协同效应的价值

当 Carly Fiorina 主张惠普收购康柏时，她认为，合并后的公司可以真正站在全球的高度满足客户的需求，可以使其产品满足各种消费群体的要求，她声称，此次并购必将取得成功，因为其可以带来“协同效应”，这是毋庸置疑的。

“协同效应”是两家公司合并时所产生的附加价值，是收购公司愿意支付数十亿美元并购溢价的原因，但以往的并购事件使得投资人对协同效应的存在与价值表示怀疑。在本章中，我们将对协同效应的潜在来源与估价方法作以探讨，对分析人员在评估协同效应中常面临的问题作以分析，并解释为什么收购公司无法获得其并购时所预想的协同价值。

15.1 什么是协同效应

“协同效应”是两家公司合并时所产生的附加价值，是独立运作公司无法创造的机会，在并购中最广为应用，却也最易被误用的。本节我们将对协同效应的来源作以探讨，并将其分为两项内容：经营协同效应和财务协同效应。经营协同会给并购后的公司带来经济规模的增加、定价能力的提高及增长潜力的提升，这些一般体现在较高的未来现金流量上。与此相反，财务协同更关注税收优惠、多元化、偿债能力的提高和过剩的现金流量等方面，其有时体现为较高的现金流量，有时体现为较低的资本成本。

15.1.1 经营协同效应

经营协同是指在现有资产存量的基础上增加经营收入或提高增长速度，或两者兼而有之。我们将经营协同效应分为四种类型。

A. 兼并可能产生规模经济，使合并后的公司更具成本效益。一般来说，规模经济产生于横向并购，如两家银行合并成一家更大的银行，两家钢铁公司合并成一家更具规模的钢铁公司。

B. 可能提升定价权，通过减少竞争和提高市场占有率来提高合并后公司的利润率和经营收入。这种并购一般属横向并购，较易在那些行业内公司较少的产业中发生，是寡头垄断价格形成的原因之一①。

① 具有讽刺意义的是，这种动机和目的是不能明确提出的，原因是反垄断法可能会由此叫停该兼并。

C. 带来优势互补，当一家公司拥有强大的市场占有率，而另一家公司拥有较好的产品生产线时，将引发不同形式的并购行为，从而实现竞争优势在行业内的转移。

D. 创造市场（现有及新兴）增长。例如，一家美国的消费品生产公司收购一家新兴市场内的公司，其主要目的即在于利用其既有的分销网络和品牌资源，增加其自身产品的销售。

经营协同效应对公司的获利能力和增长能力产生影响，进而带动兼并或收购价值的提升。

15.1.2 财务协同效应

财务协同效应体现于较高的现金流量及较低的资本成本（贴现率），或两者兼而有之。可列入财务协同效应的主要包括：

- 一家资金充足（或资金利用不充分）但投资项目不足的公司，并购一家拥有高回报投资项目但资金不足的公司可产生高额的并购收益，这一并购收益主要来源于高回报投资项目与充足资金的结合，多见于大规模公司与小规模公司的并购中及上市公司与民营企业的并购中。
- 举债能力增强。并购可使双方企业的盈利能力和现金流量更具稳定性与可预测性，进而可使其筹措到更多的信贷资金，带来更多的税收优惠，这一税收优惠往往体现为较低的资本成本。
- 收购中提高目标公司资产价值在税法上可带来税收优惠，或是通过并购净利润小于零的企业以隐藏收购公司收入来获得税收优惠。因此，一家盈利企业并购亏损企业往往是想利用其净利润小于零的现状以减少其税收负担。换句话说，如果收购公司能够在并购后提高折旧费用，则可以减少纳税金额且增加公司价值。
- 多元化在财务协同的来源中最具争议性。对于大多数的上市公司而言，实施多元化的战略可以减少成本，降低经营难度。对于私营企业或合伙企业来说，多元化也会为企业带来潜在的收益。

显然，在许多并购活动中都存在着潜在的协同效应，如何确认与评估这一协同价值就显得尤为重要。

15.2 协同效应的估价

关键的问题不在于协同价值是否可以被评估，而在于如何评估，毕竟公司在表示愿意支付大额的并购对价前，一定要对并购的协同效应进行估算。本章我们主要探讨如何评估不同的协同效应，并对不同假设下协同效应的敏感性作以分析。

15.2.1 经营协同效应的评估

任何一项收购活动中都可能会以这种或那种形式存在着经营协同，然而，对于经营协同是否可以被评估，以及如果可能的话，其价值应该是多少却存在着某些争议。一种观点认为，经营协同因过于抽象而难以估价，且任何系统性的估价都要求过多的假设前提，这常使估价的结果毫无意义。如果这一观点成立，收购公司应不会为了一个无法获得的收益而支付大额的并购溢价。另一种观点认为，虽然估价时需要对未来不确定的事项做出假设，但在决定并购支付对价前，我们还是应该尽最大努力地对经营协同效应进行评估，这也是我们所支持的观点。

在对经营协同效应进行评估时需对未来的现金流量和增长速度作以假设，虽然这一假设不够精确，但这并不意味着我们不能对经营协同的价值做出合理评估。我们认为，通过回答以下两个基础的问题，经营协同的价值是可以得到合理估算的。

A. 经营协同将以何种方式存在？当存在规模经济时，协同效应是否会降低单位产品成本或提高边际利润率？当市场占有率提高时，协同效应是否会提升企业未来增长速度，或延长高速发展时期？为了提升并购价值，经营协同必须对估价中涉及的四个要素中的某一项产生影响，其分别为：现有资产产生的现金流量（成本节约和规模经济）；高速增长率（市场实力增强和增长潜力提升）；更长的高速发展期（核心竞争能力提高）或更低的资本成本（更强的举偿能力）。

B. 经营协同将在何时开始影响企业现金流量？各种协同效应有时能够同时表现出来，但更多的是随着时间的推移而相继表现出来。鉴于协同效应所创造的价值是其所带来的现金流量的现值，故其表现出来所需的时间越长，价值就越低。

1. 评估经营协同效应的步骤

一旦回答了上面的问题，我们就可以依照下述三个步骤对经营协同效应进行评估。

A. 首先，分别评估并购双方公司的价值，即利用各公司的加权平均资本成本对其预期的现金流量进行贴现。

B. 其次，通过加总上一步骤所得到的每一公司的价值，估计并购后的公司（以下简称“新公司”）在没有协同效应时的价值。

C. 最后，利用预期增长率或未来现金流量体现协同效应，并对新公司的价值进行评估，因此，包含了协同效应的新公司价值与未包含协同效应的新公司价值之差就是我们所要求的协同效应的价值。

这里需指出的是，评估时应对协同效应与控制权作以区分，控制权的取得也是并购的动因之一，收购公司常认为可以通过并购取得对目标公司的控制权，从而提高其运营效率以获取并购价值。在对控制权的估算中，需要先假设目标公司拥有较好的管理体制，并对其价值进行估算，再减去之前计算过的，现有管理水平下目标公司的价值，即可得到控制权的价值。关于控制权的问题，在这里我们不作过多探讨，相关问题已在第 13 章中作了详细的说明①。表 15—1 描述了并购中协同效应与控制权对目标公司估价的影响。

---

① 第 13 章探讨了控制权的价值。

表 15—1 并购估价

要素	估价原则
协同效应	评估具有协同效应的并购后的新公司时，其价值主要包括： （1）更高的收入增长速度：增长的协同性 （2）更高的边际利润率：规模经济 （3）更低的税收支出：税收的协同性 （4）更低的债务成本：融资的协同性 （5）低风险带来较高的资产负债率：举债能力的提高 减去目标公司价值（包括控制权收益）加上竞价公司的价值（并购前），即得到协同效应的价值
控制权收益	假设公司处于最佳的管理水平，这通常意味着投资政策、融资政策与股利支付政策都将改变。 （1）投资政策：获取更高的项目回报，并从亏损项目中撤资。 （2）融资政策：寻找最佳的资本结构 （3）股利支付政策：归还公司不用的资金
现状分析	在现有的投资政策、融资政策与股利支付政策的基础上，评估公司现状。

在对协同效应的估值中预先排除控制权的价值，可以达到如下两个目的：第一，保证没有价值的重复计算。例如，一家公司由于资产利用效率不佳而使得净资产收益率较低，我们通过并购使其资产使用效率提升，净资产收益率提高，由此产生的价值是控制权收益的一部分。至于协同价值，则必须体现于并购后新公司净资产收益率的进一步提升。第二，设计并购战略时应区分控制权价值与协同效应价值。对于控制权价值我们也许会选择完全支付（如果目标公司可以自行改进的话），但对于协同效应价值我们也许只支付其中的一部分（如果只有依靠收购公司才可以实现改进）。

对协同效应的价值进行探讨不但对区分控制权与协同效应十分重要，对给目标公司合理定价来说也意义非凡。图 15—1 显示，并购中的收购价格等于目标公司的市场价格加上一个并购溢价，请注意对目标公司估价结果在并购前和并购后的区别，表 15—1 即显示了是否拥有控制权收益与协同效应价值时目标公司的价值。在一个公平的并购活动中，收购公司无法获得超额的回报，也不会带来价值的减损，其所支付的并购对价（如图 15—1 所示）应正好等于考虑了协同效应价值与控制权收益后的价值（如表 15—1 所示）。另外还需注意与会计估计不相关的商誉（即目标公司市场价值与账面价值之差）。

对于收购公司股东来说，并购价格的高低决定了并购是在增加价值，还是在毁损价值。如果一项并购中，协同效应的价值应为 2 亿美元，如果实际支付了 3 亿美元，就毁损了收购公司股东 1 亿美元的价值。

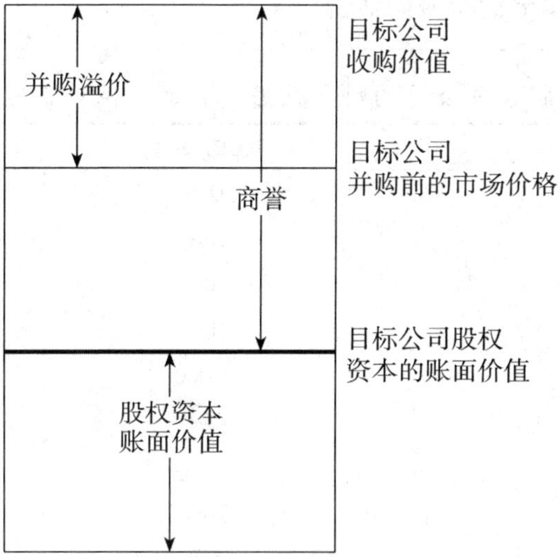

图15—1　分解并购价格

2. 利用现金流量折现法的思想评估经营协同效应的价值

如果我们已接受了这样的观点，即认为对协同效应的评估应立足于并购后的新公司，那么我们就不得不考虑选用何种现金流量折现模型去评估协同效应的价值。根据经营协同效应作用效果的不同，我们可以得知，对不同类型的协同效进行估价时应选择不同的输入变量。如果我们把经营协同分类为增长率提高型（经营协同）和成本降低型（经营协同），其影响因素如下所示：

- 成本节约型协同在经营性协同中是最易理解的，当期的成本节约会增加当期留存的现金流量，进而提高企业价值，而长期持续的成本节约对企业的营业毛利和收入影响深远，其将通过高额收入和现金流量现值的增加提高企业价值。
- 成长型协同的表现形式各异，较为复杂，至少有如下三种：

A. 与合并前的独立公司相比，合并后的公司会产生更高的投资回报，从而提高增长率；

B. 与合并前的独立公司相比，合并后的公司会获得更多的投资机会，从而产生高额的再投资回报率，以带动增长率的提高；

C. 与合并前的独立公司相比，合并后的公司会获得更强有力的市场地位，从而在相当长的时间内保持较高的盈利和增长性。

不论是成本节约型协同还是成长型协同都表现为企业未来现金流量的增长，然而从本质上来看，成本节约型协同的价值增长效用是有限的，毕竟，对成本的节约是有限的，但与此不同的是，成长型协同的价值增长效用往往是无限的，其不受人们对其存在性质疑的限制。

[例 15—1] 成本节约型协同估价

下表概述了两家将合并公司的财务数据（金额单位：百万美元）

	收购公司	目标公司
BETA 系数	0.9	0.9
税前债务资本成本	5%	5%
税率	30%	30%
资产负债率	10%	10%
收入	1 000	500
EBIT	50	25
税前总资产报酬率	15%	15%
再投资报酬率	70%	70%
增长期	5 年	5 年

已知两家公司资本成本相同，未来增长能力相同，营业毛利相同，无风险报酬率为 4.25%，风险溢价为 4%，为了简化处理，我们假设两家公司 5 年后都将进入平稳发展时期，增长率保持在 4.25% 的水平，不产生高额回报（例如，总资产报酬率等于加权平均资本成本）①。

第一步是分别评估两家公司的价值，下表展现了评估过程，证明了合并后的公司价值是合并前两独立公司的价值之和。

	收购公司	目标公司	合并公司
股权资本成本	7.85%	7.85%	7.85%
税后债务资本成本	3.5%	3.5%	3.5%
加权平均资本成本	7.42%	7.42%	7.42%
税后总资产报酬率	10.50%	10.50%	10.50%
再投资报酬率	70%	70%	70%
未来增长率	7.35%	7.35%	7.35%
公司价值（单位：百万美元）			
高增长期现金流量的现值	52.40	26.20	78.61
终点价值	701.53	350.76	1 052.29
当前公司价值	542.99	271.50	814.49

未来增长率是税后总资产报酬率与再投资报酬率的乘积，合并公司的价值是合并前两独立公司的价值之和。

为了估算协同效应价值，假设合并后公司每年税前可节约 15 百万美元的成本

① 从这一假设出发，计算永续期的再投资报酬率：
再投资报酬率 = 永续期未来增长率/总资产报酬率
在这一例子中，两公司拥有相同的总资产报酬率 7.42% 和相同的增长率 4.25%，最终的再投资报酬率为 57.28%（4.25%/7.42%）。

（费用），相应的即可增加15百万美元的税前经营收益，下表列示了包含协同效应下合并公司价值的计算过程，并最终计算出协同效应的价值（单位：百万美元）。

	合并公司（不考虑协同价值）	合并公司（考虑协同价值）	协同价值
股权资本成本	7.85%	7.85%	
税后债务资本成本	3.5%	3.5%	
加权平均资本成本	7.42%	7.42%	
税后总资产报酬率	10.50%	10.50%	
再投资报酬率	70%	70%	
基准期税前经营收益（单位：百万美元）	75	90	
未来增长率	7.35%	7.35%	
公司价值（单位：百万美元）			
高增长期现金流量的现值	78.61	94.33	
终点价值	1 052.29	1 262.75	
当前公司价值	814.49	977.39	$162.90

由上可见，由于存在成本型协同效应，公司价值上升了162.90百万美元。

[例15—2] 成长型协同价值评估

以上例中两合并公司的相关数据为例，假设不考虑成本节约型协同效应，项目的高额回报率使得税后总资产报酬率指标大于合并前两公司的10.5%，上升到合并后合并公司的12.6%，同时假设再投资报酬率保持不变，其他假设如上例所示，成长型协同价值的评估过程如下表所示。

	合并公司（不考虑协同价值）	合并公司（考虑协同价值）	协同价值
股权资本成本	7.85%	7.85%	
税后债务资本成本	3.5%	3.5%	
加权平均资本成本	7.42%	7.42%	
税后总资产报酬率	10.50%	12.6%	
再投资报酬率	70%	70%	
基准期税前经营收益（单位：百万美元）	75	75	
未来增长率	7.35%	8.82%	
增长期	5年	5年	
公司价值（单位：百万美元）			
高增长期现金流量的现值	78.61	81.89	
终点价值	1 052.29	1 126.34	
当前公司价值	814.49	869.56	55.07

由上可见，项目高额回报产生的成长型协同价值为55.07百万美元。

反过来，假设成长型协同价值并不来源于项目投资回报率的增加，而是来源于项目投资机会的增加，则税后总资产报酬率保持10.5%不变，再投资报酬率增加到90%，下表列示了协同价值的计算过程。

	合并公司（不考虑协同价值）	合并公司（考虑协同价值）	协同价值
股权资本成本	7.85%	7.85%	
税后债务资本成本	3.5%	3.5%	
加权平均资本成本	7.42%	7.42%	
税后总资产报酬率	10.50%	10.50%	
再投资报酬率	70%	90%	
基准期税前经营收益（单位：百万美元）	75	75	
未来增长率	7.35%	9.45%	
增长期	5年	5年	
公司价值（单位：百万美元）			
高增长期现金流量的现值	78.61	27.78	
终点价值	1 052.29	1 159.32	
当前公司价值	814.49	838.51	24.02

高额的再投资报酬率提升高增长期的期望增长，从而提升企业价值达24.02百万美元。

最后，假设成长型协同价值来源于企业因在行业中竞争力的提升，而获得的较长的高速发展期，虽然在这一时期内，企业的总资产报酬率和再投资报酬率均保持不变，但我们假设协同效应使企业的高速发展期由5年延长至10年，具体计算如下表所示。

	合并公司（不考虑协同价值）	合并公司（考虑协同价值）	协同价值
股权资本成本	7.85%	7.85%	
税后债务成本	3.5%	3.5%	
加权平均资本成本	7.42%	7.42%	
税后总资产报酬率	10.50%	10.50%	
再投资报酬率	70%	70%	
基准期税前经营收益（单位：百万美元）	75	75	
未来增长率	7.35%	7.35%	
增长期	5年	10年	
公司价值（单位：百万美元）			
高增长期现金流量的现值	78.61	125.66	
终点价值	1 052.29	1 301.79	
当前公司价值	814.49	860.21	45.72

由上可见，协同效应延长了企业取得高额回报的时间，这一协同效应所带来的协同价值为 45.72 百万美元。

［例 15—3］成本节约型协同与成长型协同的评估：以宝洁并购吉列为例

现实中，协同效应的表现形式多种多样，对其评估也更为复杂，下面我们看一下 2004 年宝洁与吉列的并购案例。为了评估协同价值，第一步应先评估宝洁公司的价值，假设如下：

（1）宝洁公司的息税前收益（EBIT）为 10 927 百万美元，收入为 56 741 百万美元，税率为 35%；

（2）公司共有资产总额 38 119 百万美元，税前总资产报酬率为 28.67%（10 927/38 119 = 0.2867）

（3）公司资产负债率为 10%，BETA 系数 0.8，税前负债成本 5%，假设无风险利率为 4.25%，风险溢价为 4%，则公司加权平均资本成本为 7.03%。

股权资本成本 = 4.25% + 0.80 × 4% = 7.45%

加权平均资本成本 = 7.45% × 0.9 + 5% ×（1 − 0.35）× 0.1 = 7.03%

（4）虽然再投资报酬率常发生变化，但我们假设过去 5 年里再投资报酬率的均值为 40%，并将在未来几年能保持不变，由此可得企业未来 5 年的年期望增长率为 7.45%。

税后总资产报酬率 = 28.67% ×（1 − 0.35）= 18.63%

再投资报酬率 = 40%

未来期望增长率 = 再投资报酬率 × 税后总资产报酬率 = 0.4 × 0.1863 = 0.0745（或 7.45%）

（5）5 年后，经营收入与利润保持年 4.25% 的增长率不变，无超额回报，即税后总资产报酬率等于加权平均资本成本，等于 7.03%。由此 5 年后的再投资报酬率需重新计算：

5 年后的总资产报酬率 = 7.03%

5 年后的再投资报酬率 = g/ROC = 4.25%/7.03% = 60.46%

以上述的计算结果为依据，可计算宝洁公司未来 5 年及 5 年后平稳发展时期的现金流量如下（金额单位：百万美元）：

年限	EBIT（1 − t）	再投资报酬率（%）	再投资额	FCFF
1	7 632	40	3 053	4 579
2	8 201	40	3 280	4 920
3	8 812	40	3 525	5 287
4	9 469	40	3 787	5 681
5	10 174	40	4 070	6 105
终期	10 607	60.46	6 412	4 194

平稳发展时期的价值估算利用了第 6 年的相关数据，加权平均资本成本保持

7.03%不变，未来增长率为4.25%，则：

$$平稳发展期企业价值=\frac{FCFF_{n+1}}{加权平均资本成本-增长率}=\frac{6\ 412}{0.0703-0.0425}=150\ 879（百万美元）$$

将未来5年及平稳发展时期的现金流量折现，得到宝洁公司的价值为128 985百万美元。

为评估吉利作为独立公司的价值，我们对现金流量、增长能力和再投资作出相同的假设，另外，提出特别假设如下：

（1）吉列公司的息税前收益（EBIT）为2 645百万美元，收入为10 477百万美元，税率为35%；

（2）吉列公司的资产总额经常变动，但我们在此假设，吉列公司在新投资项目上可获得25%的税前总资产报酬率；

（3）公司资产负债率为10%，BETA系数0.9，税前负债成本5%，假设无风险利率为4.25%，

风险溢价为4%，则公司加权平均资本成本为7.39%。

股权资本成本=4.25%+0.90×4%=7.85%

加权平均资本成本=7.85%×0.9+5%×（1-0.35）×0.1=7.39%

（4）我们假设过去5年里再投资报酬率的均值为50%，并将在未来几年能保持不变，由此可得企业未来5年的年期望增长率为8.13%。

税后总资产报酬率=25%×（1-0.35）=16.25%

再投资报酬率=50%

未来期望增长率=再投资报酬率×税后总资产报酬率=0.5×0.1625=0.08125

（5）5年后，经营收入与利润保持年4.25%的增长率不变，无超额回报，即税后总资产报酬率等于加权平均资本成本，等于7.39%，由此5年后的再投资报酬率需重新计算：

5年后的总资产报酬率=7.39%

5年后的再投资报酬率=g/ROC=4.25%/7.39%=57.51%

以上述计算结果为依据，可计算吉列公司未来5年及5年后平稳发展时期的现金流量如下（金额单位：百万美元）：

年限	EBIT（1-t）	再投资报酬率（%）	再投资额	FCFF
1	1 859	50	929	929
2	2 010	50	1 005	1 005
3	2 173	50	1 087	1 087
4	2 350	50	1 175	1 175
5	2 541	50	1 270	1 270
终期	2 649	57.51	1 523	1 125

平稳发展时期的价值估算利用了第6年的相关数据，加权平均资本成本保持7.39%不变，未来增长率为4.25%，则：

$$平稳发展期企业价值=\frac{FCFF_{n+1}}{加权平均资本成本-增长率}=\frac{1\ 523}{0.0739-0.0425}=35\ 843（百万美元）$$

将未来5年及平稳发展时期的现金流量折现，得到吉列公司的价值为29 482百万美元。

并购后的合并公司（宝洁+吉列）在不考虑协同效应时的价值是并购前两公司价值之和。

宝洁公司价值	128 985 百万美元
吉列公司价值	29 482 百万美元
合并公司价值	158 467 百万美元

这就是不考虑协同效应时合并公司的价值估算过程。

为了对协同效应进行估价，我们认为协同效应对合并公司的现金流量和折现率产生影响，具体假设如下：

（1）合并公司产生规模经济效应，税后营业毛利提高，每年大约节约200百万美元左右，这将使合并公司的税前经营收益提高200百万美元。

（2）合并公司未来5年税后总资产报酬率提高1%，再投资报酬率与合并前相同，保持不变，因此，未来5年的期望增长率为①：

税后总资产报酬率=19.11%（比当前的总资产报酬率提高1%）

合并公司再投资报酬率=41.95%

未来5年期望增长率=税后总资产报酬率×合并公司再投资报酬率

=0.1911×0.4195=0.0802（或8.02%）

合并公司的BETA系数将分三步计算。第一步，计算宝洁公司与吉列公司无负债的BETA系数。

$$宝洁公司无负债的\beta系数=\frac{0.8}{1+(1-0.3)(0.1/0.9)}=0.7461$$

$$吉列公司无负债的\beta系数=\frac{0.9}{1+(1-0.35)(0.1/0.9)}=0.8394$$

然后我们利用两公司的价值为权重，计算合并公司的无负债BETA系数。宝洁公司价值②为1 289.85亿美元，吉列公司价值为294.82亿美元。

$$\text{合并公司无杠杆的BETA系数}=(0.7461)\left(\frac{128.985}{128.985+29.482}\right)+(0.8394)\left(\frac{29.482}{128.985+29.482}\right)=0.7635$$

我们利用合并公司的资产负债率求出合并公司有负债的BETA系数，进而求解合并公司资本成本。

有负债β系数=0.7635［1+（1-0.35）（0.1/0.9）］=0.8186

股权资本成本=4.25%+0.8186×4%=7.52%

合并公司加权平均资本成本=7.52%（0.90）+5%（1-0.35）（0.10）=7.1%

---

① 为了计算合并公司的总资产报酬率，我们将合并前两公司经营收益加总，除以两公司资产之积，得到合并公司税后总资产报酬率为18.11%。

$$合并公司总资产报酬率=\frac{(10\ 927+2\ 645)(1-0.35)}{38\ 119+10\ 580}=18.11\%$$

② 这里的价值是指并购宣告日前的价值，这主要是为了避免并购宣告后目标公司股价的偏高。

依据这一假设，可评估出合并公司包含协同效应下的现金流量和企业价值具体列示如下（金额单位：百万美元）：

年限	EBIT（1－t）	再投资报酬率（%）	再投资额	FCFF
1	9 670	41.95	4 056	5 613
2	10 455	41.95	4 386	6 069
3	11 305	41.95	4 742	6 563
4	12 223	41.95	5 128	7 096
5	13 216	41.95	5 544	7 672
终期	13 216	59.88	7 915	5 302

和其他的评估方法一样，我们假设5年后公司无超额收益。

对平稳发展期价值的评估要利用第6年的现金流量，平稳期的资本成本（7.10%）和期望增长率（4.25%）。

$$\text{平稳发展期价值} = \frac{FCFF_{n+1}}{\text{资本成本} - \text{期望增长率}} = \frac{5\ 302}{0.0710 - 0.0425} = 193\ 319\ \text{（百万美元）}$$

将未来5年的现金流量折现，再加上平稳期价值，可得到合并公司价值为163 872百万美元。

考虑协同效应下合并公司价值是163 872百万美元，不考虑协同效应下合并公司价值是158 467百万美元，两价值之差即是协同效应价值。

合并公司价值（考虑协同价值）	163 872 百万美元
合并公司价值（不考虑协同价值）	158 467 百万美元
协同效应价值	5 405 百万美元

以上对协同价值的评估是假设其在并购后马上得以体现，实际上协同效应价值是逐年体现出来的，计量这一延迟性最简单的方法是计算协同效应价值的现值。因此，如果宝洁公司与吉列公司的并购协同效应在3年才可以体现，则应用合并公司的资本成本对其折现。

$$\text{协同效应价值的现值} = \frac{5\ 405}{1.0710^3} = 4\ 400\ \text{（百万美元）}$$

协同效应体现的越晚，其价值就越小。

---

3. 评估经营性协同——其于实物期权的框架

一些人认为利用现金流量折现模型评估协同效应价值过于局限，协同效应在大多数并购中都会存在，在实物期权的框架下更易理解。考虑一下下面这个例子，一家美国消费品公司并购一家在新兴市场上有着快速发展潜力的小型公司，收购公司购买的不是未来的现金流量，而是购买了一个未来进入这一行业的选择权。实物期权思想的倡导者认为，在现金流量现值的基础上还存在一项溢价，即时间赋予的选择权①。

① Childs, Paul D., Ott, Steven H. and Triantis, Alexander J., (1998), Capital Budgeting for Interrelated Projects: a Real Options Approach, *Journal of Financial and Quantitative Analysis*, vol. 33, No 3, pp. 305－334.

Smith 和 Triantis 在 1995 年提出，很多并购所创造的期权价值并未在现金流量折现模型中体现出来，这一期权价值可用于解释为什么合并公司拥有更多的发展机会，更好的竞争地位，或是更有利的投资时机，这些都会增加收购公司的价值①。

尽管这一合理质疑已在很多场合下被提出了，但实物期权所描绘的景象太过美好，有些时候，并购可带来的机会（可能性）是无法实现的，很多机会很难转化为期望的现金流量②。如果进入新兴市场的唯一路径就是购买一家业内公司，那么并购就给了收购公司进入这一新兴行业的特许权，这可以很好地解释期权溢价的产生。如果正常来说，并购只是进入这一行业的众多路径中的一个途径，那么，现金流量折现模型已足以对期望的协同价值做出评估。

15.2.2　财务协同价值的评估

协同效应也可由财务因素带来，我们列举出三项常见的财务协同效应来源：对于超额现金和闲置现金的合理利用；来自大面积亏损与高额税收豁免的税收收益，以及由举债能力增强而带来的公司价值提升。然而，我们首先来讨论一下多元化。多元化是被广为认可的并购理由，却不是增加公司价值的来源，这至少对于投资主体多元化的上市公司来说是成立的。

1. 多元化

如果一个上市公司接管另外一家上市公司仅是为了实现多元化的目的，且公司的股东可自行实现投资主体多元化，那么，接管不会增加合并公司价值。例如，为了实现多元化收益，Dalton Motors，一家汽车部件制造公司，经营具有季节性特点，其计划并购一家有着高速发展前景的汽车服务公司 Lube & Auto，其经营不具季节性的特点，两家公司的相关特征总结如下（表 15—2）：

国债利率为 4.25%，市场风险溢价 4%，对于加权平均资本成本及公司价值的计算如表 15—3 所示。

合并公司的股权资本成本（或债权资本成本）是利用合并前两公司股权资本（债权资本）加权得来的，权重取两公司股权（债权）的市场价值，由于相对市场价值因时而变，故合并公司的股权资本成本或债权资本成本也随时间变化③。在此，合并公司价值恰是两独立公司价值之和，这表现出多元化并未增加公司价值④。

---

① Smith, Kenneth W. and Triantis, Alexander J.,（1995）, The Value of Options in Strategic Acquisitions, in: "*Real Options Capital Investment: Models, Strategies and Applications*", ed. Lenos Trigeorgis, （Westport Connecticut, London, Praeger）.

② 实物期权思想与两个概念紧密相关：首先必须有一个新兴的市场，其次是更多正式的决定均以这一思想为指导。

③ 如果两并购公司总资报酬率与增长率有一个不同，或两个都不同，则相对价值权重将因时而变，对于增长率因素来说，这一道理较易解释，两公司中成长较快一方的价值增长迅猛，在合并公司价值中占比较大。对于不同总资产报酬率因素来说，理解起来稍有吃力，两公司中拥有较高总资产报酬率的一方公司，其价值将得到快速增长，从而在合并公司价值中占比较大。

④ 合并公司无负债 BETA 系数是由两独立公司 BETA 系数加权得来的，权重是两公司的市场价值，由于两公司总资产报酬率不同，故这一权重会因时而变，为了准确计算公司价值，我们不得不利用两公司每年的评估价值逐年计算合并公司的资本成本。

表 15—2 **两公司特征：**Dalton Motors **和** Lube & Auto

	Dalton Motors	Lube & Auto
BETA 系数	1.2	0.9
税前债务资本成本	5%	5%
税率	30%	30%
资产负债率	10%	10%
收入（单位：百万美元）	1 000	500
息税前收益（EBIT）（单位：百万美元）	50	25
税前总资产报酬率	15%	15%
再投资报酬率	70%	70%
高速发展期	5 年	5 年

表 15—3 Dalton Motors、Lube & Auto **和合并公司的价值（金额单位：百万美元）**

	收购公司	目标公司	合并公司
股权资本成本	9.05%	7.85%	8.6%
税后债权成本	3.5%	3.5%	3.5%
加权平均资本成本	8.5%	7.42%	8.09%
税后总资产报酬率	10.5%	10.50%	10.50%
再投资报酬率	70%	70%	70%
期望增长率	7.35%	7.35%	7.35%
高速增长期公司现金流量现值	50.86	26.20	77.14
终期价值	612.34	350.76	963.10
公司当前价值	458.19	271.50	729.69

然而，价值不高并不意味着接管对于收购公司和目标公司的股东来说毫无影响，由于收购公司支付出高于市场价格的溢价，两家公司并购前都已取得合理估值，收购公司支付的高于市价的溢价部分将转移至目标公司，也有可能的是，出于多元化目的的收购公司进入了其较不熟悉的产业，从而在合并后降低了经营效率（反协同效应）。Lang 和 Stulz（1994）提出这样的事实，多元化经营公司的价值比单一行业经营公司价值要低 5% - 10%①，市场也证明了多元化增加价值观点的错误。Doukias，Holmen 和 Travlos（2001）表示并购的后市表现与多元化并购所宣称的截然相反②。

按道理说，两家处于不同产业的公司并购应该会产生多元化收益，但令人困惑

① Lang, L., and R. Stulz, 1994, "Tobin's q, corporate diversification, and firm performance," *Journal of Political Economy*, 1248 - 1280.

② Doukas, J. A., M. Holmen and N. G. Travlos, 2001, "Corporate Diversification and Firm Performance: Evidence from Swedish Acquisitions,", working paper, SSRN. They looked at 93 bidding firms in Sweden between 1980 and 1995 and they also report that operating performance deteriorates after diversifying acquisitions.

的是，以多元化为目的并购并未增加企业的价值，如果两公司的收益不是高度相关的话，合并公司收益的方差就会显著低于独立经营的两公司的收益方差。但方差的降低并不减少公司的价值，因为其属于公司特有风险，对预期报酬没有影响（用于度量市场风险的BETA系数往往是两并购公司BETA系数的加权平均数），但方差的降低对举债能力有着何种影响呢？方差较小的公司，举债能力相对较强，从而获得价值的提升，这是跨行业并购所能产生的真正效益，我们将在本节的后半部分作以介绍。

2. 现金闲置

如果必须筹措新的资本以获取高利润的投资机会，管理层往往会选择放弃，原因有二：第一，资本市场存在进入壁垒。企业对与资本相关的财务指标也有限制，子公司和私营公司常放弃一些好的投资机会，因为它们无法以合理的成本筹集到项目资金；另一原因是Myers和Majluf于1984年提出的，他们认为，管理层比投资者更了解项目的前景①，为了获取项目资金，公司不得不低价发行股票，这便会使公司放弃好的投资机会。为什么一家资金充足，但投资机会缺乏的公司会并购一家现金短缺，但有着极好投资机会的公司，抑或是相反的情况，都是有利可图的。由两公司合并所产生的追加价值是投资项目现金流量的现值，这一项目在两公司分立时无法被采纳，而现在则会因为获取了现金而获准实施。

对于上市公司来说，获取现金相对容易，这也是其并购那些规模较小，且有着资本限制的私营公司的潜在原因，这也能解释为什么实务中那些专注于购买小型私营公司的并购策略会运作顺畅。Block-buster（一家音像出租公司）、Browning-Ferris（一家废品回收公司），以及Service Corporation International（一家殡仪服务公司）都是很好的例子。

[例15—4] 并购中闲置现金的价值

并购中闲置现金的价值较易评估，对这一问题作最简单的变向理解可知，我们可以计算那些因公司现金缺乏而无法上马的项目的净现值，并将其加到合并公司的价值上去。举一个简单的例子，假设A公司现金充裕，但投资机会缺乏，且存在100亿的现金结余。B公司现金缺乏，但投资机会丰富，且由于现金短缺无法上马一项净现值达10亿美元的投资项目。此项并购中闲置现金的价值即是10亿美元，其也被视为协同效应的价值。然而，当年丧失投资机会意味着未来也丧失投资机会的假设是偏激的。从某种程度上来说，现金缺乏的公司可以选择将项目延期，协同价值只是推迟期内损失的价值的现值，而不是全部的10亿美元。

---

3. 税收收益

接管及税法漏洞也会产生多种税收收益，进而提升企业价值，举三个例子

---

① Myers, S. and N. Majluf, 1984, "Corporate financing and investment decisions when firms have information that investors do not have," *Journal of Financial Economics*. v13, 187－221.

如下：

A. 如果一家公司享有税收减免优惠，却因亏损而无法享用，而另一家公司收益为正，需缴纳大额税款，两家公司并购则可产生税收收益，并使双方同时受益。在此，协同效应的价值就是并购所带来的税收节约额的现值，在评估时，我们也应牢记，税收主管部门对于这种盈利公司与被并的亏损公司收益相抵的作法有着严格的限制。

B. 第二项潜在收益来源于并购中目标公司资产价值的提升，这将通过未来折旧增加而产生的税负节约表现出来，但值得注意的是，另一项因并购而产生的会计项目“商誉”则不会带来同样的税收收益，因为对商誉的摊销是不可抵税的。

C. 在一些国家里，并购还会带来另外一些与合并公司净资产净值变化相关的收益。举例来说，在巴西，公司可以按净资产变化的一定比例（税收主管部门认定）要求收益的返还，这与税收的减免规定很相似。例如，假设这一特定比例为12%，并购后合并公司资产增加20亿美元，那么公司就可以在并购后的一年另外要求24 000万美元的税收减免，这一税收节约的现值将增加公司的价值。

应当注意的是，仅以节税为目的的并购也会为税额的支付方带来成本，毕竟，其必须支付并购的对价。

[例15—5] 评估一家净收益为负的公司

假设一家公司预计次年收益为10亿美元，并购了一家亏损达10亿美元的公司，在此，协同价值即是并购可为收购公司带来的税收节约额。例如当边际税率为40%时，次年的税收节约额即为40 000万美元（这里假设税收主管部门允许目标公司的亏损与收购公司的收益相抵)。如果我们假设目标公司不会利用净亏损为自身获利，那么40 000万美元即是因税收节约而产生的协同价值。

当收购公司的盈利不足以一次性抵消目标公司的亏损时，问题就变得渐趋复杂了。例如，假设上例中收购公司未来4年每年可产生25 000万美元的经营收益，而目标公司的经营亏损可对其进行逐年抵减，此时，税收节约额仍是40 000万美元，却是以4年每年10 000万美元的形式回流的。为了评估税收节约的协同价值，我们需将未来的现金流量按一定的折现率予以折现，折现率的大小与未来收益的不确定性息息相关。由于这一不确定性与合并公司经营收益的变动直接相关，所以我们可以用合并公司的总资产报酬率作为折现率，由此，如果合并公司的ROC为8.10%，未来5年每年的税收节约额为10 000万美元，那么税收节约的现值：

税收节约额价值=100×（年金的PV，5年，8.10%）=3 989（百万美元）

对源于负债的期望税收收益进行折现时可选择公司债权资本成本或股权资本成本作为折现率，利用债权资本成本作折现率无可厚非，但事实证明利用股权资本成本更为合理，特别是当我们直接对公司的股权价值进行评估时。

[例15—6] 接管后因资产价值提高而产生的税收收益

以Congoleum公司为例，最早的杠杆收购（LBOS）发生在1979年，Congoleum公司是一家集船舶建造、地板材料和汽车零部件为一体的多元化企业。Congoleum公司的管理层买下了该公司，税务主管部门对公司资产的优惠处理是造成这一接管的主要原因。接管后，公司被获准提高企业资产的账面价值，以便反映新的市场价值，并准许其对新增资产计提折旧，所估计的折旧的变化和这一折旧所具有的税收收益对于现值的影响可根据48%的税率计算，并按14.5%的公司资本成本予以贴现，计算如下表所示（单位：百万美元）：

年份	并购前折旧	并购后折旧	折旧变化	税收节约	税收节约现值
1980	8.00	35.51	27.51	13.20	11.53
1981	8.80	36.26	27.46	13.18	10.05
1982	9.68	37.07	27.39	13.15	8.76
1983	10.65	37.95	27.30	13.10	7.62
1984	11.71	21.23	9.52	4.57	2.32
1985	12.65	17.50	4.85	2.33	1.03
1986	13.66	16.00	2.34	1.12	0.43
1987	14.75	14.75	0.00	0.00	0.00
1988	15.94	15.94	0.00	0.00	0.00
1989	17.21	17.21	0.00	0.00	0.00
1980－1989	123.05	249.42	126.37	60.66	41.76

应注意的是，前7年折旧金额的增加主要是因为较高的资产价值和加速折旧所至，然而，7年后，旧的和新的折旧方案就无差异了，由于高折旧额而产生的税收收益的现值是4 176万美元，大约等于交易中所付总价格的10%。近年来税法对于资产重新评估的规定作了更为严格的规定，虽然收购公司还是可以重新评估目标公司价值，但仅仅可以将其提高至公平的价格水平。

4. 举债能力

如果收购公司与目标公司的现金流量并不完全相关，那么合并公司现金流量的变动将小于两公司并购前的状况，这一流动性的降低将增加公司的举债能力，并提高公司价值。然而，对于这一价值的提升，还需防止其从双方公司的股东向债权人转移，并购前两公司的债权人将发现，接管使他们将钱贷给了一家更为安全的公司，他们所获得的优惠利率则根据并购前风险最大的一方确定，因此，如果不对利率进行重新协商，债券的价格就会增加，从而造成以股东的付出为代价的债券所有者财富的增加。

有多种模型可以分析由接管所带来的高额债务所获得的收益。Lewelllen于1971年从降低违约风险的角度考虑认为，合并公司比单独公司拥有更稳定的现金流量[1]，他认为主要的原因在于并购后债务价值的增加是以牺牲股东的价值为代价的。因此，依其模型，并购是否会增加公司价值具有不确定性。Leland 和 Skarabot（2003）认为，并购可带来举债能力的增加，但却是以并购前独立公司丧失债转股和有限责任权利为代价的[2]。Stapleton（1985）运用期权定价法评估并购所带来的高举债能力的价值[3]，他认为，并购对举债能力提升的影响总是积极的，哪怕并购中的两公司完全正相关，举债能力提高的价值将会随着两公司盈利相关性的减少而增加，且随着投资者风险回避程度的提高而增加。

在本节对举债能力讨论的最后要提出这样一个最终观点，我们的讨论是假设并购前两公司都保有最佳的举债能力，并购减少了合并公司的总风险，提高了公司的最佳举债能力，这一结论并不运用于那些并购前未达到理想的举债能力，意图通过并购达到最佳资本结构的收购公司或目标公司。在这种情况下，并购不会带来协同价值，因为并购的两公司都可以通过其自身的努力达到最佳的举债能力，从而提高企业价值。

[例 15—7] 评估并购中的新增举债能力

再次考虑 Lube & Auto 与 Dalton Motors 的并购案，合并公司价值与并购前两独立公司价值之和相等，两公司分属不同的经营领域，这减少了并购后盈利的方差，但价值却未受到影响，因为公司的资本结构在并购后保持不变，股权资本成本和债权资本成本是两独立公司相应成本的加权平均。盈利方差的降低可以增加公司的举债能力，从而提高价值，如果并购后，合并公司的资产负债率从 10% 提高到了 20%（导致 BETA 系数提高到 1.1866，而债务成本保持不变），接管后，合并公司的价值可计算如下：

	收购公司	目标公司	合并公司
资产负债率	10.00%	10.00%	20.00%
股权资本成本	9.05%	7.85%	9.00%
税后债权资本成本	3.50%	3.50%	3.50%
加权平均资本成本	8.50%	7.42%	7.90%
税后加权平均资本成本	10.50%	10.50%	10.50%
再投资报酬率	70.00%	70.00%	70.00%
期望增长率	7.35%	7.35%	7.35%
公司价值（单位：百万美元）			
高增长期公司现金流量现值	50.86	26.20	77.56
平稳发展期公司价值	612.34	350.76	987.03
公司当前价值	458.19	271.50	752.53

① Lewellen, W. G., 1971, "A Pure Financial Rationale for the Conglomerate Merger," *Journal of Finance* 26 (1971): 521 – 537.

② Leland, H. and J. Skarabot, 2003, "Financial Synergies and the Optimal Scope of the Firm: Implications for Mergers, Spinoffs, and Off-Balance Sheet Finance," working paper, Haas School of Business.

③ Stapleton, R. C., 1985, "A Note on Default Risk, Leverage and the MM Theorem," *Journal of Financial Economics*, v2, 377 – 381.

由于举债能力的增加，公司价值从72 969万美元增至75 253万美元，由此产生协同价值2 284万美元。

15.3　不确定的协同效应

我们已经完成了对经营协同和财务协同的价值评估，现在我们将探讨协同效应的第三种：不确定的协同效应，而这一协同价值来自于市场的错误估价。

15.3.1　增利型并购

在很多公司中，人们将焦点集中于并购是增加企业价值还是毁损企业价值，增利型并购是指那些并购后可提高收购公司每股收益的并购事项，而毁损型并购则是指那些会降低收购公司每股收益的并购事件。主要的问题出在哪里呢？增利型并购要求目标公司的市盈率指标低于收购公司，所以一个市盈率为30倍的公司并购一家市盈率为20倍的公司将会在并购后使收购公司的股东内在收益提高。然而，如果目标公司市盈率达40倍，则会使收购公司每股收益降低。

为什么增利型并购比毁损型并购受人欢迎呢？利用其根本原因来解释可知，增利型并购通过每股收益的提高，进而提高了公司的每股价值，这一结论的得出建立在这一假设的基础上，即市场不会改变并购后公司的市盈率。例如，当目标公司由于具有高风险、低增长的特征，而使市盈率相对较低时，上述结论并不适用，如果市场具有理性的前瞻性，那么，收购公司的市盈率指标在并购后应该下降，这一降幅与每股收益的变动是否成比例变化呢？这取决于并购支付价格是高于还是低于目标公司的价值，换句话说，不论收益是增加还是降低，目标公司的市盈率都与其无关。

尽管这样，一些公司还是在并购前或并购过程中不断的抬高企业盈利，他们在赌市场不会看到其行为的本质，将通过高额的股票市价给予其回报。从短期看，他们的作法或许会获得收益，Andrade（1999）对1975年至1994年发生的224起并购进行研究，他发现增利型并购中收购公司的股票价格在并购后的18个月持续上扬，这一增幅高于市场中那些并未如此刻意抬高盈利的企业①。然而，这一股票价格的变化却远小于那些真正公平交易的企业。正如谚语所说，你只可以在某些时候欺骗一部分投资者。

15.3.2　高速增长

大部分公司努力寻找快速增长的方法以应对来自企业内部的增长预期。内部增长常是企业的明智之选，但通常需要较长时间，况且等待增长的到来并不被认为是应有的选择，因此，对于这些公司通常是那些最具侵犯性，且常将具有高成长性的

---

① Adnrade, G., 1999, "Do appearances matter? The Impact of EPS Accretion and Dilution on Stock Prices," working paper, Harvard Business School.

公司作为其首选目标的现象便不足为奇。虽然高成长性所带来的收益不容置疑，但对这一成长性所支付的对价决定了并购的成功与否。如果对高成长性所支付的对价高于真实的市场价格，虽然并购会为收购公司带来未来现金流量的增长，收购公司的股票价格也会下跌。

这一点可通过一个小例子作以说明，假设一家成长性较差的公司并购了一家有着巨大投资机会且成长性较高的公司。两公司的具体特征如表 15—4 所示。

表 15—4 **收购公司和目标公司：成长型并购**

	收购公司	目标公司
BETA 系数	0.8	1.2
税前债务资本成本	5%	5%
税率	30%	30%
资产负债率	10%	10%
收入（单位：百万美元）	1 000	500
息税前收益（EBIT）（单位：百万美元）	50	25
税前总资产报酬率	12%	30%
再投资报酬率	50%	80%
高速发展期	5 年	5 年

对两公司作以单独评估得出评估价值如表 15—5 所示（假设无风险利率为 4.25%，风险溢价为 4%，5 年后公司无超额收益），收购公司增长率为 4.2%，很明显并购的目的在于购买高成长机会，因为目标公司有着 16.8% 的增长率，这一成长性将转化为收购公司并购后盈利的快速增长，但这并不必然带来收购公司股东价值的提升，这将取决于收购公司支付的价格是高于还是低于目标公司的价值。如果支付过高将毁损收购公司的股东价值，反之，如果支付过低，将提升收购公司股价，这一收益不是源于公司对成长性的购买，而是由于其支付价格低于目标公司的评估价值。

表 15—5 **收购公司和目标公司价值评估：成长型并购**

	收购公司	目标公司
股权资本成本	7.45%	9.05%
税后债务资本成本	3.5%	3.5%
加权平均资本成本	7.06%	8.5%
税后总资产报酬率	8.4%	21%
再投资报酬率	50%	80%
期望增长率	4.2%	16.8%
公司价值（百万美元）		
高增长期公司现金流量的现值	80.74	21.95
终期价值	635.31	466.84
公司当前价值	532.55	332.49

总的来说，协同效应来源于经营与财务领域，受评估中的多种不同因素影响。图 15—2 对影响协同效应、影响企业价值的各种因素做出了总结。

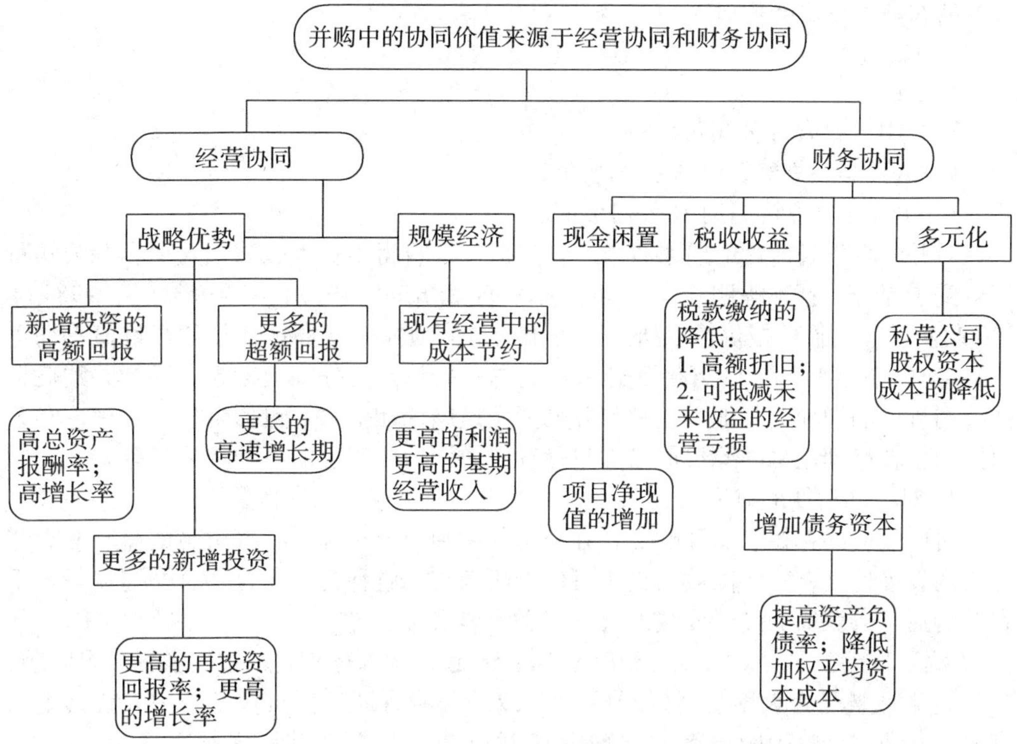

图 15—2　协同效应与价值

15.4　协同效应的证据——价值的产生与价值增长

上一部分我们说明了许多并购中存在着协同效应，或者体现于现金流量的提高，或者是折现率的降低。在这一部分我们将探讨一个对于收购公司十分重要的问题，即协同效应的价值是多少？首先，我们从并购宣告日及宣告日后两个时点对协同效应作以探讨；然后，我们将提出一个研究框架，借以说明如何恰当地获取协同价值，以及以获取协同效应为目的的并购策略中的相关难点。

15.4.1　协同效应的证据

对协同效应价值的评估有两种方法。第一种方法建立在历史事项的基础上，即观察并购宣告日的市场反应，度量期望的协同效应价值，并找到协同价值的受益主体；第二种方法是纪录并购后协同效应的表现，评估协同价值受益主体的收益。

1. 并购日评估市场价值

获取协同效应是许多并购的初衷，Bhide（1993）对 1985 年至 1986 年间 77 起并购事件作以研究，并表示有1/3并购的主要动因在于获取经营协同[①]，市场认同收购公司的观点吗？如果并购带来协同效应，那么合并公司并购的市场价值将大于合并前两独立公司的价值之和。

V（AB）>V（A）+V（B）

其中：

V（AB）是合并公司价值；

V（A）是独立经营时A公司价值；

V（B）是独立经营时B公司价值。

对并购宣告日前后的股票收益率作以研究，可得出在大多数接管中合并公司价值得到了提升，且升幅明显，Bradley、Desai和Kim（1988）对1963年至1984年236起企业间的投标报价作以研究，得出结论认为并购宣告日合并公司价值平均上涨7.48%（1984年为11 700万美元）[②]，这一结论还需仔细地考虑，因为并购后合并公司价值的增加与其他一些解释并购的假设结论相一致，包括价值低估理论和公司控制权转移理论，因此价值增加只是针对协同效应假说的一种粗略检验。

2. 对并购后期的研究

协同效应的存在表示并购后合并公司与两独立公司相比有着更高的盈利能力和更快的发展速度，对协同效应更为可信的研究在于解释为什么合并公司与竞争对手在并购后可以获取的经营业绩的改善（盈利性和成长性）。

• 麦肯锡公司对1972年至1983年的58起并购进行研究，主要解释2个问题：（1）并购收益是否大于公司资本成本？（2）并购有助于公司在竞争中表现得更为突出吗？研究结论表明，58起并购中有28项在上述2个问题中都表现为失败，6项至少在一个问题上表现为失败，在一项后续对1990年发生在英国及美国的115起并购事件的研究[③]中，麦肯锡得出结论认为，60%的并购收益低于公司资本成本，只有23%的并购取得了超额收益。1999年麦肯锡对1996年至1998年间100起大额并购案作以调查发现，只有17%的并购为合并公司创造了价值，有30%的并购并未创造价值，有53%的并购毁损了公司价值[④]。

• Moeller和Schlingemann（2004）对1985年至1995年发生的4 430起跨国并购案和国内并购案进行了分析，分析结论显示，美国的收购公司在跨国并购中支付了过多的并购对价，并购后股票价格和经营业绩多呈现下滑态势。他们认为这是由于收购公司过高地估计了跨国并购中的协同价值，或者说过低地估计了协同价值实现的难度[⑤]。

---

① Bhide, A., 1993, "Reversing Corporate Diversification," in *The New Corporate Finance: Where Theory meets Practice*, ed. D. H. Chew Jr., McGraw Hill.

② Bradley, M., A. Desai and E. H. Kim, 1988, "Synergistic Gains from Corporate Acquisitions and their Division between the Stockholders of Target and Acquiring Firms," *Journal of Financial Economics*, v21, 3–40.

③ This study was referenced in an article titled "Merger Mayhem" that appeared in Barrons on April 20, 1998.

④ KPMG measured the success at creating value by comparing the post-deal stock price performance of the combined firm to the performance of the relevant industry segment for a year after the deal was completed.

⑤ Moeller, S. B. and F. P. Schlingemann, 2004, "Are cross border acquisitions different from domestic acquisitions? Evidence from stock and operating performance of U. S. acquirers," working paper, SSRN.

- 一项对 1995 年发生的 8 起大型银行并购的调查①表明，只有两起并购（化学银行与大通银行并购案和第一芝加哥银行与底特律国民银行并购案）中的公司后续表现超过了银行股票指数，最大的一起并购案，美国富国银行并购第一州际银行，就是一起重大失败。Sirower（1996）年对并购协同效应的成败作以详细分析，得出结论较为悲观，他认为协同效应往往是期望中的，却很少得以实现②。
- 并购中最大的败笔就是大量的并购在很短的时间内就相继解体。Mitchell 和 Lehn（1990）表示，1982 年至 1986 年发生的并购中有 20.22% 在 1988 年前被解体③。一项对并购长达 10 年以上的研究表明，并购解体的比率已上升至 50%，仅有少量公司从并购中获取了预期的收益。另一项由 Kaplan 和 Weisbach（1992）做出的研究表明，有 44% 的并购最终解体，主要是由于收购公司在并购中支付过多，或是由于合并的两公司无法完成整合④。

回顾这些实例可以清楚地看到，市场相信并购协同价值存在的可能性（尽管远小于管理当局评估的数额），但同样清楚的是，只有一小部分并购实现了协同价值，这些发明都印证了这一观点，即协同效应确实存在，但真正在现实中实现它比在书本上讨论它要难得多。

15.4.2 分配协同价值

如果协同效应产生了巨大的价值，那么下一步的问题即是如何分配这一收益，谁可以获得这一价值呢？换句话说，协同价值该由收购公司股东享有，还是由目标公司股东享有？在本部分，我们首先将设计一种在收购公司与目标公司之间公平分配协同价值的方法；其次，我们将展现一下协同价值在收购公司与目标公司之前进行分配的实例；最终我们得出结论：收购公司如何通过多享有协同收益进而改善其不足。

1. 分配框架

在适当的情况下，如果协同效应可以为企业带来巨大价值，那么下一步的问题即是决定这一新增价值如何在收购公司与目标公司之间进行分配。我们将对不同的协同类型作以分析，但合理分配的基本思想是相同的，由于协同效应的产生需要收购公司与目标公司的共同努力，收购公司分配到多少协同价值将取决于它为合并公司做出了多少独特的贡献。在一个特定的例子中，如果只有收购公司拥有协同效应产生的必要要素，那么它将独享协同收益，如果收购公司的作用不是独一无二的，还需要其他公司的配合，则协同价值的一部分将转到目标公司和其股东手中。将这一思想应用到上述我们提到的几种协同价值的来源上，可得出如下结论：

---

① This study was done by Keefe, Bruyette and Woods, an investment bank. It was referenced in an article titled "Merger Mayhem" in Barrons, April 20, 1998.
② Sirower, M. L., 1996, *The Synergy Trap*, Simon & Schuster.
③ Mitchell, M. L. and K. Lehn, 1990, "Do Bad Bidders make Good Targets?", *Journal of Applied Corporate Finance*, v3, 60 – 69.
④ Kaplan, S. and M. S. Weisbach, 1992, "The Success of Acquisitions: The Evidence from Divestitures," *Journal of Finance*, v47, 107 – 138.,

• 成本节约型协同。正如前面学习所知，成本节约型协同通常是横向并购的产物，如果这一成本节约型协同是由收购公司带来的，那么收购公司将要求更多的经营协同收益。20世纪90年代的晚期，美国银行并购了太平洋证券，此项并购的主要成本节约效应来源于两家银行在西海岸，特别是加利福尼亚地区的分支机构布局相近，这是除美国银行以外的其他银行所不具有的优势，这也为美国银行的收购之路提供了优势。如果这一成本节约协同较为普遍，其他银行也可以轻易达成，那么目标公司的股东在并购中将会得到更多的好处。这正如两家消费品生产公司合并，主要的成本效应来自于其广告营销部门因合并而产生的费用降低。

• 增长协同。增长协同有多种作用形式，但收购公司可获价值的多少还取决于其付出的多少。举两个小例子：假如可口可乐公司打算收购一家新兴的消费品生产公司，期望可利用其市场、资源同时增加本公司及目标公司的销售量。可口可乐公司在并购谈判中的卖点在于其丰富的市场经验，但这是其他的销售品生产商，如Diageo，PepsiCo同样具备的。相反，思科公司频繁地在其商业领域购买年轻的科技公司，运用自身技能将有潜力的技术转化为商业产品以实现价值增值。这种要求技术和营销技巧混合的技能，复制起来会更加困难。可以想见，思科公司在并购中一定会比可口可乐公司获得更多的协同价值。

• 举债能力。当协同价值来自于举债能力的提高或债务成本的降低时，两并购公司应分属于不同的行业，承担着不同的风险程度。如果两公司均没有独特的优势，那么协同价值将在两公司间平分。

• 现金闲置。当并购发生在一个有着充足现金的成熟公司和一个现金紧缺，但投资机会丰富的成长型公司之间时，闲置现金将得到充分利用，此时并购各方对协同价值的分配将极大地取决于市场中现金资源与成长机会的稀缺性。在一个快速发展的市场经济环境中，投资机会较多，但现金紧缺严重（这也许是由于资本市场未获得充分发展），可以想象拥有大量现金的公司将获取更多的协同价值。在一个成熟的经济环境中，资本市场较为开放，拥有高速成长机会的企业将在并购中获取优势。

• 税收收益。并购中的税收收益或许来源于并购后税款的减免（来源于折旧的提高或分期偿还），或是来源于税率的降低。上述两种成本节约中收购公司将分得多少将取决于其获取税收收益的多少。如任何一家收购公司均可在并购后提高目标公司的资产价值，那么目标公司将获得大部分的协同收益。如果收购公司的加入对于税收收益的产生极为重要，那么收购公司将取得协同价值的大部分。

上述讨论具有现实意义。目标公司如果想获取更多的协同收益，就应放开并购议价过程，迫使收购公司与其他报价者竞争，对于作为上市公司的目标公司来说，这是很容易的，因为市场即扮演了一个竞争报价者的角色，抑制收购公司获得过多的协同价值。在很多情况下，竞争报价者将会介入，将并购价值抬高，对于私营企业而言，特别是小型私营企业，向其他竞争者开放并购议价过程具有相当难度，结果往往是收购公司获取了大部分的协同价值。

2. 协同价值分配的实际证据

上一部分我们对许多并购中存在的协同价值进行了探讨，但这并不意味着协同价值总能使收购公司的股东获利，这取决于并购支付价格的多少。越来越多的证据表明，目标公司的股东显然是接管中的赢家——他们不但可以在收购公告前后获得巨额收益①，在收购后的数周内也会实现这一点。Jensen 和 Ruback（1983）指出，在成功的投标报价中，目标公司股东们的超额报酬为 30%；在成功的兼并中，目标股东们的超额报酬为 20%②。在回顾了 1962 年至 1985 年间的 663 起投标报价后，Jarrell，Brickleys 和 Netter（1988）注意到，收购的平均溢价在 20 世纪 60 年代为 19%，在 20 世纪 70 年代为 35%，在 1980 年至 1985 年则为 30%③。一项对并购宣告日前后 20 天的研究④显示，目标公司的并购收益如图 15—3 所示。

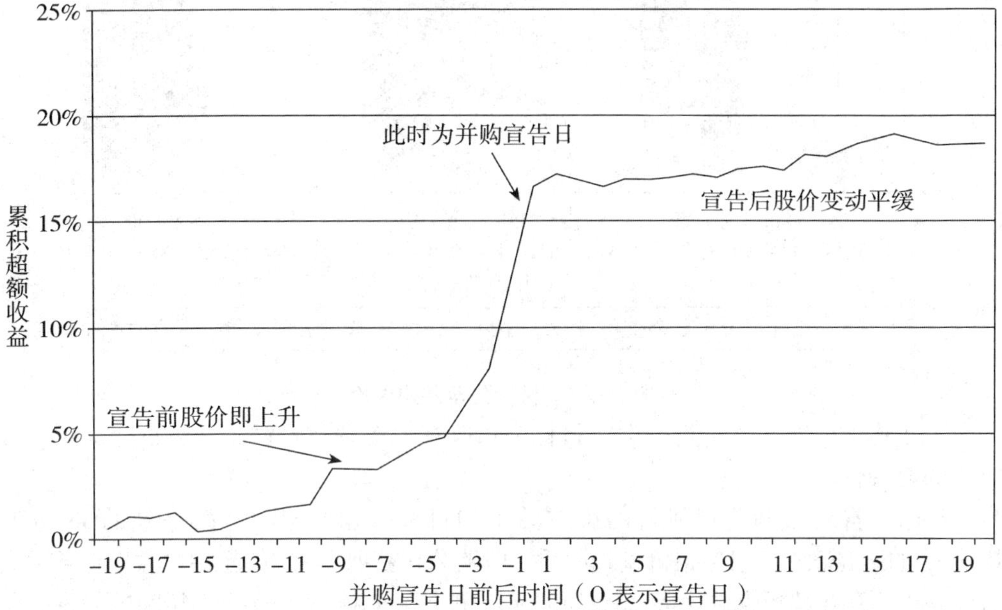

图 15—3　目标公司股票的累计超额收益

资料来源：Dennis 和 McConnel（1986）。

我们注意到，一半以上的并购溢价在并购宣告日已体现在了股票的价格中，这表明并购信息存在着漏损现象。在并购日，股票价格明显上扬，但其后则变化缓慢。当我们以支付手段为标准对并购进行分类时可发现，现金支付方式下的目标公司股价远高于股票支付方式下的目标公司股价；敌意收购的并购溢价高于善意收购

① The excess returns around takeover announcements to target firms are so large that using different risk and return models seems to have no effect on the overall conclusions.

② Jensen, M. C. and R. S. Ruback, 1983, "The Market for Corporate Control," *Journal of Financial Economics*, v11, 5 – 50.

③ Jarrell, G. A., J. A. Brickley and J. M. Netter, 1988, "The Market for Corporate Control: The Empirical Evidence since 1980," *Journal of Economic Perspectives*, v2, 49 – 68.

④ See Dennis, D. and J. McConnell, 1986, "Corporate Mergers and Security Returns," *Journal of Financial Economics*, v16, 143 – 188.

的并购溢价；投标报价的并购溢价高于合并中的并购溢价。图 15—4 截取了一项研究报告[①]的成果，表明了不同的并购类型对并购溢价影响的大小。

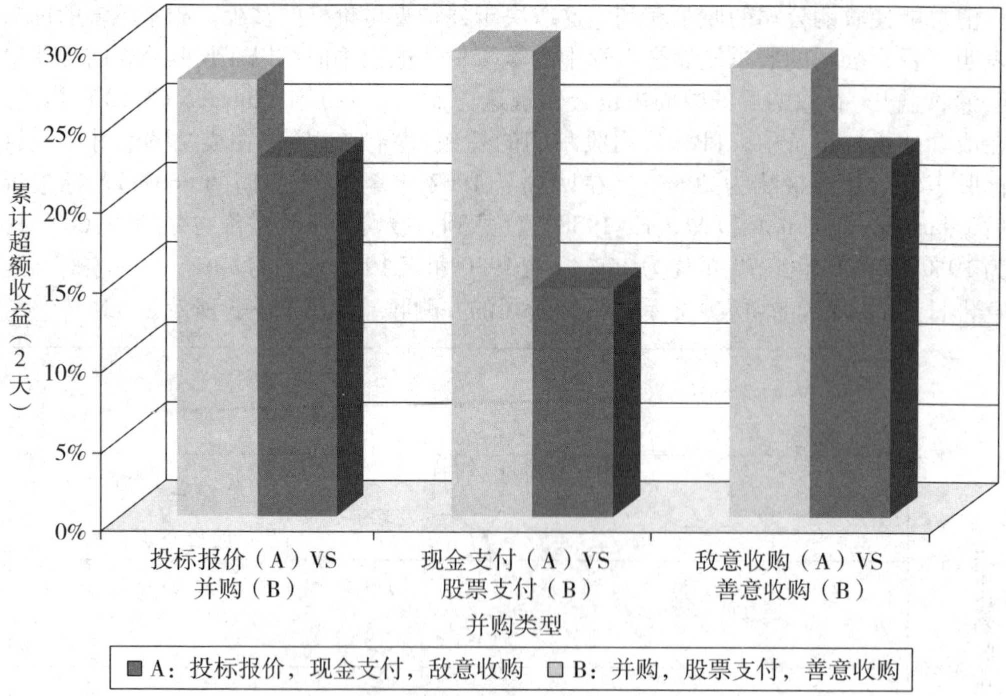

图 15—4　目标公司并购溢价

不论你如何对并购进行分类，目标公司股东也有理由解释其从股价变动中获取收益的合理性。

接管公告对收购公司股价的影响并不如目标公司明显，上面提到的 Jeson 和 Ruback 的研究表示，投标报价宣告前后，收购公司获取了 4% 的超额收益，但兼并宣告前后则不存在超额收益。Jarrell，Brickleys 和 Netter 对 1962　1985 年间的投标报价行为进行的研究表明，收购公司股东的超额收益呈下降趋势，从 60 年代的 44% 降到 70 年代的 2%，再降低到 80 年代的 -1%。其它的研究表明，接管公告前后，近一半的收购公司超额收益为负，表明股东们对接管价值的存在心存疑虑。Moellen Schlingemann 和 Stulz（2004）的研究表明，1998 年至 2001 年间，收购公司股东并购收益为 -12%，即产生并购损失达 2 400 亿美元，相反，在整个 20 世纪 80 年代，他们仅损失了 70 亿美元，但 1998 年至 2001 年间遭遇损失的股东中大部分都从属于少量的大规模并购，且支付了过高的并购对价（如时代华纳并购美国在线）[②]。

最后应指出，无论收购公司是否超额支付，观察并购宣告日当天收购公司与目

---

① Huang, R. D. and R. Walkling, 1987, "Acquisition Announcements and Abnormal Returns," *Journal of Financial Economic*, v19, 329 -350.

② Moeller, S. B., F. P. Schlingemann and R. M. Stulz, 2004, "Wealth Destruction on a Massive Scale? A Study of Acquiring Firm Returns in the Recent Merger Wave," *Journal of Finance*. v60, 757 -792.

标公司的股价以评估协同价值的大小或收购公司是否超额支付都过于简单，也无任何意义。毕竟大部分的并购宣告并不突然，且市场也常会通过股票价格将市场预期放大。Hetaqla，Kaplan 和 Robinson（2000）提出了一个方法，即从并购宣告当天开始到协同价值被完全消化为止，不论收购公司是过度支付还是支付不足，观察目标公司和收购公司股票价格的变动[①]，通过这一方法他们发现，Viacom1994 年并购 Paramount 时支付了 15 亿美元，而 QVC 虽然在并购争夺中失败，但事实上，其与 Paramount 并购所产生的协同价值高于 Viacom。

通过上述的分析就不难解释，为什么收购公司股东往往对兼并和收购事项的反应平淡。大多数并购中，甚至是在那些协同效应确实存在，且可具有价值创造效应的并购中，收购公司股东获得的协同价值常常极小，甚至为零。事实上，大多数并购中，收购公司为协同价值的取得付出了超过 100% 的代价，但留给股东的价值却小于无并购活动时的情形。

15.4.3　收购公司在获取协同价值时为什么存在超额支付的问题

有许多原因可以解释收购公司获得协同价值时的超额支付现象。

- 评估过程中的偏差。在大多数的并购中，往往由并购的执行者（收购公司聘请的投资顾问）评估并购是否有价值（如判断目标公司价值是否与并购对价相符）。这一评估过程即是不同倾向、不同意向的博弈。并购执行者的佣金收入与并购是否促成相关，与并购是否有意义无关。如果我们将这一倾向与大多数的收购公司管理当局的想法（即不论价格如何都决定完成并购）结合起来，就不会觉得奇怪，为什么那么多失败的并购在协同价值及控制权的取得上都存在着超额支付问题。

- 管理者自大。Roll（1986）认为，管理者的骄纵是过度支付的根本原因所在[②]，收购公司通常过高地估计了并购中协同效应的存在，却过低的估计了将其转化为价值的时间，这对于那些对两个问题都作了同等考虑的公司来说不够合理，但反映了这样的一个信念，即管理者都认为自己强于一般的管理者，可以避免这类错误的发生。Roll 的观点得到了实证检验的支持，实证分析发现，并购收益与收购公司 CEO 的自我意识相关。例如 Hayward 和 Hambrick（1997）对 106 个主要并购事件进行了研究，利用 3 个变量代表 CEO 的自大行为——近期团队的成功、媒体赞赏和相关权力（利用 CEO 的报酬与公司薪资水平排名第二的员工的收入之比来表示）[③]，他们发现，过分自信的 CEO 往往在并购中存在着过度支付问题。

- 协同效应转化的计划性失败。毕马威公司对并购前与协同效应相关的问题作以分析发现，很多公司同样没有明确的计划以实现协同效应的转化，这样的后果

---

① Hietalla，P.，S. N. Kaplan and D. T. Robinson，2000，“What is the price of hubris? Using takeover battles to infer overpayments and synergies，” working paper，University of Chicago.

② Roll，Richard，1986，“The Hubris Hypothesis of Corporate Takeovers，” *Journal of Business*，59，97 - 216

③ M. Hayward，D. Hambrick，“Explaining the premiums paid for large acquisitions: Evidence of CEO hubris，” *Administrative Science Quarterly*，42，1997，103 - 127. Every additional article in the media praising the CEO increased the acquisition premium by 1.6%.

是，公司中没有人负责协同效应的实际运作，进而便认为协同效应并不存在，毕竟成本不会自行降低，高成长性也要源于投资决策的做出。

15.4.4 增加并购成功的可能性

并购为企业增值的证据并不明朗，但一些并购确实可以增加企业价值，一些确实成功地创造了协同效应，但成功的并购往往较少发生的事实给并购中的公司上了一课，即协同价值的实现与转化问题具有较大的挑战性。

- 发生在两个规模相同企业间的并购，与大公司收购小公司的并购相比成功的可能性更小①，这也许是因为当两大公司并购时（如花旗公司并购旅行家集团）因为文化中的差异不可避免，这将阻碍协同效应的实现与转化。
- 成本节约型并购（成本节约具有明确性和及时性）与增长型并购相比，更易实现协同效应的转化。毕竟，增长型并购不但较难描述与理解，同时，更是无法用方案表述出来，这样就给后期的具体实施带来了困难。麦肯锡曾对成本节约型并购与成长型并购中宣称的协同价值的实现比例作以分析，研究结果如图 15—5 所示②。

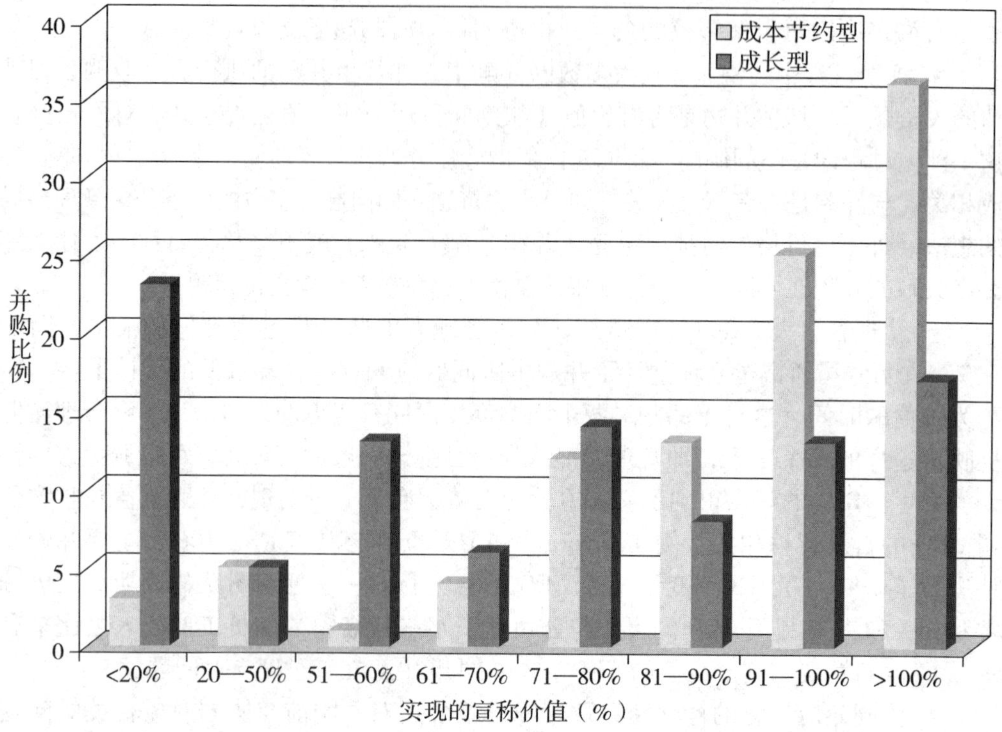

图 15—5 协同效应——宣称价值与实现价值

资料来源：Christofferson，McNish，and Sias（2004）。

---

① 这反映了，与大公司并购小公司的并购失败相比，我们更易看到两同等规模公司的并购失败。

② Christofferson，S. A.，R. S. McNish and D. L. Sias，2004，"Where Mergers go wrong，" *McKinsey on Finance*，Winter 2004.

• 收购小型私营企业的并购计划与收购上市公司的并购计划相比，更易成功，购买私营企业的好处有二：第一，与上市公司相比，私营公司所面临的资金壁垒更为严重，这就使因现金闲置所带来的协同效应更易实现；第二，收购者不用以市场价值为基础为并购定价，市场价格可能已经反映协同效应的价值并附加溢价，对私营企业价值的评估中包含的市场偏差更少。

总之，协同效应难以转化，却不是不可能产生，公司往往严格控制并购过程使预想的协同效应得到更好的转化。

15.5　协同效应评估中的常见错误

对协同效应进行评估的分析人员常会犯一些常见的错误，使公司为协同效应的取得支付了数以十亿计美元。收购公司由于错误地认定了协同效应的来源而向目标公司股东支付过多，或使用错误的折现率求解协同价值。同样，对协同价值和控制权价值的混淆和重复计算也多常见。最后，对协同价值的取得时间的过分自信也使收购公司支付了过高的并购价格。

15.5.1　给予目标公司股东的过多支付

收购公司评估协同效应时应遵循一个简单的原则，不要对那些无法掌控核心优势的目标公司股东支付高额溢价，在此举两个小例子用以展现收购公司对目标公司股东的过多支付。

A. 一家资产负债率较高的收购公司意图收购一家资产负债率较低的目标公司，假设以此为目的，收购公司税后的债务成本为 3%，目标公司为 5%，资产负债率为 30%，为了对目标公司的资本成本进行计算，分析人员决定采用收购公司的债务成本指标，因为收购将使新公司的债务成本降低，降低的债务成本（由于利用收购公司较低的负债成本替换了目标公司的负债成本）会提升目标公司的价值。为什么要向目标公司股东支付高额的并购溢价呢？他们对降低收购公司债务比率来说毫无贡献。高额并购对价支付的后果是价值从收购公司股东向目标公司股东的转移。

B. 一家拥有出色举债能力的公司意图就此实施并购，对于目标公司的选择应是那些债务结构不合理，常用留存收益满足发展需要的企业。如果我们利用这一高资产负债率（低资本成本）对目标公司进行估价，毫无疑问地将会计算出一个高额的价值，如果按此价格支付，则定价失误，因为我们向目标公司股东支付了其并未创造的过高溢价。

在一般意义上来说，并购中目标公司股东都希望收购公司承认协同效应价值和控制权收益的存在，如本章最初所述，两公司对协同价值的合理分配将使收购公司股东至少获得一部分的增量价值。

15.5.2 错误的折现率

协同效应通常会带来未来现金流量的增加，对这些现金流量的评估需要用到折现率。错误地使用了折现率会造成对协同效应的错误估价。估计折现率的原则是应能如实反映现金流中的风险，虽然提出了这一原则，但在协同效应的估计中仍会存在一些常犯的错误。

- 源自协同效应的现金流与合并公司有关，与收购公司和目标公司各自无关。我们应用合并公司的股权资本成本，或加权平均资本成本作折现率，在很多并购中对源自协同效应的现金流量进行折现，采用了收购公司资本成本或目标公司的资本成本。
- 正如我们之前提到的，分析人员常采用无风险利率对并购带来的税收节约进行折现，源自协同效应的现金流量从来不是无风险的，利用无风险利率对其折现是不合理的。
- 如果协同效应源于进入新的行业，而这一行业与收购公司和目标公司相比有着极为不同的风险特征，此时对现金流量进行折现的折现率与收购公司和目标公司不同。

15.5.3 混淆了控制权的协同效应

获取协同效应是很多并购的初衷，同样，控制权的取得也是常被提到的并购原因。控制权价值源于改变公司经营方式，提高公司管理水平，在很多的并购评估中，控制权价值与协同效应价值常被一起评估，很难对两种效应的起始和终结时间做出认定。由于两者的紧密结合使我们同样面临了错误选取折现率的风险，控制权收益与协同价值存在显著不同，主要原因如下：协同效应的产生需要两个企业（公司、业务、项目）真实存在，且通过合并带来协同价值；而控制权收益仅存在于目标公司中，不需要对收购公司（或其价值）进行分析。如果一起并购同时产生了控制权收益和协同价值，最好将其分开评估。事实上，应先对控制权的价值进行评估，一次是在原有的管理水平上的评估，一次是在改进后的管理水平上的评估。当评估出控制权收益时，即可利用本章前面讲述的内容对协同价值进行估价。

15.6 结论

对协同效应在大多数并购中的最佳描述应是：经常被提及，但很少被实现。在很多并购中，产生协同价值（包括经营协同和财务协同）是很有可能的。本章我们首先对协同价值的来源作以分析，并对如何评估经营协同和财务协同作了说明。大体来说，经营协同带来高额的现金流量，财务协同则对现金流量和折现率均产生了影响。为了对协同价值进行评估，首先应对收购公司和目标公司价值进行分别评估。两公司价值之和与并购后合并公司（具有协同效应）的价值之差即是协同效应所带来的价值。

尽管所有的并购都可能产生协同效应，但大多数并购都未必能成功将其转化为协同价值。尽管我们承认协同价值的确存在，但事实上，收购公司股东并未从并购中获取增量价值，他们为协同价值支付了过高的溢价，我们将这一超额支付的现象归结于许多原因：如管理的骄傲自大、评估过程中的偏差、协同效应取得中的计划性失误等。最后我们对协同效应转化中的难点问题进行了探讨，并提出了一些协同效应评估中的常见错误。

第16章　信息透明度的价值

当评估公司价值时，我们利用了公司的财务报表，并且相信其提供的信息真实可信，可以反映公司的盈利情况、占有资源及所含价值。虽然并不是所有的财务报表都具有公允性，从价值评估的视角来说，与其他信息相比，有些财务报表的意义不大，主要原因有二：第一是会计处理不当，导致财务报表未能反映公司的相关信息，或提供了错误信息。这些令人误解且不完整财务信息的出现并不能归责于管理当局，严格的披露制度也无法将其根治。第二是公司的复杂性，即使采用一样的会计制度，有些公司也比其他公司更容易评估，这主要是由于它们不那么复杂，例如，对沃尔玛的评估就比对通用的评估简单的多。

在本章中，我们讨论公司的复杂性对其价值评估的影响。为了回答这一问题，我们先探讨一下为什么复杂性对于投资者来说较为重要，然后讨论两个较为棘手的问题：是什么导致了公司的复杂性？我们如何度量这一复杂性？然后，我们将探讨一下实务中投资者在评估公司价值中应如何应对这一复杂性。在本章的最后，我们会讲解将复杂性纳入现金流量折现法和相对价值评估法中的方法。

16.1　一项实验

看一下下面这个实验。我们对两家风险暴露程度相同，负债程度相同的公司进行分析，假设两家公司经营收入相同，资本收益率相同，且有着一致的未来期望收入增长率。首先，假设A公司经营品种单一，财务报表容易理解，B公司涉及领域广泛，财务报表较难理解。如果两公司的财务情况相同，它们的评估价值是否会一样呢？如果答案是否定的，那么两家公司哪个价值更高呢？为什么？

在传统的现金流量折现法下，两公司的价值相同[①]。毕竟，计算源于经营收入和再投资需求的公司税后现金流量时，不用考虑公司复杂性这一调整因素。折现率的计算基于股本成本中的无风险利率和债权成本中的违约风险。事实上，在计算折现率时，业务复杂的公司往往占优，因为我们通常会允许其拥有更高的负债额度和更低的资本成本。

在相对价值评估法中，我们对业务复杂公司的处理更具随意性，当我们利用价

① 因为两公司具有相同的风险暴露度和负债结构，因此其具有相同的资本成本，因其资本收益率相同，故其再投资收益率相等，公司现金流量相等。公司信息透明度的不同会体现在可分散风险上，对公司资本成本不构成影响。

格/收益乘数法或公司价值与 EBITDA 乘数法时，我们对不同公司间差异的调整往往只关注一些财务指标，如风险、成长率和现金流量，几乎从未考虑过业务的复杂性这一问题。当我们采用现金流量折现法时，我们往往会对复杂性进行调整，认为其应获得更高的收入，拥有更高的价值，因为公司经营范围广泛，可以对风险予以分散。

在本章中，我们将对如今的一种现象作以讨论，即与业务复杂的公司相比，大多数的投资者会对业务简单的公司给予更高的评估价值，因此低估了业务复杂公司的价值。他们这种做法是合理的吗？还是我们在价值评估模型中忽略了一些重要的方面？我们认为答案是后者，我们将通过本章对公司业务的复杂性作以评估，并将其纳入评估模型的考虑范围之内。

16.2　定义复杂性

对于一个信息透明的公司来说，与评估其公司价值相关的信息不仅易于取得，较为及时，同时将其运用到价值评估的模型中也相对简单。如果评估对象是一家业务复杂的公司，将其信息应用于价值评估的模型中则相对较难，由此也可知，对复杂性定义比较困难，不能从信息质量的角度入手，信息透明的公司往往指那些可以提供更多信息的公司。毕竟，信息只有具有可信性和有用性才具有价值。事实上本章中所提到的复杂性的价值具有两种不同形式。第一，用于价值评估的数据或是无法取得，或是歪曲不实，这是信息披露方面的问题，这一问题的产生或者源于相关信息的缺失，或者源于无关信息的存在。第二，信息可获得，但公司自身太过复杂（或者因为其组织结构，或者因为其经营领域），以至于估评难度的增加。

将上述两原因区分后，我们可知，第一种问题可以通过加强信息披露制度的建设予以解决，但制度对第二个问题的解决作用不大，本章我们将从以下两个方面对复杂性作以探讨：复杂性的来源以及公司拥有这一复杂性的动机。

16.3　复杂性的来源

运用前一节提出的复杂性的广义定义，我们开始讨论复杂性的来源，一些复杂性来源于外部力量——管理当局和会计准则，但大部分来源于公司内部，换句话说，如果一个公司拥有复杂的且难以理解的财务报表，他们自己应该负有主要责任。

16.3.1　制度框架

虽然我们往往认为复杂性包含相关信息的缺失和无关信息的存在两个方面，然而一些责任也源于管理当局对财务信息披露的规定，一些新兴市场并不完善，其公司的相关信息存在大量的漏洞，这主要是制度要求不严的结果。Beiglof 和 Pajuste

(2005) 对370家中东欧国家的公司财务报表进行分析，发现大量治理和运营的基础信息未予披露①。然而，他们同样发现，信息披露政策的制订更多地取决于股份制公司应遵循的法律框架，而不是公司的自身特征，这意味着披露制度对市场中公司行为的改善意义不大。

16.3.2 会计准则

通过上节可知，对于财务信息来说多披露比少披露要好，这需要更多的信息，从而公司信息透明化，本节中我们将对那些业务复杂且难以理解的财务报告作以分析。事实上，会计准则和会计实践在增加财务报告的复杂性方面是有责任的，特别是在美国和欧洲，与财务报表相关的一些问题源于会计准则的成文和其向公司传递信息中的偏差，一些问题源于会计准则自我完善过程中的变化。

1. 会计准则应用中的不一致

现行的会计准则是40年前为了满足主导行业中制造企业的需求而制定，并经过数次修订以满足现有市场中企业的实际需要，这一起源于工业时代的会计制度在信息时代运行不畅。高科技企业的无形资产的确认问题将如今的会计准则的缺点和不足展露无疑。举例说明，一家企业从另一企业买入一项专利权，并将其确认为企业资产，但另一家公司通过自主研发获取的同样一项专利权则并不会被确认为企业资产②。然而另一种例子同样存在，一家零售企业通过借款购买了经营场所，其自然将借款作为负债，将经营场所作为资产，但是如果是通过租赁取得经营场所，其租金支付显然未作为负债，经营场所也未作为资产确认③。

财务报表对企业员工的股票期权和合并行为的处理方式的不同也会为投资者带来麻烦。公司利用期权奖励经理层和职工的花费自然并入管理费用，这意味着这些期权可以被评估并计入公司运营成本，在这种会计处理方法下，我们在期权授予时忽略了其价值，仅在期权行使时才确认其价值④。联营法和购买法在企业合并中的应用直到2001年才被承认，允许企业采用联营法处理合并事项会隐藏大多数投资者的并购成本⑤。

为什么这些会增加财务报告的复杂性呢？主要取决于其投入的是何种资产，投资结构如何组织，公司可以通过投资行为隐藏资产和负债，公平地说，在美国会计师通过财务报表的附注已提供了足够的资料以较正这些不一致的现象⑥。

---

① Berglof, E. and A. Pajuste, 2005, "Why do firms disclose and why? Enforcing Corporate Governance and Transparency in Central and Eastern Europe," SSRN working paper.

② 这一事实的直接后果是花在研发的支出即便真的是对将来的投资，其也是花费了今年的支出（例如，那些将在未来期间逐期递延的资本性支出）。

③ 在美国大多数零售企业的租赁是经营租赁，被视为营业支出，在美国以外的国家里几乎所有的租赁费都被视为营业支出。

④ 即便是在实验中，企业也会采用不同的做法应对员工期权问题。一些企业会将其视为费用，但一些会将其作为资产负债表中股票账面价值的调整项。我们期望其会采用统一的处理标准，但从2006年开始，FASB的第123条准则要求，员工期权应在授予时确认为公司费用项。

⑤ 联营法下，公司可以将收购公司和目标公司的价值加总，作为合并公司价值，忽略购买法下高于账面价值的溢价支付，作为商誉确认在合并公司的资产负债表中，并在未来期限内予以摊销。

⑥ 第3章详细阐述了如何将经营租赁转化为企业负债，将研发支出加入到企业资产中来。

2. 模糊的会计准则

在过去的几年里，我们得知企业在计量收入和资本时存在着一定的随意性，在 20 世纪 90 年代，举例来说，一些大胆的企业利用会计准则存在的漏洞虚报高额收入，虚降资本投资，虚报资本回报，看看下面三组例子：

A. 一次性费用支出。公司越来越多地利用一次性非营业支出转移正常的经营支出，事实上，这样做的后果是在年复一年高估收入的同时又面临资本投资账面价值的降低①。

B. 隐藏资产。公司同样可以利用会计准则中不严密的规定，利用特殊目的实体和控股企业转移资产和负债②，一些公司以这些实体为合法工具，降低其借贷成本。虽然这些实体都可以从报表中体现出来，但一些公司仍利用这些实体隐藏负债。

C. 收益平稳化与收益管理。公司使用大量的技巧来平稳收益。在 20 世纪 90 年代，微软通常通过提高软件应用部分的成本和费用以低估其收入，借此形成一个利润的蓄水池，在一些业绩低于经营预期的年份里拿出以备之需。英特尔曾披露过其将股权投资的股票价格上涨视为利润，利用这些额外收入满足市场对公司的预期。在 20 世纪 90 年代股市繁荣期，一些公司披露其将额外的养老基金资产视为利润③，这些作法的弊端是什么？不论怎样，如果投资人对公司风险的评估主要着眼于收入的稳定性，他们就会受到误导，低估这些公司的真实风险。

这是不是意味着我们应该消除公司业务中的灵活性呢？答案是否定的。因为企业确实有一定的一次性费用支出存在，需要和日常的成本费用及收入区分开来。审计师是否应使用更为严格的标准以防止会计政策的滥用呢？也许吧，但我们对此表示怀疑，换句话说，不论会计准则如何严厉，同样存在一些公司在对准则的解释上比其他公司激进，具有讽刺意味的是，结果往往是增加了准则的严厉性，但不守规则的公司同样可以找到准则的漏洞，守规则的公司同样还是遵章办事。

3. 增加披露规定时会带来的意想不到的结果

在过去的三十年里，我们可以看到，关于财务报告信息披露问题的规定越来越严，这一趋势源于美国，现已在其他市场中被广泛应用，虽然这一举措的目的是好的，即向投资者提供与其投资相关的更多信息，但意想不到的是，结果却不尽如人意。第一，会计准则的增加以及要求披露内容的日趋详细使得财务报告越来越长，也越来越复杂，例如，以美国公司资产负债中的右方为例，三十年前，其规定披露内容为短期负债（包括应付账款、卖方信贷和短期借款）、长期负债（包括银行借款和企业债务）、所有者权益（包括股本和留存收益），今天我们可以看到，除了这三项内容外的大量其他负债，包括义务退休金负债、医疗保险和未来法律责任的

① 事实上，英国的分析师采用 EBBS（坏账前收益）代替经营收入对一些激进型企业的收益进行衡量。

② 在特定的养老金计划中，随着养老金资产（投资于股票）价值的上扬，分歧产生，如果股票价格下跌，则情况恰恰相关。

③ 利用会计准则的漏洞，公司可以将其资产放入特殊目的实体，并利用这一实体发行债券，如果实体内资产是低风险的（如应收账款），那么其负债也往往有着较低的债务成本。

规定；第二，仅详细披露了财务报告本身的内容，却未将与公司相关的重要信息在随后的附注中加以披露，换句话说，财务报告仅是公司财务信息的储存器，却难以被投资者驾驭。

为了展现会计准则是如何增加财务报告披露内容的，我们看一下 1990 到 2004 年间，根据证券交易委员会的规定，宝洁公司和金佰利公司对外披露的财务报告的页码变化（如图 16—1 所示）。页码增加一部分源于公司自身业务范围的拓展，大部分还是源于会计准则的修改和增加。

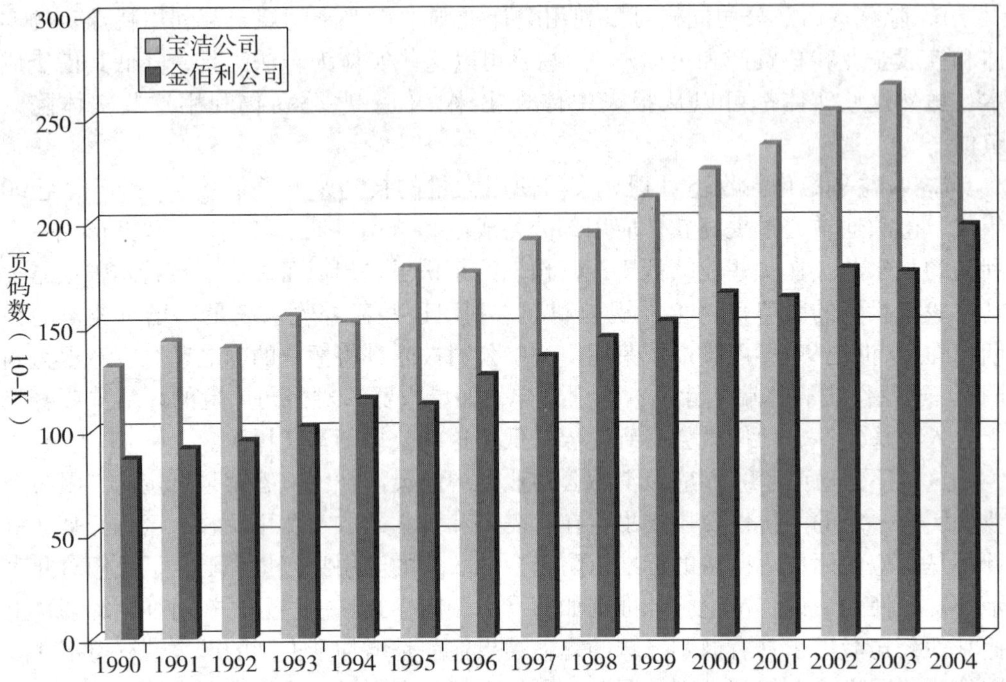

图 16—1　宝洁公司和金佰利公司 10—K 财务报告的页码数

这一过程有增无减，每一个会计丑闻的爆发都会促使立法会议和会计标准委员会增加新的财务信息披露要求，因此，如果在未来几年内财务报告的质量上不去，萨班斯法案的页码无疑地就会不停地增长，在欧洲和美国，为了推动以公平价值为特征的会计准则体系的建立，财务报告的页码逐年增加，操作难度增加，信息质量却未见提高。

16.3.3　业务的融合

一些公司与另外一些公司相比更具复杂性，只是因为其涉猎领域广泛，且关联度较小，以通用为例，公司在 10 多个领域内开展业务，且不同业务有着不同的利润率和风险暴露，所以，对通用的分析要比对美国 Adobe 公司的分析难得多，因为 Adobe 仅作软件的生产和销售，为什么公司会进入不同的且往往是毫无关联的经营领域呢？在 20 世纪 60 年代至 70 年代，多元化是产生这一现象的动力，有人说，多元化会带来风险的分散，在20世纪80年代人们认为一家经营良好的公司可以接管一公司经营不善的公司，利用其自身的管理经验增加接管公司的企业价值，这种方式是否会为企业带来价值还值得商榷，但是财务报告复杂性的增加却是一个潜在的成本。

不仅仅是从事不同行业的公司会产生复杂性的问题，同一行业存在跨区域经营的情况时也会带来复杂性的难题，如通用资本、通用汽车金融公司和福特资本等制造业公司的财务工作是极其复杂的，因为与金融及非金融类中的部分公司相比，其财务杠杆和经营特点都是显著不同的。

16.3.4　业务结构

当公司进入新的市场或业务领域时，其组织结构的安排也会对复杂性产生影响，举例来说，当一家公司将不同的业务板块独立运行，且独立入账时，对其价值的评估相对容易，而当公司将所有业务合并反映时，评估的难度就相对增加了，某些情况下，公司可以通过为各个业务板块建立子公司，且控股小于100%的方式解决这一问题，举例来说，在美国，公司对于持股51%的下属公司应纳入报表统一核算，少数股东损益作为负债列示[①]。对于持股15%的附属公司则仅反映其所持股份，附属公司的资产和负债均不反映于公司的表内。

20世纪80年代可口可乐公司包装瓶生产从主体中分离事件是一个很好的例子。将包装瓶生产独立，将其控股权减少到多数股东持股比例以下，可口可乐公司可以以最低的资产投入，换取高额的投资回报，然而，事实上，对包装瓶生产实体的部分控股掩盖了其投资回报和合并公司的财务杠杆，毕竟可口可乐公司和包装瓶生产实体是一个复合实体，企业价值以各自的存在性为来源。

这一现象在亚洲的交叉持股公司间更为明显，特别是那些老牌企业，这些复杂的交叉持股问题不仅来源于其私营企业的历史（意图少报收入和利润），也来源于目前现任管理层意图通过最少的股权控股企业的愿望。在某些情况下，民营企业间的交叉控股很少或根本不对外披露相关信息，业务结构的建立有利于控制权的提升，也对复杂性的解决有帮助，举例来说，亚洲和欧洲企业愿意采用的金字塔结构（在第13章中作了详细阐述）的透明度就不是很高，因为金字塔内部的控股股东可以在组织内部随意调动资金[②]。

16.3.5　增长战略

企业可以通过并购或通过内部项目达到成长的目的，一般来说，与并购相比内

---

① 合并报表需要在公司的资产负债表中反映子公司100%的收入，EBITDA和负债，子公司的少数股东权益不反映于母公司的表内。

② This argument is made in Simon Johnson, Peter Boone, Alasdair Breach, and Eric Fridman, 1999, "Corporate Governance in the Asian Financial Crisis, 1997 - 1998," MIT Manuscript; Khanna, T. and K. Palepu, 2000, "The Future of Business Groups in Emerging Markets: Long-Run Evidence from Chile," *Academy of Management Journal*.

部项目的会计核算较为简单且更为透明，事实上，收购公司可以在如下方面做出选择：

- 并购何种公司。并购对于会计的影响与所并购公司的类型相关，举例来说，并购一家具有显著无形资产的年轻且高速增长的公司比并购一家具有有形资产的成熟公司会产生更多的商誉价值。
- 并购支付方式。并购对价可以以现金、收购公司股票和双方交叉控股的方式支付，并购支付方式的不同不仅对并购在财务报表中的列示情况产生影响，也会对税收产生影响。
- 并购对价。由于并购中联营法不再被允许使用，故并购总价格都要作以记录，但先应将被并企业的资产按公允价值计入，并购对价与被并企业资产差额作为商誉列示，虽然对被并企业现有资产的评估价格存在限制，但不同的评估人员对同一资产得出的评估价格并不相同，进而产生的商誉也不同。
- 商誉的处理。一旦商誉被确认，公司便被要求逐年重估商誉的价值，并确认其价值与前期相比的减损，同样，对于商誉减值的数额和时间都可供商榷，与保守公司相较，更为积极的公司的减值相对较小，时间也较晚。

反过来说，这些选择权令财务报告更加难以理解，不仅是在并购当年，在并购以后的年度同样如此。

16.3.6 融资选择

三十年前，公司的融资渠道是十分简单的，可以通过普通股或银行信贷或企业债券。

而现今，当融资渠道日益增多，公司可以通过可转换债券、认股权证和其他混合金融品种为企业筹资时，财务报告也变得越来越复杂，一项全新的品种，财务人员称之为“准股本融资产品”是当今混合金融品种中的一种（既有债权性也有股权性），在企业的资产负债表中占有重要地位，公司也借助投资银行的帮助刻意地远离纯债类融资品种。

看一面这个例子，20 世纪 90 代年早期，投资银行家们创造了一个新的品种叫“信托优先股”，这一产品可以为公司带来债类产品所具有的税收优惠，同时信用评级机构又将其定位为股类产品，这些公司无法借款（因为债券利率的限制），只能利用信托优先股来对外扩张或投资，而信用评级公司最终意识到，这一品种的债权性多于股权性，极具创新精神的银行家设计出更新、更复杂的条款让公司借钱却不打上“负债”的标志，这一现象也加速了如安然等公司的倒塌，这些隐性的负债越来越多，最终使公司走向灭亡。

16.3.7 总结

会计报表的复杂性不仅对所有公司会计的未来趋势产生影响，也同样作用于公司的各项决策，会计差异、会计准则和政治环境是对各国在透明度问题上的分歧的最好解释，但各国间的公司也同样存在着重大差异，这些差异可以追溯到公司的组织结构、业务的运转方式，以及如何在现有的会计准则下酌情处理会计事项，因此，一个业务单一的公司也会拥有复杂的财务报告（或者说是难于理解），因为公司利用复杂的金融工具用于筹资，在会计政策的选择中十分激进，一个复杂公司想保证其会计信息的透明度，就必须对外披露比法规所要求的更多的内容。

16.4　复杂性存在的原因

拥有复杂会计报告的公司不得不忍受复杂性所带来的责任，不论会计准则严格与否，这是因为会计准则仅是告诉公司哪些事项应予以披露，并未给出上限，公司想向其投资者披露更多也是可以的。以 Infosys 这家印度软件公司为例，其财务报表的透明度要好过美国的一些公司，虽然印度的会计准则没有美国的严格[①]。本章我们将探讨为什么公司会选择使其会计报表复杂化，且难于理解。

16.4.1　控制权

许多现任经理害怕遭遇敌意收购，并试图通过建立更为复杂的控股公司和子公司以隐藏资产或通过创立新的金融证券（如拥有不同表决权的普通股）以抵御敌意收购，这些措施是如何抵御敌意收购的呢？首先，当信息对于投资者来说难以获取时，对于敌意收购者也同样如此，这便使其难以发现何时公司的资产出现了管理不善和低估；其次，复杂的控股权和财务结构使得人们难于获得公司的有效控股权，这也就不足为奇，会计信息透明度高的公司同样拥有透明度高的治理结构；相反，会计信息透明度低的公司其治理结构也并不透明。

在前部分我们可以注意到，处于新兴市场中的家族企业采用交叉持股和金字塔结构成功地将公司掌控在其家庭成员手中，由于无法提供交叉持股的完整信息，股东想要了解盈利性和投资价值等问题就无从可知。

作最后的一项说明，政治联系和财务报告的透明度之间可相互作用，在一系列的研究中，Riahi-Belkaou 发现，盈利的浑浊性与市场中政策的关联度直接相关[②]。

16.4.2　税收收益

公司有时可以通过在低税收区域建立控股公司以减轻税负，举例来说，很多美国企业选择在无税的地区建立控股公司以转移收入的行为不足为奇，如开曼群岛和

---

① 发达市场中新兴行业的公司往往愿意披露更为详细的信息，举例来说，在美国上市的中国企业与那些仅在中国上海上市的企业相比，在管理状况等方面提供了更多的信息。

② Riahi-Belkaoui, A. , 2003, “Politically-connected firms: Are they connected to earnings opacity?” SSRN, working paper.

巴拿马。复杂的控股关系同样可以使公司利用转移价格和内部借贷将收入从一家子公司向另外一家子公司转移[①]，换句话说，公司不能对股东保持信息的透明度，因为其希望税务主管机关看到的会计信息同样不好解读，作为一个一般命题，税收法规的复杂性产生了财务报告的复杂性，立法者常哀叹应思考一下财务报告的复杂性在立法中的作用。

16.4.3 运营方面

对于一些公司来说，向资本市场披露更多的信息至少会产生真实的成本，竞争者会利用这些信息来微调其战略，雇员和顾客也会对报告中的消极信息做出回应，特别是当公司处于财务危机时，事实上，也会出现这样的可能，对一个公司处于财务危机的猜想会为公司带来一个死亡的循环。顾客不再购买商品，雇员罢工，财务危机进一步加剧，直到这一猜想的实现。第6章我们在间接破产成本的背景下解释了这一现象。

Alamazan，Suarez and Titman（2002）[②] 已对这一披露带来的潜在负面影响进行了研究，他们发现当间接破产成本较高时，透明度的增加会减损公司价值，他们注意到，对于一些公司来说，透明度的增加会导致较为保守的资本结构，对外部资金的较少信赖和净现值为正的投资项目的夭折，他们指出，科技公司尤其易受财务报告透明性的规定所累。我们不同情这种观点，因为这些公司了利用资本市场筹措更多的资金，作为进入资本市场的代价，其必须向其投资人披露相关信息，如果他们认为这样作的坏处大于好处，他们可以选择重新作回私营企业。

16.4.4 欺诈

最后我们来看看导致复杂性的最可恶的原因。公司有时建立复杂的组织结构以欺骗投者，使他们相信公司比其真实价值更为值钱，或他们付出了较少的代价。在很多情况下，当小隐患变成了大隐患，并不可避免地公之于众时，将引发更大的经济损失和社会损失。公司管理者将会对这些关于欺诈的指控做出解释，并为其行为寻找合理的原因[③]，值得一提的是，当欺诈行为发生时，投资者和分析人员不应推卸责任，分析人员往往应寻求其他的方法，而不只是询问管理者一些棘手的问题，投资者在投资初期对公司历史情况的分析也太过缺乏。

16.5 度量复杂性

投资者和分析人员越来越多地抱怨财务报告的日趋复杂，没有简单且容易的方

---

① 纳税筹划变为逃税漏税，显然是一敏感性的话题，我们没有专业的人才以给出法律上的判断。

② Alamazan，A.，J. Suarez and S. Titman，2002，"Capital Structure and Transparency，" SSRN，working paper.

③ 他们表示，我们只是削减负债以降低利息支付，但是我们会在附注中披露，作为回应，我们应该指出，投资者倒也不必盯着附注，以寻求公司到底值多少钱。

法对复杂性做出度量，有些人也会辩称道，他们知道复杂性的存在，却没有一个令人满意且较为直接的方法对其做出度量，本节我们将对财务报告复杂性的度量问题作以探讨。

16.5.1　财务报告中的数据量

对财务报告进行度量的一个简单却也是最为有效的方法就是分析财务报告中的数据。举例来说，公司按 SEC 要求编制的年报从不足 200 页到超过 1 000 页，在表 16—1 中我们对美国 10 家市值最大的公司 2004 年的财务年报作以总结。

表 16—1　**财务报告的复杂性：美国公司**

公司	上期季报页码	上期年报页码
通用	65	410
微软	63	218
沃尔玛	38	244
埃克森	86	332
辉瑞	171	460
花旗	252	1 026
英特尔	69	215
美国国际集团	164	720
强生	63	218
IBM	85	353

从中可见，花旗集团和美国国际集团有着最为复杂的财务报告，而微软、英特尔和强生的公司财务报告并不复杂，当然原因也在于这仅是一项简单的统计，短短的年报只能反映简单的业务和资本结构，或者说其无法显示公司全部的营运信息，然而，就是对这些年报的透视也可反映出一些有趣的原因，为什么一些公司会变得越来越复杂呢？

- 资本密集型非金融服务公司（如通用资本、IBM 公司）与同类公司但非资本密集型的相比有着更长的财务报告。正如我们前面提到的，这些金融性质的子公司更像银行，通用资本更接近于一家大型金融服务商，而不是 GE 集团旗下的其他板块，因此，公司不得不用较长的篇幅将这些子公司的财务和事项与其他公司分离开来，已保证报表的合理性。
- 与靠自我积累发展起来的公司相比，收购公司的财务报告更长，收购公司的财务报告的复杂性不仅体现在收购当年（商誉的购买对价的出现），在收购后的各年里也有体现（商誉的摊销和减值）。
- 与业务单一、经营区域单一的公司相比，多业务品种、跨区域经营企业拥有更长的财务报告，我们并不是认为多元化和跨区域经营不好，只是应在其所带来的好处和成本之间做出平衡，例如多元化。

16.5.2 不透明指数

20 世纪 90 年代后期，普华永道（现为 Pricewaterhouse Coopers 公司）提出一种“不透明指数”以度量不同国家财务报告的透明度，其将不透明度定义为“缺乏明确的、准确的、正式的、容易辨认的并广为接受的做法”，普华永道利用以下五项因素定义不透明性。

$$O_i = 1/5 * [C_i + L_i + E_i + A_i + R_i]$$

其中：

i：代表某一国家；

O：综合得分（最终得分）；

C：腐败行为的影响；

L：法律或司法不透明（包括股权权益）的影响；

E：经济/政策的不透明；

A：会计/企业管理的不透明；

R：监管的不透明和不确定性/随意性。

2000 年的第 3、第 4 季度，普华永道对 351 个国家的 CFO、股票分析人员、银行家和自己公司员工作了调查，得出综合得分，调查对每一个国家不透明指数进行研究，并将其转化为具体的分数，表 16—2 总结了 2000 年 34 个国家和地区的相关数据。

依上述结果，新加坡的不透明指数最低，俄罗斯的不透明指数最高，需注意的是，这项测量是一项综合评分，既包括会计的透明度，也包括其他因素，如腐败问题、司法行为等，这项与会计不透明度相关的调查提供了一个有趣的视角，其以被调查者对所在国家的会计问题的看法为基础，最常见的问题有：

- 对关联交易的隐瞒。公司管理层和股东之间有着很多潜在矛盾和利益冲突（众多新兴市场）。
- 披露的可靠性。会计报表隐藏的信息或是没有披露或是未包含全部重要的信息（如俄罗斯）。
- 通货膨胀会计。在很多情况下，公司试图应用通货膨胀会计，结果使会计报表更为复杂，却未提供更多的信息（如智利、哥伦比亚）。
- 对商誉处理规则的不一致（如美国、英国、新加坡和南非）。
- 双簿记。公司向不同的管理当局报送不同的财务报表，加剧了财务报表的混乱。

近年来，Kurtzman 集团，一家全球性的咨询公司已修订并扩展了不透明指数，内含 65 项指标，通过其 2004 年的调查显示，芬兰和英国排名最高，委内瑞拉、黎巴嫩和印度尼西亚处于排名的最底部，一般来说，穷困国家的指数要低于富裕国家的指数[①]。

---

① Kurtzman, J, G. Yago and T. Phumiwasana, 2004, “The Global Costs of Opacity,” *MIT Sloan Management Review* 46 (2004): 38 - 44.

表16—2　　**普华永道的不透明指数：2000年**

国家和地区	C	L	E	A	R	综合得分
阿根廷	56	63	68	49	67	61
巴西	53	59	68	63	62	61
智利	30	32	52	28	36	36
哥伦比亚	48	66	77	55	55	60
捷克共和国	57	97	62	77	62	71
厄瓜多尔	60	72	78	68	62	68
埃及	33	52	73	68	64	58
希腊	49	51	76	49	62	57
危地马拉	59	49	80	71	66	65
中国香港	25	55	49	53	42	45
匈牙利	37	48	53	65	47	50
印度	55	68	59	79	58	64
印度尼西亚	70	86	82	68	69	75
以色列	18	61	70	62	51	53
意大利	28	57	73	26	56	48
日本	22	72	72	81	53	60
肯尼亚	60	72	78	72	63	69
立陶宛	46	50	71	59	66	58
墨西哥	42	58	57	29	52	48
巴基斯坦	48	66	81	62	54	62
秘鲁	46	58	65	61	57	58
波兰	56	61	77	55	72	64
罗马尼亚	61	68	77	78	73	71
俄罗斯	78	84	90	81	84	84
新加坡	13	32	42	38	23	29
南非	45	53	68	82	50	60
韩国	48	79	76	90	73	73
中国台湾	45	70	71	56	61	61
泰国	55	65	70	78	66	67
土耳其	51	72	87	80	81	74
英国	15	40	53	45	38	38
乌拉圭	44	56	61	56	49	53
美国	25	37	42	25	48	36
委内瑞拉	53	68	80	50	67	63

16.5.3 治理和披露指数

会计丑闻席卷了安然公司、泰科公司和 World. Com 公司，并引发了投资者对会计操纵引发的大量信息披露问题的焦虑，以标准普尔公司为例，其创建了一个全新的治理信息分析系统，可对全球多于 1 500 家公司的信息披露问题做出分析，系统主要关注 3 项指标——所有制结构、财务资料和董事会/管理结构①。附录 16—1 总结了标准普尔公司评定分数时每一变量的标准得分，表 16—3 对 2002 年一些国家各指标的统计结果作了说明，值得注意的是，对于美国公司提供了 2 个分数，一个是基于刚刚披露的年报（不具有详实性和复合性），一个是基于按 SEC 要求编制的所有年报（较为详实），以后一评分结果为基础，英国和美国的公司分数最高，拉丁美洲国家公司的分数最低。

表 16—3　各国公司透明度披露排名

	综合评分	所有制结构及所有权利益	财务透明度	董事会程序及结构	公司数量
英国	70	54	81	70	124
除英国以外的欧洲国家	51	41	69	41	227
美国（年报）	42	25	66	31	500
美国（所有财务文件）	70	52	77	78	500
日本	61	70	76	37	150
亚洲 - 太平洋	48	41	60	42	99
拉丁美洲	31	28	58	18	89
新兴亚洲国家	40	39	54	27	253

2002 年标准普尔公司以上述指数为基础，提出了一个独立的标准普尔 500 指数排名，并得出结论如下：当公司在财务报告披露上表现的出色时，其往往在所有制结构、投资者权利和董事会及管理结构方面表现不佳，以下 6 个方面是标准普尔认为其主要缺乏的方面：

A. 任何关于公司管理或规章最佳作法的讨论及参考

B. 关于公司管理或规章最佳作法的表述

C. 上市公司前三名股东情况

D. 董事薪酬支付方式（现金、股票）

E. 每名董事加入董事会的时间

① Patel, S. A. and G. Dallas, 2002, "Transparency and Disclosure: Overview and Methodology and Study, Results-United States," Standard and Poor's Publication.

F. 提名委员会中各董事的姓名

应该指出的是，标准普尔综合评分既是一个治理指数，也是一个信息披露指数，该指数中关于财务透明度的部分是对公司信息披露问题的直接度量。

16.5.4　信息基础指数

不论是标准普尔指数，还是 Price Waterhouse 的不透明指数都是用于度量评估中的复杂性的。一种考察复杂性的方法是先将这些因素放于价值评估的考察范围内，举例来说，价值评估时我们需考虑的要素之一是风险，与业务单一的公司相比，对业务复杂的公司进行评估时，对风险变量的评估较难，主要原因有二：不同的业务有着不同的风险暴露，不同风险的业务的组合方式不同也会改变整个公司的风险情况，如果多业务单元的公司在反映其盈利能力的信息中提供不完整或误导信息，则评估工作将变得更为复杂，我们可以从各项因素出发定义复杂性，表16—4对这些因素作了列示（当然并不完整），不同的因素的作用不同，使不同财务报告的复杂性也各有不同，一些因素（如变动不定的实际税率），还没有另一些因素（如私营企业中的交叉持股问题）重要，对于前种因素，我们可以找到边际税率作为替代，而对于后者，则很难找到替代要素，每一因素的权重与其对企业价值的贡献度相关，这使得评估过程更为困难，举例来说，经营租赁和研发支出毫无疑问不包括在财务报告中，这就容易导致对收入和无意义的账面价值的估算错误，但是这通常也提供了足够的信息使分析人员可以改正这些问题，相反，我们常轻易地调整那些没有明确地确认为非经营性或一次性的收入。

表16—4　　**复杂性因素和评估因素**

输入因素	复杂性因子	原因
经营收入	多业务单元 一次性收入和成本 来源不详的收入 变化频繁的收入项目	难以追查收入来源 难以预测未来收入 难以预测未来收入 难以预测未来收入
税率	来自于不同区域的收入 采用不同的税收报告书 总部位于避税区 税率的变化	不同区域税率不同 有效税率无意义 减少税款所导致的复杂性 预测税率很难
资本支出	资本支出变化 频繁的大型兼并 并购和投资中的股票支付	预测困难 未来几年的摊销 难以指明并购成本的大小
营运资本	未指定的流动资产和流动负债 营运资本的变化	多项资产转化为库存 营运资本需求量预测很难

续表

输入因素	复杂性因子	原因
未来增长率	表外资产和负债（经营性租赁和研究发支出） 历史的股票回购 收购和商誉 未来总资产报酬率的变化	难以测量资本投资 股权账面价值和回报增长的下降 股权账面价值和回报增长的下降 难以测量总资产报酬率
总资产报酬率	多业务单元 新兴市场的运作 不存在有市价负债 不存在债券评级 表外负债	业务复杂所带来 BETA 系数的变化 不同市场有着不同的风险溢价 还需估计负债的市场价值 违约度的评估变得复杂 负债比率难以估计
交叉持股	上市公司的交叉持股 私营公司的交叉持股 其他公司的交叉持股	要求对公司价值做出评估 私营公司信息无法取得 用来隐藏资产、负债和其他不欲披露的因素
股票期权	过去授予的期权 后续期权的授予	评估期权价值的资料不足 难以对未来收进行评估

一旦我们确认了这些对复杂性起决定作用的因素，并将其按重要性进行分类，我们就可以得出复杂性的得分，这一得分可以让我们区分开特别复杂和相对复杂，并调整复杂性的价值（如果需要），附录 16—2 列示了复杂性得分的计算过程。

16.6 复杂性的后果

当财务报告透明度不足时，我们就无法对价值评估所需变量作以评估，举例来说，一个公司未来增长率的大小取决于其再投资的多少和投资的回报情况。如果公司通过控股子公司对外投资，且控股公司信息又无法被投资者所知时，我们就无法对评估中各项输入变量作以评价，为了评估一家公司的资本成本，我们必须知道这家公司有多少负债和债务成本是多少，如果公司隐藏了大部分的负债，那么我们将低估公司的违约风险，从而低估其资本成本。

这是否意味着评估一家复杂公司比评估一家简单公司要难呢？答案是肯定的，但这并不意味着投资者由于不确定性的存在而降低复杂公司的价值，事实上，像通用、IBM 和 20 世纪 90 年代的泰科的财务报告都是越来越复杂的，尽管有人会说，增加的价值来源于公司的复杂性，但也有一些人认为，只有上述被提到的公司才是因复杂性的存在而获得了价值的增加，本部分我们将提出一些实证来说明公司价值与复杂性的关系。

16.6.1 不透明的成本

在上一节我们提到过由普华永道提出的不透明指数，用作对 35 个公司财务报表不透明性进行度量，有趣的是，普华永道同样尝试着去研究不确定性指数在影响与价值评估结果相关的两变量中的作用，第一个变量是与税收相关的成本，不透明性转化为了相关税率，普华永道在其一项报告中指出，不透明指数从新加坡（透明性最高的公司）到俄罗斯，税率增长了43%，表16—5对这一现象做出了总结。

表16—5　**不透明的经济成本——税率的评估**

国家和地区	综合得分	相关税率（%）
阿根廷	61	25
巴西	62	25
智利	36	5
哥伦比亚	60	25
捷克	71	33
厄瓜多尔	68	31
埃及	58	23
希腊	57	22
危地马拉	65	28
中国香港	45	12
匈牙利	50	17
印度	64	28
印度尼西亚	75	37
以色列	53	19
意大利	48	15
日本	60	25
肯尼亚	69	32
立陶宛	58	23
墨西哥	48	15
巴基斯坦	62	26
秘鲁	58	23
波兰	64	28
罗马尼亚	71	34
俄罗斯	84	43
新加坡	29	0
南非	60	24
韩国	73	35
中国台湾	61	25
泰国	67	30
土耳其	74	36
英国	38	7
美国	36	5
乌拉圭	53	19
委内瑞拉	63	27

在一套对复杂性测量的候补方案中，普华永道对由美国政府发布的国债的违约情况进行度量发现，这是复杂性所引发的一项成本，由于复杂公司相对享有较低的债务评级和较高的违约可能性，Kurtzman 集团将不透明性的影响定量为在美国经商的溢价或折价，以他们2004 年的一项调查为例，其表示在印度尼西亚做生意所承担的不透明将要求年8. 54% 的溢价（即如果正常的资本成本是9%，在印度尼西亚便可以要求 17. 54% 的资本回报)。

作为进一步证据，Gelos and Wei（2003）表明，机构投资者很少在那些透明度不高的国家投资，也很少投资于那些危机多发的国家[①]。

16. 6. 2 大企业的价值折扣

在过去的二十年间，实证研究表明，与单一业务公司相比，市场低估了大型企业集团的价值，1999 年的一项研究表明，Villalonga 利用市场重置成本（托宾 Q）对多元化企业和专业型企业进行对比发现，前者与后者相比被低估了 8 个百分点[②]，同样的结论在早期的研究中也可以看到[③]。

低估的原因引发了大家的广泛讨论，大多数观点归咎于其缺乏重点，且效率低下，另外一个原因是由于公司经营业务涉及多个产业，故财务报告的复杂性增加，即使公司作了多种努力以提高财务报告的透明性，但结果仍未能很好地克服这一问题。首先，大企业难免会存在固定费用——毕竟建立大型企业的原因就是创造规模效应——这些固定费用不得不向其下属企业进行分配，而这些分配则是主观的，投资者往往对具体的数额表示怀疑；第二，私营分支机构缺乏市场价格，这就使投资者很难计算出每个分支的价值，且难以对其行动做出判断。

我们如何区分因管理无效所带来的价值低估和由于财务复杂性所带来的价值低估？我们可以看看市场对大企业集团现任管理者建立分支机构的反应。如果是财务复杂性所带来的价值低估，将下属企业分成独立的个体，自行报送财务报表，保守的现任管理层将不再低估其企业价值；如果是管理无效所引发的价值低估，即使在分离子公司后，低估现象同样存在，因为只有将资产剥离才能彻底解决这些因管理不善所引发的潜在问题。这些分拆、分裂和资产剥离所带来的积极影响，也可看作是市场对公司信息透明性的间接奖励。Linn and Rozeff（1984）对公司资产剥离宣告后股价的反应作以研究发现，1977 至 1982 年间的 77 项资产剥离带来了 1. 45% 的平均超额回报[④]，他们同样发现一项有趣的对比，即公司在资产剥离时宣告的售卖价格和分离动机的事项与未宣告的事项存在显著不同，总的来说，市场对宣告的

① R. G. Gelos and S. Wei, 2003, "Transparency and International Investor Behavior," SSRN working paper.

② Villalonga, B., 1999, "Does diversification cause the diversification discount?" working paper, University of California, Los Angeles.

③ See Berger, Philip G., and Eli Ofek, 1995, "Diversification's effect on firm value," *Journal of Financial Economics* 37, 39 –65; Lang, Larry H. P., and René M. Stulz, 1994, "Tobin's *q*, corporate diversification, and firm performance," *Journal of Political Economy* 102, 1248 –1280; Wernerfelt, Birger and Cynthia A. Montgomery, 1988, "Tobin's *q* and the importance of focus in firm performance," *American Economic Review*, 78: 246 –250.

④ Linn, Scott C. and Michael S. Rozeff. "The Effect Of Voluntary Spin-Offs On Stock Prices: The Synergy Hypothesis," *Advances in Financial Planning and Forecasting*, 1984, v1 (1), 265 –292.

公司反映明显积极于未宣告的公司。表16—6显示了这一点，显然市场对透明的举动是十分赞同的，至少在一些特殊的事项上是如此。

表16—6　　**市场对资产剥离公告的反映**

公告价格	公告资产剥离动机	
	是	否
是	3.92%	2.30%
否	0.70%	0.37%

资料来源：Linn and Rozeff (1984)。

16.6.3　资本成本

如果投资者发现公司对于其承担的风险披露了过少的信息，这就意味着他们将担负更多的资本成本，享有更低的企业价值。Diamond and Verrecchia (1991) 运用这一原理去解释为什么对于公司而言，最好披露尽可能多的信息，而不是隐藏信息①，在他们提出的模型中披露较多的公司可以在未来期间获得流动性的改善、资本成本的降低，随后的部分将提供以下现象的实际证据：

- 信息丰富的财务报告对于独立公司而言将导致更低的买卖价差（从而增加公司的流动性）② 纵观资本市场，信息披露不完善时，交易额也随之降低。
- 充分的信息披露减少股权资本成本③和债权资本成本④，难以获知具体的降低金额，标准普尔早期对透明度和信息披露的研究表示，虽然证据并不十分充分，但仍可以看出信息透明度高的公司资本成本相对较低。
- 市场上信息披露不完善的公司易于集聚在一起，从而降低了多元化所带来的好处，增加了市场风险的暴露⑤。

事实上，得出上述的结论也过于仓促，并没有明显的事实表明完善的信息披露是资本成本降低的原因，毕竟信息披露完善的公司同时也拥有其他特征，如完善的公司治理和运营，实际上这些也是低资本成本的原因。

16.6.4　信息披露政策变更的市场反应

检测市场信息是否与信息披露相关的好办法是看信息披露政策变更时市场反应如何？当公司决定增加其对外披露信息时，这一变化或者受股价的常规波动所制

① Diamond, D. W., and R. E. Verrecchia. 1991. "Disclosure, liquidity and the cost of capital" *Journal of Finance* 46 (4): 1325 - 1359.

② Welker, M. 1995. "Disclosure policy, information asymmetry, and liquidity in equity markets," *Contemporary Accounting Research* 11 (2): 801 - 827.

③ Botosan, C. A. 1997. "Disclosure level and the cost of equity capital," *The Accounting Review* 72 (3): 323 - 349.

④ Sengupta, P. 1998. "Corporate disclosure quality and the cost of debt," *The Accounting Review* 73 (4): 459 - 474; Yu, F., 2003, "Accounting Transparency and the Term Structure of Credit Spreads," working paper. The former presents evidence that the cost of debt is lower for firms with more transparent accounting statements whereas the latter shows that the effect is greater on short term debt than on long term debt.

⑤ Jin, L. an S. C. Myers, 2005, "R^2 around the world: New Theory and New Tests," SSRN working paper.

（从少披露到多披露），或显示出随意性的特征。

● 新兴市场中的企业改变其会计政策以增加披露，透明度往往会赢得市场的积极反映，投资者都愿意在这样的市场中购买更多的股票。

● 当新兴市场中的企业在美国市场上发行存托凭证时，股票的市场价格表现积极，对这一现象有积极的理解认为，这些公司不得不按照美国的公认会计准则披露信息，其提供的信息更加完备。

对复杂性的其他解释则应慎重一些，因为其他因素同样存在，举例来说，新兴市场中的公司改变其披露政策的同时往往会变更其公司治理政策，使用美国存托凭证的公司也往往意味着流动性更强。

16.7 复杂性的交易

回顾前述内容，我们得出价值评估中与透明度相关的几个问题：

A. 价值评估中如何处理复杂性这一指标？

B. 价值评估中是否可以影响复杂性？

C. 如果我们决定将复杂性纳入价值评估的考虑因素中，如何评价复杂性（或透明度）？

在前述章节中，我们得出对复杂性的评估中最终的判断还是主观的，财务报告越复杂，获取价值所需信息的难度就越大，我们同样展现了一些实证结果，虽然没有一个是结论性的，但复杂性对价值的毁损是显而易见的。在本节中，我们将探讨为什么分析人员在价值评估中不考虑复杂性这一因素，并从而导致价值评估结果的偏差，然后我们将探讨如何将复杂性纳入到价值评估的考虑范围之内。

16.7.1 忽视复杂性的一个实例

常见的价值评估模型常常忽略复杂性这一因素，并假设公司中那些未知的信息所带来的不良影响不会扩大，会逐渐被分散，换句话说，我们相信，公司经营者对公司收入、所有权和负债的表述是真实的，他们为什么会这样做？如果管理层是公司的长期投资者，他们不会破坏其长期信用度，而获取短期内的价值回报（来源于虚假信息），然而仍然会存在一些投资者无法获知无形资产信息，但这一风险将被逐步分散，对价值没有影响[①]。

这种观点并不是不合理的，但其将带来两个基本问题：第一，经理层可以通过操纵数据获取大量的短期获利（获取期权并售卖股票），这将大大影响其长期的价值的信誉度；第二，由于过于乐观，那些关心长期利益的经理层，将过分相信其自身的判断也不足为奇，公司将在其持续发展期内止步不前，公司不会遭遇到不景气

① 这遵循了解如下假设，即管理层是真诚可信的，如果那些投资者无法获知的信息既有可能是好消息，也有可能是坏消息时，对于那些复杂公司而言，未披露信息将降低企业价值，对于另外一家具有复杂性的公司而言，披露的信息将增加公司的价值，在一个多元化的投资组合中，平均的影响将趋于零。

的时期（至少不会是近期），他们采用了更为激进的财务政策，以夸大收入，投资者则为其投资所带来的高额回报所喜，接受这些会计政策显然问题不大。

相信管理层的消极方面是明显的，如果管理层是不值得被信任的，且公司操纵利益，那么投资者购买了复杂公司即将自身置于消极的境地，不具有积极性，这主要是由于经理层故意隐瞒的信息多是坏消息，而不是好消息，这些消极的一面将有可能在任何时刻爆发，特别是当外部经济整体滑坡时（萧条时）。2002年，随着安然的倒塌，多米诺骨牌的效应显现，包括泰科、Williams Energy，甚至GE的股票都随之下跌①。

16.7.2 调整复杂性价值的方法

当考虑到存在经理层误导市场的可能性，我们还可以评估复杂公司的资产价值吗？本节我们将提出四点实用的方法，以调整评估复杂公司时所采用的折现现金流模型，这四种方法并非互斥的，可以解决不同类型的披露问题。

1. 调整现金流量

处理复杂性的最简单的方法是调整企业的现金流量，简单来说，我们给预期的现金流量折扣，且公司规模越大，复杂性越大，折扣越大，这一过程被称为“削减现金流量”。虽然这一折扣的给定具有随意性，且反映了除复杂性以外的其他因素（除风险），但在资本预算和价值评估中却得到广泛应用②。为了表述的更具体些，我们给出如下操作步骤：

A. 确定有多少来自资产的收入是无形的或不确定的，特别的，应关注那些来自私营控股企业的收入（或特殊目的实体），以及其他非经营性收入（如来自于基金的收入和非经营性交易）。

B. 假定公司管理层的预测可以被相信，虽然这是很难做到的，但其可以同时反应主观和客观的因素，其中客观的因素是公司的历史——过去的会计重述或错误——公司治理的质量——拥有强大且独立的董事会的公司更可能诚实披露，其中的主观因素来自于管理公司的经验，虽然一些经理即使在其歪曲事实时也表现的极具亲和力和说服力。

事实上，普华永道将不透明性转化为一个隐含的税项，即代表了贴现的现金流量，我们可以提高复杂公司的税率，并利用更高的税率对公司现金流量做出评估，较低的现金流量即意味着较低的企业价值，当我们对公司目前收益认识不清，且觉得其可能言过其实时，这一方法是最为合适的。

另一种更为简单的方法是将评估时的输入变量定位为固定的数字，因此，我们将改变公司的运营利润率，从其报告中所示，数据变更为行业平均水平，并改变有

---

① 对会计实践的关注是全球性的，后安然时代，欧洲的那些财务不透明的企业（如西门子）向投资者披露了更多的信息，亚洲的企业（如三星）也同样面临到了这一问题。

② 对现金流量的风险予以调整或许是极危险的，因为当折现率也按风险进行调整时，就出现了二次评估的问题。

效税率至边际税率，公司的管理层会因此产生抱怨，认为评估过程存在不公，但管理层应担负起举证责任，让我们相信其可以维持一个较高的利润率和一个较低的税率。

2. 调整折现率

在本章的前部分，我们提出复杂公司往往有着较高的债务成本、股权成本和加权平均资本成本，依据这一现象，我们可以对折现率进行调整（股权资本成本和加权平均资本成本），具体而言，对于那些复杂的财务报表，与透明度较高的报表相比，我们可以提高公司的股权资本成本和加权平均资本成本，具体调整步骤如下：

A. 比较投资于市场组合的收益和投资于复杂公司投资组合收益，并对复杂公司的历史风险溢价作出估计，举例来说，如果在过去的20年里，我们投资于复杂公司所赚取的回报是18.3%，而投资于标准普尔500指数公司的回报是14.1%，则投资于复杂公司的风险溢价是4.2%，我们可以将其直接加入到复杂公司的股权资本成本中，这一方法带来的问题是双重的：第一，判断一个公司是复杂的还是简单的具有困难；第二，随着时间的推移，简单的公司也可以变成复杂公司（或者相反），从而难以保持投资组合不变。

B. 调整复杂公司的BETA系数，如果我们相信市场，那么复杂公司的BETA系数一定高于简单公司的BETA系数①。追溯到第2章我们给出的BETA的计算方法，将增加一个额外的步骤，以公司自身业务为基础，我们计算出一个最基础的BETA值，再加上一个复杂性所带来的溢价或减去一个透明性所带来的折扣，这主要取决于我们对公司复杂性的判断。

C. 参照复杂性评分调整折现率，在本章的前部分，我们提出标准普尔披露指数，另一个以评估输入变量为基础的复杂性评分，参照复杂性评分对折现率进行调整是可行的。举例来说，标准普尔公司发现标准普尔500指数中最复杂的公司（前20名）的平均资本成本比最透明公司（后20名）高1个百分点。

D. 如果复杂性不是在资产这边，而是由负债引发的，如未在报表附注中披露的表外负债等，我们可以调整资产负债率以反映公司的真实资本结构（包括了表外负债），这将带来更高的BETA系数（和股权资本成本），以及更高的违约风险（将导致更高的债务成本）。

3. 调整预期增长期

对企业价值做出评估中两个关键的因素是未来增长期和未来增长率，更为根本的是存在这样的假设，即带来公司价值的超额收益来源于未来期间内公司的再投资获利。复杂性与评估时的输入变量是什么关系？我们可以从现有财务报告中获得资本投资回报和超额收益的评估值，我们即会认为，评估复杂公司的资本回报，并判断这些超额回报能否持续显得尤为重要，判断复杂公司评估价值的方法是假设未来

① 只有当不透明性所带来的负回报和市场收益相关时，这一情况才会发生，历史表明，这种联系是存在的，事实上，与牛市相比，信息不透明公司的问题在熊市更易显现出来。

公司的资本回报较低，且会难以持久，实际上，低增长率和较短的增长期即意味着较低的公司价值。

4. 应用复杂的折现率

我们可以利用传统的估值模型评估企业价值，利用未经调整的现金流量、增长率和折现率，然后对得出的评估价值做出折现，以反映财务报告的复杂性，但是我们如何测量这一折现率呢？下面提供了一些选择。

A. 其一是设计一种方法，与分析人员对私营企业流动性的评估方法相似，这一方法的问题在于其不仅是主观随意的，更是将相同的折现率运用到了不同的复杂公司上。

B. 一个更为先进的方法是运用复杂性评分系统，与附录 16—2 中提到的相同，将复杂性与折扣的大小联系起来。

C. 我们可以在某一业务中比较复杂公司的价值与简单公司的价值，借以评估市场对复杂性变量所给予的折扣，由于相似公司很难找到，所以我们可以找一家大型的上市公司，利用一些财务变量（如风险、增长和现金流量）以及复杂性变量对其多重价值进行评估（利用市净率指标），以上述思想为基础，我们对 2001 年 100 家大市值公司作以分析，利用市盈率方法求解，期望增长率、BETA 系数、股利支付率和年报的相关指标求解企业价值。

$$PBV = 0.65 + 15.31\ ROE - 0.55\ \beta + 3.04\ \text{期望收益率} - 0.003\ \text{页数（10K 报告中的）}$$

因此，如果公司股权资本回报为 15%，BETA 为 1.15，期望增长率为 10%，财务报告为 350 页，则其市净率为：

$$PBV = 0.65 + 15.31\ (0.15) - 0.55\ (1.20) + 3.04\ (0.10) - 0.003\ (350) = 1.54$$

16.7.3 相对估价

很多分析人员利用可比公司评估企业价值，这一方法在评估复杂公司时是如何应用的呢？评估相对价值的复杂性影响是十分困难的，我们可以对以下内容进行分析。

- 如果公司在多个领域内经营，那么我们应将其各业务区分开来估值，不同业务采用不同的可比公司，而不能将所有业务合并评估，如果该公司的收入来自于非特定业务（如资料无法提供或故意隐瞒），那么对这些业务的评估就应更为保守。例如我们可以在评估时将其视为高风险收入，拥有较低的增长速度。
- 在现金流量折现方法中，我们可以先采用传统方法对企业进行估值（不用对复杂性做出调整），然后减去复杂性所毁损的企业价值部分，这一调整过程与自由现金流量折现估值法相似。

当公司变得越来越复杂，相对估价就变得越来越困难，因为我们需要找到存在公平市场价值的可比公司，以得出合理的估算价值，毕竟，真的有公司和通用或花旗相当吗？

16.8 复杂性的治理

为了保证金融市场的完整性，我们必须保证报表的真实性和透明性，在本节中，我们试图寻找一些方法来实现这一构想。

16.8.1 立法

在美国会计丑闻爆发后，立法的加强则不可避免，在经济大萧条和金融欺诈发生后，格尔斯——斯蒂格尔法案出台以限制银行的投资活动，同时，证券交易委员会成立，以规范证券买卖行为。20 世纪 80 年代，随着存贷款市场的崩溃，我们发现越来越多的规范相继发布以对金融服务公司行为做出规范，最近的一次财务危机是安然事件的曝光，又造成了新的法律的出台以防止同类事件的发生。

立法的动机往往是崇高的，法律是一把钝器，其常常在解释旧问题中创造出新的问题，对雇员享有股票期的限制可能会防止其滥用补偿制度，但这却削弱管理层将公司在资本市场中的成功与自身利益相关联的动因。对特殊目的实体的限制可能减少合法收入，以减轻其借贷成本。

16.8.2 审计和会计诚信

会计准则常常改动以回应企业的破产行为，不论会计准则多么的严格，只有当会计准则被严格遵守，且审计严肃执业时，财务报告才会真实反映企业情况，以下 5 件事项可以保证这一现象的发生。

A. 当审计人员为提供被审计公司除审计以外的其他服务时（如咨询等），客观性被削弱，利益冲突由此产生，因此，审计师事务所不应提供咨询服务，如果事务所没有这样做，公司不应该选用同一家事务所同时承担审计工作和咨询工作①。

B. 会计准则应予以精简，可酌情处理之处应尽量减少，换句话说，我们应该拥有更清晰的准则，降低可选择性，提高报表的信息含量，这看起来像是削减报表的披露，其实这是增加对相关内容的披露，降低小事件因为披露所带来的信息混杂。

C. 应不允许公司使用不同的报税方法和报告目的。不同的处理原则会增加报表的复杂性使在折扣、存货估价和费用增加等方面的评估难度加大。

D. 除总收入和营业收入外，在多领域内经营的公司应披露其每年的再投资情况，包括资本支出、折旧和营运资本等。一些公司也率先自愿披露了如上信息，但所有的公司都应被要求做出如上的信息披露。

E. 像通用和汽车公司这样拥有资本运营业务板块的公司应为其此项业务编制独立的财务报告，金融服务公司（如通用资本、福特资本）与传统制造业公司混

① 在这一事项中，只归咎于会计师是不公平的，设计出特殊目的实体的投资银行家在收费上与其提供意见的公司存在分歧。

合在一起，是很难评判其价值的[①]。

16.8.3 怀疑的分析人员和积极的投资者

股权分析家对那些被降级的企业往往持谨慎态度[②]，他们在过去的十年中，听取了公司管理层太多的陈述与保证，20世纪90年代，上升的股市是对各种提问沉默不答的解释，同时，投资银行和分析人员的分析结论也不谋而和是另外的原因。分析人员对降级的后果和投资银行的推荐越来越担心，因此其最终成为了公司的拥护者，而不是心存质疑的分析人员。

对于分析人员来说，其有义务对那些评估中令人怀疑的信息作进一步的分析，举例来说，分析人员在评估时遇到那些交叉持股的较为复杂的公司，应有义务对其交叉持股行为作进一步调整，如果分析资料不足，分析人员应在其报告中对这一点做出强调，并以其为理由令公司降级，显然，如果有足够的分析人员向公司索要资料，公司一定会找到向其提供资料的方法，以避免受严重处罚的风险[③]。

作为投资者，很容易将其投资失败归咎于法律的不健全、审计师的不称职和分析人员的失误，但是我们应认识到，我们要为自己的投资决策负责，因为我们并未被强迫购买分析人员推荐的股票，如果我们都不去购买那些报表复杂公司的股票，便给这些公司提供了一个改善其报告，至少是降低复杂性的动机。

16.8.4 强大的公司治理

安然公司破产的关键教训是一个强大且独立的董事会是防止公司利润被操纵和隐藏重要事实的有效手段，它将迫使机构投资者更为积极，且带动公司治理机制的变化，特别地，他们应推动建立以外部董事为主要组成的小型董事会，以代表股东权利，而不是由公司的CEO指定。独立个人可以担任独立董事职位的数量应受到控制，且应与公司的业务无关联关系。最后，审计委员会成员应包括有足够会计专业知识的成员以解释公司的会计政策选择和相关棘手问题等。

管理层薪酬应与公司治理问题一同被检查，财务报告复杂性的一项重大原因是管理层在短期内会计作假动机的存在，而导致其他管理者在未来相当长时间内改变这一造假动机的相关措施，我们仍然认为给予管理者以股票期权是平衡管理者和股东矛盾的较好方法，但给予管理层执行这一期权的选择权则带来了大量的负面成本。

---

① 将金融服务公司与传统公司混合在一起所带来的麻烦中最为常见的是负债的增加（从而影响公司的杠杆比率）。

② 与发布销售建议相比，这一建议用处不大，分析家们都不愿意使公司在市场中从一支抢手股票变成为无人问津的股票。

③ Chang, J. J., T. Khanna and K. Palepu, 2003, "Analyst Activity around the World," Harvard Business School working paper. They find that analyst activity contributes to making financial statements more transparent, even in complex firms.

16.9 结论

复杂公司比简单公司的价值要小吗？在某些情况下答案是肯定的，我们对财务报告中复杂性的来源和评估中的适当反应进行了研究。复杂性是公司决策（多元化使业务结构更为复杂）、组织结构（控股结构和合并）、披露决定（如何向市场披露信息）的结果，因此，公司即使仅在单一业务领域内经营，也会拥有复杂的财务报告，我们试图找到度量不确定性的方法，从普华永道提出的不透明性指数到附录16—2提出的复杂性得分（通过对公司提出大量的问题以得出结论）。

如果我们相信管理层在披露信息时是公正的，当其披露信息时，可以认为复杂性本身并不是问题，因为额外的不确定性可以通过多样化和公司自身予以分散。然而，如果管理层试图利用复杂性隐藏坏的消息（如亏损或负债），复杂性所带来的负面影响就将加大，公司价值就将降低。这种折价可以通过折现现金流模型中的某一输入量的变化得以实现（如现金流量、增长率或折现率），或直接在传统模型计算结果上减去一个折价价值。

很显然，公司应避免不必要的复杂性，但是这一事项的实现不应仅依靠于新法案的出台或更多的会计准则，因为法律和准则的实施会带来预想不到的负面结果。相反，投资人和分析人员应对公司作进一步的关注，如果我们坚持对复杂性的公司的评估价值予以折价，那么就给了这些公司以动机去简化其股权结构，提高财务报告的透明度。

附录16—1：标准普尔的透明度和信息披露指数——关键问题

A16.1 所有制结构和股东权益

A16.1.1 所有权的透明度

1. 是否存在对不同表决权股票权利的描述？
2. 是否对不同类型的股东作以区分？
3. 是否提供已发行和未发行股票的数量？
4. 是否提供已发行和未发行股票的面值？
5. 是否提供已发行股票数量和无投票表决权的未发行优先股的数量？
6. 是否提供已发行股票数量和无投票表决权的未发行优先股的面值？
7. 是否披露了每一类股票的投票表决权？

A16.1.2 所有权集中

1. 是否对公司前1名、3名、5名，或前10名的股东作以披露？
2. 股东持股量变动3、5、10个百分点时是否予以披露？
3. 是否对交叉持股的比例作以披露？

A16. 1. 3　投票及股东大会的程序

1. 股东大会有确定的日期吗?
2. 股东大会是否通过审查?
3. 股东大会中是否宣布了审议程序?
4. 股东如何召开特别股东大会?
5. 股东如何提名进入董事局?
6. 向董事会提问的程序是否宣布?
7. 公司年报是否遵循企业治理规章或守则的规定?
8. 公司章程和制度的相关条款是否被公布?

A16. 2　财务的透明度和信息披露

A16. 2. 1　业务重点

1. 是否讨论了企业战略?
2. 是否对业务的具体内容作了报告?
3. 是否对公司在其产业内的未来发展趋势作了分析?
4. 是否对公司的产品或服务作了具体介绍?
5. 是否按业务品种作了分别的分析?
6. 是否披露了公司的市场占有率?
7. 是否就未来的盈利情况给出具体预测?
8. 是否就自身的输出能力做出披露?
9. 是否就未来的输出能力做出预测?
10. 是否就公司现有资产特点做出披露?
11. 是否保有有效的财务比率（如 ROA 和 ROE 等）?
12. 是否提供了所在行业的相关比率?
13. 是否披露了未来几年的投资计划?
14. 是否披露了未来几年投资计划的具体细节?

A16. 2. 2　会计政策

1. 是否提供了季度的财务资料?
2. 是否就会计政策做出讨论?
3. 是否就采用的会计政策作以说明?
4. 是否遵循了所在地区的会计准则?
5. 是否提供了按国际公认准则核算的财务数据?
6. 是否按国际公认的方法提供了公司的资产负债表、损益表和现金流量表?
7. 是否实现了国际公认会计准则与所在国会计准则的协调?

A16. 2. 3　会计政策的具体内容

1. 是否披露了资产的评估方法?
2. 是否披露了固定资产折旧的方法?

3. 是否披露了合并会计报表？

A16.2.4 关联方关系与关联交易

1. 是否提供了其持有少数股权的子公司的名录？
2. 是否披露了子公司的所有制结构？
3. 是否披露了存在的关联方关系？
4. 是否披露了存在的关联方交易？

A16.2.5 审计信息

1. 是否披露了审计事务所的名称？
2. 是否仿造了审计报告？
3. 是否对审计收费作以披露？
4. 是否对除审计收费以外的支出作以披露？

A16.3 董事会的结构和组织过程

A16.3.1 董事会的结构和组成

1. 是否设董事长？
2. 是否对董事长的具体情况作以披露（除姓名以外）？
3. 是否对董事会成员作以披露（姓名）？
4. 是否对董事会成员的具体情况作以披露（除姓名以外）？
5. 是否对现任董事作以披露？
6. 是否对前任董事作以披露？
7. 是否对各董事加入董事会的时间作以披露？
8. 是否对董事中的管理层和独立董事作以区分？

A16.3.2 董事会的作用

1. 是否就董事会的具体作用作以披露？
2. 是否就董事会的审议事项作以披露？
3. 是否就董事会委员作以披露？
4. 是否就上一次董事会作以回顾？
5. 是否存在审计委员会？
6. 是否披露审计委员会成员？
7. 是否存在薪酬委员会？
8. 是否披露薪酬委员会成员名单？
9. 是否存在提名委员会？
10. 是否披露提名委员会成员名单？
11. 是否存在除审计委员会以外的其他内部审计委员会？
12. 是否存在战略/投资/财务委员会？

A16.3.3 董事培训与薪酬

1. 是否提供董事培训？

2. 是否披露董事的持股数量?
3. 是否披露董事薪酬的决策过程?
4. 是否披露董事薪酬的具体金额?
5. 是否披露董事薪酬的具体形式（现金、股票等）?
6. 是否披露董事与业绩挂钩部分的收入?

A16.3.4　管理层薪资水平与评估

1. 是否披露管理层名单（不包括董事会成员）?
2. 是否披露高级管理层的背景?
3. 是否披露高级管理层的持股数量?
4. 是否披露管理层在其下属公司内的持股数量?
5. 是否披露管理层薪酬的决策过程（不包括董事会决策）?
6. 有多少管理层（不包括董事会成员）的薪酬被披露?
7. 是否披露管理层（不包括董事会成员）薪酬的形式?
8. 是否披露管理层与业绩挂钩部分的收入?
9. 是否披露 CEO 的薪资水平?

附录16—2：对复杂性进行评分——一个例子

项目	因素	所提问题	回答*	权重	复杂性评分
经营收入	1. 多业务品种	公司有几大业务品种（占总收入10%以上）	2	2	4
	2. 一次性收入和支出	占经营收入的比重	20%	10	2
	3. 来源于特殊目的实体的收入	占经营收入的比重	15%	10	1.5
	4. 易发生变化的收入项目	占经营收入的比重	5%	5	0.25
税率	1. 来自多地域的收入	非本地收入占收入总额的比例	30%	10	3
	2. 不同的税率和税务要求	是或否	是	是=3	3
	3. 总部设在避税区	是或否	是	是=3	3
	4. 税率是否经常变化	是或否	是	是=2	2
资本支出	1. 资本支出是否经常变化	是或否	是	是=2	2
	2. 频繁、大型的并购行为	是或否	是	是=4	4
	3. 并购及投资中的股票支付	是或否	是	是=4	4
营运支出	1. 未指定的流动资产和流动负债	是或否	是	是=3	3
	2. 营运支出是否经常变化	是或否	是	是=2	2

续表

项目	因素	所提问题	回答*	权重	复杂性评分
增长率	1. 表外资产和表外负债（经营租赁和研发支出）	是或否	是	是=3	3
	2. 大量股票回购	是或否	是	是=3	3
	3. 未来不断变化的资本回报率	资本回报率经常变化吗？	是	是=5	5
	4. 不稳定的高回报	公司的总资产报酬率远远高于行业均值吗	是	是=5	5
资本成本	1. 多业务品种	公司有几大业务品种（占总收入10%以上）	2	1	2
	2. 新兴市场中的企业运营	多少收入来源于新兴市场	30%	5	1.5
	3. 债务市场存在吗	是或否	是	否=2	0
	4. 公司评级了吗？	是或否	是	否=2	0
	5. 公司存在表外负债吗？	是或否	是	是=5	0
		复杂性得分			53.25

* 确定的回答结果下，另一个的分数就是零。因此，如果是=5，那么否=0。

第 17 章 危机成本

在折现现金流（DCF）法和相对估价法（又叫乘数估价法——译者注）中，我们都仅是假设被估价公司是持续经营的，即使发生财务危机，也是暂时的。毕竟，在每一个折现现金流方法中，绝大部分的价值都是来自于未来状况通常良好的终结点价值。但是假如危机并不是暂时的呢？在现实中很有可能是公司无法渡过难关，因而无法获得终结点价值，这种情况下该如何处理？在本章中我们提出，对这样的公司使用传统的估价方法通常会高估公司价值，其原因主要是在这种情况下无法准确确定危机对预期现金流量和折现率的影响。利用传统估价方法对陷入财务困境的公司价值评估的偏差程度将取决于以下因素，即预期现金流量估计的准确程度、这些公司进入外部资本市场的难易程度以及危机对这些公司产生的后果。

本章将以折现现金流估价法的基本假设作为出发点，也就是，为什么 DCF 模型不考虑危机发生的可能性，及分析人员在什么时候可以忽略危机。其次将探讨对折现现金流法进行调整的方法，使其能够将危机发生的可能性纳入考虑范围之内。接下来将探讨在相对估价法中如何考虑危机（更多情况下是忽略不计），以及按照公司失败的可能性对乘数进行调整。本章最后将讨论由于公开交易公司的有限责任及期权特征，即使危机程度很深的公司其权益仍具有价值的原因。

17.1 财务危机发生的可能性及后果

公司增长是不可避免的，并且公司也不可能总是保持持续经营。实际上，即使是大型的公开交易公司有时也会由于这样或那样的原因陷入危机，其对于价值所产生的后果都是非常严重的。在这一部分中，我们首先将探讨公司陷入危机的可能性，然后分析危机的后果。

17.1.1 危机发生的可能性

现实世界中的财务危机远比我们想象的要普遍。实际上，即使一些非正式的实证观察也能给我们提供这样的结论，也就是大量的公司，尤其是小型公司和高增长率公司都不能幸免于难，不得不退出该行业的经营。一些公司失败是由于他们为其公司经营借入了大量的款项，但最后却无力偿还这些债务；其他公司失败是由于他们没有足够的现金来支持其经营。

为衡量危机发生的可能性，首先必须对危机进行定义。如果将危机按照第 11

章的定义，那么任何时点上只有相当少的公开交易公司可以被视为陷入财务困境的公司；如果定义得更为宽泛一些，将危机定义为在进行利息支付和弥补其他契约性偿还义务时有困难的公司，那么危机就会更加普遍了。Kahl（2001）考察了1980年至1983年间所有的美国公开交易公司，他发现，有1 346家公司至少在一年内在使用经营收益偿还利息费用方面有困难，有151家公司应该被视为陷入危机，因为他们正与贷款人进行有关债务重组内容的协商①。以这些公司为观察对象他还发现，只有不到一半的公司最终进入了第11章所列的程序；有三分之一的公司最终渡过了难关，以独立公司身份继续经营；而其余的公司或者被收购，或者进入了清算程序。

17.1.2 危机的后果

财务危机的后果是什么？不能偿还其债务的公司必须将其资金进行清算，通常是以协商的最低价格变现，然后用这些现金偿还债务。如果公司还有剩余现金（当然发生这种情况的可能性是非常小的），则可以分配给权益投资者。不能正常支付经营方面支出的公司也必须进行清算，但可以按最高出价进行变现，收入将被分配给权益投资者。从这个意义上说，清算成本可以被视为破产的直接成本。

实际上，财务危机成本的范围远远大于传统的破产成本和清算成本。当公司员工、客户、供应商及债权人等察觉了公司财务危机的状况并作出反应后，将对公司的经营造成极大的破坏。被外界视为已经发生财务危机的公司将会丧失大量的客户（因此丧失大量的销售收入），员工人员变动率大大增加，并且不得不接受供应商对其提出的，比对待健康公司严格得多的限制条件。这些间接性的破产成本对于很多公司来说都是灾难性的，它们很可能使这些公司的危机状况变为现实。有大量的研究对这些成本进行了调查，其结论是这些成本几乎占到了公司价值的10%到25%②。

总之，在公司估价中，财务危机发生的可能性及其成本绝对是不容忽视的。接下来的问题就不应该是在发生财务危机时是否要对公司价值进行调整了，而是怎样最好地进行调整。

17.2 折现现金流估价

回顾一下在折现现金流法下如何对公司进行估价。首先要预计一定期间内的现金流量，然后估计期间末特定时点上公司应具有的价值，将其作为终结点的现金流

① M. Kahl, "Financial Distress as a Selection Mechanism," SSRN working paper, 2001.

② For an examination of the theory behind indirect bankruptcy costs, see T. Opler and S. Titman, "Financial Distress and Corporate Performance," *Journal of Finance* 49 (1994): 1015 – 1040. For an estimate on how large these indirecl bankruptcy costs are in the real world, see G. Andrade 和 S. Kaplan, "How Costly Is Financial (Not Economic) Distress? Evidence form Highly Leveraged Transactions That Become Distressed" *Journal of Finance* 53 (1998): 1443 – 1493. 这项研究考察了最终导致危机的高负债业务，其结论是这些间接的破产成本占到了公司价值的10%到23%。

量，最后用能反映公司现金流量风险的折现率将所有现金流量折成现值。这种方法灵活性较强，其适用范围很广，从预计能够获利但增长率较小的公司估价到具有负的利润和现金流量的高增长率公司估价都可以采用。但这种方法有一个假设，即公司是持续经营的，其存续期间是永久的。终结点现金流量的价值是在假设利润按固定增长率增长（永续增长率）的基础上估计的。即使是使用收入或利润乘数估计终结点价值时，这一乘数也是通过观察公开交易公司（通常是健康公司）而获得的。

17.2.1 折现现金流估价中的危机

既然已经意识到危机发生的可能性及危机发生的后果，在对公司进行估价时如果再忽略这一因素就很不明智了，尤其是当我们要估价的公司健康状况不好，而且具有大量的债务负担时。那么大家或许要问，折现现金流估价方法的支持者不考虑公司失败可能性的理由是什么呢？通常我们认为可能存在五方面原因。前两项原因是由分析人员提出的，认为没有必要考虑危机，而后三项原因则认为，折现现金流估价法实际上已经考虑了危机的影响。

A. 我们只对大型的公开交易公司进行估价，而对于这些公司来说，危机发生的可能性是很小的。虽然实际上，对于大型的公司来说，危机发生的可能性较低确实是事实，但经验告诉我们，即使是这些大型公司也有发生危机的可能。2001年的最后几个月我们见证了安然公司（Enron）的崩溃，而仅在几个月之前该公司的市场价值还远远超过了700亿美元。2001年末，分析人员对诸如Kmart以及Lucent Technologies等的大型公司不能偿还债务并可能宣告破产的可能性进行了大量的公开探讨。2006年又对General Motors和Delta Air Lines进行了同样的研究。我们同意这样的观点，但同时认为这样的前提也存在问题，因为小型的、高增长率的公司也要进行交易，也要与大型公司一样需要对其进行估价。实际上我们认为，更需要对小型公司估价，因为在小型公司中定价失误的可能性会更大。

B. 假设对资本的获得是不受限制的。与大部分的公司理财一样，估价时我们假设有良好投资机会的公司能够轻松进入资本市场，并可以筹集到其投资所需的资金。因此，有高增长潜力的公司一般不会被淘汰出该行业，因为他们有足够的能力为维持其持续经营筹集资金（通常权益资金比负债资金要多）。在高度发展的活跃的金融市场，这种假设是非常正常的。例如，在20世纪90年代晚期，具有负盈利且资产较少的新公司都能筹集到新的资本。但是，即使是像美国这样开放的市场也随着2000年、2001年的投资者过多，其供应量逐渐枯竭。总之，在1998年和1999年时基于这样的假设并没有产生重大的问题，即认为被估价的公司不会被淘汰出局，但实际上这种假设在2001年显然已经不再适用了。

C. 按危机发生的概率调整折现率。折现率是在折现现金流估价法中用来调整风险的工具。高风险公司通常具有高权益成本、高负债成本，因此通常比安全公司的资本成本要高。再对这种假设进行合理的延伸则是，发生危机概率较高的公司通常其资本成本也较高，因此公司价值会更低。这一论据是非常有价值的。在正确估计的情况下，陷入财务困境的公司的成本确实应该比安全公司要高，如果危机是由高负债所引起的，那么其权益成本会更高。由于债务成本是以现行借款率为基础计算的，因此其数额也会随着公司破产风险的增大而增加，那么其结果是，如果借款的税收好处被浪费掉（例如发生了经营损失）的话，这种影响将会使公司的情况更加恶化。虽然如此，对公司价值按照高折现率进行调整也是不完全的，因为尽管其现值非常低，但公司仍然被假设为能够持续产生现金流量。公司现行价值的很大一部分仍来自其终结点的现金流量。换句话说，危机的最大风险（也就是所有的未来现金流量的损失）实际在估价过程中并没有被充分地反映出来。

D. 按危机发生的概率调整预期现金流量。为更好地理解这种调整，有必要回顾一下折现现金流估价法中的预期现金流量是衡量什么的。公司每年的预期现金流量应该是以发生可能为权重的、对公司多种情况下现金流量的估计，从公司最好的情况到最坏的情况。换句话说，如果有 30% 的可能公司无法残存到下一年，那么预期现金流量就要既能反映这一情况发生的可能性，又要反映其发生的后果。实践中，我们对预期现金流量的估计都是非常草率的，实际上，仅使用当年利润或收入的预期增长率（来源于分析人员的估计）来测定未来价值的情况是非常普遍的。或者是，我们通常会对不能盈利的公司作出过于乐观的估计，并以此为基础对预期现金流量进行估计。我们会估计各种可能情况下的预期现金流量，并把这些估计价值用于估价模型中。因此对于危机可能性非常大的公司，其预期现金流量应该会更低一些。

但注意，与一般情况相反，这种不属于风险调整。我们做的是在正确估计预期现金流量第一步需要做的工作。如果想要对现金流量进行风险调整，可以采用确定当量法①。但如果进行了这种调整，那么使用的折现率应该是无风险利率，而不能是按风险调整后的资本成本。但实际上，对预期现金流量按照危机发生的概率进行调整是非常困难的。这不仅需要估计每年危机发生的可能性，还要同时对危机的累计可能性进行追踪调查，这是因为，如果公司在第 3 年发生危机，那么它不仅会在第 3 年丧失现金流量，而是在其后的所有年份内其现金流量都会减少。

E. 我们假设即使是在发生危机的情况下，公司还是能够从清算其资产的销售收入中获取其预期现金流量的现值。站在 DCF（折现现金流估价法）的角度看，发生危机的问题不在于该公司将停止经营，而在于公司将丧失超过那一时点以后的所有现金流量。因此，具有大量产品及市场潜力非常大的公司一般不会看到这种变现的结果，因为它在存续期的前几年就破产了。但是如果我们假设公司可以将其自己出售给出价最高的买者，以获取与预期未来现金流量现值相等的廉价抛售价值，则在估价中可以不考虑危机因素。这是一个不太现实的假设，因为我们不仅要假设

① 确定当量现金流量法用相当于无风险的现金流量代替不确定的现金流量。因此，1.25 亿美元的预计现金流量可以被 1 亿美元的无风险现金流量所取代。现金流量的不确定性越高，金额被调整的幅度就越大，即无风险数额越小。

陷入财务困境的公司具有为其资产要求公允市场价值的讨价能力，而且还要假设该公司既能利用其现有资产（已经进行的投资和已经生产的产品），也能利用未来资产（未来可能生产的产品）做到这一点。

总之，如果发生以下三种情况中的任意一种，那么在折现现金流估价法中就可以不考虑危机因素，因为它不会对价值产生重大的影响：

A. 不存在发生破产的可能性。这可能是由于公司规模或所处环境的原因造成的，也可能由于政府的保证。

B. 可以容易地进入资本市场，这允许具有良好投资机会的公司能够为其筹集足够的债务或权益资本以渡过难关，因此也能够确保这些公司不会被迫进行危机清算。

C. 使用的是已经考虑了危机发生可能性的预期现金流量和已经按与危机有关的风险进行调整了的折现率。另外我们假设，即使是在发生危机清算的情况下，公司也能够获得与持续经营情况下预期现金流量现值相等的清算收入。

如果以上情况不存在，而且有证据表明大部分公司将来也不会发生以上情况，则折现现金流估价法就会高估公司的价值。

17.2.2 危机情况下应用折现现金流估价法

在应用折现现金流估价法时什么情况下忽略危机会对价值造成重大影响呢？如果危机发生的可能性非常高，进入资本市场又存在限制（如受内部因素或外部因素的限制等），同时危机清算的收入又大大低于持续经营的价值，那么即使是在正确估计了预期现金流量和折现率的情况下，折现现金流估价法也将会高估陷入财务困境的公司的公司价值和股票价值。在这部分中，我们将列举几种能够在估价中考虑危机影响的方法。

1. 模拟

在传统的估价方法中，通常会估计每一种变量的预期价值。例如在公司估价中，可能会假设公司每年销售收入的预计增长率是30%，而预计营业利润为10%。实际上，每一种变量都有一种价值分布，我们将其作为价值的期望值。模拟就是试图利用所有的分布信息（而不单纯是价值的期望值）来获取价值。由于需要关注所有的分布，因此模拟能给我们提供明确考虑危机的机会。

在正式开始模拟之前，必须首先确定危机的构成环境以及危机情况下将会发生什么。例如我们可以确定，如果超过10亿美元的营业亏损累计超过三年，则公司就进入危机状态，并且在这种情况下，它将以账面价值的25%出售其资产。影响危机的因素不仅包括公司的个体因素，如公司规模或资产特征等，而且还和金融市场的状况以及整个经济环境有关。如果连续三年状况不佳的公司是处于健康经济环境下，且股票市场呈上升趋势，那么它的危机成本会比处于经济衰退期的同类公司要小。模拟的步骤是：

第一步：选择将替代价值期望值的变量。尽管估价中不确定的变量非常多，但本环节中仅应选择那些最关键的变量。例如，收入增长率和营业利润就是关键变量的两个典型例子。

第二步：为每一个变量选择合适的概率分布。这里有很多选择，比如离散概率分布（仅指定特定结果的概率分布）或连续概率分布（正态分布、对数正态分布或幂指数分布等）。选择时应注意以下几个因素：

- 变量可能结果的范围（例如，收入不可能小于零，因此它不能是具有大量负值的概率分布，如正态分布）；
- 公司对这一变量的经验。变量的历史数据，例如营业利润的历史数据，可以帮助我们确定能够最好地描述这一变量概率分布的类型。

当然，没有一种分布是能够完全符合变量分布的，因此我们选取的分布只要能够最好地反映数据即可。

第三步：接下来估计每一变量的参数。各种分布其参数的数量有可能是不同的，例如，正态分布要估计其平均值和方差，而均匀分布要求估计的是变量的最大值和最小值。

第四步：从每一种分布中取一个结果值，在以下的模拟中假设该变量就等于这一价值。为使分析内容更加全面，可以每年都重复这一过程，并且允许变量和期间之间存在相互影响的关系①。

第五步：以上一步骤中取得的值为基础估计预期现金流量。根据进行模拟之前的定义，如果该公司满足持续经营的标准，那么就将这些现金流量折现以取得传统的折现现金流价值的估计值。如果该公司不满足持续经营的标准，那么就将其按陷入财务困境的公司估价。

第六步：重复进行第四步和第五步，直到取得足够的数值。一般来说，概率分布越复杂（按变量具有的价值数量以及定义概率分布所需参数的数量为依据），变量数量越多，这一步骤得到的数值就越多。

第七步：每一个模拟都将产生一个公司的价值，或者是持续经营的，或者是危机的。对这些模拟结果的价值进行平均，这就是公司的价值。同时还可以根据模拟的结果评价违约的可能性和危机对价值的影响。

模拟分析的最主要缺陷是信息的问题。实际上，选择能反映变量的正确的概率分布以及分布参数都是非常困难的。如果选择的时候不够细心，或者仅是随机选择，那么模拟的结果即使是看起来不错但实际上也是没有价值的。

2. 修正的折现估价

我们可以用折现现金流估价法反映一些，甚至是大部分的危机对价值的影响。为此，必须在预期现金流量和折现率中考虑危机的影响。

---

① 例如，如果前几年利润比较低，且收入负增长率的可能性也较低，那么利润水平较低的可能性就可以增大。

1）估计预期现金流量

为考虑危机在折现现金流估价法中的影响，必须将公司不能渡过难关的可能性与预期现金流量结合起来。大部分情况下，这要求我们必须考虑所有可能的方案，从最乐观的到最悲观的，并确认每种方案出现的可能性及每种方案下的现金流量，然后估计每年的预期现金流量。

$$\text{预期现金流量} = \sum_{j=1}^{j=n} \pi_{jt}(\text{现金流量}_{jt})$$

其中，π_{jt}表示第 t 期方案 j 的概率，现金流量$_{jt}$表示第 t 期方案 j 下的现金流量。由于方案发生的概率以及特定方案下的现金流量数值每年都有可能发生变化，因此这些数值必须每年都要进行估计。

有一种近似的简便方法，只要求估计两种方案，即持续经营方案和危机方案。对于持续经营方案，使用的预期增长率和现金流量可以基于公司能够恢复健康这样的假设进行估计；对于危机方案，可以假设公司将要进行清算，并获取危机销售收入。因此每年的预期现金流量将是：

$$\text{预期现金流量} = (\text{现金流量}_{\text{持续经营},t}) \times \pi_{\text{持续经营},t} + (\text{现金流量}_{\text{危机},t}) \times (1 - \pi_{\text{持续经营},t})$$

其中，$\pi_{\text{持续经营},t}$表示在 t 期间内公司能够持续经营的累计概率。危机概率必须每年都进行估计，因此公司能够持续经营的累计概率就可以写成：

$$t\text{期间内持续经营的累计概率} = \pi_t = \prod_{n=1}^{n=t}(1 - \pi_{\text{危机},n})$$

其中，$\pi_{\text{危机},n}$表示公司在第 n 期发生危机的概率。例如，如果公司有 20% 的可能在第 1 年发生危机，有 10% 的可能在第 2 年发生危机，那么公司在这两年内能够持续经营的累计概率就是：

两年内公司持续经营的累计概率 =（1 - 0.20）（1 - 0.10） = 0.72 或 72%

2）估计折现率

在传统估价中，我们通常利用回归分析的 β 系数估计权益成本，通过观察公司发行的公开交易债券的市场利息率估计负债成本。对那些发生危机概率非常高的公司，这些方法可能导致不一致的估计数值。首先看回归分析的 β 系数。由于回归分析依据的是很长时间之前的过去价格（例如 2 至 5 年），而危机通常都是在近期发生的，因此我们发现这些 β 系数将会低估陷入财务困境的公司的真实风险①。而公司债券利息率的问题又有所不同。被视为陷入财务困境的公司的债券到期收益率通常会达到非常高的水平，这主要是因为利息率是按设定的现金流量（利息率和面值）而不是预期现金流量计算的。持续经营估价的假设是设定的现金流量必须能够使公司维持持续经营，因此基于设定现金流量而不是预期现金流量来计算负债成本是合适的。而对于危机发生可能性非常大的公司来说，这一假设显然是不合

① 以下举一个极端的例子，例如估计 2001 年末安然公司（Enron）的 β 系数。利用两年的数据，Bloomberg 估计的 β 系数是 1.45。在这一段时期的四分之三时间内该公司都是被视为（不管正确与否）是具有正的利润的健康公司。只有到了回归期间的最后阶段才能发现危机对公司股票价格和权益资本负债率指标的影响。

理的。

陷入财务困境的公司在估计时还有没有其他的选择呢？为估计权益成本，我们还有两种选择能够提供比回归 β 系数更合理的估计：

A. 危机调整的 CAPM β 系数。不使用回归的 β 系数，我们可以使用自下而上的无负债 β 数（公司所处行业的加权平均的无负债 β）和公司目前按市场价值计算的权益资本负债率。由于陷入财务困境的公司一般都具有较高的权益资本负债率（这大部分是由于股票价格大幅度下降而导致的），因此会导致负债的 β 系数比回归分析的 β 系数要高很多[①]。如果再考虑到大部分陷入财务困境的公司都会丧失负债带来的税收好处的现实，那么负债的 β 系数就会更高。

负债的 β 系数 = 自下而上的无负债 β［1 + （1 - 税率） × 权益资本负债率］

但要注意，在未来的年份内应该按照对公司的预期重新估计权益资本负债率和税率，并对 β 系数进行调整，以反映这些变化[②]。

B. 危机系数模型。除了市场风险的标准系数，我们可以在权益成本上另加一个危机系数，这将使得陷入财务困境的公司的权益成本要比同行业的健康公司的高很多。实际上，一些人把 Fama 和 French （1992） 观察到的由市值与账面价值比率较低的公司获取的高收益归因于危机。他们认为，市场价值与账面价值比率较低的股票更容易发生危机[③]。但其他研究对这一观点提出了质疑，他们指出，从历史上来看陷入财务困境的公司的投资组合获取的收益比健康公司投资组合的要低[④]。

在估计陷入财务困境的公司的负债成本时，我们推荐使用基于公司债券评级的利息率。尽管这也将导致一个较高的负债成本，但它比认为危机马上就要发生时的到期收益率更合理[⑤]。

为计算资本成本，必须要估计债务资本占权益资本的权重。在开始的年份，一般应该使用按现行市场价值计算的权益资本负债率（对于陷入财务困境的公司来说这一数值可能非常高）。当对未来年份进行预测，并且将盈利能力的提高纳入考虑范围之内时，应该将债务比率调整至一个更合理的水平。在整个估价期间都采用目标债务比率（通常反映行业平均水平或最低水平）的传统方法可能会导致对过度负债公司价值的错误估计。

3）方法的局限

使用这种方法的最大缺陷是它很难在预计期间内每一年都估计危机（及渡过难关）的累计概率。因此，预期现金流量不能完全考虑危机的影响。另外，我们

---

① 更多自下而上的 β 系数见第 2 章。

② 对负债的调整还有其他的形式。例如一些分析人员比较倾向于较为复杂的一种，即允许债务资金负担系统风险，并具有 β 系数。而其他人则主张取消税收调整。还有人认为应采用按危机风险调整 β 系数的其他方法。

③ Eugene F. Fama and Kenneth R. French，“The Cross Section of Expected Stock Returns，” *Journal of Finance* 47 （1992）：427 -465。有其他研究对以下观点提出了质疑，即将市场价值与账面价值比率低的股票获取收益溢价归因于危机的存在。

④ Ilya D. Dichev，“Is the Risk of Bankruptcy is a Systematic Risk?” *Journal of Finance* 53 （1998）：1131 - 1147；J. Y. Campbell J. Hilscher 和 J. Szilagyi，“In Search of Distress Risk，” SSRN working paper，2005.

⑤ 危机发生可能性非常大的公司发行的债券其到期收益率将是最高水平的，因为他们基于的是债券的设定现金流量，而不是预期现金流量。

很难将持续经营假设和陷入财务困境的公司假设放入一个模型中。我们试图利用概率来达到这样的目的，但是在市场运营方面及陷入财务困境的公司发展方面这两种方法的假设是不一样的，有时甚至是矛盾的。

3. 单独处理危机

以上介绍的折现现金流量模型其修正方法是将持续经营假设及持续经营所产生的价值与危机的影响相区别。为估计危机的影响，首先要估计公司在预计年份发生危机的累计概率及廉价抛售可能获得的收入。然后公司价值可以被表示为：

$$公司价值 = 持续经营价值 \times (1 - \pi_{危机}) + 危机出售价值 \times \pi_{危机}$$

其中，$\pi_{危机}$表示估价期内危机的累计概率。除能够简化估价过程外，它还允许我们在每一次估价中使用相同的假设。

或许有读者想知道这种方法与估计深度陷入财务困境的公司清算价值的传统方法之间的区别。实际上，我们可以将廉价抛售价值看成是清算价值的一种，如果假设危机的概率为1，那么公司价值实际上就是清算价值。这种方法的好处是允许考虑到以下的可能性，即使是陷入财务困境的公司也存在变成持续经营公司的机会(虽然机会很小)。

4. 持续经营折现现金流

如果将公司作为持续经营公司进行估价，通常仅考虑公司可以渡过难关的各种情况。必须估计这些情况下的预期现金流量，而且其数值会比修正的折现现金流估价模型中的预期现金流量要大。在估计折现率时，通常假设如果公司是过度负债的，那么负债率实际上会逐期下降，而当公司转危为安时可以获取负债带来的税收好处。这和公司持续经营的假设是一致的。在实践中观察到的大部分折现现金流估价法都是持续经营估价，尽管他们有时并不采用这样的表述。

另一个虽然简单但不是很精确的方法就是认为目前的公司是健康公司，在这种方式下进行估价。这就要求必须估计当公司是健康公司时可能产生的现金流量，而这一任务通常可以通过用同行业健康公司的平均营业利润代替该公司营业利润来完成。陷入财务困境的公司的资本成本可以被设为行业平均的资本成本，然后就可以计算公司的价值了。这种方法的缺陷在于，由于假设公司财务健康，其收益是不需费力就可以获得的，且很快就可以发生，因此一般会高估公司的价值。

这种方法的一个关键问题就是估计估价期间危机发生的累计概率。这部分将介绍可以用于估计这种概率的三种方法。第一种是统计方法，通过以前年度已经发生危机和没有发生陷入财务困境的公司之间的对比，将公司发生危机的概率与可观察到的公司特征联系起来，如公司规模、负债水平及盈利能力等。第二种数据较少，是利用公司债券评级及该级别下公司的实际违约率来估计危机发生的概率。第三种是利用公司发行的债券价格来估计危机的概率。

(1) 统计方法

每年都有大量的公司破产，这为我们提供了丰富的数据资料，我们可以据此研究为什么公司会发生破产以及如何预测未来破产的可能性。最早采用这种方法进行研究的是 Altman（1968），他利用线性判别分析获得了一种计量方法，称之为 Z-Score。在其第一次发表的成果（他对这一模型进行了多次修订①）中，Z-Score 是以下 5 个指标的函数：

$$Z=0.012\times\frac{营运资本}{资产总额}+0.014\times\frac{留存收益}{资产总额}+0.033\times\frac{EBIT}{资产总额}+0.006\times\frac{权益市场价值}{负债总额账面价值}+0.999\times\frac{销售收入}{资产总额}$$

Altman 认为可以通过计算公司的 Z-Score 值来预测哪家公司将会破产，并且他提供了支撑这一理论的依据。以他的研究为基础，大量的学术研究者及从业人员开发出了自己的信用评分模型。

尽管在预测破产方面非常有用，但是线性判别分析并不提供破产的概率。为得到概率的估计值，必须要使用一个相关的变量——probit（概率单位）。在 probit 中，我们从与线性判别分析相同的数据开始，即在一段特定的时间内渡过难关和没有渡过难关的样本公司，可以得到价值为 0 或 1 的变动指标：

危机虚拟变量（dummy）=0　特定时期渡过难关的公司

=1　特定时期内破产的公司

然后观察期初可以获得的信息，这些信息允许我们将进入破产的公司和没有进入破产的公司区别开来。例如，可以考察期初所有样本公司的权益资本负债率、现金余额以及营业利润等指标，通常认为具有高权益资本负债率、低现金余额以及负的营业利润的公司破产的可能性更大。最后，以危机虚拟变量作为因变量，财务指标（权益资本负债率和营业利润）作为自变量，可以得到以下关系：

危机虚拟变量(dummy) = a + b(权益资本负债率) + c(现金余额/价值) + d(营业利润)

如果以上关系在统计意义上和经济意义上都非常重要，则可以以此为基础估计破产的概率②。

这种方法的一个好处是它也适用于衡量负债量不大的公司危机的可能性。例如，可以将正处于成长过程中的高科技公司的危机可能性与现金消耗比率联系起来，现金消耗比率衡量的是与其经营现金需求相比较公司目前持有的现金的数量③。

（2）以债券评级为基础

很多公司，尤其是美国公司，都有由评级机构评定违约风险级别的债券。对这些债券的评级不仅提供了违约风险的信息（或至少是评级机构眼中的违约风险），而且其历史极其丰富。由于债券评级已经进行了几十年，我们可以深入调查每一级别债券的违约历史。假设评级机构并不经常更改其评级的标准，则可以将这些违约概率作为变量输入到折现现金流估价模型中。Altman 和 Kishore（2001）估计了不

① E. I. Altman, "Financial Ratios, Discriminant Analysis and the Prediction of Corporate Bankruptcy," *Journal of Finance* (1968); for a more updated version of the Altman Z-Score and its relationship to default probabilities, see E. I. Altman and Edith Hotchkiss, *Corporate Financial Distress and Bankruptcy* 3rd ed., (Hoboken NJ: John Wiley & Sons 2006).

② 这看起来像是多元回归。实际上，probit 是一种更为复杂的回归分析，其固有的限制条件是确保概率不超过 1 或者变成负数。

③ 现金燃烧比率 = 现金余额/EBITDA（折旧、摊销、利息及税前利润）。如果 EBITDA 是负的，则这一指标说明公司将会耗尽其现金余额。

同等级中超过5年和10年期的债券的累计违约概率，结果见表17—1所示[①]。经过计算，超过10年的BB级债券的累计违约概率是16.89%[②]。

表17—1 **债券评级和违约概率，1971—2001**

评级	危机的累计概率（%）	
	5年	10年
AAA	0.03	0.03
AA	0.18	0.25
A+	0.19	0.40
A	0.20	0.56
A-	1.35	2.42
BBB	2.50	4.27
BB	9.27	16.89
B+	16.15	24.82
B	24.04	32.75
B-	31.10	42.12
CCC	39.15	51.38
CC	48.22	60.40
C+	59.36	69.41
C	69.65	77.44
C-	80.00	87.16

这种方法有什么缺陷呢？第一，我们将对公司违约概率的估计权委托给了评级机构，并假设他们一定能将其做好。第二，假设评级的标准是不随时间变化而变化的。第三，以上表格可以衡量债券违约的可能性，但并不能说明违约公司是否会退出该行业。实际上很多公司违约后还是能够持续经营的。

我们可以结合Global Crossing公司来阐述这种方法的应用。2001年末，Global Crossing受托拥有一项被标准普尔（S & P）评为CCC级别的债券。以这一债券级别和其1971年至2001年的违约历史为基础，对该公司未来10年内破产的累计概率估计数值为51.38%。

（3）以债券价格为基础

传统的债券估价方法是用考虑了违约对债券价格影响的债务成本对预期现金流量折现。下面考虑另一种方法，用无风险利率将债券的预期现金流量折现，由于违

① E. T. Altman and V. Kishore, "The Default Experience of U. S. Bonds," working paper, Salomon Center, 2001.

② 他们仅估计了AAA、AA、A、BBB、BB、B和CCC级债券的违约概率。我们将其值插入表中获得了其他的数值。

约可能性的存在，因此它比公司预期现金流量要低。如果假设每年违约可能性是一个常数的话，那么对于期限为 N 年的固定利率债券来说，其债券价格可以写成下式：

$$债券价格 = \sum_{t=1}^{t=N} \frac{利率(1-\pi_{危机})^t}{(1+无风险利率)^t} + \frac{债券面值(1-\pi_{危机})^N}{(1+无风险利率)^N}$$

这一等式可以与公开交易公司的债券价格一起用于违约概率的估计。利用其可以估计债券有效期限内的年度违约概率，但同时忽略了这样的事实，即早期违约率可能会高一些，而后期实际上违约可能性是会下降的。

尽管由于这种方法操作上的简单性使其具有很强的吸引力，但我们还是要强调在使用时应注意以下几点。第一要注意，不仅要找到公司发行的特定债券（债券特殊的特征可能会导致这种方法不可用，如可转换性），而且债券的价格必须是可以获得的。公司债券是私募的情况下这种方法就是不可行的。第二，即使同一公司发行的不同债券估计的概率也有可能是不同的。产生这种不同的原因，可能是由于我们的假设，即年度违约概率是保持不变的，也可能还有对债券定价不准确的原因。第三，与上一方法一样，即使不能支付债务也不一定会导致公司终止经营。最后，我们通常是假设利息要么是全额支付的，要么是一点儿也不支付。如果在利息或者面值方面有部分支付，那么用这种方法就会高估违约的可能性。

［例 17—1］利用债券价格估计破产可能性：Global Crossing

2001 年末期，Global Crossing 公司拥有票面利率 12%，8 年到期的债券，交易价格为 653 美元。为估计违约概率（以国库券利率 5% 作为无风险利率）：

$$653 = \sum_{t=1}^{t=8} \frac{120(1-\pi_{危机})^t}{(1.05)^t} + \frac{1\,000(1-\pi_{危机})^8}{(1.05)^8}$$

求解破产概率①可得：

$\pi_{危机}$ = 年度违约概率 = 13.53%

估计未来 10 年的危机累计概率：

未来 10 年度过难关的累计概率 = $(1-0.1353)^{10}$ = 23.37%

未来 10 年发生危机的累计概率 = 1 − 0.2337 = 0.7663 或 76.63%

---

5. 估计廉价抛售收入

估计完公司不能支付其债务且将终止经营的概率后，接下来必须然后将会发生什么？正如本章中开始所阐述的，其实问题的实质并不是危机本身，而是陷入财务困境的公司必须以低于预期未来现金流量现值的价格出售资产这一事实。通常情况下他们甚至不能收回现有投资产生的现金流量的现值。因此，需要进行估计的一个关键因素就是廉价抛售情况下的预期收入。有以下三种选择：

---

① 对于 10 年期债券必须使用试错法估计其价值。Excel 文件中的“规划求解（Solver）”函数可以迅速地解决这一问题。

A. 估计折现现金流量模型中的预期现金流量的现值，并假设廉价抛售收入是这一价值的一定百分比（小于 100%）。因此，如果折现现金流量模型估计出的资产价值是 50 亿美元，则可以假设危机情况下出售仅可能获得 30 亿美元的价值。

B. 仅估计现有投资产生的预期现金流量的现值，并将其作为廉价抛售的价值。实际上这是假设在廉价抛售的情况下，购买方不会再为未来投资支付任何款项。在实际操作中可以将现有资产产生的现金流量作为永续年金（不增长）来估计廉价抛售的价值。

C. 估计廉价抛售收入价值最可行的方法是以其他陷入财务困境的公司的经验为基础，将廉价抛售的销售收入看作是资产账面价值的一定百分比。因此，如果其他陷入财务困境的公司出售其资产得到的价值是其账面价值的 20%，则意味着该公司廉价抛售时销售收入也将是其资产账面价值的 20%。

还要注意，在估计廉价抛售收入时很多问题都是与估计清算价值有关的，例如以低于公允价值出售的必要性及其必须出售的紧急程度等。

［例 17—2］估计 2002 年 1 月廉价抛售收入：Global Crossing

为估计廉价抛售情况下的预计销售收入必须考虑以下几个因素。第一，2002 年 1 月份经济的缓慢增长预示着任何想要在清算过程中出售其资产的公司都不可能得到较高的收入。第二，当时大量的电信公司陷入危机，并都在寻求潜在买方的事实也说明了出售资产其销售收入有可能下降。实际上，另一家最近陷入危机的电信公司 PSInet 在出售中其销售收入还不到其账面价值的 10%。对于 Global Crossing 公司，我们假设其廉价抛售的销售收入是非现金资产账面价值的 15%。

非现金资产的账面价值为 14 531 百万美元。

廉价抛售价值 = 账面价值的 15% = 0.15 × 14 531 = 2 180 百万美元

由于该公司有面值为 7 647 百万美元的流通在外负债，因此即使是在考虑了该公司具有账面价值为 2 260 百万美元的现金和交易证券的情况下，廉价抛售时股票投资者也不会得到任何收入。

［例 17—3］单独估计 Global Crossing 的危机价值

为单独估计 Global Crossing 的危机价值，先要对其进行持续经营估价，然后再考虑廉价抛售的销售收入。

按持续经营对 Global Crossing 估价

Global Crossing 通过光纤视觉网络提供管理数据和音频产品。在其三年的历史中，该公司收入从 1998 年的 420 百万美元（即 4.2 亿美元。为与原书保持一致，以下同样以“百万美元”为单位。——译者注）增长到 2001 年的 3 804 百万美元，但其营业利润却从1998年的120百万美元下降到2001年的营业亏损1 895百万美元[①]。另外，该公司是资本密集型公司，2000年报告了重大的资本性支出（4 289百万美元）和折旧（1 436百万美元）。

估价时我们假设该公司第一年收入没有增长（反映了经济的缓慢性），在随后的四年中收入的增长有很大风险，然后在最后的阶段逐渐停留在一个稳定的增长水平5%上；在第十年末，EBITDA占销售收入的百分比从目前的水平（约为-10%）变为行业平均水平30%；在未来的两年内公司资本性支出将下降，下降到仅能维持正常经营的水平。以下表格归纳了对收入增长、EBITDA占销售收入的比重及未来10年再投资需求的假设。

年份	收入增长率（%）	EBITDA占销售收入百分比（%）	资本支出增长率（%）	折旧增长率（%）	营运资本占销售收入百分比（%）
1	0	-2.5	-20	10	3
2	40	0	-50	10	3
3	30	5	-30	10	3
4	20	10	5	10	3
5	10	15	5	-50	3
6	10	18	5	-30	3
7	10	21	5	5	3
8	8	24	5	5	3
9	6	27	5	5	3
10	5	30	5	5	3

对销售收入增长率和EBITDA利润的提高，我们假设大额变化都是在开始的几年内发生的。注意，折旧的变化落后于资本支出的变化，资本支出开始是负的，然后折旧开始下降。最后假设基于行业平均数值，该公司必须每年留出收入变化的3%作为营运资本。

按照这些预测，我们在下表（单位：百万美元）中估计了高增长时期该公司每年的收入、营业利润以及税后营业利润。为估计税金，我们考虑了转入2001年的2 075百万美元的营业亏损，并且加上了项目最初几年预期会发生的损失数额。

① 2000年的财务报表还没有公布，因此大部分2001年11月份的数值采用了以前期连续12个月的资料。

金额单位：百万美元

年份	收入	EBITDA	折旧	EBIT	年初净营业亏损	税	EBIT(1－t)
1	3 804	－95	1 580	－1 675	2 075	0	－1 675
2	5 326	0	1 738	－1 738	3 750	0	－1 738
3	6 923	346	1 911	－1 565	5 487	0	－1 565
4	8 308	831	2 102	－1 272	7 052	0	－1 272
5	9 139	1 371	1 051	320	8 324	0	320
6	10 053	1 809	736	1 074	8 004	0	1 074
7	11 058	2 322	773	1 550	6 931	0	1 550
8	11 942	2 508	811	1 697	5 381	0	1 697
9	12 659	3 038	852	2 186	3 685	0	2 186
10	13 292	3 589	894	2 694	1 498	419	2 276
终结点	13 957	4 187	939	3 248	0	1 137	2 111

由于前9年公司有累计亏损，因此公司免税。到第10年，假设公司的边际税率是35%①。

最后，按照对资本性支出和营运资本的假设估计公司自由现金流量：

金额单位：百万美元

年份	EBIT（1－t）	资本性支出	折旧	营运资本变化	自由现金流量FCFF
1	－1 675	3 431	1 580	0	－3 526
2	－1 738	1 716	1 738	46	－1 761
3	－1 565	1 201	1 911	48	－903
4	－1 272	1 261	2 102	42	－472
5	320	1 324	1 051	25	22
6	1 074	1 390	736	27	392
7	1 550	1 460	773	30	832
8	1 697	1 533	811	27	949
9	2 186	1 609	852	21	1 407
10	2 276	1 690	894	19	1 461
终结点	2 111	2 353	939	20	677

① 由于以前年度转入的净营业亏损的原因，因此公司第10年的税率低于35%。

该公司大量运用债务为其投资筹集资金，2001 年末其流通在外债务资金的账面价值达到 7 647 百万美元。我们估计这些债务的市场价值为 4 923 百万美元①。以进行估价当时的 1 649 百万美元的市场资本化（股票）金额为基础，该公司市场价值债务与资本比估计为：

$$债务占资本比=\frac{4\ 923}{4\ 923+1\ 649}=74.91\%$$

$$权益占资本比=\frac{1\ 649}{4\ 923+1\ 649}=25.09\%$$

为估计自下而上的 β 系数，首先设定无负债公司的 β 系数为 0.7527（以所有公开交易的电信服务公司数据为基础），然后利用债务和权益的市场价值（税率为 0）估计该公司的负债 β 系数：

$$负债\ \beta\ 系数=无负债\ \beta\ 系数\times\left[1+(1-税率)\times\frac{债务}{权益}\right]$$

$$=0.7527\times\left[1+(1-0)\times\frac{4\ 923}{1\ 649}\right]=3.00$$

利用数值为 3 的自下而上的 β 系数和以公司评级（CCC）为基础的 12.8% 的债务成本，可以估计以后五年的资本成本（无风险利率为 4.8%，风险溢酬 4%）。

权益成本 = 4.8% + 3 × 4% = 16.80%

税后债务成本 = 12.8% × (1 − 0) = 12.8%（公司不支付所得税）

资本成本 = 16.8% × 0.2509 + 12.8% × 0.7491 = 13.80%

在第 10 年之后的稳定增长年份，假设 β 系数将下降为 1，税前债务成本下降为 8%，则第 6 年至第 10 年间线性增长调整见下表：

年份	税率（%）	β 系数	权益成本（%）	税后债务成本（%）	负债率（%）	资本成本（%）
1～5	0	3.0	16.8	12.80	74.91	13.80
6	0	2.6	15.2	11.84	67.93	12.92
7	0	2.2	13.6	10.88	60.95	11.94
8	0	1.8	12.0	9.92	53.96	10.88
9	0	1.4	10.4	8.96	46.98	9.72
10	16	1.0	8.8	6.76	40.00	7.98
终结点	35	1.0	8.8	5.20	40.00	7.36

为估计终结点年份的再投资率，假设 Global Crossing 在第 10 年后其资本成本将是永续的 7.36%，并假设预期增长率为 5%，则可以得到 67.93% 的再投资率。

$$稳定增长下的再投资率=\frac{5\%}{7.36\%}=67.93\%$$

① 我们以估计的税前债务成本 12.80% 作为折现率将债务面值及利息折现来估计市场价值。

$$终结点预期自由现金流量FCFF = EBIT_{11}(1-t)(1-再投资率)$$
$$= 2\,111(1-0.6793)$$
$$= 677（百万美元）$$

$$终结点价值 = \frac{FCFF_{11}}{资本成本-g} = \frac{677}{0.0736-0.05} = 28\,683（百万美元）$$

将经营现金流量和终结点价值折成现值，可以得到 5 529.92 百万美元的经营资产价值。但要注意，这一价值大部分是来源于我们的假设的，也就是 Global Crossing 不仅能够渡过难关而且还能盈利，而这是大部分终结点价值的主要来源。加上公司持有的现金和交易证券（2 260 百万美元），再减掉负债的价值（4 922.75 百万美元）和流通在外的管理者期权的估计价值（14.31 百万美元）①，最后得到股票的价值为 2 852.86百万美元。除以流通在外的股份数可得每股价值为 3.22 美元。

公司经营资产的价值	5 529.92 百万美元
+现金及交易证券	2 260.00 百万美元
-负债市场价值	4 922.75 百万美元
=股票价值	2 867.17 百万美元
-流通在外期权价值	14.31 百万美元
=普通股股票价值	2 852.86 百万美元
每股股票价值	3.22 美元

按持续经营估计，则 Global Crossing 的每股股票价值为 3.22 美元。

6. 处理危机

在［例 17—1］中估计的 Global Crossing 公司未来 10 年危机累计概率为 76.63%，例 17—2 中以其他破产的电信公司目前在市场上出售可获得的资产价值估计的廉价抛售销售收入为账面价值的 15%。将这两项结果结合起来可以得到在考虑财务危机情况下的经营资产预期价值的估计值：

$$经营资产预期价值 = 5\,530\times(1-0.7663) + 2\,180\times 0.7663$$
$$= 2\,962.9（百万美元）$$

如果将现金和交易证券加回来并减掉负债，则可以得到该公司调整后的权益价值：

公司价值	2 962.90 百万美元
+现金及交易证券	2 260.00 百万美元
-负债市场价值	4 922.75 百万美元
=股票价值	300.15 百万美元
-流通在外期权价值	14.31 百万美元
=普通股股票价值	285.84 百万美元

① 用布莱克—斯克尔斯模型（Black-Scholes model）估计流通在外期权的价值。实际上由于股票价格的大幅度下降这些期权已经丧失了大部分的价值。

每股股票价值　　　　　　　　　　　　　0.32 美元

这种方法的一个缺陷是它不能考虑公司权益负有限责任的事实。换句话说，如果危机确实发生了，且经营资产的价值少于流通在外的负债（这是不可避免的），那么股票投资者从其投资中不能得到任何报酬，但也不要求进行这一差额的补偿。我们可以利用每股股票的加权平均值估计更现实的股票价值：

$$\text{股票价值} = 3.22 \times (1 - 0.7663) + 0 \times 0.7663 = 0.75 \text{ 美元}$$

一种理解这两个数值的方法是，将第一个估计值（0.32 美元）看作是不负有限责任的价值，第二个估计值（0.75 美元）看作是具有有限责任的股票投资者的价值。

7. 调整现值法

在调整现值法 APV（第 6 章进行过全面论述）中，将以无负债公司的价值作为出发点。当把债务加到公司中时，要同时考虑债务好处和借款成本对价值的净影响。通常情况下是假设借款的最主要好处是税收利益，借款最大的成本是增加了破产的风险。对于陷入财务困境的公司来说，将债务对价值的影响和经营资产价值区分开的好处是可以使我们更关注危机的成本和危机的可能性。

APV 方法中，可以分三个步骤估计公司的价值。首先估计无负债公司的价值，是以无负债的权益成本作为折现率将预期自由现金流量折现实现的。在现金流量以永续的固定增长率增长的特殊情况下，公司价值的计算非常简单。

$$\text{无负债公司价值} = \frac{FCFF_0\ (1 + g)}{\rho_u - g}$$

其中，$FCFF_0$ 代表公司目前的税后经营现金流量，ρ_u 代表无负债的权益成本，g 代表预期增长率。一般情况下，可以利用任何我们认为合理的增长率假设来计算公司的价值。

然后考虑特定金额借款利息所带来的税收节约额的现值。这一税收利益是公司所得税税率的函数，按负债成本折现，以反映这一现金流量的风险性。如果税收节约被看作是永续的，则：

$$\text{税收利益的价值} = \frac{\text{税率} \times \text{债务成本} \times \text{负债}}{\text{债务成本}} = \text{税率} \times \text{负债} = t_c D$$

对陷入财务困境的公司来说，如果其营业亏损非常大，且在未来可预见的期间内得到税收好处的机会不大，则这一价值可能是非常低的。

第三个步骤是评价特定水平的负债对公司违约风险的影响和对预期破产成本的影响。这要求对公司债务的违约概率进行估计，并估计破产的直接和间接成本。如果 π_α 代表增加负债后公司违约概率，BC 代表破产成本的现值，则公司预期破产成本的现值可以估计为：

$$\begin{aligned}\text{预期破产成本的现值 PV} &= \text{破产概率} \times \text{破产成本的现值} \\ &= \pi_\alpha BC\end{aligned}$$

可以利用上一部分中描述的方法获得破产概率的估计值，同样还要考虑作为持续经营公司的价值和作为破产成本的廉价抛售价值之间的差额。因此，如果预期现金流量的现值是 50 亿美元（持续经营价值），廉价抛售销售收入预计为账面价值 40 亿美元的 25%，则破产成本应为 40 亿美元。

预期破产成本 = 50 - 0.25 × 40 = 40（亿美元）

同样，对于陷入财务困境的公司来说预期破产成本的现值有可能是一个非常大的金额。较低的税收利益和较高的破产成本结合有可能会降低公司的价值。

Almeida 和 Philippon（2005）提出了调整现值法的另一种模型，他们认为危机成本的传统衡量方法低估了其数量，因为没有考虑到危机成本通常都是系统性（市场因素和经济因素导致的）的现实①。为反映这种系统风险，他们列举了两种调整危机成本价值的方法。第一种是从公司债券价差中获得违约概率，类似于在以上例 17—1 中使用的方法。第二种是从危机概率和资产定价模型的历史数据中进行风险的调整。他们认为预期破产成本是非常重要的，对价值具有重大的影响。

［例 17—4］对 Global Crossing 进行估价：调整现值法

要按照调整现值法估计 Global Crossing 的价值，首先必须将该公司视为无负债主体进行估价。可以将无负债权益成本作为资本成本来达到这一目的：

Global Crossing 的无负债 β 系数② = 0.7527

设无风险利率为 4.8%，市场风险溢酬为 4%，则：

Global Crossing 公司无负债资本成本 = 4.8% + 0.7527 × 4% = 7.81%

将这一权益成本作为资本成本对在例 17—3 中列示的预期自由现金流量进行折现。下表归纳了以无负债权益成本为折现率的现金流量的现值。（注意，终结点价值没有变动。还是假设在第 10 年后公司仍能获得其投资的资本成本。）

金额单位：百万美元

年份	FCFF	终结点价值	7.81% 时的现值
1	-3 526		-3 270.85
2	-1 761		-1 515.31
3	-903		-720.38
4	-472		-349.17
5	22		15.02
6	392		249.55
7	832		491.64
8	949		519.81
9	1 407		715.26
10	1 461	28 683	14 210.82
合计			10 346.39

① H. Almeida and T. Philippon, "The Risk-Adjusted Cost of Financial Distress," SSRN working paper, 2005.
② 将电信服务公司的无负债 β 系数作为 Global Crossing 的无负债 β 系数。

无负债公司的价值为 10 346 百万美元。然后应该加上债务的预期税收好处。由于该公司目前净营业亏损非常严重，仅能在第 10 年后才能获得预期的税收好处。因此，按 7.81% 的折现率、10 年期对预期税收好处折现①。为估计破产成本，将持续经营价值 10 346 百万美元和廉价抛售收入估计值 2 180 百万美元（例 17—2 中得到的结果）的差额作为破产成本。再乘以例 17—1 中估计的破产概率则可以得到预期的破产成本。

$$预期税收好处 = \frac{税率 \times 无负债公司价值}{(1 + 资本成本)^{10}}$$

$$= \frac{0.35 \times 10\ 346}{1.078^{10}} = 1\ 707\ （美元）$$

$$\text{Global Crossing 资产的调整现值} = 无负债公司价值 + 税收好处现值 - 预期破产成本$$

$$= 10\ 346 + 1\ 707 - 0.7663 \times (10\ 346 - 2\ 180)$$

$$= 5\ 795\ （百万美元）$$

加上现金和交易证券，减掉负债，则可以得到 Global Crossing 公司的股票价值：

Global Crossing 公司资产的 APV	5 795 百万美元
+现金和交易证券	2 260 百万美元
-负债的市场价值	4 923 百万美元
=股票价值	3 132 百万美元

$$每股股票价值 = \frac{3\ 132}{886.47} = 3.53\ （美元）$$

2001 年 12 月发行在外的股份数为 886.47 百万股。

17.3 相对估价法

实务中大部分的估价方法都是相对估价法，包括对陷入财务困境的公司进行的估价，特别是利用乘数和对一组可比公司进行的估价。那么随之而来的问题就是，相对估价法中考虑了危机影响吗？如果没有，如何进行？

17.3.1 相对估价法中的危机

在相对估价法中对危机因素的考虑是很模糊的。考虑一下大部分情况下相对估价法是如何进行的。我们一般是选择一组认为与被估价公司具有可比性的公司，通常是在与被估价公司所处的同一行业内进行选择。然后通过计算乘数确定价格标准，乘数可以采用市盈率、市价与账面价值比、公司价值与销售收入比或公司价值与 EBITDA（折旧、摊销、利息、税前利润）之比等。最后利用可比公司的这一乘

① 税收好处到 10 年后才能实现，用无负债权益成本 7.81% 作为折现率。

数检验被估价公司的数值。尽管这一历史悠久的方法同样可以被用于陷入财务困境的公司的估价，但通常要考虑陷入财务困境的公司的以下两个特别问题：

A. 收入和 EBIDTA 乘数通常用于陷入财务困境的公司估价的比用在健康公司的多。原因非常实际，因为陷入财务困境的公司通常不能计算例如市盈率或市价与账面价值比这样的指标。因此分析人员们转向利润表去寻找所需要的正的数据。如果公司进行了大量的结构性投资（其中折旧和摊销成为营业利润的主要扣减项目），并且有大量的利息费用，则 EBITDA 通常是正的，而净利润是负的。但对一些公司来说，尽管 EBITDA 是负的，收入乘数也是唯一能获得正价值的乘数。

B. 在对被估价公司的乘数与行业平均水平进行比较时，已经意识到危机可能会发生的分析人员们通常会主动考虑危机的影响。例如，假设电信公司平均交易水平为收入的 2 倍，而我们所分析的公司交易水平是收入的 1.5 倍，再假设该公司的违约风险比电信公司的平均水平要高得多，那么我们就可以得出结论：由于存在违约的可能性，即使该公司的交易水平远比行业平均水平要低，我们也没有低估它的价值。主动进行调整的风险也很明显。除非发生极为惊人的错误估计，否则分析人员总是能够提供对公司提出的意见的证据的。

17.3.2　在相对估价法中考虑危机

有没有办法可以将相对估价法运用于陷入财务困境的公司呢？我们相信是有的，尽管这种调整比折现现金流估价法的调整要复杂得多。有两种方法可以将危机因素纳入到相对估价法中。第一种，将陷入财务困境的公司之间的估价进行比较；第二种，用健康公司作为可比公司，然后寻找一种方法对被估价公司正面临的危机进行调整。

1. 选择可比公司

在陷入财务困境的公司估价中，我们可以首先在同行业中寻找一组陷入财务困境的公司，观察市场对其的支付程度。例如，可以通过观察其他出现麻烦的电信公司交易时的公司价值与销售收入（或资本账面价值）之比这一乘数来对出现麻烦的电信公司进行估价。尽管这种方法可以实现估价目的，但它仅在同行业中同时有大量公司出现财务危机时才能生效。另外由于要对公司是否属于陷入财务困境的公司进行分类，因此会面临把危机程度不同的公司归为同类的风险。

延伸这一方法的一种方式是观察市场上所有陷入财务困境的公司，而不是公司所处行业内的。这样会大大增加样本公司的数量，但是也可能存在缺陷，例如出现危机的百货公司比出现危机的科技公司境况（在创造危机销售收入方面）可能会好一些。

[例 17—5]　选择危机可比公司

为对 Global Crossing 公司进行估价，我们仅考虑营业利润为负和高负债（负债权益的市场价值比超过 75%）的电信服务公司。用权益账面价值和最近的财务年

度末负债账面价值的合计数作为资本账面价值。我们的目标是找到发生危机可能性非常大的电信服务业的样本公司。下表归纳了这些公司的公司价值与资本账面价值比：

公司名称	公司价值与资本账面价值比	EBIT	负债与资本市场价值比（%）
SAVVIS Communications Corp	0.80	-83.67	75.20
Talk America Holdings Inc.	0.74	-38.39	76.56
Choice One Comm. Inc.	0.92	-154.36	76.58
FiberNet Telecom Group Inc.	1.10	-19.32	77.74
Level 3 Communications Inc.	0.78	-761.01	78.89
Global Light Telecom	0.98	-32.21	79.84
Korea Thrunet Co. Ltd CI A	1.06	-114.28	80.15
Williams Communications Group	0.98	-264.23	80.18
RCN Corp.	1.09	-332.00	88.72
GT Group Telecom Inc. CI B	0.59	-79.11	88.83
Metromedia Fiber A	0.59	-150.13	91.30
Global Crossing Ltd.	0.50	-15.16	92.75
Focal Communication Corp.	0.98	-11.12	94.12
Adelphia Business Solutions	1.05	-108.56	95.74
Allied Riser Communications	0.42	-127.01	95.85
CoreComm Ltd	0.94	-134.07	96.04
Bell Canada Intl.	0.84	-51.69	96.42
Globix Corp.	1.06	-59.35	96.94
United Pan Europe Communications	1.01	-240.61	97.27
Average	0.87		

Global Crossing 的交易量是其投资资本账面价值的50%，远远低于这些危机的平均水平。可以近似地认为是以相对估价为基础估价时 Global Crossing 的公司价值被低估了，尽管仅在假设公司发生危机的程度都相同情况下才能得出这一结论。

2. 调整乘数

第二种可能就是寻找调整危机乘数的方法。看下面一种解决方法：可以考察不同等级交易量公司的收入乘数或营业利润乘数，获取反映在市场上的公司面临的危机等级的折扣率（如果有的话）。如果分析的每一等级中都有足够的同行业公司，则可以以行业为基础；如果没有，可以观察整个市场的乘数，并考察不同等级债券之间的区别。

[例 17—6] 调整后乘数：Global Crossing

通过观察所有的电信公司及其以债券评级为基础的分类，可以按债券评级类别估计 2001 年末的公司价值与资本账面价值比：

债券级别	公司价值与资本账面价值比
A	1.7
BBB	1.61
BB	1.18
B	1.06
CCC	0.88
CC	0.61

不同债券级别之间的差别为我们提供了在对陷入财务困境的公司估价时可以采用的折扣。例如，具有 CCC 级债券级别的 Global Crossing 公司其乘数仅为同行业中健康的 A 级公司的一半。

3. 明确考虑危机可能性

我们建议使用的折现现金流估价法的修订版本是明确估计违约风险和公司价值，且公司价值是持续经营价值和廉价抛售价值的加权平均数。如果一家陷入财务困境的公司所处的行业中大部分公司都是健康的，那么这种方法是有效的。我们可以利用可比公司估计陷入财务困境的公司的价值，并将其作为持续经营价值。例如，如果行业中健康公司的交易量是收入的 2 倍，则可以用公司的销售收入乘以 2 得到持续经营价值。然后对危机进行调整以估计公司的价值：

$$公司价值 = 持续经营相对价值 \times (1-\pi_{危机}) + 廉价抛售价值 \times \pi_{危机}$$

危机概率及廉价抛售价值的估计方法和本章中前述方法一致。这种方法最适用于在一个大部分是健康公司的行业中对陷入财务困境的公司进行估价，因为以前的两种方法在这种情况下都无法使用。

在某些情况下如要估计持续经营价值必须要利用收入和营业利润的预测值，特别是当期收入和营业利润受危机不利影响时。

[例 17—7] 未来乘数和危机

回顾一下在例 17—3 中对 Global Crossing 公司收入和 EBITDA 的预测。尽管该公司目前正经历着严重的亏损，但我们预测它能够渡过难关。例如在第 5 年，Global Crossing 公司预期将得到收入 9 139 百万美元，EBITDA1 371 百万美元。利用健康电信公司①交易的平均公司价值与 EBITDA 之比 7.2，可以估计第 5 年预期公司价值为：

$$第5年公司预期价值 = EBITDA_5 \times EV/EBITDA_{目前健康的电信公司}$$
$$= 1\ 371 \times 7.2 = 9\ 871\ (百万美元)$$

按 Global Crossing 公司资本成本对这一估计价值折现可以得到其现值：

$$目前的公司价值 = \frac{9\ 871}{1.138^5} = 5\ 172\ (百万美元)$$

当然，这是假设在 Global Crossing 公司会渡过难关成为健康公司的基础上而进行的。利用前面所估计的渡过难关的概率（23.37%）和危机概率（76.63%），可以确认 Global Crossing 公司营业资产目前的价值为：

$$估计公司价值 = 持续经营价值 \times \pi_{持续经营} + 危机出售价值 \times (1 - \pi_{持续经营})$$
$$= 5\ 172 \times 0.2337 + 2\ 180 \times 0.7663 = 2\ 879\ (百万美元)$$

注意，以上廉价抛售价值 2 180 百万美元是在例 17—2 中估计出来的。加上公司现金余额（2 260 百万美元），减掉负债（4 923 百万美元），得出公司权益价值为：

公司价值	2 879 百万美元
+现金和交易证券	2 260 百万美元
-负债	4 923 百万美元
=权益价值	216 百万美元
每股股票价值 =216 美元/886.47	0.24 美元

17.4 危机公司的公司价值到股票价值

在传统的估价方法中，我们是从公司价值中减掉负债的市场价值得到股票价值的。当对陷入财务困境的公司估价时，必须考虑两个特别的问题。第一，由于这些公司通常都处在重组和重新协商债务合约的过程中，因此债务负担的转换使得确定某一特定时点上的负债金额非常具有挑战性。第二，陷入财务困境的公司的权益有时会具有期权的特征，并以比折现现金流估价法中确认的价值高的金额进行溢价交易。

17.4.1 债务负担转换

除具有大量金额的债务之外，陷入财务困境的公司通常还具有非常复杂的债务结构。不仅是他们会欠不同的债权人资金，而且债务本身也是比较复杂的，如可转换债务、可赎回债务以及具有债权人为保护自己的利益而要求的特殊条款等。另外，陷入财务困境的公司还经常与债权人进行协商，试图劝说他们改变债务条款，

① 仅以营业利润为正和权益资本负债率较低（低于 30%）的公司作为健康公司。

在某些情况下还可能将其债务转换成权益。因此，公司负债的价值可能每天都在发生很大的变化，而这将会对权益价值产生影响，尽管公司价值不会发生变化。

当估计陷入财务困境的公司负债价值时，必须注意以下几点：

- 尽量取得流通在外债务的最新估计数值，而不依赖于对这些流通在外债务过去可获得的财务报表信息。当债务协商（陷入财务困境的公司与其债权人之间）是私下进行的时候，这一点是很难做到的。

- 由于陷入财务困境的公司的违约风险在不同时期变化比较大，因此必须经常更新对债务市场价值的估计。即使在公司债务不进行交易的情况下，使用陷入财务困境的公司债务账面价值代替其市场价值也是不合适的。因此必须估计债务的市场价值，而将其账面价值看成是公司债券。

- 对于可转换债务，应该去除其转换的选择权，将其作为权益对待。同样，这样做的一个简单方法就是将可转换债券按直接债券进行估价（可以得到可转换债券中的负债部分的数额），并将可转换债券与直接债券部分市场价值间的差额当成权益处理。

总之，由于流通在外的债务随时间不同而不同，因此对陷入财务困境的公司整体进行估价远比对同一公司进行权益估价要简单得多。

17.4.2 作为期权的股票

大部分公开交易的公司中，股票具有两种特征。第一，股票投资者掌管公司的运营，他们可以选择在任意时间清算其资产，对其他权益持有人进行支付。第二，在一些私人公司和几乎所有的公开交易公司中，股票投资者的责任仅限于其对这些公司的投资。这种清算选择权与有限责任的结合允许股票具有买入期权的特征。在具有大量债务并且破产可能性非常大的公司，股票的期权价值可能会超过股票的折现现金流价值。

1. 作为期权的股票支付

公司的股票请求权是剩余请求权，也就是说，股票持有者只有获得其他的请求权（债务人、优先股股东等）全部被满足之后剩余的现金流量。如果公司发生清算也要遵循同样的原则：股票投资者只能得到支付了公司流通在外的债务和其他财务请求权之后剩余的现金。由于有限责任的存在，如果公司价值低于流通在外债务的价值，那么权益投资者不会损失超过其对公司投资的数额。清算中支付给股票投资者的数额因此可以被表示为：

清算时支付给股东的数额 $= V - D$，如果 $V > D$

$= 0$，　　如果 $V \leqslant D$

其中，$V =$ 公司的清算价值。

$D =$ 流通在外债务和其他外部请求权的面值。

因此股票可以被看成是对公司的一个买入期权，该期权的执行要求必须对公司进行清算，且支付债务面值（与执行价格一致）。公司是标的资产，债务到期时期权到期，支付情况见图 17—1 所示。

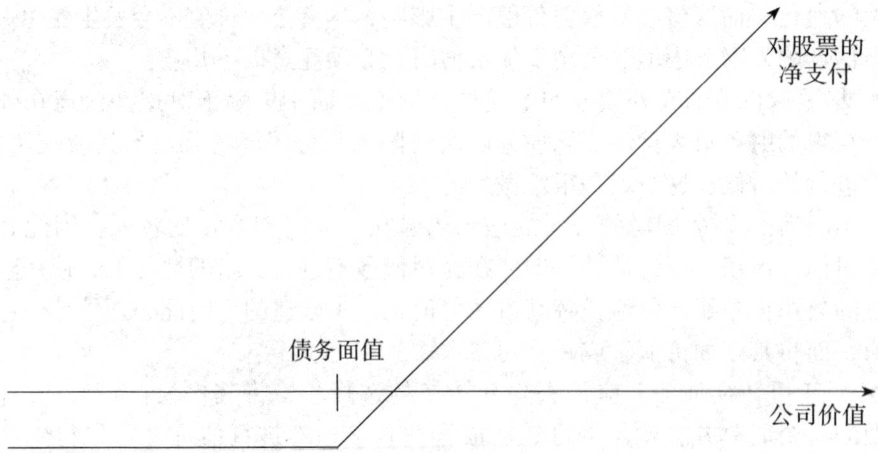

图 17—1 作为期权的对股票支付

［例 17—8］将股票作为期权进行估价

假设我们目前正在评估一家公司的股票价值，该公司资产目前估价为 100 百万美元，资产价值的标准离差率 40%。该公司债务面值 80 百万美元（无息债务，剩余有效年限 10 年）。10 年期国库券利率为 10%。则可以将以上已知条件代入期权定价模型以求得作为买入期权的公司股票价值：

标的资产价值 = S = 公司价值 = 100 百万美元

执行价格 = K = 流通在外债务面值 = 80 百万美元

期权有效期 = t = 零利息债务有效期 = 10 年

标的资产价值方差 = σ^2 = 公司价值方差 = 0.16

无风险利率 = r = 与期权有效期一致的国库券利率 = 10%

将以上已知条件代入布莱克—斯克尔斯期权定价模型，可以得到买入期权的价值：

$d_1 = 1.5994$　　$N(d_1) = 0.9451$

$d_2 = 0.3345$　　$N(d_2) = 0.6310$

买入期权价值 $= 100 \times 0.9451 - 80e^{-(0.10)(10)} \times 0.6310$

$= 75.94$（百万美元）

由于买入期权价值代表了公司股票的价值，而公司价值为 100 百万美元，则可以计算流通在外债务的价值为：

流通在外债务的价值 = 100 − 75.94 = 24.06（百万美元）

由于该债务是 10 年期零利息债券，因此该债券市场利息率可以计算如下：

债务利息率 $= \left(\frac{80}{24.06}\right)^{1/10} - 1 = 12.77\%$

因此该债券的违约价差应该是 2.77%。

2. 将股票视为期权的含义

当公司股票具有了买入期权特征的时候，我们必须改变考虑其价值及其价值决定因素的方法。接下来将探讨其对公司股票投资者和债券持有人的潜在影响。

1）股票什么时候是没有价值的

在折现现金流估价法中一般认为，如果我们拥有的（公司价值）低于我们欠别人的，那么股票就是没有价值的。将股票视为买入期权的第一个含义就是，即使公司价值下降到低于流通在外债务面值的水平，股票还是有价值的。尽管投资者、会计人员以及分析人员们都可能将公司视为一种负担，但其股票并不是一文不值的。实际上，与由于在期权剩余时间内标的资产价值可能会上升至超过执行价格因此价外买入期权能够获得价值一样，股票也能够获得价值，这是由于存在期权的时间溢价（直到债券到期前的时间）和在债券到期前资产价值上升至超过债券面值的可能性。

[例17—9] 公司价值与股票价值

重新考虑上一个例题。假设公司价值下降至50百万美元，低于流通在外债务面值（80百万美元），其他条件不变，则作为买入期权的股票各参数为：

标的资产价值 = S = 公司价值 = 50 百万美元

执行价格 = K = 流通在外债务面值 = 80 百万美元

期权有效期 = t = 零利息债务有效期 = 10 年

标的资产价值方差 = σ^2 = 公司价值方差 = 0.16

无风险利率 = r = 与期权有效期一致的国库券利率 = 10%

基于以上条件，利用布莱克—斯克尔斯期权定价模型可以得出买入期权的价值：

$d_1 = 1.0515$　　　　$N(d_1) = 0.8534$

$d_2 = -0.2135$　　　　$N(d_2) = 0.4155$

买入股权（股票）价值 $= 50 \times 0.8534 - 80e^{-(0.10)(10)} \times 0.4155 = 30.44$（百万美元）

债券价值 $= 50 - 30.44 = 19.56$（百万美元）

可以看到，由于股票存在期权的特征，因此该公司股票仍然具有价值。实际上，这一例题中的公司股票即使是在公司价值下降至10百万美元，甚至更低时仍然具有价值，如图17—2所示。

2）增加风险可以增加股票价值

在传统的折现现金流估价方法中，高风险几乎可以等同于股票投资者的低价值。但在股票具有了买入期权特征的情况下，这种关系就不会再持续了。风险可以成为有问题公司股票投资者的同盟军，实际上，在公司价值摇摆不定的情况下我们仅有很小的损失，但会获得很大的收益。

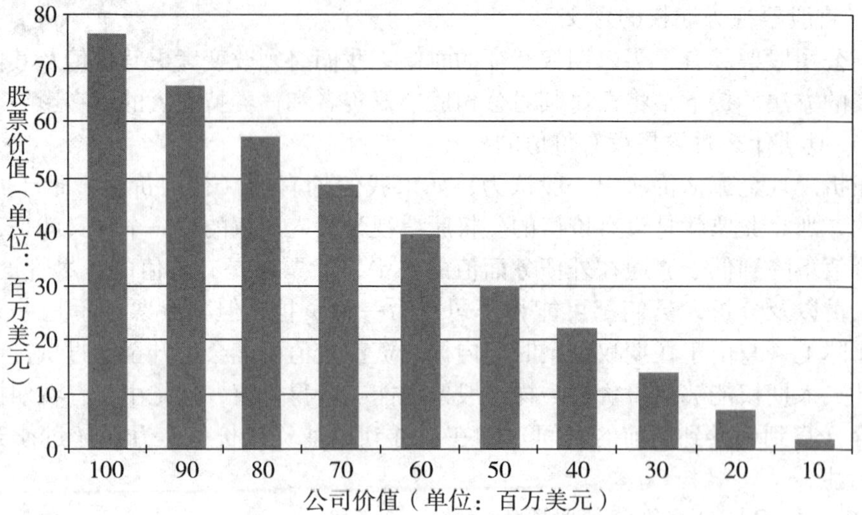

图 17—2　公司价值变化时股票的价值

［例 17—10］股票价值及其波动性

重新考虑［例 17—8］中的估价问题。股票价值是公司价值方差的函数，假设其数值为 40%。如果假设其他条件均不变，仅改变方差数值，股票价值将如图 17—3 所示的那样发生变化。注意，当公司价值不变时，股票价值是随着标准离差率的升高而升高的，债务利息率也随着标准离差率的升高而升高。

3）违约概率和违约价差

从期权定价模型中得到的一个比较有意思的结果是公司的风险中性违约概率。在布莱克—斯克尔斯模型中可以从 N（d_2）（S > K 的风险中性概率）中估计它的价值，在本例题中这就是公司资产价值超过债务面值的概率，因此［1 − N（d_2）］就应该得到债务违约的风险中性概率。

风险中性违约概率 = 1 − N（d_2）

另外，债务的利息率使我们能够估计债券上的违约价差。

将这一模型应用到银行贷款组合中，其作用是既能获得违约概率，又能衡量债务是否被收取了足够高的利息率。实际上确实存在对公司这些价值进行估计的商业服务，但他们要使用相当复杂的期权定价模型来完成。

［例 17—11］违约概率和违约价差

回到［例 17—8］，估计违约概率 N（d_2）和作为方差的函数的违约价差，以公司债务利息率与无风险利率间的差额来衡量。这些价值被列示在图 17—4 中。要注意，违约概率是随着公司价值的标准离差升高而迅速升高的，违约价差也是如此。

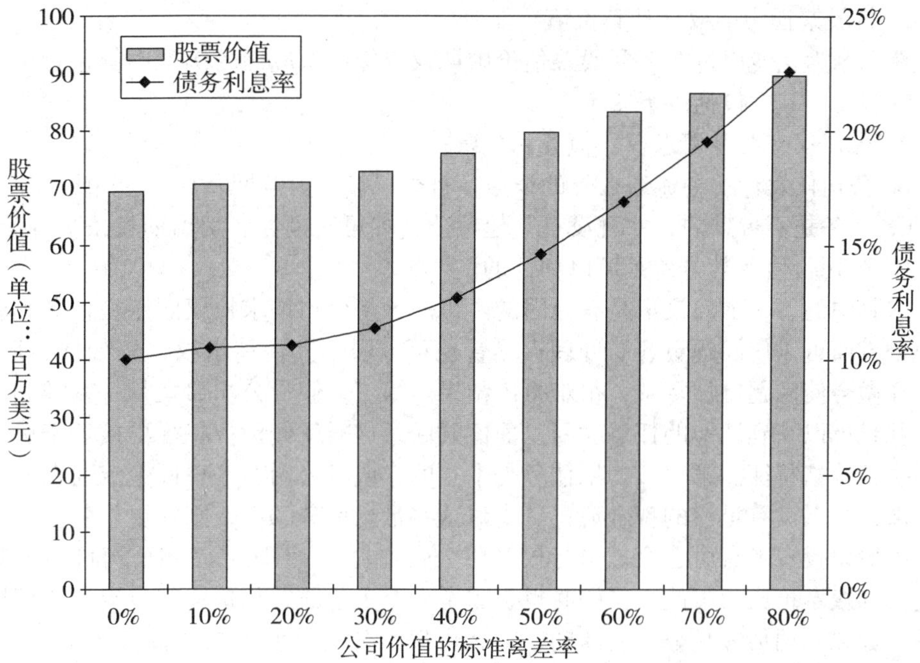

图 17—3 股票价值与公司价值的标准离差率

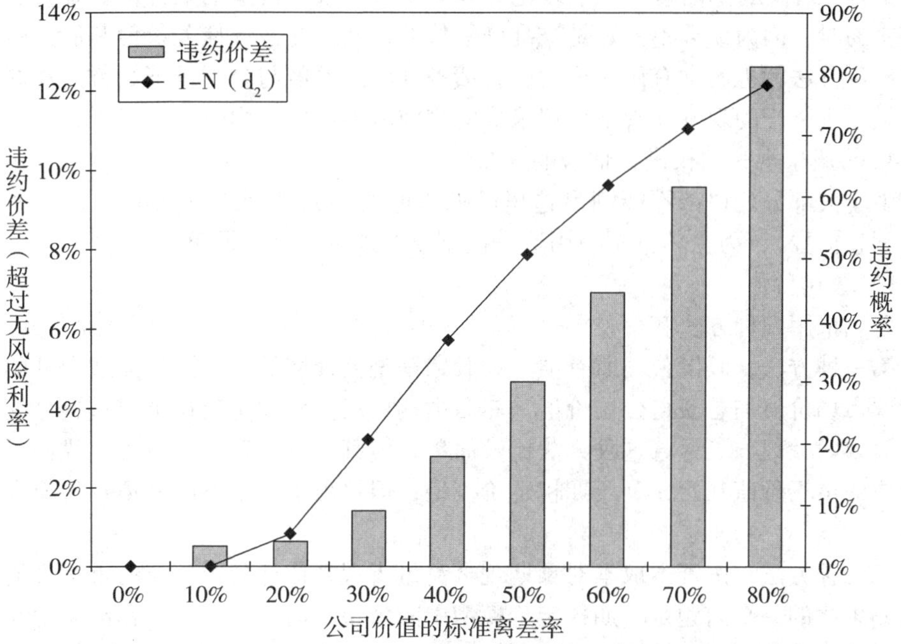

图 17—4 风险中性违约概率和违约价差

3. 将股票视为期权估计其价值

在迄今为止使用过的解释股票估价中期权定价模型应用的例子中都包含了一些简化的假设。其中包括以下四个：

A. 公司仅有两种请求权：债务和股票；

B. 公司仅发行一种流通在外的债务，且可以按面值赎回；

C. 债务是不带息的，并且没有其他特征（如可转换性、卖出期权条款等等）；

D. 公司价值及其方差是可以估计的。

这其中的每一个假设都是有原因的。第一，将公司请求权仅限定在债务和股票这两个方面可以使问题更容易处理；尽管也可以引入其他请求权，例如优先股等，但这样做会使问题更加复杂，很难得出结果。第二，假设公司仅发行一种零利息债务，并且可以在到期前的任意时间以面值赎回，这样就使债务特征更接近于标准期权的执行价格特征。第三，如果债务是带息的，或者公司有一种以上流通在外的债务，那么如果没有足够的现金流量来支付这些带息债务的话，则在更早的支付利息时间内股票投资者有可能会被迫行权（将公司清算）。第四，已知公司价值及其方差使得期权定价成为可能，但同时也引起了一个关于股票估价中期权定价有用性的问题。如果公司债务是公开交易的，那么可以从公司价值中减掉债务的市场价值，这样可以更直接地得到股票价值。但是期权定价方法还是有好处的。特别是当公司债务不是公开交易的时候，期权理论可以提供公司股票价值的估计值。即使当债务公开交易时，因为债券不一定是被准确估价的，此时在估计债务价值和股票价格时期权定价方法就也非常有用。最后，将债务和股票价值与公司价值的方差相联系可以提供更进一步的观察，观察公司采取的措施可能产生的影响。

4. 将股票视为期权进行估价的参数

由于大部分公司都不能满足这里所列举的所有条件（例如仅有一种流通在外的零利息债券），为在估价中使用这种模型就必须进行一些调整。

1）公司价值

可以采用四种方法获得公司价值。

第一种方法，假设公司所有债务和股票都是公开交易的，则将流通在外的债务和股票市场价值加总获得公司价值。然后由期权定价模型将公司价值重新分配成债务和股票两大部分。尽管这种方法比较简单，但其本身就存在矛盾性。我们以债务和股票的市场价值开始，利用期权定价模型，但得出了完全不同的债务价值和股票价值。

第二种方法，按资本成本对预期现金流量折现来估计公司资产的市场价值。必须时刻关注的一个问题是，期权定价模型中的公司价值应该是公司在清算中获得的价值。这个数值可能会低于公司总体价值（公司总体价值中包括预计的未来投资），而且它还可能降低到反映清算成本的水平。如果利用折现现金流模型估计公司价值，则意味着当估计公司价值时仅应考虑现存的投资项目①。这一方法的最大问题是财务危机会影响营业利润，因此利用现有营业利润获得的价值可能会过低。

第三种方法，首先估计同行业中健康公司的收入乘数，然后将这一收入乘数应用到被估价公司。这其中实际上是做了假设，假设在清算的情况下会有潜在的买方支付这一价值。

第四种方法可以用于公司具有单个交易的分离资产的公司。将个别资产的市场价值加总得到公司价值。例如，对拥有五家房产的陷入危机的房地产公司进行估价时，可以先将各项房产分别估价，然后将这些价值汇总。

2）公司价值方差

如果公司的股票和债券都是交易性质的，则可以直接获得公司价值的方差。以 σ_e^2 表示股票价格方差，σ_d^2 表示债券价格方差，w_e 表示股票市场价值权重，w_d 表示债券市场价值权重，则公司价值方差可以表示为②：

$$\sigma_{公司}^2 = w_e^2\sigma_e^2 + w_d^2\sigma_d^2 + 2w_e w_d \rho_{ed}\sigma_e\sigma_d$$

其中，ρ_{ed}是股票价格和债券价格的相关系数。如果公司债券是非交易性质的，则可以用类似级别债券的方差作为 σ_d^2 的估计值，用类似级别债券与公司股票的相关系数作为 ρ_{ed}的估计值。

当公司发生财务困难时，这种方法可能会导致错误的结果，因为此时不论股票价格还是债券价格都变得更加易变。能够得到更可靠估计值的一种可行方法是利用同行业其他公司价值的平均方差。因此，如果要对财务困难已很严重的钢铁公司进行股票估价，则可以采用所有公开交易的钢铁公司价值的平均方差来进行。

3）债券到期日

大部分公司发行的债券都不止一种，而且很多是带息的。由于期权定价模型只允许输入一个到期日，因此必须对这些多于一个的到期日和利息支付进行调整，调整为相当于零利息的债券。可以采用以下任意方法估计到期日：

- 将债券利息支付和到期日都考虑在内，即估计每一债券的存续期，然后用不同存续期债券的面值作为权重计算加权平均数。这个加权平均的期间就是期权的有效期间。
- 还可以采用近似的方法，直接在期权定价模型中使用转换为零利息债券到期日的债务面值加权平均到期日。

4）债券面值

当陷入财务困境的公司流通在外债券多于一种时，可以采用以下三种方法确定债券的面值：

A. 可以将公司所有债券本金加总，将其视为假定的公司发行的零利息债券的面值。这种方法的缺陷是由于该期间中可能会有本金偿还和利息支付，因此可能会

---

① 从技术上来说这是可以做到的，也就是让公司保持稳定增长，并将其作为稳定增长公司进行估价，而此时再投资有两种选择，被用于盈余储备，或者被用于增大现有资产。

② 这是两项资产方差公式的扩展。

低估公司实际需要支付的金额。

B. 另一个极端的方法是，可以在本金偿还的基础上加上将要到期的预计利息获得债券的累计面值。由于利息可能在近期支付，而本金只能在债券到期时支付，因此这实际上是将不同时点上的现金流量混在了一起。但这是处理即将到期的中期利息的最简单方法。

C. 可以仅将债券到期本金作为债券面值，以公司价值一定百分比表示的每年的利息支付作为期权定价模型中的股利收入。实际上，在公司持续存在的每一年其价值都是呈下降趋势的，下降幅度就是预期债务支付的金额。

[例 17—12] 将股票作为期权估价：1997 年的欧洲隧道公司（Eurotunnel）

欧洲隧道公司是开始兴建连接英格兰和法国之间的英吉利海峡隧道并从中获利的公司。该隧道 20 世纪 90 年代正式投入使用，但它并没有取得商业上的成功，从开放后开始的每一年都报告了重大损失。1998 年早期，欧洲隧道公司股票账面价值为 -117 百万英镑，而 1997 年该公司报告的息税前利润是 -3.45 百万英镑，净利润 -611 百万英镑，销售收入为 456 百万英镑。不论以哪一指标进行衡量，该公司都已经进入了财务危机状态。

该隧道公司的大部分资金都来源于负债资金，1997 年末，该公司负债超过 5 000百万英镑，来源于大量的债券和银行借款。再加上债务的预期利息支付，其负债总额高达 8 865 百万英镑。下表列示了该公司流通在外的债务金额以及对每类债务的估计存续期：

债务类型	面值（包括累计利息）（百万英镑）	存续期（年）
短期	935	0.5
10 年期	2 435	6.7
20 年期	3 555	12.6
长期	1 940	18.2
总计/平均数	8 865	10.9

该公司唯一重要的资产是对其隧道的所有权，我们将根据预期现金流量和适当的资本成本估计该资产价值。假设条件如下：

（1）今后 5 年收入每年增长 10%，然后以 3% 的比率呈永续增长。

（2）商品销售成本 1997 年为销售收入的 72%，到 2002 年之前下降至销售收入的 60%，并保持在这一水平。

（3）今后 5 年资本支出和折旧每年增长 3%。要注意，每一年的资本支出净额都是负的，因为假设未来 5 年公司都不会进行重大的再投资。5 年以后，资本支出将抵消折旧。

（4）不存在营运资本需求。

（5）债务比率 1997 年底为 95.35%，到 2002 年降为 70%。今后 5 年债务成本为10%，5年以后是8%。

（6）今后5年股票的β系数为2，5年以后降为0.8（随着负债水平的下降）。

估价时公司长期债券利率为6%，税率35%。以这些假设为基础估计其现金流量为：

金额单位：百万英镑

	年份					终结点年份
	1	2	3	4	5	
销售收入	501.60	551.76	606.94	667.63	734.39	756.42
－COGS	361.15	380.71	400.58	420.61	440.64	453.85
－折旧	141.11	145.34	149.70	154.19	158.82	163.59
EBIT	－0.66	25.70	56.65	92.83	134.94	138.98
EBIT（1－t）	－0.66	16.71	36.83	60.34	87.71	90.34
＋折旧	141.11	145.34	149.70	154.19	158.82	163.59
－资本支出	46.35	47.74	49.17	50.65	52.17	163.59
－营运资本变动	0.00	0.00	0.00	0.00	0.00	0.00
公司自由现金流量	94.10	114.31	137.36	163.89	194.36	90.34
终结点价值					2 402.66	
资本成本	6.99%	6.99%	6.99%	6.99%	6.99%	6.76%
现值	87.95	99.86	112.16	125.08	1 852.67	
公司价值	2 277.73					

公司资产价值为2 278百万英镑。

最后需要估计的是公司价值的标准离差率。由于没有直接的可比公司，我们利用以前年度的数据估计欧洲隧道公司股票和债券的标准离差率。

欧洲隧道公司股票价格的标准离差率（ln）＝41%

欧洲隧道公司债券价格的标准离差率（ln）＝17%

同样估计出欧洲隧道公司股票价格和债券价格的相关系数为0.5，两年中市场价值的债务比率为85%。利用这些已知条件可以估计公司价值的标准离差率为：

$$\sigma^2_{公司} = (0.15)^2(0.41)^2 + (0.85)^2(0.17)^2 + 2(0.15)(0.85)(0.41)(0.17)$$
$$= 0.0335$$

归纳一下，期权定价模型的各参数为：

标的资产价值＝S＝公司价值＝2 278百万英镑

执行价格＝K＝流通在外债务面值＝8 865百万英镑

期权有效期＝t＝债务加权平均有效期＝10.93年

标的资产价值方差＝σ^2＝公司价值方差＝0.0335

无风险利率＝r＝与期权有效期一致的无风险利率＝6%

基于以上已知条件，利用布莱克—斯克尔斯期权定价模型可以得出买入期权的价值：

$d_1 = -0.8582$　　N（d_1）$=0.1955$

$d_2 = -1.4637$　　N（d_2）$=0.0717$

买入期权（股票）价值 $=2\,278 \times 0.1955 - 8\,865e^{-(0.06)(10.93)} \times 0.0717 = 116$（百万英镑）

1997 年欧洲隧道公司股票交易量为 150 百万英镑。

使用期权定价模型除可以得到欧洲隧道公司股票价值外，还可以得到对这些股票价值驱动因素的一些有价值的分析。当然公司会尽量控制成本，提高营业利润，但同时还要注意到决定股票价值的两个最关键变量，一个是债券的有效期，另一个是公司价值的标准离差率。任何增加债券有效期的做法都会给公司股票价值带来正面影响，而任何减少债券有效期的做法都会给公司股票价值带来负面影响。例如，当法国政府对欧洲隧道公司的贷款银行施加压力，使其放宽贷款条件限制，给公司更多的时间付款时，股票投资者将会从其期权有效期延长中获益。同样任何增加预期公司价值波动性的做法也会增加期权的价值。

17.5 结论

陷入财务困境的公司（也就是利润为负，且面临很大的失败可能性的公司）给分析人员们的估价提出了挑战，因为大部分的传统估价模型都是基于公司持续经营假设之上的。本章中既考察了折现现金流估价法和相对估价法不对危机进行处理的情况，同时考察了两种方法对危机的处理。对于折现现金流估价法，我们建议用四种方法将危机纳入价值的考虑范围之内：允许公司发生被迫清算情况的模拟法、调整预期现金流量和折现率以反映违约可能性的修正的折现现金流估价法、将持续经营与发生危机分开处理的公司价值估价法以及调整现值模型。对于相对估价法，可以按危机情况调整乘数，或者利用其他陷入财务困境的公司作为可比公司。

本章最后考察了从公司价值到股票价值的评估过程中陷入财务困境的公司可能面临的两个问题。第一涉及这些公司的债务负担转换，其原因是债务条款可能会被重新协商，并且有时债务可能会转换为股票；第二是源于公司股票具有的期权特征，特别是在具有大量借入资金和破产可能性非常大的公司中。

第 18 章 结束语

价值评估中的问题不是没有足够的模型来评估资产的价值，而是模型过多了。与理解如何使用模型一样，对于获取合理的估计价值来说在估价中选择正确的模型同样非常关键。这一章将回顾本书介绍的估价模型，并将提供用于不同任务下选择估价模型的基本框架。

18.1 选择估价模型

在最普遍的情况下，可以按以下四种方法中的任意一种估计公司或资产的价值：资产基础估价法，即估计公司拥有的资产目前值多少钱；折现现金流估价方法，即将现金流量折现以获得公司的权益价值；相对估价法，即以乘数为基础的估价方法；期权定价方法，即使用或有请求权进行估价的方法。而每种方法中又有不同的最终价值的决定因素（如图 18—1 所示）。

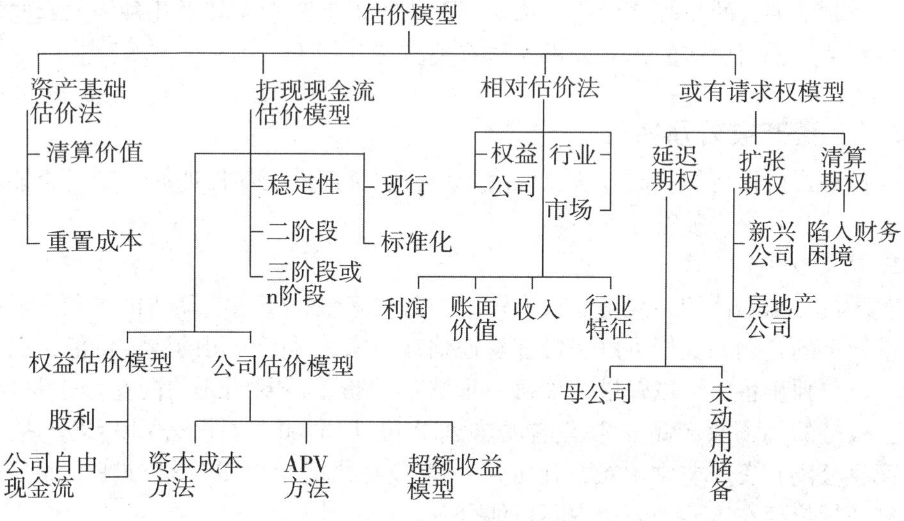

图 18—1　估价模型的选择

资产基础估价法下，至少有两种方式可以估计公司的价值。第一个是清算价值，也就是如果公司资产今天就被清算的话市场会支付多少钱。第二个是重置成本，即如果重新购置公司的现有资产必须支付的金额。

折现现金流估价模型下，可以将权益现金流量按权益成本进行折现以取得权益价值，或者将公司现金流量按资本成本进行折现以获得公司价值。权益现金流量，严格来说可以定义为公司股利，更广泛意义上可以定义为权益的自由现金流量。可以按照对增长情况的假设将这些模型进一步划分为稳定增长模型、二阶段模型和三阶段模型等。最后，要对公司利润和现金流量的衡量方法进行调整，以和公司或资产的特征相匹配，如具有正常盈利公司（或资产）的现行利润，或由于暂时性原因或周期性影响而导致公司现行盈利发生扭曲的公司（或资产）标准化利润。

对于相对估价法中使用的乘数，可以将权益价值或公司价值作为价值的衡量办法，并将其与特定公司的特征相联系，如公司利润、账面价值及销售收入等。对于乘数本身，可以利用同行业可比公司数据或利用更广泛的跨行业数据回归分析获得。对于其他资产，如房地产，还可以使用总收益的函数或每平米成本来表示价格。这里的可比公司是指具有相似特征的同行业公司。

或有请求权模型可以被用于很多不同的情况。当考虑公司必须推迟投资决策的期权时，可以估计专利或未开发的自然资源作为期权的价值。而扩张期权可能会使具有较大潜在市场份额的新兴公司以超出其折现现金流价值的溢价进行交易。最后，股票投资者可能从是否对具有大量债务的公司进行清算的期权中获利。

18.2 应该使用哪种方法

从以上四种方法中得到的结果可能差异是非常大的，因此决定使用哪种方法就成为一个非常关键的步骤。但这种选择要取决于很多因素，其中几种因素是与被估价公司有关的，而更多的是与分析人员有关。

18.2.1 资产或公司特征

选择对公司进行估价的方法要取决于该公司资产的交易性如何、它是否能创造现金流量以及其经营独特性如何。

1. 资产交易性

对于具有独立性的，交易性较强资产的公司来说，使用清算估价法和重置成本法是最简单的。例如我们可以非常容易地估计一家房地产公司的清算价值，因为其财产可以单独出售，可以轻松估计每一项财产的价值。封闭式共同基金也是这样。另一个极端的例子像产品非常有名的吉列公司（Gillette）。该公司的资产是无形的，而且分离其资产非常困难，比如不可能轻易地把剃须刀公司与剃须水公司分开，其商标价值在这两个公司内不可能分开。

同样的道理还可以用来解释为什么在高增长率公司中清算价值或重置成本价值与公司实际价值相差很大。与其他资产不同，处于增长情况中的资产不能轻易被确认或出售。图 18—2 列示了交易性与估价方法的关系。

2. 现金流量创造能力

按照创造现金流量的能力，可以把资产分为三类：目前正在创造或在不远的将

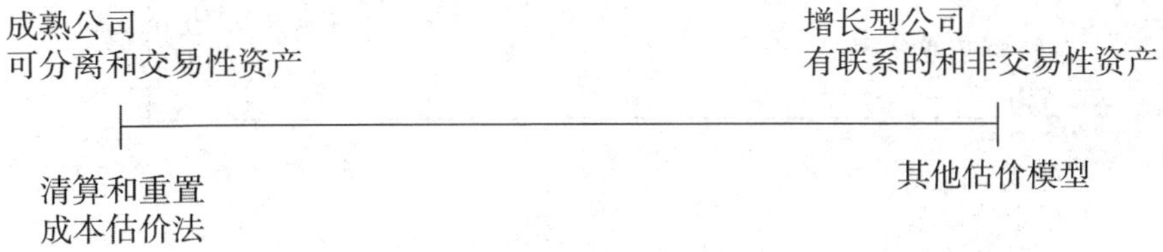

图 18—2　资产交易性和估价方法

来能够创造现金流量的资产、目前不能创造，但在未来不确定的情况下可能会创造现金流量的资产、绝对不能创造现金流量的资产。

- 第一类包括大部分的公开交易公司，可以使用折现现金流估价法对这些公司进行估价。要注意，我们并没有区分正的现金流量和负的现金流量，即使是创造负现金流量的新兴公司也可以采用折现现金流模型。
- 第二类包括的资产如药品专利、有希望（但前景不是很好）的技术、未开发油田或矿产储备以及未开发的土地等。这些资产目前并没有创造现金流量，但在将来，在特定条件下可能会创造大量的现金流量，例如在食品和药品委员会（FDA）允许通过了某项药品专利的情况下、在某项技术被证明商业可行的情况下、在石油及相关商品价格大幅上涨的情况下。尽管可以通过为这些事件指定概率来达到利用折现现金流模型估计预期价值的目的，但这样做会导致资产价值的低估。应该采用期权定价模型对这些资产进行估价。
- 肯定不能创造现金流量的资产包括个人的主要住所、收集的棒球卡片或美术品等。这些资产只能使用相对估价模型进行估价。

图 18—3 提供了与资产创造现金流量能力相关的估价模型。

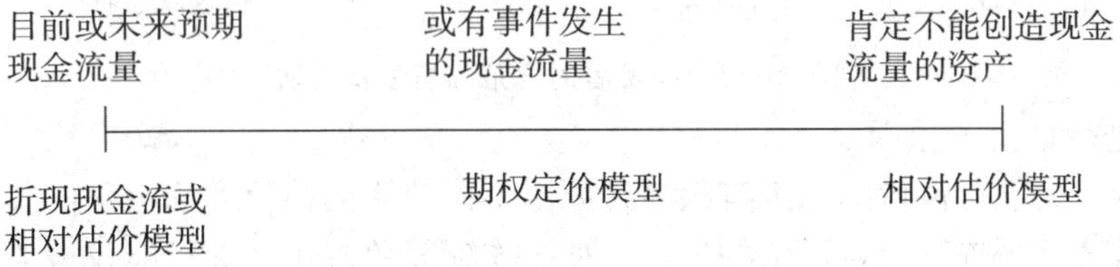

图 18—3　现金流量与估价方法

3. 独特性（或可比公司的存在）

在每天成千上万的股票进行交易以及数以万计的资产被买卖的市场上，要想找到非常独特，甚至基本上没有可比资产的资产或公司应该说是比较困难的。一些资产和公司是具有类似资产的集团的一部分，基本上与其他资产没有或只有很小的区别。由于归集并控制这些可比资产（或公司）间的差异非常简单，因此这些资产基本上就是为相对估价法量身定制的。但如果一直这样进行，那么我们进行的估价越多，相对估价法实际上就越不可靠。对于确实具有独特性的公司来说，事实上折现现金流估价法能得到更准确的价值估计。图 18—4 对这些选择进行了归纳。

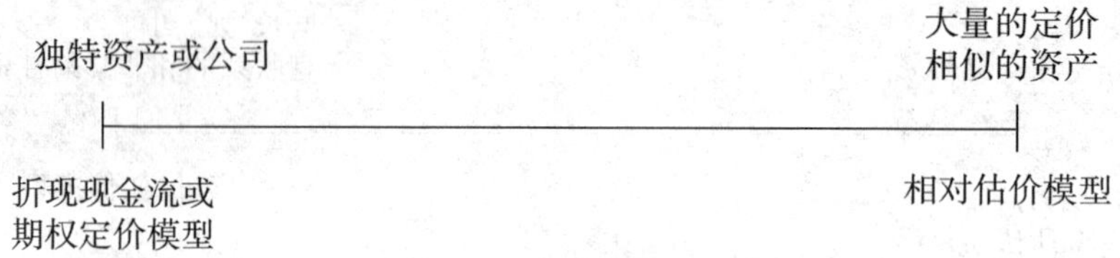

图 18—4 资产独特性与估价方法

18.2.2 分析人员特征与信心

对估价方法的选择要取决于时间范围、进行估价的首要原因以及对市场的预期，例如市场是否有效，如果不是，那么无效率的形式是什么。

1. 时间范围

折现现金流估价模型中的一个极端情况是把公司当作持续经营的来进行估价，另一个极端的情况是在清算估价法下，是在公司今天就会停止经营的假设上估计的价值。而在相对估价法和或有请求权估价法下采用的是这两种中间的情况。因此在时间范围很长的情况下应该采用折现现金流估价法，在时间范围很短的情况下应该采用相对估价法就不足为怪了，这也是为什么折现现金流估价法在公司进行收购时运用较多，而相对估价法在权益研究和投资组合管理中更为普遍的原因。图 18—5 提供了时间范围与模型选择之间的联系。

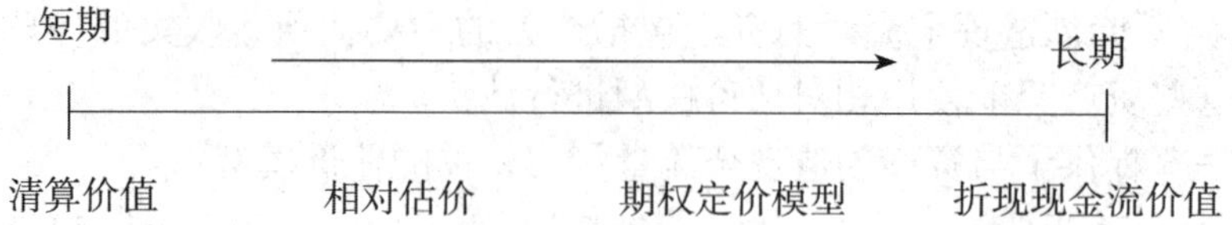

图 18—5 投资者时间范围与估价方法

2. 进行估价的原因

分析人员进行估价的原因有很多，原因不同使用的估价方法也不同。如果正在进行的是对钢厂进行权益价值的估价，那工作就简单多了。你可能仅被要求找到该行业中大部分被低估和被高估的公司，而不用站在整个行业的角度考虑该行业的价值是否被高估或是低估了。这也是对公司进行估价时使用乘数进行选择的原因，而如果采用的是相对基础时（也就是将你的建议与其他钢厂情况的分析人员对比）这种选择的作用会更大。但如果你是一个留出一笔退休资金的个人投资者，或者一家想要进行收购其他公司的私人公司，你可能就要估计其内在的价值。这时折现现金流估价法应该更能够满足需要。图 18—6 对以上分析进行了归纳。

3. 对市场的信心

所有方法中都包含着对市场的假设。对于折现现金流估价法，我们假设市场价格会与其内在价值相偏离，但自身会在长时间内进行校正。而对于相对估价法，我们假设的是从平均意义上来说市场还是准确的，即使行业或市场中的个别公司可能会被错误地定价，但行业或市场总体的定价水平是相当准确的。对于资产基础估价

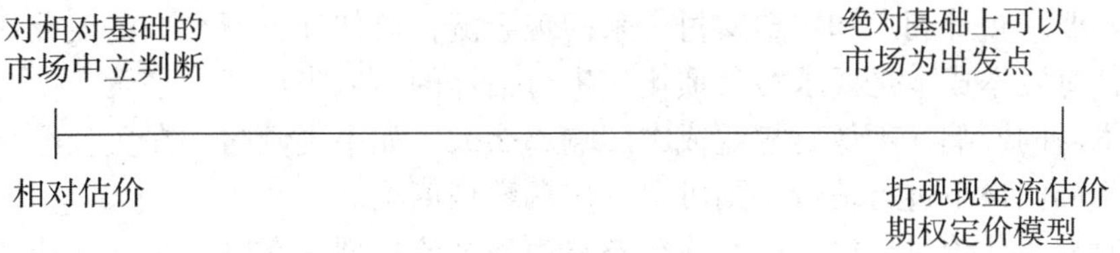

图18—6 市场中立性与估价方法

模型，我们假设实物资产和金融资产的市场是存在差异的，并且可以充分利用这些差异。最后，对于期权定价模型，我们假设市场在评价公司具有的弹性方面不是很有效率，而期权定价模型给我们提供了一个有利条件。但在每种情况下我们都是假设市场最终是能够发现其错误并能够纠正的。图18—7对以上分析进行了归纳。

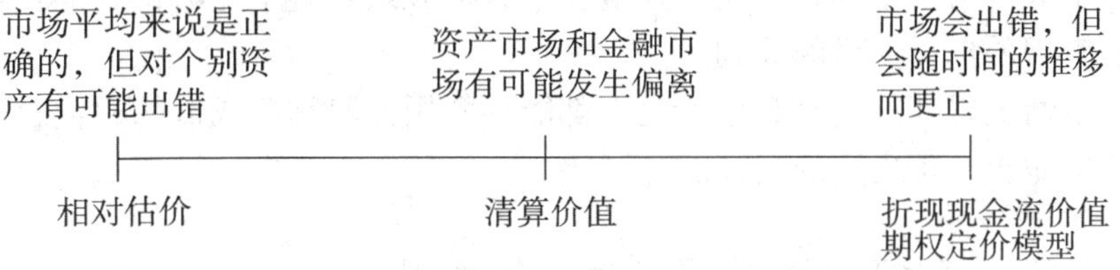

图18—7 对市场的看法与估价方法

18.3 选择正确的折现现金流模型

估价中使用的模型必须适合被估价资产的特点。但不幸是逆定理经常也是正确的。我们通常会花费很多的时间和精力试图使资产去适合某一种特定的估价模型，有可能是因为这种模型被认为是最好的，也有可能是因为在选择模型时没有考虑过多的因素。但实际上，“最好的”模型是不存在的。特定情况下使用的最合适的模型要取决于被估价资产或公司的很多特征。

18.3.1 选择要折现的现金流

如果对增长率和负债水平所做的假设是一致的，那么使用公司方法（对公司估价，然后减掉流通在外的负债）和权益方法（直接对权益进行估价）对权益进行估价应该能够得出相同的结果。如果确实是这样，那么你可能会问，为什么还非要在两种方法中间选择一种呢？答案纯粹就是因为实用。对于负债水平比较稳定（也就是在估价期间公司负债比率基本保持不变）的公司，基本上不用按照估价所需的变量来对估价模型进行选择。通常我们就用一个债务比率估计权益估价法下的权益自由现金流和公司估价模型下的资本成本。在这种情况下应该选择使用舒适度较高的模型。

对于负债水平不稳定的公司（也就是他们持有的负债过高或过低，并且要在估价期间向其最优或目标负债比率进行调整），公司估价方法使用起来更加简单，因为它不要求预计利息和本金支付带来的现金流，对估计负债水平的变化敏感性也更低。计算资本成本是要求对负债比率进行估计的，但当负债水平发生变化时对资本成本本身的影响并不像对权益成本影响那么大。如果更倾向于在负债金额而不是负债比率的假设下进行估价，则可以使用调整现值法。

在对权益估价时，要对股利或权益自由现金流折现。在以下情况下应该考虑使用股利折现模型：

- 由于对有关负债支付和再投资的信息掌握不足，或者不清楚负债的构成，因此估计的现金流量准确性较差。这是我们采用股利折现模型对金融服务公司进行估价的基本原理。
- 股票回购和其他形式的现金收益有严格的限制，我们无法预测公司管理层对现金所采取的措施是什么。在这种情况下，从股票投资中能够得到的预期现金流量只能是管理层选择支付的股利。

除以上情况以外的所有其他情况下都能够使用比股利高或低的权益自由现金流对公司价值做出非常现实的估计。

18.3.2 应该使用现行利润还是标准化利润

在大多数估价方法中我们都是以公司的现行财务报表作为出发点，并将报表中报告的利润作为估价的基础。但对有些公司不能采用这种方法，因为公司的利润是负的，或者因为公司利润表现出非正常的高或低水平（如果与公司自身的历史利润水平不符，则认为公司利润是非正常的）。

当公司利润是负的或者非正常时，我们有时可以用标准化的价值取代现行利润，这一标准化价值是根据公司历史或行业平均数据估计的，然后以标准化价值为基础对公司进行估价。如果负的或非正常利润是暂时的，则这种方法是最简单的，如以下各种情况：

- 周期性公司可能在经济衰退期报告非常低的利润，而在经济高潮期报告非常高的利润。但这两者都不能代表公司的实际盈利水平。
- 公司在支付超大金额费用的期间也可能报告非正常的超低利润。
- 重组过程中的公司可能在重组期间会报告较低的利润，因为他们采取的提高公司业绩的做法可能生效了。

这里的假设是公司利润将会非常迅速地恢复到正常水平，而因为假设这种恢复是非常快的，因此公司的损失很小。

但在某些公司，负利润或低利润可能不会那么快就恢复。至少有以下三种公司，其负利润可能是长期的，而且有可能影响到整个公司的生存。

A. 具有长期的经营、战略或财务问题的公司，其负利润或低利润持续时间可能会较长。如果此时用标准化利润代替现行利润对这些公司进行估价，则会高估其价值。

- 如果公司已经没有好转的可能，即将要破产，那么唯一一种可能提供有意义价值衡量方法的模型是期权定价模型（如果负债比率比较高）或以清算价值为基础的模型。

- 但如果公司仅是发生了困难，但还不至于破产，还是应尽量使其恢复到健康状态。在实务中就必须将其营业利润调整到健康水平，然后按预期现金流量估计公司价值。

B. 从事基础设施建设的公司，在其成长初期可能会报告负的利润，但这不是因为该公司健康状况不好，而是因为其所进行的投资需要时间来回收。由于这类公司的资本性支出通常与其折旧不成比例，因此这类公司及权益的现金流量通常也是负的。只有当公司基础设施投资发生以后，资本性支出下降，营业利润增加，这些公司才能够有价值。其结果是公司在未来年份内的现金流量是正的，因此公司目前也有价值。

C. 新兴公司，在其经营周期初期通常会报告负的利润，因为此时他们关注的是将有意义的想法付诸实践。要对这些公司进行估价，必须假设公司具有高收入和逐年增长的营业利润。

18.3.3　增长模式

一般来说在进行公司估价时我们可以，(1) 假设公司已经处于稳定增长状态；(2) 假设一段时间的高增长，然后回落到稳定增长阶段（两阶段增长）；(3) 允许存在到稳定增长状态之前的转变阶段（三阶段，或 n 阶段模型）。在进行这些判断时必须考虑以下几个因素：

1. 增长要素

增长模式的选择会影响利润和销售收入的增长水平。以公司现阶段增长情况为基础可以将公司分为三类：

A. 稳定增长公司，报告的利润和销售收入增长率等于或低于其所处经济环境下的名义增长率。

B. 中等增长公司，报告的利润和销售收入增长率稍高于其所处经济环境下的名义增长率。按照惯例，通常将8%至10%的经济增长率确认为中等增长率。

C. 高增长公司，报告的利润和销售收入增长率远远高于其所处经济环境下的名义增长率。

对稳定增长公司来说，不变增长的稳定状态模型提供了对公司价值的更好估计。对中等增长公司，两阶段折现现金流模型应该具有更大的灵活性，能够反映公司的结构变化。而对于需要更长转变期间的高增长公司来说，三阶段或 n 阶段模型的适用性更强。

2. 增长来源（进入障碍）

公司较高的预期增长率可能来源于长时期内形成的竞争优势，如商标或较低的产品生产成本（规模经济带来的），也可能来源于由进入行业的法定障碍所带来的特殊优势，如产品许可或专利等。前者可能由于进入这一市场的竞争者越来越多而逐渐发生变化，而后者则可能由于取消进入行业的法定障碍而突然消失。具有特定增长来源的公司预期增长率可能会遵循两阶段的规律，即在一个特定时期内增长率非常高（例如在有专利的期间），然后突然回落到一个稳定的水平上。具有一般增长来源的公司预期增长率更有可能是随着新竞争者的加入而逐渐下降。这种竞争优势的速度受以下几个因素的影响：

- 竞争优势的性质。有些竞争优势，如消费品的商标，是很难超越的，因此可能会在很长的时间内带来增长。而另一些竞争优势，如第一个采取行动的优势，则会消失得非常快。
- 管理层的能力。具有较高能力的管理层能够为公司产品寻找新的市场，并寻找新的竞争优势的来源，以此延缓公司现有竞争优势的丧失。
- 进入行业的难易程度。其他公司进入该行业的难度越大（因为资本性支出或技术原因等），竞争优势损失的就越小。

图 18—8 对以上这些因素进行了归纳，并利用适当的折现现金流模型对这些因素进行了说明。

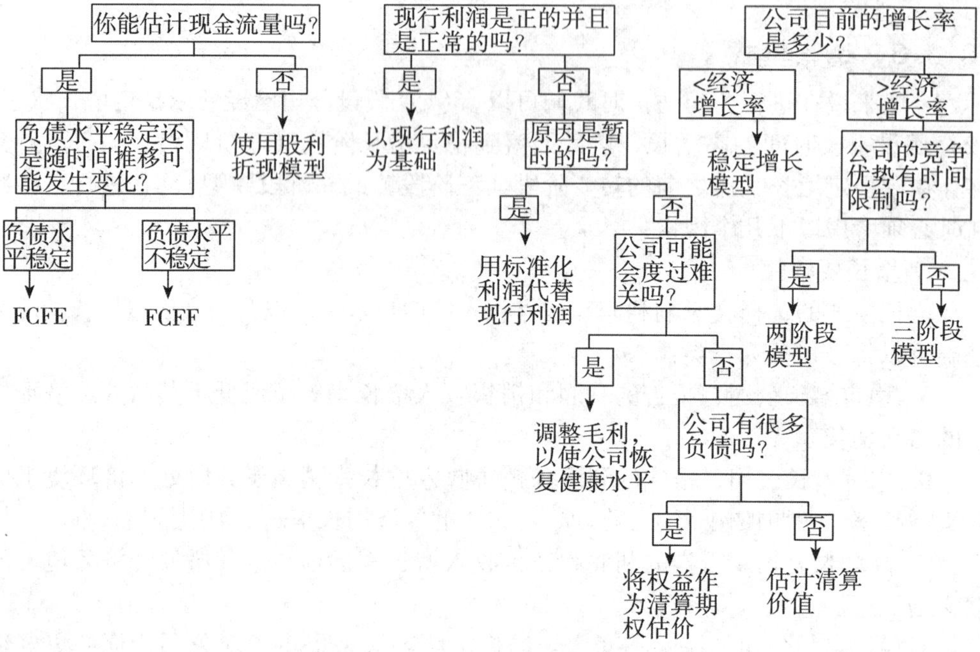

图 18—8 折现估价模型

18.3.4 管理层现状及最佳效果

在第 13 章估价控制中我们注意到，如果假设公司在运转状态最佳时进行估价，公司价值会高很多。因此在估价中经常面临的一个问题就是，我们应该在公司管理层目前管理状态下对公司估价呢，还是应该在公司管理层管理的最佳状态下进行估价？在有些情况下其答案非常简单，但在某些情况下很复杂。

• 如果你有意要收购该公司，并且更换管理层，那么就应该按照公司管理层管理的最佳状态对公司进行估价。而你是否要支付从估价结果中得出的这些价值则取决于公司的还价能力以及你改变公司运营方式的时间。

• 如果你是一个小规模的投资者，想要购买公司的股票，那么你没有能力去改变公司的管理层现状，但如果你相信有改善的可能的话则仍然可以支付一个溢价。如果该公司有十分强大的公司治理机制（通常发生在敌意并购下，绩效不佳的管理者很快将被替换掉），你可以假设你所估计的价值很快就会成为公司的最优价值。而另一方面，如果替换绩效不佳的管理者非常困难，那么就只能以公司目前的现状为基础对公司进行估价。

• 如果你是机构投资者，那么你处于的位置是在以上两个极端中间。尽管你不打算接管这家公司，也不打算改变其运营方式，但你会在这些变化的发生过程中起到重要的作用。

18.4 选择正确的相对估价模型

很多分析人员选择使用相对估价模型对资产进行估价。在进行这种选择时必须回答两个基本问题：估价中应该使用哪个乘数？这个乘数是用行业数据还是整个市场数据得到的？

18.4.1 应该使用哪个乘数

在相对估价法那章中我们列举了很多种乘数，有一些是以利润为基础的，有的是以账面价值为基础的，而有的是以销售收入为基础的。对有些乘数可以采用现行价值，但对其他的有可能要采用远期或预测价值。由于使用不同乘数得到的价值有可能不同，因此决定采用哪个乘数对估价影响非常大。对于这个问题可以有三种答案：第一种是采用随意观点，使用最能反映估价者偏好的乘数；第二种是用不同乘数进行估价，并争取利用能够得到的所有价值；第三种是选择“最好的”乘数，并以此为基础进行估价。

1. 随意观点

估价人员总是可以选择最适合自己情况的乘数。因此，如果你正要出售一家公司，则可以采用能够带给你最大化价值的乘数。尽管如果采用这种方法，实施操纵的目的性已经超过了仅对其进行分析的目的，但你会发现这实际上是实务中最常见的一种方法。即使你从不主动采用这种方法，但会时刻避免采用其他方法所带来的不利影响。首先必须意识到，允许分析人员选择乘数和可比公司就等同于允许他们制定游戏规则。在决定估价中应使用哪个乘数、应采用什么公司作为可比公司方面，你必须要积极采取措施，尽量发挥主动性作用。其次，在列示了基于某乘数和一系列可比公司的价值后，你必须要询问，如果选择其他乘数和使用不同的可比公司，这一价值将会是多少。

2. 全面观点

你可以采用十几个甚至更多的乘数对一家公司进行估价，然后在最后的建议中使用所有的价值（尽管这些价值可能是不同的）。有三种方法可以列示最终的估计价值。第一种是列示一个价值的范围，最低值是使用最低的乘数得到的，而最高价值是使用最高乘数得出的。但通常情况下这种方法的缺点是价值的范围太大了，以至于在决策中很少能够发挥作用。第二种是使用从不同乘数中得到的价值的平均值。尽管这种方法非常简单，但它的缺陷在于它给予了不同乘数得出的所有价值同样的权重。实际上有些乘数在得出价值的精确性方面明显是优于其他乘数的，但这个方法并没有考虑这一点。第三种是加权平均，按反映估计值精确性的程度对价值赋予权重。这种权重可以是主观确定的，也可以采用统计的方法获得，例如可以采用回归分析中的标准误差作为对精确性的衡量方法。

3. 最好的乘数

尽管在进行估价时我们总是不舍得放弃每一个信息，但要承认，对价值的最好估计通常应该是来自于使用了最适合公司的那个乘数。有以下三种方法可以用于选择这样的乘数：

A. 基本方法

应该考虑采用与公司价值相关性最高的变量。例如，现行利润和价值的相关性在消费品公司就比在周期性公司要高得多。因此在前类公司中使用市盈率比率就比在后类公司中使用要更容易理解。

B. 统计方法

可以对估计能够对价值产生影响的每一个乘数做回归分析，用回归中的 R^2 作为衡量该乘数作用的方法。具有最高 R^2 值的乘数就是应该采用的估价乘数。

C. 惯例乘数方法

随时间的变化我们总会发现有特定的乘数成为某特定行业最常使用的乘数。例如价值与销售比就是最常使用在零售公司估价中的乘数。表 18—1 按行业归纳了最常使用的乘数。

在理想世界中，这三种方法是没有区别的。能够最好地解释价值的基本方法同样也会具有最高的 R^2 值，并且也能够成为最常使用的惯例乘数。实际上，如果采用的惯例乘数不能反映价值的基本情况（这种情况在行业转型时期经常发生），那么将会导致错误的估计价值。

18. 4. 2 应该采用市场估价还是行业估价

在大部分的相对估价法中我们都是将公司与其所处经营行业内的其他公司进行比较，然后试图回答以下这个简单的问题：在行业内其他公司的市场估价已给定的情况下，该公司的价值是被低估了还是高估了？在回答这一问题时，可以给可比公司一个狭义的定义，即可比公司就是既与被估价公司处于同一个行业，且其规模与被估价公司相似的公司；也可以对其进行广义的定义，在广义定义下可比公司的数量会更多一些。如果我们想主观上控制各公司间的差异，就应该使用狭义的概念。但如果想用统计的方法（例如用回归分析）来对差异进行控制，则还是应该坚持用广义的定义。

表18—1 不同行业最常使用的乘数

行业	使用的乘数	基本原理/注释
周期性制造业	P/E，相对P/E	一般采用标准化利润
高科技，高增长	P/E与增长率之比（PEG）	公司间增长率的巨大差异使得P/E指标之间很难比较
高增长/负盈利	价格与收入比、公司价值与收入比	假设未来毛利是正的
基础设施	EV/EBITDA	行业中大部分公司开始年份都是亏损的，其报告的利润可能随折旧方法不同而不同
房地产	价格与现金流量比	投资政策的限制和大量的折旧费用使得与权益利润相比，现金流量成为更好的衡量方法
金融服务	价格与账面价值比	账面价值通常是钉市的
零售业	价格与收入比 公司价值与收入比	如果公司间负债水平大体相当 如果公司间负债水平相差很大

在第二部分介绍相对估价法的章节中，我们介绍了一种相对估价法的替代方法，即与整个市场相比对公司进行估价。在采用这种方法时并不是仅将问题的范围扩大，而是要回答一个不同的问题：在市场上其他公司的估价已给定的情况下，该公司的价值是被低估了还是高估了？如果整个行业都被错误估价的话，那么就有可能出现以下的现象，即相对于其行业来说，个别公司的价值是被低估了，但对整个市场来说却是高估了（或相反的情况）。

同样，相对估价法的采用也取决于你的任务是什么。如果你想将注意力放在所处行业中，对某只股票是否高估或低估作出判断，则应该采用行业基础的相对估价法；而如果你想要确定某只股票相对与整个市场来说被高估或低估的情况，则在采用第一种方法之外还要考虑第二种方法。

18.4.3 在同一时间公司可能被同时高估和低估吗

如果同时用折现现金流模型和相对估价模型对同一家公司进行估价，很有可能得到两个不同的结果：用相对估价模型可能会低估公司的价值，而用折现现金流模型可能会高估公司的价值。那么这种差异如何处理呢？为什么会出现这种差异？如果用折现现金流模型高估了公司的价值，而用相对估价模型低估了公司价值，则说明该行业可能已经被高估了。例如2000年3月，我们使用折现现金流模型对亚马逊（Amazon）估价为每股30美元，而此时其市场交易价格为每股70美元，很明显该市场价值是被高估了。但同时将该公司与其他网络公司比较的结果是，与其他公司相比它被低估了。

如果用折现现金流模型低估了公司的价值，而用相对估价模型高估了公司价值，则说明该行业可能已经被低估了。例如到2001年3月，亚马逊的股票价格已经降至每股15美元，而其他网络公司的价值下降了大约90%。2001年3月，折现现金流估价方法说明亚马逊被低估了，而同样，与同行业其他公司相比，用相对估价法该公司是被高估了。

作为投资者我们既可以采用折现现金流模型也可以采用相对估价模型对公司进行估价。在最理想的情况下，我们要收购的对象是使用两种方法都被低估了公司价值的公司。这样的话，我们将从市场在对不同时间（以折现现金流模型获利）和不同公司（以相对估价法获利）的修正过程中获取利润。

18.5 什么时候应该采用期权定价模型

第12章中列举了与传统的折现现金流估价法相比，期权定价模型能够产生溢价的几种情况。我们在此不对那些情况进行重新回顾，但要说明在使用期权定价模型时应牢记的几个问题：

- 保守地使用期权。仅在使用期权能够得出很大差异的时候才能在估价中使用期权。一般来说，期权会影响以其经营资产获利的小型公司的价值。因此，将专利作为期权估价的做法在小型生物公司中使用就比在大型的例如Merck这样的医药公司中使用更有用。尽管Merck公司也有很多的专利，但它的价值通常是依靠开发药品，获取现金流量取得的。
- 机会并不总是期权。应该注意不能将机会和期权相混淆。分析人员通常会假设具有增长潜力的公司肯定存在有价值的期权。要想将机会视为有价值的期权还必须要考虑其他因素，如对竞争的法律限制或重要的竞争优势等。
- 不能重复考虑期权。一般情况下分析人员会首先在公司基本方法中考虑期权的影响，然后再在公司价值上加上一个溢价以反映这一期权。例如考虑一家石油公司拥有的未开发石油储备。尽管将这些储备作为期权估价是正确的，但要注意，在因为公司具有未开发的石油储备这一原因而将DCF模型中的预期增长率设为很高的情况下，就不能在折现现金流模型中再增加这一价值。

18.6 良好估价的十个步骤

尽管以下内容可能与以前章节中陈述的内容有重复，但在这里还是要归纳以下十点，即提高估价质量的基本建议：

A. 估价过程中尽量不要持有偏见

在第1章中就提到过，大部分估价存在的问题是在估价过程中出现的偏见。如果分析人员以前就对被估价公司有强烈的看法，认为该公司会被高估或低估，或者认为对分析人员的补偿与估价结果有密切关系，那么该分析人员很有可能就会得出能够反映其偏见的估价结果。在这种情况下改善估价模型对改善估价过程影响不大。

B. 使用简捷的模型

尽管目前的高科技以及大量数据的可获得性使我们采用更复杂的估价模型成为可能，但我们还是更提倡使用要求少量输入变量的简单模型。

C. 尊重基本经济规律

分析人员如果忽略基本经济规律通常会给估价带来惊人的错误。例如，尽管几乎没有方法能够证明这样的假设条件成立，即某公司增长率永远比经济增长率要高，但很多分析人员还是仍然坚持在其估价过程中采用这一假设。

D. 使现金流量与折现率相配比

良好估价的一个关键问题就是必须保证现金流量和折现率的配比。使用权益成本对公司现金流量进行折现，使用名义利率对实际现金流量折现，或使用美元折现率对比索现金流量进行折现通常都不会得到正确的估计价值。

E. 保持内部一致性

当对公司进行估价时，我们通常会假设公司的增长情况、风险以及现金流量，然后要求公司实际情况与这些假设一致。例如，假设不存在再投资的未来长期内处于增长状态的低风险公司可能会产生更高的价值，但这可行吗？高增长率通常都会要求较高的再投资和面临更大的风险，而进行这样的假设可能会导致一个较低但保守性更强的估计价值。

F. 估价过程中不应站在宏观角度

尽管我们都对经济、利率以及汇率等持有自己的见解，并且很想将自己的见解与他人分享，但公司估价绝不是表达这种观点的最好舞台。如果在估价中坚信利率在未来10年内将要上升，则会低估所有被估价公司的价值。但是要想区分其估价结果中哪些是由于对公司的看法导致的，哪些是由于对宏观经济的判断所导致的几乎是不可能的。

G. 估价应尽量简捷明了

正如我们在整本书中强调的，分析人员可以在控制权至非流动性范围内在估计价值的基础上附加一个溢价或折价。本书第3部分提出了，尽管控制权、非流动性以及无形性都会影响价值，但我们的任务是在进行估价时把这些因素纳入考虑范围，而不仅仅是认为价值会增加20%（由于控制权或无形性）或减少20%（由于非流动性）。

H. 记住没有两家公司是完全相同的

相对估价法的主体是建立在这样的前提之上的，即能够找到与被估价公司非常接近的公司。实际上，没有任何两家公司是完全相同的，可比公司的概念实际上是非常主观的。换句话说，不管我们如何努力地对相对价值作出判断，公司间的差异总会对我们的分析产生影响。

I. 陈述事实但关注数据

尽管人类的习惯就是通过陈述事实来证明为什么公司正在或者将要按特定价值进行交易，但陈述事实本身对验证我们之前对公司的判断是不全面的一种做法。我们有责任对数据进行特别关注，这不仅能够增强所陈述事实的可理解性，而且能更加充实陈述的细节。

J. 谨防纯粹论者

每种估价方法都有纯粹论者要求完全彻底接受他们推荐的方法。估价不可能依据绝对的规则，盲目地遵从一个模型或等式将会导致重大的错误。实用性、判断力及自发采用估价原则三者结合是良好分析的必备条件。

18.7 结论

对公司（资产）或其权益进行估价的分析人员必须在以下三种不同的方法中进行选择：折现现金流估价法、相对估价法和期权定价模型。而在每一种方法中分析人员还必须在不同的模型间进行选择。这些选择主要是由被估价的公司（资产）特征所决定的，如公司盈利水平、增长潜力、盈利增长的来源、负债水平的稳定性以及公司股利政策等。在估价过程中，将估价模型与被估价的资产或公司进行配比与理解模型本身以及输入正确的模型变量一样重要。

一经确定采用其中的一种或几种方法以后，还要做进一步的选择：在折现现金流估价法中应使用权益估价还是公司估价？对公司估价或权益估价应该采用哪种乘数？公司内含的期权类型是什么？